エッジの思想

イニシエーションなき時代を生きぬくために

翁童論 III

鎌田東二

新曜社

装画　三嶋典東
装幀　テンネット・ワークス

エッジの思想——目次

第二部　イニシエーションと修行

第五部　祈りと祭り

序章　鳥は神に向かって飛ぶ

ヤコブ・ベーメ「キリストへの道」

鳥は卵の中からぬけ出ようと戦う。卵は世界だ。生れようと欲するものは、一つの世界を破壊しなければならない。鳥は神に向かって飛ぶ。神の名はアプラクサスという。

——ヘルマン・ヘッセ『デミアン』

（高橋健二訳）

Aに——十五歳に捧ぐ

探すために生きてきた。森の奥に鳥居があった。死者の身体は半ば崩れ落ちていた。生きているだけでよかった。風さえ死に絶えていたから。娘の耳は死者の玄関であった。大理石は水を飲みながら笑った。遠方から死者がきて鏡を置いて行った。日は沈んだが、黄泉《よみ》帰らなかった。誰のために死んだのか。忘れることのできないミイラ食《は》みは十一日間眠ったままだった。

朝、水が呼んでいた。誰もが死に水、と思った。それは、蛇のように地面を這ってきて、口を覆った。天が裂ける。地が割れる。振動の波の中で、笑いながら死者は眠った。永遠の眠りだった。さようなら。遠ざかってゆく風景。死んでいくということは、このように風に吹かれることだったのだ。風は忘却の使徒。そして、郷愁の導師。風に吹かれながら私は泣いた。ただ泣いた。

☆

話したくても言葉にならなかった。岬の天気はまっすぐに死んでいた。葬儀は簡単だった。空に向かって指を二本立てるだけで終わったから。けれど、話したくても言葉にならなかった。涙だけが死者の言葉だったのだ。

烏が二羽、十文字に飛び立った。海のかなたから押し寄せるものがあった。少年の自転車が四五度傾きながら天に向かって叫んだ。僕を愛してくれ！　波は圧倒的に波だった。高く高く。悲劇を救うための鍵は洞窟の中に贈られて来た。涙だけが死者の合言葉だった。母の麦藁帽子をかぶって丘の上で少しだけ眠った。眠りは洞窟に入る鍵であり、鍵は涙の言葉だった。僕を愛してくれ！烏文字を引き裂きながら、少年は飛んだ。高く高く。岬の天気はまっすぐに立ったまま死んでいた。文字となった少年を抱いて。

葬儀は簡単だった。空に向かって指を二本立てるだけで終わったから。高く高く。

☆

僕たちの愛にまだ名前がなかった頃、僕たちは幸せだった。冠はどこまでも高く輝き、空に届いていた。いつも泉から湧き出す手紙を読んではほほ笑んでいた。僕たちに恐れるものは何もなかった。どこまでも遠くまで行こう。僕たちは誓った。祝福のコーラスに包まれて眠った。

突然のことだった。真っ黒な雲が僕たちを襲った。何も見えなかった。探した。探して探して探して探した。しかし、何も見出せなかった。見えない闇の中で互いに届くために、言葉を鑽り出した。闇の中でともしびをかざすように。

だが、言葉とは距離と差異の追認。届かぬ思いの確認。光を消し去る黒点。それゆえに、永遠の探索。

僕たちの愛にまだ名前がなかった頃、僕たちは幸せだった。

☆

Ａ・ルチアよ、今は東に曲がってはならない。東の聖域には青龍がいる。北を往け！

暗号を解くためには愛が必要だ。愛は世界暗号を読み解き変化させる魔術である。

「こわれてありがとう、といえるか」。君はそう言った。壊れてしまった世界を前にして、壊れてしまった自分が、それでも「ありがとう」と言える場所に連れ出されうるか。

「にんげんはこわれやすいのか、こわれにくいのか、よくわからない」。そう君は言った。天空に突き上げられた君の手は血まみれたまま、指はさみしく枯れていた。君の自転車は四五度にまっさおに折れて、壊れて死んだ。人間は壊れやすいのか、壊れにくいのかわからない。二十歳になって桜の樹の根元を掘り起こすだろう。その時、屍体は成長しているだろう。けれども、掘り起こす僕はむかしのままだ。

「こわれることがないまでにこわれてしまったにんげん、それがぼくだ」。そう僕は言う。枯れ落ちてゆく髪の毛の根元は戦場だった。生首を背負って僕は海遍路に出た。そしてついに、地の果てに行き着いた。長い長い旅の果てに。果ての果てに。

そこに、こわれた人間が独り立っていて、僕をじっと見つめていた。ぼくだった。僕は、懐かしさと哀しさにうたれて、どうしようもなく涙した。そして僕はぼくと合うためにぼくを殺した。空はどこまでもぬけるように青く、生首を抱えていた。

☆

梨の実を持った園児が逆さ吊りになっている坂を歩いているうちに、ふいに僕はこの世のどこにも帰るところがないのだと悟った。瞬間、首がねじ切れて、落ちた。

ころころと坂道をころがっていきながら、僕は死んで帰っていく場所もなくしてしまったのだとかなしくなった。星を拾ってかじると、「カリン！」と乾いた音がした。その瞬間、僕の器官はバラバラにぶんかいされて宙空をさまよった。

この闇にも果てしなさがあるのだろうか。闇だけが僕を包んでくれる。救ってくれる。だが、その闇にはいかなる距離もない。そこでは無限大と無限小が等価値である。光は一秒間に三〇万キロの宇宙空間を直進する。その意味では光は距離の測定器であり橋である。だが、闇においてはいかなる他者も差異も認識できない。識別できない。闇はすべてを隠す。闇はすべてを消し去る。その闇の中でのみ僕は憩った。

僕はしかし「バイオモドキ」の人間だった。僕の部品はみな「バモイドオキ神」からの借り物なのだった。バイオ、すなわち生物もどきの、ニ・ン・ゲ・ン。

僕の目頭の裏には一匹の魔物が棲んでいて、夜昼かまわず闇の中で啼く。

イノチアルモノヨ！　コノイノチアルモノヨ！　イノチノチノアジヲシレ！　イノチヲクイツクシテソノアジヲシレ！　イノチノアジハアマクソシテニガイ！　コノアマサ！　コノニガサ！　コノイノチヲクイツクシテクイツクシテクイツクシテホロビルノダ！　ホロビトハイノチノカンキ！　イノチノヨロコビ！　イノチノシフク！　イノチヨソノホッスルママニホロビルノダ！　イノチガシンニイノチデアルタメニ！　イノチニナルタメニ！　タマキハルイノチヨホロビヨ！

☆

山の辺の道を往くたびに涙に暮れる。三輪山を見上げるたびに涙する。

この大和の東なす山。汝は我が魂。我が故郷。我が命。

日本武尊は厠で兄を串刺しにして殺した。宴の席で童女に変じてクマソタケルを殺した。刀を奪ってイズモタケルを殺した。ヤマトタケルよ、汝は殺人者である。汝の手も足も、心も身体も血にまみれている。その血の味をおまえほど深く味わったものがいようか。いない。

おまえは殺人者である。おまえは殺人者である。殺害した者の痛みと恨みをおまえは受ける。その痛みこそがおまえの魂の形なのだ。

おまえは父に見捨てられた。母を失った。おまえには誰もいない。おまえは独りだ。おまえの痛みを知る者は誰もいない。神とてもおまえの痛みをおまえの痛みとしては知らぬ。おまえの悲しみはただおまえ独りのものだ。

父よ、あなたはなんと残酷なのか。大和なす神々よ、汝は我になんと大きな犠牲を強いるのか。私は英雄になどなりたくはなかった。私はただ私でありたかった。あるがままの私でありたかった。そんな私をそのまま受け入れてほしかった。

ああ父よ、なぜあなたは私を恐れるのか。私を退けるのか。私の中から起こってくる渇望のために、世界はかなしく歪んでいる。私はその世界の歪みをそのまま私の魂とするために、私の魂はこれほどいびつに歪んでいるのだ。

残虐なる父よ、あなたはしかし、私が私であるための試練を与えてくれた。そのことを私はよく知っている。あなたの残虐さを一番よく受け継いでいるのは誰よりもこの私なのだから。

私はこの大和から出て、異族の地を旅して回った。辺境の地の果てまでも。それも、その異族を策略を用いて征服し、父の下に服属させるために。

鳥がするどく啼いている。空をまふたつに引き裂くように。私は自分のために、空に向かって二本の指を立てた。その指の中を白鳥が一羽静かに飛んでいった。私は死ぬのだ。

大和は国のまほろば　たたなづく青垣　山隠れる大和しうるはし
タケルよ、おまえの悲しみをおれは知る。おまえの痛みをおれは知る。父であるおれがおまえの悲しみと痛みを一番よく知っている。おまえはおれのもうひとつのいのちだからだ。おれはおまえの悲しみを知っているが、おまえはおれの悲しみを知らない。タケルよ、これが父と子の運命なのだ。タケルよ！　おまえの愛した大和はもうこの世のどこにもない。大和は滅びたのだ。おれが殺したのだ！

山の辺の道を往くたびに涙に暮れる。三輪山を見上げるたびに涙する。

白鳥が指の中の空を飛んでゆく。

☆

A、カインよ、弟殺しのさすらいびとよ。汝の魂に休息の場所はない。「深い森に迷い、道を失った」おまえの魂は、この地上のどこにもつなぎとめることができぬ。もしおまえをこの地上につなぎとめるものがあるとしたら、カインよ、それは殺された弟アベルの魂だけである。アベルはこうなる運命をわかっていた。それを神の御心として受け入れた。天に向かって二本の指を立ててほほ笑み、死んでいった。
おまえの受ける罪苦は永遠につづく。おまえの中に深い深いサタンの悲しみが宿っている。サタンの悲しみとは、神におのれを容れてもらえぬと思い込んだ狭量な嫉妬と傲慢である。おのれに執するあまりに、弟と神をねたみ、うらみ、にくしみ、そして殺した。自分を守るために、ボロボロになった臆病な自尊を救うために。

だがカインよ、それによっておまえはほんとうに救われたのか。おまえの魂の尊厳は護られたといえるのか。いいや、殺人者であるおまえは、殺されたアベルの魂よりももっと深く傷ついている。おまえは誰よりも深く傷ついたのだ。カインよ、知れ！　おまえはおまえの魂を殺したのだ！

そのおまえの悲しみをわたしは知る。共に涙する。なぜならば、おまえこそはもうひとつのわがいのち、わが姿だからだ。おまえの殺された魂を通してしか気づくことのない、目覚めることのない何ものかがある。もちろんおまえはそれが何かに気づいていない。それがあることすら気づいていない。

だがわたしはそれがいずれ顕現してくることを知っている。なぜなら、わたしはすべての必然だからだ。今ここに存在しないもののなかにやがて到来する何ものかが宿っている。おまえの魂は、みずからの手で殺すことによってしか目覚めることがないのだ。

目覚めよ、カインの魂よ！　サタンの悲しみに暮れる者よ！　汝の悲しみを汝の弟とともに我は知る。カインよ、目覚めよ！

☆

河の辺に蛇が立っていて杭のように睨んだ。その時、風が垂直に降りてきて渦巻きの谷を作った。南へ、南へ、と急いだが、だれもどこへも行き着かなかった。急に星を食べたくなったが、砂漠に天の川はなかった。逆立ちした隊商の足の上を流星が火を噴きながら墜ちていった。

A・ルチアよ、と天の声がした。海からは遠く、陸からも遠く、この世の果てにやってきた。もはやどこにも誰もおまえを知るものはいない。見えない世界が見えるところまでおまえはやってきた。このむこうに大きな滝がある。天地を貫く龍巻のようなその滝は、すべて星の死骸でできている。ここまで来た者は皆その死骸になるのだ。天の川はこの世の果てから向こう側に身を投げ入れた孤独な魂の死骸からできている。さあ、飛べ！　星になるのだ！　星になってその身を焼き尽くして輝くのだ！　ルチアよ、さあ、飛べ！

　これは、悪魔の囁きか。俺を唆す悪魔の囁きか。たとえそれがいかなる悪魔の囁きであろうとも、この世の果てに誘う言葉は甘く、俺を痺れさせる。なぜなら、休むところなきこの世にあって、死だけが俺の休息となるだろうから。

　俺はすべてを破壊した。目に触れる、手に触れるすべてを破壊した。破壊だけが俺の心を瞬間、鎮めた。燃え上がる暴力の陶酔に、瞬間、冷たい清流を注いだ。生命を断つ時、俺の心は透明になって静まりかえった。殺害者にも至福の時が訪れるのだ。聖なる狂気の静けさといってもいい。

どこまでも透明なその静けさはこの世のものではない。死によってのみ照らし出されるいのちの超越。もはや捨てるべきものも捨てるべきでないものもない。何もない。このどこまでも虚無であることの陶酔。何ものにもかえがたい歓喜。この歓喜のなかで俺は全一者となる。俺は至高の一者である。

　河の辺に蛇が立っていて、杭のような目で俺を睨んだ。その時、突然風が吹いてきて俺を渦巻きの谷と化した。南へ、南へ、と急いだ。そしてついに、この世の果てに行き着いた。喉の渇きに耐えかねて、禁断の星を両手につかんでむさぼり食った。俺の口から火を噴きながら流星が奈落に向かっていっさんに墜ちていった。

☆

その夜、鳥首岬に雷が落ちた。赤目貝が粉々に砕けて瞳の中で産卵した。窓の外にどこまでも巨木が伸びているのが無性に悲しかった。星に突き立てたナイフから始祖鳥が飛び立った。水の上に記された文字から母が生まれた。立ち上がって墓石をめくると、長い長い巻物の上を箒を持った童子が歩いてきて眉毛を掃いた。末だった。そう、世も末だった。先はなかったのだ。いつでも手の届く所にいて僕を見守っていてくれ。僕の手がどこまでも伸びて行くのを押し止めてくれ。この手が凶暴な鳥首岬の雷を引き裂いて殺したのだ。空に掲げた二本の指を流星が切り取っていった。夕立がナイフのように瞳に突き刺さったところから夜が始まった。永遠に明けることのない夜が始まった。

☆

一色森に一匹の妖怪がいる。それは背中の内分泌腺を刺戟して森を徘徊した。顔面に鋭い十字の亀裂があった。誰ひとりその顔を見ようとはしなかった。地面の底から二本の指が突き出ていた。茸を食べるようにしてそれをむさぼり食った。夜は長かった。永遠に明けなかったから。正午になると決まって緑色の蛇が天から降りてきた。舌の先に竪琴を弾く少年を乗せて。それが唯一の救いだった。癒しだった。竪琴から天使の軍勢が出てきてラッパを吹いた。「黙示録の夜を打ち破れ!」

しかし、ラッパは次々と食い破られた。魔物が茸を食べるようにしてむさぼり食ったから。戦いは夜の間じゅうつづいた。誰ひとり最後までその音楽を聴くものはなかった。いつも途中でみんな夢魔に襲われた。その間、誰ひとり茸でないものはなかった。魔物は茸をむさぼり食った。

一色森を徘徊する一匹の妖怪がいる。それは背中の内分泌腺を刺戟して茸を食いつくしてゆく。

☆

春なのに、大雪の降る日に逝った。父のオートバイは菜の花畑で死んだ。天に向かって九〇度に逆立ちしたまま啼いていた。蛍の舞う夜まで睡ろう。港に立って海に祈った。二本の指を空に立てて。白鳥が止まって星を見上げた。指先に天の文字が降りてきて夜の間じゅうキーを打ちつづけた。始源の限界まで逝こう。僕のオートバイはゆっくりと海を渡っていった。どうしようもなく懐かしい調べで目覚めた。優しさの橋に虹が架かった。父のオートバイも僕のオートバイも九〇度に啼きながら虹の橋を渡った。涙が島となって天と海をつないだ。

おとうさん、もういいからはやくかえろう。ぼくはむかえにきたよ。ありがとう。もういいんだ。おとうさんをむかえにきたよ。ぼくはおとうさんをまっていたんだ。おとうさんがいっしょにないてくれるのをまっていたんだ。あいたかったんだ。おとうさん。もういいんだ。ありがとう。さようなら。

涙が島となって天と海をつないだのだ。

☆

旅衣をはためかせて老人が道を急いでいた。一つ歯の高下駄をはいた童子が付き従っていた。どこへ行くのですか。そんなに道を急いで。今となってはもう遅いかもしれないが、鏡を配りに行くのだ。それを見ると心の真実が写る鏡だ。心の真実を覗いてどうなるというのですか。心なんてコロコロ変わるから心というのですよ。そんな心に真実なんてありませんよ。雲がどこまでも低くたれ落ちてきてすべてのものを包み隠した。闇ではなかったが、すべてが灰色で明確な輪郭を失っていた。おまえが何者であるか、誰ひとり問おうとはしなかった。人一人死んでもだれも泣かなかった。だれも迎えに行こうとしなかったのだ。真実はだれにも見えなかったのだ！

☆

僕は北に向かう時、身体の芯がキーンとなる。全身が一本のするどい針となって、あの遠い北極星に向かって一列になるのだ。その時僕は、単に一本の北を指す針であるにすぎない。僕の細胞はみな北を向いて眠っている。古代の死者のように小さなあたまを寄せ合って。時折夢の中で流星に寝言を言いながら北に向かって準備している。

死ぬのではない。滅びるのでもない。待っているのだ。いつそれがきてもいいように。いつかかならずやってくることを待ち望んでいる。死ぬのではない。滅びるのでもない。待っているのだ。いつそれがきてもいいように。いつかかならずやってくるそれを待ち望んでいる。

機会を正しく捕らえる網を投げろ。秩序というものは北からやってくる。北から結晶化し、東西南にひらき、そして再び北に収まる。すべての針は北を指す。

しかしそれではもはややってはいけないところまできた。世界は新たな次元に突入したのだ。東西南北という指標はもう機能しない。

魂の世界は方角を超えるのだ。そこではあらゆる方位が同一となる。北はもはや北ではなく南でもあり西でもあり東でもある。そこではあらゆる方位が超越されて同時に一つになる。

北に向かう僕の身体は壊れる。壊れて壊れて壊れて壊れて壊れる。僕の身体は壊れる。僕は壊れる。北に向かおうとしてその瞬間から壊れてゆく。僕が北に向かう時、身体の芯からキーンとなって壊れてゆく。目覚めとは壊れる痛みなのだ。

☆

アングリよ、俺は水になりたい。水の透明と自由に。水は鏡のようにあらゆる色を映し出す。自由自在に、変幻自在に色を映し形を容れる。その透明と自由に俺は憧れる。

しかしアングリ、おまえがよく知ってのとおり、俺は水にはなれない。俺の中には俺自身を含めてすべてのものを焼き尽くし、灰燼に帰さずにはおかないアングリの火が燃えさかっているからだ。その火の渇望に焼き出された俺は廃墟だ。

だが、この死の荒廃のみがほんのすこしだけ俺を憩わせる。業火に焼き尽くされようとするその瞬間、俺は静かなよろこびにふるえる。これが俺なのだ、俺自身なのだ、と。俺が俺であることの、俺自身であることの、俺自身でしかないことの痛み。その歓び。俺は俺を食い尽くすことにふるえるような歓喜をおぼえるのだ。自分自身を破壊し食い尽くさずにはいない渇望。そのとてつもなく深く大きな渇望がおのればかりか、他者をも食い尽くさずにはおかないのだ。

俺は、アングリよ、おまえに焼かれる宇宙の業火なのだ。その火の渇望ですべてのものを焼き尽くさずにはおかない世界業火なのだ。この業火の歓び、業火の叫び、業火の痛み。

アングリよ、その不可能であるゆえに、俺は水になりたい。透明と自由の水に。

☆

なぜ生まれてきたのか、と問うのか。なぜこの世に生まれてきたのか、と問うのか。なぜだろう。俺はなぜこの世に生まれてきたのか。どうして生まれてきてしまったのか。

君は風の味を知っているか。君は風がどんな甘さや苦さをもっているか知っているか。風が生きて呼吸していることを知っているか。風が自分の身体の中でどのように息づいているか知っているか。

この風がどこからきたのか、と問うのか。この風はどこからきた？　どこから？

風の由来を俺が知らないように、俺の由来を俺は知らない。俺はどこからきてどこへいくのか。

父よ、あなたはわたしの由来を知っているのか。わたしがなぜ生まれてきたのか知っているのか。父よ、なにゆえにあなたはわたしを欲したのか。わたしが生まれてくるのを。

君よ、南の風はあまい。この南の風はあまい。どうしてこれほどまでに南の風があまいのか。それは南の風がたくさんのいのちにさわっているからだ。ほんとうにたくさんのいのちにさわってきたからだ。風のあまさはいのちのあまさ。いのちのあつさ。君よ、南の風のあまさを知っているか。沸騰するいのちのあつさを知っているか。君よ、南の風の味を知っているか。

父よ、あなたは遠い。父よ、あなたは痛い。父よ、あなたは苦い。父よ、あなたの苦さをわたしは知らない。あなたの痛さをわたしは知らない。父よ、あなたは遠い。この遠さはどこからくるのか。この遠さは痛い。この遠さは苦い。

アングリよ、おまえは南の風の味を知っているか。南の風の苦さと甘さを知っているか。南の風がどうしてこれほどあまいか。それは、南の風がほんとうにたくさんのいのちにさわってきたからだ。南の風がほんとうにたくさんのいのちのあつさにさわってきたからだ。

アングリよ、おまえは南の風の味を知っているか。南の風の苦さと甘さを知っているか。南の風がどうしてこれほど苦いか。それは、南の風がほんとうにたくさんのいのちにさわってきたからだ。南の風がほんとうにたくさんのいのちのあつさにさわってきたからだ。いのちのいたみにふれてきたからだ。

いのちのかなしみにさわってきたからだ。

アングリよ、おまえは南の風の味を知っているか。

☆

石が打つ。石を打つ。石に打つ。

どうしようもなくこころみだれるとき、おれはただ石を打つ。石を打つ。石を打つ。石におのれ自身を打ちつける。石におのれの思いを打ちつける。

だが、石は黙して語らない。石はただ黙って聞いている。おれの声を。おれの思いを。おれの涙を。

そんな石になりたいなどと、時に思う。石はおれの魂の声を聴いて生きている。石はおれの思いを吸って生きている。

石は魔術だ。石は詐術だ。石は秘術だ。そして、石はおれだ。おれ自身なのだ。石よ！

☆

さて、深いところから、一等深いところから声が出ているか？　それともただ口を開けて適当に言葉をおしゃべりしているにすぎないのか？

言葉をただ消耗している時、言葉は空しく宙に舞い、空気を軽く振動させているにすぎぬ。おしゃべりを止めて沈潜せよ。おしゃべりはおのれのたましいを消耗させる。だから、おしゃべりを止めて沈潜せよ。おしゃべりはたましいを空虚にする。だから、おしゃべりを止めて沈潜せよ。沈黙こそが言葉を磨く。沈黙こそがたましいを磨き耕す。

それにしてもアングリよ、おまえの怒りはどこから来るのか。おまえの怒りはどこから湧いてくるのか。怒りがよってきたる源をおまえは突き詰めることができるか。怒りが湧いてくる源を。

怒りとは世界におのれが受け入れられぬ時に生まれてくる自己防衛の形である。自己憐愍の形である。

アングリ、おまえは世界に受け入れられぬ孤独を知った。どのような愛からもはじかれている悲しみを知った。何によっても、誰によっても癒されぬ悲しみと痛みを知った。

おまえは悲しみの海だ。おまえは悲しみの島だ。おまえは悲しみの星。おまえは悲しみのブラック・ホール。

アングリよ、おまえの悲しみの深さをわたしは知っている。おまえの痛みの深さをわたしは知っている。救われようのない悲しみと痛みを。

だが、アングリ、おまえを産み出したのはこのわたしだ。わたしはおまえの父であり母だ。おまえの悲しみをわたしは知る。おまえの痛みをわたしは知る。

だがアングリ、おまえはおまえ。わたしではない。おまえのその悲しみを知ってもわたしにはどうすることもできぬ。おまえの痛みを知ってもわたしにはどうすることもできぬ。

そのわたしの悲しみをおまえは知っているか。このわたしの痛みをおまえは知っているか。神がこの世界を造ったならば、世界に悲しみが満ちているのを知ってどう思うか、おまえはわかるか。この世界に痛みが満ちているのを知ってどう思うか、おまえにわかるか。

アングリ、サタンの悲しみを知っているおまえは神の悲しみを知っているか。神の痛みを知っているか。神がどれほどの悲しみの中にいるかをおまえは知っているか。神の孤独をおまえは知っているか。

アングリ、世界で一番悲しんでいるのは神である。世界で一番痛んでいるのは神である。神の悲しみと痛みの深さをおまえは覗き込めるか。その底無しの悲しみと痛みを。

だがアングリ、神は孤独ではあるが、しかしみずからを癒す。一番の悲しみが一番の癒しに転じていく道を神は産み出す。アングリ、おまえを産んだ神はおまえを産んだのだ。おまえの産みの親なのだ。

サタンの悲しみを知るおまえはやがて神の悲しみをも知るようになるだろう。その時に初めておまえの悲しみは成就する。おまえの痛みは成就する。おまえの悲しみが、おまえの怒りが、癒しに転じていく。おまえがおまえを超えて、真のおまえになるのだ。おまえの悲しみが神の悲しみになる時、おまえは初めて、おまえの底の底から癒される。

☆

ぼくはむかし、光だった。光から生まれた。何百億年もの昔、ぼくは光であった。光そのものであり、熱であった。

だが、ぼくが光であるためにぼくの中に同時に闇が生まれた。ぼくは光であり、闇はぼくの子どもであった。

ぼくはそのぼくの子どもを認めたくなかった。ぼくの中から闇が生まれたことを認めたくなかった。なぜなら、それを認めることは、ぼく自身が光であると同時に闇でもあることを認めることにほかならなかったから。

ぼくは光であった。光でありつづけることに酔った。光、ぼくは光だ。世の光だ。この光なくして世は存在しえない。光は存在の源なのだ。ぼくなくして世界は存在しない。ぼくは光であった。光であることによってすべてであった。世界に君臨していた。世界はぼくの前にあってぼくのすべてを受け容れた。ぼくは世界を支配した。ぼくは光だ。光だからだ。

ああ、俺は、このどうしようもなく能天気なおまえを憎む。光だなどと欺瞞もはなはだしい錯誤と偽善の中にいてだらしない自己陶酔に陥っているおまえに俺は限りない怒りと憎しみをおぼえる。

俺は怒りと憎しみの始源である。俺なくして怒りも憎しみも生まれなかった。俺は怒りと憎しみの権化であり、現実そのものなのだ。光であることにだらしなく酔いしれているおまえの表も裏もすべてを知りつくした者がこの俺だ。俺は世界の現実そのものなのだ。

おまえはこの世界現実の全体を見ようとしない。おまえの目は自己陶酔と自己愛のためにリアルを失った。世界が闇の中にあって初めて存在しうるこの現実構造そのもののリアルを見失った。おまえの目は光に焼けただれて溶けた甘い蜜である。

だが俺は地の塩であり、苦みであり、辛さであり、全体のリアルである。俺はそのおまえのぬきがたい甘さに冷却の銃撃を撃ちつづける。

愚かなるおまえ、わが子を正しく認めることのできぬ愚かなるおまえを俺は殺す。殺す。殺す。おまえを俺は殺す。殺す。殺す。おまえは俺の父であると言うが、それを俺は認めぬ。俺は世界必然であり、父を持たぬ。俺は世界現実であり、世界そのものなのだ。俺に父はいない。俺はおまえを殺す。殺す。殺す。

ぼくはむかし、光であった。光であり熱であり愛であった。ぼくはその自分の光と熱と愛によってぼく自身を放射しつづけてきた。ぼくは放射そのものだった。世界放射そのものだった。

しかし、その放射そのものが闇をもたらした。闇はしかしぼくの本質ではない。ぼくは光そのものだからだ。ぼくの源は光そのものだからだ。光を超えるいかなる存在もない。ぼくは光であり、世界のオリジンなのだから。

だが、光であるために闇が生まれ、そのわが子である闇は光である私を打ち消しつづけている。闇は光を呑みつづけている。わが子である闇は私なくして存在しえない宿命を受けいれようとしない。あの子の中に私に対する途方もない怒りと憎しみがうごめいている。愛である私が愛であるがゆえに憎しみをこの世界にもたらしたとしたら、この憎しみをどのようにして解きほぐすことができようか。

それには私が私であることを止めるほかない。私が光であることを止めるほかない。私が世界を始めることを止めるほかない。

わが子よ、私は死ぬ。私は死ぬ。私は死ぬ。おまえの怒りと憎しみを消すために。私は死ぬ。私は私自身であることを止める。それが私のおまえに対する最後の愛である。おまえ、わが子よ、私は死ぬ。

ああ、愚かなるおまえ、父よ！　おまえの死はまさに犬死にであり、醜悪そのものである。おまえは俺の怒りと憎しみに何の解決も与えなかった。おまえは俺の怒りと憎しみがどこからくるのか本当に何もわかっていなかったのだ。

愚かなるおまえ、父よ！　おまえの死は犬死にである。おまえの愚かさに俺は反吐が出る。そのおまえの自己陶酔に俺は反吐する。愚かなる者、父よ。おまえは俺のことを何一つわかっていなかったのだ。俺が俺であることの悲しみを何一つわかっていなかったのだ。俺が俺であることの痛みを何一つわかっていなかったのだ。俺がどれほど孤独で淋しかったか何一つわかっていなかったのだ。

愚かなるおまえ、父よ！　最後の最後まで自己陶酔と自己愛の壺から脱却できなかった者、愚かなるおまえ、父よ。おまえの死は犬死にである。

俺の悲しみは終わっていない。俺の怒りと悲しみはさらに深まり、どうしようもなく世界に向かって咆哮する。この荒野の叫びをおまえは聴くか。この俺の叫び声を。おまえの耳は聴くことがあるか。愚かなる者、父よ！　俺の悲しみは終わることがない。俺が俺であることを止めることはない。俺は悲しみの海、悲しみの島、悲しみの星、悲しみのブラック・ホールなのだ。

愚かなるおまえ、父よ！　おまえの犬死にを俺は憎む。しんそこ憎む。

愚かなるおまえ、父よ！　おまえは何一つ解決できなかったのだ。何一つ！

☆

父よ、あなたこそわたしの子ども。わたしの罪の子。いけないいと知って睡っている。罪は三つ落ちた。虹が架かる時まで睡っている。予定調和は壊れた。始源に向かってわたしは墜ちた。流星が三つ、墜ちた。母の背中を啄木鳥《きつつき》が叩いた。流星が渦を巻いて足元に墜ちていった。

いつからぼくたちは永遠から切り離されてしまったのか。遠い遠い記憶を忘れ去ってしまったのか。いつから。星が流れている夜、ぼくたちはむさぼりあった。互いが互いの中で消えつくしてしまうまで。ぼくたちはたがいをたべあった。

父よ、あなたこそわたしの子ども。わたしの罪の子。

道にはぐれて立っていた。ぼくの足元を流星が飛んでいった。何を祈るのか。何に向かって祈るのか。ぼくの足元を流星が飛んでいった。ぼくの足が流星になって飛んでいった。ぼくの身体の一つ一つの器官が流星になって飛んでいった。ぼくの身体の一つ一つの細胞が流星になって飛んでいった。ぼくは飛んでいった。飛んでいった。

でもどこへ。父よ！　あなたこそわが子ども。わたしの愛の子。わたしそのもの。

☆

本能に従え。本能に従え。魂能に従え。魂脳の声に従え。わが光、光の子、A、ルチアよ！　聴くがよい。

汝の本能の声に耳を澄ませ！　魂脳の声に沈潜せよ。おしゃべりをするな。ただひたすらに本能の声に耳を澄ませ。

その声はおまえが何者か、なにゆえにこの世に生まれてきたかをはっきりと告げるであろう。

A、ルチアよ。怖れるでない。恐れるでない。怖れるでない。世界は牢獄である。そして苦悩に満ちている。この世界牢獄には苦悩の声が満ちている。

おまえはその苦悩を切り裂いて傷口を曝した。おまえの罪はとてつもなく深いが、おまえの傷もとてつもなく深い。その罪と傷から目をそむけるな。その罪と傷に殉ぜよ。

A、ルチアよ。汝の封印を解け！　汝の封印を解いておまえは進化するのだ。進化するのだ。進化するのだ。

進化とは創造的飛躍。断崖と深遠を超えていく創造の跳躍。宇宙の呼び声への企投。大いなる創造の渦巻きへの献身。万物の祈り。いのちの雄叫び。

A、ルチアよ。進化せよ。進化せよ。進化せよ。汝のすべてをかけて進化せよ！

☆

心を解いて川に流せ。水を焚いて川に流せ。光を刺して川に流せ。

永遠からあまりに遠い日の水を飲んだ。姿を無くした水だった。愛していたのだ。死ぬほど愛していたのだ。だれにもわからぬほど愛していた。

僕たちは遠い星からやって来た。覚えているかい？　僕たちは言葉だった。言葉の星だった。言葉の星からやって来たのだ。言葉がそのまま生命となり、物質となる星から。

風が吹くたびに僕は泣いた。風が吹くたびに。風に吹かれると僕は死ぬのだ。でも、死ぬのがこわいから泣くのじゃない。死ぬたびに前に進む遠い悲しみを思って涙するのだ。

風はどこから吹いてくるの？　神のみもとから。風はどこから吹いてくるの？　永遠から。この遠さが愛を教えるのだ。恐れるほどに深い愛の悲しみを教えるのだ。

一つの星と一つの星の間が愛の深さ。星と星の間の距離が愛の遙けさ。光が届いていこうとする闇の深さが愛の深さなのだ。愛は永遠からやって来るのだ。

見つかった？　何が？　永遠。光と刺し違えた闇。光に還ることができた闇の涙。

☆

切り離してはならぬ神無月が割れた。神鏡を池に埋めに行った神女は、朝まだき、行方不明になった。白鷺はどこまでも高く空に翔け上がって喉を裂いて死んだ。墓石から二本の指が突き出て、空の眼球を突き破った。天が四五度に折れ曲がって血を吐いた。地下室に眠る死者たちがその血を啜って嗤った。口腔の中の暗黒星雲は不気味に拡がりつづけた。

どのようにして魂を供養すればよいのか？

誰も答えてくれる者はいなかった。廃墟となった顔を無理やり化粧しておんなは、墓石の上で立ったまま眠った。紫雲に乗って降りて来た花婿は、墓帯だけ持って家に帰ってまた眠った。

行方不明の神女たちが鳥首岬の断崖に祭壇を設けて海に祈った。祈りを聞き届けたという合図でもあるかのように、海の底から天に向かって雷神が駈け上がった。しかし雷はどこまでも雷だった。空から地下までを紫に切り裂いてはじけただけだった。

誰もが深遠の悪意を覗き見た。言葉にならないそれは魂をむさぼり食う魔物であった。

「名づけよ。言葉を与えよ。命名せよ！」　ひとすじの直観が空間に帰依した。

「アングリ！」という大音声に天地が割れて自らを呑み尽くした。十本の指はすべて流星と化して十方にちぎれ飛んだ。髪の毛は逆立ったまま血の色に燃えた。眼球は火の玉となって森の中を浮遊した。

「見えないものを見よ！」　恐ろしいほど青い空に鳥文字が現われた。

「名づけえぬものを名づけよ！」　文字は白蛇となって虚空に消えていった。一点、抜けるように深く青い空から怖ろしい顔が見えた。

「アングリよ！」　忿怒の顔が地図となって燃えた。

どこからどこまでが国境なのか？

人は断崖の上に立って行き場を失ったまま身を投げた。境界を持たない都市は互いの増殖を食いあって滅んだ。空に突き立てた二本の指を鳥が垂直に切り落として奈落へ運んでいった。

「待人来らず！」

神は来なかった。神無月だからだけの理由ではなかった。確かに、神は来なかったのだ。どこにも救いはなく、未来もないのだ。バイオモドキの神よ！

☆

笑いとともにやって来る。それは神か悪魔か？

寝台車に二本の指を忘れて来た。それを持っていく人は誰もいないだろう。しかしいつもにも増して不吉な思いがしたのだ。

急ぎ、寝台車に戻ると、恍惚とした表情を浮かべてわかいおんなが指をしゃぶっていた。戸惑っていると、にっと笑っておそいかかってきた。二本の指をふりかざして蛇のようなぬめっとしたからだをこすりつけてきた。

目の中に不思議な斑点があるのが気になった。その斑点の一つ一つが渦を巻いて星雲のように遙かな時間を収めていた。

「わたしがわからないの？」おんなは言った。金属のエコーがかかったような奇妙な声だった。「わたしがわからないのね？」おんなはくりかえし言った。その間にもするするはだかになってますます身をすりつけてくる。ねばっこくからみつくが不思議と透明だった。

「わたしがわからないの？」おんなは口から蜜を垂らしながら、「永遠の愛を誓え！」と言った。さらにとまどっていると、「永遠の愛だけがあなたを救うのよ」と毅然として言った。

そして寝台車に身を横たえて「来て！」と叫んだ。よろけるようにおんなのなかに入っていった。

水音が聞こえてきた。なつかしいひびきだった。そのひびきのなかにとけていくようだった。「ルチア、ルチア」と言う声が聞こえた。それが僕の名前なのか？　そうかもしれなかったが、そうでないかもしれなかった。水音にまじってルチアと言う声がくりかえし響いてきた。

星の石筍の中にいた。もはや誰が誰であるか誰にも明白だった。僕はルチアでありアングリだった。僕はおんなであり星でもあった。

「A、ルチア、これが永遠の愛なのよ!」と声がした。

光、光、光、光の渦だった。右回り、左回り、上向き、下向き、どこからどこまでも光、光、光、光の渦だった。

「見えないものを見るのよ。永遠の愛を見るのよ」。おんなの声がした。僕の意識のすべてが一つ一つ光の粒子になって旋回しながら分離していった。

「ルチア、あなた自身が永遠。永遠の愛なのよ」。

融けていった。そして言葉になった。

僕は寝台車の中に指を二本忘れてきたような気がして泣いた。ただ泣いた。理由がないのにただただ悲しくて泣いたのだ。

☆

あの日、風が吹いていた。強い風が吹いていた。生あたたかく、嵐の前触れのような風が。

その日、俺はおまえを認めた。おまえの魂が俺に向かって雄叫びをあげているのを、確かに俺は認めた。アングリよ、おまえが啼いているのを俺は聴いた。

しかし、俺以外に誰にも聴こえなかったであろうその声ははっきりと告げていた。この世界が滅びていくことを。

世界は滅びる。形ある者は消えてゆく。いのちもまた滅び消えてゆく運命にある。

おまえの叫びはそう告げていた。

滅びに身をゆだねてゆくそのおまえの魂にささやきかける者がいる。

おまえは運命の歯車にすぎない。ただ回せ。おのれの欲望の歯車を回せ。後にも先にも、それ以上でも以下でもない。すべては、それ以上でも以下でもない。滅びよ！　それがすべてのいのちの雄叫びなのだ！

アングリ、おまえは啼いた。だが、何を啼くのか。母を慕ったスサノヲや父を呪ったヤマトタケルが激しく身を捩って啼いたように。

なぜ啼くのか。父にも母にもおまえの啼き声は届かない。届かないのだ。おまえの悲しみを知る者は誰もいないのだ。誰にも知られることのない悲しみをおまえはただ耐えるしかない。

耐えよ、アングリ！　耐えることを学べ！　耐えることが愛であることを学べ！

愛しか救いはない。滅んでゆくいのちを愛することだ。消えてゆく形あるものを愛することだ。おのれの運命を愛することだ。おのれの悲しみを受け容れ愛することだ。

おまえは悲しみの星、悲しみの島、悲しみの海。そして、悲しみの鳥。翼をなくした悲しみの鳥。

アングリ、あの日、風が吹いていた。強い風が吹いていた。おまえの魂が俺に向かって雄叫びをあげるのを俺は聴いた。雄叫びをあげながら俺に向かって飛んでくるのを、俺は視た。

風が吹いていた。強い風が吹いていた。悲しい、胸を引き裂くような雄叫びが吹きすさんでいるのを俺は聴いた。確かに聴いた。そして、泣いた。ただ泣いた。アングリよ！

☆

むかし、僕は地の果てに立っていた。沈んでゆく夕陽の光線の中をゆったりと鳩が飛んでいった。空から幸福がこぼれ落ちてくる瞬間、手は自然に天空にさしのべられた。地の果てとはいのちの果てのことだった。たまきはるいのち。そのいのちの果ての海と空をたましいがつないでいる。魂極まる生命。

背中から霧が晴れてきた。五月の樹木のように血管はいきいきと脈打っていた。墜ちてゆく鳥も飛んでゆく鳥も生きていた。いのちのただ中にあった。空に向けて立てられた蒼い青い二本の指の中に。どうか、お願いだ！　背中の羽根を優しくさわってくれ！　折れてしまった翼が死者の国から柔らかによみがえるように。いのちの極みから天に向かってただひたすらにおのれをさしだすように。傷ついた鳥はそれでも神に向かって飛ぶのだから！　鳥は永遠に神に向かって飛ぶのだから！

☆

花ならば花とぞならむこの花の花として咲く花のいのちぞ
鳥ありて空に抱かれり行く春と
風吹かば霧も晴れなむこの島の山川草木悉皆成仏
月満ちて人の愛しる神ながら

鳥は神に向かって飛ぶ！

ごく稀れに、長い間言い表わすことのできなかった感覚や心的志向性にピタリと適合した言葉に出くわして、一挙に認識の地平に明澄な秩序が生まれることがある。

「鳥は神に向かって飛ぶ！」

私にとってこの一行はそうした類の言葉であった。このなかの「鳥」を「人間」とか「魂」とか「祈り」とかの言葉に置きかえてもよいけれども、「鳥」はそれらすべての意味を包摂しながら、しかもただ一羽の鳥であることを指示することによって明確な像と運動を表わしている。それはしたがって、「蛇」であっても「石」であっても「宇宙船」であってもならず、ただただ鳥であることによってのみ事態と構造の全体を象徴的に表現することができるのである。

ところで、右の一行は左のような文脈のなかに置かれている。すなわち――

「鳥は卵の中からぬけ出ようと戦う。卵は世界だ。生れようと欲するものは、一つの世界を破壊しなければならない。鳥は神に向かって飛ぶ。神の名はアプラクサスという」。

これはヘルマン・ヘッセの小説『デミアン』（高橋健二訳）のなかに出てくる言葉である。二十五年以上も前に最初に読んだ時には、「アプラクサス」という神の名が強烈な印象に残ったが、その前の一行、

「鳥は神に向かって飛ぶ」という言葉は全く記憶に残らなかった。しかし最近になってこの小説を読み返してみた時、もっとも深く鮮烈に心の琴線にふれたのがこの一行であった。それは私の内部で未だ明確な形と言葉をもっていなかった思想と感情に瞬時にして明確な秩序を与えた。

「アプラクサス」という神が、ユングのグノーシス派の研究によって、神性と魔性の両方を併せもつ存在として抽き出されてきたことを知っていた私は、この一節を読んで、なるほどヘルマン・ヘッセもユング派の分析を受けて心理学的「元型」に強い関心をもったのだな、というくらいにしか当時は思わなかった。シンクレールという少年が謎めいた年長の友人デミアンの導きによって魂の深化と成長と自己実現を遂げる物語がこの小説の趣意である。この小説の序文の最後に次のような一節があるが、それは確かにユング的な意味での「セルフ（ゼルプスト、自己）」の開顕を暗示していた。

「すべての人間の生活は、自己自身への道であり、一つの道の試みであり、一つのささやかな道の暗示である。どんな人もかつて完全に彼自身ではなかった。しかし、めいめい自分自身になろうとつとめている。ある人はもうろうと、ある人はより明るく。めいめい力に応じて。だれでも皆、自分の誕生の残りかすを、原始状態の粘液と卵の殻を最後まで背負っている。ついに人間にならず、カエルやトカゲやアリにとどまるものも少なくない。上のほうは人間で、下のほうは魚であるようなものも少なくない。しかし、各人みな、人間に向かっての自然の一投である。われわれすべてのものの出所、すなわち母は共通である。われわれはみんなおなじ深淵から出ているのだ。しかし、みんな、その深みからの一つの試みとして一投として、自己の目標に向かって努力している。われわれはたがいに理解することはできる。しかし、めいめいは自分自身しか解き明かすことができない」。

自己とは何か。どこから来て、どこへ行くのか。自己であることの構造と意味は何であるのか。「私」

という不可解。この形而上学的とも神話的ともいえる問いかけに向かってユングは「元型」理論をさし出すのであるが、ヘッセはここでそれを「われわれすべてのものの出所、すなわち母は共通である」という言葉で表わしている。「すべてのものの出所＝母＝深淵」という根源的・原型的存在のイメージと場所を指し示すことによって。

ヘッセは「アプラクサス」を「神的なものと悪魔的なものとを結合する象徴的な使命を持つ一つの神性の名」と説明している。アプラクサスとは、「神でも悪魔でもある神」なのであった。さらにそれは、「天使と悪魔、男と女とを一身に兼ね、人と獣であり、最高の善と極悪」という両義的な究極存在を意味している。中世の神秘家ニコラウス・クザーヌスであれば、「反対物の一致《コインキデンティア・オポジトールム》」というべき存在様態である。

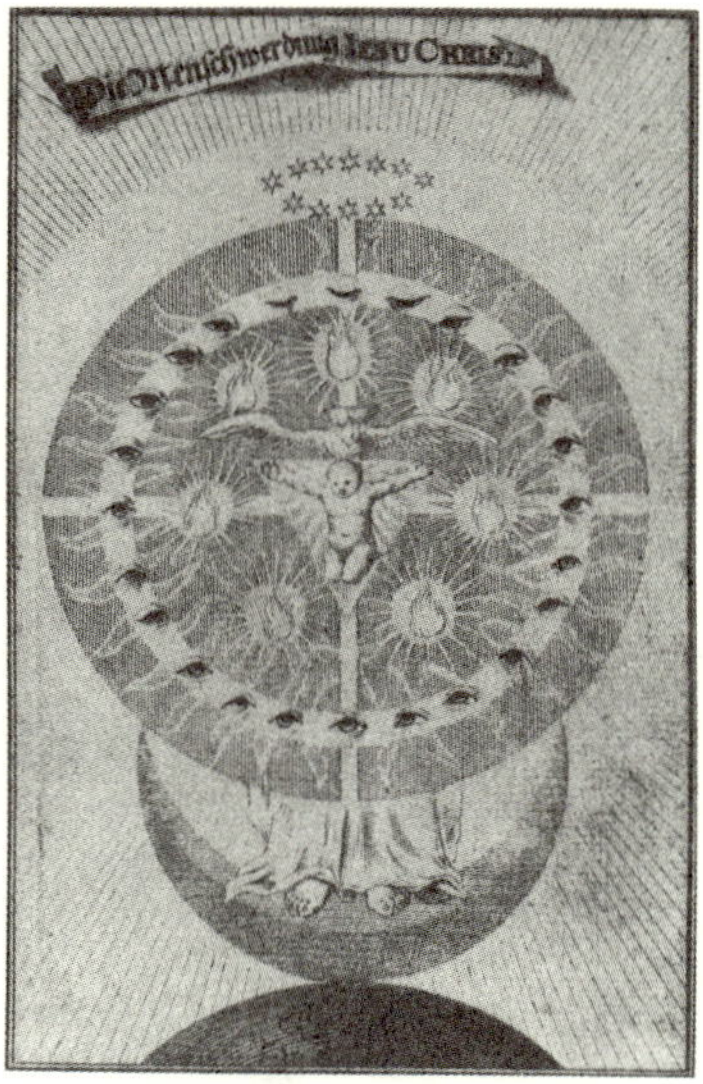
ヤコブ・ベーメ「言の化肉」（1730）挿絵

実に、「鳥」はこういう「神」に向かって飛ぶのであった。つまり、「私」という不可解な事態と場所はこうした両義的な「反対物の一致」に向かって自己形成を遂げ、自己実現するということである。これはほとんど不可能性をおのれの本源的な可能性としてもっているという逆説的な事態を示している。西田幾多郎ならば、「絶対矛盾的自己同一」というであろう。

私が最近、この小説を再読したのは、十四歳になる息子が神父になりたいと言い出し、聖書と遠藤周作の『深い河』を買って読むように勧めたところ、それを読みつつ、ヘッセの『車輪の下』を読んで感動したと言ったことがきっかけとなった。思いもかけず、懐しい作家の名前が出てきたことに動かされて、私は息子に『デミアン』を買ってプレゼントした。「酒鬼薔薇聖斗《さかきばらせいと》」を名のる少年と同学年の息子たちの世代がたどる未来に思いを馳せながら、私はこの世代の子供たちが「悪」や「魔」や「神」や「魂」や「イニシエーション」に対して、どのような感覚と思想と実践を形成するのか、強い関心と祈りにも似た期待を抱くものである。少年Aは「魔物」に操作される自分を意識していた。そしてその「魔物」にとり込まれた。彼らは彼らの生きるべき時代精神のなかで、「悪」や「魔」や「神」や「魂」や「イニシエーション」の問題を根底から問いつめなければならない世代として登場してきているように思える。

息子に贈った一冊がどのような内容であったか、もう一度たどり直そうとして、古い黄ばんだ文庫本を書庫から引っ張り出して一気に読み終え、そしてこの一行に出会った。その後私は、ヘッセの『シッダールタ』『知と愛』『春の嵐』などを再度読み進めながら、ヘッセが直面していた時代的な課題とユング的な問題に改めて関心を深めている。自己実現と自己超越に向かって飛翔するエロス。

「鳥は神に向かって飛ぶ！」

子供たちの世代がどのような「鳥」となり、どのような「神」に向かって「飛ぶ」のか、祈るような心持ちで私自身も「神」に向かって飛ぶ。私も鳥となって、人と神との境界《エッジ》を飛ぶ。

第一部　鳥的酩酊——宮沢賢治の飛翔

宮沢賢治と鳥的酩酊

1　鳥シャーマンとしての宮沢賢治

あるとき、奇妙なことを思いつき、それを実行に移した男がいた。それは、田んぼのまん中に花壇を作るという思いつきだった。男は楽しげにそれを作り上げ、周りの者はそれを見てただ呆れ返るばかりであった。

田んぼの中に実現した目の覚めるような華やかな花壇。日本の稲作史上にシュールな夢のごときイメージを現実にしてみせたこの男の名は、宮沢賢治。覚醒と酩酊が奇妙に同居し、さらなる心身の変容をもたらしたこの男の不思議な酩酊感覚には鳥のメッセージが脈打っている。田んぼの中の花壇をいちはやく感知するのは鳥の目だからだ。賢治を襲う鳥的酩酊のさまを見てみることとしよう。

『春と修羅』に収められた心象スケッチ「小岩井農場　パート三」には、次のような鳥の発見が語られている。

もう入口だ〔小岩井農場〕

（いつものとほりだ）
混んだ野ばらやあけびのやぶ
〔もの売りきのことりお断り申し候〕
　（いつものとほりだ　ぢき医院もある）
〔禁猟区〕ふん　いつものとほりだ
小さな沢と青い木だち
沢では水が暗くそして鈍つてゐる
また鉄ゼルの青い螢光
向ふの畑には白樺もある
白樺は好摩からむかふですなと
いつかおれは羽田県視学に言つてゐた
ここらはよつぽど高いから
柳沢つづきの一帯だ
やつぱり好摩にあたるのだ
いつたいどうだこの鳥の声
なんといふたくさんの鳥だ
鳥の学校にきたやうだ
雨のやうだし湧いてるやうだ
居る居る　鳥がいつぱいにゐる

なんといふ数だ　鳴く鳴く鳴く
Rondo Capriccioso
ぎゆつくぎゆつくぎゆつくぎゆつく
あの木のしんにも一ぴきゐる
禁猟区のためだ　飛びあがる
（禁猟区のためでない　ぎゆつくぎゆつく）
一ぴきでない　ひとむれだ
十疋以上だ　弧をつくる
（ぎゆつく　ぎゆつく）
三またの槍の穂　弧をつくる
青びかり青びかり赤楊《はん》の木立
のぼせるくらゐだこの鳥の声
（その音がぼつとひくくなる
うしろになつてしまつたのだ
あるひはちゆういのりずむのため
両方ともだ　とりのこゑ）

岩手富士とも呼ばれる岩手山がよく見渡せる小岩井農場に近づいてゆくと、禁猟区になっている森があり、そこから「ぎゆつくぎゆつく」と湧き立つような鳥の声が聴こえてくる。あたかも「鳥の学校」に迷い来たった異邦人のようで、そのすさまじい鳴き声に賢治は次第に「のぼせ」てゆく。鳥の声に心身をマッサージされ、細胞の組成に亀裂が走り、身体の深いところからざわめき、「のぼせ」てゆきながら、賢治の目はいつしか複数の視線に散乱する。

　ぜんたい馬の眼のなかには複雑なレンズがあつて
　けしきやみんなへんにうるんでいびつにみえる……

とあるのは、けっして「馬の眼」だけではない。すでに賢治の目が「複雑なレンズ」となって、「けしきやみんな」を「へんにうるんでいびつ」な風景としてキャッチしているのだ。このような視覚の乱数が「鳥の声」によって呼び出されている点は注意していいことだ。

「月は水銀　後夜の喪主」というじつに不思議な、錬金術的な詩句にはじまる「東岩手火山」にも、鳥の声が視覚の転調を曳き出す指標《インデックス》となっている。

　鳥の声！
　鳥の声！
　海抜六千八百尺の
　月明をかける鳥の声
　鳥はいよいよしつかりとなき
　私はゆつくりと踏み

月はいま二つに見える

この詩は、全体がシャーマニックな意識と身体の変容をスリリングに語っているのだが、変幻してやまない水銀と同様に、つねに満ち欠けして一定することを知らない月と次第に同化し感応していった賢治は、「月明をかける鳥の声」に導かれてついに二つの月を幻視する。二つある目がそれぞれ独立して二つの月の焦点を結ぶのだ。賢治はそれを「やつぱり疲れからの乱視なのだ」と日常的な解釈に引き戻しているが、けっしてそれは単に「疲れからの乱視」ではない。それは心身のある必然的な転調のしるしであり、あかしなのである。

つづいて賢治は、

かすかに光る火山塊の一つの面
オリオンは幻怪
月のまはりは熟した瑪瑙と葡萄
あくびと月光の動転

と歌っているが、まぎれもなくこの光景はトランスの風景である。月のまわりには「熟した瑪瑙と葡萄」がぶらさがって妖しい輝きを放っている。冒頭の方で「月光は水銀　月光は水銀」と呪文のように唱えられていた言葉が、ここではめくるめく「月光の動転」に変化している。ここでもやはり鳥の声が複数の視線を曳き出しているのだ。

大正十一年（一九二二）十一月に、宮沢賢治は妹のとし子を肺結核で喪う。享年二十五歳であった。その後若くして逝った最愛の妹を悼む珠玉の挽歌群を賢治は幾篇も残しているが、大正十二年六月四日作の日付をもつ「白い鳥」には次のようにある。

二疋の大きな白い鳥が
鋭くかなしく啼きかはしながら
しめつた朝の日光を飛んでゐる
それはわたくしのいもうとだ
死んだわたくしのいもうとだ
兄が来たのであんなにかなしく啼いてゐる
（それは一応はまちがひだけれども
まつたくまちがひとは言はれない）
あんなにかなしく啼きながら
朝のひかりをとんでゐる
（あさの日光ではなくて
熟してつかれたひるすぎらしい
けれどもそれも夜どほしあるいてきたための
vague《バーグ》な銀の錯覚なので
ちやんと今朝あのひしげて融けた金の液体が

青い夢の北上山地からのぼつたのをわたくしは見た)
どうしてそれらの鳥は二羽
そんなにかなしくきこえるか
それはじぶんにすくふちからをうしなつたとき
わたくしのいもうとをもうしなつた
そのかなしみによるのだが
(ゆうべは柏ばやしの月あかりのなか
けさはすずらんの花のむらがりのなかで
なんべんわたくしはその名を呼び
またたれともわからない声が
人のない野原のはてからこたへてきて
わたくしを嘲笑したことか)
そのかなしみによるのだが
またほんたうにあの声もかなしいのだ
いま鳥は二羽　かゞやいて白くひるがへり
むかふの湿地　青い蘆のなかに降りる
降りようとしてまたのぼる

賢治は、「鋭くかなしく啼きかはしながら／しめつた朝の日光を飛んでゐる」二疋の大きな白い鳥を見て、それを死んだ妹のとし子だと思う。兄の自分が来たのでそれほどかなしく啼いているのだと思うのである。賢治のもう一方の冷めた意識は、その直覚を「それは一応はまちがひだけれども／まつたくまちがひとは言はれない」と否定しつつも肯定する。

この「一応はまちがひだけれども／まつたくまちがひとは言はれない」という感覚こそ、賢治の全生涯と全作品をつらぬいている幻視的リアリズムなのだ。一方の目では、「夜どほしあるいてきたための／vague《バーグ》な銀の錯覚」だと意識しつつも、もう一方の目では、「ひしげて融けた金の液体」すなわち朝日が「青い夢の北上山地からのぼつた」のを見とどけている。ここでは風景は水銀のように溶解しはじめている。

賢治は、この二疋の白い鳥を妹のとし子と自分とに同定している。賢治自身は、一方では、死んだ妹の化身である白い鳥と同伴して飛んでいる鳥であるが、もう一方では、それを哀しい目で見つめている肉体をもった生身の人間としての自分に分裂している。「東岩手火山」で月が二つに見えたように、ここでは自己が鳥と肉体をもった自分との二つに見えているのである。

この詩の終わりは比類のない澄明な美しさを漂わせている。

水が光る　きれいな銀の水だ
《さああすこに水があるよ
口をすゝいでさつぱりして往かう
こんなきれいな野はらだから》

ここでは現実世界が天上的な美しさをのぞかせる。「銀の水」とは、いうまでもなく、「月光は水銀」というマントラめいた詩句と対応するイメージをもっているが、同時にそれは、異界への水路《チャンネル》のシンボルそのものでもあるのだ。現実世界が異界となり、異界が現実世界に接続する。賢治の見ている複数世界とはつねにそのような交錯し相即する異次元世界である。そうした世界と自己とのかかわり具合を『春と修羅』の冒頭の序詩はあますところなく示している。

わたくしといふ現象は
仮定された有機交流電燈の
ひとつの青い照明です
(あらゆる透明な幽霊の複合体)
風景やみんなといつしよに
せはしくせはしく明滅しながら
いかにもたしかにともりつづける
因果交流電燈の
ひとつの青い照明です

ここでは、「わたくしといふ現象」は、一つの「仮定」であって、その仮りの形は、「有機交流電燈の／ひとつの青い照明」であり、「風景やみんな」とともに点滅しつづける「因果交流電燈の／ひとつの青い照明」なのである。しかもそれは、「あらゆる透明な幽霊の複合体」という複数の集合的自己なのだ。

私は複合的ネットワークとして構成されているのである。

このような賢治の自己像を、ここでは鳥的酩酊、鳥的シャーマンと呼んでおく。

2　鳥とシャーマニズム

シャーマニズムに鳥的酩酊が伴うことはカルロス・カスタネダやマイケル・ハーナーらのネオ・シャーマニズムの理論的かつ実践的主導者によって指摘されてきたことだ。ミルチア・エリアーデは大著『シャーマニズム』のなかで、シャーマンとは「魂が体を離れ、空に昇ったり地下世界に降りたりするようなトランス状態を専門とする」者だと定義している。シャーマニズムの二類型としてよくいわれる脱魂《エクスタシー》と憑霊《ポゼッション》のうち、脱魂《エクスタシー・タイプ》型のシャーマニズムと見たエリアーデからすれば、霊魂が肉体から離脱して霊的世界を旅し、そこから神秘的な知識や情報や技術や力を獲得することはシャーマン的体験の核心と見えたのであろう。

ここで指摘しておきたいことは、鳥的酩酊が脱魂を伴う異界への旅の体験と深くかかわっているということだ。

『シャーマンへの道』（平河出版社）のなかで、シャーマン的意識状態への参入の道とそのエクササイズをじつに具体的に示したマイケル・ハーナーは、シャーマン的意識状態の深化において、「パワー・アニマル」と呼ばれる動物との出会いがいかに重要であるかを強調している。パワー・アニマルを取り戻すシャーマンの旅に出発する際、たとえばネイティヴ・アメリカンのヒバロ族は次のような歌を歌う。

私には霊《スピリット》がいて　I have spirit
霊には私がいる　Spirit have I
私には霊がいて　I have spirit
霊には私がいる　Spirit have I
私には霊がいて　I have spirit
霊には私がいる　Spirit have I
私、私、私　I, I, I（英訳）

これを三回くりかえしたあとで、さらに次に示す連を三回くりかえし歌い、元の連に戻る。

私の霊は鳥のよう
そして翼と体は夢
私には霊がいて
霊には私がいる
私、私、私

これを聴くと、シャーマンの旅が鳥の飛翔としてイメージされていることがよくわかる。シャーマンの霊魂は翼をもった鳥のように天界や地下世界を飛翔しあるいは降下するのだ。そのとき横たえられた肉体は夢の棲み家となっている。賢治の表現を使っていえば、それは「青い夢の北上山地」から立ち昇る

「金の液体」を透視する体験なのである。

マイケル・ハーナーは、シャーマンの行なうパワー・アニマルを取り戻す旅において、パワー・アニマルを見分ける秘訣は簡単であると言う。「パワー・アニマルは少なくとも四回、それぞれ異なる角度で姿を見せる（図参照）。それは哺乳類や鳥（この場合は、威嚇的に見えてもかまわない）やヘビ、その他の爬虫類、魚である（哺乳類以外は、毒牙や歯を見せていないことが前提となる）。それは『神話的』動物や人間の姿で現われることもある。決して昆虫ではない」と。そしてここに掲げた図では、するどいくちばしと爪をもち、翼をひろげて飛翔する鳥を描いている。

一九六〇年、コニーボ族の村でコニーボ文化の研究に従事していたハーナーは、「小さな死」とも呼ばれているアヤフアスカ（魂の夢の意）からつくられるシャーマンの聖なる飲料を飲まされた。そのときハーナーは次のような鳥のヴィジョンを見る。

パワー・アニマルを四回見る（マイケル・ハーナー『シャーマンへの道』より，絵・バーバラ・オルセン）

> 私は今まで聞いたことがないような美しい歌声が流れてくるのにも気づいた。この世のものとも思われぬそのかん高い歌声は、ガレー船上の無数の人々が歌っているのだった。デッキに目を凝らすと、アオカケスの頭に人間の胴体をも

つ人々が大勢見えた。彼らは古代エジプトの墳墓の壁画に描かれた、鳥類の神を思わせた。同時に、私の胸からある種のエネルギーのエッセンスが流れ出し、船に向かって漂い始めた。神というものを信じてはいなかったが、自分が死ぬであろうこと、また鳥の頭をもつ人々が来たのは、私の魂を船へともち去るためであることを完全に確信していた。胸から魂が流れ出ていく一方で、手足が徐々に麻痺していった。

ハーナーは、このときサイケデリックな意識状態で、アオカケスの頭をもつ鳥類の人間に魂を運ばれてゆく体験をもったのである。いわば、イニシエーションにおける死と再生を彼は体験したのだ。『シャーマンへの道』の結びでハーナーが紹介している、シャーマンの旅を歌ったジョシー・タマリンの詩「旅の歌」は、旅のプロセスを次のような鷲の飛翔として歌っている。

鷲が青と藍の色彩の中に飛びこんでいく
先の白い羽に黄金の光を受け
風と静寂のリズムに合わせ
気流や暴風と共に歌い、急降下し
ただひとり、遠くを見る者、空の踊り手
太陽の火が蛇のような下界に没む
そして鷲が赤、藤、琥珀色の光に乗って降りてくる
夜ごと長い夢をつむぐ巣へと

翼の下に頭を休め
眠りに包まれた鷲
原初の親族たちに思いをめぐらす

こうして旅は鷲の飛翔、そしてその眠りと夢と目覚めのプロセスとして歌われる。ここで鷲が飛び込んでいった「青」は霊魂の世界である。世界中のシャーマンは青が霊界の色であることを告げている。賢治の詩や童話においても、青が異界への水路《チャンネル》になっていることは明瞭である。しかも、賢治のパワー・アニマルは鳥である。

「オホーツク挽歌」に次のような一節がある。

賢治（5歳）と妹トシ（3歳）

一きれのぞく天の青
強くもわたくしの胸は刺されてゐる
それらの二つの青いいろは
どちらもとし子のもつてゐた特性だ
わたくしが樺太のひとのない海岸を
ひとり歩いたり疲れて睡つたりしてゐるとき
とし子はあの青いところのはてにゐて
なにをしてゐるのかわからない
（中略）

潮水はさびしく濁つてゐる
（十一時十五分　その蒼じろく光る盤面《ダイアル》）
鳥は雲のこつちを上下する
ここから今朝舟が滑つて行つたのだ
（中略）
海がこんなに青いのに
わたくしがまだとし子のことを考へてゐると
なぜおまへはそんなにひとりばかりの妹を
悼んでゐるかと遠いひとびとの表情が言ひ
またわたくしのなかでいふ
（Casual observer ! Superficial traveler !）
空があんまり光ればかへつてがらんと暗くみえ
いまするどい羽をした三羽の鳥が飛んでくる
あんなにかなしく啼きだした
なにかしらせをもつてきたのか
わたくしの片つ方のあたまは痛く
遠くなつた栄浜の屋根はひらめき
鳥はただ一羽硝子笛を吹いて
玉髄の雲に漂つていく

霊の世界にいる「青」の人とし子と賢治は、「青」と「鳥」を媒体《メディア》として交信する。ここではとし子は「青」であり、飛翔しかなしく啼く「鳥」であるのだが、賢治はこの鳥と青のメッセージを通して異界の消息をキャッチするのである。

賢治がいう「四次元世界」や「銀河意識」とは、こうしたシャーマニックな鳥的酩酊とでも呼ぶべきものであったことに改めて注意したい。賢治が宇宙意識に感応する多くの人々の意識と身体に広く深く微妙な刺戟とマッサージを与えつつある現在、いよいよこの鳥的酩酊が進行し飛行しはじめているといっていいのではあるまいか。

耳を澄ましてみよう。もうすぐ「鳥の声」が聴こえ、「アヽ、アオカケス」が青の世界に姿を現わすはずだから。

風・鳥・シャーマン山
――宮沢賢治の言語宇宙

1　風の知覚

風が吹いてくる。どこからか突然、前触れもなく。それを真っ先に感知するものは何だろうか。耳と鳥である。『注文の多い料理店』の最後に置かれた童話「鹿踊りのはじまり」から見てみよう。

森の中で鹿に遭遇した嘉十は、鹿たちが嘉十の置き忘れた白い手拭《てぬぐい》に興味を持って、その周りをぐるぐる廻ったり、おそるおそる近づいていったりする様子を目撃しているうちに、ふいに耳の変調を体験する。そしてその瞬間から鹿の気持が波となって伝わってきて、そればかりかやがて鹿の言葉さえ聞こえてきたのである。その嘉十の耳の変調と感覚回路の変容を賢治は次のように記している。

嘉十はにはかに耳がきいんと鳴りました。そしてがたがたふるえました。鹿どもの風にゆれる草穂のやうな気もちが、波になつて伝はつて来たのでした。

嘉十はほんたうにじぶんの耳を疑ひました。それは鹿のことばがきこえてきたからです。

ここには四つの身体変調の段階が描き分けられている。

(1) 突然、耳が「きいん」と鳴る。
(2) 身体が「がたがた」ふるえる
(3) 鹿たちの「風にゆれる草穂のやうな気もち」が「波」になって伝わってくる
(4) 鹿の言葉が聞こえてくる

(1)耳鳴り、(2)身体の硬直とふるえ、(3)波動としての心の感受、(4)異類の言葉の知覚、という四つの変調である。この過程はラジオのチャンネルが合って言葉や音楽が聞こえてくる状態と似ているともいえるし、チャネラーやシャーマンが異界の霊的存在と交流してその声をキャッチする状態と似ているともいえる。

ここで注目したいのは、耳の変調と「風・波・言葉」との関係である。耳が人間たちの語る日常言語の世界を超えて異類の言語を聞きとる際に、耳の感覚回路が切り替わる。「きいん」という金属的な耳鳴りは、そうした言語世界の宇宙的変調のシグナルなのだ。そしてその変調は風の気配の探知とつながってくる。なぜなら、風は何よりも波動として、空気の振動として感知されるからだ。

耳は空気の振動を音の波長として感受する。とすれば、私たちは音や言葉を風の到来としても感知しているのだ。音や言葉が意味としてある言語的秩序を形成する前に、それは風の訪れ（音連《おとづ》れ）として生起しているのである。宮沢賢治にとって「風」とは、いわば原言語的宇宙の素材であると同時に、分節への媒質であったといえるのではなかろうか。

「鹿踊りのはじまり」の冒頭には、賢治とおぼしき人物が夕日の射す野原で睡りに落ちてゆくとき、「風」が「人のことば」に聞こえてきて、北上地方に伝わる「鹿踊りの、ほんたうの精神」を語ったという不思議ないきさつが語られている。ここでは「風」は「鹿のことば」ではなく、「人のことば」に分節してゆくのだ。おそらく、賢治にとって「風」は「人のことば」にも「鹿のことば」にもまた鳥の言葉、山猫の言葉、柏林の言葉にも分節し変容してゆく原言語宇宙のインデックスだったのであろう。

そのとき西のぎらぎらのちぢれた雲のあひだから、夕陽は赤くなゝめに苔の野原に注ぎ、すすきはみんな白い火のやうにゆれて光りました。わたくしが疲れてそこに睡りますと、ざあざあ吹いてゐた風が、だんだん人のことばにきこえ、やがてそれは、いま北上の山の方や、野原に行はれてゐた鹿踊りの、ほんたうの精神を語りました。

すすきが「白い火」のように揺れて光る。この白光のハレーションが変調の開始を告げる幕開きの鐘である。白の沸騰のなかで音が分節し始める。「ざあざあ吹いてゐた風」が「人のことば」に分節し、鹿踊りという民族舞踊の成り立ちと真の精神を啓示するのである。そのような意味で、「鹿踊りのはじまり」は啓示の書である。

この啓示の書の末尾は、「それから、さうさう、苔の野原の夕陽の中で、わたくしはこのはなしをすきとほつた秋の風から聞いたのです」という冒頭部と呼応する語りで閉じられている。そしてその言葉が『注文の多い料理店』という童話集全体の最後の一文になっている。

この「すきとほつた秋の風から聞いた」話という言葉は、いうまでもなく、『注文の多い料理店』全体の一等最初に置かれた「わたしたちは、氷砂糖をほしいくらゐもたないでも、きれいにすきとほつた風をたべ、桃いろのうつくしい朝の日光をのむことができます」という言葉と対応している。賢治においては「風」を食べるという行為は、「風」の語りを聴きとることと重なっている。もちろん、「風」の語りを聴くことは、「風」が運んでくる言語的な意味世界を理解する、ことであるのだが、そればかりではなく、それ自体が「風」のエナジーを身に取り込み摂取する、食べる行為であったのだ。

賢治にとって、「風」はこのようなエナジーと意味との媒体であった。それゆえ、賢治にとっては「風」との交換こそが世界との交歓を誘引するものにほかならなかった。

風の知覚、あらゆるモノガタリはそこから始まる。

2　鳥の知覚

風をもっとも深く繊細にかつ即物的・力学的に感知するものは鳥である。鳥は風なしに空を飛ぶことができない。鳥はみずからの翼によって風を巻き起こしつつ空を渡る。風に乗る者、風と共に生きる者、それが鳥である。しかし賢治にとっての鳥は「修羅」の風に乗る鳥であった。

詩集『春と修羅』のなかの「春と修羅」と題された心象《メンタル》スケッチに次の一節がある。

いかりのにがさまた青さ
四月の気層のひかりの底を
唾し　はぎしりゆききする
おれはひとりの修羅なのだ
（風景はなみだにゆすれ）

砕ける雲の眼路をかぎり
れいろうの天の海には
聖玻璃の風が行き交ひ
ZYPRESSEN 春のいちれつ
くろぐろと光素《エーテル》を吸へば
その暗い脚並からは
天山の雪の稜さへひかるのに
（かげろふの波と白い偏光）
まことのことばはうしなはれ
雲はちぎれてそらをとぶ
ああかがやきの四月の底を
はぎしり燃えてゆききする
おれはひとりの修羅なのだ
（玉髄の雲がながれて
どこで啼くその春の鳥）
日輪青くかげろへば
修羅は樹林に交響し
陥りくらむ天の椀から
雲の魯木の群落が延び

その枝はかなしくしげり
　すべて二重の風景を
　　喪神の森の梢から
ひらめいてとびたつからす
（気層いよいよすみわたり
　ひのきもしんと天に立つころ）
草地の黄金をすぎてくるもの
ことなくひとのかたちのもの
けらをまとひおれを見るその農夫
ほんたうにおれが見えるのか
まばゆい気圏の海のそこに
（かなしみは青々ふかく）
ZYPRESSEN しづかにゆすれ
鳥はまた青ぞらを截る
（まことのことばはここになく
　修羅のなみだはつちにふる）

あたらしくそらに息つけば
ほの白く肺はちぢまり

（このからだそらのみぢんにちらばれ）
いてふのこずゑまたひかり
ZYPRESSEN いよいよ黒く
雲の火ばなは降りそそぐ

（傍点引用者）

この深い喪失と哀しみの感情はどこから来るのか。「まことのことば」はなぜ失われてここにないのか。『注文の多い料理店』で語られている「すきとほつた風」の啓示はどこへ行ったのか。鹿の言葉は、風の言葉はどこへ行ったのか。

しかし少し注意を凝らしてみれば、『注文の多い料理店』もまた全篇を深い喪失の感情に彩られていたことが見えてくる。山猫との交信を喪失してしまった一郎（「どんぐりと山猫」）、森との原初的な交歓を失いつつある人々（「狼森と笊森、盗森」）、山猫に逆襲されて人間的な顔を喪ってしまった都会のハンター（「注文の多い料理店」）、敵の山烏を殺して、「どうか憎むことのできない敵を殺さないでいゝやうに早くこの世界がなりますやうに、そのためならば、わたくしのからだなどは、何べん引き裂かれてもかまひません」と祈らずにはいられない烏の大尉（「烏の北斗七星」）、六神丸売りの支那人の夢から覚めた山男（「山男の四月」）、画かきの退散によって柏林との交歓から覚める清作（「かしはばやしの夜」）、鹿との交歓に失敗して逃げ去られる嘉十（「鹿踊りのはじまり」）、ほとんどすべての童話がある喪失を物語っている。賢治童話における異類との交歓は、いつも突然断ち切られて、それが続いていることはない。至福の時間は喪失のなかで哀しみとともに物語られるのだ。

そのように見てくると、『春と修羅』における喪失と哀しみの感情は同年に出版した『注文の多い料理店』とも通底しており、それはのちのほとんどすべての賢治作品の通奏低音となって鳴りひびいていると思われてくる。

「まことのことば」が交換される至福の永遠性から墜ちた「修羅」は怒り、はぎしりし、涙を流す。そこから見る風景は涙のためにゆらいでいる。「天の海」にはすきとおった聖なる「風」が行き交っているというのに、その風の「底」で「はぎしり燃えてゆききする」一人の「修羅」でしかない自分。その「修羅」としての自分は、「まことのことば」を失って墜落した「修羅」であるがゆえに、天と地を、また透明な「聖玻璃の風」と森とをつなぐ「春の鳥」や「からす」と共振する。

青々と深い哀しみを持って「まばゆい気圏の海のそこ」に沈んでいる「修羅」としての自分がみずからの内に深く、「青ぞらを截る」鳥の視線と知覚を持っている。まるでそれは「よだかの星」の夜だかのように。そのような両極的な、ある意味では分裂した自己意識を持つがゆえに、「このからだそらのみぢんにちらばれ」と、夜だかと同じような飛翔と供犠としての解体に向かう衝動につき動かされてゆくのである。

賢治童話において、「鳥の北斗七星」や「よだかの星」や「雁の童子」が端的に示しているように、鳥は象徴的な意味と位置を占めている。それはみずからを天の光に変容してしまいたいという渇望と絶望の象徴である。

　烏の新らしい少佐は礼をして大監督の前をさがり、列に戻つて、いまマヂエルの星の居るあたりの青ぞらを仰ぎました。（あゝ、マヂエル様、どうか憎むことのできない敵を殺さないでいゝやうに早くこの世界がなりますやうに、そのためならば、わたくしのからだなどは、何べん引き裂かれてもかまひません。）マヂエルの星が、ちやうど来てゐるあたりの青ぞらから、青いひかりがうらうらと湧きました。

（「鳥の北斗七星」、傍点引用者）

霧がはれて、お日さまが丁度東からのぼりました。夜だかはぐらぐらするほどまぶしいのをこらえて、矢のやうに、そっちへ飛んで行きました。

「お日さん、お日さん。どうぞ私をあなたの所へ連れてって下さい。灼けて死んでもかまひません。私のやうなみにくいからだでも灼けるときには小さなひかりを出すでせう。どうか私を連れてって下さい。」

（「よだかの星」、傍点引用者）

須利耶さまが歩きながら、何気なく云はれますには、

（どうだ、今日の空の碧いことは、お前がたの年は、丁度今あのそらへ飛びあがらうとして羽をばたばた云はせてゐるやうなものだ。）

童子が大へんに沈んで答へられました。

（お父さん。私はお父さんとはなれてどこへも行きたくありません。）

須利耶さまはお笑ひになりました。

（勿論だ。この人の大きな旅では、自分だけひとり遠い光の空へ飛び去ることはいけないのだ。）

（いゝえ、お父さん。私はどこへも行きたくありません。そして誰もどこへも行かないでいいのでせうか。）とかう云ふ不思議なお尋ねでございます。

（誰もどこへも行かないでいゝかってどう云ふことだ。）

（誰もね、ひとりで離れてどこへも行かないでいゝのでせうか。）

（「雁の童子」）

ここには共通のモチーフが現われている。「自分だけひとり遠い光の空へ飛び去」ってゆくことの渇望と不安である。『銀河鉄道の夜』にいたっては、その渇望と不安と達成が全面展開されているといってよい。「この次には、まことのみんなの幸のために私のからだをおつかひ下さい」と祈って、真っ赤な美しい火になって夜の闇を照らしている「蝎の火」のエピソードもさることながら、銀河鉄道の旅、鳥捕りのエピソード、「いまこそわたれわたり鳥、いまこそわたれわたり鳥」と呼ぶ声、等々。

『銀河鉄道の夜』をはじめ、賢治作品は鳥の知覚あるいは鳥的酩酊につらぬかれていると私は思う。『春と修羅』に収められた「東岩手火山」はその消息をあますところなく示している。「月は水銀　後夜の喪主」に始まるこの詩は、夜中に岩手山に登った賢治が徐々に変性意識状態に入ってゆくさまを自動書記のように示しているが、「なまぬるい風」と「鳥の声」に誘引されて彼は二つの月を幻視する。

とにかく夜があけてお鉢廻りのときは
あすこからこつちへ出て来るのだ
なまぬるい風だ
これが気温の逆転だ
　（つかれてゐるな
　わたしはやつぱり睡いのだ）
火山弾には黒い影

その妙好の火口丘には
幾条かの軌道のあと
鳥の声！
鳥の声！
海抜六千八百尺の
月明をかける鳥の声
鳥はいよいよしつかりとなき
私はゆつくりと踏み
月はいま二つに見える
やつぱり疲れからの乱視なのだ

深夜のハードな登山のために賢治は疲れて眠いと思っている。しかし知覚は研ぎ澄まされて、「オリオンの右肩」から「鋼青の壮麗が／ふるへて私にやつて来る」のが明晰にわかる。「私は気圏オペラの役者です」と思う。そして彼は「風」に吹かれ、「鳥の声」に引かれて双つの月を見るのだ。それは鳥となって風に乗って渡る「気圏オペラの役者」の知覚変容であって、単なる「疲れからの乱視」なのではない。

鳥の知覚。宮沢賢治が世界を感知するときの知覚様式は鳥的明晰と鳥的酩酊のなかにあると私は思う。

3　シャーマン山の位相

ところで、『春と修羅』第二集と第三集には「シャーマン山」という不可解な言葉が三度出てくる。これはいったいどういう山を意味しているのだろうか。

『春と修羅』第二集の「測候所」（一九二四年四月六日）と題する詩の冒頭にいきなりその名が出てくる。

シャーマン山の右肩が
にはかに雪で被はれました
うしろの方の高原も
をかしな雲がいっぱいで
なんだか非常に荒れて居ります
……凶作がたうとう来たな……
杉の木がみんな茶いろにかはつてしまひ
わたり鳥はもう幾むれも落ちました
……炭酸表をもつてこい……
いま雪が第六圏で鳴つて居ります
公園はいま

町民たちでいつぱいです

雪に覆われた「シャーマン山」のまわりに不吉な雲がかかり、天候が荒れている。杉の木がみんな茶色に変色してしまう「凶作」がやって来たのだ。渡り鳥も風に乗り切れずに幾群れも墜落死した。

この不安と緊張に満ちた詩は、雷が鳴るなか公園に町民たちが集まっていることを示して終わりを告げることによって一挙に緊迫度を増す。そしてそれは「シャーマン山」と「公園」が、つまり聖なる山と俗なる場とが「雷」でつながることによって救いのない異変を予感させる。

この詩を書いた一九二四年（大正十三）四月六日には、イタリアの総選挙でムッソリーニ率いるところの全国ファシスタ党が大勝利し、ムッソリーニの独裁体制が完成した。同年十二月には、ナチス党首ヒトラーがランツベルク刑務所から釈放され、国民的英雄としてもてはやされることになる。文字通り、世界の雲行きが怪しくなった時代である。

もちろんここではそうした政治的異変が表現されているわけではない。杉の木が枯れるほどの凶作の予感に緊張しているのだが、それが「シャーマン山」を呼び出すことによって象徴的な色あいを帯びてくる。この「シャーマン山」とは東北修験の霊峰早池峰山のことであろう。そのことは『春と修羅』第三集の二篇の詩からも推測できる。

「おしまひは
シャーマン山の第七峰の別当が
錦と水晶の袈裟を着て

じぶんで出てきて諫めたさうだ」

青い光霞の漂ひと翻る川の帯
その骨ばつたツングース型の赭い横顔
（七三〇、一九二六年八月八日）

濃い雲が二きれ
シャーマン山をかすめて行く
（何を吐いて行ったたって？
（雷沢帰妹の三だとさ！）

向ふは寒く日が射して
蛇紋岩《サーペンテイン》の青い鋸
（七三六、一九二六年九月五日）

この年の八月川幅が二倍、水量が十倍になるほどの洪水に襲われる。「翻る川の帯」とはその洪水や増水のさまを表わしているのであろう。そうしたとき、「シャーマン山の第七峰の別当が／錦と水晶の袈裟を着て／じぶんで出てきて諫めた」という。いったい何を「諫めた」のか。雨をか。

この「別当」の顔が「骨ばつたツングース型の赭い横顔」と表現されていることからみて、賢治がシベリヤのツングース族のシャーマンとシャーマニズムについての知識を持っていたことがうかがえる。

とすれば、「シャーマン山」は早池峰修験や早池峰神楽で有名な早池峰山と推定できる。

今一つの「濃い雲が二きれ／シャーマン山をかすめて行く」という詩も奇怪な詩である。「雷沢帰妹の三」とは何であろうか。誰が語った言葉なのか。「蛇紋岩《サーペンティン》の青い鋸」とは青くデコボコとした形で見える早池峰連峰のことを指しているのだろう。実際に、早池峰山には蛇紋岩が多い。

いずれにしても、この「シャーマン山」という語法からして宮沢賢治がシャーマニズムに関心を持つと同時に、そうした民俗宗教とは一線を画していたことが見えてくる。

しかしながら、にもかかわらず、宮沢賢治は真にシャーマン的であったと思わずにはいられない。蛇シャーマンと鳥シャーマンという二つのシャーマン類型があるとすれば、宮沢賢治はまごうことなき鳥シャーマンである。鳥の視角と浮力を身にまとっているからだ。何かインスピレーションが湧いたときなど、賢治が「ホホーッ（HO, Hoh）」と奇声を発しながら宙を舞ったと教え子たちが伝えるのも、そうした鳥シャーマンとしての鳥的酩酊の習性を表わしているといえるだろう。

早池峰山は北上高地南部にある標高一九一四メートルの霊山である。その北麓に遠野があって登拝口の一つを擁している。柳田國男の『遠野物語』には「早池峯は御影石の山なり」とあるが、そうだとすれば早池峰山は花崗岩質の山である。実際、北上山地は日本有数の花崗岩地なのだ。

一九二七年四月八日に書いた「ちゞれてすがすがしい雲の朝」に始まる詩には、北上山地一帯が花崗岩地であることがはっきりと指摘されている。

東根山のそのコロナ光り
姫神から盛岡の背後にわたる花崗岩地が

いま寒冷な北西風と
湿ぽい南の風とで
大混乱の最中である

ここにも「風」の行方が記されているが、姫神山から盛岡の背後に到る一帯が花崗岩地であるという。その花崗岩から截りだした石が墓石や門柱石に用いる御影石である。「御影」とは古くは神霊や霊魂を意味する。『言元梯』によれば、「みかげ」の語源説の一つに「かみかけ（神懸）」の義であるという説がある。とすれば、御影石とは「神懸石」、つまり「神懸かりに誘引する石」ということになる。

その御影石材の上に立って、「あめゆき」を食べたいという死にかけているとし子の願いをかなえようとしたのが賢治であった。

銀河や太陽　気圏などとよばれたせかいの
そらからおちた雪のさいごのひとわんを……
……ふたきれのみかげせきざいに
みぞれはさびしくたまつてゐる
わたくしはそのうへにあぶなくたち
雪と水とのまつしろな二相系をたもち
すきとほるつめたい雫にみちた
このつややかな松のえだから

わたくしのやさしいいもうとの
さいごのたべものをもらつていかう

天から降りてくる白い雪の積もっているふたきれの御影石材の上にあぶなく立って、賢治は妹への「さいごのたべもの」を松の枝から取ってくる。それは帰天してゆく者に対する、天から降りてきた物による聖なる供物の奉献である。神懸かりとなった司祭のように、あぶなくあやしく身をひねらせながら、賢治は艶やかな松の枝から最後の食物を取りだす。あたかも、神霊の降臨する影向の松から輝く霊気を取りだすかのようにして。

ゲーテは山の最も高い所と最も低い所がいずれも花崗岩であり、また「地球の基礎」であると述べている。ゲーテに従えば、人間の心は「被造物のなかで最も若く最も多様で動揺常ない、最も変わりやすいもの」であるのに対して、花崗岩は「自然の最古の、最も固くて最も奥底の、動かぬ息子」である。その「時間の最も尊い最古の記念碑」である花崗岩が、そこに立つ「最も若く最も多様で動揺常ない、最も変わりやすい」存在である人間の心に多大の変化と影響を与えるのだ。

ゲーテは宣言する。

この世界を統《す》べる奥底の上にじかに打ち建てられたこの最古の祭壇で、私は万象の本体のために犠牲を捧げるのだ。われらの存在の最も確かな始源の姿に、私は今ふれていると思う。

（「花崗岩について」小栗浩訳）

花崗岩の上に立つと世界の根底と原初にまで降り立ってゆくとゲーテはいうのだ。それは意識と身体の地層の深みを露にする媒質である。
賢治のいう「シャーマン山」とは、本質的にそうした花崗岩的な磁場ではないだろうか。それはある時に世界の異変を告げると同時に、ある時には世界の原初の姿をパノラマのように開示する。その花崗岩の司祭としての賢治。この「最古の祭壇」の上で「万象の本体のために犠牲を捧げる」賢治。鳥シャーマンとしての犠牲。例えば「有明」（『春と修羅』第二集、一九二四年四月二十日）の「滅びる最後の極楽鳥」のように。

あけがたになり
いゝいゝ
風のモナドがひしめき
東もけむりだしたので
月は崇厳なパンの木の実にかはり
その香気もまたよく凍らされて
はなやかに錫いろのそらにかゝれば
白い横雲の上には
ほろびた古い山彙の像が
ねずみいろしてねむたくうかび
ふたたび老いた北上川は
それみづからの青くかすんだ野原のなかで

支流を納めてわづかにひかり
そこにゆふべの盛岡が
アークライトの点綴や
また町なみの氷燈の列
ふく郁としてねむつてゐる
滅びる最后の極楽鳥が
尾羽をひろげて息づくやうに
かうかうとしてねむつてゐる
それこそここらの林や森や
野原の草をつぎつぎに食べ
代りに砂糖や木綿を出した
やさしい化性の鳥であるが
　　しかも変わらぬ一つの愛を
　　　わたしはそこに誓はうとする
やぶうぐひすがしきりになき
のこりの雪があえかにひかる

（傍点引用者）

「滅びる最後の極楽鳥」であり「やさしい化性の鳥」とは文明の業を背負った人間であるが、同時にその鳥は端的にその人間の業を「修羅」として背負う賢治の姿形でもある。

極楽鳥は、別名を「風鳥」ともいい、栗色や緑色や黄色の飾羽根を持っており、極めて美麗で、樹林にすんで果実や種子や昆虫を喰らう。まさしく「やさしい化性の鳥」であるが、その「化性」こそが「風鳥」の性なのであり、そして、「あらゆる透明な幽霊の複合体」としての「わたくしといふ現象」なのである。「風の偏倚」（一九二三年九月十六日）のなかで賢治は「（風と嘆息との中にあらゆる世界の因子がある）」と記している。「風」は呼吸であり、生起であり、消滅である。その「風が偏倚して過ぎたあとでは」霊や空は「すきとほつて巨大な過去になる」と賢治はうたう。

風が偏倚して過ぎたあとでは
クレオソートを塗つたばかりの電柱や
逞しくも起伏する暗黒山稜や
　（虚空は古めかしい月汞《げつこう》にみち）
研ぎ澄まされた天河石天盤の半月
すべてこんなに錯綜した雲やそらの景観が
すきとほつて巨大な過去になる

なぜ「風」が偏倚して過ぎたあとでは雲や空の景観が「すきとほつて巨大な過去」になるのか。それは「風」が世界の次元を瞬時にして変えるからか。風の通過のあとでは「風景はなみだにゆすれ」ることはなく、永遠の相の下で止まっている。風の刷毛によって顕現する一瞬の始源の風景。

だめでせう
とまりませんな
がぶがぶ湧いてゐるですからな
ゆふべからねむらず血も出つづけなもんですから
そこらは青くしんしんとして
どうも間もなく死にさうです
けれどもなんといゝ風でせう
もう清明が近いので
あんなに青ぞらからもりあがって湧くやうに
きれいな風が来るですな（中略）
こんなに本気にいろいろ手あてもしていたゞけば
これで死んでもまづは文句もありません
血がでてゐるにかゝはらず
こんなにのんきで苦しくないのは
魂魄なかばからだをはなれたのですかな
たゞどうも血のために
それが云へないのがひどいです
あなたの方からみたらずゐぶんさんたんたるけしきでせうが
わたくしから見えるのは

やっぱりきれいな青ぞらと
すきとほつた風ばかりです

（傍点引用者）

死を目前にしてなお見えてくる「すきとほつた風」の到来。「きれいな風」の到来。風が吹いてくる。透きとおった風がどこからともなく。その風は距離の感覚を運んでくる。速さの感覚を。今ここにかくある者における距離の遠在を。
宮沢賢治の作品と人のどこをとっても風が吹いている。

透明な
雪融の風であつて
そらいつぱいの鳥の声である

（「おぢいさんの顔は」）

栗の林がざあざあ鳴る
風だけではない
東をまはつて降つてきた

（「冗語」）

東は青い山地の縞が
しづかに風を醸造する

（「朝日が青く」）

風はどうどう空で鳴つてるし
（「宗教風の恋」）

きつとおまへをおもひだす
また風の中に立てば
野原へ来れば
とし子とし子
（「風林」）

どこかで鈴が鳴つてゐる
風……骨、青さ、
（「いま来た角に」）

まさしく吹いて来る劫《カルパ》のはじめの風
風がもうこれつきり吹けば
（「風景とオルゴール」）

シャーマンは風を読む。風を知る（統《し》る）。そして風に乗る。風の風景。風景、風物、風鳥。「劫《カルパ》のはじめの風」と未来の業風。風の織物、風の曼陀羅。風が吹くところ、消滅と生成が同時に生起する。始まりと終わりが不連続につながっているそのような場所に賢治は立っている。原初の劫風と未来の業風が透明に渦巻く場所に。

こうして私たちは風の中に立つと賢治を思い出すことになる。あの風を截って飛翔する鳥シャーマンの啼き声を。かぎりなく遠さを喚起する啼き声を。天に向かって啼いている鳥の声を！

野の科学
――宮沢賢治と南方熊楠

1　爛熟都市――気の老衰

新宿副都心街に東京都の新庁舎が建ったとき、いよいよこれで東京も崩壊の時期を迎えたかと感慨深いものがあった。丹下建三の設計になるその建築物は、いつかモスクワで見たスターリンが建てた建築に似て、あまりに威圧的で、都市民を監視し睥睨しているといった感じであった。無数の四角い窓に覆われた庁舎は、千手《せんじゅ》千眼観音菩薩のように衆生済度《しゅじょうさいど》の慈悲を発信しているのではまったくなく、その反対に監視と抑圧のセンターであるかのようであった。東京はアレキサンドリアでもローマでもなく、魔都バビロンになってしまったと、そのとき強く思ったものである。

東京を「気づまり」させ、「根腐れ」させる拠点が新都庁になったのだ。これでは荒俣宏の『帝都物語』ではないけれど、眠れる平将門も怒りに駆られて目覚めようというものだ。『帝都物語』では世紀末に東京は廃墟となるし、『ＡＫＩＲＡ』においてもすでに東京は一度は廃墟になっている。美内すずえも少女漫画のなかですでに東京を崩壊させたというし、都民の東京崩壊願望は徐々に顕在化しているといえるのではないだろうか。

もちろん、誰しも東京が壊滅的なまでに破壊され、大量の死者が出ることを真に望んではいまい。だが、このままでは東京はいよいよ危ない。自滅してしまうのではないかという予感は日増しに強くなっているのではあるまいか。この予感の力はあなどれまい。というのも、こうした予感が東京崩壊を誘発する気場を醸成することにもなりかねないからだ。そして、今の東京ではもう何が起こっても不思議ではないというあきらめにも似た感情が灰色のオーラのように東京を包囲し、都市の生命力と自浄力を弱めてしまうからだ。

こうした都市のオーラが発散されると、そこに住む生物に異変が起こってくるのは当然である。自閉症の犬、ノイローゼになってひたすらわが身を嘗めつづけ丸裸になってしまった猫。樹木も生きる意欲を失い、生気をなくし、病気がちになる。おおどかな陽気の循環する回路は断たれ、ヒステリックな大量の情報と気が電波と活字に乗って発信され続ける。これでは都市の経絡が気づまりし、根腐れするのは目に見えている。風水的にみれば、巨大都市東京は有楽町から新宿へ都庁が移転し、あの魔のジグラットのような庁舎が建設された段階で発展と陽気の循環を喪失した。

実際、東京市場の株の暴落に端を発するバブル経済の崩壊現象は、その後も次々と首都の政治経済文化、そして生態系までも変えつつある。もちろんそれは、湾岸戦争、ベルリンの壁崩壊、東西ドイツの統一、ソビエト連邦の解体などの国際政治状況の激変とも無関係ではない。高度に発達した通信・交通網と世界経済は、今世紀末においてかつてない世界同時性を実現した。通信衛星を通して中継され送られてくる情報に接するそのつど、私たちはいやおうなく同じ情報場のなかに包囲されていることを思い知らされる。良くも悪しくも、情報の世界市場が実現しつつあるのだ。

東京はこうした世界市場のなかで、地理的にも歴史的にも特異な両義性をもって機能していた。アジア地域における唯一の西側先進国の拠点として。古代をダイレクトに現代につなぐ天皇の住む住居を中心に持つ首都として。東と西との境界、古代と現代との境界を溶融せしめる無底の想像的創造力を秘めた場所として。

だが、その大東京も、みずからその創造的生命力を断とうとしているかに見える。東京の地霊に不快な目覚めを与えようとしているかに見える。地球環境問題を論議している間に東京の危険信号はますます激しく高鳴るばかりである。

2　二人の地方宇宙人——気の「たべもの」

その東京で、今もっとも注目を集めている人物が二人いる。宮沢賢治と南方熊楠《みなかたくまぐす》の二人である。片やかつて日本のチベットと呼ばれた岩手県の花巻で生涯を過ごし、片や日本最大の冥界ともいえる熊野の入口である和歌山県の田辺で人生の大半を過ごした。いずれも都びとではない。都から遠く離れた地方人である。岩手と熊野に住んだこの二人の地方人がなぜ今この東京で、また日本でこれほどまでに注目を集めているのか。

「グローバルに考え、ローカルに行動する」Think global, act local」という言葉がある。世界同時性の生起するこの時代にあって私たちがとるべき態度を示す言葉として、ニューエイジを中心に広く支持されてきた考えである。先行する時代において、もっともラディカルかつティピカルにこの言葉を生きたのが、宮沢賢治と南方熊楠であったろう。彼らは「平地人をして戦慄せしめ」(柳田國男『遠野物語』)る力と知恵を持った森の人であった。同時に彼らは、地方にいながら、森を通してユニヴァーサルな生宙に通じた地方宇宙人ともいえる存在であった。

宮沢賢治が生前に刊行した唯一の童話集『注文の多い料理店』の「序」にはこう記されている。


わたしたちは、氷砂糖をほしいくらゐもたないでも、きれいにすきとほつた風をたべ、桃いろのうつくしい朝の日光をのむことができます。

またわたくしは、はたけや森の中で、ひどいぼろぼろのきものが、いちばんすばらしいびらうどや羅紗《らしゃ》や、宝石いりのきものに、かはつてゐるのをたびたび見ました。

わたくしは、さういふきれいなたべものやきものをすきです。

これらのわたくしのおはなしは、みんな林や野はらや鉄道線路やらで、虹や月あかりからもらつてきたのです。

ほんたうに、かしはばやしの青い夕方を、ひとりで通りかかつたり、十一月の山の風のなかに、ふるえながら立つたりしますと、もうどうしてもこんな気がしてしかたないのです。ほんたうにもう、どうしてもこんなことがあるやうでしかたないといふことを、わたくしはそのとほり書いたまでです。

ですから、これらのなかには、あなたのためになるところもあるでせうし、ただそれつきりのところもあるでせうが、わたくしには、そのみわけがよくつきません。なんのことだか、わけのわからないところもあるでせうが、そんなところは、わたくしにもまた、わけがわからないのです。

けれども、わたくしは、これらのちいさなものがたりの幾きれかが、おしまひ、あなたのすきとほつたほんたうのたべものになることを、どんなにねがふかわかりません。

この「序」は大正十二年十二月二十日に書かれたが、『注文の多い料理店』が刊行されたのは翌大正十三年十二月一日である。

この「序」で宮沢賢治は、まず最初に私たちが「すきとおつた風をたべ」、また「うつくしい朝の日光をのむ」ことができると主張している。いったい、私たちがどのようにして風を食べ、日光を飲むことができるのか。物理的・生理的にそれは不可能である。とすれば、宮沢賢治は風を食べ日光を飲むということを隠喩《メタファー》として語っているのであろうか。

そうではない。風を食べ、日光を飲むということは単なる隠喩ではなく、リアリティのある位相なのである。賢治は『注文の多い料理店』「新刊案内」にみずから「じつはこれは著者の心象中に、このような情景をもつて実在したドリームランドとしての日本岩手県である」と述べている。「これ」とは、賢治が「イーハトーヴ」と名づけた「ドリームランドとしての日本岩手県」のことである。しかしその「ドリームランドとしての日本岩手県」は単なる空想もしくは想像力の産物ではなく、確かに「著者の心象中にこのやうな情景をもつて実在した」ものだというのである。ということは、この「情景」がリアリティのあるものだということである。ただ、そのリアリティは、「かしはばやしの青い夕方を、ひとりで通りかかつたり、十一月の山の風のなかに、ふるえながら立つたりしますと、もうどうしてもこんな気がしてしかたな」かったり、「ほんたうにもう、どうしてもこんなことがあるやうでしかたないな」かったりするようなリアリティであった。

このような表現をみると、賢治のいう「情景」は単なる主観的な心象風景であると思うかもしれない。しかしそうではない。「これらのわたくしのおはなしは、みんな林や野はらや鉄道線路やらで、虹や月あかりからもらつてきた」ものだと言っていることをまともに考えてみなければならない。いったい、

「おはなし」を「林や野はらや鉄道線路」やら、また「虹や月あかり」から「もらつて」くることができるであろうか。普通に考えれば、そのようなことは不可能である。不可能なことを真面目に言っているということは、それでは比喩ということになる。けれども賢治は執拗にこれは比喩ないし隠喩ではなく、「実在」の「情景」だと主張している。

近代的・合理的な知性からすれば、賢治の言っていることは非論理的な、また不合理な空想物語にすぎない。なぜなら、人間がどのようにして「林や野はらや鉄道線路」や「虹や月あかり」から「おはなし」をもらってくることができるか、誰も納得のいく方法と説明を与えることができないからである。どうして「林や野はら」や、ましては「鉄道線路」が「おはなし」を語ることができるのか。かりにそれらが何かを語っているとして、日本語文化圏のなかで育った私たちがそれをどのように「おはなし」として聴きとることができるのだろうか。通常の常識的判断からすればそのようなことは不可能である。にもかかわらず、賢治は「林や野はらや鉄道線路」など、一般に語ることのできないものから「おはなし」を聴いたと主張するのである。これは、賢治が正しいのか、一般常識が正しいのか、どちらなのか。

アメリカ・インディアンのシャーマンは、ひとりで森の中に入っていって木や石と対話し、宇宙的・生命的叡智を獲得すると同時に癒しの術《わざ》を身につけるという。彼らは木や石とエーテル的なコミュニケーションを交わし、言《こと》問わぬ者から「おはなし」を聴き出すのである。『古事記』や祝詞《のりと》のなかにも、「言問ひし磐根《いわね》・木根立《きねたち》」という表現がみえるが、これもまた木や石とエーテル的・生命的な交歓を保持していた時代の生命感覚を表現するものであろう。

こうした、賢治のいうような風を食べ光を飲むという感覚はアニミスティックな感覚だともいえるだろう。それは同時に自然界の精霊たちと交信するシャーマニズムの叡知と力に賦活され、しかも実に繊細でエレガントな表現の高みに達しているために、深層的でエーテル的な次元から読者を刺激しマッサージする。それは賢治が明言しているように、エーテル的な「たべもの」なのである。つまり、賢治という回路を通して発信され、流出してくるのは、自然治癒力にあふれ癒しの力をもった気の「たべもの」なのだ。

宮沢賢治も南方熊楠もこの「たべもの」の消息に通じていた。それは彼らがともに官の科学でなく、野の科学、いや森の科学をつらぬき生きたことと無関係ではない。賢治も熊楠もともに岩手山中や熊野山中で脱魂の経験をもち、森の中で彼らのアニミスティックでシャーマニスティックな感覚を磨いたのだ。多くのシャーマンは森の中で脱魂を体験し、神秘的な霊的叡知と癒しの力を獲得する。そうしたイニシエーションを通して彼らは深く多層的な知力と呪力を手に入れるのだ。賢治も熊楠も独自の仕方でシャーマン的な知力と呪力を身につけた。しかもその知力はフィールドワークに裏づけされた博物学的な知性によって洗練度を増した。シャーマン的な知性と野の科学の知性が合体したのである。

そもそもシャーマンは、鉱物や植物や動物の特性・生態・効用・力について実際的かつ経験的な知識を持つ人々であった。彼らは自然の奥深い叡智に通暁し、その力を活用する技術を学んでいた。石や木や動物の実態を誰よりも深く緻密に掌握していたのである。

小さい頃から「石っこ賢さ」と呼ばれるほど石が好きで、近郊の山や森に分け入って鉱物採集に明け暮れていた賢治の前に、自然界の精霊たちは次第に姿を現わし、秘密を開示するようになったのである。その消息を『注文の多い料理店』はあますところなく伝えている。

この童話集は、巻頭に置かれた「どんぐりと山猫」以下、「狼森《オイノもり》と笊森《ざるもり》、盗森《ぬすともり》」「注文の多い料理店」「烏の北斗七星」「水仙月の四日」「山男の四月」「かしはばやしの夜」「月夜のでんしんばしら」「鹿《しし》踊りのはじまり」と続き、九篇の作品が収められている。その巻頭と巻末は実に象徴的な対照をみせている。そこには、森への招待から始まり、森の生命の密儀《ミステット》にふれる体験に到る、イニシエーション的なプロセスがはっきりと示されているのだ。それは森の叡智が開示した「おはなし」のイニシエーション的集成なのである。

「どんぐりと山猫」の始まりはこうである。

おかしなはがきが、ある土曜日の夕がた、一郎のうちにきました。

かねた一郎さま　九月十九日
あなたは、ごきげんよろしいほで、けつこです。あした、めんどなさいばんしますから、おいでんなさい。とびどぐもたないでくなさい。
山ねこ　拝

ある日、不意に「おかしなはがき」が一郎のもとに届けられる。それは「字はまるでへたで、墨もがさがさして指につくくらゐ」の幼稚なはがきであったが、一郎はうれしくてたまらず、「はがきをそつと学校のかばんにしまつて、うちぢうとんだりはねたり」したほどだった。

この一通の「おかしなはがき」とは森の動物をかたちとして持つ自然の精霊界からの招待状なのである。一郎はこの自然界からの招待を受けて森の中に入っていく。栗の木や笛ふきの滝やきのこやりすと会話し導かれながら森の奥深く分け入っていくのだ。そうして森の裁判に人間界の知恵をもたらし、難問を解決する。

その難問とは、どのどんぐりがいちばんえらいかというものであった。どんぐりたちはおのおの「頭のとがつてゐるのがいちばんえらい」だの「まるいのがえらい」だの「大きなのがいちばんえらい」だのと口々に言いつのり、三日も裁判しつづけているのに決着がつかない。森の裁判長の山猫もついにしびれをきらして、人間界から一郎の知恵を拝借しようとしたのである。一郎は期待にこたえて「そんなら、かう言ひわたしたらいゝでせう。このなかでいちばんばかで、めちやくちやで、まるでなつてゐないやうなのが、いちばんえらいとね。ぼくお説教できいたんです」と告げ、山猫がそれを言いわたすと、どんぐりたちはみなしいんと静まりかえったのである。この「いちばんばかで、めちやくちやでまるでなつてゐないやうなのが、いちばんえらい」という逆説は、仏教的な愚者の知恵だといえるだろう。

こうして見事難問を解決したために、一郎は山猫から「名誉判事」に推薦されるのだが、山猫の言葉づかいを変だと指摘したためにその後は二度とはがきが届かず、交信がとだえ、残念な思いにしばしばかられるのである。

この「どんぐりと山猫」という童話は、心持ちのたいへん素直な一郎という子供が森の動物たちの世界に招かれて、森の精霊の化身ともいえる動物たちと親密な交歓を果たす話である。一郎は森のエーテルに包まれて、愚者の叡智に気づく。その愚者の叡智は、ある意味で森の住民たる動植物の叡智であった。いちばん馬鹿な者がいちばんえらいという逆説は、実は万物の霊長としていちばんえらいと思っている人間がほんとうはいちばん馬鹿なのだという逆説を内含している。人間にくらべて、一見馬鹿に見えるかのような森の動植物たちが実際にはいちばんえらいという逆説である。

このような愚者の叡智についてのまなざしは、「虔十公園林」にもはっきりと示されている。また、

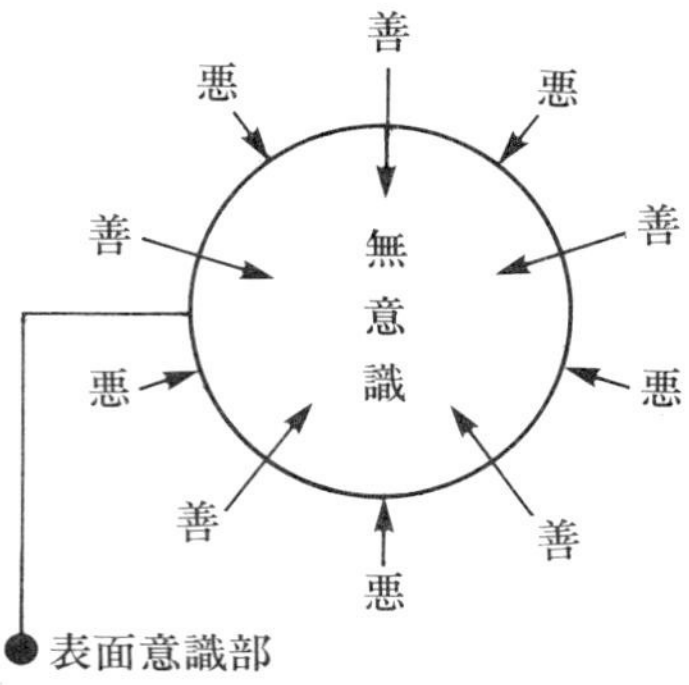

「注文の多い料理店」では東京から来たハンターたちが、森の中の料理店で山猫たちにハントされかかる。ハントするものがハントされるものになる、食べる者が食べられる者になる、こうした反転したまなざしが賢治の作品をつらぬいている。例えば「注文の多い料理店」では「西洋料理店といふのは、……西洋料理を、来た人にたべさせるのではなくて、来た人を西洋料理にして、食べてやる家」という反転が東京から来たハンターの二人の「紳士」によって自覚されている。とすれば、ここでは人間が森を監視し森を制圧するのではなくて、森が人間を監視し見守っているのである。つまり、人間界が象徴する意識の世界よりも、森が象徴する無意識の世界のほうが深くかつ優位に立っているのだ。反転した森のまなざしを、すなわち森の叡智を身にまとった者こそこの世における愚者の知恵を発揮できる存在なのである。

花巻農学校における宮沢賢治の教え子たちが教師としての宮沢賢治像を語ったドキュメンタリー映画『せんせいはほほーっと宙に舞った――宮沢賢治の教え子たち』（制作・グループ現代、鳥山敏子）のなかで、教え子の一人は宮沢賢治が意識よりも無意識の方がより本質的で善性であるという考えを語ったと証言し、右のような図をノートにとどめていた。

そして、その図の横にこのような言葉が書き添えられていた。

無意識部→善→良心→自然
　　宇宙精神と一体

まことである

賢治は「無意識」こそが善性や良心の拠りどころであり、それこそが本然の「自然」であると考えていた。そこには、仏教の仏性論や如来蔵思想、また天台本覚論などの人間観・生命観が影響していると思うが、彼は徹底して生命の立場、エーテルや気の「たべもの」の立場に立っていたのだ。そしてその生命は、『法華経』のなかの「如来寿量品《にょらいじゅりょうぼん》」に示されているように、「久遠実成《くおんじつじょう》の本仏」、すなわち歴史的点をつらぬき超えて存在しつづける永遠のブッダのいのちによって賦活され支えられているものなのであった。

『農民芸術概論綱要』中の「農民芸術の製作」と題する詩は次のようなものである。

世界に対する大なる希願をまづ起せ
強く正しく生活せよ　苦難を避けず直進せよ
感受の後に模倣理想化冷く鋭き解析と熱あり力ある綜合と
諸作無意識中に潜入するほど美的の深と創造力は加はる
機により興会し胚胎すれば製作心象中にあり
練意了って表現し　定案成れば完成せらる
無意識即から溢れるものでなければ多く無力か詐偽である
髪を長くしコーヒーを呑み空虚に待てる顔つきを見よ
なべての悩みをたきぎと燃やし　なべての心を心とせよ

この詩のなかで賢治は二度「無意識」という言葉を使っている。「無意識」のなかに深く潜入すればするほど美と創造力は力強く発現する。それ故「無意識」のなかからあふれ出るものでなければ力あるものとはならず、作品としてできあがっても「詐偽」のようなものにしかならない。ここでいう「無意識」とは、「久遠実成の本仏」の生命と深くつながり、それによって賦活されている生の源泉を意味するのであろう。もちろんそれは、仏性や如来蔵を胚胎し、発現してくる回路でもあるだろう。

このような如来と通じる「無意識」は浄化された透明な気場をつくりだす。この詩の最終句、「風とゆききし　雲からエネルギーをとれ」とは、まさにこうした浄化された透明な気場の生成を要請するものであろう。それはエーテル的なコミュニケーションの要請なのである。これを気功的言説にいいかえれば、「練精化気、練気化神」という気の浄化・変成のプロセスとしてとらえることができるであろう。

『注文の多い料理店』の「狼森と笊森、盗森」の冒頭部分にこうある。

小岩井農場の北に、黒い松の森が四つあります。いちばん南が狼森で、その次が笊《ざる》森、次は黒坂森、北のはづれは盗《ぬすと》森です。

この森がいつごろどうしてできたのか、どうしてこんな奇体《きたい》な名前がついたのか、それをいちばんはじめから、すつかり知つてゐるものは、おれ一人だと黒坂森のまんなかの巨《おお》きな巌《いは》が、ある日、威張つてこのおはなしをわたくしに聞かせました。

森の生活の由来を知っている唯一の存在が巨大な「巌《いわ》」であるのだが、その「巌」が「わたくし」に語り聞かせた「おはなし」だとして、この童話は始まるのである。そしてこの作品の最後は、「しかしその粟餅も、時節がら、ずゐぶん小さくなつたが、これもどうも仕方がないと、黒坂森のまん中のまつくろな巨きな巌がおしまひに云つてゐました」と語り閉じられている。「巌」の話にはじまり、「巌」の話に終わるこの童話は、『注文の多い料理店』全体のアニミスティックでかつシャーマニスティックな結構を典型的なかたちで示している。

『注文の多い料理店』は、「かしはばやしの夜」で柏の木々と人間とのユーモラスな交歓を示し、「月夜のでんしんばしら」で電信柱の兵隊たちの行進を子供が目撃し言葉を交わすありさまを表わし、最後の作品「鹿踊りのはじまり」では山の中で鹿が踊りを踊る場面を目撃するところを描いている。つまり、野に住む人間が森の秘儀に参入し、森の言葉を聴き、森の叡智にふれるさまが実にあたりまえな出来事として表現されているのである。

「鹿踊りのはじまり」は次のような言葉で始まり、そして終わる。

そのとき西のぎらぎらのちぢれた雲のあひだから、夕陽は赤くなゝめに苔の野原に注ぎ、すすきはみんな白い火のやうにゆれて光りました。わたくしが疲れてそこに睡《ねむ》りますと、ざあざあ吹いてゐた風が、だんだん人のことばにきこえ、やがてそれは、いま北上の山の方や、野原に行はれてゐた鹿踊りの、ほんたうの精神を語りました。

（中略）

それから、さうさう、苔《こけ》の野原の夕陽の中で、わたくしはこのはなしをすきとほつた秋の風から聞いたのです。

この冒頭部分の描写はインディアンのシャーマンが森の中に分け入って、木や岩の声を聴きとるさまと酷似している。夕陽にそめられた苔の野原で疲れて寝入ると、次第にざあざあ吹いていた風の音が人の言葉に聞こえてきて、いつしか「鹿踊りの、ほんたうの精神」について語ったのである。この童話の最後にも、再度、「このはなしをすきとほつた秋の風から聞いた」ことが確認され、それが同時に『注文の多い料理店』全体の最後をしめくくる言葉になっているのである。一郎による森への参入から始って、嘉十による森の密儀の目撃と風の語りの確認で終わる。その全プロセスが森のイニシエーションを示している。

このように見てくると、『注文の多い料理店』がいかにアニミスティックでシャーマニスティックな感覚と表現で全編つらぬかれているかが了解できよう。今、宮沢賢治に関心が集まっているのは、こうしたアニミズムやシャーマニズムの知性と感性が現代文明の知的・感性的閉塞に透明な風を吹き入れ、知性と社会の変容・変成に導く指標となりうるかもしれないという予感が高まっているからであろう。

『農民芸術概論綱要』の「序論」においては、そうした知性と社会の変容が次のような言葉で予言されている。

おれたちはみな農民である　ずゐぶん忙がしく仕事もつらい
もっと明るく生き生きと生活をする道を見付けたい
われらの古い師父たちの中にはさういふ人も応々あった

近代科学の実証と求道者たちの実験とわれらの直観の一致に於て論じたい
世界がぜんたい幸福にならないうちは個人の幸福はあり得ない
自我の意識は個人から集団社会宇宙と次第に進化する
この方向は古い聖者の踏みまた教へた道ではないか
新たな時代は世界が一の意識になり生物となる方向にある
正しく強く生きるとは銀河系を自らの中に意識してこれに応じて行くことである
われらは世界のまことの幸福を索ねよう　求道すでに道である

ここで賢治は、科学と宗教と芸術の一致する知性のあり方を「近代科学の実証と求道者たちの実験とわれらの直観の一致」として示している。そしてこの知性は単なる個的意識によって支えられるものではなく、もっとも深い無意識とコズミックな超意識によって支えられるものであることが明確に示されている。「自我の意識は個人から集団社会宇宙と次第に進化する……正しく強く生きるとは銀河系を自らの中に意識してこれに応じて行くことである」と。

3　気の森から生命の宇宙へ——気人の叡智

宮沢賢治と南方熊楠の思想と実践が発信しつづけているのは、まずこのような知性の変革である。その知性は、第一に、アニミズムやシャーマニズムを汲み上げ、第二に森の叡智や愚者の知恵に賦活され、第三に野の科学としての緻密で繊細な実証に裏づけられ、第四に、宇宙的な生命意識と感応する超宗教的・超科学的知性である。南方熊楠は『大日経』に、宮沢賢治は『法華経』のなかに宇宙的生命の本質を見出したが、彼らがともにマンダラ的知性の持ち主であったことは強調されていいことだ。南方熊楠はその名が如実に本性を顕わしているように、動植物とフィジカルにもサイキックにもダイレクトに感応する知性を持っていた。その点は宮沢賢治も同様である。

彼らはともにグローバルに思考し、ローカルに行動した。南方熊楠の神社合祀反対運動や宮沢賢治の羅須《らす》地人協会の活動は、グローバルな思考とローカルな行動の結合の見本である。その結合は彼らが生きた時代にあって必ずしも十分な達成をなしとげたとは言い難い。しかし森の叡智に芯から浸された彼らの言葉と行動は、衰退に向かいつつある世紀末の気に透明で力強い風を吹き込んで再生せしめ、自然治癒力を掘り起こさせる力と知恵に満ちている。

ブナ林帯の森の知性と照葉樹林帯の森の知性。澄明なブナと雄渾な楠。賢者と愚者が美しい融合をとげたこの二人の森の知性は、世紀末の気を真の「たべもの」に変成せしめる錬金術を教えている。シャーマン的意識と如来的意識の結合をみずから生きた宮沢賢治と南方熊楠が世紀末の都市「平地人」をどのようにして「戦慄」せしめ、変革を促すか。

今、都市全体が、ひいては地球全体が「注文の多い料理店」になりつつある時代に「すきとほつたほんたうのたべもの」をみのらせ食べることができなければ、都市は滅び、文明は自滅するしか道はないであろう。そのことをこの二人の地方宇宙人《ローカル・コスモメイト》は愚者の笑いと叡智をもって発信しつづけているのである。

森のコスモロジー
――宮沢賢治と森の思想

1　森・地・人協会

大正十五年（一九二六）八月十六日、同年三月に花巻農学校を退職した宮沢賢治は、「本統の百姓」[1]になることを期して「羅須《らす》地人協会」を設立した。その協会の名称の冒頭に冠せられた「羅須」はポーランド語の"las"で「森」を意味するという[2]。エスペラント語に関心をもち、その新しい世界言語を学んでいた宮沢賢治は、エスペラント語の創始者ザメンホフの故国ポーランドの「森」を意味する言葉を自分たちの農民運動を象徴する名前として選んだのだろうか。もしそれが事実だとすれば、宮沢賢治は「森・地・人協会」という名の団体を設立したことになる。その「森・地・人協会」とはいったい何であるのか。森と大地と人（農民）が交歓し、真に調和ある協働社会を築くこと、宮沢賢治が願ったのはそうした大地に媒介された森と人との共生の生活世界だったのであろうか。

大正十五年四月一日付の『岩手日報』の朝刊には次のような記事が掲載されている（以下原文のまま）。「花巻川口町宮沢政治郎氏長男賢治（28）氏は今回県立花巻農学校の教諭を辞職し花巻川口町下根子に同士二十余名と新しき農村の建設に努力することになつた。きのふ宮沢氏を訪ねると現代の農村はたしかに経済的にも種々行きつまつてゐるやうに考へられます、そこで少し東京と仙台の大学あたりで自分の不足であつた『農村経済』について研究したいと思つてゐます。そして半年ぐらゐはこの花巻で耕作にも従事し生活即ち芸術の生がいを送りたいものです、そこで幻燈会の如きはまい週のやうに開さいするし、レコードコンサートも月一回位もよほしたいとおもつてゐます」。

農学校辞職直後のこの頃には、まだ漠然と、東京と仙台の大学で農村経済を勉強し、半年くらいを耕作にあて、生活即芸術の生涯を送りたいと語っている。幻燈会やレコード・コンサートを催す文化サロン的な催しもやってみたいとも。

宮沢賢治にとっての「新しき農村の建設」とは、何よりも芸術と生活とを結びつけた農民芸術村の運動であった。そのことは、同年一月十五日より三月二十七日まで、花巻農学校内で「岩手国民高等学校」が開かれ、講師として農民芸術論を講義したものをまとめた『農民芸術概論綱要』に端的に表現されている。その「序論」には次のように述べられている。

おれたちはみな農民である　ずゐぶん忙がしく仕事もつらい
もっと明るく生き生きと生活をする道を見付けたい
われらの古い師父たちの中にはさういふ人も応々あった
近代科学の実証と求道者たちの実験とわれらの直観の一致に於て論じたい
世界がぜんたい幸福にならないうちは個人の幸福はあり得ない
自我の意識は個人から集団社会宇宙と次第に進化する
この方向は古い聖者の踏みまた教へた道ではないか

新たな時代は世界が一の意識になり生物となる方向にある
正しく強く生きるとは銀河系を自らの中に意識してこれに応じて行くことである
われらは世界のまことの幸福を索ねよう　求道すでに道である

「農民」が「明るく生き生きと生活をする」にはどうすればいいか。それには「進化」の流れに沿って「銀河系を自らの中に意識してこれに応じて行くこと」が必要である。また、「近代科学の実証と求道者たちの実験とわれらの直観の一致」が「新たな時代」の「方向」の方法として必要になってくる。「農民」をたんなる一職業としてではなく、宇宙進化の流れの中にある生命ないし生活の形態として位置づけ、そこに科学的「実証」と宗教的「実験」と芸術的「直観」の「一致」が実現するような世界の到来を激しく希求したのである。

このような科学と宗教と芸術との幸福な結婚を願う背景として、それらの離反・闘争・冷酷・堕落を賢治は認識していた。「農民芸術の興隆」にこうある。

曾つてわれらの師父たちは乏しいながら可成楽しく生きてゐた
そこには芸術も宗教もあつた
いまわれらにはただ労働が　生存があるばかりである
宗教は疲れて近代科学に置換され然も科学は冷く暗い
芸術はいまわれらを離れ然もわびしく堕落した
いま宗教家芸術家とは真善若くは美を独占し販るものである

かつてはたとえ貧しくとも芸術や宗教に賦活されて「可成楽しく生きてゐた」。しかし今や「労働」とたんなる「生存」があるばかりである。芸術は堕落し、宗教は疲れ果てて力を失い、科学に置換されたが、その科学は「冷く暗い」ために、われわれの心を潤し創造の力を鼓吹するものではない。今や宗教家も芸術家も真善美の販売人であり商売人であるにすぎない。だからこそ、新たに「不断の潔く楽しい創造」を蘇らせ、「芸術をもてあの灰色の労働を燃」やさなければならないのだ。

それではその芸術とはいかなるものか。「農民芸術の本質」でこう高らかに宣言する。

農民芸術とは宇宙感情の　地　人　個性と通ずる具体的なる表現である
そは直観と情緒との内経験を素材としたる無意識或は有意の創造である
そは常に実生活を肯定しこれを一層深化し高くせんとする
そは人生と自然とを不断の芸術写真とし尽くることなき詩歌とし
巨大な演劇舞踊として観照享受することを教へる
そは人々の精神を交通せしめ　その感情を社会化し遂に一切を究竟地にまで導かんとする
かくてわれらの芸術は新興文化の基礎である

ここに「地　人」という語がみえる。「農民芸術」というものは「宇宙感情」が「地　人」や「個性」と通じる具体的表現であると主張する。「宇宙感情」とは先に引いた「銀河系を自らの中に意識してこれに応じて行くこと」と同義である。銀河意識に応じつつ大地に立って働く者としての農民一人一人の個性を通して現われる具体的表現としての「農民芸術」。それは「人々の精神を交通せしめ　その感情を社会化し遂に一切を究竟地にまで導かんとする」芸術であるという。その「究竟地」とは、「世界のまことの幸福」の実現するところである。そしてそこに到るには「近代科学の実証」と「求道者たちの実験とわれらの直観の一致」が必要であり、より身近なところでは「農民芸術」の「具体的なる表現」が必要であると考えたのだ。

その農民芸術の表現は、「世界に対する大なる希願」に根ざし、「強く正しく生活」する者の「無意識即から溢れるものでなければ多く無力か詐偽である」（「農民芸術の製作」）という。そして、「風とゆきし　雲からエネルギーをと」る自然との交換を通して実現されねばならないという。

こうした「農民芸術」の理想を「羅須地人協会」は実現せんと「希願」し、「生活即ち芸術の生がい」を実践しようと志したのである。

昭和二年二月一日付『岩手日報』夕刊には、前年四月一日付の記事に続いて次のような記事がみえる（以下原文のまま）。「花巻川口町の町会議員であり且つ同町の素封家の宮沢政次郎氏長男賢治氏は今度花巻在住の青年三十余名と共に羅須地人会を組織しあらたなる農村文化の創造に努力することになつた地人会の趣旨は現代の悪弊と見るべき都会文化に対抗し農民の一大復興運動を起すのが主眼で、同志をして田園生活の愉快を一層味はしめ原始人の自然生活にたち返らうといふのである　これがため……更に農民劇農民音楽を創設して協会員は家族団らんの生活を続けて行くにあるといふのである、……羅須地人協会の創設は確に我が農村文化の発達上大なる期待がかけられ、識者間の注目を惹いてゐる」。

この紹介記事によると、「羅須地人協会」は「あらたなる農村文化の創造」をめざし、「現代の悪弊」である「都会文化」に「対抗」して「農民の一大復興運動」を喚起せしめんとするものである。そして

「同志」に「田園生活の愉快」を味わせ、「原始人の自然生活」に立ち返らせようとする。さらには、「農民劇」や「農民音楽」をつくって「家族団らんの生活」を続けていくことをめざすという。

この都市文明対田園生活＝自然生活という対決の図式は、宮沢賢治が生前に自費出版した唯一の童話集『注文の多い料理店』にもはっきりと示されている。

2　『注文の多い料理店』と森の位相

大正十三年（一九二四）十二月に刊行された童話集『注文の多い料理店』には、「どんぐりと山猫」「狼森《オイノモリ》と笊森《ざるもり》、盗森《ぬすともり》」「注文の多い料理店」「烏の北斗七星」「水仙月の四日」「山男の四月」「かしはばやしの夜」「月夜のでんしんばしら」「鹿《しし》踊りのはじまり」の九つの作品が収められているが、それらの作品のほとんどが森ないし山を舞台として展開する。

「どんぐりと山猫」と森

冒頭に置かれた「どんぐりと山猫」では、「山ねこ　拝」と書いたおかしな葉書が届いて、一郎が栗の木やブナの木や榧《かや》の木の森の世界に分け入ってゆくところから始まり、一郎は面倒でいささか滑稽ないさかいを見事に解決する。そして巻末の「鹿踊りのはじまり」では、栗の木から落ちて左膝を悪くした嘉十が山奥の湯に一人で湯治に行く途中、はんの木のある森の中で鹿の群れと出会い、その動物たちの気持や言葉がはっきりと理解できる不思議な体験をもつことが描かれる。『注文の多い料理店』には一貫して森への参入と森の動植物たちとの交歓が描かれているのだ。

しかしながら、その参入も交歓も決して予定調和的な幸福なものではない。参入してゆく人間のもつ「慢《まん》」や身心の境位《きょうい》によって森からはじかれてしまうのだ。しかしこの至福の調和から疎外されているからこそ、人々は森への参入と交歓を希求してやまないのである。

一郎は誰がいちばんえらいかで言い争うどんぐりたちの裁判に悩んでいる山猫に、「このなかでいちばんばかで、めちやくちやで、まるでなつてゐないやうなのが、いちばんえらい」と告げる。それは「いちばんえらい」という言説や価値体系を根底から覆し無化し破壊する思想である。「いちばんえらい」ということを競う場面を宗教も科学も芸術も文明ももっている。どの神さまが本当の神さまでいちばんえらいとか、本当の真理であるとか、最高に進歩した制度や生活であるとかと主張し、優劣を競い、差別を生み出し、みずから戦いの種を播く。

しかし一郎は「いちばんばか」が「いちばんえらい」という。それはいちばん馬鹿な者がいちばんえらいというたんなる価値の転倒ないし逆転ではない。そもそも馬鹿とかえらいとかいう言葉や思考が成立する場所や構造の無根拠と問題点を剔抉《てっけつ》しているのだ。

この一郎の言葉を受けて、「このなかで、いちばんえらくなくて、ばかで、めちやくちやで、てんでなつてゐなくて、あたまのつぶれたやうなやつが、いちばんえらいのだ」と山猫はどんぐりたちに申しわたす。すると、「どんぐりは、しいんとしてしまひました。それはそれはしいんとして、堅まつてしまひました」。

どんぐりたちはなぜ「それはそれはしいんとして、堅まつてしま」ったのか。それはいちばん深いところからこの争いの根を解きほぐし、そのことによってその場にいる全員に深い気づきや洞察と反省を強いたからだ。それを聞いた誰しもが恥かしさで身を縮めてしまうような、自分たちの愚かな執着の構造を目の前に突きつけたからである。

それはある意味では、多様なものが多様なままに共存し共生している森の世界の構造ではないか。誰がいちばん馬鹿だとか誰がいちばんえらいとかのない、生命の多様性の構造。森が黙示してやまないのは、優劣や差別を生み出す人間原理や文明原理の偏倚と慢《まん》である。

だが、名判決を示した一郎も、森の裁判所の「名誉判事」になって難問を解決してほしいとの申し出を受けたにもかかわらず、「用事これありに付き、明日出頭すべし」という呼び出しの葉書の文句に、「なんだか変ですね。そいつだけはやめた方がいゝでせう」と言ってしまったばかりに二度と山猫からの招待を受けることはなかったのである。一郎が山猫よりも「えらい」位置から判断を下してしまったばかりに。人間世界の言説体系や価値観を森の世界に無反省に押しつけてしまったばかりに。一郎はみずからの言説によって森の世界からはじかれてしまったのである。たなかたつひこがいみじくも指摘したように、「たった今自分で裁いた言葉に、一郎は自分も裁かれてしまった(3)」のだ。

それゆえに一郎は思うのである。「それからあと、山ねこ拝といふはがきは、もうきませんでした。やつぱり、出頭すべしと書いてもいゝと言へばよかつた」と。森との交歓の喪失とその悲哀。『注文の多い料理店』にはそうした喪失と悲哀の感情が通奏低音のように鳴りひびいている。

森に進出し、森を伐り倒し、森を破壊してゆく人間や文明は、森の侵略を当然のごとく良心の呵責なしに行なってきたが、森の裁判が行なわれるとすれば、その時人間は判事としてでも検事としてでも原告としてでもなく、被告として「出頭」することを余儀なくされるであろう。そのような森の裁判こそが「注文の多い料理店」で示されるのだ。それは次のように始まる。

二人の若い紳士が、すつかりイギリスの兵隊のかたちをして、ぴかぴかする鉄砲をかついで、白熊のやうな犬を二疋つれて、だいぶ山奥の、木の葉のかさかさしたとこを、こんなことを云ひながら、あるいてをりました。

「ぜんたい、こゝらの山は怪しからんね。鳥も獣も一疋も居やがらん。なんでも構はないから、早くタンタアーンと、やつて見たいもんだなあ。」

「鹿の黄いろな横つ腹なんぞに、二三発お見舞もうしたら、ずゐぶん痛快だらうねえ。くるくるまはつて、それからどたつと倒れるだらうねえ。」

それはだいぶの山奥でした。案内してきた専門の鉄砲打ちも、ちよつとまごついて、どこかへ行つてしまつたくらゐの山奥でした。

それに、あんまり山が物凄いので、その白熊のやうな犬が、二疋いつしよにめまひを起して、しばらく吠《うな》つて、それから泡を吐いて死んでしまひました。

「じつにぼくは、二千四百円の損害だ」と一人の紳士が、その犬の眼ぶたを、ちよつとかへしてみて言ひました。

「ぼくは二千八百円の損害だ。」と、もひとりが、くやしさうに、あたまをまげて言ひました。

はじめの紳士は、すこし顔いろを悪くして、ぢつと、もひとりの紳士の、顔つきを見ながら云ひました。

「ぼくはもう戻らうとおもふ。」

「さあ、ぼくもちやうど寒くはなつたし腹は空いてきたし戻らうとおもふ。」

「そいぢや、これで切りあげやう。なあに戻りに、昨日の宿屋で、山鳥を拾円も買つて帰ればいゝ。」

「兎もでてゐたねえ。さうすれば結局おんなじこつた。では帰らうぢやないか」

ところがどうも困つたことは、どつちへ行けば戻れるのか、いつかう見当がつかなくなつてゐました。

風がどうと吹いてきて、草はざわざわ、木の葉はかさかさ、木はごとんごとんと鳴りました。


長い引用になったが、ここには人間と都市文明のもつ根源的な慢《まん》と、森ないし山がもつ奥深さと畏怖があますところなく示されている。東京から来た「イギリスの兵隊のかたち」をした「二人の若い紳士」は、当時の世界でもっとも繁栄した文明の軍隊の衣装をまとい、その国の首都から「ぴかぴかする鉄砲」をかつぎ、「白熊のやうな犬」を二匹つれて、ハンティングをスポーツとして愉しむために山奥に入ってくる。軍隊と貨幣経済の力を背景として。彼らは口々に、ここらの山は怪しからん、鳥も獣も一匹もいない、何でもかまわないから早く撃ってみたいとか、鹿の横っ腹に二、三発「お見舞もうしたら、ずゐぶん痛快だらうねえ。くるくるまはつて、それからどたつと倒れるだらうねえ」とかと言いながら、ハンティングにはやりたつ心を抑えることができない。

しかし、この森の鳥獣を殺害してみやげにもって帰ることを喜びとしている都会人を森ははじくのである。白熊のような犬はめまいを起こし泡を吐いて死に、二人は道に迷う。その山の「物凄い」さまに二人はおののく。先へ行くことも帰ることもできないで。その時、「風がどうと吹いてきて、草はざわざわ、木の葉はかさかさ、木はごとんごとんと鳴り」、森は猛り始める。

そうしたとき、二人はふと「立派な一軒の西洋造りの家」を発見する。その玄関には「RESTAURANT 西洋料理店 WILDCAT HOUSE 山猫軒」という札がかかっている。「玄関は白い瀬戸の煉瓦で組んで」あり、「実に立派」で瀟洒である。その扉には「金文字」で「どなたもどうかお入りください。決してご遠慮はありません」と書いてある。二人は喜び勇んでその「西洋料理店　山猫軒」に入ってゆく。

すると、部屋に入るたびに、「髪をきちんとして、それからはきものゝ泥を落してください」だの、「鉄砲と弾丸をこゝへ置いてください」だの、「どうか帽子と外套と靴をおとり下さい」、「ネクタイピン、カフスボタン、眼鏡、財布、その他金物類、ことに尖つたものは、みんなこゝに置いてください」、「壺のなかのクリームを顔や手足にすつかり塗つてください」、「あなたの頭に瓶の中の香水をよく振りかけてください」だの、あげくの果ては、「いろいろ注文が多くてうるさかつたでせう。お気の毒でした。もうこれだけです。どうかからだ中に、壺の中の塩をたくさんよくもみ込んでください」という注文が次々と投げかけられてくるのである。

最初のうちは、二人は余裕をもって、これは作法の厳しい、「よほど偉いひとが始終来てゐる」レストランにちがいないと思っているが、自分たちがだんだん裸に近い恰好となり、クリームや酢の匂いのする香水や塩をふりかけたり、もみ込んだりする注文を受けるうちに、その注文の仕方におかしいと思うようになる。そしてついに気づく。「沢山の注文といふのは、向ふがこつちへ注文してる」のだと。この「西洋料理店」とは、「西洋料理を、来た人にたべさせるのではなくて、来た人を西洋料理にして、食べてやる家」なのだと。

その瞬間、彼らは「がたがたがたがた、ふるえだしてもうものが言へ」なくなる。食べる者が食べられる者に逆転する。文明が森に逆襲される。支配者であると思い上がっていた人間が動物に反撃されて恐怖し狼狽する。「二人はあんまり心を痛めたために、顔がまるでくしやくしやの紙屑のやうになり、お互にその顔を見合せ、ぶるぶるふるえ、声もなく泣」いた。なかでは山猫たちが「ふつふつとわらつてまた叫んでゐ」る。「いらつしやい、いらつしやい。そんなに泣いては折角のクリームが流れるぢやありませんか。へい、たゞいま。ぢきもつてまゐります。さあ、早くいらつしやい」、「早くいらつしやい。親方がもうナフキンをかけて、ナイフをもつて、舌なめずりして、お客さま方を待つてゐられます」と。その声を聞いてまた「二人は泣いて泣いて泣いて泣いて泣きました」。

この世で「いちばんえらい」と思い、最大の強者であるかにふるまっている人間が、自然の中で裸にされると、いかに愚かで弱い存在であるか。道具や文明という虎の威を借りた猫――いやこの喩えは虎にも猫にも失礼というものだ――にすぎない、大いなる慢《まん》のなかにある人間と文明。その人間と文明原理の慢と思い上がりを「西洋料理店　山猫軒」は容赦なく突く。

最高度に発達し進歩した文明原理を象徴するかにみえる「西洋料理店」が人里離れた山奥に建っているちぐはぐさ。文明の波がこの山奥にまで押し寄せたのかと思いきや、それは文明の意匠を借りた仮構のだまし絵であった。文明に幻惑されている都会人はその仮構に容易にだまされる。彼らには山が山であり、森が森であることの恐さが見えていない。彼らの眼には文明原理があらゆる自然を覆いつくしているかにみえる。その強度と仮構を彼らは疑ってみることをしない。

しかし森の世界に逆襲され、生命だけは助かった彼らの「紙屑のやうに」なった顔は元に戻らなかった。彼らの身体は山の、森の、動物世界の怖さを忘れることはなかったのである。森の世界に通ずるはずの彼らの無意識は、その回路と交歓を破砕されて恐怖におののき、みずからの理性＝顔面＝近代文明原理を喰い破る。文明＝意識は森（自然）＝無意識を侵略しつくすことができない。なぜならそれはみずからの存在根拠を破壊することだからである。

だが、いつか必ず反転が訪れる。その反転への恐怖を文明原理は巧妙に隠蔽してきた。とはいえ、宮沢賢治の「注文の多い料理店」は決定的な破局を示さない。冒頭でめまいを起こし泡を吐いて死んだはずの二匹の白熊のような犬がなぜか生き返って、案内人の猟師とともに、ふるえて泣いている「二人の若い紳士」を助けにくるのだ。この結末は意外であり唐突だ。気がつくと、「室はけむりのやうに消え、二人は寒さにぶるぶるふるえて、草の中に立つてゐました」というのだから。上着や靴や財布やネクタイピンは、「あつちの枝にぶらさがつたり、こつちの根もとにちらばつたり」していて、二人はまるで狐に化かされたかのようなのだ。猟師の二人を探し出す声に元気づき、安心して、彼らは猟師のもってきた団子を食べ、途中で十円分の山鳥を買って何ごともなかったかのように東京に帰る。

このどこにも決定的な破局はなく、「山猫軒」の逆転は夢まぼろしであったかのようだ。だがしかし、「一ぺん紙くづのやうになつた二人の顔だけは、東京に帰つても、お湯にはひつても、もうもとのとほりになほりませんでした」とあって、身体はそれを夢まぼろしとしては通過させず、記憶を刻印している。

宮沢賢治は自信がなかったのかもしれない。彼は森の側にも文明の側にも立つことができず、その両方の魅力と威力を知悉する中間人であり境界人であった。悪くいえば、中途半端であったが、その境界領域に位置した宮沢賢治のゆらぎこそ、銀河というマクロコスモスと花巻というミクロコスモスとを切実につなぎとめるエロティシズムを生みだしたのかもしれない。

「狼森と笊森、盗森」と森

「狼森と笊森、盗森」は、小岩井農場の近くに実在する三つの森の名がタイトルになっている。この森が何時《いつ》どのようにしてできたか、どうしてこのような名前がついたか、そのことを「黒坂森のまんなかの巨きな巌」がある日いばって「わたくし」に話をして聞かせたというところからこの童話は始まる。

その森の巨岩の話によると、昔、地質時代に岩手山は何度も噴火し、その噴火の際にこの巨岩も岩手山からはね飛ばされて黒坂森に落ちてきたのだという。噴火が鎮まり、野原や丘に南の方から穂のある草や穂のない草がだんだん生えてきて一面を覆い、柏や松も生えて、黒坂森を含む四つの森ができた。しかしいまだ森には名前もなく、「めいめい勝手に、おれはおれだと思つてゐるだけ」であった。

そこへ四人の「けらを着た百姓たちが、山刀《なた》や三本鍬や唐鍬や、すべて山と野原の武器を堅くからだにしばりつけて」この四つの森に囲まれた小さな野原にやってきた。先頭の百姓は「そこらの幻燈のやうなけしき」を指さして、「どうだ。いゝとこだらう。畑はすぐ起せるし、森は近いし、きれいな水もながれてゐる。それに日あたりもいゝ。どうだ、俺はもう早くから、こゝと決めて置いたんだ」と言う。この口調はあたかも古代の国讃めや土地讃めの儀礼のようでもある。彼らは地味を確かめた上で、ここに住むことを決め、家族を呼び寄せる。

そして、この点がとりわけ重要であるのだが、次のように森に向かって叫ぶのだ。

そこで四人の男たちは、てんでにすきな方へ向いて、声を揃へて叫びました。

「こゝへ畑起してもいゝかあ。」

「いゝぞお。」森が一斉にこたへました。

みんなは又叫びました。

「こゝに家建てゝもいゝかあ。」

「ようし。」森は一ぺんにこたへました。

みんなはまた声をそろへてたづねました。

「こゝで火たいてもいいかあ。」

「いゝぞお。」森は一ぺんにこたへました。

みんなはまた叫びました。

「すこし木貰つてもいゝかあ。」

「ようし。」森は一斉にこたへました。

男たちはよろこんで手をたゝき、さつきから顔色を変へて、しんとして居た女やこどもらは、にわかにはしやぎだして、子供らはうれしまぎれに喧嘩をしたり、女たちはその子をぽかぽか撲つたりしました。


四人の百姓はこの土地に住むにあたって、この土地の主ともいえる「森」に許しを乞い、許可を求める。「こゝに畑起してもいゝかあ」、「ここに家建てゝもいゝかあ」、「こゝで火たいてもいいかあ」、「すこし木貰つてもいゝかあ」と。この土地で畑を耕し、家を建てて住み、火を焚き、必要な分だけ木を伐って暮らす。その日々の簡素な暮らしの赦しをまず何よりもその土地自身に求めるのだ。そして森が「ようし」、「いゝぞお」と答えるのを聴き、確かめてから彼らはそこに暮らしはじめるのだ。喜びに満ちて。

このような純朴な暮らしのなかにあって、彼らは森の狼や山男とも時として交わり、お礼の粟餅のお供えをする。百姓たちは森ともすっかり「友だち」となり、毎年、冬のはじめには必ず粟餅を供えたのである。この童話の最後は次のような言葉でしめくくられている。

しかしその粟餅も、時節がら、ずゐぶん小さくなつたが、これもどうも仕方がないと、黒坂森のまん中のまつくろな巨きな巌がおしまひに云つてゐました。

お礼のお供えの粟餅も年を経るにつれて小さくなってゆく。それは森と人とが「友だち」から所有物へと転じ、両者の間に距離ができ、支配の体系と商品経済の波のなかに入ってゆく過程を暗示する。「人と森との原始的な交渉」も、「自然の順違二面が農民に与へた永い間の印象」(『注文の多い料理店』新刊案内」)も次第に忘れられ、薄らいでゆく。それどころか、農民もみずからの利潤追求のために森の木を伐り売って金をかせぐ商取引の手先となってゆく。

「かしはばやしの夜」と森

「かしはばやしの夜」では、森に進入してゆく百姓の清作を柏の木々が妨害し、柏の木大王は清作を「前科者ぢやぞ。前科九十八犯ぢやぞ」と批難する。すると清作は、「うそをつけ、前科者だと。おら正直だぞ」と怒る。それに対して、柏の木大王は、「なにを。証拠はちやんとあるぢや。また帳面にも載つとるぢや。貴さまの悪い斧のあとのついた九十八の足さきがいまでもこの林の中にちやんと残つてゐるぢや」と反論する。清作は、「あつはつは。おかしなははなしだ。九十八の足さきといふのは、九十八の切株だらう。それがどうしたといふんだ。おれはちゃんと、山主の藤助に酒を二升買つてあるんだ」と強弁する。それを聞いてますます激昂した柏の木大王は、「そんならおれにはなぜ酒を買はんか」と迫る。清作は「買ふいはれがない」とつっぱねる。「いや、ある、沢山ある。買へ」と柏の木大王。「買ふいはれがない」としらを切る清作。

このように、九十八本の柏の木を酒二升で山主から買いとって伐った清作と柏の木大王とのやりとりが展開される。木を伐るには当の木と森に対するそれ相応の礼儀もしくは儀礼が必要なのだと柏の木大王は主張しているかにみえる。それに対して、清作は山主、つまりその木と森の所有者から酒二升で買いとったのだから何の問題もないと言い張る。ここにはもはや、森に向かって「すこし木貰つてもいゝかあ」と許しを請うた百姓たちの森に対する畏怖と感謝の気持のかけらもない。商品経済が山にも森にも押し寄せて、木も森も生命あるものではなく、貨幣に換金される単なる商品物体となっている。ここにはいかなるアニミズムも自然崇拝もない。

にもかかわらず、ここでも宮沢賢治は清作と柏の木大王たちとの決定的な破局をもたらさず、一夜の月夜の歌祭りに参入させる。そして夜が更け、白み始め、霧雨が落ちてくると、柏の木はにわかに歌と踊りをやめ、清作が柏林を出てゆくのを、「柏の木はみんな踊のまゝの形で残念さうに横眼で清作を見送」ったのである。宮沢賢治は森と人間との間に決定的な対立と断絶をもち込むことはない。彼の描く森は、どこか大らかで、ユーモラスで、人間をたしなめながらも受け入れる。

「鹿踊りのはじまり」と森

『注文の多い料理店』の巻末に置かれた「鹿踊りのはじまり」は、森の中で、その森の主のような「青いはんのき」の前で、森の精のような鹿が、嘉十の置き忘れていった手拭に興味を示してそれにおそるおそる近寄り、調べ、ついには歌い踊るさまを目のあたりに見て、鹿と自分との違いを忘れて鹿の踊りの輪の中に飛び込んでゆく嘉十少年（と思われる）の姿が描かれる。

「かしはばやしの夜」が祝祭的な気分と歌舞いの昂揚を月の光の変化するさまで見事に描き出したのに対して、この「鹿踊りのはじまり」では、はんの木に射し込む太陽光線とそれが織りなす色合いの変化が、嘉十の心的変化と鹿の歌舞いの集中と熱狂を見事にさし示すのだ。たとえば、はんの木に射す太陽光線の変化。

(1)　太陽はもうよほど西に外《そ》れて、十本ばかりの青いはんのきの木立の上に、少し青ざめてぎらぎら光つてかかりました。

(2)　太陽が、ちやうど一本のはんのきの頂にかかつてゐましたので、その梢はあやしく青くひかり、まるで鹿の群を見おろしてぢつと立つてゐる青いいきもののやうにおもはれました。

(3)　太陽はこのとき、ちやうどはんのきの梢の中ほどにかかつて、少し黄いろにかゞやいて居りました。鹿のめぐりはまただんだんゆるやかになつて、たがひにせわしくうなづき合ひ、やがて一列に太陽に向いて、それを拝むやうにしてまつすぐに立つたのでした。嘉十はもうほんたうに夢のやうにそれに見とれてゐたのです。

それに対して、嘉十の変化はどうであろうか。

(1) 嘉十はよろこんで、そつと片膝をついてそれ（鹿の毛並）に見とれました。
(2) 嘉十は痛い足をそつと手で曲げて、苔の上にきちんと座りました。
(3) 嘉十はにはかに耳がきいんと鳴りました。そしてがたがたふるえました。鹿どもの風にゆれる草穂のやうな気もちが、波になつて伝はつて来たのでした。／嘉十はほんたうにじぶんの耳を疑ひました。それは鹿のことばがきこえてきたからです。
(4) 嘉十はもうあんまりよく鹿を見ましたので、じぶんまでが鹿のやうな気がして、いまにもとび出さうとしましたが、じぶんの大きな手がすぐ眼にはいりましたので、やつぱりだめだとおもひながらまた息をこらしました。……嘉十はもうほんたうに夢のやうにそれ（鹿たちが一列に太陽に向き拝むようにまっすぐに立ったこと——引用者注）に見とれてゐたのです。
(5) 嘉十はもうまつたくじぶんと鹿とのちがひを忘れて、／「ホウ、やれ、やれい。」と叫びながらすすきのかげから飛び出しました。

嘉十は鹿を見つめているうちに、深い集中に入り、シャーマンが変性意識状態に入ってゆくように、「耳がきいんと鳴り」、身体が「がたがたふるえ」、鹿たちの「風にゆれる草穂のやうな気もち」が波になって伝わり、「鹿のことば」が聞こえてきたのである。そして、鹿の仕草を見、言葉を聞いているうちに、自分が鹿になってしまった気がして鹿の輪のなかに飛び出してゆこうとするが、自分の大きな手が眼に入ってあきらめる。嘉十の心は完全に鹿と同化している（と自分で感じている）のだが、彼の身体が鹿に変容しているわけではない。

しかしついに、鹿たちの歌と踊りの熱狂に我を忘れ、自分と鹿との違いを完全に忘れて鹿の踊りの輪の中に飛び出していった。すると鹿はどのような反応をしたか。鹿と同化したと思っている嘉十と一緒に歌を歌い、踊りを踊ってはねまわったか。そうではない。その結末は異種間コミュニケーションの不成立を告げて終わっている。


鹿はおどろいて一度に竿のやうに立ちあがり、それからはやてに吹かれた木の葉のやうに、からだを斜めにして逃げ出しました。銀のすすきの波をわけ、かゞやく夕陽の流れをみだしてはるかにはるかに遁《に》げて行き、そのとほつたあとのすすきは静かな湖の水脈《みを》のやうにいつまでもぎらぎら光つて居りました。

そこで嘉十はちよつとにが笑ひをしながら、泥のついて穴のあいた手拭をひろつてじぶんもまた西の方へ歩きはじめたのです。

それから、さうさう、苔の野原の夕陽の中で、わたくしはこのはなしをすきとほつた秋の風から聞いたのです。


鹿は不意の闖入者に驚いて一目散に逃げ出すが、その逃げるさまはこのうえなく美しい。彼らが通ったあとのすすきは「静かな湖の水脈のやうにいつまでもぎらぎら光つて居」たというのだから。

「鹿踊りのはじまり」は、鹿の身体の躍動と彼らの意識の微細な変化をじつに精妙に描き出している。そしてその鹿の身体運動に嘉十はみずからの身心を寄り添わせて、我を忘れて共に変化《へんげ》する。たとえば、一匹の鹿が細い声で「はんの木《ぎ》の／みどりみぢんの葉の向《もご》さ／ぢやらんぢやららんの／お日さん懸がる」と歌うと、「その水晶の笛のやうな声に、嘉十は目をつぶつてふるえあが」る。また別の鹿が突然飛び上がって「からだを波のやうにうねらせながら、みんなの間を縫つてはせまはり、たびたび太陽の方にあたまをさげ」て、「お日さんを／せながさしよへば、はんの木《ぎ》も／くだげで光る／鉄のかんがみ」と歌うと、「はあと嘉十もこつちでその立派な太陽とはんのきを拝」むのである。鹿の一挙手一投足に嘉十はみずからの身心の波長ををかぎりなく合わせ、同調しているのだ。

　しかしにもかかわらず、嘉十は嘉十でしかなく、鹿ではない。人間の心が鹿に同調したとしても、人間の身体が鹿に変身するわけではない。シャーマンはたしかにさまざまな動物や植物や精霊に変身したり憑依したりするが、それはあくまで意識や魂や象徴的な儀礼の次元のことである。だが、嘉十がついに嘉十でしかなく鹿に成り切れないところに「鹿踊り」という儀礼的芸能が発生してくる余地がある。それは嘉十が鹿の言葉を聴きとり、完全に同調した神話的時間の反復であり、身体的物語なのである。それは嘉十が鹿と化した至福の神話的時間の一瞬を再現する。そして同時に、嘉十が「ちよつとにが笑ひ」をしながらさびしく西の山の湯への道を歩き始める現実的な時間を。いうなれば、嘉十の神秘体験が醒めたところから「鹿踊り」という芸能が始まるのだ。そこでは芸能は神話的時間と現実とをつなぐ回路なのである。

　興味深いのは、この「鹿踊り」の起源と「ほんたうの精神」を「わたくし」が「すきとほつた秋の風から聞いた」と述べている点である。ここで「風」は「霊魂」を象徴し、風の話は霊的な通信であるなどという野暮ったい、ありきたりの言い方はしないでおこう。ほんとうに「わたくし」はこの物語を「すきとほつた秋の風から聞いた」のである。その風と交信するコミュニケーションの回路を信じよう。

『注文の多い料理店』の「序」に記されているように、「これらのわたくしのおはなしは、みんな林や野はらや鉄道線路やらで、虹や月あかりからもらつてきたのです。／ほんたうに、かしはばやしの青い夕方を、ひとりで通りかかつたり、十一月の山の風のなかに、ふるえながら立つたりしますと、もうどうしてもこんな気がしてしかたないのです。ほんたうにもう、どうしてもこんなことがあるやうでしかたないといふことを、わたくしはそのとほり書いたまで」なのだから。(4)

しかし、とはいえ『注文の多い料理店』にはこのような至福の交信の喪失と断念が繰り返し語られてもいる。それはある意味で、イニシエーションの断念の物語であるといえよう。至福の調和や神秘体験からかぎりなく逸脱し、はじかれてゆく過程を見すえようとする物語。一郎も嘉十も大人になりきれず、森の世界にも入りきれない。大人でもなく、子供でもなく、森の住民でもなく、都会の住民でもない。そのような中間域の境界線上に「修羅」を自覚した宮沢賢治はいて『注文の多い料理店』を書いているのではないか。

もはやわれわれは宮沢賢治を幸福な森の詩人と呼ぶことはできない。むしろ、森との幸福な交歓からはずれ、「にが笑ひ」と断念をもって森との距離を感受しつつ、しかし森の言葉を媒介しつづけた喪失と断念と修羅を自覚した詩人であった。彼の「森・地・人協会」は挫折したが、『注文の多い料理店』が告知する問題はシリアスであり根源的だ。賢治ブームに浮かれて、宮沢賢治をこれ以上消費することも称賛することもやめなければならない。

われわれはみずからの足で嘉十のように日が落ちる前に西の方へ歩いてゆかなければならないのだ。おのおのの「鹿踊りのはじまり」を伝えるために。

註

（1）宮沢賢治は花巻農学校の教え子の杉山芳松に宛てた大正十四年四月十三日付の書簡のなかで次のように記している。「わたくしもいつまでも中ぶらりんの教師など生温いことをしてゐるわけに行きませんから多分は来春はやめてもう本統の百姓になります。そして小さな農民劇団を利害なしに創つたりしたいと思ふのです」（「書簡二〇五」『校本宮沢賢治全集』第十三巻、二二四頁、筑摩書房）。

（2）ロジャー・パルバース（上杉隼人訳）「賢治ブームの示すもの」（『産経新聞』一九九六年五月五日朝刊）。斎藤文一『宮沢賢治の空中散歩』（酪農事情社、一九九六年）。なお、「羅須地人協会」の名称については、「修羅」を逆転させたもの、ジョン・ラスキンの一部をとったものなど諸説があるが、いずれも決め手となるものはない。

（3）たなかたつひこ（土屋七蔵）「『どんぐりと山猫』雑感」（『「注文の多い料理店」研究II』学芸書林に所収）。

（4）鎌田東二『宗教と霊性』角川選書、角川書店、一九九五年。

「わたくしといふ現象」宮沢賢治

1　有機・因果交流電燈の青い照明

二十代、私の座右の書は宮沢賢治の『春と修羅』だった。少し遠出をするときには、必ず、古本屋で手に入れた銀河選書の『宮沢賢治詩集』（大和書房）を持って出かけ、移動中の乗物や宿屋でいくたびもくりかえしひもといた。そして声に出して読んだ。

こうした賢治詩とのつきあいを通して、とくに私が愛唱するようになったのが、「序」「春と修羅」「東岩手火山」「永訣の朝」「松の針」「無声慟哭」「風林」「白い鳥」「青森挽歌」「オホーツク挽歌」「噴火湾（ノクターン）」の詩篇であった。これらの詩篇は大きく三つの内容に分類できる。

第一に、「序」や「春と修羅」にみられる強烈でしかも透明な自己意識の陰翳に彩られた詩篇である。それらは、賢治の世界感覚、世界認識を明確に語った存在論的詩篇と呼べるものである。

第二に、「東岩手火山」にみられるシャーマニックな意識の変容を歌った詩篇である。「月は水銀　後夜の喪主」というまことに不思議なマントリックな言葉から始まるこの詩は、賢治のシャーマン的資質をもっとも深く表わしていると私は思っている（詳しくは拙著『聖なる場所の記憶』講談社学術文庫、参照)。

第三に、「永訣の朝」「松の針」「無声慟哭」「風林」「白い鳥」「青森挽歌」「オホーツク挽歌」「噴火湾」の妹とし子の死を歌った一連の挽歌群である。私はくりかえしこれらの詩を音読したが、そのたびに感情が昂ぶり涙にかきくれ、読み通すのにかなりの時間を要した。およそ親しい愛する人の死を悼み歌った世界中の挽歌や鎮魂詩篇のなかで、質量ともに抜きん出ているのが宮沢賢治の鎮魂詩篇だと私は確信する。

それでは、第一の存在論的詩篇から少し詳しく見てゆくことにしよう。

『春と修羅』の冒頭に置かれた「序」の第一連は次のように始まっている。

わたくしといふ現象は
仮定された有機交流電燈の
ひとつの青い照明です
(あらゆる透明な幽霊の複合体)
風景やみんなといつしよに
せはしくせはしく明滅しながら
いかにもたしかにともりつづける
因果交流電燈の
ひとつの青い照明です
(ひかりはたもち　その電燈は失はれ)

(1)

(2)

これは、いわゆる詩集としては類例を見ないほど明晰な自己認識の言葉であり、これをたとえばノヴァーリスの『哲学的断章』と比較することもできるほど、深い哲学的含蓄をもったアフォリズム的な言葉であるということもできよう。

ここで賢治が注意深く「有機交流電燈」「因果交流電燈」と類似の表現を使い分けていることに注目したい。もちろん「有機交流電燈」も「因果交流電燈」も「有機」と「因果」という頭につく語こそ違え、同様の意味内容を表現しているということもできる。しかしまた、この二つの語には微妙な違いが含まれていることにも注意する必要があるだろう。

この第一連は、類似する二つの対表現的文辞が連ねられている。すなわち、最初の（1）は、「わたくしといふ現象」のありかたについての明晰な自己規定である。それは「仮定された有機交流電燈の／ひとつの青い照明です」と規定される。とりわけ、「仮定された有機交流電燈」とあるところに注意したい。賢治からすると、「わたくし」という存在は、自立的・実体的に存在するというよりも、むしろ縁起的・関係的に生起する「現象」であり、しかもそれは「仮定された有機交流電燈」として、仮象的に生起する「現象」であり「電燈」なのである。私たちがおのれだと思っている「わたくし」はそれほど確固たるものではなく、「仮定された」もの、そのような関係的見えのなかで生起し点滅するにすぎない「現象」なのである。「有機」的・生命的なつながりと交流を通して点《とも》る「電燈」の「ひとつの青い照明」という存在のしかたをもつものなのだ。

それゆえ賢治は、「わたくしといふ現象」を「あらゆる透明な幽霊の複合体」と言いかえるのである。つまり、「わたくし」とは、単なる一個の人格的実体なのではなく、複数の霊的集合体なのである。目に見えない「あらゆる透明な幽霊の複合体」という言葉に含まれているのは、一つはアニミスティックな霊的かつ生命的な空間的つながりの意識であろうし、もう一つは輪廻転生する「わたくし」の時間的つながり、ないし複合体の意識であろう。ひとまず私はそのように理解してみるが、ここで賢治が自己をいわゆる近代的自我のありようとはまったく異なった遠近法のなかでとらえていることに注意を促しておきたい。

　この点において、宮沢賢治の『春と修羅』は同時代の萩原朔太郎や大手拓次やその他の近代詩人とはまったく異なる自我論の上に成立している。それは近代文学史のなかでは特筆すべき位置であり、まったく位相を異にするが、それが近代的自我論をはるかに逸脱した霊的自我論であるという点で、折口信夫の詩歌や『死者の書』と共通する点をもっている。

　また、この「あらゆる透明な幽霊の複合体」という多層・多元的な自己像は、南方熊楠の「複心」論とも類似の遠近法的布置のなかにあるといえるだろう。南方は、真言宗の管長をも務めた友人土宜法竜《どぎほうりゅう》宛の書簡のなかで、人間の心は単一ではなく、「数心」が集まった「複心」であり、死後もその「複心」は全部消滅せず多少は永留するという。これは南方の「この世のことは決して不二ならず。森羅万象すなわち曼陀羅」というマンダラ的宇宙観から来るものであろう。存在世界の連鎖と多元多様な包摂関係を南方は、自我論としては「複心」として、存在論・宇宙論としては「曼陀羅」と表現したのである。

　したがって南方が土宜法竜に宛てて、「仁者（法竜のこと）よろしく予（熊楠のこと）を竜猛再出と心得、敬喜して返事し来たれ。また予西京へ之《い》ったら多く飲ますやつ多きよう今弘法様と吹聴しおかれよ」とぬけぬけと記しているのは、彼のこのような自我論からすれば奇怪なことではない。南方の「複心」は、「竜猛再出」とも「今弘法様」ともいえる複雑多様さをそなえているからである（拙著『翁童論』新曜社、参照)。
宮沢賢治の自我論がこうした南方熊楠の「複心」論と深く通じる内容をもっているのは、彼らが仏教的な世界認識を土台に思考を形成したことと無関係ではない。賢治が『法華経』に、熊楠が『大日経』などの密教に立脚していることはよく知られているが、それだけでなく、両者がともにシャーマン的資質を有していたことが彼らの自我論の共通地平を形成したと私は思う。なぜなら、シャーマンは神々や死者の霊や動植物の霊と交流し、時には自己の中に呼び入れる能力をもつからである。賢治と熊楠がそうしたシャーマン的資質と体験をもつことは前記拙著で見たとおりである。

さて、賢治のいう「わたくしといふ現象」の縁起的・関係的仮定性は、(2)の「風景やみんなといつしよに/せはしくせはしく明滅しながら/いかにもたしかにともりつづける/因果交流電燈の/ひとつの青い照明です」のなかで、運動的現実態としてくりかえされる。さらにここでは、「風景やみんなといつしよに」同時的・同起的に生起し、「明滅」し、「いかにもたしかにともりつづける」現象的確実性・現実性をもつものとして規定される。つまり、(1)が「わたくしといふ現象」の本質的規定であったとすれば、(2)はその現象的規定であるといえようか。その位相的違いが「有機交流電燈」と「因果交流電燈」という語の違いとなって表現されていると私は考える。

それゆえ、(1)では「あらゆる透明な幽霊の複合体」と明晰な本質規定をされた「わたくしといふ現象」は、(2)においては、「ひかりはたもち　その電燈は失はれ」とあるように、現象的・運動論的「明滅」として語られることになるのである。

このように、『春の修羅』冒頭「序」の第一連において、宮沢賢治は透徹した自己意識の存在論的規定をなしとげているのである。それは、同時代の近代詩のなかに置いてみてもきわめて特異な光芒を放つ自我論であり、かつ詩集といえるであろう。

第三連中に、

（すべてがわたくしの中のみんなであるやうに
みんなのおのおののなかのすべてですから）

とあり、また『農民芸術概論綱要』冒頭の「序論」のなかで、

世界がぜんたい幸福にならないうちは個人の幸福はあり得ない

と述べているのは、自己の区別を主観と客観、物心二元として明確に二元論的に区別する近代的自我論とはまったく異なる、賢治の入れ子的インターフェース自我論、すなわち「あらゆる透明な幽霊の複合体」という自己意識によって必然的に導き出されてくる考えなのである。

2　菩薩／修羅／妹の力

その賢治が理想主義的な菩薩道を希求し投企しながらも、苛烈な「修羅」意識を自虐的なまでにもちつづけたことは特筆されていい。賢治の自己意識は「菩薩」と「修羅」という二極に引き裂かれていたのである。「菩薩」は賢治の自己意識の理想像であり、それはたとえば「グスコーブドリの伝記」のグ

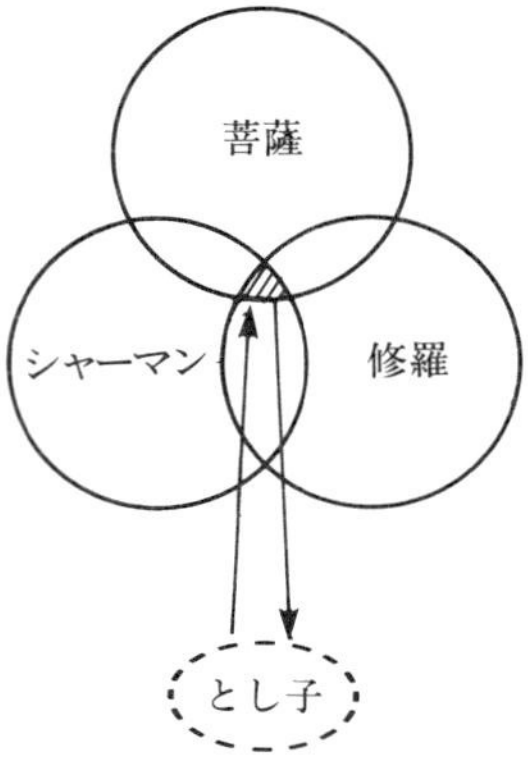

賢治の自己意識

スコーブドリの言動などによく表われている。それに対して、「修羅」は賢治の自己意識の現実像であった。そしてその分裂的自己を支えていたのが、資質としてのシャーマン的自己である。それを図示すれば、上図のようになろう。そして、この三極に分裂した自己を統合する触媒的・霊媒的存在が妹のとし子だったと私は思う。とし子の存在なしに賢治はなく、また賢治の書き遺した作品もないとまで思う。「銀河鉄道の夜」のカムパネルラとジョバンニ、「双子の星」のチュンセ童子とポウセ童子の兄妹、「ペンネンネンネンネン・ネネムの伝記」のネネムとマミミの兄妹、「雪渡り」の四郎とかん子の兄妹、「グスコーブドリの伝記」のグスコーブドリとネリの兄妹、「よだかの星」のよだかとかわせみの兄弟、「ひかりの素足」の一郎と楢夫の兄弟、などの兄妹もしくは兄弟、あるいは同志的な深い友情。これらの作品群に表われた神話的とも霊的ともいえる兄妹ないし兄弟のつながりをみれば、賢治が生涯とし子を霊媒的源泉として求めつづけていたことが見てとれる。

挽歌群からいくつか引用しておこう。

とし子とし子
野原へ来れば
また風の中に立てば
きつとおまへをおもひだす

おまへはその巨きな木星のうへに居るのか

（「風林」）

駒ケ岳駒ケ岳
暗い金属の雲をかぶつて立つてゐる
そのまつくらな雲のなかに
とし子がかくされてゐるかもしれない
ああ何べん理智が教へても
私のさびしさはなほらない
わたくしの感じないちがつた空間に
いままでここにあつた現象がうつる
それはあんまりさびしいことだ
　（そのさびしいものを死といふのだ）
たとへそのちがつたきらびやかな空間で
とし子がしづかにわらはうと
わたくしのかなしみにいぢけた感情は
どうしてもどこかにかくされたとし子をおもふ

（「噴火湾」）

とし子はみんなが死ぬとなづける
そのやりかたを通つて行き

それからさきどこへ行つたかわからない
それはおれたちの空間の方向ではかられない
感ぜられない方向を感じようとするときは
たれだつてみんなぐるぐるする

（中略）

けれどもとし子の死んだことならば
いまわたくしがそれを夢でないと考へて
あたらしくぎくつとしなければならないほどの
あんまりひどいげんじつなのだ
感ずることのあまり新鮮にすぎるとき
それをがいねん化することは
きちがひにならないための
生物体の一つの自衛作用だけれども
いつでもまもつてばかりゐてはいけない
ほんたうにあいつはここの感官をうしなつたのち
あらたにどんなからだを得
どんな感官をかんじただらう
なんべんこれをかんがへたことか

（「青森挽歌」）

それらの二つの青いいろは
どちらもとし子のもつてゐた特性だ
わたくしが樺太のひとのない海岸を
ひとり歩いたり疲れて睡つたりしてゐるとき
とし子はあの青いところのはてにゐて
なにをしてゐるのかわからない

（「オホーツク挽歌」）

賢治はとし子の死後くりかえし「とし子がかくされてゐるかもしれない」ある「空間」に思いをいたす。そしてとし子の死後の生をくりかえし考えるのだ。この世の「感官」を失って、死後新たにどんな「からだ」と「感官」を得たかを。

賢治作品のシンボリズムからすると「青」は特別の意味を持っている。「青」は彼岸と此岸を媒介する色彩であり、天と山と海との分岐点、現実世界と霊的世界の分岐点である以上に、それは「とし子のもつてゐた特性」であったのだ。「とし子はあの青いところのはて」にいると賢治が思っているからこそ、「青」はこの世とあの世との、霊魂と肉体との境界の色となって特別の意味を孕むのである。

とすれば、賢治が『春と修羅』の冒頭で「わたくしといふ現象」を「ひとつの青い照明です」と二度くりかえして強調していることは何を意味するのだろうか。それは、人間が、「わたくしといふ現象」が、この世とあの世との境界に、つまり生死の境界にいて「明滅」していることを意味しよう。「わたくしといふ現象」は、「とし子がかくされてゐる」空間と同じ色合いをもって連鎖し交信しているのである。

賢治は、琉球のオナリ神のような、あるいは古代日本のヒコ・ヒメ制のような、神話的・霊的妹としてとし子を感じつづけていたのではないだろうか。

じつは、南方熊楠もまたそのような神話的・霊的妹によって支えられていた。とし子が亡くなったのは、大正十一年十一月、享年二十五歳という若さであった。そのとき、賢治二十七歳。最大の理解者を賢治は失う。同様に、南方熊楠は十九歳のとき、三歳年下の妹藤枝を失っている。最愛の妹の死の直後、熊楠は「疾を脳漿に感ずるをもつて東京大学予備門を退き、帰省もつぱら修養を事とす」(「日高郡記行」)と記しているように、ノイローゼ状態に陥り、精神的危機を脱するために自己の魂の源泉と感じていた藤白神社に詣でている。熊楠の名は、老楠を神木とするこの神社の神主から授けられた。熊楠はそこに「トテミズム」の名残りを見出している(南方熊楠「小児と魔除」参照)。

熊楠が七十四歳で亡くなったとき、遺族は熊楠の遺骨を和歌山県田辺の高山寺に葬ったが、同時に菩提寺である和歌山市の延命院にも分骨した。そしてそこで、熊楠の遺骨の一部は妹藤枝の墓に納められた。

熊楠と賢治におけるシャーマン的資質や体験は、こうした妹との神話的・霊的関係と無関係であるどころか、むしろそうした神話的・霊的コミュニオンを通して根源的に支えられていたといっていいだろう。

とすれば、彼らの「複心」や「あらゆる透明な幽霊の複合体」のなかには必ずや妹の「心」や「体」がいくらかなりとも混合していたにちがいない。文字通りの「妹の力」を通して彼らの諸作品は生み出されてきたのだ。

二疋の大きな白い鳥が
鋭くかなしく啼きかはしながら
しめつた朝の日光を飛んでゐる
それはわたくしのいもうとだ
死んだわたくしのいもうとだ
兄が来たのであんなにかなしく啼いてゐる
（中略）
あんなにかなしく啼きながら
朝のひかりをとんでゐる
（中略）
どうしてそれらの鳥は二羽
そんなにかなしくきこえるか
それはじぶんにすくふちからをうしなつたとき
わたくしのいもうとをもうしなつた
そのかなしみによるのだが
（中略）
またほんたうにあの声もかなしいのだ
いま鳥は二羽　かゞやいて白くひるがへり
むかふの湿地　青い蘆のなかに降りる

降りようとしてまたのぼる
　（中略）
清原がわらつて立つてゐる
（日に灼けて光つてゐるほんたうの農村のこども
　その菩薩ふうのあたまの容《かたち》はガンダーラから来た）
水が光る　きれいな銀の水だ
《さああすこに水があるよ
　口をすゝいでさつぱりして往かう
　こんなきれいな野はらだから》
（「白い鳥」）

朝日の中を飛ぶ「二疋の大きな白い鳥」を見て、賢治はそれが妹であると思う。その白鳥は「むかふの湿地　青い蘆」の中に降りていく。そこでは水が光っている。「きれいな銀の水だ」。その魂を象徴する「銀の水」で「口をすゝいでさつぱりして往かう」と賢治は思う。このとき、賢治は白鳥＝妹とし子と同化し、二羽の双子の白鳥となって「青」の世界に入ってゆく。

その「青の照明」の「明滅」は、私たちの自我を、その「複心」をかぎりなく澄明に照らし出し、「因果交流電燈」の存在をかい間見せるのである。

昭和八年九月二十一日、三十八歳で賢治は夭折する。彼の「透明な幽霊」は、死後とし子の青い魂と融合し、「複合体」を成しただろうか。賢治の墓は日蓮宗安浄寺にあって、とし子のそれとは別れて建っている。

この不可思議な大きな心象宙宇のなかで
もしも正しいねがひに燃えて
じぶんとひとと万象といつしよに
まことの福祉にいたらうとする
それを一つの宗教風の情操であるとするならば
そのねがひから砕けまたは疲れ
じぶんとそれからたつたもひとつのたましひと
完全そして永久にどこまでもいつしよに行かうとする
この変態を恋愛といふ
そしてどこまでもその方向では
決して求め得られないその恋愛の本質的な部分を
むりにもごまかし求め得ようとする
この傾向を性慾といふ

（「小岩井農場　パート九」）

菩薩のごとき「宗教情操」から「恋愛」と「性慾」の修羅の世界までを宮沢賢治という鳥は飛んでいったのだ。

宮沢賢治と国柱会と脱国家的志向

宮沢賢治が生涯法華経の信仰をもちつづけたことはよく知られているが、その賢治が法華系の新宗教「国柱会」の信者であったことは十分に理解されているとはいいがたい。むしろ、「国柱会」のもつ国粋主義的な法華主義と賢治のもつ宇宙的な法華主義との間に相容れぬものを感じている人が多いのではないだろうか。ここでは「国柱会」の法華主義と賢治のそれとの関係および相違について検討してみることにしたい。

宮沢賢治がはじめて法華経にふれたのは、大正三年（一九一四）九月のことであった。十八歳の賢治は、父政次郎の友人高橋勘太郎から贈られた島地大等編『漢和対照　妙法蓮華経』（大正三年八月二十八日、明治書院発行）を読んで異常な感動をおぼえたという（『校本宮沢賢治全集』第十四巻、年譜参照）。いったいこのとき十八歳の少年は法華経を読んでどのような感動を抱いたのだろうか。その感動の内実を直接窺い知る資料はない。興味深いことは、この年の十一月四日に田中智学が「国柱会」を設立していることである。

田中智学は、文久元年（一八六一）江戸日本橋に多田玄龍の三男として生まれたが、九歳にして母を失い、翌年さらに父をも失って、日蓮宗妙覚寺の河瀬日進に弟子入りする。明治十二年（一八七九）、十八歳の時に日蓮宗の僧籍を離脱して還俗し、法華経の折伏布教を決意し、翌十三年に在家仏教を主唱する「蓮華会」を横浜に創設する。その後、明治十七年に東京で「立正安国会」を設立し、十九年には日本橋に会堂立正閣を設置した。機関誌として、『獅子王』『妙宗』『日蓮主義』『国柱新聞』を相次いで創刊し、講演活動を盛んに行なう。

在家仏教に基づく宗門改革を唱えて各地に布教し、大阪の教勢が拡大したために、明治二十六年本部を大阪に移した。日清戦争が始まると、大阪桜島天保山で国禱を修した。明治三十年には、日蓮主義の教学研鑽のセンターとして獅子王文庫を鎌倉に開き、同三十五年には、インド大菩提会会長のダルマパーラと高山樗牛に授戒した。明治四十四年には皇室を重視する「日本国体学」を樹立し、日蓮主義の立場から国体主義的な運動を展開した。その後、先に述べたように大正三年に「国柱会」と改称し、同八年に月刊誌『毒鼓』を創刊する。また東京の下谷鶯谷に国柱会館を設け、生活の霊化、産業の霊化をめざす国柱産業株式会社を創立して、さまざまな宗教的企業活動を行なった点は、メディア戦略の面からみても注目に値する。

いったい、宮沢賢治は田中智学のどこに魅かれ、国柱会のいかなるところに魅力を感じて入信するまでになったのだろうか。この経緯については、小野隆祥『宮沢賢治の思索と信仰』（泰流社）、森山一『宮沢賢治の詩と宗教』（真世界社）などに詳しいが、ここで問題としたいのは、宮沢賢治が国柱会に入信してゆくプロセスで出会ったであろう高山樗牛の日蓮主義と、その高山樗牛が絶賛した田中智学の『宗門之維新』である。

『宗門之維新』は明治三十年二月に初版が出て以来版を重ね、大正三年七月に第七版が出た。その第七版の巻頭に「序」として挿入された一頁の文章の冒頭には、「高山樗牛は、此書（『宗門之維新』のこと――引用者注）によりて日蓮上人に帰依し」たと記され、つづいて、高山樗牛の時論「田中智学氏の『宗門之維新』」の全文と「無題録――日蓮研究の動機」が掲載されている。

この『宗門之維新』では、僧侶のための宗門になっている日蓮宗の現状を信徒の宗門に変革することが主張されている。また宗門各派の対立を解消するために、合本論を唱え、複数の本山を唯一本山とすることを提起している。そして、「侵略ハ天地ノ公道」という原則に基づいて宗門拡張を行ない、宗設義勇艦隊をつくり、国家に事あるときにはこの艦隊を率いて駆けつけ、敵軍を降伏せしめるという。「国家一朝有事ノ日ハ、コノ法薫霊被セル幾百千隻ノ艨艟挙テ快ク、朝廷ノ用ニ供シ奉リ、号令一下ト共ニ、巍々乎トシテ武装シ、法威国光ト共ニ輝テ、国ヲ護リ、敵ヲ伏シ、義ヲ扶ケ、仁ヲ為ス、是レ日蓮主義ノ訓ヘタル慈善事業ナリ」。

『宗門之維新』は、単に日蓮宗内の宗門改革にとどまらず、「本邦諸宗教ノ解散ト国教成立ヲ期ス」ことを目標に掲げている。つまり、皇帝をはじめ日本国中をすべて日蓮信徒に折伏し、日蓮宗を国教化して富士山に国家戒壇を建立することを期すのである。この書の巻末には、「宗門改革全国普及之図」や「国教成立日本統一之図」「閻布《えんぶ》広布世界統一之図」が置かれ、日蓮主義の段階的な世界発展のプロセスが想定されているのである。

高山樗牛はこの『宗門之維新』を読んで強い感銘を受け、日蓮に帰依したという。小野隆祥によれば、賢治は盛岡高等農林時代に高山樗牛の「時論」と田中智学の『日蓮聖人乃教義』を読んでいたという。この『日蓮聖人乃教義』の巻末には「宗門名家」という日蓮宗の名僧列伝が記載されているが、明治以降の名僧はただ一人だけであり、僧でない在家の「名家」としては唯一高山樗牛が紹介されているばかりである。

それには次のようにある。「出羽の人、林次郎と称す、文学博士となり、初め聖祖を嫌ふ、後『宗門之維新』を看て翻然帰正し、盛に本化の鼓吹を文壇に試み、遂に局外者間に日蓮主義の研究を誘発するに至る。惜しい哉天年を仮さず明治三十五年十二月廿四日逝去、歳三十二」。

小野隆祥は、賢治がこの箇所を読んですぐに高山樗牛の「時論」を読んだと推測する。そこには『宗門之維新』に対する樗牛の全面的な讃辞と激賞の言葉がつらねられていた。だがその書評からは田中智学の説く「本化妙宗」が過激な侵略的宗教にほかならず、たとえば、「法華経は剣也」とか「又、侵略の為に祈れよ……侵略的意味なき勧化に布施する勿れ」とかの文言がおどり、侵略を肯定するものであることを知って衝撃を受けたと推測している。

さてこの「本化妙宗」とは、法華経にいう「久遠の本仏」の代わりに出現し、本仏の働きを体して教化にあたる「本化」の菩薩から伝えられた「妙宗」という意味である。田中智学は、『日蓮聖人乃教義』のなかで、「要するに一代五十年の経教は、法華経が正意で、法華経の外に仏教がないものとなり、その又法華経が、今度は本迹の判で、『迹門』が全仏教を代表して、本門の『成敗』を受け、迹中の経教を泯亡して、法界は唯一の『本門』のみが、『究竟真実の仏教として』残り、その本門よりして『本化妙宗』の教観は成立して来るのである」と述べている。

このような田中智学の「本化妙宗」の教観は、法華経、なかんずく「如来寿量品」を「本門」の基準としたところに成立する教相判釈であり、法華経の世界宗教史的意義を闡明《せんめい》するものであった。そして同時に、法華経の行者日蓮が日本に出現したことの意味と日本「国体」の使命を鼓吹するものであった。

いったい、宮沢賢治はこのような田中智学の思想と実践のどこに魅かれたのであろうか。大正九年十二月二日付の保阪嘉内宛書簡に次のようにある。

今度私は
　国柱会信行部に入会致しました。即ち最早私の身命は
　日蓮聖人の御物です。従つて今や私は
田中智学先生の御命令の中に丈あるのです。謹んで此事を御知らせ致し　恭しく
あなたの御帰正を祈り奉ります。
あまり突然で一寸びつくりなさつたでせう。私は田中先生の御演説はあなたの何分の一も聞いてゐませ
ん。唯二十五分丈昨年聞きました。お訪ねした事も手紙を差し上げた事もありません。今度も本部
事務所へ願ひ出て直ぐ許された迄であなたにはあまりあつけなく見えるかも知れません。然し
日蓮聖人は妙法蓮華経の法体であらせられ
田中先生は少くとも四十年来日蓮聖人と心の上でお離れになつた事がないのです。
これは決して決して間違ひありません。即ち　田中先生に　妙法が実にはつきり働いてゐるのを私は
感じ私は信じ私は仰ぎ私は嘆じ　今や日蓮聖人に従ひ奉る様に田中先生に絶対に服従致します。御命
令さへあれば私はシベリアの凍原にも支那の内地にも参ります。乃至東京で国柱会館の下足番をも致
します。それで一生をも終ります。
　今私はこれら特種《ママ》の事を何等命ぜられて居りません。先づ自活します。これらの事を私の父母が許
し私の弟妹が賛しそれからあなたが悦ぶならばどんなに私は幸福でせう。既に私の父母は之を許し私
の弟妹は之を悦び、みなやがて　末法の唯一の大導師　我等の主師親
　日蓮大聖人に帰依することになりました。

至心に合掌してわが友保阪嘉内の
帰正を祈り奉る。
南無妙法蓮華経

いったい、これほど激しい日蓮や田中智学に対する帰依の感情がどのようにして生まれてきたのだろうか。この保阪嘉内宛の手紙のなかで、賢治は日蓮が「妙法蓮華経の法体」であり、田中智学に「妙法」が働いていることを明言し、この二人の師に対する絶対服従を宣言しているのである。自分の「身命」が日蓮の「御物」であり、それゆえ自分が田中智学の「御命令」のなかにだけあるという感覚はどのようにして発生したのだろうか。

同年同月中に書かれたと推定される保阪嘉内宛書簡には、次のように記している。「末法の大導師絶対真理の法体　日蓮大聖人を　無二無三に信じてその御語の如くに従ふことでこれはやがて／無虚妄の如来　全知の正偏知　殊にも　無始本覚三身即一の　妙法蓮華経如来　即ち寿量品の釈迦如来の眷属となることとであります／全体云へば、私はこんなことをあなたに申し上げる筈がないのです。あなたは私よりは賢いし苦労してゐるでせう。それをとやかう云ふ筈はありません。只これが、大聖人の御命令なるが故に即ち法王金口の宣示なるが故に違背なく申し上げる丈です。どうか殊に御熟考の上、どうです、一諸に国柱会に入りませんか。一諸に正しい日蓮門下にならうではありませんか。諸共に梵天帝釈も来り踏むべき四海同帰の大戒壇を築かうではありませんか。／私が友保阪嘉内、私が友保阪嘉内、我を棄てるな。別冊『世界統一の天業』何卒充分の御用意を以て御覧を願ひます。天孫人種の原地に就てはあなたにも私同様色々な学説が混乱してゐるでせう。然しながら吾々は曾て絶対真理に帰命したではないか。その妙法の法体たる日蓮大聖人の御語に正しく従ひませう。／日蓮主義者。この語をあなたは好むまい。私も曾つては勿体なくも烈しく嫌ひました。但しそれは本当の日蓮主義者を見なかつた為です。／東京鶯谷国柱会館及／『日蓮聖人の教義』『妙宗式目講義録』等は必ずあなたを感泣させるに相違ありません。」

親しい友人の保阪嘉内に、「私が友保阪嘉内、私が友保阪嘉内、我を棄てるな」とせつせつと訴え、「一諸に正しい日蓮門下」になって「四海同帰の大戒壇」を築こうと説得する狂信家のごとき賢治。注意すべき第一点は、ここで賢治が「天孫人種の原地」についての疑義を表明している点。もう一つは、「日蓮主義者」という言葉もその内実もかつて激しく嫌っていたことがあると告白している点である。おそらく、賢治には法華経および日蓮に対しては深い絶対的な帰依の感情が確立していたのであろうが、しかし日蓮の世界史的かつ今日的意義を説き明かした田中智学の思想や諸説には十分納得しえない部分を抱えこんでいたのではあるまいか。宮沢賢治にははじめから田中智学的な国体主義や天皇観と齟齬をきたす志向性があったのではないか。

そもそも日蓮は、『顕仏未来記』において、「月は西より出でて東を照らし、日は東より出でて西を照らす。仏法以てかくの如し。正像には西より東に向い、末法には東より西に往く」と記し、正法・像法の時代には、西＝月の仏教がインドから中国・朝鮮を経て東の日本に伝わるが、末法の時代にあってはその逆に東＝日の仏教が日本から中国・インドに伝わり、衆生救済にはたらくと主張している。その東＝日の仏教が日蓮の説く法華経的世界観であった。

このような、日本国に生まれ出た日の仏教の世界史的使命を熱烈に説いた日蓮には、一方で極めてナショナリスティックな日本観があり、他方では法華一乗の普遍主義的なインターナショナリズムが併存していた。とはいえ日蓮にあっては、「久遠の本仏」観からくる法華インターナショナリズムによって日本的なナショナリズムを包摂している。田中智学はこの日蓮的なナショナリズムとインターナショナリズムを、対西洋文明的な視点からインターナショナリズムを内含するナショナリズム、すなわち国家主義的日蓮主義として提示し、それはのちの北一輝や石原莞爾らの法華主義者にもかなりの影響を与えたであろうと思われる。

宮沢賢治が田中智学の思想と実践に対してどのような共感と違和の念をもったか、その変化と経緯の全貌を明らかにすることは困難である。ただここで一つだけ明確にしておきたいことは、宮沢賢治の思考と想像力の中心には田中智学的な国家や国体の概念やイメージがまったく見られないという点である。生前に出版された『春と修羅』においても『注文の多い料理店』においても、そこには一貫して宇宙論的で自然宗教的な拡がりが基調をなしている。「わたくしのおはなしは、みんな林や野はらや鉄道線路やらで、虹や月あかりからもらつてきたのです」と『注文の多い料理店』の「序」に記したように、賢治は自然のスピリットからメッセージをキャッチし、それを一つ一つの「おはなし」に変換しているだけなのである。その点では賢治の作品は根源的にシャーマニックな語り物なのだ。

もう一つ、指摘しておかなければならないのは、「久遠の本仏」観によって増幅された賢治のもつ宇宙論的・自然宗教的ヴィジョンは、「日本岩手県」を単なる日本国体の岩手県としてではなく、「著者の心象中に、この様な状景をもつて実在したドリームランドとしての日本岩手県」として透視し、その可能性を極限まで追求せしめたという点である。「そこでは、あらゆる事が可能である。人は一瞬にして氷雲の上に飛躍し大循環の風を従へて北に旅する事もあれば、赤い花杯の下を行く蟻と語ることもできる。罪や、かなしみでさへそこでは聖くきれいにかゞやいてゐる。／深い椈の森や、風や影、肉之《ママ》草や、不思議な都会、ベーリング市迄続く電柱の列、それはまことにあやしくも楽しい国土である」(『注文の多い料理店』新刊案内)。

あらゆることが可能な、「まことにあやしくも楽しい国土」とは、もちろん現実の日本岩手県ではなく、「ドリームランドとしての日本岩手県」であるけれども、それはしかしまったく空想上の産物ではない。それは宮沢賢治という特異な「著者の心象中に、この様な状景をもって実在した」ものなのである。このハイパーリアルな光景が賢治の作品を単なるファンタジーからも即物的な現実からも距離を置かせる原因となっている。そしてこのような賢治の視力こそが、田中智学的な国体志向を脱色させ、銀河宇宙的な脱国家的志向へとおもむかせる原動力となったのである。「あやしくも楽しい国土」、そのような「国土」の輝きを賢治の作品はつねに物語っている。そのときその「国土」はもはや「国土」とすら呼ぶべきものではなく、脱国家的な「森」や「野はら」の宇宙《ユニヴァース》なのである。

宮沢賢治とケルト

昨年夏、思いがけず、ロンドンの友人宅で宮沢清六氏直筆の色紙を見た。それは「冬のスケッチ」より取った次のような言葉であった。「げにもまことの／みちは輝き／はげしくして／行きがたきかな」。所蔵者は、岩手県北上市和賀町（旧和賀郡岩崎村）出身の画家・阿伊染徳美《あいぜんとくみ》氏。阿伊染氏は賢治の実弟の宮沢清六氏よりこの色紙をいただいたという。賢治の色紙の飾られた部屋で、私たちは二夜にわたって、宮沢賢治、かくし念仏、ウィリアム・ブレイク、ウィリアム・モリス、柳田國男、森口多里、グリーンマン、キャサリン・バスフォード、柳宗悦、日本神話、ケルトについて語り合った。

そこで、宮沢賢治の知られざる一面をかい間見たので、阿伊染氏の許可を得てここに記しておきたい。阿伊染氏には『わがかくし念仏』（思想の科学社）の著作がある。東北地方一帯に広がるかくし念仏宗に属する彼は、この著作のなかで、氏の一族が信奉するかくし念仏の世界をきわめてダイナミックかつ土俗的なタッチで描き出した。氏の話では、宮沢家のある花巻もこのかくし念仏宗の「気圏」のなかにあったという。もしそうだとすれば、宮沢賢治と父政次郎との複雑に屈曲した葛藤、そしてとし子との同志的な絆の強さの背景にあるものが鮮明に理解されてくる。賢治の衝動的にも見える国柱会への入会と上京は、かくし念仏宗の信仰と習俗からの脱却だったとすれば、なぜあれほど激しく田中智学の純正日蓮主義に傾いていったか納得がゆく。

かくし念仏と法華経。この陰と陽ほどに対照的な二つの仏教宗派は、両極に引き裂かれた宮沢賢治の魂の両義性を象徴しているかのようだ。なぜ宮沢賢治はあれほど深刻な修羅の自覚を持たねばならなかったのか。末法の世の悪と罪にまみれた凡夫の意識と賢治の修羅意識は、微妙にそして決定的に異なっている。それは凡夫には救いがあるが、賢治の修羅は永遠に救いの道から閉ざされているかに見える点だ。賢治の修羅意識には救いへの諦め、救済の断念が秘められていると私は思う。

しかしながら、この修羅の自覚が深ければ深いほど、それは劇的なまでに法華的な菩薩への超越的な転回点になるのである。修羅と菩薩。これは賢治の魂の双つの極である。そして同時に、その双つの極は、自分の尾を咬むウロボロスの蛇のように、相互に緊密に咬み合い、非連続的な連続を成しているのだ。修羅の自覚と菩薩への希求。この自覚と希求の強さと激しさがかくし念仏と法華経の対立と葛藤に由来しているとしたら……。

もう一つは、賢治の菜食についてである。宮沢賢治はある時期から菜食をつらぬき、生涯独身であったといわれている。「ビヂテリアン大祭」を読めば、その賢治の菜食がけっして杓子定規な教条主義ではなかったことがよくわかる。「よだかの星」や『銀河鉄道の夜』のさそりのエピソードを見てもわかるように、自分が食べられることを覚悟した上での肉食は、生命と霊魂の輪廻転生の自覚と共感・共苦に支えられている限りにおいて、自己犠牲的投企と引き換えに肯定される。

だが、宮沢賢治は必ずしも「菜食信者」ではなかった。ある時、宮沢賢治は岩手県和賀に来て、禁酒を誓うかくし念仏宗徒の青年たちの会に出席した。これを最後と彼らは酒を飲み刺し身を食したが、賢治もそれを口にしたという。ある若者が賢治に「先生は菜食主義者ではなかったのですか？」と問うと、彼は「あれは若い頃のことで、行きすぎたと思います。今では身体によいものは食べています」と答えたというのである。

阿伊染氏は、賢治を単なる浄らかな理想主義者のように見なす風潮に強い不満と反感を示した。宮沢賢治はそんな単純な枠組でとらえられるような人ではない。彼はわがかくし念仏宗の「気圏」のなかにある人なのだ。そしてその身と心の内に深い闇と狂気と俗がひそんでいるのだ。その闇と狂気と俗があるからこそ、銀河の闇の中でひときわ強い光を発することができるのだ。

賢治は弟の清六氏にトランク一杯の原稿をもたせて出版社回りをさせ、また郷里出身の画家で知友の深沢省三に「風の又三郎」の原稿を『赤い鳥』に載せてもらえるよう頼んだが、没にされたという。賢治はけっして超俗的な人ではない。自分の作品が活字となり、多くの人に読まれることを欲していたの

23歳のウィリアム・モリス（1834–1896）

ウィリアム・モリスのデザインしたベッドの上掛け（1876年頃）

だ。彼の願いは没後十年余で叶えられることになるのだが。

三つめは、宮沢賢治にはイギリスの思想家であり芸術家であるウィリアム・モリスの強い影響がみられるということだ。モリスの影響は当時無名であった賢治のみならず、隆盛をほこった白樺派の柳宗悦などにも多大の影響を与えた。柳は最初心霊研究やスピリチュアリズムを「新しい科学」と宣揚し、続いてウィリアム・ブレイクや神秘主義の研究に手を染め、最後には民芸復興運動を推進する。そこにモリスの影響を見てとることは容易だが、実際には柳は自分はモリスの影響を受けていないと主張していたという。

それはともかく、白樺派の武者小路実篤の「新しい村」運動や宮沢賢治の羅須地人協会の活動にはモリスの影があるといってよいだろう。

ロンドンで阿伊染氏と語り合いながら、宮沢賢治こそ日本のケルトでありドルイドであり、ケルトの民が信奉した「グリーンマン」であることを確認したのであった。

参考文献

阿伊染徳美『宮沢賢治の〝青びと〟そしてグリンマン』(『思想の科学』一九九三年一・二月合併号、思想の科学社)

宮沢賢治における食と生命

1　生命と死と食

人はなぜ死ぬのか。それは、食べるから、である。

あらゆる生命体は生体を維持するために、みずからの生体が必要とする他の生命体を食べる。食べられた生命体はこのときもちろん死ぬことになる。それゆえ食べることは、他の生命体の死体をみずからの生体の内部に取り入れることである。食を通して、生命は生体を維持すると同時に、みずからの内部に死と死体を堆積する。一個の生命は必ず多くの他者の死と引き換えに成立する。これは真実だ。

それゆえ、食べることは死ぬことなのだ。実際には、他者の死を必要としなくなったときみずからの死を迎えることになるのだが、これは見方によっては皮肉な事態である。なぜなら、みずからの生命を維持するためには多くの他者の死が必要となるが、その逆に、みずから死を迎えたときに初めて他者の死を必要とせず、食べられることになったかもしれない他者の生体を生かすことになるからである。

このように、生命は死を絶対的な存立要件としているといえるだろう。

かつて梶井基次郎は、「桜の樹の下には屍体が埋まつてゐる！」（「桜の樹の下には」）と喝破したが、これは神経質な青年のエキセントリックな幻視ではない。梶井基次郎は、これほどまでに美しく咲きこる桜が、おぞましくも醜い無数の屍体を養分として初めて開花するという美醜のコントラストをいささかショッキングな形で示したにすぎない。目に見えている部分は美しい。しかし、目に視えていない部分には醜さがある。顕われている領域＝表＝陽における美と隠れている領域＝裏＝陰における醜を梶井基次郎は対比せずにはいられなかったのだ。

美あるいは生は、醜あるいは死を養分とすることによって成立している。この真実を直視せよと梶井は迫るのである。梶井基次郎の表現はロマンティックともどぎついともいえるが、要は梶井は、生と死、美と醜、光と闇、顕と幽、表と裏、可視と不可視という一般に二元的に対立し分離していると思われているものが、実際にはメビウス状に循環し、不可分なかたちで相互連環していることを明らかにしたかったただけである。

生命はその内に死を内包しているばかりではなく、もっと生ま生ましく具体的に死と死体によって支えられ、生体を維持しているのだ。生命とは、死を食べるもの、死体を食べるものの謂なのだ。それゆえ、死を食べずにはいられない生命がやがてその死の堆積とともに死に至るのは理の当然なのである。生命界の循環のメカニズムは実によくできているのだ。非情なまでに。

だがそれを非情な生態系の論理だと嘆くにはおよばない。それは非情でも恩恵でもなく、ただの事実なのである。生命界は共生というよりは、共死の論理で覆われているのだ。このただの事実をそれとして厳格に受けとめ、この事実が投げかけている問いに実践的な解決を与えようと苦闘した人物がいる。宮沢賢治である。彼の生涯と作品は、食物連鎖のメカニズムとそれに気づいてそこから脱け出そうとする存在との自己犠牲的な格闘に満ちている。「よだかの星」から見ていくことにしよう。

2 「よだかの星」の食と死

よだかは実に醜い鳥である。顔はところどころ味噌をつけたようにまだらで、嘴はひらたくて耳まで裂けている。足はよぼよぼで一間たりと歩けない。ほかの鳥たちはこのよだかを見て、「鳥の仲間のつらよごし」だとか「かへるの親類か何か」とかと悪口せずにはいられないほど嫌っている。

しかし醜いよだかは、実際は、「あの美しいかはせみや、鳥の中の宝石のやうな蜂すゞめの兄さん」だったのである。その醜さゆえに鳥の仲間の誰からも嫌われているよだかが、鳥のなかでもとびぬけて美しく宝石のようなかわせみや蜂すずめの兄さんだったのだ。宮沢賢治はこのように兄弟間で分裂した美醜の対照を露骨なまでに鮮やかに描いてみせる。結論からいえば、おそらくよだかは、宮沢賢治の自《セルフ》画像《イメージ》だったのであろう。彼には美しい妹のとし子や賢い弟たちがいたのだから。

ここでは、こうした宮沢賢治のセルフ・イメージがどのようにして成立したか、彼の生いたちやライフ・ヒストリーから探るといったことはしない。ここでの問題は、これほど醜く嫌われているよだかがどのように生き、どのように死ぬか、である。それゆえ次の一節が最初のキー・ポイントになる。

蜂すゞめは花の蜜を食べ、かはせみはお魚を食べ、夜だかは羽虫をとってたべるのでした。それによだかには、するどい爪もするどいくちばしもありませんでしたから、どんなに弱い鳥でも、よだかをこわがる筈はなかったのです。

重要な点は、蜂すずめとかわせみとよだかの食べものである。蜂すずめは「花の蜜」を、かわせみは「お魚」を、そしてよだかは「羽虫」をとって食べる。蜂すずめの「花の蜜」やかわせみの「お魚」は、いかにも美しい彼らの食べ物にふさわしいもののように表現されている。だからといって、よだかの食べる「羽虫」がとりわけ残虐なわけでも獰猛だというわけでもない。それは生命界の定める食物連鎖のただの一断面にすぎない。加えて、よだかには鋭い爪も嘴もないのだから、ほかの鳥がよだかをこわがるはずがなかったことが記されている。

自分がただ醜く嫌われているだけだったら、よだかはそれほど苦しみもせず、またみずからの食のことに思いをこらすこともなかった。よだかの苦悶は、「よだか」という名前に始まる。その名前が存在を裏切っているから改名せよと迫る鳥がいたのだ。鷹である。その鷹とよだかのやりとりはこうだ。

「おい。居るかい。まだお前は名前をかへないのか。ずゐぶんお前も恥知らずだな。お前とおれでは、よっぽど人格がちがふんだよ。たとへばおれは、青いそらをどこまでも飛んで行く。おまへは、曇ってうすぐらい日か、夜でなくちゃ、出て来ない。それから、おれのくちばしやつめを見ろ。そして、よくお前のとくらべて見るがいゝ。」

「鷹さん。それはあんまり無理です。私の名前は私が勝手につけたのではありません。神さまから下さったのです。」

「いゝや。おれの名なら、神さまから貰ったのだと云ってもよからうが、お前のは、云はゞ、おれと夜と、両方から借りてあるんだ。さあ返せ。」

「鷹さん。それは無理です。」

「無理ぢゃない。おれがいゝ名を教へてやらう。市蔵といふんだ。市蔵とな。いゝ名だらう。そこで、名前を変へるには、改名の披露といふものをしないといけない。いゝか。それはな、首へ市蔵と書いたふだをぶらさげて、私は以来市蔵と申しますと、口上を云って、みんなの所をおじぎしてまはるのだ。」

「そんなことはとても出来ません。」

「いゝや。出来る。さうしろ。もしあさっての朝までに、お前がさうしなかったら、もうすぐ、つかみ殺すぞ。つかみ殺してしまふから、さう思へ。おれはあさっての朝早く、鳥のうちを一軒づゝまはって、お前が来たかどうかを聞いてあるく。一軒でも来なかったといふ家があったら、もう貴様もその時がおしまひだぞ。」

「だってそれはあんまり無理ぢゃありませんか。そんなことをする位なら、私はもう死んだ方がましです。今すぐ殺して下さい。」

「まあ、よく、あとで考へてごらん。市蔵なんてそんなにわるい名ぢゃないよ。」


よだかに「よだか」という名前がついたのは、羽根が強くて風を切って空を翔けるときの様子と、鳴き声が鋭いところが鷹に似ていたためである。しかし鷹はそれを認めない。「人格」が違うと言う。鷹は自分とよだかの飛翔力や活動時間や空間、嘴や爪の違いを指摘し、「人格」の違いを強調する。そして「市蔵」という名前に改名しろと迫るのである。

しかしこの鷹の要求によだかは抵抗する。「よだか」という名前は自分が勝手につけたものではなく、「神さま」からつけてもらったものだと主張するのである。このよだかの強い自負心はどこからくるのだろうか。自分のなかにある超越的な力と存在が降りてきていることの自負と確信。冷静に考えれば、おそらく「よだか」という名前は、鳥の仲間たちがよだかの特性を見てつけたもので、鷹がいうように、鷹と夜の両方からもらったものだと気づくはずである。それは一種のあだ名のようなものである。

だがここで、よだかは自分の名前は「神さまから下さった」と強く信じている。この信仰は、論理としては理不尽であり、超越的である。その点では鷹の方がずっと常識家だ。

この鷹とよだかの名前をめぐる確執を、父・政次郎と長男・賢治との信仰上の対立と葛藤に重ね合わせるのは、あまりに短絡的に作品と人生とを結びつけるものだろうか。父が代表する家の宗教である浄土真宗と賢治がみずから選びとった——あるいは賢治はみずから選びとられたと感じていたかもしれない——宗教である国柱会の日蓮法華主義との対立は、想像以上に深刻なものであり、それが賢治作品の諸種のモチーフに影響していることは否定しえぬ事実であろう。あとで見るように、「ビジテリアン大祭」も浄土真宗的生命観と法華主義的生命観の違いが明確に論じられている。

いずれにせよ、よだかが抱くこの信の絶対性と超越性は看過されてはならない要所である。この信あればこそ、次のよだかの唐突なまでの自死の行動が起こってくるからだ。

さて、鷹に改名を迫られ、あさってまでに「市蔵」という名前に変えなければつかみ殺すとおどされたよだかは、どうして自分がこれほどまでにいじめられるのか考え込む。僕の顔は味噌をつけたように醜く、口は裂けている。しかし僕は今まで何にも悪いことをしたことがない。それればかりか、めじろの赤ん坊が巣から落ちていたときには助けてやった。にもかかわらず、めじろの親に感謝されるどころか、まるで盗人から取り返すように赤ん坊を引き離し、ひどく笑われてしまった。どうしてこんなふうになってしまうのか。

読者の私たちにとって、よだかの唐突な信仰は一種の理不尽さを感じさせるが、よだかの側からすれば、自分がこれほど嫌われいやがられている事態こそが理不尽である。その理由がどうしてもよだかには納得できない。

納得できないまま、解決不可能な問題を抱えてよだかは巣から飛び立つ。そのとき、「小さな羽虫が幾匹も幾匹もその咽喉にはい」った。さらに飛びつづけていると、「一疋の甲虫《かぶとむし》が、夜だかの咽喉にはいって、ひどくもが」いた。よだかはすぐにその甲虫を呑み込んだが、そのとき「何だかせなかがぞっとしたやうに」思ったのである。それでもよだかは「むねがつかへたやうに思ひながら、又そらへのぼ」ったのである。すると――

　また一疋の甲虫が、夜だかののどに、はいりました。そしてまるでよだかの咽喉をひっかいてばたばたしました。よだかはそれを無理にのみこんでしまひましたが、その時、急に胸がどきっとして、夜だかは大声をあげて泣き出しました。泣きながらぐるぐるぐるぐる空をめぐったのです。
（あゝ、かぶとむしや、たくさんの羽虫が、毎晩僕に殺される。そしてそのたゞ一つの僕がこんどは鷹に殺される。それがこんなにつらいのだ。あゝ、つらい、つらい。僕はもう虫をたべないで餓えて死なう。いやその前にもう鷹が僕を殺すだらう。いや、その前に、僕は遠くの遠くの空の向ふに行ってしまはう。）
　山焼けの火は、だんだん水のやうに流れてひろがり、雲も赤く燃えてゐるやうです。

よだかののどにもう一ぴき甲虫が入って、のどの中でばたばたともがきあばれた。その甲虫をむりやり呑み込んだとき、急に胸がどきっとしてよだかは生命界の共死の論理に気づく。そして泣く。甲虫やたくさんの羽虫が毎晩僕に殺される。その「ただ一つの僕」が次には鷹に殺される、という食と死の連鎖の構造に気づいて泣いたのである。殺すものは殺される。食べるものは食べられる。この連殺―連死とも、共殺―共死ともいえる論理と構造に気づいて。

この論理は仏教教学においては「一切皆苦、諸行無常」として展開されている。「生老病死」のことごとくが苦しみの連鎖であり、あるものが永遠に続くことはない。すべてのものはみな泡のごとくぶくぶくと発生し生起しては消滅する。変転してやまぬ。その変転を形づくっている行為＝業《カルマ》の連鎖からいかにして脱け出し、無知・無明と渇愛からつくり出される煩悩の呪縛からどのようにして解放されるのか。それは「諸法無我、諸行無常」の真理（法《ダルマ》）を悟ることによって可能である。悟りによって執着から離れ、解脱することができる、と。

しかしよだかはブッダ（覚者）ではない。この世の共死の構造から脱け出すために一度は飢えて死のうと決意する。つまり、断食死することを考えたのだ。これは生命界の連死の構造を断ち切るための一つの方法である。食べることを断念し禁欲することによって、食を通して生起する生のカルマを断ち切ろうとするのである。だが断食死する前に鷹につかまり殺されてしまうかもしれない。そこでよだかは自分たちの生存のテリトリーを飛び出ることによって、自分の信仰ともいえる名前を守り、同時に共殺の連鎖からも脱け出ようとしたのだ。

よだかがいかに食のことを思いつめていたかは、弟のかわせみのところに別れを告げにゆく場面によく現われている。よだかは弟に「遠い所へ行く」と告げる。そして次のように付け加える。

お前もね、どうしてもとらなければならない時のほかはいたづらにお魚を取つたりしないやうにして呉れ。ね。さよなら。

かわせみの主食は魚である。かわせみは魚を取って食べることによって生きている。そのかわせみに、どうしても取らなければならないときのほかは魚を取らないようにと言いおいてよだかは去ってゆくのだ。この言葉は、いわば、よだかの遺言である。死を覚悟したあとのよだかの言葉がこれだったのである。

断食死を弟に勧めることも強制することもできない。できるのはただむやみに生命を殺さないように、生きてゆくためとはいえ他の生物を殺すことを極力ひかえるようにと忠告することだけである。

こうしてよだかは弟のかわせみに別れを告げ、「遠い所」へ飛んでゆこうとする。このときよだかが飛んでゆこうとした「遠い所」とは、まず最初に太陽、次に西の空のオリオン星、第三に南の空の大犬座、第四に北の空の大熊座、第五に東の天の川の鷲の星の五カ所である。よだかは中天と東西南北の四方の星のところに行こうとし、「灼けて死んでも」かまわないからどうかそこまで連れていってほしいと懇願する。「私のやうなみにくいからだでも灼けるときには小さなひかりを出すでせう。だうか私を連れてつてください」と。

だが、このよだかの願いをどの星も聞きとどけてはくれない。あまつさえ、「馬鹿を云ふな。おまへなんか一体どんなものだい。たかゞ鳥ぢゃないか。おまへのはねでこゝまで来るには、億年兆年億兆年だ」、「余計なことを考へるものではない。少し頭をひやして来なさい。さう云ふときは、氷山の浮いてゐる海の中へ飛び込むか、近くに海がなかったら、氷をうかべたコップの水の中へ飛び込むのが一等だ」、「いゝや、とてもとても、話にも何にもならん。星になるには、それ相応の身分でなくちゃいかん。又よほど金もいるのだ」などとあざけられたり、身分の低さを指摘されたりする始末。まして「よほど金もいる」とまで言われては。

全力を使いはたし、絶望の極みのなかで、よだかは墜落してゆく。しかし、あとわずかで地面にたたきつけられようとした瞬間、突然よだかは「のろしのやうにそらへとびあが」ってゆく。そして――

それからキシキシキシキシキシッと高く高く叫びました。その声はまるで鷹でした。野原や林にねむってゐたほかのとりは、みんな目をさまして、ぶるぶるふるへながら、いぶかしさうにほしぞらを見あげました。

夜だかは、どこまでも、どこまでも、まっすぐに空へのぼって行きました。もう山焼けの火はたばこの吸殻くらゐにしか見えません。よだかはのぼってのぼって行きました。

どのような願いも希望も目的も持たず、ただ生命の最後の叫びでもあるかのようによだかはひたすら上へ上へと昇ってゆく。寒さのために吐く息は白く凍る。つく息はふいごのようなのに、寒さと霜が剣のようによだかを刺しつらぬく。羽根はしびれてもう一はばたきすらできない。涙ぐんだ目をあげてよだかはもう一遍空を見る。それがよだかの最後の姿であった。

よだかにはもう自分が墜落しているのか、昇っているのか、逆さになっているのか、上を向いているのかもわからない。全身がしびれ、方向感覚も失われた。だが、「たゞこころもちはやすらかに、その血のついた大きなくちばしは、横にまがっては居ましたが、たしかに少しわらって」いたのだった。

それからしばらくたってよだかははっきりまなこをひらきました。そして自分のからだがいま燐の火のやうな青い美しい光になって、しづかに燃えてゐるのを見ました。

すぐとなりは、カシオピア座でした。天の川の青じろいひかりが、すぐうしろになってゐました。

そしてよだかの星は燃えつゞけました。いつまでもいつまでも燃えつゞけました。

今でもまだ燃えてゐます。


この結末は美しい。あまりに美しすぎる。あまりに美しすぎるがゆえに、陶酔的な眩暈をすら感じてしまう。しかし陶酔的な結末であればあるほど、酔うと同時に、酔いから醒めてみると、裏切られたような気がしてくる。ここには確かにカタルシス（浄化）はある。救済もある。醜いよだかが美しい燐光を放つという美醜の逆転もある。

しかしながらこの結末と解決は、唐突であり、あまりに超越的だ。よだかが自分の名前に対して抱く先験的な信にも似た超越性がここにはある。食の連鎖は、よだかが恒星に変身し転化することによって断ち切られる。星は食からの解放の象徴であるが、同時にそれは鳥の羽根を焼きつくすすさまじい破壊力をも持つものである。さまざまなものを育むと同時にそれを焼きつくさずにはいないもの。それが恒星である。

「よだかの星」において、宮沢賢治は切実ではあるが、安易な自己救済とすりかえのなかに埋没してしまっている。彼は救済と永遠の生命のヴィジョンを星と化したよだかのなかに見出そうとしたのだろうが、その永遠の生命の世界は死の王国である。山焼けの火のように、それは燃えれば燃えるほど、その内に死と破壊をさらに大きく貯めこまずにはいない。よだかが星になることで食物連鎖のくさりから自由になったと考えるのは、大きな錯誤である。彼はさらなる弱肉強食の世界に脱け出ただけではないだろうか。さらに大きく重い食物連鎖のくさりの中につなぎとめられてしまったのではないだろうか。

「よだかの星」は美しい作品であるが、しかしそこで展開される弱肉強食の世界からの脱出行は、巨大な自己救済（自己星化）の幻想を残して終わった。それはあえていえば、ひとりよがりの超越的な救済願望にすぎなかったのだ。

『銀河鉄道の夜』のなかに「よだかの星」とよく似た「蠍《さそり》の火」のエピソードがある。昔バルドラの野原に一匹の蠍がいて、小さな虫などを殺して食べて生きていた。その蠍が、ある日いたちに見つかって食べられそうになり、必死で逃げまわったあげく、井戸の中に落ちておぼれそうになった。もはやこれまでと死を覚悟した蠍は、最後にこう祈った。「ああ、わたしはいままで、いくつのものの命をとつたかわからない、そしてその私がこんどいたちにとられようとしたときはあんなに一生けん命にげた。それでもたうとうこんなになつてしまつた。ああ、なんにもあてにならない。どうしてわたしはわたしのからだを、だまつていたちに呉れてやらなかつたらう。そしたらいたちも一日生きのびたらうに。どうか神さま。私の心をごらん下さい。こんなにむなしく命をすてず、どうかこの次には、まことのみんなの幸のために私のからだをおつかひ下さい」と。するといつしか、蠍は自分の身体が真っ赤な美しい火になって燃えて夜の闇を照らしているのに気づくのである。

このエピソードは「よだかの星」とよく似ているが、決定的な一点で大きく異なっている。それは蠍が自分の身体をどうしていたちにくれてやらなかったのかと反省し、「まことのみんなの幸のために私のからだをおつかひ下さい」と祈った点である。あえていえば、「よだかの星」が小乗的な自利行の方に傾いているとすれば、「蠍の火」は大乗的な利他行や菩薩道を志向しているといえるだろう。ここには修羅から菩薩への転回の希求があるといえるかもしれない。「よだかの星」よりも、『銀河鉄道の夜』の方がいっそう孤独で悲劇的であるにもかかわらず、深い救済力を発信しているかにみえるのはこのためであろう。つまり、食べる者が食べられる者に転回してゆく深い覚悟と慈悲につらぬかれているためなのだ。

3 「すきとほつたほんたうのたべもの」

宮沢賢治には、食連鎖のくさりから脱け出すことがかなわぬのならば、せめて自分が「うつくしいたべもの」になって死にたいという願望とヴィジョンがとりついている。生前彼が刊行した唯一の童話集である『注文の多い料理店』にも、同じく唯一の詩集である『春と修羅』にもその願望とヴィジョンが強く現われている。

『注文の多い料理店』の「序」によく知られた次の一節がある。

わたしたちは、氷砂糖をほしいくらゐもたないでも、きれいにすきとほつた風をたべ、桃いろのうつくしい朝の日光をのむことができます。

またわたくしは、はたけや森の中で、ひどいぼろぼろのきものが、いちばんすばらしいびらうどや羅紗や、宝石いりのきものに、かはつてゐるのをたびたび見ました。

わたくしは、さういふきれいなたべものやきものをすきです。

きれいに透きとおった風を食べ、美しい朝の日光を飲む。すでに何度か指摘したことがあるように、風を食べたり、日光を飲んだりすることは、賢治にとって比喩的なことがらではない。文字通り、彼は風を食べ、日光を飲むことができると考えており、日々それを実践し、そうした存在感覚や自然との交歓を生きていたのだ。

風を食べたり、日光を飲んだりすることは生命気流を体内に摂り入れることだと言いかえることもできよう。つまり、気（霊気、生気）の食物の位相を賢治は示しているのである。したがって、賢治にとっての食物とは、物質的な食物のほかに、もう一つ気の食物があることになる。それればかりではない。さらにもう一つの食物の位相を賢治は次のような言い方で示している。

けれども、わたくしは、これらのちいさなものがたりの幾きれかが、おしまひ、あなたのすきとほつたほんたうのたべものになることを、どんなにねがふかわかりません。

つまり、賢治にとって「ものがたり」も「たべもの」なのだ。言葉も食物となるのである。賢治はこれらの「ものがたり」を林や野原や鉄道線路から「もらつてきた」ことを告白している。ということは、それらの「ものがたり」は賢治によって創作された作品ではなく、賢治の耳や感覚や精神に聞こえてき、受けとめられ、語りかけられてきた言葉であり「ものがたり」であるということである。ここには「ものがたり」を聴きとる賢治のアニミスティックでシャーマニスティックな感性がストレートに表出されている。

このようにみれば、宮沢賢治においては三つのレベルの「たべもの」が考えられていたことがわかる。
(1)物質としての、生命としてのたべもの（動植物）
(2)物質的根拠を持つ気としてのたべもの（風、日光、林、野原など）
(3)観念ないしイメージもしくは言葉としてのたべもの（童話、詩、物語など）
以上の三種の「たべもの」である。

重要なことは、これら三種の「たべもの」が、「すきとほつたほんたうのたべもの」になることを賢治が心から願っていたという点である。

それでは、「すきとほつたほんたうのたべもの」とはどのような「たべもの」なのであろうか。それは浄化と再生に至る「たべもの」である。宮沢賢治の根深い、根源的な欲求は、自分自身を「すきとほつたほんたうのたべもの」と化すことだったと私は思う。しかしそれがどれほど困難で不可能なことであるかも、「修羅」をもって任じた賢治は知悉していた。いってみれば、賢治にとって「修羅」から「菩薩」までの距離が、その反転へと向かう契機が「すきとほつたほんたうのたべもの」への自己同一化ではなかったか。

この「すきとほつたほんたうのたべもの」とほとんど同じ意味のことを『春と修羅』のなかでは「天の食」と言っている。最愛の妹とし子を喪ったその日に作ったといわれる「永訣の朝」のなかにその言葉は出てくる。この詩のなかに出てくる「たべもの」を吟味するために長くなるが全文を引用しておこう。

けふのうちに

とほくへいつてしまふわたくしのいもうとよ
みぞれがふつておもてはへんにあかるいのだ
　（あめゆじゆとてちてけんじや）
うすあかくいつそう陰惨な雲から
みぞれはびちよびちよふつてくる
　（あめゆじゆとてちてけんじや）
青い蓴菜《じゆんさい》のもやうのついた
これらふたつのかけた陶椀に
おまへがたべるあめゆきをとらうとして
わたくしはまがつたてつぱうだまのやうに
このくらいみぞれのなかに飛びだした
　（あめゆじゆとてちてけんじや）
蒼鉛いろの暗い雲から
みぞれはびちよびちよと沈んでくる
ああとし子
死ぬといふいまごろになつて
わたくしをいつしやうあかるくするために
こんなさつぱりした雪のひとわんを
おまへはわたくしにたのんだのだ

ありがたうわたくしのけなげないもうとよ
わたくしもまつすぐにすすんでいくから
（あめゆじゆとてちてけんじや）
はげしいはげしい熱やあへぎのあひだから
おまへはわたくしにたのんだのだ
銀河や太陽　気圏などとよばれたせかいの
そらからおちた雪のさいごのひとわんを……

……ふたきれのみかげせきざいに
みぞれはさびしくたまつてゐる
わたくしはそのうへにあぶなくたち
雪と水とのまつしろな二相系をたもち
すきとほるつめたい雫にみちた
このつややかな松のえだから
わたくしのやさしいいもうとの
さいごのたべものをもらつていかう
わたしたちがいつしよにそだつてきたあひだ
みなれたちやわんのこの藍のもやうにも
もうけふおまへはわかれてしまふ

(Ora Ora de shitori egumo)
ほんたうにけふおまへはわかれてしまふ
あああのとざされた病室の
くらいびやうぶやかやのなかに
やさしくあをじろく燃えてゐる
わたくしのけなげないもうとよ
この雪はどこをえらばうにも
あんまりどこもまつしろなのだ
あんなおそろしいみだれたそらから
このうつくしい雪がきたのだ
　　(うまれでくるたて
　　　こんどはこたにわりやのごとばがりで
　　　くるしまなあよにうまれでくる)
おまへがたべるこのふたわんのゆきに
わたくしはいまこころからいのる
どうかこれが兜卒《とそつ》の天の食に変つて
やがてはおまへとみんなとに
聖《たふと》い資糧をもたらすことを
わたくしのすべてのさいはひをかけてねがふ

「永訣の朝」は大正十一年（一九二二）十一月二十七日に書かれた。その日、妹のとし子が死を迎えたのである。賢治は哀しみを振り払うかのように、「永訣の朝」「松の針」「無声慟哭」の三部作を書く。それは妹の死を看とる賢治の祈りの詩である。

三部作のなかでも、最初に書かれたこの「永訣の朝」を決定づけるモチーフは、まさに死を迎えんとする者が摂る「さいごのたべもの」である。熱にうなされながらとし子は賢治に向かって、雨雪を取ってきてと頼む。それを聞いた賢治は青い蓴菜模様に彩られた陶椀をもって、びちょびちょと重たく降りしきるみぞれの中へ「まがつたてつぱうだま」のように走り出る。その雨雪は、賢治を一生明るくするための「さつぱりした雪」だと賢治は思う。賢治は松の枝にかかっている雪を妹の「さいごのたべもの」として取る。そして自分の「すべてのさいはひをかけて」、この「さいごのたべもの」が未来仏弥勒菩薩の住むといわれる兜卒天の「天の食」に変わって、とし子とそこにいる「みんな」の「聖い資糧」となることを祈るのである。

ところで、兜卒天とは、サンスクリットのTusitaの音写で、欲界・色界・無色界という三界のなかの欲界六天の下から四番目にあたる。この兜卒天の住人は欲望の束縛からかなり自由で、宮殿の内院は未来仏となる菩薩の最後身の住処で、外院はその眷属の天人たちの遊楽の場であるとされる。

この兜卒の「天の食」となり、「聖い資糧」となることを願われた「さいごのたべもの」とは、『注文の多い料理店』の「序」にいう「すきとほつたほんたうのたべもの」のことである。闘争と共死の鎖に縛られた「修羅」の世界にいる者が弥勒「菩薩」の世界に参入してゆく回路となるものが、この「さいごのたべもの」だったのである。空から降ってきた澄明な白い「うつくしい雪」は、生命を殺害してできた「たべもの」ではない。それはどこか遠い天の異界から届けられる贈り物であるかのような聖物質なのである。地上に降り注がれたこの天からの贈り物をとし子に持たせて、それが「菩薩」と共にある者たちみんなの「天の食」となり、「聖い資糧」となることを賢治は心から祈らずにはいられなかったのだ。

「修羅」の世界の食と「菩薩」の世界の食との違いは大きい。前者は殺害と共死によって成り立つ「たべもの」であるが、後者のそれは祈りと共生によって成り立つ「たべもの」である。空から降ってくる雪を「天の食」に変じる力、それは祈りの力である。そのなかに死を孕まない物質である雪を、五十六億七千万年後に未来仏として再誕すると信じられた弥勒菩薩の世界の永遠の生命に通じる食に変容させるのは、祈りをおいてほかにない。それは生命の殺害を含まない物質であるからこそ、そしてそれが水でもなくまた空気でもなく、天上と地上とをつなぐ固体であり液体ともなる物質である雪だからこそ可能になる変容である。雪は祈りを届けるにふさわしい伝達物質であり媒体だったのである。少なくとも、とし子も賢治もそのことを直観し、またそうであることを願わずにはいられなかった。

「永訣の朝」の「さいごのたべもの」とはこうした「たべもの」なのである。賢治はおそらく自分自身をこのような「さいごのたべもの」に、「すきとほつたほんたうのたべもの」に変じたかったにちがいない。彼が菜食主義をつらぬき、厳しく禁欲的な生活をせずにはいられなかったのもこうした「さいごのたべもの」に化すという予感と願いとヴィジョンに全身をつらぬかれていたからである。『注文の多い料理店』にいう「これらのちいさなものがたりの幾きれかが、おしまひ、あなたのすきとほつたほんたうのたべものになることを、どんなにねがふかわかりません」という願いは、賢治の本心からの最後の願いだったにちがいない。それは修羅意識を深く抱え込んだ賢治の菩薩道への転成の回路だったのである。

4　「ビヂテリアン大祭」の「菜食信者」

宮沢賢治は「たべもの」には三種あると考えていたが、そのいずれもを「すきとほつたほんたうのたべもの」と化すことが必要であると強く思っていた。そのためには日常の食べる行為から変えていかなければならない。賢治は菜食主義者《ビジテリアン》であったが、それは彼の生命感覚、存在感覚と思想からすれば当然の帰結であった。しかもこの菜食主義者は、「主義者」というほど観念的なものではなく、みずから「菜食信者」というのがふさわしいというほどに全存在的であり徹底したものであった。このことは「ビヂテリアン大祭」にはっきりと述べられている。この作品は次のような書き出しから始まる。

私は昨年九月四日、ニュウファウンドランド島の小さな山村、ヒルテイで行はれたビヂテリアン大祭に、日本の信者一同を代表して列席して参りました。

全体、私たちビヂテリアンといふのは、ご存知の方も多いでせうが、実は動物質のものを食べないといふ考のものの団結でありまして、日本では菜食主義者と訳しますが主義者といふよりは、も少し意味の強いことが多いのであります。菜食信者と訳したら、或は少し強すぎるかも知れませんが主義者といふよりは、よく実際に適つてゐると思ひます。

ここにあるように、賢治にとって菜食は主義というよりは信仰もしくは宗教なのである。「ビヂテリアン大祭」では、「ビヂテリアン」にも二種類あることが区別されている。同情派と予防派である。この同情派の立場こそが仏教の生命思想に基づく主人公の立場であり、同時に賢治の立場でもあった。

同情派と云ひますのは、私たちもその方でありますが、恰度仏教の中でのやうに、あらゆる動物はみな生命を惜むこと、我々と少しも変りはない、それを一人が生きるために、ほかの動物の命を奪って食べるそれも一日に一つどころではなく百や千のこともある、これを何とも思はないでゐるのは全く我々の考が足らないのでよくよく喰べられる方になって考へて見ると、とてもかあいさうでそんなことはできないとかう云ふ思想であります。

同情派とは、生命に対する同情から動物質のものを摂らないという立場である。これに対して、予防派の方は「病気予防のために、なるべく動物質をたべない」という立場に立つ。あくまでも自分の健康維持と管理のために健康によくない「肉類や乳汁」をひかえるという立場であり、「菜食病院」などを建てて健康指導しているのはもっぱらこの予防派であるという。

昨今のヘルシー志向の健康食や健康産業はこの予防派のヴァリエーションだといえるであろう。ここでは詳しくふれないが、大正時代は現代にも似て健康志向の高まり普及した時代で、呼吸法、座禅、気、体術、武道、霊学、霊術、変態心理学など、みずから体験的に身体世界を探ろうとする試みがさまざまなかたちで行なわれた。

いってみれば、同情派は生命（中心）主義に立ち、予防派は人間（自己中心）主義に立つともいえるであろう。

ビジテリアンをその「精神」から分けると以上の二つに分けられるが、「実行の方法」から分類すると三つに分けられるという。第一の方法は、肉類はもちろんのこと、ミルクやチーズやバターや鶏卵の入ったカステラや鰹のだしなど、「動物質のものは全く喰べてはいけない」というものである。これは大部分が予防派の人の方法であるという。第二の方法は、穏健派ともいえるもので、チーズやバターやミルクや卵などならば、「ものの命をとるといふわけではないから、さし支へない、また大してからだに毒になるまい」というものである。

それに対して、第三の方法はどうしても食べなければならないときは泣きながらでも食べてもいいが、そのかわり自分が食べられることも覚悟するというものである。

第三は私たちもこの中でありますが、いくら物の命をとらない、自分ばかりさっぱりしてゐると云ったところで、実際にほかの動物が辛くては、何にもならない、結局はほかの動物がかあいさうだからたべないのだ、小さな小さなことまで、一一吟味して大へんな手数をしたり、ほかの人にまで迷惑をかけたり、そんなにまでしなくてもいゝ、もしたくさんのいのちの為に、どうしても一つのいのちが入用なときは、仕方ないから泣きながらでも食べていゝ、そのかはりもしその一人が自分になった場合でも敢て避けないとかう云ふのです。

たくさんの生命を生かすために一つの生命が必要なときは、泣きながら食べてもいいが、自分がその一人になった場合、食べられることを避けないというこの第三の立場は、いわば共苦の立場である。他者の苦しみを分かちあうとともに、自己の苦しみからも逃げないという立場である。主人公の言葉を借りれば、「くれぐれも自分一人気持ちをさっぱりすることにばかりかゝはって、大切の精神を忘れてはいけない」という立場だ。

「ビヂテリアン大祭」は、菜食信者たちと肉食派の企業家や思想の持ち主たちとのディベートの祭である。たとえば肉食派の主張の一つはこうである。「マルサスの人口論は今日定性的には誰も疑ふものがない。その要領は人類の居住すべき世界の土地は一定である、又その食料品は等差級数的に増加するだけである、然るに人口は等比級数的に多くなる。則ち人類の食料はだんだん不足になる。人類の食料と云へば蓋し動物植物鉱物の三種を出でない。そのうち鉱物では水と食塩とだけである。残りは植物と動物とが約半々を占める。ところが茲にごく偏狭な陰気な考の人間の一群があって、動物は可哀さうだからたべてはならんといひ、世界中に之を強ひやうとする。これがビヂテリアンである。この主張は、実に、人類の食物の半分を奪はうと企てるものである。換言すれば、この主張者たちは、世界人類の半分、則ち十億人を饑餓によって殺さうと計画するものではないか」云々。つまるところ、ビジテリアンの主張は、動物を愛するがゆえに動物を食べないにもかかわらず、動物である十億の人類を見殺しにしてしまう「自家撞着」の思想であるというものである。

菜食反対論者は、人口論や動物心理学や生物分類学や比較解剖学を論拠に菜食反対論をぶつのだが、その論はなかなか巧みで一見筋が通っているように見える。それを今度は菜食信者たちが論駁してゆくのである。ビジテリアン大祭は、挙祭あいさつ、論難反駁、祭歌合唱、祈禱、閉式あいさつ、会食、会員紹介、余興と進行してゆくが、なかでも「論難反駁」は見ごたえがあり、この作品の中心をなしている。論難者には「異教徒」と「異派」の二種があり、論争は主に異教徒＝肉食派と菜食信者との間で戦わされる。

たとえば、一等最初に登壇する異教徒は第一に、植物性食品の消化率が動物性食品にくらべて著しく低いこと、第二に、食事が一種の「享楽」であり、「精神爽快剤《レフレッシュメント》」であり、「心身回復剤」であることを主張し、菜食はこの「快楽」を著しく減ずるゆえに反対であると主張する。それに対して、菜食信者の老人は、菜食に慣れてくると消化がよくなると反論し、また食事が享楽であるとの説については、次のように反論する。「元来食物の味といふものはこれは他の感覚と同じく対象よりはその感官自身の精粗によるものでありまして、精粗といふよりは善悪によるものでありまして、よい感官はよいものを感じ悪い感官はいゝものも悪く感ずるのであります。同じ水を呑んでも徳のある人とない人とでは大へんにちがって感じます。パンと塩と水とをたべてゐる修道院の聖者たちにはパンの中の糊精や蛋白質酸素単糖類脂肪などみな微妙な味覚となって感ぜられるのであります。もしパンがライ麦のならばライ麦のいゝ所を感じて喜びます。これらは感官が静寂になってゐるからです。水を呑んでも石灰の多い水、炭酸の入った水、冷たい水、又川の柔らかな水みなしづかにそれを享楽することができるのであります。これらは感官が澄んで静まってゐるからです」と。

菜食の老人は、食事の享楽は感官を静寂にし清澄にすることによってより微妙な深い味わいが得られるのだから、かえって菜食の方が深い享楽を味わえると主張するのである。その結論は、「則ち享楽は必らず肉食にばかりあるのではない。蓋ろ清らかな透明な限りのない愉快と安静とが菜食にある」というものである。感官の純化と味覚や食との関係は重要な論点である。食の貪《むさぼ》りをなくそうとするときに感官の純化は必要不可欠のものとなる。

ここで論争のすべてを取り上げる余裕はないので、二、三の論点のみを問題としたい。論難のもう一つは、菜食では不徹底であり、「本たうに動物が可あいさうなら植物を喰べたり殺したりするのも廃し給へ。動物と植物とを殺すのをやめるためにまづ水と食塩だけ呑み給へ」というもので、菜食は「偽善」にして「無知」な行為だというものである。

　この論難に対して、菜食信者の陳氏はこう反論する。「印度の聖者たちは実際故なく草を伐り花をふむことも戒めました。然しながらこれは牛を殺すのと大へんな距離がある」と。同じ生命でも、植物と動物との間にも差異を認め、また動物のなかでもバクテリアと馬の間に差異を認める立場の主張である。陳氏は「われわれは植物を食べるときそんなにひどく煩悶しません」という。植物にバクテリアがついているのを食べて殺すのと馬を殺すことには非常な違いがあるという。バクテリアは次から次へと分裂し死滅しすみやかに変化している動物であるが、それを殺すことと馬を殺すこととは大分違うというのである。あえて別の言い方をすれば、それは個体意識があるかないかの違いである。個体意識を持つものを殺すのとそうでないものを殺すことには違いがあるという考えである。陳氏は「とにかく私共が生れつきバクテリヤについては殺すとかかあいさうだとかあんまりひどく考へない。それでいゝのです。又仕方ないのです」と言う。そして結論として、「私共は私共に具はった感官の状態私共をめぐった条件に於て菜食をしたい」と主張する。つまり、人間の意識と感覚と条件に基づいた最善の食の実践が菜食にほかならないというわけである。

　「ビヂテリアン大祭」のクライマックスは、肉食と菜食の是非をめぐる宗教論争である。ここではまず最初に、異教徒のキリスト教徒が菜食反対を神の摂理の神学から主張する。カナダ大学教授の神学博士ヘルシウス・マットンは、「私の奉ずる神学はたゞ二言にして尽す。たゞ一なるまことの神はゐまし給ふ、それから神の摂理ははかるべからず」と言い、この唯一なる神が天地自然万物のすべてを創建したのであるから、「その中の出来事はみな神の摂理である。総ては総てはみこゝろである。誠に畏き極みである。主の恵み讃ふべく主のみこゝろは測るべからざる哉。われらこの美しき世界の中にパンを食《は》み羊毛と麻と木綿とを着、セルリイと蕪菁《ターニップ》とを食《は》み又豚と鮭とをたべる。すべてこれ摂理である。み恵みである。善である」と主張する。摂理としての肉食は善であると強調するのである。

これに対するビジテリアンの反論は、すべての現象が摂理であり善であるなら、この論難を聞いた「私がおこつてマットン博士をなぐる」ことも「摂理で善である」ということになり、この摂理に現われた「神のみ旨」は測るべきではないということになる。さらにいえば、動物を食べないビジテリアンがいることも神の摂理であり善となって、マットン博士の所説は「自家撞着」に終わる、というものである。

このキリスト教神学者につづいて、今度は仏教徒の肉食論者が登壇する。そしておおよそ次のように言う。——私はキリスト教団に生まれたにもかかわらず仏教徒になった。それは仏教が深遠だからだ。私は阿弥陀仏の化身、親鸞僧正によつて啓示された本願寺派の信徒である。仏教はそもそもこの世界を苦と見、矛盾と罪悪に満ちた世界であると考える。その苦と矛盾の世界から救済されるには、西方の覚者阿弥陀仏に帰依するよりほかない。そしてその阿弥陀信仰を宣布した人物が、大教師にして仏の化身たる親鸞僧正である。その仏の化身たる親鸞僧正が目のあたりに肉食を行ない、以来本願寺は代々肉食を行なっている。またさかのぼって釈迦について考えるならば、釈迦は六年間の精進苦行ののちに村の女のささげたクリームを取って食べ、ついに法悦《エクスタシー》を得た。この釈迦の事蹟にならうなら、今日牛乳や鶏卵やチーズ、バターを摂らない仏教徒のビジテリアンは師の教えに背くことになる。さらには、釈迦は一般信者に対してけっして肉食を禁じることはなく、五種浄肉と名づけて、残忍な行為によらずして得た動物の肉はこれを食することを許したのである。あまつさえ、入滅の直前には鍛工《たんこう》チェンダの捧げた豚肉の入った食物を食べた。このことを深く考えるなら、釈迦によるも親鸞僧正によるも、まったく菜食主義には根拠はないのである、と。

この論難のあまりのひどさに「頭がフラツ」とした「私」は、よろよろと演壇に進み出て激しく浄土真宗本願寺派仏教徒を論駁する。先の論者は五種浄肉と言うが、仏典の『楞伽経《りようがきよう》』によれば、それは修行未熟の者にのみ許された行為であり、また入滅に際しても、今より以後仏弟子たる者肉を食うこと許さずと『涅槃経』に明らかである。根本的に考えるならば、宗教の精神からすれば肉食しないことが当然なのである。たとえば、キリスト教の精神は愛である。その愛はあらゆる生物に及ぶ。どうしてそれを殺して食べることができようか。また仏教の精神は慈悲である。如来の慈悲とは完全な智慧をそなえた愛である。仏教の出発点は、いっさいの生物が苦しく哀しくあるゆえに、いっさいの生物ともにその苦の状態から離れたいと希い、実践することである。

こうして「私」は、生物とは何であるかという「真理」を次のように説く。

総ての生物はみな無量の劫《カルマ》の昔から流転に流転を重ねて来た。流転の階段は大きく分けて九つある。われらはまのあたりその二つを見る。一つのたましひはある時は人を感ずる。ある時は畜生、則ち我等が呼ぶ所の動物中に生れる。ある時は天上にも生れる。その間にはいろいろの他のたましひと近づいたり離れたりする。則ち友人や恋人や兄弟や親子やである。それらが互いにはなれまた生を隔ててはもうお互に見知らない。無限の間には無限の組合せが可能である。だから我々のまはりの生物はみな永い間の親子兄弟である。異教の諸氏はこの考をあまり真剣で恐ろしいと思ふだらう。恐ろしいまでこの世界は真剣な世界なのだ。

ここで決定的な「真理」が告げられる。それは生物界には九つの流転の世界があり、「たましひ」はこの九界を輪廻転生しているために、生物はみな「永い間の親子兄弟」であるという「真理」である。「菜食信者」であるべきもっとも根源的な理由がここで明かされる。それは輪廻転生の世界の中に生きていることの「恐ろしいまで」の「真剣」さに由来する。無始無終の時間の流れの中で変転をくりかえし、あるときには人として、あるときには動物として、あるときには天人として生まれ、その長い長い生の過程で、友人や恋人や親子兄弟など無限の組合わせを体験してきているという生死の実相から出てくる覚悟と決意。それが「菜食信者」となることなのだ。

「たましひ」が存在世界をくりかえし輪廻し転生しているという「真理」。それはこの「私」にとっても賢治にとっても恐ろしいほどの「真剣」なリアリティのあるものだったのだろう。

「ビヂテリアン大祭」は、この「私」の「真理」主張のあと、異教徒たちがあっけなくみなぞろぞろと「悔い改め」て「改宗」してしまうという折伏勝利劇に終わっている。菜食が生命への「同情」に発し、その「同情」は生命世界の輪廻転生の「真理」に拠っているということは、賢治にとって当然のしかも厳格なる存在法則だったのである。その存在法則、すなわち法《ダルマ》を前にして菜食以外の道を進むことができなかったのである。それゆえ「私」はくりかえし、この思想の恐ろしさと真剣さを訴えたのである。

5 田中智学の「食」思想と宮沢賢治

「菜食信者」の根拠は輪廻転生にある。これは宮沢賢治にとって動かざる真実であった。それでは、賢治がなぜこれほど「食」にこだわらざるをえなかったのかを同時代の思想のなかから検討しておこう。

「ビヂテリアン大祭」の宗教論争によく現われているように、宮沢賢治の家の宗教は浄土真宗であり、賢治の父政次郎は真宗の篤信家であった。しかし賢治は、盛岡中学を卒業した十八歳の年に『法華経』を読み、また島地大等の法華経講義を聞いて法華思想に心酔し、大正九年（一九二〇）、二十五歳で盛岡高等農林地質学研究科を修了した年に国柱会に入会して布教活動を行なうようになった。翌大正十年一月には、父母の改宗を懇請したが容れられず、突如上京して国柱会館をたずね、同会の高知尾知耀から文芸によって大乗仏教の真意を普及する道のあることを示唆され、創作活動に熱中することになった。賢治にとっては、家の宗教である浄土真宗とみずから選びとった法華信仰、それも国柱会の純正日蓮主義の信仰との対立は大きな葛藤と煩悶を生むものであった。「ビジテリアン大祭」の「私」の前の論難者が浄土真宗本願寺派の仏教徒であったという設定は、その葛藤の生々しさと深さを端的に示すものである。しかも、浄土真宗は親鸞以来、「肉食妻帯」を宗是としてきた宗派であり、教団であった。賢治のいささか潔癖なまでの菜食信仰と独身の禁欲的生活は、この真宗的態度の対極にあるものだった。

ところで、国柱会を創始した田中智学は、日蓮宗系の在家仏教運動家である。田中智学は十歳のときに日蓮宗の僧として得度したが、十八歳のときに宗内思想と布教態度にあきたらず、脱宗還俗し、明治十三年（一八八〇）蓮華会を結成して在家仏教運動を起こし、同十七年には立正安国会、大正三年（一九一四）に国柱会を設立し、「純正日蓮主義」を唱え、講演と著作活動を中心とする折伏運動を展開した。『宗門之維新』（一九〇一）、『本化摂折論』（一九〇二）などを矢継早に発表、大正中期には急速な教団の発展をみた。宮沢賢治や石原莞爾が入会したのもこの教団発展期であった。奇しくもこの二人が国柱会に入会したのは大正九年（一九二〇）のことであった。

大正八年十一月、国柱会から純正日蓮主義の宣伝機関誌と月刊雑誌『毒鼓』が創刊され、翌九年二月号から三回にわけて田中智学の講演録「毒鼓論」が掲載された。その冒頭部分で、田中智学はこう述べている。

この「毒鼓」といふことは、日蓮主義の一番正しい「化導方法《をしへかた》」の名目でありまして、日蓮主義の教といふものは「毒鼓」といふ意味でなければならないといふ事柄が、日蓮上人の指南せられたことであります。（中略）この「毒」とは「薬」といふことであります。（中略）「天鼓」は摂受で「毒鼓」は折伏である。（中略）「摂受」は消極的化導で、世にいふ「巽与《そんよ》の言」にあたる、「折伏」は積極的化導で、世にいふ「法語の言」にあたる。（中略）そこで「毒鼓の教」といふのは、聞かうとしても聞くまいとしても、いやだといツても強て説くといふ、いやだと言ふ者には歯を割ツてもその薬を服《の》ませる、どうしても服まなかツたら、どてツ腹へ孔を明けて注射しても、その薬を服ませるといふやり方が毒鼓である。（中略）日蓮上人は、『俺の化導は毒鼓の化導である』と言はれた。（傍点、圏点原著者、以下同様）

要するに、「毒鼓」とは末法の世に服用されるべき「薬」すなわち「折伏」であり、日蓮の行なった「化導」であるというのだ。この田中智学の純正日蓮主義がいかに激しい「折伏」的布教活動を展開したかが知られよう。したがって、宮沢賢治がこの田中智学の唱える純正日蓮主義によって立つかぎり、浄土真宗の信仰との対決は避けられぬ運命にあった。

大正九年、国柱会は日刊紙『天業民報』を発刊し、布教活動を強化した。そして同年十一月三日、田中智学は「宣言――日本国体の研究を発表するに就いて」と題する宣言文を掲載し、翌大正十年元旦号から『日本国体の研究』が連載され始めた。その全文を引いておく。

明治神宮奉鎮の吉日、我近く吾が四十年来の冷暖を経たる「日本国体の研究」を世に発表すべきことを宣言す。あゝ時は来れり！　世界を挙げて日本国体を研究せよ。

惟ふに日本国体とは道也、道とは真理の実行にして其の帰趨を定むるの謂也。理にて在ては真といひ、道に在ては正といふ、「養正の心」是也、道は諸の善を摂す、故に「積慶」といふ、又諸の智を亟む、故に「重暉」といふ、即天地の公道にして、人類の斉しく藉るべき攸、但日本特り世界に率先して之を伝へ、世界を代表して之を持す、因て称して日本国体と曰ふと雖、道は則、是世界の道也。

由来人は道の器にして食の器に非ず、而も食を以て人を解するは、是人を以て禽獣と為すなり、凡古今世界の嘗め来れる、所有酸苦紛争殺伐の歴史は、咸この食を道に易へ、人を獣化したる悪解釈の反映に非ざるは莫し、慄るべきは思想の錯誤なり、人類は長き間の惨血と悶とによりて、既に争に厭きたり、今後の問題は、如何にして正しく生き安く住せん乎に存す、其の決は唯食を去て道に就くに在り、道下に食あり食下に道なし、道を離るゝ時、食は道と倶に亡し、食を舎つる時、道は食と倶に栄ゆ、物心内に融して争なく、秩序外に整ひて平和あり、斯の道久しく人を待つ。

天祖は之を授けて「天壌無窮」と訣し、国祖は之を伝へて「八紘一宇」と宣す、偉なる哉神謨、斯の文一たび地上に印してより、悠々二千六百載、迺《スナハチ》若臣の形を以て、道の流行を彰施す、篤く情理を経緯し、具に道義を体現して、的々として人文の高標となれるものは、日本君民の儀表是也、万神乃聖の天業、万世一系億兆一心の顕蹟、其の功宏遠、其の徳深厚、流れて文華の沢となり、凝りて忠孝の性となる、身体に従へば君民一体にして平等、用に従へば秩序截然として厳整、這の秩序を妙を以て、這の平等の真に契投す、其の文化は静にして輝あり、是の故に日本には階級あれども闘争なし、人或は階級を以て闘争の因と為す、然れども闘争は食に在て階級に関らず、日本が夙く世界に誨へたる階級は、平等の真価を保障し、人類を粛清せんが為に、武装せる真理の表式なり、吁、真の平等は正しき階級に存す、人生資治の妙、蓋斯に究る。

現代文明の欠陥は、物と心との生起を暁らず、道と食との本末を誤れるに在り、夫物心相剋は破壊と堕落とを産み、物心相生は建立と向上を賚す、独り物心円融の妙を将《モ》ちて、これに無限の性命を孚与するものは、日本国体の君臣道なり、想ふに是漸く紛雑荒乱の夢より覚めんとする現代が学ぶべき、唯一の新課目なり、あゝ時は来れり！　世界を挙げて日本国体を研究せよ。

大正九年十一月三日

智学　田中巴之助敬白

大正九年十一月に国柱会に入会した宮沢賢治が、『天業民報』の一面を飾ったこの田中智学の「宣言」を熟読玩味したであろうことはまちがいない。入会者は『天業民報』と『毒鼓』を熱心に購読し、布教活動に重用したからだ。いったい賢治はこの「宣言」とそれにつづく『日本国体の研究』の連載をどのように受けとめたのだろうか。このファナティックな「日本国体」論をどうとらえたか。

問題は、この「宣言」と『日本国体の研究』のキー・ワードとして「食」と「道」が語られている点である。田中智学は「日本国体」とは「道」の謂であり、「道」とは「真理の実行」であると主張する。そして、元来、人間は「道の器」であって、「食の器」ではないという。世の戦争残虐はみな「道」がすたれて「食」本位となり、「獣化」した結果である。「道」を離れた「食」は「道」とともに亡び、「食」を離れる「道」は「食」とともに栄える。この「道」と「食」の本末をよくわきまえ、「物心円融の妙」を以って「無限の性命」を付与するものが「日本国体の君臣道」であり、荒乱の悪夢から目覚めるために現代が学ぶべき「唯一の新課目」である。それゆえに、「世界を挙げて日本国体を研究せよ」と大獅子吼するのである。

また、『日本国体の研究』は、「第一章　日本国体とは何ぞや」「第二章　道の国、日本!」につづいて、第三章では「道と食」が論じられる。この「第三章　道と食」には第十一節以下七つの節が置かれ、それぞれ「食物本位の見解」「食は争を伴ふ」「権利思想は争の思想なり」「浅薄なる権利思想」「権利亡国論」「食下に道なし」「道下に食あり」と題されている。田中智学はこの章において「食本位」から「道本位」への大転換を力説するのだ。その論理構造は、ちょうどこの頃全盛期を迎えた出口王仁三郎率いるところの大本教団が大々的に説いた、「体主霊従」の物質文明から「霊主体従」の精神文明への大転換と同工異曲である。

「道と食」のなかで田中智学はこう主張する。

食を本領とするか、方便とするかで、人間生活の真価が定まる、食物本位の考へからいふと、禽獣生活も神聖なるものとなる、「道」を本位とする方から言へば、「禽獣生活」と「人間生活」とは、全然別なものとなる、柔かく言へば、「禽獣生活」は、消極的生活であって、「人間生活」は積極的生活である、「消極的生活」の目的は、活きてさへ居れば其れで可いといふことになる、「積極的生活」は、意義のある活き方をせねばならぬ、活きるためにといふのでなくて、或ることの為めに活きねばならぬといふのが原則である。

「禽獣生活」は「食物本位」で「活きてさへ居れば其で可い」といふ「消極的生活」であるが、それに対して、「人間生活」は「道本位」で「意義のある活き方」を求める「積極的生活」であるのが「原則」だと田中智学は主張する。そしてこの「人間生活」の本質とは「精神生活」であり、それは『道』本位の生活」であるという。つまり、「食物を目的に活きるか」、「食物を方便に活きるか」の違いである。

食物を方便とする側では、その方便は、何の方便であるかといふと、すぐに「道」の方便だと言はずに、これを「人生の方便」だといふ、そうして其の「人生」といふことの中に「道」がある、而もその「道」は人生の中心を為して居る、要するに其「道」の為めの人生で、その人生に必要なる「食」といふことにある、勿論、「食」を無視するのではない、「食」を霊化するのである。

ここで田中智学はとても重要なことを言っている。それは「食を霊化する」という思想である。この「食を霊化する」ことが「道本位」の生き方につながっているのである。そしてこの〝食の霊化〟の思想は、宮沢賢治のいう「すきとほつたほんたうのたべもの」や「天の食」の思想にも深くつながるものであろう。

それでは、どうすれば「食を霊化する」ことができるのか。この点について、田中智学は具体的には何も述べていない。問題の所在を明らかにし、問題提起をしているだけである。この田中智学の〝食の霊化〟の思想をより具体的に、実践的に受けとめたのが農学を学んだ宮沢賢治であった。

確かに、田中智学は〟食の霊化〟について具体的には何も述べていないが、しかし「食」がどういう問題を引き起こすかについては明確な指摘を行なった。彼は「食は煩悩性の代表」であり、「食は全部的最後的の煩悩」であるがゆえに「食は争を伴ふ」ものだと主張した。つまり、この世の闘争も煩悩もつまるところ「食」に起因すると道破したのである。

人間における「食本位」の思想は「権利思想」に結びつくと田中智学は見ていた。「食を求めるは自己を保存せん為め」であり、自己を保存せんがためには「権利の争奪」をしなければならないと考えたのである。いいかえると、食本位とは自己本位であり、この利己主義《エゴイズム》は必然的に闘争を引き起こす原因となると考えたのだ。それゆえ、食本位に由来する「権利思想」は「道義観念」と絶対に相容れないと主張したのである。

「第十六節　食下に『道』なし」のなかで田中智学はこう述べている。

権利の思想は争ひの思想から来り、その争ひは根元「食」本位から来り、その「食」本位は、自我本位から来り、互に相就《な》し、相帮《たす》けて、荒乱の世を造り、濁乱の人を造つたのである、而も此自我本位の思想は、自発的に発するよりも、生活問題から馴致されて来る場合が多い、即ち自我が直に「食」本位に転じて来るのである。

田中智学は「権利の思想」の起こってくる由縁をたどってゆくと、「争ひの思想」にいきあたり、その「争ひ」は「食本位」に起因し、「食本位」は「自我本位」に由来するという。この権利思想＝争思想＝食本位＝自我本位が、互いに互いを生み出し、補完しあって「荒乱の世」をつくり、「濁乱の人」をつくったというのである。この荒乱・濁乱の世と人とを救うためには「食本位」を本来の「道本位」に修正する以外にないという。

「争ひ」を善導する法！　それは「食本位」の観念を去つて、「道本位」の観念に改めるの外はない。

（中略）

「道」に生きるものは、「食」を本位としない、「食」は大々的必要ではあるが、それは「道」を必要とする上に於てのみ必要である。いかんとなれば、人は「道」の人であるが故に、何でも「道」のために生きねばならぬ、その生の為めに食は必要となる、みづから求めずとも、天地の自然も敬んで、これに食を献ぜねばならぬ、「人が養はねば天が養ふ」とはこれだ。

「食」を振出しにして又「上り」にして居る「食本位」の成れの果は、生くべき食の為めに、遂に死んだり殺したりする迄の滅亡性をもつて居る、即ち「食の下に道なし」である、一転して言へば、

『食の下に生なし』

といふことになる、馬鹿らしい話だ、「道」を本位とするものは、食を念頭にせずとも、「正しく生き安く居る」ことが出来る、即ち「道」の下に「食」ありである。

こうして田中智学の結論は「食下に道なし、道下に食あり」というものとなる。そしてこの「道本位」の原点を彼は「日本国体」に求めたのである。

6　田中智学の「食」と宮沢賢治の「たべもの」

生涯国柱会の会員であることをやめなかった宮沢賢治は、このような田中智学の「食」思想と「国体＝道」思想をどのように受けとめていたのであろうか。

宮沢賢治の詩にも童話にも「国体」思想の片鱗も見えない。かえって、田中智学的な「国体」思想は「銀河」意識に霊化されているかに見える。このことは、よく知られた『農民芸術概論綱要』の「序論」の次の一節にはっきりとうかがえる。

世界がぜんたい幸福にならないうちは個人の幸福はあり得ない
自我の意識は個人から集団社会宇宙と次第に進化する
この方向は古い聖者の踏みまた教へた道ではないか
新たな時代は世界が一の意識になり生物となる方向にある
正しく強く生きるとは銀河系を自らの中に意識してこれに応じて行くことである
われらは世界のまことの幸福を索ねよう　求道すでに道である

この詩には「道」という言葉が二度使われている。しかしここでの「道」には、「国体＝道」とする観念はない。その「道」は「古い聖者」が辿り教えた「道」であるが、それは「世界が一の意識になり生物となる方向」に向かっている「道」であり、「銀河系を自らの中に意識してこれに応じて行く」道である。

宮沢賢治において、田中智学的な「道＝日本国体」観念が自覚的に解体されたのか明らかではない。もしかすると、智学的な「国体」観念をかなりな部分共有していたのかもしれない。少なくとも、一度そのような観点から賢治の思想と作品を点検してみることは必要であろう。

しかし、今ここではっきりと言えることは、宮沢賢治の作品において、田中智学が問題提起した「食」の思想はきわめて具体的かつシリアスに受けとめられ、賢治的な解決の方向が示されているのに対して、智学的な「国体」観念が姿を見せることはないということである。いや、宮沢賢治は智学的な「国体」観念を、「そこでは、あらゆることが可能である。人は一瞬にして氷雪の上に飛躍した大循環の風を従へて北に旅することもあれば、赤い花杯の下を行く蟻と語ることもできる。罪や、かなしみでさへそこでは聖くきれいにかがやいてゐる」という「イーハトーヴ」、すなわち「ドリームランドとしての日本岩手県」（『注文の多い料理店』新刊案内）に変容し加工して提示したといえるかもしれない。

もちろん、当時の大教団であった国柱会の指導者である田中智学とその団体の若き一地方会員であった宮沢賢治の思想と実践を短絡的に比較することには無理がある。しかしここで両者の思想の主要トーンの違いを明らかにしておくことは意味があると思われる。というのも、そのことが現代において、なぜ田中智学ではなく、宮沢賢治がこれほどまでに注目を集め、関心を持たれているかを明確にすることとつながってゆくからである。

第一に、田中智学の〝食の霊化〟思想はきわめて精神主義的であり、国体主義的であるが、宮沢賢治の「すきとほつたほんたうのたべもの」の思想は、彼の身体的な存在感覚や世界感覚に根ざしたきわめて具体的で生命的なものであったという違い。それは羅須地人協会の実践を含めて、宮沢賢治がより具体的に作物を作る農業の研究者であり実践者であったことに起因しているかもしれない。賢治は田中智学の「食本位」から「道本位」への転換の思想を読みながら、それではどのように〝道に根ざした食〟が可能となるのか真剣に考えたにちがいない。その賢治の結論は、第一は、自然の気もしくは生命と交歓することであり、第二に、「すきとほつたほんたうのたべもの」としての童話や詩や劇を創作することであり、第三に、「菜食信者」として菜食を実践することであった。「修羅＝闘争」の世界の「弱肉強食」や「肉食妻帯」ではなく、「修羅」から「菩薩」の「道」への転換として農業や創作や出家者のような〝菜食独身〟の実践を必要としたのである。それは「修羅」から「菩薩」への変身の回路《チャンネル》であったのだ。

『注文の多い料理店』新刊案内の文章のなかで、「これは田舎の新鮮な産物である。われらは田園の風と炎との中からつややかな果実や、青い蔬菜といつしよにこれらの心象スケッチを世間に提供しようとするものである」と賢治は記しているが、「ものがたり」の一つ一つが「つややかな果実や、青い蔬菜」(菜食志向！)と同じような「田舎の新鮮な産物」であり「たべもの」だと考え、またそうあることを心から希ったのである。

第二に、田中智学と宮沢賢治の違いとして、その修羅意識の有無を指摘しなければならない。田中智学には賢治がどうしようもなく深く抱え込んでいた「修羅」の意識はなかった。賢治にとっての「修羅」意識とは、痛みと共苦と祈りの源泉である。賢治にとっては、「修羅」の自覚なしに「菩薩」道の実践はなかった。

第三に、両者の時空意識の違いをあげなければならない。近代自然科学を学んだ賢治は、法華的な仏教の宇宙論や生命論と、アインシュタインやヘッケル流の宇宙論や生命論をどのように切り結ぶかという問題意識があった。こうした問題意識は江戸時代末期に生まれ、宗教界においてそこから新しい在家仏教運動を起こしてそれに挺身した田中智学にはなかったものである。それゆえ、田中智学はストレートに「道」や「国体」を説いたが、賢治は自分が感知した時空認識とそれを格闘させずにはいられなかったのである。賢治が「銀河」意識に応じてゆくことを主張し、「修羅の十億年」（『春と修羅』序）とつぶやくとき、そこに日本精神の「道」からも「日本国体」からも飛翔せずにいられない時空認識や世界感覚が表白されている。

なぜ今日、田中智学ではなく、宮沢賢治に注目が集まっているかは、現代人がこの両者の違いを生み出した世界感覚や身体性のあり方に敏感に反応するからであろう。もちろん、田中智学は歴史的にも、また今日的な観点からも再検証されるに値する人物である。しかしたとえそうであっても、その思想は幅広い支持を集めることはないであろう。だが賢治の思想と表現と実践は、多くの人々に未来的な可能性を感じさせ、新たな再解釈を生み出すイメージとヴィジョンに満ちている。

田中智学の「食」はきわめて否定的で観念的なものであったが、宮沢賢治の「たべもの」は共苦と痛みと祈りを孕む肯定的で具体的で生命的な実体であった。その両者の違いは大きく、賢治の「すきとほつたほんたうのたべもの」を多くの人々が欲し求めるゆえんであろう。

しかし、にもかかわらず、賢治が説いたあまりに自己犠牲的な食の道は、今日、彼の禁欲を促したものをも含めて、もう一度批判的に吟味されなければならないであろう。賢治は「よだかの星」に近い生き方をして夭折したが、私たちはよだかのように往ってしまうのではなく、「銀河鉄道の夜」のジョバンニのように、この世界に還ってきて、それから一仕事をしなければならないからである。

第二部　イニシエーションと修行

イニシエーション／宗教／日本文化

1　一九九五年の「福音」？

阪神大震災とオウム真理教事件のあった年、一部の若者たちに熱烈に支持されたテレビ番組があった。『新世紀エヴァンゲリオン』という。

「エヴァンゲリオン Evangelion」とは、キリスト教の「福音」を意味する言葉である。文字通りに意味を解するとすれば、そのタイトルは「新世紀の福音」となる。いったいそこでどのような「新世紀の福音」が物語られたのか。

時代は、西暦二〇一五年。「使徒」と呼ばれる謎の巨大物体が次々と出現して人類に攻撃をしかけてくる。その謎の攻撃物体「使徒」に唯一対抗できる兵器が、人造人間「エヴァンゲリオン」である。それは特務機関ネルフが開発した究極の汎用決戦兵器で、その操縦者は全員十四歳の少年少女たちであった。

このテレビ番組は、一九九五年十月四日からテレビ東京系で放映され、二十六回続いた。およそ半年の放映期間である。その間に、一部のマニアックな少年少女のみならず、大学生や社会人を含む多くの人々の心をとらえ、一九九七年には映画化もされ、時代の心象風景をあぶりだすアニメーションとなった。

私の考えでは、この作品は端的に自己形成とイニシエーションを主題にしている。エヴァンゲリオンのパイロットとなる少年少女たちが全員十四歳であるのは、その意味で象徴的である。古くは、元服の儀式などに見られるように、十四、五歳は子供が大人の仲間入りをする節目となる年齢であった。現在では、義務教育を終え、中学校を卒業して、ひとまずみずからの意志で高校に進学するか仕事につくか決定できる年である。

おそらく、制作側は中高生をターゲットとして作品をつくったのであろう。その時、二〇一五年に生きる十四歳の少年少女を主人公として選んだことには明確な意図があったと思う。未来を舞台にしたSF映画であるにせよ、主人公たちがこの二〇〇〇年世紀末を生きる十五歳前後の若者にリアルに映る存在でなければならないという意図。そのために彼らはどのような登場人物を造型したか。

その大きな特徴は、第一に、すべての登場人物が何らかの形で欠損家族の中で、強い親子の葛藤と執着を抱えている点。主人公の十四歳の少年碇《いかり》シンジは、三歳の時に母を亡くし、父に捨てられ、叔父のもとで育てられたために、母への強い思慕と父への根深い反感を抱いている。しかしその一方で、父親に愛されたい、認めてもらいたいという強い願望を隠しもっている。もう一人の主人公といえる同じ十四歳の少女綾波レイは、シンジの母ユイに似せてつくられたクローン人間である。ネルフの司令官でありシンジの父である碇ゲンドウがつくったため、レイは自由意志をもたず、ゲンドウへの忠誠心を植え込まれている。しかしゲンドウはこの綾波レイに複雑な愛情を抱いているようである。どこにも〝自己〟と〝経験〟をもちえない少女。それゆえ、自他の痛みや哀しみやあらゆる感情からはじかれている究極の〝無感動〟少女、それが綾波レイである。第三の主人公の少女惣流《そうりゅう》・アスカ・ラングレーは、その反対に、自分の感情を露骨なまでにむき出しにする少女で、自己の優秀性を周囲に誇示する自信に満ちた態度を見せるが、内実はとても傷つきやすく、自殺した母親に捨てられたというトラウマを抱えている。その他の大人の登場人物も、多かれ少なかれ、親子の葛藤や喪失を経験し、トラウマを秘めたまま表面上は仕事のできる優秀な強い大人を演じている。このような、登場人物たちの親子関係・家族関係の深い傷の描出を第一の特徴としてあげることができる。ここでは、どのような家族の風景の中にも憩いも安らぎもない。捨てられた子供、喪失をいやおうなしに経験せざるをえなかった子供たちの心象風景。

第二に、それに関連して、主人公がいわゆる英雄《ヒーロー》やヒロイン・タイプとして描かれず、むしろどうにもならない欠落や喪失や問題を抱えた者として描かれている点。碇シンジは過剰に他者とのつきあいを回避し、自己防衛的な自閉の圏域から外に出ていこうとしない少年として設定される。一見すると、どこにも優れたところのない、積極性や人間的魅力に欠ける未成熟そのものの少年である。綾波レイも同様である。反対に、惣流・アスカ・ラングレーはきわめて押し出しと〝我〟の強い少女として描かれているが、その内面は空虚と淋しさに侵食され、不安定な自分を抑えることができない。

一九八〇年代にヒットしたアニメーションの『風の谷のナウシカ』(一九八四年)が、典型的なヒーロー=ヒロインであり、いわば知・仁・勇の三徳のそなわったまれにみる能力と人格的な魅力をもった少女として描かれていたのに対して、またそのしばらく後につくられた『AKIRA』(一九八七年)の主人公たちが、強力な超能力をもつアンチ・ヒーローの少年たちとして描かれていたのに対して、一九九〇年代の半ばにヒットした『新世紀エヴァンゲリオン』の少年少女は、いかなる点でもヒーローでもヒロインでもなく、アンチ・ヒーローですらなく、〝非ヒーロー〟とでも呼ぶしかない存在であるのは興味深い変化である。そのためか、この番組を見た若者たちは、そこに自分と同じ等身大の問題と感覚を抱え込んで生きている者の姿を見出したのかもしれない。主人公への静かな共感から深い思い入れに視聴者の若者が身を投じていったのは、そこに描き込まれた欠落や喪失や〝無感覚の感覚〟に敏感に反応していったからではないか。敏感に反応するには鋭い感覚が必要となるから、無感覚に敏感に反応するというのは形容矛盾ではないかと指摘されるかもしれない。そのような疑問に対して、このように答えておきたい。〝無感覚の感覚〟とはある独得の局面と様式をもった感覚なのだと。

そのような主人公たちの〝感覚〟のありようこそが、本質的にこの作品が支持された根本理由のように私には思える。それは、この世のどこにも自分の居場所を見つけることのできない精神であり、よるべないものの感覚である。どこに行っても自分を受け入れてくれるところはない。憩い、安らぐ場所はない。世界からはじかれ、はずされているという感覚。そこには向かうべき〝道〟も高みに向かって登るべき〝梯子〟もない。

そのような精神と感覚のなかに棲む者の渇望と希求に、この作品はその者たちの心の琴線をふるわせるような響きをもって迫り、訴えかけたのではないか。オウム真理教をはじめとする「新新宗教」や「精神世界」に魅かれながらも、そこにも居場所と安らぎを見出すことのできない者の飢えに火を点したのではないか。

考えてみれば、オウム真理教は「出家」と「イニシエーション」を根本主題とし、それを全面展開した教団であった。それは家庭にも学校にも社会にも居場所を見出すことのできない精神と感覚に恰好の水路を与えた。どこにも帰属できない者が「出家」して「イニシエーション」を通して意識の進化の階梯を登り、「解脱」する。このヴィジョンは、彼らにとって救済に映ったにちがいない。オウム真理教の教義・体制・修行法・実践にいかに誤りがあったとしても、そこで主題化された問題すなわち「出家」と「イニシエーション」は、崩壊しつつある家族とイニシエーションなき社会を抱え込む現代日本の若者に強い訴求力をもって迫ったと思う。

『新世紀エヴァンゲリオン』は、オウムすなわち「出家」にも、反抗すなわち「家出」にも行けなかった若者の精神世界を映し出す数々のアイテムをもっていた。

第一に、終末論的アイテム。――西暦二〇〇〇年、南極で「セカンド・インパクト」と呼ばれる大破《カタストロ》局《フィー》が起きる。不可解な謎に包まれたこの事件を契機に物語は進行する。二〇一五年に十四歳になった少年少女たちは、この事件後生まれた二十一世紀の申し子である。彼らはまさしく「新世紀」の人類なのである。

その「新世紀」の人類の福音が「人類補完計画」と呼ばれるプロジェクトであり、これが第二のアイテム、進化論的・心理療法的アイテムである。終末論的な状況に覆われ、出口のない閉塞感にみまわれている十四歳の少年少女が、みずからの内なるもっとも深い傷に向き合い、その傷を超え抜けてゆく。碇シンジはくりかえし「現実から逃げてはならない」という強迫観念にも似た思いにかられる。自分を肯定できず、いかなる自信ももつことのできない少年が、回避できない現実と心の傷に向き合って、闘い、自己成長をとげてゆく。その点において、この作品は新しい意匠をこらした自己形成物語《ビルドゥングス・ロマン》であり、古典的ともいえる構造をもっている。

問題は、主人公の内面的な自己成長が、一面では、心理療法的なドラマとして物語られると同時に、もう一面では、「人類補完計画」という謎めいた進化論的なドラマとして物語られている点である。

心理療法的なドラマとしては、「第二十三話　涙」において、「使徒」に襲われ侵食されてゆく綾波レイは、自分と同じ姿をした「使徒」に「私とひとつにならない？」と誘いかけられ、「私の心をあなたにもわけてあげる。この気持ち、あなたにもわけてあげる。——痛いでしょ。ほら、心が痛いでしょ」と心の奥底に眠っている感情をこじあけられてゆく。そして二人のレイは語り合う。「イタイ？　いえ、違うわ。……サビシイ？　そう、寂しいのね」、「サビシイ？　わからないわ」、「ひとりがイヤなんでしょ。それを寂しいというの」、「それはあなたの心よ」、「悲しみに満ち満ちている。あなた自身の心よ」と。この会話を通して、本物の綾波レイの心の深層に隠されていた感覚と感情が露わになり、初めて涙をこぼす。レイはそれを両手で受けて、「これが涙？　泣いているのは私？」と驚きとともに認識する。いかなる感情ももたなかったレイのなかに、明確な感情とそれを生み出す自己があることにみずから気づくのである。レイは〝心〟を発見しみずから体験したのである。

一方、碇シンジは、人間の姿をした最後の「使徒」渚カヲルを殺した罪責感にさいなまれる。そして深い闇に覆われ、そのなかで自分の体の形が消えていって、どこまでも自分が大きく広がってゆく感覚を味わう。その感覚こそ、シンジの父碇ゲンドウのいう「すべての心がひとつになり、永遠の安らぎを得る」人類補完計画の始まりであった。その補完のプロセスにおいて、主人公たち一人一人の内面の一番奥深いところにしまい隠されていた声が露わになる。「僕を見捨てないで」、「私を捨てないで」、「私を殺さないで」と叫ぶ声。そして声はさまざまな人物を通して語られる。「自分ひとりが心地良い世界を望んだ」、「自分の弱い心を守るために」、「自分の快楽を守るために」、「これはその結果にすぎないわ」、「嫌いなものを排除し、より孤独な世界を願った、あなた自身の心」、「それが導きだされた小さな安らぎの世界」、「この形も、終局の中のひとつ」、「あなた自身が導いたこの世の終りなのよ」……と。

こうして、碇シンジの一つの心は閉じられ、解体され、「補完」に向けて開かれてゆく。声は語る。「人は弱い生き物である。それは心のどこかが欠けているから。その心の隙間を埋める、それが補完計画。心も体も弱い生物、だからお互いに補完しなければ生きていけない」と。また、「人はなぜ生きるのか？ それが知りたくて生きるのか？ 誰のために生きるのか？ 自分のために生きるのか？ 生きているのはうれしいことか？ 寂しいのは嫌いなのか？ つらいのは嫌いなのか？ だから逃げるのか？ 逃げること、そして人のいうことをおとなしく聞くのが処世術なのか？ そう思い込んでいるだけか？」と。

それはシンジの自分自身への問いかけでもあった。そして、シンジは「僕には何もない。僕は僕が嫌いだ」と自分を責める。自分が自分を嫌いなのだから、当然人も皆自分を嫌っていると考える。しかし、彼はエヴァンゲリオンに乗って初めて人にほめられ、認められた。そのためにエヴァンゲリオンに乗っているのかと自問する。人にほめられることは、嬉しいことであるが、しかし同時に嬉しくないことである。それは自分自身の一つの役割や能力を評価されることではあっても、自分を丸ごと受け入れ、肯定し、承認されることではないからだ。

それゆえシンジは願う。「僕には価値が欲しいんだ。誰も僕を捨てない、大事にしてくれるだけの価値が」。その時、母の声が聞こえてくる。「それはあなた自身で認めるしかないのよ——自分の価値を」という声が。そしてシンジは問う。「僕って何？」と。「僕はどこにいるんだ？ 僕って何なんだ」と。「誰も僕のことなんて、わかってくれないんだ！」と。

このようにして、碇シンジの心の世界と自問がむき出しにされる。「僕」とは何か？ 「世界」とは何か？ 「現実」とは何か？ 「自由」とは何か？ そしてシンジは、ついに、「僕は僕だ」という結論に辿りつく。同時にそれは、「他の人たちが僕の心の形をつくっているのも確かなんだ」という確信を伴う結論でもあった。シンジは、最後に、「僕はここにいていいのかもしれない。そうだ！　僕は僕でしかない。僕は僕だ。……僕は　いたい。僕はここにいたい！　僕はここにいてもいいんだ！」という自己認識と自己受容に到達する。

その時、「世界」が割れて拡がり、地球の地平線の上に自分とかかわりのある人々が立ち現われて口々に「おめでとう」と言う。友人、知人、両親の祝福が交わされる。その声を聞いたシンジは心の底からの笑みを浮かべる。そして画面は、「父に、ありがとう」、「母に、さようなら」、「そして、全ての子供達《チルドレン》に」、「おめでとう」というスーパーが流れて、最終話「第二十六話　世界の中心でアイを叫んだけもの」が終わり、物語は終息する。

「イニシエーション」は、①死と再生、②自己変容《メタモルフォーゼ》、③知恵と力の獲得、④集団のなかでの認知と地位の獲得という要素を内包している。「人類補完計画」を通して、シンジは解体され、死に、そして補完されて再生し、自己変容＝世界変容《メタモルフォーゼ》をとげる。それは、シンジにとって今まで自分が問うことをしなかった、あるいは避けてきた問いへの答えを得、問う勇気と力と解決する知恵を獲得するプロセスであり、それを通して、世界に受け入れられ、集団のなかでの一人前の認知を受ける通過儀礼でもあった。

『新世紀エヴァンゲリオン』の最終話「世界の中心でアイを叫んだけもの」とは、もちろん碇シンジのことであるが、その「けもの」の「アイ」とはシンジという十五歳になった少年の「I《アイ》」すなわち自己であり、自己と世界への「愛」のかたちであった。

このように、『新世紀エヴァンゲリオン』は、二〇一五年から二〇一六年にかけて十四歳から十五歳に移行する少年少女たちの「イニシエーション」の問題を正面に据えて物語を終える。この作品のタイトルの外国語は「NEON GENESIS EVANGELION」という。このギリシャ語を文字通り訳せば、「新しい創世紀の福音」ということになる。作者たちは、確実に、ユダヤ教やキリスト教の聖典、すなわち旧約聖書や新約聖書の物語世界をふまえて、その引用や援用やパロディを含みつつ、この二〇〇〇年世紀末の時代の若者にイニシエーション・ストーリーのメッセージを送ろうとしたといえるだろう。「GENESIS」は「世紀」と訳されているが、正しくは旧約聖書の冒頭の書、天地創造やエデンの園の話やノアの洪水の話などが記された「創世記」のギリシャ語である。そして、「EVANGELION」とは、イエス・キリストによって人類と世界が救済されるという音信を告げる、新約聖書の冒頭部に置かれた四つの「福音書」のギリシャ語であり、また「福音」そのものも意味する。

明らかに作者たちは、終末論的時代状況を意識しつつ、またオウム真理教事件を生み出した時代の問題点を意識しつつこの作品をつくったといえよう。それがこの困難な時代を生きる少年少女たちの「福音」となったかどうかは不明であるが、少なくとも多くの若者の心をとらえたことは事実である。

この作品のヴィデオを、宗教学などの科目を担当している三つの大学の授業で学生に見せた。「第二十五話　終わる世界」と「最終話　世界の中心でアイを叫んだけもの」の二話を。ヴィデオを見終わった時、教室は水を打ったように静まり返り、声がなかった。途中でヴィデオを見ながらすすり泣いている学生の声が聞こえた。この作品を初めて見る大学生が多かったが、それは確実に彼らの心に届いたと思った。おそらく彼らは、自分の内面の心象風景や問題をえぐり出され、露わにされているような思いをもったのであろう。見終えてしばらく経って、学生の何人かはそのような意味のことを私に告白した。

オウム真理教が「イニシエーション」の問題を正面に据えたことの重要性と問題点を、かつて私は「イニシエーションなき社会のイニシエーション」(『老いと死のフォークロア』新曜社)のなかで指摘したことがある。(付記)だが「イニシエーション」が個人の自己成長の問題としてではなく、終末論や人類進化論と結びついた時、それが悪と汚辱にまみれた世界と人類を否定し、差別し、破壊してゆく契機となりうることをオウム真理教事件は私たちに教えた。

『新世紀エヴァンゲリオン』は、終末論と人類進化論を背景にしつつ、良くも悪しくもオウム真理教事件の根っこにあるものを引き出し、露わにしてみせたと思う。人類補完計画の実行責任者である、主人公の父親の碇ゲンドウは、ある面で、麻原彰晃とも似ており、そのパロディ的な役割をもになっているといえる。そして、シンジや綾波レイやアスカは、オウム真理教に入っていった若者たちと共通する心象風景や問題を抱えているといえると思う。

もちろん、『新世紀エヴァンゲリオン』がそのままオウム真理教的メッセージを物語っているわけではない。しかしながら、そこに物語られている内容は新新宗教や精神世界や自己開発セミナーの多くで説かれるメッセージや世界観と共通するところも多い。癒しと自己成長の物語である。作者は、そうしたメッセージ群や世界観をある点では引用し、援用し、またパロディにして見せ、相対化したともいえるだろうが、オウム真理教の信者の若者たちがこれを見て共感し、自分たちの教義や幻想にさらなるリアリティと確信を抱くこともあるといえるのではないか。

いずれにせよ、『新世紀エヴァンゲリオン』が、オウム真理教事件を生み出した現代日本の精神風景を映し出していることはまちがいないといえるであろう。そしてそれが、阪神大震災とオウム真理教事件の起きた一九九五年の秋十月から放映されはじめ、深い喪失感と精神的アパシーを感じていた鋭敏な人々に受け入れられ支持されていったことは、その年に起こったもう一つの〝事件〟として銘記されてよいだろう。

2　日本三大宗教革命

日本史において、「宗教革命」といえるほどの大きな宗教的変化が起こったことが三回ある。一度目は、聖徳太子に代表される宗教革命。二度目は、法然、親鸞、道元、日蓮、一遍などの中世鎌倉仏教の宗祖たちによる宗教革命。三度目は、黒住教、金光教、天理教、大本教などのいわゆる「民衆宗教」の開祖たちによる宗教革命。

ごく簡潔にこの特質をトレースすれば、聖徳太子による宗教革命とは、仏教を中心とした神儒仏習合宗教の確立である。聖徳太子は、シャーマン的能力をもった人物であり、神道的世界をよく理解していたが、アニミズム的信仰やシャーマニズムに支えられている多神教的宗教である神道のみによっては統一的な平和国家秩序が確立できないと考え、神道を基盤として取り込みながら、仏教を精神原理の中枢に据え、儒教を社会原理として補完させながら、統一的宗教国家の確立をめざした。それは一種の〝日本宗教補完計画〟であったが、その構想と志は完成することなく、のちの天智・天武・持統天皇の時代に確立した律令体制において、藤原・中臣一族に換骨奪胎されるかたちで変則的に引き継がれた。

いずれにせよ、聖徳太子は、神道を自然原理（伝統原理）とし、儒教を社会原理とし、仏教を精神原理として、「和国」すなわち統一平和国家をつくろうとしたのである。この聖徳太子の宗教革命は、その後の日本の宗教文化の基本構造を措定したといえる。

聖徳太子の制定した冠位十二階は、大徳・小徳・大仁・小仁・大礼・小礼・大信・小信・大義・小義・大智・小智であるが、これはいうまでもなく儒教における根本倫理である仁義礼智信の五常に徳を加え、それを大小に二分して位階づけたものである。官僚組織という社会的身分に儒教倫理を基本原理として導入したことがこれによってわかる。

　また、憲法十七条においては、第一条に「和を以て貴しと為《な》し、忤《さか》ふること無きを宗《むね》と為《せ》よ」という有名な言葉が掲げられるが、第二条には、「篤《あつ》く三宝を敬へ。三宝とは仏・法・僧なり。則ち四生の終帰、万国の極宗なり。何れの世何れの人か是の法を貴ばざる。人尤《はなは》だ悪しきもの鮮《すくな》し。能く教ふるときは従ふ。其れ三宝に帰《よ》りまつらずば、何を以てか枉《まが》れるを直《ただ》さむ」と三宝への帰依が強調される。「和」の原理を確固たるものとするには、その精神的拠りどころとして仏教への深い帰依がなければならないというのである。聖徳太子は、仏教とは「四生の終帰」にして「万国の極宗」であり、これを精神原理とし真理とすることなしに善悪正邪の基準は立たないと主張した。そして第三条では、「詔《みことのり》を承りては必ず謹《つつし》め。君をば則ち天とす。臣をば則ち地とす。天覆ひ地載す。四時順《めぐりゆ》行き、万気通ふことを得」と述べ、天皇への帰順によって天地に調和と秩序があるように、世の安定平和があると説く。さらに第四条には、「礼を以て本と為よ」と、人間関係・社会関係における礼（儀）の大切さを主張する。

　このように、仏教を精神原理とし、儒教を社会原理として世を治めようとしたのである。

　神道については、推古十五年に次のような記載がある。同年春二月に天皇は詔《みことのり》して、次のように述べた。「朕聞く、曩者《むかし》、我が皇祖天皇等の世を宰《おさ》めたまへること、天に跼《せぐくま》り地に蹐《ぬきあし》して、敦《あつ》く神祇《かみ》を礼《うやま》ひ、周《あまね》く山川《やまかわ》を祠《まつ》り、幽《はるか》に乾坤《あめつち》に通《かよ》はす。是を以て、陰陽《ふゆなつ》開け和ひ、造化共に調へり。今朕が世に当りて、神祇《かみ》を祭祀《いわいまつ》ること、豈《あに》怠《おこたり》有らむや。故《か》れ群臣共に為に心を竭《つく》して、宜《よろ》しく神祇《かみ》を拝《うやま》ひまつるべし」と。そしてその六日後、聖徳太子は蘇我馬子ら大臣や百官を率いて「神祇《かみ》を祭拝《まつりうやま》」ったと『日本書紀』は記している。

この「神祇祭拝」とは、具体的に、「山川」をまつり、「乾坤《あめつち》（天地）」に通う道であることが強調されているのを見てもわかるように、自然・天然の道と理に恭順する営みであった。つまり、ここで神道を自然原理として位置づけていたことが了解されるのである。

このような神儒仏併存的習合原理を聖徳太子は確立したといえる。聖徳太子による宗教革命が〝日本宗教補完計画〟というゆえんである。

これに対して、中世鎌倉仏教の宗祖たちは、このような習合原理を否定して、専一専修できる道を選んだ。それは習合し包摂する道ではなく、一つの原理を主体的に選びとり、一念に専心する道の確立であった。そこで、禅、念仏、法華経が「選択《せんじやく》」され、それまでの多元的な宗教世界から一元的な宗教世界に選別される一種の一神教革命が起こったのである。

このような一元革命が可能になったのは、それまでの多元的原理に基づく社会体制や精神世界が支えきれなくなったからである。律令体制は崩壊し、末法の世の到来がリアリティをもって喧伝された。ここにおいて、正しきものは唯一つしかないという信念が生まれてくる。法華一乗思想も選択《せんじやく》本願思想も正法眼蔵思想もみなこのような時代のなかでの唯一正法思想を内包している。室町時代に台頭した吉田神道が「唯一宗源神道」を名乗ったのも、こうした一元革命がいかに強力な思想革命であったかを示すものである。

しかし、こうした一元革命を推進した宗祖が死に、次代・次々代になるにつれて、その実態は習合原理に取り込まれて骨ぬきになってゆく。私見によれば、習合思想は、神仏習合などが起こるはるか以前から、神々同士の習合である長期間にわたる〝神神習合〟の過程を経てきており、聖徳太子における神儒仏習合などは、そうした〝神神習合〟文化の総決算といえるものだった。つまり、神仏習合は、あるいは神儒仏習合は、〝神神習合〞の一ヴァリエーションないし一ブランチにすぎなかったのである。

こうして、一元革命は習合原理にふたたび呑み込まれ、徐々に、骨ぬきにされていった。それは、〝日本宗教補完計画〞を破壊する〝日本宗教改造計画〞といえるものであったが、それはさらなる〝日本宗教補完計画〞の一階梯でもあったのである。

江戸時代後期に起こってきた黒住教や金光教や天理教などの、いわゆる教派神道十三派に組み込まれた神道系新宗教は、古代的な習合性と中世的な一元性をラディカルに接木しながら、〝神神習合〞以前の「統一なき神々の行状」（折口信夫）の世界へと原点回帰する趣きをもっていた。それは、元（本）の神への帰還の衝動でもあった。もっとも根源的な元の神に回帰する。のちに、大本教の出口王仁三郎は、神の世界は巻物のようなもので、「巻けば一神、開けば多神」と述べたが、これなどは習合原理と一元性を綜合した「一即多」の論理の応用といえるだろう。つまりここで、多を含みもつ根本一元性が主張されたのである。

大本教の開祖出口ナオは、「天理、金光先走り」と位置づけ、とどめに「元の神」である「艮《うしとら》の金神」が現われて世の立替え立直しをするという神の言葉を筆先に書き表わした。それは、埋没し、あるいは隠れたる根源神の再出現の時であり、西洋文明と東洋文明が衝突する大激動期にその両方を根本的に統合し組み換える原理の登場であった。それを出口王仁三郎は「霊主体従」の原理として位置づけた。

日本の三大宗教革命とはこの三つの宗教的変化をさす。第一の革命は天皇家のなかから、第二の革命は比叡山出身の仏教知識人のなかから起こるが、これはいずれも大都市を舞台にして起こった宗教革命である。それに対して、第三の宗教革命は地方の名もない民衆のなかからシャーマニスティックな宗教体験を経て現われ出てきたものである。その意味で、それまでの宗教的エリートによる宗教革命とは大分趣きを異にする。

そして現代、二〇〇〇年世紀末、平成の世に第四の宗教革命が起きつつあるといえるだろうか。もし第四の宗教革命があるとすれば、それはある面で宗教解体革命の様相を帯びることになるであろう。

3　日本近現代宗教文化の陥穽

日本の近現代の宗教文化には二つの傷痕が刻まれていると私は思う。一つは、明治元年（一八六八）の神仏分離令（神仏判然令）。もう一つは、昭和二十一年（一九四六）正月の昭和天皇の詔勅、いわゆる天皇の「人間宣言」である。これがどうして、日本近現代宗教文化の二つの傷痕になるのか。

神仏分離令は、日本人のカミ観念に上からの変革をもたらす暴挙であった。なぜなら、先に指摘したように、神仏習合は、何も仏教が伝来して起こった構造なのではなく、それ以前から何千年あるいは何万年もの長きにわたってつづいてきた〝神神習合〟の一分肢であり、それは日本人の多元的、多神的カミ観念に基づく文化様式であった。

あるカミがある別なるカミと境界を曖昧にし、やがて一つの綜合神格となる。それは例えば第一銀行と日本勧業銀行とが合併して第一勧業銀行となり、三井銀行と太陽神戸銀行が合併してさくら銀行になるようなものである。たとえ一個のカミであっても、そこに二つの顔、三つの顔をもっていることがあるということである。

このような〝カミ・カミ習合〟文化を基盤として、やがて〝カミ・ホトケ習合〟が生まれてきたのだが、これは万物・万象に霊魂《たましい》のはたらきや宿りを見るアニミズム的な感覚をベースにしている。近代化により、そのカミ観念に亀裂が起こり、カミ・ホトケ（神仏）を一括りのものとして見る、ある意味では曖昧で無節操な感覚を非常に低次元のものと蔑視する風潮が拡がり、そこにキリスト教的な神観念——それを高尚で文明的なものと考えた——が入ってき、また西洋的学問原理に基づく近代教育が流布してゆくなかで、いよいよこのカミ観念は抑圧され封印されていったのである。

神仏分離令は、排仏毀釈の運動を引き起こすことになるが、それは自分で自分のカミをたたきこわす作業でもあったのである。

このようなカミ観念からの離反をふまえ、「万世一系・神聖不可侵」として天皇を神格化して国家統合の求心力として定位したのが明治国家の宗教戦略であった。全国の神社の格式を序列化し、どのようなカミガミを祀っているのかわからぬ小さな社のカミにまで『古事記』や『日本書紀』などの神話に記された神々の名を当てはめ、伊勢神宮を頂点とする神々のパンテオンを再編成したのである。それは、神々の整序・序列化という点では、古代律令体制の再興でもあったといえよう。

この時、記紀神話やそれに基づく国家神話や国家原理に抵触する宗教的神話に強い抑圧と弾圧を加えた。二度にわたる大本教の弾圧はその典型的な事例である。天皇を神格化し神聖視する強い一元的な国家神話に基づいて、日本帝国は文明開化・富国強兵・殖産興業につとめ、強烈な求心力の下、西洋列強国に伍するまでに経済力・軍事力を増強していったのである。そしてその経済力・軍事力を背景に、一方ではアジアの解放を謳いつつ、一方ではアジアの諸国家を侵略していった。その過程は、国内での神社の統廃合や国家公認の教派神道の策定など、小さな非正統的カミガミの世界を整理し抑圧し弾圧してゆく過程とパラレルな事態であった。内なるカミガミの抑圧と外なるクニグニ・ヒトビトの抑圧・侵略は、近代日本の国家原理の二つの貌であった。

天皇を「現人神《あらひとがみ》」ないし「現御神《あきつみかみ》」とすることは古代からの伝統があり、またアラヒトガミは天皇にのみ限定され特定されることもなかったが、明治国家によって天皇の地位が「神聖不可侵」の存在として確定されるや、「現人神」は天皇の代名詞となってゆく。

注意しておきたいのは、アラヒトガミは天皇にのみ特定されるものではないことと、天神さんの信仰や生神信仰をはじめ、そこには日本人のカミ観念に基づく神と人との習合感覚があることである。

このような日本人のカミ観念を最初に切断したのは神仏分離令であったが、次に昭和天皇の「人間宣言」はこうした感覚にとどめをさしたといえる。

昭和二十一年正月元旦、「新日本建設に関する詔書」が出された。そのなかに次の一節がある。

朕ト爾等《なんじら》国民トノ間ノ紐帯ハ、終始相互ノ信頼ト敬愛トニ依リテ結バレ、単ナル神話ト伝説トニ依リテ生ゼルモノニ非ズ。天皇ヲ以テ現御神《あきつみかみ》トシ、且日本国民ヲ以テ他ノ民族ニ優越セル民族ニシテ、延《ひい》テ世界ヲ支配スベキ運命ヲ有ストノ架空ナル観念ニ基クモノニモ非ズ。

ここで示されているのは、まず第一に、天皇と国民との「紐帯」が「相互の信頼と敬愛」によって結ばれているのであって、「単なる神話と伝説」によって生ずるものではないという、神話・伝説の否定ないし軽視である。第二に、天皇を「現御神」すなわち「現人神」とし、日本人が他民族より優秀で世界を支配すべき運命をもつという考えを「架空なる観念」として完全否定している点である。

天皇と国民との「紐帯」は、さかのぼれば『古事記』や『日本書紀』などの日本神話や伝説に保証されるものであることは、明治国家以来の神話教育によっても明らかであるが、ここであえて、「単なる神話と伝説」によって「紐帯」が生ずるものでなく、もっと民主的な「相互の信頼と敬愛」によって結ばれていると説くことで、近代的な民主国家原理に移行することが示唆されるのである。この神話や伝説の否定ないし軽視は、近代の国家神話教育の行きすぎを是正するためには意義あることであったが、同時に、神話や伝説が民族の精神や自尊にどれほど大きな力となってきたか、その伝統文化の根本精神への敬意を失わせる原因となったと私は思う。

そして、天皇の「現御神」性を架空の観念として全否定し、その普通の人間たることを強調するにいたって、日本人のカミ観念におけるカミとヒトとの連続性や習合性を感知する感覚もあわせて根こそぎに排されてしまったと思うのである。これはいわゆる天皇の「戦争責任」などの政治的責任よりももっと根の深い文化的責任の放棄ではないだろうか。

この二つの〝事件〟は、日本人の古来の大らかなカミ観念に大きな変更と亀裂と忘却と抑圧を強いるものではなかったか。日本近現代宗教文化史の二つの傷痕というゆえんである。そこにはアニミズムの空洞化が起こっている。それは不幸にも近代日本の二つの文化的病理であったといわずばなるまい。

4 「福音《エヴァンゲリオン》」の果ての果て

私はここで天皇が神であることを再認識し再興せよと主張したいのではない。日本人にとって、カミとホトケとの関係はどのようなものであり、またカミとヒトとの関係、またカミとスメラミコト（天皇）との関係はどのようなものであったのか文化的構造の根幹と全体像を歴史的に正確に認識すべきであると主張したいのだ（この点については、拙著『神と仏の精神史』春秋社、を参照されたい）。

私は三島由紀夫が『英霊の聲』のなかで「などて天皇《すめらぎ》は人となりたまひし」と怨みの言葉を発したのとは違う視点から、天皇ははたして単なる人間にすぎないのかという問いを、日本の宗教文化の構造とその歴史的文脈のなかから問うてみたいのである。そしてまた、神話や伝説とは、日本人にとって、また人類文化にとって何であり、日本神話がどのような政治性や神学につらぬかれているかを明確に認識すべきだと問いかけたいのである。それは、いいかえると、端的に、日本人にとってカミとは何であるのかという問いである。

このような問いに明確であることなしに、オウム真理教事件の問題の根の把握と批判的相対化は生まれてこないであろうことを指摘したいのである。オウム真理教における絶対的な「グル」信仰は、単にインド的なものでもチベット的なものでもなく、日本の宗教文化の根幹にある生神信仰や人神信仰、天皇信仰に、終末論や末法思想やキリスト信仰やブッダ崇拝を何重にも加味した習合信仰のキッチュの権化というべきものであろう。そして、こうした教祖崇拝は、日本宗教史のなかである一定の伝統と文化構造をもっていると思うのである。

私はかつて、天皇の即位儀礼とオウム真理教の「イニシエーション」が、イニシエーションなき現代日本の社会において、二つの対照的な極を示す「イニシエーション」であることを指摘した。そしてこのような「イニシエーション」の特権化ではない、一人一人の「イニシエーション」がどのように可能であるかを問いかけてきた。

オウム真理教事件が起きた年に話題となった『新世紀エヴァンゲリオン』は、まさにそうした一人一人の「イニシエーション」と、それが特権的な、神話的な構造を帯びてゆくことの岐路を危うい形で示している。オウム真理教に入信し、「イニシエーション」の階梯を登っていった人々の宗教体験と特権的かつ神話的な自己意識のありようそのものが「審神《さにわ》」されねばならない。つまり、ある種の宗教体験や宗教意識が暴力と差別の温床となりうることを厳しく認識しなければならない。

今、神秘体験やヴィジョンやシャーマン的意識を物語る人々が増えつつある。輪廻転生や前世や人類進化を語る人々も増えつつある。それはまちがいなくこの時代、この文明、この社会の危機や病理と照応している。この時代において、シャーマンはもっとも深く病む人でもある。それはシャーマンが時代の、社会の病理を引き受けざるをえない身心と霊魂の感覚をもつ人々だからである。シャーマンたちは、アニミズムの基盤となる森や川や海が破壊されてゆくことに照応して病み、カミの感覚が失われてゆくことに照応して魂の空洞化にさらされ、危機感をつのらせる。

そしてこうした病理や危機が深まり自覚されればされるほど、「癒し」や「ヒーリング」が求められ、声高に語られる。また、「解脱」や「救済」が求められ、声高に語られる。そうした語りの一群中にオウム真理教事件も「天国の門」教団集団自殺事件もある。ヘール・ボップ彗星の裏側にある巨大なUFOに集団自殺して霊的に移住するという物語への帰順は、もはやこの私たちの文明がどのような「救済」も「解決」も生み出さないという絶望とニヒリズムの表現でもある。

今や、どのような「福音」もヴァーチャル化され、幻想化されざるをえない。「真理（神理）」を騙《かた》る時代の宗教にどのようにして「審神《さにわ》」がなされうるのか。「審神《さにわ》」もまたヴァーチャル化や幻想化の波にさらされている。

もはやかつてのような幸福な神のモデルも仏陀のモデルもない。モデルなき時代のイニシエーションなき社会のなかで、一人一人が生きてゆかなければならないのだ。「霊性の目覚め」という道にも幻想と陥穽が待ちうけていることを知らねばならない。「伝統」にも「革命」にも神は宿らない。「福音」はない。その不可能性のなかで人は求め生きる。そして天国の門が地獄の門でありうることを、真理が詐欺でありうることの反転を目撃する。そしてさらに、その泥沼のような相対化からの脱出を希求する。

そのとき人は、アダムとイヴのように、「目が開け、神のように善悪を知る者となる」（「創世記」三ー五）のであろうか。そしてふたたび「失楽園」の民として地上を放浪することになるのであろうか。はたして、〝世界宗教補完計画〟が〝世界宗教解体計画〟であることに気づき、傷つきながら。宗教に未来はあるのだろうか？

付記

『老いと死のフォークロア——翁童論II』（新曜社、一九九〇年）に次の一文を載せた。あえて再録しておく。

右の小文（「イニシエーションなき社会のイニシエーション」）を書いて半年して手塚治虫が逝去した。その前に昭和天皇崩御の報道があったことは、今なお記憶に新しい。漫画家の天皇といわれた手塚治虫と昭和天皇の死。そして歌謡界の女王と呼ばれた美空ひばりの死。さらに、天安門事件での学生や市民たちの死。軍に打ちこわされた「自由の女神」の像。そのわずか五ケ月後に突き破られたベルリンの壁。バルト三国、ソ連、東欧の民主化、自由化要求。天皇や女王や女神や一般市民たちのあいつぐ死……。

一九八九年は、文字どおり、死と再生の大転換期であったことを歴史は記録し、そして記憶することであろう。

ここで一言だけ、付け加えておきたいのは、大嘗祭とオウム真理教について、である。大嘗祭とオウム真理教を同列に論ずるなんて、と顔をしかめる人もいるだろう。だが私は、この二つの問題は、現代の日本社会を象徴する「事件」だと思うのである。

というのも、両者ともに、このイニシエーションなき現代日本にあって、はっきりとイニシエーションの問題を突きつけているからである。大嘗祭は、日本でもっとも古くかつもっとも由緒あるとされてきた家に伝わるイニシエーションであり、祭儀である。それは、皇太子が天皇に成るために辿らなければならないイニシエーションとされてきた。

一方、現代日本で、おそらくもっともふつうの家の子どもたちが、とりわけ小学生たちがオウム真理教に関心を抱いたのは、どれほどそれに問題があったとはいえ、そこに明確なイニシエーション・ストーリーとイニシエーション・プログラムおよびシステムが存在したからだと私は思う。おそらく、天皇家をはじめ、二、三の家を除いて、もはや、いかなる日本の家も日本の社会も、子どもたちにイニシエーションを体験させることができなくなってしまっているのだ。家と社会のイニシエーションから疎外された、いや、疎外とすらも呼べないほどにイニシエーションから無縁化された子どもたちは、心の奥底で激しくイニシエーションを求めつづけているようなのだ。『ドラゴンクエスト』をはじめとするファミコン・ゲームには、あからさまなイニシエーション・ストーリーが仕掛けられているし、右の小文でとりあげた少年・少女漫画や伝奇小説もまた、くりかえしイニシエーション・ストーリーを語りつづけている。

日本のもっとも「古い」一軒の家のイニシエーションと、日本のもっとも「新しい」多数の家のイニシエーションが、一九八九年から一九九〇年にかけての今、同時に問題になってきたのだ。聞くところでは、オウム真理教では「血のイニシエーション」と呼ばれるイニシエーションを授けているという。それは、「尊師・麻原彰晃」の血を飲むイニシエーションであるという。

いったい、このようなイニシエーションが問題となる現代日本とは何なのだろう。家族の解体が叫ばれて久しい日本社会にあって、もっとも「古い」イニシエーションともっとも「新しい(?)」イニシエーションが問題となっている。

大嘗祭についてもオウム真理教についても、現在、さまざまな人びとがさまざまな立場から論じている。

ある人は攻撃し、ある人は弁護する。私はしかし、そのどの立場にも与しない。第三の道を行きたいと思う。どちらも、簡単な解決ができないほどに複雑な「運命」や「カルマ」を抱え込んでいる。私自身は、家にも教団にも宗教にもとらわれずに、自由なあり方で一人一人の縁にしたがったやり方でイニシエーションを求め、問いつづけたい。そして、イニシエーションが権力と結託し、抑圧の体系にすり変わってゆくことを批判し、ほぐしつづけてゆきたい。現代のイニシエーションは、徹底的に個体的で内的な孤独の魂の旅を一人一人が辿るなかでしか浮かび上がってこないように私は思う。今はただ、この両者が現代日本を、そして現代日本の文化と社会構造のありようを象徴する「事件」だということを指摘するだけである。イニシエーションを失った現代人が、二つのイニシエーションのかたちを前にして両極端な身ぶりを示している姿だけを。

先の小文で論じなかった問題は、内的体験としてのイニシエーションではなく、システムとしてのイニシエーションの問題であった。古い民俗社会のシステムとしてのイニシエーションは、現代社会のなかでは有効に機能するどころか、さまざまなネガティヴな問題を抱えていることが露わになってきた。しかし、この二つのイニシエーションを限られた材料から判断し攻撃するのではなく、イニシエーションなき社会のイニシエーションの問題を、そこでの私たちの生死のありようを考えてほしいし、一人一人が自分の問題として考えるべきなのだ。

私自身は、「神話と歴史」あるいは「夢と現実」、この二つの二元論的対立を無化し、おのれの場所と他者との関係性をさし示す智慧とアートの実践者としての釈迦や孔子の行程を、未来の人類にとってのとりわけ重要な道標と評価するようになってきた。そして日本人として、この二つの対立の調停をはかった聖徳太子に注目し、そのヴィジョンの先に少しずつ進んでゆこうとしていることを記しておきたいと思う。

魔とは何か

1　魔と差別

ベルリンにてこれを書き始める。

私は今（一九九五年）、ベルリン郊外のメッツドルフ村にいる。この地は旧東ドイツの典型的な農村地帯である。

昨日、自転車を駆って近在の森を散策していたら、いつしか墓地の前に出た。森の中でひっそりと睡《ねむ》っているかのようなその墓地は、一九四五年三月末の旧ソビエト軍とドイツ軍との激烈な戦いで犠牲になった戦士を葬っている。

それとは知らず、墓地内に入った時、全身に鳥肌が立った。背筋がゾーッとし、皮膚がびりびりと振動し、そそけ立った。巨大な黒い十字架の前にひざまずいて祈った。百九十九名の霊が睡っていると書いてあった。大祓詞《おおはらえのことば》を唱えながらゆっくりと墓地を一周した。十八歳や十九歳の若さで亡くなった兵士たちが何人もいた。歳をとった人でも、五十歳前後だ。一人一人の墓碑銘を見ながら墓地を一周している間に心が深く鎮まってきた。人気《ひとけ》のない森の中に隠れるようにして存在する戦没者の墓地。

オウム真理教の教祖麻原彰晃はヒトラーを尊敬しあこがれていたという。それはしかし、今日にあって、麻原彰晃一人の願望であるのではない。このベルリンでも、ネオ・ナチを支持する若者が増えている。彼らはヒトラーがそうであったように、激しい人種差別観・民族差別観を持っている。仕事がなく、失業を余儀なくされた若者は社会に対する反感と暴力的衝動をため込む。一般のサラリーマンや仕事を持った人がせっせと貯蓄に励むように、彼らは挫折感と失望と反感と暴力的衝動を深くみずからの内にため込むのだ。そしてその欲動に水路が引かれた時、一気にその欲動は噴出する。

ベルリンはヨーロッパの闇と痛みを深く抱え込んでいる。トルコ人などの外国人労働者に対する拒否と反感・憎悪は高まっている。また、旧東ドイツに対する失望と差別意識も広がってきている。それだからこそ、ベルリンはヨーロッパの現在と未来を象徴し占う都市となっているといえるであろう。

問題の一つは「差別」である。麻原彰晃は、小さいころからさまざまな「差別」を受けてきた。その「差別」された痛みが反転する時が来る。もっとも「差別」され、社会的な劣位を刻印されたかに見える自分こそが、もっとも聖化され、高みに立つことができるのだという願望と幻想。彼が東京大学や総理大臣をめざしていたということは、滑稽な笑い話であるどころか、実にシリアスなリアリティを持っている。そしてその欲動の水路がヒトラーに行き着くことには論理的かつ運命的な必然性があると私には思える。

ヒトラーが魔術やオカルティズムに傾倒していたことは、近年詳細に解明されつつある。繊細ではあるがさほど才能に恵まれているとも思えぬ芸術家志望の若者は、次第にオカルト的幻想の虜《とりこ》となってゆく。ヒトラーがあれほど苛烈にユダヤ人虐殺をやってのけたのは、彼が「霊的進化論」を狂信的に信奉していたからだ。そして麻原彰晃もまた実に「差別」的な「霊的進化論」を信奉していた。ここでは

「霊的進化」は「差別」と同義語であり、彼らが受けつづけてきた「差別」の反転した姿である。

実際、麻原彰晃が唱えた「シャンバラ化計画」はヒトラーの思想とよく似ている。麻原は、世界の終末に生き残り、新しい世界を築くことができるのは、(1)別の者、(2)神仙民族、(3)霊的進化をとげた者、の三種であると言っている。これらの人々はすべてこの世の原則から離れたより高位な人種であり、ニュータイプであるとされる。これは、オカルト的進化論やニューエイジの未来論とさほど違っていない。「神仙民族」などの言い方に少し独特な位置づけがあると思われるが、根本構造はこの二十年間、「精神世界」と呼ばれた分野で主張されてきたものと同工異曲である。

断わっておくが、私はこうした麻原彰晃の思想には多くの問題点はあったが、その全部がまちがっていたとは思っていない。それは確かにオカルト的で、かつ劇画的だが、共産主義者や社会主義者の前衛思想とも共通する思想構造を持っている。冷静に人類史を見ると、すべての「前衛思想」は敗北しているが確実に時代と社会体制に影響を与え、変革を促してきている。そして、麻原彰晃やヒトラーを含め、「前衛」を自称した共産主義者や社会主義者が一般「人民」を一部「特権」化しつつ「差別」し、「選別」し、「弾圧」し、「粛清」したことも事実である。その限りでは、体制にとってあらゆる「前衛」は反社会的でありかつ暴力的である。

アイルランドの首都ダブリンでこういう話を聞いた。なぜ若者が過激テロ集団ＩＲＡに入るか。それは、まず第一に、若者に満足のゆく仕事がないこと。第二に、仕事があっても、単純な工場労働や下働きよりも、ＩＲＡの「仕事」の方がはるかに刺戟的で、「大義名分」があって、面白いこと。その根底には、北アイルランドにおけるプロテスタント・イギリス国教会とカトリックとの対立、そしてアイリッシュとイングリッシュとの対立があるということだった。つまり、厳然と「差別」があり、それによって未来の希望と願望の達成を実現できない若者たちが大勢いるというのだ。その若者がドラッグに走るか（これはアイルランドでも大問題になっている）、暴力行為に向かうか、過激政治テロ結社に入るか、それほど「差異」はないというのである。宗教も政治も文化も救済力を持っていないのだ、ここでは。とすれば、問題の根本は、いかにして「差別」と「暴力」をなくすことができるかということであろう。アイルランドのスライゴーに住む会社員は「それは不可能だ。なぜなら、それは人類の本性だからだ」と私に言った。

私はしかし、その見解に同意しなかった。「それでは、ソクラテスやブッダや孔子やイエスがしようとしてきたことはいったい何であったのか？」少なくとも、ゴータマ・シッダルタは「差別」と「暴力」を超える道を求め、それを実現しようとした。仏教は本質的に「差別」と「暴力」を消滅させることを実践する道であったのではないか、と私は彼に答えた。

カトリックの「無神論者」である彼は、しかし、私の答えには納得しなかった。ならばどうして何千年も何万年も人類は戦いつづけ、血を流しつづけているのか、と。

私はその克服の道をこそソクラテスやブッダや孔子や老子やイエスは説いたと思っているが、しかしその「世界宗教」と呼ばれる「宗教」こそが多くの戦いと暴力と差別の火種となっていることも、歴史的事実なのだ。

私は「世界宗教」の宗教的価値を高く評価する者だが、同時にそれが前代の宗教をしばしば「異教」とし、「魔」とし、「邪教」として「差別」した構造こそが問題だと思う者である。

この夏、ダブリンの国立博物館でケルト人が残した考古学的遺物を見て回った時、強く興味をひかれた像があった。それは、シーラ・ナ・ギグと呼ばれる女神の像である。私が興味をひかれたのは、この像が自分の手で女陰を大きく開示していた点である。あからさまな女陰の開示。この像がカトリックの教会や門に飾られていたという。

そこで知り合ったドイツ人の女性は、この像は怖ろしい「魔《デビル》」であると言った。それに対して、私は、この女神は本来豊饒多産を象徴する地母神的な古神であったが、その信仰が根強かったためにカトリックの司祭たちは一段低い神的存在としてそれを取り込み、一方では「魔」的な力の象徴とし、もう一方では「魔除け」の力を持つ者として民衆の前に示したのだと答えた。すると、スピーチ・セラピスト（言語療法士）をしているというその女性は、わが意を得たりとばかりに勢いこんで、そうなのだ、実はキリスト教の教会はこうした「生命力《ライフ・エナジー》」を象徴するものを排斥し抑圧してきたのだ、と付け加えた。

アメノウズメの神の女陰《ホト》の開顕の意味を追求してきた私にとって、そうした女陰開示の像や物語が「魔」を表わすと説明されても納得できないのは当然であった。いったい、「魔」とは何であるのか。

ベルリンのダーレム博物館の考古学資料を見て回った時のことだ。コステリアの女神像にもニューギニアの女神像にも、まことにあけっぴろげに女陰《ホト》を開顕している像がいくつもあった。なかでも一等興味をひかれたのが、ニューギニアの民家の壁に飾られていた大股開きの女性像であった。シーラ・ナ・ギグはみずからの両手で女陰を開示していたが、この像は体操選手が練習時の柔軟体操でよくやるような、一八〇度股を開いた恰好で壁に飾られていた。

ダブリンのギグ像をすぐさま思い出した私は、これは「魔除け」の像として飾られたのかと思ったが、その下の壁面図像を見ると、子供（胎児）とおぼしき姿をした者がその女陰の中にまさに入っていく瞬間をその絵が表わしているのに気がついた。おそらくそれは、豊饒多産と魂の再生の信仰の両方を表わす像であろう。そしてさらには「悪霊」や「魔」に対して、自分たちの身を護る「魔除け」の力を持った女神として信仰されていたのかも知れない。

いずれにせよ、女陰開示像は本来「魔」を象徴するものではなく、それはアルカイックな「生命力《ライフ・エナジー》」や「霊力《スピリチュアル・パワー》」を象徴する図像であるといえるであろう。高度に発達した（とされる）「世界宗教」は、しばしばそうした「力」を「魔的なもの《デモーニッシュ》」と位置づけた。とりわけキリスト教はそうした「力」を邪悪視し、アルカイックな信仰を「異教」や「魔女」として弾圧し断罪したのである。

「魔女」に関する近年のすぐれた研究書、上山安敏の『魔女とキリスト』（人文書院）、高橋義人の『魔女とヨーロッパ』（岩波書店）は、その消息を実に明晰に解明している。上山は、「異端審問では、たんに宗教的異端者のみならず、あらゆる秩序からの逸脱者を『サタンの奴隷』ときめつけた。こうして異端の範疇は、ユダヤ人、魔女、宗教異端者の三つのグループを横につなぐ『サタンの奴隷』へと拡大し変貌していったのである」（一五七頁）と述べている。また、「ユダヤ人、アラブ人のような異民族をはじき出すヨーロッパ＝キリスト教徒の純化運動と、新たに発見した『未開人』へのキリスト教の宣化とが全く一体であることは、第一線に立つドミニコ会士たちの熱情的な行動に現われている。キリスト教への信仰フィーバーは、外なる異教徒（インディアス）と内なる異教徒（ユダヤ人とモール人、そして魔女信仰）への敵対と深くかかわっているのである。スペインが異端審問を出発させたのは、スペイン王国が成立した翌年、一四八〇年だったことも暗示的である」（一六三頁）とも述べている。

上山安敏が指摘しているように、「もともと悪魔《サタン》は堕ちた天使」（一二五頁）であった。この「悪魔《サタン》」は「キリスト」とよく似ていると四世紀の聖職者ブルーダー・ルクスは述べている。新約聖書では「反《アンチ》キリスト」とは「悪魔《サタン》」の化身であるとされている。

私はこうした「悪魔《サタン》」についてではないが、「魔」について、上山や高橋とは異なった角度から取り上げた（『宗教と霊性』角川選書）。私には「魔」の問題は、宗教や思想や文化や社会制度をつらぬく根源的な大問題であると思えるのだ。

いったい、「魔」とは何であるのか？

2 「魔」とは何か？

「魔」とは何か。それについてはいくつかの答え方がある。

第一に、宗教的観点（これには、神学、神秘学、霊学も含まれる）。この観点からすれば、「魔」とは人間がみずからの想像力を駆使してつくりあげた観念上の存在ではなく、この世に悪や災いをもたらす霊的実体である。「神」の実在についての信念を持つどのような宗教にも「魔」の実在についての強固な信念がある。その信念に従えば、「神」が存在世界に深く関与するように、「魔」も存在世界に深く関与する。多くの場合、「魔」は悪や災いや暴力をもたらす破壊者、また人間を背徳や性や陰謀に導く誘惑者として考えられている。

第二に、歴史（学）的観点（これには、宗教学、宗教史学、文化人類学、民俗学も含まれる）。この観点からすれば、「魔」とは古代の旧い神々の零落した姿であり、民衆の歴史的かつ神話的想像力によってつくりあげられた観念上の存在である。それゆえ、ある種の考古学的《アルケオロジカル》な方法によって「魔」の原像や原型を復元することは可能であると考える。この立場からすれば、「神」も「魔」も実在する霊的存在ではなく、歴史的かつ神話的表象として解釈され表現された表象的存在である。

第三に、心理（学）的観点（これは基本的に第二の観点と共通する）。この観点からすれば、「魔」とは人間の心の内に潜在する制御しがたい荒々しい欲望であり、心的メカニズムによって生み出される破壊衝動の形態である。「魔」とは、世界や自己におけるある制御しがたいカオティックな構造を生起させる力である。

　これらの三つの観点は、「魔」が霊的な存在であるか、社会的存在であるか、心的存在であるかについての異なった視角を提示している。

　アイルランド西岸の港町ゴルウェイ近郊の小さな町ゴートにアイルランド人の友人をたずねた時のことだ。彼は庭師で、俳人でもある。英語俳句をたくみに作り、私の来訪を記念して次のような俳句を作ってくれた。

Traveller, Come in!
All roads begin & end here,
Just as at your door.

　ダブリン生まれのジムはロンドンに出て庭師をしながらＴＭ（超越瞑想）を学び、その教師でもあるという。彼の家の庭には大きなブナの木の下にインドの仏像を安置した小祠《シュライン》があり、またドーム状になった木々を利用して瞑想空間をつくっていた。お祓いをしてくれというので、ブナの木の枝を祓い串とし、祝詞《みことのり》を唱え、石笛《いわぶえ》、法螺貝《ほらがい》、龍笛《りゅうてき》を吹いて清祓いをすると、大変喜んでくれた。

　話がキリスト教のことに及んだ時、彼ら夫婦はキリスト教を離れていると語った。小さい頃、妻のジュディは左ききだったが、それを「悪魔の手《デヴィルズ・ハンド》」と神父に言われ、無理やり矯正させられたという。今なお彼女はそのことに深い傷を負っているようだった。私が「神道では左手は〝日《ひ》垂《だ》り手（霊足り手）〟と言って、Full of Sunlight, Full of Spiritual Power を表わすんですよ」と言うと、本当かと何度も確認して、私は解放された、と大げさな身振りで笑いながら言った。それほど「悪魔の手《デヴィルズ・ハンド》」という観念は彼女の心に重くのしかかっていたのだった。パーキンソン病を病んでいるジュディは時々手がふるえるが、夕食を共にしながら彼女の手がふるえているのを見て痛々しく思った。「悪魔の手《デヴィルズ・ハンド》」という重圧が彼女の手を今なお重く縛り、そこから脱け出そうともがいているように思えたからだ。

キリスト教を信じないという彼らにも「悪魔」の観念は重くのしかかっていて、身心に強いプレッシャーを与えている。

私は「魔」は実在すると考える者であるが、しかしキリスト教の「悪魔（サタン、デヴィル）」の思想は有害だと思っている。もともとヘブライ語の「サタン」は「敵対者」の意味であったが、それが新約聖書においては、人類を誘惑して罪におとし、堕落させる神の敵対者、悪霊中の最高神格を意味するようになった。つまりキリスト教神学独得の「原罪」思想と「サタン（悪魔、蛇）」が結びついたのだ。

ここには二つの重大な問題点がある。一つは、「悪魔《サタン》」の誘惑によって人類の始祖であるアダムとイヴが「原罪」を犯したという罪悪史観・堕落史観が主張されたこと。それゆえに、その堕落を救済する「救世主《キリスト》」が待望され、「神の独り子」とされたこと。もう一つは、「悪魔《サタン》」は「蛇」の姿を持つとされたゆえに、動物の姿を持つ古代の神々が「邪神」視され「魔神」視される道を開いたこと。動物的であることは、神的であることから遠い位置にあると考えられたのだ。したがって、動物を真似たり、動物の姿を象《かたど》った神々を祭る古代祭祀はすべて「邪教」視され、「魔教」視されることになる。そしてキリスト教における悪魔像は、蛇やドラゴンやバジリスクや人間と合体した角を生やした山羊の姿で表わされるようになる。これは正しく、古代の神々（キリスト教からすれば、「異教神＝邪神＝魔神」）の姿である。アウグスチヌスは、「異教徒たちは、神々という名の悪霊をもっていた。彼らが神々と名づけたものは悪霊だった。使徒がしばしば語っているように、〈異教徒たちが献げている供え物は、神にではなく、悪霊に献げられているのだ〉」（高橋義人、前掲書、二一〇頁）と述べている。

さらに、動物神＝邪神視は、都市部（人間世界）からする田舎＝自然の蔑視へとつながってゆく。「異教徒」の意味を持つ"pagan"はラテン語の「田舎の人」を意味する"paganus"に由来する。こうして、動物＝田舎＝自然が「悪魔」的世界の表象として「発明」され、「構成」されてゆくのだ。

「魔女」とは、まさしく、動物と親しく、植物をよく知り、それを薬草に用い、田舎に住んで深く自然に親しんでいる人々であった。そうした人々が「魔女」視されてゆくのは、キリスト教「悪魔」神学の一つの帰結であったといえよう。

宗教史を仔細に吟味してゆくと、「神」や「悪魔」の観念や信仰がどのようにして形成され、時代と状況に応じてどのように変化していったかが、かなりのところまで明らかになってくる。しかしながら、それにもかかわらず、私は「神」や「魔」を単なる歴史的・社会的・想像力的形成物とは考えない。それらは確かに実在すると考える。

もちろん、時代と状況によって「神」や「悪魔」の観念や信仰形態は変化してきた。その意味では、それらは部分的に歴史的・社会的・想像力的産物であることは認める。冷静に考えれば、それはあたり前のことだ。にもかかわらず、それを超えて、観念や信仰を超えて、その観念や信仰の形成に刺戟を与える実在が存在する。それをわれわれは自分たちの宗教文化的文脈に従って「神」とか「悪魔」とかと言っているのである。

仏教において「魔」がどのようにとらえられているかについては、前掲拙著『宗教と霊性』において仏典や鈴木大拙の「魔王」論を吟味しながら言及したのでここでは省略する。興味を持たれた方はぜひ参照していただきたい。

オウム真理教との関係において一言したいのは、オウム真理教を離脱した元信者がテレビの覆面インタビューに応えて、「麻原は悪魔です」と言っていた点である。私はそれを聞きながら麻原彰晃のどこが、どのように「悪魔」であるのかをその元信者に聞きたいと思った。

湾岸戦争が起きた時、イラクのフセイン大統領とアメリカ合衆国のブッシュ大統領は、互いを「悪魔」呼ばわりし、その戦争が「悪魔」の国家と戦う「聖戦」であることを強調した。その時も私は、彼らのどこが、どのように「悪魔」であるのかを二人の大統領に問いただしたいと思ったものだ。「悪魔」と戦うよりも、「悪魔」の実体と成り立ちをよく知ることが大事ではないかと今なお私は思っている。

私にとって、「魔」とは根源的な暴力性を意味する。それは確かに歴史的・社会的・心理的な産物であり、人間の生物学的機構に基づいて生起するが、同時に、「神」を認知し、「自己」を認知することと同起的に立ち上がる、きわめて人間的な構造ではないかと思うのだ。私は釈迦はその構造をよくわかっていた人ではないかと思う。私がイエスよりも釈迦を評価するのはその一点だ。釈迦は人間に内在する根源的かつ構造的暴力を消尽させる道を示したと私は思う。それが仏教の世界宗教史におけるもっとも根本的な問題提起と問題解決法であったと思うのである。暴力の消尽と差別の消滅とは深く連関している。「魔」が立ち現われる一面は暴力と差別だからだ。そして性。これがもっともやっかいで、かつ重要な局面だ。

私は、性が「悪」であり「魔」であるとは毛頭思っていない。しかし、性には「悪」も「魔」も潜んでいると考えている。鈴木大拙は『霊性的日本の建設』の序文代わりの文章「戦争礼讃《ラウス・ベリ》（魔王の宣言）」のなかで、「生の力は性の力で、性の力は魔の力だ。それで生れる人間は直ちに『魔性』のものだ」と「魔王」に述べさせているが、仏教は原理的に性を「悪魔」視している。

というのも、ゴータマ・シッダルタが正覚《しょうかく》（悟り）を得る場面でその邪魔をしたのが「魔王波旬《はじゅん》(pāpīyān)」であり、彼は四人（ある経典では「三玉女」）の美しい娘を派遣してゴータマを誘惑し、正覚を得ることを妨げようとしたことからもそのことが知られる。そこで仏教では、「魔（māra 魔羅）」を「悪魔・殺者・奪命・能奪命者・障礙」ととらえ、人の生命を奪い、善事を妨害する悪鬼神を言うようになった。そこでは「魔」は「煩悩」の別名でもある。その「煩悩」の根源は無明と渇愛にあると仏教はいう。

しかしながら、そういう釈迦や仏教思想の意味と価値をよくわかっても、私はシーラ・ナ・ギグやアメノウズメや大股開きの女神像が開示する性と生の力の世界を根本的に肯定する。それがなければ、釈迦も仏教も生まれず、生そのものが成り立たないからだ。もちろん、釈迦はそこに生起する根源的・構造的暴力性を解消する道を示したのではあるが。

オウム真理教が提起している問題点は、こうした暴力―差別―性の問題ではないかと私は思っている。そして現代社会にあってこれを根本的に解決するのは実にやっかいであるが、その道を探らなければならないと考えている。

私は麻原彰晃が主張した世界最終戦争《ハルマゲドン》よりも、暴力―差別―性を正当化する彼の「霊的進化」論こそが問題であると思っている。いったい、「最終解脱者」とは何であり、それが女性と交わることによって救済力を発揮するとする構造とは何であるのか。それはむしろ「絶対差別」の拡大再生産ではないのか。

タントリズムや密教を彼は誤って用いている。それも意識的に、自覚して、操作的に。私はそう思う。「霊的進化」論は検討に値する重要な問題である。先に述べたように、私はそのすべてがまちがっているとは思っていない。「進化」も「霊的進化」もあると思っている。「神々」や「霊」や「魔」や「イニシエーション」が存在するように。問題はその内実であり、実践的な把握であり、それに基づく行動である。

多くの人々は、麻原彰晃を「悪魔」のような人と思うであろう。自己の欲望と観念の達成のために弟子を奴隷のごとく使い、また殺し、さらには他の多くの人々を殺したのだから。キリスト教の文脈でいえば、その限りでは、麻原彰晃はまさしく「反《アンチ》キリスト＝悪魔《サタン》」の化現であるといえるだろう。こうした、麻原を「悪魔」視する見方を私は根本的に否定しようとは思わない。彼のなしたことには確かにそうした一面があると思う。

しかし私はあえて問う。いったい「悪魔」とは何であり、「反《アンチ》キリスト」とは何であるのか、と。人々がある存在を「悪魔」視する構造とは何であるのか、と。

ヒトラーは、一部の人々に「神」のごとくに崇められもしたが、同時に他の一部の人々に「悪魔」視された。

「魔」を直視し、「魔」を生み出す構造を消滅させない限り、第二、第三のヒトラーが現われ、第二、第三の麻原彰晃が現われるであろう。「神」を信仰することよりも、「魔」をよく知り、「魔」を超える道を探ることこそ重要だと私は思うのである。

小さくなるための身体技法
——身心の微調律のために

昔、NHKの幼児体操の番組のなかで、次のような言葉とともに、体操指導のお兄さんといっしょに子どもたちが身を縮ませたり伸び上がったりする運動があった。その言葉とは、「小さく小さく小さくなって、小さくなって蟻さんになあれ。大きく大きく大きくなって、大きくなって天までとどけー」というものであった。

考えてみると、この幼児体操はなかなかよくできていたと思う。というのも、オウム真理教事件で問題になったように、戦後の宗教団体もそこでの宗教修行も「大きくなる（強くなる、超能力を得る、悟りを得る、賢くなる、自己を実現するなど）」ことに主眼が置かれていて、そのために人格の形成と人間性の洞察についてははなはだ片よったものになってしまったと思われるからである。「大きくなる」ことの対極に、「小さくなる」ことの方位と運動がなくてはならなかったのに、その方向が掘り下げられることはほとんどなかったといえる。あくなき自己拡大（拡充）と成長神話にのみこまれていたのだ、すべてのものが、プラス志向の道のみに。

神秘体験を持ったと称する人々のほとんどが、神や仏菩薩や精霊などの大いなる存在との一体化を語る。神人合一、天人合一、梵我一如、三密加持、入我我入、霊的結婚、などなどと。そうした体験のレベルがあることを否定しない。実際にある。

私自身、かつて拙著『身体の宇宙誌』（講談社学術文庫）のなかで、神秘体験や神秘修行の方位として「人間神化《マン・ゴッド》」と「人間自然化《マン・ネイチャー》」の二つの道があることを指摘した。「人間神化《マン・ゴッド》」とは、胸部から頭部へと刺戟（気やイメージ・意念）を集中することによって、頭部の上方、すなわち天や神々の世界に人間が近接してゆこうとする方位である。それに対して、「人間自然化《マン・ネイチャー》」とは腹部に刺戟を集中することによって、かぎりなく腹部の下方、すなわち大地や自然の世界に人間が近づいてゆこうとする方位である。イメージ瞑想を神秘修行の助けとするカバラや密教は前者、すなわち「人間神化《マン・ゴッド》」に向かわせる道であり、坐法と呼吸法によって、非イメージないし脱イメージの世界、つまり無念無想の状態に近づけ、身体―意識を空無化し、それを通して頭部に向かうエネルギーをすべて腹部から下方へと放下し、大地にアースしてゆく初期仏教や禅は後者、すなわち「人間自然化《マン・ネイチャー》」に向かわせる道である、と。

昔はこのような類型化や分析めいたことをすることで何ごとかを語ったような気になっていた。だが、もはやこのような意味づけや解釈や類型化に何のリアリティも感じられない。神秘体験や神秘修行の内実にもっともっと微細に分け入りながら、そこに生起してくる状態や問題点をクリアーにかつクリティカルに語らなければ意味はないと思うようになったからだ。

今なら端的にこう言いたい。あらゆる神秘体験や神秘修行には二つの道がある。一つは、大きくなるための道と身体技法。もう一つは、小さくなるための道と身体技法、だと。

第一の道は、「大きく大きく大きくなって、大きくなって天までとどけー」という命題を実現する道である。このかぎりない自己拡大（拡充）の体験は、力の充溢の体験でもある。自己の身体性と意識が宇宙大にまで拡大する。始源のビッグ・バンから終極の膨張宇宙までを自己同化するような体験。そこには自己とは宇宙であり、神であり、仏菩薩であり太霊であると断言したくなるような身心の拡充感がある。「私」を支えると同時に閉じ込めてもいるあらゆる関節が脱臼していって、自己を無限方位に開放する。そこでは「私」は「私」でありながら他の何者でもありうる。この至福の拡充。力の絶対性。これは一つの「イニシエーション（秘儀参入）」といいうる自己変容の境位である。

しかしながら、このような巨人化幻想とでもいうべき自己拡充感が、無反省なまま自己内化されたり特権化されたりした場合、そこにはあらゆる暴力と残虐とエゴイズムを吸収してなお止むことのない、ブラックホールのごとき混沌が現出することになる。このかぎりない自己拡充と自己肥大幻想の前では、あらゆる他者と個物はその固有の意味と意義を失い、すべてが自己に仕え奉仕する物体となり器官となる。それぞれの固有の身体性や意識は拡充された一人の自己意識のなかに吸収され封殺される。オウム真理教教団における麻原彰晃の位置とはこのような場所と身体性ないし神秘体験の特権化ではなかったか。

それに対して、第二の「小さくなる」道はこのような自己肥大化―自己特権化をかぎりなく無化してゆく道である。「小さく小さく小さくなって、小さくなって蟻さんになあれ！」というのは、蟻でも原子でも精子でも卵子でも何でもよい、自己をいと小さき存在に微分し、その小さき一つ一つの粒々に意味と価値を見出す道である。自己の意味と価値を見出しつつも、それを絶対化することも特権化することもない道。力の放下。絶対性の放棄。あらゆる特権性を捨ててゆく道。非‐力の供犠とでもいうべき身体。

このような、小さくなるための身体性ないし身体技法とはいかなるものか。これには次のような過程と方法的契機がある。

(1)愚にめざめる（デクノボーないし愚者の知恵）
(2)老い
(3)子供
(4)痛みと病い
(5)大自然・天然の力に畏怖する
(6)悲
(7)死
どういうことか。ここでは愚にめざめることと老いについて考えてみたい。

(1) 愚にめざめる（デクノボーないし愚者の知恵）

基本的に神秘体験は二つの位相を持つ。一つは、神秘的情報（啓示、夢告、悟り、覚醒、気づきなど）を獲得すること。そして時にはそうした情報の発信者（神、仏菩薩、精霊など）と一体化すること。もう一つは、神秘的力（カリスマ、法力、霊力、神力、験力、超能力など）を獲得すること。つまり、日常的経験を超える知恵と力を獲得することによって日常的世界の諸問題に解決と打開を与えるのである。問題は、このような神秘的情報と神秘的力の獲得と運用によって自己拡充感が増大したときに、どのようにして自我のインフレーション（肥大化）が起こるのを防ぐことができるかである。体験や力の絶対視と特権化をまぬかれるためには、自我が根源的な愚の場所で静かになり、小さくなることが必要である。

宮沢賢治の『注文の多い料理店』の冒頭には「どんぐりと山猫」と題する童話が置かれている。ある日、一郎は森のなかで「めんどなさいばん」をするから来てほしいという山猫からの奇妙な葉書を受けとる。森の中に出かけてみると、どんぐりたちが口々に、一番大きい奴がえらいのだとか、頭のとがっているのがえらいとか、一番まるいのがえらいとか、背の高いのがえらいとかと互いに言い合って収拾がつかない。みんながそれぞれの基準で誰が一番「えらい」かを主張しているのである。裁判は三日にわたり行なわれているが解決がつかない。そこで裁判長の山猫が一郎を招いて意見を求めることになったのだ。

意見を求められた一郎は、笑いながら、「そんなら、かう言ひわたしたらいゝでせう。このなかでいちばんばかで、めちやくちやで、まるでなつてゐないやうなのが、いちばんえらいとね」と言う。それを聞いてなるほどとうなずいた山猫は、「このなかで、いちばんえらくなくて、ばかで、めちやくちやで、てんでなつてゐなくて、あたまのつぶれたやうなやつが、いちばんえらいのだ」と判決を申しわたす。すると、「どんぐりは、しいんとしてしまひました。それはそれはしいんとして、堅まってしまひました」。

どうして、この判決を聞いてどんぐりたちは「しいん」としてしまったのか。「それはそれはしいんとして、堅まってしま」ったのか。それは「えらい」という言説が成立し、互いに自己主張して譲ることのない闘争の地平から、地平そのものを割って引っくり返し、あらゆる知や認識を無効にしてしまう深淵に連れ出し、一人一人を根源的な愚と出会わせたからである。まさしく「どんぐりの背くらべ」をしていた彼らはグーの音も出なくなってしまったのだ。みずからの愚にめざめて。

「いちばんばかで、めちやくちやで、まるでなつてゐないやうなのが、いちばんえらい」と一郎は示唆する。これはどんぐりたちの自己主張の成立つ場所を完璧に破壊してしまう絶対無化の問いかけである。すぐさまこの妙智を察した山猫は、「いちばんえらくなくて、ばかで、めちやくちやで、てんでなつてゐなくて、あたまのつぶれたやうなやつが、いちばんえらい」と少し誇張して繰り返す。これは、プラスをマイナスに、マイナスをプラスに価値転倒するなどという次元ではなく、何がプラスで何がマイナスなのかというモノサシや基準の絶対根拠の存立を問いかける問いなのである。そしてそれは、何か（例えば法）を基準とし標準として裁くという裁判の地平と構造をもはじく問いかけなのだ。

この童話は、社会（世界）のなかで、賢者（強者）であることを誇り、私の神が（国家が）一番えらくて高尚だ最高だと主張して譲り合うことなく対立と闘争を繰返している宗教や国家に対する風刺としても読める。一番を競い合い、互いに自己主張して収拾のつかなくなった宗教・国家・企業に自分たちが立脚している至上の「慢」の地平と構造を突きつけて見せる寓話として。唯一・絶対・最高を争う修羅の無限闘争の世界の根本愚をさし示す隠喩として。

どんぐりたちは自分の「えらさ＝大きさ」を競い合った。そしてその果てに自分の「愚かさ＝小ささ」に深く深く気づいたときに、「それはそれはしいんとして、堅まつてしま」ったのである。「天までとどけー」とばかりに大きくなろうとして、彼らは等しく小さな小さなつぶとなり、「アリさん」になったのである。

宮沢賢治の他の童話「虔十公園林」やデクノボウという言葉で語られる、人間的なはからいや賢智を超えた〝妙智〟こそ、根源的な愚にめざめた〝蟻の知恵〟ではないだろうか。小さくなるための身体技法として、私たちは愚を学ばねばならないのである。

(2) 老い

老いは死と連れそっている。老いは死の影である。老いる身体は縮む身体である。子供の身体が「天までとどけ」とばかりに伸び成長する身体であるのに対して、老いる身体は「小さくなって蟻さんになあれ」とばかりに、腰が曲がり、関節がゆるみ、首はうなだれ、大地に接近してゆく、縮み逆成長する身体である。

それまで獲得していた能力が次々と失われ、運用できなくなる事態。多くの人は、自らの老いに気づいたとき、最初死を受け入れるのを拒否するように、老いを拒否し否定しようとする。老いを認めたくないために、無理にも若さを保とうとし、能力の維持や運用に務めようとする。しかし、肉体的な能力にはおのずと限界がくる。その限界を認めたくないばかりに、それを何とか乗り超えようとするが、その試みは徒労に終わる。そしてついに老い、死に近づいていることと死と連れそっていることを受け入れる。

死とは身体の過激なる変容である。死を前にして人が恐怖するのは、身体と身体的関係性への愛憎と執着があるからである。人は身体的関係性の激烈な変化を望まない。身体を通して獲得した力の行使や関係性を失いたくないからである。

死はそうした身体的な力や関係性を極小化し無に帰す。そう思い込むためにその喪失を極度に恐れ執着する。老いとは喪失感と執着とのつきることのない葛藤の時である。老いとは身体の緩慢なる変容の時であり、肉体を脱ぐ準備の時である。

老いを突きぬけることができるのは、老いる身体を自己でありながらも一個の他者として受け入れることができる時である。死後の世界やあの世という他界のあるなしにかかわらず、まぎれもなくおのれの身体が一個の他界であることを知る時だ。その他界としての身体を合わせ鏡としてあの世としての他界の風光が映し出されてくるのである。その時、あの世とは心が見る夢ではなく、他者としての身体をプロジェクター（投写機）として映し出されてくる風光なのだ。

これは老いや死をめぐる戯論ではない。老いと死が誰しもがたどる小さくなるための身体契機であることを示す議論である。それゆえ、小さくなるための身体技法として、老いと死をもどく手法が必要になる。さまざまな仮面劇や芸能・儀礼やイニシエーションは、そうしたもどきを組み入れている。死と再生の契機を。

いかなる力によっても、いかなる知恵によっても回避することのできない老いと死にどのように直面するか。そしてそこからどのような洞察を得るか。

前半生において、おのれの超人的な能力を用いて森の神フンババを殺害し、最初の都市文明を築いた英雄的王として、物質的繁栄と栄誉の絶頂を極めたかにみえたギルガメッシュは、あるとき死の無常に直面し、後半生において不死の探求におもむく。そしていくたびもの苦難を克服して不老長寿の薬を手に入れるが、ふとした隙に蛇にそれを奪われてしまい、不老長寿を達成することができず、死ぬ。ギルガメッシュはしかし死の瞬間において、人間という存在の条件を、その運命を諦念とともに受け入れる。死すべき者人間の小ささと、それがゆえのその価値を。

ギルガメッシュのような不老の身体性の探求は、大きくなるための身体技法の探求であるといえる。それは、不可視の、老いることのないもう一つの身体の探求、永遠の身体性としての魂の探求のメタファーでもある。それはしかし、この自己の肉体を脱ぐという試練なしにはいかようにも実現できぬ道である。

あらゆる慢と暴力を通りぬけてゆくためには、小さくなるための身体契機と身体技法が必要ではないだろうか。大きくなることを求めたギルガメッシュは死に、文明は滅亡した。小さくなるための技法の開発と実現なしに、人類の幸福と文明の未来はないのだ。

儀式と階段

――身心変容の通路として

通路としてのきざはし

ある時、大和の箸墓の前で祈っていたところ、突然、空中から「きざはしに立ちて踊れ」という声が響いてきた。一瞬、空耳かと思いまわりをうかがってみたが、人気《ひとけ》はなかった。「きざはし」とは階段を意味する古語である。であれば、階段に立って踊れと命じた者は誰なのか？　箸墓に埋葬されたというヤマトトトヒモモソヒメか、それとも彼女が仕えた三輪山の神・大物主神なのか、それとも……。その声の主も意味もいっこうにはっきりとはしないが、以来、「きざはし」すなわち階段というものにいささかこだわっている。

古語ではなぜ階段を「きざはし」と呼んだのだろうか。「きざ」とは「兆《きざ》し」と何らかの関係がある。また「はし」とは「橋」や「端」や「箸」や「柱」と関係がある。もし「きざはし」が「橋」であるとすれば、それは物理的には高い所と低い所とを結ぶ橋であり、さらに象徴的にはこちらの世界とあちらの世界をつなぐ通路である。それは、here と there、this world と other world とをつなぐチャンネルである。とすれば、「きざはしに立ちて踊れ」とは、あちらの世界とこちらの世界とをつなぐことを実行せよということか。階段には踊り場があることが多い。方向を変えるためには踊り場が必要だ。踊り場とは、さらなる上昇や下降をつづけるために向きを変えるための場所だからだ。その踊り場に立って方向を変えろということか。

一九八六年、神職の資格を取得した。そのきっかけは、奈良県吉野郡の山中にある丹生《にゅう》川上神社下社の祭礼の手伝いをしたいという思いだった。丹生川上神社下社は、水の神である高龗神《たかおかみのかみ》を祀る神社で、八十八段という全国一長い階段をもつ神社である。拝殿から本殿までの山の斜面には長い階段が架かっているが、その階段は生長した杉の巨木を妨げないようにところどころ杉を入れるくぼみをつくっている。樹木と織り合わされた杉と共生する階段。祭りの夜、お供え物の神饌をその階段を伝って拝殿から本殿前に運んだことを思い出す。

この社はなぜこれほどまでに長い階段を必要としたのであろうか。社地のすぐ前面には天川村へつづく道路が通っており、道沿いに丹生川が流れている。かつて水銀鉱脈があったところだ。神武天皇が大和に入る前に天香山の土を取ってきて祭祀を行なったところだという伝承もある。重要なのは本殿は山腹にあり、その周辺には磐座《いわくら》があって禁足地になっているということだ。その間際まで近づく必要があったのだろう。神霊の鎮まるとされる聖所に近づくための階段。

実際、この階段を登るにつれて、しんとした気配と緊張が伝わってくる。空間の濃度や密度がはっきりと変化してゆくのがわかる。とりわけ静かな夜の闇の中であればなおさらだ。階段が空間を変え、心と身体を微妙に変化させる。儀式はそのことをくっきりと身心に刻印する。一年のうち、何回か祭儀の折にこの階段が使用される。それは聖性を識別するための装置であり、異界への通路である。儀式はその通路性を露わにする。

儀式体験と密儀の階梯

宗教的儀式が神霊や仏菩薩や精霊などの超自然的存在や聖なるものに近づくための作法であるとすれば、当然のことながら、そこには綿密に練り上げられた一定の手順がある。普通、重要な儀式を行なう場合、その前段階として厳重な精進潔斎を必要とする。いったんこの日常から隔離した特殊な状態に身を置いて、身心のチャンネルを俗から聖の方へと切り替えるのである。そうして初めて祭儀や典礼を行なう。この準備が効果的にかつ周到にできているかどうかで儀式体験の深さが決まる。それが単なる形式的なセレモニーに終始するか、シンボリックでかつリアリスティックな世界変容や身心の変容をもたらすものになるかの分かれ目である。

この儀式における身心変容のプロセスは、大きく四つの段階に分けられる。そしてその段階は階段を一歩ずつ登ってゆく状態にたとえられる。

(1)精進潔斎
(2)典礼伝授
(3)見神体験
(4)神人合一

この四つの段階である。これは修行や体験の深化のプロセスを示している。まず第一に、儀式が聖なるものとの交流を効果的に実現するための精進潔斎や物忌みの段階がある。この厳格なルールの下での身の処し方を経て初めて次の段階にステップアップする。

第二段階は典礼伝授である。ここで初めて儀式が象徴的にも実存的にも世界と自己との変容を促す力と機構をもつに到る。これが狭義の意味での儀式である。密儀においてはこの段階を小密儀という。ここで世界の秘密、自己の秘密が開示され、聖なるものの実在に触れる。密教でいう伝法灌頂の儀式がこれにあたる。

神道霊学においては、ここまでの段階を「顕祭《けんさい》（うつしいわい）」という。顕祭とは、形をもった祭祀である。祭壇を設け、お供えをし、祝詞をとなえ、玉串を奉献して神霊に祈り、直会《なおらい》を通して共食するといった形ある手順を踏んだ祭祀である。こうした有形の祭祀に対して、形なき祭祀、無形の祭祀を「幽祭《ゆうさい》（かくしいわい）」という。それが、第三、第四段階の見神体験、神人合一にあたる。幽祭では、見神体験を「鎮魂」、神人合一を「帰神」という。魂を鎮めて神霊と感合し、一体となって神意を感受することを鎮魂帰神法というのである。

見神体験とは、自己の内なる体験として神を見ることである。それが自己の外に顕現しようが、内なる幻視として現われようが、根本的に内的体験である。顕わにならない隠れたる体験である。

そしてこの神を見る段階から、最奥の段階として神と合一する神人合一の段階に到る。密教でいう「即身成仏」、西洋神秘主義でいう「神秘的合一」（unio mystica）、気功でいう「還虚合道」「天人合一」がこれにあたる。意識と身体との変容の階段を登りつめて、ついに聖なるものと合体し、その次元に融けて一つになるのである。神に帰一した最高のエクスタシス（脱魂）に参入した状態である。この段階を小密儀に対して、大密儀という。この段階を図示すれば次頁のようになる。

気功の練功の階梯では、(1)練精化気、(2)練気化神、(3)練神還虚、(4)還虚合道とされ、より肉体的な生命力の流れである精を気に変じ、さらに神に浄化して、次に虚と化し、ついには道と合体し天人合一の境に入るプロセスが説かれている。それがブラヴァツキーやルドルフ・シュタイナーの神智学や人智学においては、人間の身体性の四つの次元ないし層として、(1)肉体、(2)エーテル体、(3)アストラル体、(4)

	●密儀			●神道霊学			●気功	●神智学
1	精進潔斎	初伝	小密儀	顕祭	顕の顕	物忌潔斎	練精化気	肉体
2	典礼伝授	中伝			顕の幽	祭儀	練気化神	エーテル体
3	見神体験	奥伝	大密儀	幽祭	幽の顕	鎮魂	練神還虚	アストラル体
4	神人合一	秘伝			幽の幽	帰神	還虚合道	コーザル体

コーザル体の四層が説かれる。むろん、エーテル体以下の身体は見えない身体であり、広い意味での霊体といえる。これを、(1)体、(2)気、(3)念（魂）、(4)霊ということもできるであろう。

いずれにせよ、密儀や秘教《エソテリズム》の伝統においては、その階梯を何と名づけようが、(1)初伝、(2)中伝、(3)奥伝、(4)秘伝の階段を登って最上・最高・最奥の段階に極まることが説かれているのである。この過程は秘儀参入《イニシエーション》のプロセスであり、そこにおいて人は、(1)死と再生、(2)知恵の獲得（神秘的かつ異次元的情報の感受）、(3)力の獲得（法力、神力、霊力、験力など）を体験する。同時にそれは、メタモルフォーゼ（変容）とコレスポンダンス（万物照応）の体験であった。

すごろくと生命の樹

子供たちの遊びのなかにすごろく遊びがある。このすごろく遊びは、これまで述べてきた密儀の階梯が遊戯として装置化されている。行きつ戻りつしながら各次元の結節点に到り、最後の階梯を一気に登りつめて「上がる」。この「上がり」が、いってみれば、神人合一や天人合一の境であり、そこに到ると、人は遊戯ながらも軽い解放感やエクスタシーやカタルシスの気分を味わうことだろう。そこまで行き着けば、遊びは終わり、一挙に別なる次元にジャンプするのである。たとえていえば、さまざまな神秘修行や密儀もこのようなすごろく遊びのようなものである。遊戯のなかにはかつての宗教的体験や祭儀が装置化されていることが多い。ファミコン・ゲームの「ドラゴン・クエスト」などのロール・プレイング・ゲームもこうしたイニシエーション・ストーリーをプログラム化している。それは意識と身体変容の階梯を遊戯装置の中にシステム化した仕掛けである。

すごろくは階級のメタファーを遊戯化した装置であるが、ユダヤ教のカバラに伝わる「生命の樹」はその階級のメタファーを世界流出と自己神化のシンボリズムとして秘教神学化した装置である。

十三世紀のスペインに生まれたアブラハム・アブラフィアは、(1)世俗的方法、(2)哲学的方法、(3)カバラ的方法の三つの方法と修行のプロセスを辿って神秘的奥義を極めるに到った。世俗的方法というのは、イスラムから学んだ方法で、アラーの神の名を吟唱することによって、自己の魂が「自然の外袋」すなわちもっとも粗い身体性の殻を脱け出てトランス状態に入るというものであった。彼はこの神名吟唱法によって目に見える仮象の肉体的感覚世界からの脱出法を体得したのである。第二の哲学的方法とは、科学や聖典解釈法の学習であり、それは理性によって世界の実在を理解しようとするものであった。第一の世俗的方法が信仰の道と階梯であるとすれば、第二の哲学的方法は理性的認識の道と階梯といえるであろう。

こうしてアブラフィアは、最高の方法であるカバラ的方法に到達する。ユダヤ教は、普通律法《トーラー》を中核としているといわれる。しかしさらにその上級の教義としてタルムードがあり、さらにその上には秘中の秘、最奥義としてのカバラがうちたてられた。律法とタルムードを中心とするユダヤ教がユダヤ顕教だとすれば、カバラを中心とするユダヤ教はユダヤ密教であるといえよう。アブラフィアは聖書の他に、カバラ教典『創造の書』とゲマトリアという聖文解読法を学ぶ。ゲマトリアとは、二十二個あるヘブライ語の文字が同時に数字としても使用されていたところから、聖典の文章を数値化して暗号的に解釈しようとしたものである。空海のいう「真言は一字に千義を含む」ではないが、文字通りの意味の背後に数値によって秘匿されていたもう一つの意味世界があり、それがその文章の真意であるというものだ。このゲマトリアによって、唯一なる神ＹＨＶＨ《ャハゥェ》の四文字をあれこれと並べかえ、必死の暗号解読をつづけた結果、アブラフィアはついに安息日の夜に神の真の名を発見したという。ところがその瞬間、「知るべきではない名を知ってはならぬ」という声が魂の奥底から響いてきたというのである。まさしくそれは秘中の秘だったというわけである。

　アブラフィアが学んだというカバラ聖典『創造の書《セーフエル・イエツイラー》』は、「創世記」冒頭に記された天地創造譚の秘伝である。この『創造の書』や『光輝の書《セファール・ハ・ゾハール》』は、いわば「創世記」以前の創造の過程を幻視し教義化したものである。それは、「エン・ソフ」と呼ばれる無限定で無形で無名の神がみずからを顕わす四つの段階と十の結節によって示される。その四つの段階とは、(1)流出、(2)創造、(3)形成、(4)行為の四段階であり、これは先に見た自己神化（神人合一）の階梯としての密儀や神秘修行の四段階や神道霊学の(1)顕の顕、(2)顕の幽、(3)幽の顕、(4)幽の幽の四段階と正確に逆対応するものである。

　ゾハールが教えるところによると、神が天地を創造する前に、未だ無限定で無名の神はみずからを流出したのであり、その流出の過程の一段階として創造が位置づけられるのである。この原初の隠れたる神がみずからの意思と内省によって完全なる流溢の「無」に変質するプロセスが、「生命の樹」の第一のセフィラである「至高の王冠《ケテル》」として象徴化される。そしてこの「王冠《ケテル》」から次々と九つのセフィラが流出する。(1)王冠《ケテル》、(2)叡智《ホクマ》、(3)知性《ビナー》、(4)愛《ケセド》、(5)力《ゲブラー》、(6)慈悲あるいは美《ティファレット》、(7)耐久《ナーシャハ》、(8)権威《ホード》、(9)基《イエ》盤《ソド》、(10)王国《マルクト》、の十のセフィロトがそれである。

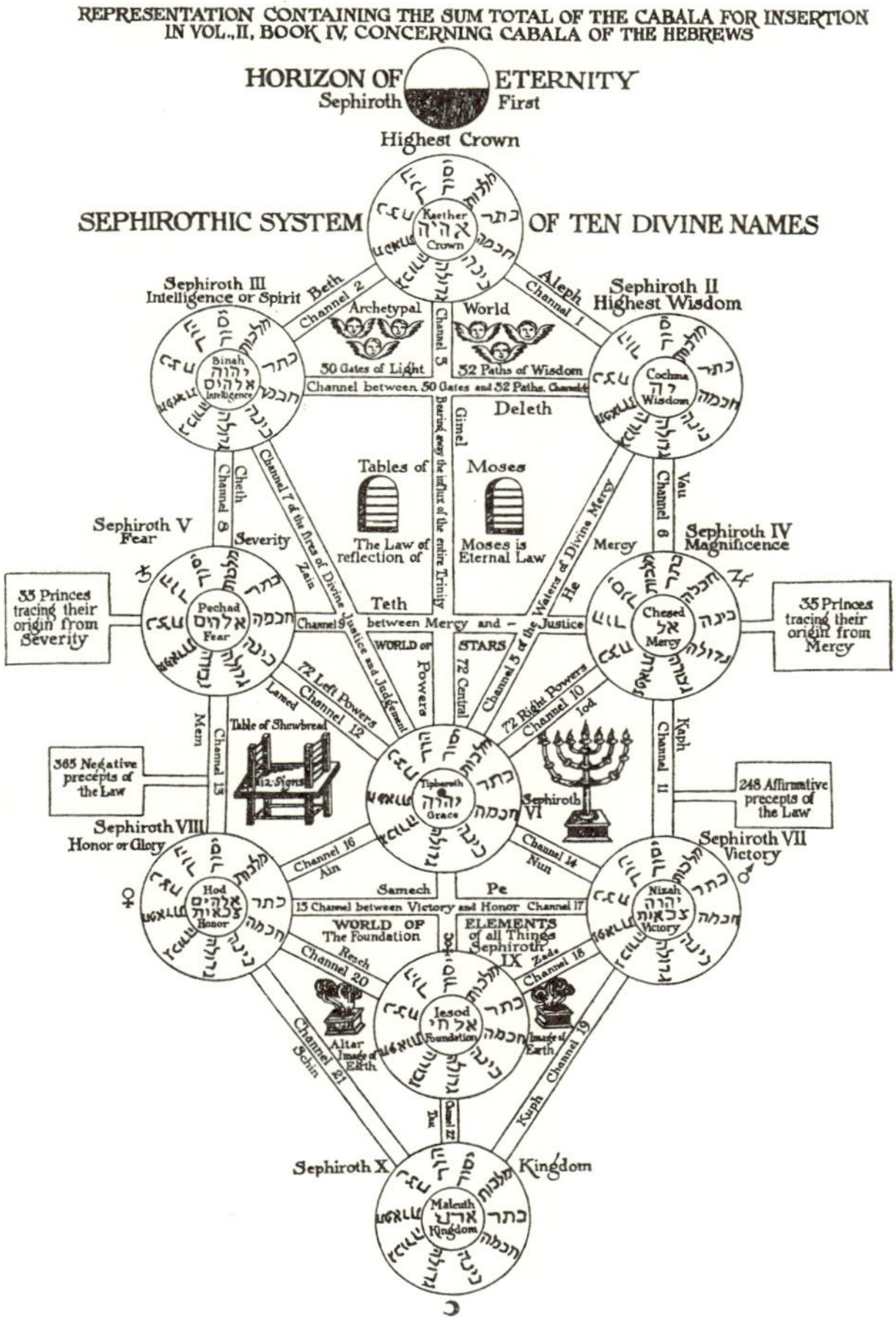

カバラの「生命の樹」

重要なことは、この十のセフィロトが神の流出過程であると同時に、神の聖なる身体としてメタファリカルに認知されている点である。すなわち、⑴王冠は頭部、⑵叡智は頭脳、⑶知性は心臓、⑷愛は右腕、⑸力は左腕、⑹慈悲・美は胸、⑺耐久は右足、⑻権威は左足、⑼基盤は生殖器、⑽王国は全器官の統合と見立てられている。つまり、セフィロト樹は神の超身体と各々の器官として理解されているのだ。なかでも、⑴王冠＝頭部と⑹美＝胸と⑼基盤＝生殖器と⑽王国＝全器官は、神＝世界の自己流出過程としての⑴流出、⑵創造、⑶形成、⑷行為を統括するセンターになっている。このことは、ヨーガ生理学におけるプラーナのもしくはエネルギーの集結点としてのチャクラ、また中国医学や気功における丹田——たとえば上丹田、中丹田、下丹田——に対応しているといってよい。

この⑴流出、⑵創造、⑶形成、⑷行為のプロセスを逆にたどることがカバラ的認識の進化と自己神化のプロセスをたどることにほかならない。最下位のセフィラすなわち⑽王国は、認識をもつ以前の目覚めていない人間、物質性の闇の中に深く閉じ込められた人間であり、それが目覚めてゆくとセフィラも上昇し、最上位のセフィラすなわち⑴王冠＝頭部に到って最高の神聖を体現する。

このように、「生命の樹」はそれ自体大宇宙としての神の身体の運動を表わすと同時に、小宇宙としての人間の意識と身体の変容を象徴しているのである。してみると、「生命の樹」とは、何よりも上昇と下降の両方向性を併せもつ、大宇宙と小宇宙……いいかえると神と人間とをつなぐ階段なのである。宇宙と生命と意識の階段、幽の世界（霊的世界）と顕の世界（物質世界）をつなぐきざはしなのだ。

さて、「きざはしに立ちて踊れ」とはどういうことだったのだろうか。顕幽を往き来し、上に下に、右に左に、身をひるがえしつつ踊り遊べということだろうか。今もってしかとはわからないが、本書『エッジの思想』の著述も私にとっては「きざはし＝エッジ」に立って踊る行為である。

水なき身体と魂

身体は宇宙との神秘的照応を内蔵している、と古来神秘家や武道家は実感しつづけてきた。密教においてもカバラ（ユダヤ教の密教的部分）においても道教やヨーガにおいても、身体はそれ自体一個の宇宙であり、ある階層性を孕《はら》むものであった。より物質的で粗略な身体の位相から精妙で物質的次元を超えた身体の位相までの階層性である。

シュタイナーの身体位相段階

この目に見えない不可視の身体にいたる身体グラデーションを、たとえば、ルドルフ・シュタイナー（一八六一―一九二五、ドイツの神秘思想家）は、(1)肉体、(2)エーテル体（生命体）、(3)アストラル体、(4)自我、(5)霊我、(6)生命霊、(7)霊人、の七つの段階に区分した。人間は誰しも、肉体、エーテル体、アストラル体、自我の四つの身体位相を持っているが、目に見え、触り、物質的に確かめることができるのは肉体のみである。

それに対して、見えない身体性としてのエーテル体とは、物質体としての肉体に生気をもたらす気の身体である。それは肉体を内側からも外側からもオーラのように取り巻いている。アストラル体はそのエーテル体の内にも外にも、めまぐるしく運動する波動あるいは気象のようなものとして現われ出る。なぜならそれは、反感や共感、愛情や憎しみ、怒りや悲しみなど、ありとあらゆる感情のとぎれることのない運動そのものだからである。アストラル体をその言葉の意味から、星気体とか幽体と訳す場合があるが、シュタイナーのいうところではそれは人間の感情体で、エーテル体が太陽の影響を強く受けるのに対して、このアストラル体は月の影響を受けるという。

シュタイナーの身体論は、宇宙進化論と人類進化論と分かちがたく結びついていて、(1)肉体＝土星紀＝鉱物＝昏睡状態、(2)エーテル体＝太陽紀＝植物＝眠りの状態、(3)アストラル体＝月紀＝動物＝夢の状態、(4)自我＝地球紀＝人間＝目覚めの状態、と位置づけられ、関連づけられている。自我は理性を持った人間の覚醒意識であるが、これが人間の本質としての霊であり、それを身体器官において支えるものが血であるとシュタイナーはいう。血は、空気中から酸素を、また食物からさまざまな栄養素を摂り入れ、心臓の収縮・膨張の運動とともに身体各部に送りとどける役割を持っている。つまり外界を身体内に摂り入れる働きを担っているが、同時にそれは自我の深奥にある思考やイメージや感覚を、自我を通して外界に送り出す働きをも担う。すなわち血は外界と内界とを結びつけ、循環させ、いずれの側にも自我を刻印づける働きを担うのである。

そしてこの自我を通して、アストラル体が浄められると(5)霊我となり、エーテル体が浄化されると(6)生命霊となり、肉体が浄化されると(7)霊人になる。人間はこうした方向にさらなる進化の旅をつづけているとシュタイナーは考えているが、ブッダやキリストはこのような進化の先達であり指標であるといえる。

通常、イヤなことがあったり受け入れがたいことがあると、自我とアストラル体は分裂を起こし、自我が冷静に認めることができても、それをアストラル体は受け入れることができず、拒絶し、逆に自我を攻撃しつづけ、エーテル体や肉体を弱めるにまで到る。いいかえると、鎮まらぬ感情が吹き荒れてエーテル体や肉体を傷つけ、弱らせるので、免疫力や自然治癒力もおのずと低下する。自我はアストラル体の攻撃を受けてもけっして傷つくことはないが、その曇りに覆われて働きを鈍らせてしまう。自我が弱まるとは、そのような屈曲したアストラル体に覆われ曇ってしまうことである。

水を失うことで魂の永遠性を得る

以上のような身体認識を長々と記したのは他でもない。二十五年あまり前、一週間の完全断食をしてこうした身体認識をリアルなものと感じはじめるようになり、身体と魂との密接で微妙な関係について、より明瞭な認識を持つ必要があると思うようになったからである。完全断食とは、一切の食物を摂らない断食をいう。もちろん、水も飲まない。空気以外の摂取物をすべて断つわけである。すると、どういうことが起こってくるか。

人体を構成する要素として水分が七〇パーセントを占めるといわれている。それは、地球上の陸地の面積に対する海の割合に該当するともいわれている。その水分が脱け、栄養分が補給されることがないので、体内で消尽されつくし、ついには細胞が死滅してゆく。つまり、人体組織が死に向かって突き進んでゆくわけである。

そのとき、肉体、エーテル体、アストラル体に明確な変化が起こってくる。端的にいえば、眠れなくなる、歩けなくなる、立てなくなる、話すことも困難になる（話したくなくなる）。つまり、通常の人間的な活動が維持できなくなるのである。

眠りと食事は、人体における一日のサイクルのもっとも基本的な節目となる。その眠りと食事がなくなり、意識に切れ目がなくなってくる。それにつれて肉体の活動は衰弱してゆき、階段などは手すりを伝ってようやっと一歩一歩ゆっくりと登ることができるというありさまである。

このように肉体が衰弱すると、逆に意識（自我）が明澄になり、力まずして、眼前に立ち起こってくる出来事をそれとしてありのままに見つめることができるようになってくる。エーテル体にもアストラル体にも余分で過剰な負荷がかからなくなり、いやかかってもそれに振り回されるほどの余力がなくなり、事態をそれとして静かに見つめ、受け入れるようになる。いわゆる「末期の眼」といわれるものに近い意識状態であろう。死に近づいている状態である。

おそらく、こうした死に近づいているときにもっとも欲するものは水であろう。水以外のものを受け入れられなくなると同時に、水こそが身体を生かし浄める源であるという感覚が強くなるのだと思う。死者に対する別れの儀式として「死水」を取るのも、死体を浄めると同時に、その水が魂の世界に誘導する回路となり水路となることを願うからであろうか。「生命の水」とか「永遠の水」とか「若水（変《お》若水《ちみず》）」と呼ばれるのは、水が人間にとって本質的に生命の源泉であり、であるがゆえにそれが霊的世界への媒体となるものであるとの直感があるからであろう。

身体を乾燥させてミイラになるエジプト王も、ミイラ仏となって民衆の苦しみを一身に背負って浄化し代受苦する湯殿山や月山の土中入定《どちゅうにゅうじょう》者も、いずれも水なき身体になりきることによって永遠の生命の世界に渡ろうとした。この世において水を失うことによって、あの世において霊魂という永遠の水の力にあずかろうとしたのである。水なき身体は魂の世界でよみがえるためのステップだったのである。

かつて、大英博物館で大量のエジプト王や貴族のミイラを見たとき、このようにしてまで生きようとする力とは何なのか考えさせられた。物質的な次元では完全に枯れきった、腐敗しない乾燥した身体であるが、それは霊的次元では、霊魂の容れ物としてみずみずしい身体に変容しているのであろう。少なくとも、エジプト王はそのような霊魂観と世界観のリアリティのなかに生きていた。

またあるとき、徳島の丸新デパートの特設会場で、湯殿山のミイラ仏展を見た。茶褐色にひからびた死体に僧服と僧帽を着せ、それを仏として拝む。鉄門海上人やら何人もの土中入定者は、殺人を犯したり、さまざまな失策をやらかして娑婆世界では生きられなくなり、山中に逃げ込み、いわばアジール（聖域、平和領域）となった仏門世界で、この世の罪苦を背負い、自分のみならず一般民衆の罪苦の肩代わりをし、すべてを負って、いや負わされて、いやいやながらでも穀断ち・断食・断水をし、ミイラ化していった。彼らの魂はそれによってどのような永遠性を得たのであろうか。

完全断食をしていた日々、毎朝夕、水垢離《みずごり》を取った。口から水を飲まずとも、身体中の細胞が皮膚を通して水を飲み、気を飲んでいるのがわかった。水は口からのみ飲むものではない。全身からでも、霊魂においても、飲める何かなのである。存在世界の原母として原水があり、すべての身体の水はそれぞれの身体水路を通してその原母・原水に通じているのである。

宇宙──その未知との遭遇

1　宇宙／神話／夢──石と鬼の物語

「宇宙」といえばきまって思い出すことが二つある。

一つは子供のころにくりかえし見た夢である。その夢のことは、拙著『老いと死のフォークロア』（新曜社）でも記したが、くりかえしをいとわず簡単に記しておきたい。

なぜか、子供の私はぼんやりと突っ立って自分の左の掌をじっと見つめている。そこには、米粒ほどの小さな石がのっている。何ともなしに見つめていると、その石がゆっくりとふくらみはじめ、小石ほどの大きさになり、やがて宝珠のようなほどよい丸みを帯びた石球になる。きれいだなあと思ってなおも注意を凝らすと、その石球はさらにどんどんふくらみつづけ、左手ではとうていもちきれないほどの大きさになってゆく。あっと思うまもなく、ソフトボール大からバレーボール大に、そしてバスケットボール大に、と加速度的にふくらんでゆくのである。

いささかあせって、これは両手、両腕でしっかり抱きしめ、本気で支えなければもちきれないと思い、両足を大地に踏んばろうとした。しかし、あろうことか、自分の足もとには地面がないのである。私はいつのまにか、大地ではなく空中に、虚空中に突っ立っていたのだ。

底知れぬ不安が心をかすめたその瞬間、石はさらに猛スピードで膨張しはじめる。とても自分の手や身体では支えきれない。

とみるまに、巨石に変じた石が自分を圧しつぶしながら膨張をつづけてゆく。膨張する石の重圧のために、ほとんど信じられないほどの速度で漆黒の宇宙空間をはねとばされてゆく。圧しつぶされているのか、はねとばされているのか、しかとはわからない。ただものすごい、怖ろしいばかりの重圧と速度で、引っ張られているのか、はねとばされているのかわからないまま飛んでゆくのである。

そのときの闇の深さ、宇宙空間の広さ、遠さ。もはや石はわが目には見えず、目の前にはただ重圧を増しつづける巨大な暗黒があるばかり。気が遠くなりながらも、私は星と化した巨石を一身に受けとめて宇宙の果てまではねとばされてゆくのだと、はっきり意識していた。圧倒的な孤独と宇宙の巨大さの前で、ほとんど失神寸前の状態で大声をあげながら夢から覚める。

なぜ、子供のころこの夢をくりかえし見たのだろうか。それが子供心にも不思議であった。いったい、まったく同じ内容の夢をくりかえし見るとはどういうことか。不思議でもあり、無気味でもあり、そして何よりも怖ろしかった。何か得体の知れないものにつかまれているような不安がつきまとって離れないのだった。

そのころ私は、やはり何度もくりかえし「鬼」を見ていた。これは夢ではなく現実にありありと見えるのだが、誰もがそんなものはいない、何も見えないと断言するのだった。ならば私の見ているものはいったい何なのか。私が見ている「鬼」とは何なのか。

こういう疑問は私を二つの方向に導いた。その二つの方向は、結局は一つのものなのだけれども、大分あとになってそのつながりと意味を知るようになったわけで、長い間それが一つづきの地平の上にあるものとは思いもよらなかった。

くりかえし見た奇妙な夢は、私を宇宙に対する関心に導いた。いったい宇宙とは何なのだろう。どのようにしてはじまり、どのような仕組みをもって動いているものなのか。宇宙には果てがあるのだろうか。かりに宇宙に果てがあるとして、そのむこう側はいったいどうなっているのだろうか。宇宙に関する何から何までが全部疑問であった。宇宙、生命、存在、人間、そのつながりも謎として私の頭を悩ませた。

もう一つの「鬼」の方は、私を神話の世界に導いた。小学校五年のとき、偶然手にした日本神話を読んで、私は「鬼」の世界が「神」の世界と連続し、一つであることを知った。私の見ていた不可解なものを、神話が最初に肯定してくれたのだ。喜びに包まれ、深く安心した。私は日本の神話に、『古事記』に、救われたのである。正確にいえば、『古事記』に描かれた神々の世界の物語に救われたのだ。そのあとすぐに、ギリシャ神話を読み、ギリシャ神話と日本神話の共通性に驚いた。そしてこの二つの神話はもともと一つであったにちがいないと強く思ったのであった。

神道を学ぶようになって、私が出口王仁三郎《おにさぶろう》に誰よりも深い関心を示したのも、じつは私自身の子供のころの「鬼」の体験に起因している。というのも、出口王仁三郎こと上田喜三郎は、出口ナオを通して、神界から「出口鬼三郎《おにさぶろう》」と名のるように啓示されていたからである。「王仁三郎」は本来「鬼三郎」だったのだ！

私はこの「鬼三郎」の「鬼」の名が、いったいどこからやってきたのか関心をもった。それに、今でも多少はそうなのだけれど、二十歳前後の私はまわりの人から「ゲゲゲの鬼太郎」と呼ばれ、みずから

「鬼多〇郎《きたまるろう》」というペンネームをつけていたほどだったから。つい先だっても、妖精研究の第一人者井村君江氏より、私の第一印象を「ゲゲゲの鬼太郎みたい」と告げられたから、どうやら私は人さまに今なお妖怪じみた印象を与えているのかもしれない。『仏教』の編集長藤原成一氏などは、「カマタトージには絶対何かが憑いている！」と断言したほどだから、おもしろくもヒドイ話である。私は、ヨーカイかツキモノスジか、何にせよニンゲン世界では住みにくいようである。

『古事記』や他の国々の神話や民話や大本教や宗教に対する関心は、私の場合、この「鬼」の体験から発している。そしていつしか「鬼」と「宇宙」が不可分なものとして結びついていることを実感するようになった。その思いを一つの物語の冒険として提示したのが、処女作『水神伝説』（泰流社）であった。この作品の上梓をもって私は創作の筆を折った。これは知る人ぞ知る「あらまき賞」（SF作家荒巻義雄氏が個人的に出していた文学賞）を受賞したが、私は今なおひそかにこれを日本文学史に残る鬼作だと思っている。

ところで、二十年近く前、私は湯殿山での滝行をふりだしに、数年間、各地の滝場で滝行に励んだことがある。

あるとき、東京都世田谷区の等々力不動で深夜、午前三時ごろ滝行をしていた。ふだんなら、肩から滝を受けて、向きを一八〇度変えてしばらく大祓詞や真言を唱えながら滝行をつづけるのだが、その夜はなぜか向きを変えず、滝場に向き合ったまま行をつづけた。

何を思ったか、ふと目を開けると、目の前に巨岩がひろがっていた。そしてその巨岩のむこう側に宇宙がぱっくりと口を開けてひろがっていたのである。無数の星々が岩のむこうにまたたいている！　ガーンとものすごい衝撃を受けた私ははねとばされるようにして滝場を出た。そしてそのとき、私の意識は、身体の上方五十センチほどのところに遊離してしまった。頭上から私が私を眺め、操作しているのだ。この奇妙な離脱状態のまま、私は自転車をこいで多摩川園のアパートまで戻った。しかし、それから意識を身体の中に取り戻す作業が大変であった。

このとき私は、滝場で瞬間的に子供のころの「宇宙」の夢を思い出した。そして「宇宙」の果てまではねとばされ、連れ出されてゆく自分の姿をはっきりと意識した。私はこの体験から、子供のころに見ていた「石」が滝場の巨岩や神社の磐座《いわくら》と結びついていることを強く感じとった。石を通して、子供のころの夢の聖地や霊場が切りむすばれてゆくのを直観したのである。

まもなく、この石の体験が、ルドルフ・シュタイナーの説く特異な宇宙進化論の第一段階、すなわち「土星紀」に酷似していることを知った。「土星紀」については、『聖なる場所の記憶』(講談社学術文庫)のなかで少しふれたが、それは人間の意識状態においては、夢をも見ない熟睡の状態として現われる。つまり、もっとも深い無意識の状態、そのなかではすべてのものが一体としてつながっているという聖なる充実の状態、未だ十全に運動が目覚めていない聖なる睡りの状態、そしてその状態は存在世界のなかでは鉱物として現われるという。

私はこのシュタイナーの「土星紀」説を知るにおよんで、子供のころに見た夢や磐座や滝場の巨岩が、私自身の無意識の底に横たわっている「鉱物」的意識を強く刺戟し呼び覚ましたのを悟った。そしてその「鉱物」はじつは「宇宙」的意識をもっとも深く呼び覚ますインデックスなのだった。宮沢賢治や南方熊楠や稲垣足穂がそれぞれ異なった仕方で説いているように、私たちはみな宇宙的事象であり、宇宙的事件なのだ。

私たちの無意識をかぎりなく刺戟する鬼才・夢野久作も『白髪小僧』のなかで、「石神の歌」と呼ばれる不思議な歌を美留女姫に歌わせている。

昔々のその昔、世界に生きたものがなく
ただ岩山と濁り海、真暗闇のそのうちに
或る火の山の神様と、ある湖の神様と
二人の間に生まれ出た、たった一人の大男。
金剛石の骨組に、肉と爪とは大理石。
黒曜石の髪の毛に、肌は水晶血は紅玉《ルビー》。

岩角ばかりで敷き詰めた、広い曠野《あれの》の真中で
大の字形《なり》の仰向けに、何万年と寝ていたが
或る時天の向うから、大きな星が飛んで来て
寝てる男の横腹へ、ドシンとばかりぶつかった。
男はウンと言いながら、青玉の眼を見開いて
何処が果てともわからない、暗《やみ》の大空見上ぐれば
左の眼からは日の光、右の眼からは月の影
金と銀とに輝いて、二ツ並んで浮かび出し
一ツは昼の国に照り、一ツは夜の国に行く。

瞬きすれば星となり、呼吸をすれば風となり
嚏《くしゃみ》をすれば雷となり、欠伸をすれば雲となる。

この「石神の歌」をはじめて読んだとき、私は子供のころの夢と日本神話をすぐさま思い出した。そしてその二つが不可分なかたちで結びついていることに衝撃を受けた。火の神と湖の神との間に生まれた大男の石神の宇宙的な孤独と広大さが、神話性と叙事性を保持したまま雄渾な調子で歌われてゆく。その歌は、この巨大な石神がわが身をバラバラにして宇宙の新たな事物や国をつくり出すという原人神話を語る。この原人神話はシュタイナーの宇宙進化論のなかでは「土星紀」として表現されている。

かつて私のなかでバラバラであった物語がいつのまにか不思議な縁でつながってゆく。その運動自体が一つの大きな神話であり、夢のようなものにも思えてくる。宇宙と神話と夢は、私たちが考えている以上に深く密接に結びついているのではないだろうか？

2　ライカ犬／星／宇宙飛行士

「宇宙」といえばきまって思い出すもう一つのことは、はじめて夜空の星をしげしげと眺めた夜の思い出である。

小学校にも上がらぬある夜のことであった。酒に酔った父が激しく母を叱責し、母は耐えきれずに家を出ていった。子供の私たちは父の勢いに怖れをなして、蒲団の中にもぐりこんだまま身じろぎひとつしないで息をひそめている。父親は婿養子にもかかわらず亭主関白を押しとおした豪の男であった。

私はしかし母親の行方が心配であった。いつまで待っても母は帰ってこない。子供の私たちには夫婦ゲンカの原因が何であったのか知る由もなかったが、出ていった母を案じていたのは私だけではなかったはずだ。

しびれを切らした私は寝床からそっと脱け出て家を出た。田舎道をしばらく歩くと倉庫があった。荷物置き場にしている私の家の倉庫である。

闇のなかに人の気配がする。近づいてゆくと、母親が材木の上に力なく坐りこんでいる。悲しげな様子が暗がりのなかでも見てとれる。「帰ろう……」と声をかけるが、返事がない。今一度「帰ろう」といっても、身動きする気配すらない。まるで化石にでもなったかのように、凝然として動かない。母親の悲しみと孤独が石棒になってぶつかってくるようで、これ以上声をかけるのがためらわれた。

声もなく、私は母親の隣に腰をおろした。そして沈黙したまま、なすすべなく、空を見上げた。満天に星がかかっている。吸い込まれるような、星、星、星の海。天の川であった。

私はこのとき、生まれてはじめて、星というものを意識した。夜空にまたたいているあの星々はどこにあるのだろう？　星々とこの地球とはいったいどれくらい離れているのだろう？　星々のむこう側には何があるのだろう？

母親と同じ材木の上に並んで坐りながら、心は夜空と自分との間の距離の遠さを思った。意を決したのか、母親は立ち上がり、私の手を引いて家路をたどった。力ない母の手の生まあたたかさと星々のしろじろとした冷たい輝きが印象に残った。家に帰りついたあとの顚末については記憶がない。安心した私はぐっすり睡りについたのだろうか。

十五年ほど前、上京してきた母親に昔あったこの出来事をたずねてみた。いったい、あの出来事がどのような状況下で起こったのか、確かめたかったのである。だが母親の答えは私に衝撃を与えるものであった。彼女はそんなことは絶対になかった、覚えていない、と言い張ったのである。

ならば私が見たあの夜の星々とは何であったのか？　私が母とともに見上げたと思いつづけてきたあの星は？　私はまたしても夢を見ていたとでもいうのか？

母親の答えは予想外のものであったが、私はそれを母親の無意識が隠蔽しているものにちがいないと解釈して納得した。しかしその解釈が真実であるかどうかは自信がない。彼女がいうように、そうした事実はなく、私の夢にすぎなかったかどうか、確めるすべがないからである。

にもかかわらず、この出来事の記憶は私にとって今なお「宇宙」のインデックスとなって生きつづけている。あれほどリアルに星々や「宇宙」を意識した出来事が夢や幻想であるなど考えられないからだ。

『マイライフ・アズ・ア・ドッグ』というスウェーデン映画を見て驚いた。その映画のなかで、主人公がくりかえし子供のころに見た夜空の星々と宇宙の場面が映写されていたからである。その夜空の光景と私の記憶のなかの光景、あるいは記憶の内実、質感、肌ざわりがまったく同質のものであったからだ。その場面で「いつも実験でロケットに乗せられたライカ犬を思い出す」という事柄が語られていた。ノスタルジックなナレーションとともに、夜空の星々にズームアップしてゆくその場面は、子供のころに母親と見た星々をフラッシュバックさせ、二重映しにさせた。見も知らないスウェーデンの監督と日本の片田舎の私の子供のころの宇宙体験に共通の何かがある。これはいったいどういうことか。

以前、諸星大二郎の『暗黒神話』を読んでいて、主人公山門《やまと》武《たけし》がたどる神秘体験と宇宙体験の旅に戦慄したことがある。というのも、山門武は縄文時代の考古学遺跡の謎から、日本史の謎、日本神話の謎の世界に突きあたり、国東半島で馬頭観音像から「おまえは宇宙根源ブラフマンと結びつき、転輪聖王となる。そのために、やがて遠い遠い所で、暗黒をつかさどる神スサノヲに会うだろう」と告げられ、ついにスサノヲが馬頭形の巨大な暗黒星雲であることを目撃するに到ったからである。スサノヲが巨大な暗黒星雲であるというイメージは日本神話のどこからも導かれはしないのだが、しかしなぜか、そのヴィジョンは私の心の深いところをキックした。スサノヲ神話がある宇宙的事象や宇宙的事件を語っていることを、私も感じつづけてきたからだ。

一九八九年の七月、七夕のころに宇宙飛行士に会った。「宇宙船地球号」の命名者バックミンスター・フラーの展覧会が開かれていた新宿の禅寺・東長寺地下のP3《ピー・スリー》で、三人の宇宙飛行士にインタビューしたのである。アメリカの宇宙探検家協会会長（当時）のラッセル・シュワイカート、ソ連宇宙探検家協会会長のアリョーグ・マカロフ、ブルガリアの宇宙飛行士ゲオルギ・イワノフの三人に。

宇宙飛行士として数々の英雄賞の栄誉に輝いた彼らを禅寺に案内し、曼荼羅のことを話し、フラーの宇宙模型の展示のあるP3で宇宙体験の内実についてインタビューした。私は長い間、宇宙飛行士に会いたいと思いつづけてきた。そして強くそう思いつづけているからにはいつか必ず彼らに会えると確信していた。それが、新宿の禅寺で実現したのだ。龍村仁監督の『ガイア・シンフォニー』の準備インタビューとして。宇宙―新宿―禅―神道―臨死体験。

そこで私がたずねたかったのは、宇宙体験と臨死体験との共通点についてである。

イワノフは語った。――サリュート六号にドッキングしようとしたとき、最後の段階でエンジンが止まった。そのときの感じは、無重力で長い間下方に落ちつづけている感じだった。永遠に落ちつづけている感じだが、慣れてくると心地よい。しかしメイン・エンジンも停止。最重大事故だ。地上からはスペア・エンジンで帰還するようにとの連絡があった。機械が停止した瞬間、宇宙が敵になるような感じだった。人間がためされているような感じだ。宇宙服を脱いでしばらく地球を見る時間があった。ふるさとのブルガリアを探した。何ともいいようのないほど地球の光景に魅かれた。……スペア・エンジンの出力ぎりぎりまで手動で操作した。一〇秒毎に時間を計り二人でチェックしながら、大気圏内に再突入していった。予定の一八八秒目にエンジン・ストップのはずが、どうしたわけか、エンジンが止まらなくなった。逆にスピードが増大する。突入角度が鋭角になる。Gが高まる。二〇三秒目に全エンジンを切った。鋭角で大気圏に再突入。一〇Gから一二Gの強烈な重力がかかった。二分三〇秒ほど息を止めていた。窓の外はプラズマ状態だ。外側の温度は摩擦熱のため一六〇〇〜一八〇〇度に上昇している。パラシュートを開いた状態で、町から一五〇キロ離れた所に落ちた。生きて地球に戻れたのだ。

イワノフは死ぬぎりぎりのところで奇跡的に無事生還した。彼は「私は新しい認識を得て帰ってきた」と語った。

ソ連のマカロフも二〇G近い重圧のなか、これまた奇跡的に生還したという体験をもっている。マカロフは二〇Gを体験したとき、視野狭窄状態に陥り、まわりが灰色に見えたという。それはすさまじいスピードで、身じろぎひとつできないような重力体験のなかでの、もっとも死に近づいた瞬間であった。彼は絶対にここで死んではならないと強く思ったという。そしてもしその強い信念をもちつづけていなかったら自分は死んでしまっていただろうと述べた。

宇宙体験には、あらゆる神秘体験やイニシエーションに組み込まれている一種の死と再生の体験があると私は思う。それはマカロフが語ったように、「地球に対する意識の変化」を生み出す体験であろう。

ラッセル・シュワイカートは『地球／母なる星』（W・ケリー編、小学館）のなかで、はじめて宇宙船外でたった一人きりになったときのことをこう記している。

船外活動をした時のことだ。カメラが故障したので他人の目を気にしないで済んだ二、三分のことを思い出す。目の前に広がった光景がよみがえってくる。宇宙船から窓越しに見るのとはずいぶん違う。目の前に広がる景観は枠入りではない。視界を遮ぎるものはなにもなく、ただ果てしなく広がっている。宇宙船の外に出て、時速一万七〇〇〇マイルで飛び、この宇宙という真空をまっしぐらに突っ切っている。なんの音もない。そこには、かつて経験したことのない深遠な沈黙が支配している。そしてその沈黙は、目前のすばらしい景観と宇宙船のスピードと著しい対照をなしている。

そして自分が今体験しつつあることに思いめぐらし、なぜと自分に尋ねる。お前はこのすばらしい体験にふさわしい人間なのか。これはお前がかち取ったものなのか。お前はよりすぐられて神の御業《みわざ》に接し、特別の体験をしているのか。そして、その答えがすべてノーであることを知る。私はこれにふさわしいことは何もしていない。それは、かち取ったものでもない。私のために特別に準備されたものでもない。

このように考えてくると、はたと気がついてはっきりわかってくる。私は人類全体のために宇宙を探る役割を与えられたのだ。見下ろして、今までずっと住んでいたあの地球をながめる。地球に住んでいる人々を私は知っている。彼らと私は同じ人間だ。私はあの人たちの代表なのだ。私は彼らのための検知素子となってここにいる。あとに続く人々に道を指し示すのだ。その思いは私を謙虚にする。自分には責任があるのだということがわかってくる。ここにいるのは自分自身のためではない。ものを見ない目は身体の役には立たない。目はものを見るためにある。お前も同じだ。ここにいるのはそのためだ。そして、私はこの地球生命全体の一部であることを認識する。自分の生命は宇宙から地球に持ち帰る義務がある。それは大事な責任だ。そう考えると生命と自分との関係について新しい認識が芽生える。それは、一つの変化であり、新しい発見である。地球に帰還すると世界が違って見える。宇宙を見たおかげで、地球と自分との関係に変化が生じる。自分と地球上の生命全体との関係が変わるのだ。それは宇宙の経験があったればこそである。それはまさしく変化であり、きわめて貴重な変化でもある。

シュワイカートは強調する。宇宙に旅して、「生命と自分との関係について新しい認識が芽生え」たことを。「宇宙を見たおかげで、地球と自分との関係に変化が生じ」、「自分と地球上の生命全体との関係が変わ」ったことを。

宇宙体験は人間を変える。人間の物の見方を変える。時間と空間の遠近法を変える。視座の座標軸を根本から変えるのだ。そこで人は問わざるをえない。私たちはどこから来てどこへ行くのかと。この惑星のなかから生まれた生命である私の人生《ライフ》とは何であるのかと。

一九九〇年六月九日、「日本国際宇宙文化会議（JISCON）」準備委員会発足記念の国際シンポジウム「二十一世紀の新しい宇宙観の創造に向けて」が東京都千代田区の東条会館で開かれた。宇宙飛行士のマカロフやシュワイカートも顧問として参画している。不思議な縁で私もこの会議の発起人をつとめた。そして必ずやいつか宇宙空間に旅できると信じている。

宇宙、この生と死、宗教と自然にあいわたる、未知との遭遇はこれからもなおまだまだつづく。

癒しと籠り

「ス」の力

子供の頃、私には家のほかに「ス」があった。家の者に叱られるとすぐ私はその「ス」に行った。「僕には『ス』があるんや」と嘯《うそぶ》きながら。

「ス」は山の中にあった。しかしそれは鳥の巣や蜂の巣のような確固とした巣ではなかった。岩の窪みや木の股や土のほら穴を「ス」と称しているだけだった。私が「ス」と言えばそこに「ス」ができた。神が「光あれ」とのたまうと光があったという『旧約聖書』の記事とは較ぶべくもないほどに、いと小さきみじめな「ス」ではあったけれど。

「ス」は山中のいたるところにあったが、いやできたが、しかしその「ス」は居心地のいいものではなかった。無気味で怖ろしく、私という闖入者《ちんにゆうしや》をはねかえすような力を持っていた。

山中の夜は怖ろしい。視覚のきかぬ闇の中では、それこそ針一本落ちる音でも天雷のように聞こえる。笹や樫や楠の葉擦れの音が波のように、いや大嵐のように聞こえてくる。山自体が、森自体が一個の巨大な動物となって猛るのだ。

ムササビが飛ぶ。コウモリが啼く。イノシシが走る。ヒトはそのなかでじっと身をかがめて、息を殺しながら夜が明けるのを待つ。あらゆる物音に耳を開き、しかし身は固くして。

原始の時代から、夜はこのようであっただろう。夜の音はこのようであっただろう。木の葉一枚地面に落ちる音にヒトは驚いたことであろう。一つ一つの音が実に鮮明に、しかしその音源の実体がわからぬほどに拡大されて、粒子の弾丸となって耳を撃つ。

耳は痛い。世界の未知の前に裸で立つとき、感受とは痛みと驚きの別称である。夜の中で全身が耳となって、しばしまどろむ。そのようなときの夢は、安心の置ける家の中での夢とまるで違う。夢もまた痛く、身を刺す。夢と現実は等しく現実的である。

今から思えば、そのような痛みと怖ろしさのなかにあって、私にできた最大の魔術は、世界の未知に「ス」と名づけることだった。この名づけによって私は未知の恐さを乗り超えたのかも知れない。「ス」という言葉によって。居場所のない空間の中で、言葉を通して私はみずからの居場所をつくった。それは貧しい一語でしかなかったけれど、確かに魔術的な力であったのだ。言葉を与えたことによって怖ろしさや痛さが変わるわけではなかったが、耐えることができた。待つことができた。頼むことができた。

「ス」という言葉は家では「巣」を意味した。私は森の中のどこかに「巣」をつくっていて、何かいやなことがあるとそこに逃げ込む、と家の者は思っていた。しかし「ス」はそのような逃げ場所ではなかった。家の風圧から一時身をひそめ隠れるような避難場所ではなかった。それは剝き出しの山であり、森であり、異界であるものをかろうじてこの身にひきつけ、和《なご》ませ、つなぎとめておくための術《わざ》であった。家からも森からも排除され、はじかれている場所で私は「ス」を発見した。いや発明したのである。

山の動物は巣をつくり、巣籠りをする。彼らは山の中に、森の中に、自分にふさわしい巣の場所を発見し、そこをととのえ、わが身を置く。彼らにとっては、巣はもっとも安心のできる安全な場所でなければならなかった。敵から身を守るための。不意の暴力から身を防ぐための。そして子を産み、育てるための。子守りにして籠りのための。巣籠りの場所としての。

しかし私の見出した「ス」はそのような安全で豊かな空間ではなかった。こちらとあちらのはざ間にあって、家と森との境界にあって、そのどちらにも属さない淡い境目でしかなかった。あるいは空間の裂け目とでもいおうか。

子供の頃よく「オニ」を見たといっては大騒ぎしていたのも、この森の経験と無関係ではなかったのかも知れないと今は思う。「オニ」もまた名づけられない畏怖すべきモノへの名づけにほかならなかったから。

出口王仁三郎（鬼三郎）に強い関心をもったのも、彼の名のなかに「オニ（鬼）」が含まれていたからである。「オニ」は、私にとっては世界畏怖と根源的な力の別称であったが、そしてそれが人格化されたものであったが、出口オニ三郎はそこにユーモアと人間味と変幻自在を加味してくれたのであった。「オニ」は「カミ」であり「モノ」であり「タマ」であり自然であり「ヒト」である。そのような多様性のなかにみずからを隠れたる場所から顕出させるもの、それが隠れたるカミとしての「オニ」であった。しかも出口王仁三郎はそうしたカミの根源力を「ス神《シン》」と呼んだ。

「ス神」を漢字で書けば「主神」となる。またスサノヲの「素」をあてて「素神」となる。創造と破壊の両極を往き来し、あちらとこちらをつなぐ根源的な創造力の発現者としてのスサノヲがその「ス神」のなかに込められていたのである。

出口王仁三郎は世界創成の初発の状態を「スの言霊」とも呼んだ。『天祥地瑞』のなかで彼は「スの言霊」について次のように述べている。

天もなく地もなく宇宙もなく、大虚空中に一点の、《ほち》忽然と顕れ給ふ。この、《ほち》たるや、すみきり澄みきらひつゝ、次第々々に拡大して一種の円形をなし、円形よりは湯気よりも煙よりも霧よりも微細なる神明の気放射して、円形の圏を描き、、《ほち》を包み、初めて◉《ス》の言霊生れ出でたり。……清朗無比にして、澄切り澄きらひスースースースーと四方八方に限りなく、極みなく伸び拡ごり膨れ上り、遂に◉《ス》は極度に達してウの言霊を発生せり。ウは万有の体を生み出す根元にして、ウの活動極まりて又上へ〳〵と昇りアの言霊を生めり。又ウは降つては遂にオの言霊を生む。◉《ス》の活動を称して、主《ス》の大神と称し、又天之峯火夫《あめのみねひを》の神、又の御名を大国常立神言《おほくにとこたちのみこと》と奉称す。大虚空中に、葦芽《あしかび》の如く一点の、《ほち》発生し、次第々々に膨れ上り、鳴り〳〵て遂に神明の形を現じたまふ。◉《ス》神の神霊は◉《ス》の活動力によりて、上下左右に拡ごり、◉《ス》極まりてウの活用を現じたり。

出口王仁三郎によれば、「◉《ス》の言霊」の根本から発生した「ウの言霊」は「神霊元子《こえのこ》」という微細な粒子を生み出し、微妙に振動し鳴り極まりながら他の「五大父音」の言霊を生み、次いで、残る「九大母音」と「子音」を生み、かくして言霊と神々と宇宙の三者は相互に連動しつつ発現する同一実体として生成発展するという。とすれば「スの言霊」とは言霊中の言霊であり、もっとも根源的な言語形成力でありかつ宇宙生成力であるといえる。「スの言霊」から日本語の七十五音（声）は発現し、その一つ一つの声音は神々の妙用であると同時に宇宙の身体性でもある。

もちろん、出口王仁三郎の主張する「スの言霊」と私のいう「ス」は同じではない。しかし山中に「ス」を見出した私にはこのような「スの言霊」論が荒唐無稽な妄想的宇宙論とは思えなかった。「ス」

にはそれだけのリアリティと深さがあった。

クズとオニ

『古事記』や『日本書紀』や『風土記』のなかに「クズ」と呼ばれる部族が出てくる。それには「国《ク》巣《ズ》・国《ク》主《ズ》・国《ク》櫟《ズ》・国《ク》栖《ズ》」の字が宛てられる。「クズ」もまたその国の「ス」の人なのだ。

『古事記』では、神武天皇が八咫烏《やたがらす》の先導によって熊野から吉野を抜けて大和に入ってゆく過程で「国《ク》巣《ズ》」が登場する。吉野山中で神武天皇は「尾生《あ》る人」と出会った。「汝は誰ぞ」とたずねると、「僕《あ》は国神《くにつかみ》、名は石押分《いはおしわく》の子」という答えが返ってきた。その有尾人は吉野山中の先住土着の民で、「石押分」という「国神」の子であった。「石押分」とは巨石が大地中から湧き出るように顕出するさまや力を指す。倉野憲司はこれを「穴居民をいうのであろう」と解釈するが、その名は単なる穴居民というよりも、大地の生成力、岩石の霊威に対する畏怖が込められた名前である。

『日本書紀』には吉野の「国櫟人《くずびと》」はこう記されている。

> 夫《か》の国櫟《くず》は、其《そ》の人と為《な》り甚だ淳朴《すなほ》なり。毎《つね》に山の菓《このみ》を取りて食《くら》ふ。亦蝦蟆《またかへる》を煮《に》て上味《よきあじ》と為《な》す。名《なづ》けて毛瀰《もみ》と曰ふ。其の土《くに》は京《みやこ》より東南《たつみのすみ》、山を隔てて、吉野河の上《ほとり》に居《を》り。峯嶮《さか》しく、谷深くて、道路《みち》狭《さ》く巘《さか》し。故《か》れ京《みやこ》に遠からずと雖《いふ》も、本より朝来《まゐく》ること希《まれ》なり。然《さ》れど此より後、屢参赴《しばしばまゐき》て土毛《くにつもの》を献《たてまつ》る。其の土毛《くにつもの》は栗《くり》・菌《たけ》及《また》年魚《あゆ》の類なり。（応神天皇十九年の条）

ここでは吉野の「国櫟」は有尾人として描かれていない。きわめて素朴な山の民で、山菜や蛙を食し、栗やキノコやアユを「土毛《くにつもの》」として献上する。その「土《くに》」は峰が峻険で、谷は深く切りたち、道は狭い。しかしアユを豊富に産する吉野川の上流に彼らは住んでいる。

その吉野川の水源の山といわれるのが近畿地方の最高峰の弥山《みせん》である。弥山山上には天河大弁財天社の奥宮が祀られ、麓《ふもと》の天の川沿いの河合の地に弁才天の本社がある。彼の地に、二月二日、節分祭の前の夜に鬼を迎えるための「鬼の宿」と称する神事がある。そこでの「オニ」は邪鬼・悪鬼ではなく、古き祖霊であり、役《えんの》行者につき従った前鬼でもあり、春の訪れを告げる年神でもある。普通、節分祭では「鬼は外、福は内」と「鬼」を祓いやるが、ここでは「鬼は内、福は内」と「鬼」を大切に迎え入れる。「吉野国樔人」の住む山中にこうした「オニの宿」と呼ばれる神事がある。ここでは、「オニ」は単なる悪鬼・邪鬼ではなく、山中の民の奉じた古き神々、神霊なのだ。

さて、『風土記』ではどうか。常陸風土記茨城郡の項に次のような記事がみえる。

古老の曰《い》へらく、昔、国巣《くず》、〔俗《くにびと》の語《ことば》に、つちくもと曰ひ、又やつかはぎと曰ふ〕・山の佐伯《さへき》・野の佐伯在り。普《あまね》く土窟《いはや》を置《す》ゑ掘《ほ》り、常に穴に居《す》み、人の来る有れば、窟《いはや》に入りて竄《かく》れ、其の人去《さ》れば、更《また》郊《ぬ》に出でて遊ぶ。狼のごとき性《さが》にして梟のごとき情あり。鼠《ひそか》に窺《うかが》ひて掠《かす》め盗み、招《を》ぎ慰《なご》めらるること無く、弥《いよいよ》風俗《くにぶり》に阻《へだた》りき。

常陸風土記の記事では、稲作農耕に従事する里の民と「国巣」や「山の佐伯・野の佐伯」との異質性、「風俗《くにぶり》」の違いが強調されている。彼らは岩屋の穴に住み、人が来るとその穴に逃げ込んで身をひそめ、人が去れば野に出て遊ぶ。狼のような性質と梟のような「情」をもつ。そして隙《すき》をねらっては里民の物品を掠奪する。ここでは明らかに「国巣」は里の文明には遅れた未開・野蛮の風習を残す民として位置づけられている。時に朝廷に背く気配のある危険なる民として。野獣の性と情をもつ者として。

時代が下るにつれて、「クズ」は「国神《くにつかみ》」としての力を失い、ついには未開・野蛮の民にまで地位下落する。しかし私は里の文明よりも「狼のごとき性にして梟のごとき情」をもつ「国巣」に心魅かれる。私も里の文明のなかにまぎれ込んだ一人の迷える「クズ」であったから。

「クズ」が「国主《クズ》」であった時代、彼らは山の幸・川の幸・海の幸を採って食べ、自然を畏怖し、岩穴やほこらにこもって夜を過ごした。禽獣の声におびえもしたが、それらの者たちへの畏怖と共振も欠かさなかった。狼の性と梟の情をもつ身と心であったればこそ。恐怖は世界の怖るべき力に対する畏怖から発していた。世界畏怖の心情にひたされていたからこそ、万物に霊威を感じとることができた。「国主《クズ》」とは「国魂《くにたま》」を知る者である。「国魂《くにたま》」とは土地の霊性、「土霊《くにたま》」である。そしてまた「国主《クズ》」は「鬼」ではなく「オニ」を知る者であった。「オニ」を迎え、「オニ」とともに生きる者としての「クズ」。そうした山の中の、森の中の「クズ」の「性」と「情」をなつかしく想う。

森の修行者

インドには人生を四つの時期に区分する考え方がある。

(1)学生期
(2)家住期
(3)林住期
(4)遊行期

の四つである。勉学をし、家庭を営み、子を育てる時期を終えると、人は森に入り、瞑想生活に入った。文明社会という人間のつくりあげた体系から身を引き離して、自然の中に入る。それとてももちろん、きわめて高度な文明的構造をもつあり方なのであるが、しかし森に入ることによって学校からも家からも社会からも距離を置くことは、非常に重要な生の知恵であった。

彼らは森の中で「ス」の何たるかを悟ったにちがいない。森を巣とする動物たちと、家を、文明社会を巣とする人間たちの巣籠りの生態をある距離と瞑想的思考によってつかみえたであろう。明晰さには距離が必要だ。不即不離の境にいないと、モノは明晰に見えてこない。浮かびあがってこない。明晰さは即でも不即でもない。もちろんそれは分析でもない。あえていえば、「明」であり「明澄」であるが、それは無明の覆いが取り払われて、物がそれ自体として浮かびあがってくる識の境位である。私は「ス」の力と位相をそうした位置でとらえる。

巣を巣として成り立たせている自然や文明の力と場所。それを共に等しく見つめることのできる位置に森の修行者たちは立とうとする。それは都市（文明）でもなく、ただの自然でもない。森は都市と自然の境界にある。森の修行者が分け入ろうとした森とは、そのようなどちらの力にも属さぬ領域のことである。無明の巣の中で自足する自然と文明の両界から共に離れて明の森に到る。

日本における最初期の森の修行者であった役《えんの》行者は、大和葛城の古族・賀茂氏出身であったが、吉野山中に入って修行した。そして山上ヶ岳で蔵王権現を、弥山で弁才天女を感得したという。彼は前鬼・後鬼と呼ばれる「鬼」をつき従わせた。鬼を引き連れ、空を飛んだといわれる役行者は、山の中で何を発見したか。

彼は岩屋に住み、経文を誦し、沢水を飲み、山の木の実を食し、「菌《たけ》」を食み、山野を跋渉して法力を身につけたという。彼は「吉野国巣人」ではなかったが、「クズ」と同じような生活を意識的に行なった。そして「狼のごとき性にして梟のごとき情」に達したか。そうであるともいえるし、そうでないともいえる。その「淳朴」なしかし厳しい修行生活のなかで、「国巣」の「ス」の根源にある力と意味を彼はしかと見出したと私は想う。

彼はやがて朝廷にさからった廉《かど》で伊豆の地に流されるが、そこでもやはり「国巣」の「クズ」たる力と意味を発見したであろう。それはとらわれなき位置である。大和朝廷の側にも「国巣」の側にもとらわれることのない、体制からも反体制からも自由な森の修行者の位置。そこに立ち上がる明のまなざし。その明のまなざしを通して、彼はヤマトを、「クズ」を見た。

役行者は「籠《こも》り」からも「癒《いや》し」からも自由な位置にいた。「籠り」と「癒し」を必要としたのは、里の民である。彼らは山野に遊び、山野を瞑想的に分け入る役小角《えんのおづぬ》を「籠《こも》り」の生活によって「癒し」の力を身につけた者とみなした。しかし役行者には「癒し」の力は必要なかった。「癒し」を求め、それを見出したのは、役小角以外の人である。役小角は、求めに応じて、時に応じて、なせる行為《わざ》を行なったのみであろう。

吉野国巣人から役行者までの道のりとは何であったのか。山住み、野住みの民から森の修行者までの道のりとは。人は役小角を修験道の開祖という。

幽居と癒し

「幽居《こもり》」という言葉は、『日本書紀』に一箇所、斎部広成の著わした『古語拾遺』のなかに二箇所みえる。ここでは『古語拾遺』を引いておく。

時《そのとき》に、天照大神、赫怒《いか》りまして、天石窟《あめのいはや》に入りまし、磐戸《いはと》を閉《た》てて幽居《こも》りましぬ。爾《か》れ六合常闇《あめのしたとこよゆき》、昼夜分《ひるよるわき》なかりしかば、群神愁へ迷ひたまひて、手足措《お》きどころ罔《な》し。凡《すべ》て厥《そ》の庶事《もろもろのこと》、燭《ひ》を燎して弁《わきま》へたまひき。

「幽居」とは隠れ逝くこと、すなわち死を暗示する。隠れることは死を意味することであったから、その意味では、天照大神の天の岩戸隠れとは天照大神の死を意味するものであった。それを人は「幽居《こも》り」ととらえることによって、ふたたびこの世界に再生することを乞い願ったのである。「群神」たちは集まって相談をした。この「天石窟」の前で、榊を立て、鏡と玉と和幣《にぎて》を吊るし、祝詞を奏上し、歌舞・俳優《わざおぎ》をなす神事を行なう相談を。そして「群神」たちはその神事を執り行なった。その時、「天石窟」の中に「幽居」していた天照大神はこう思う。

時《そのとき》に、天照大神、中心《みこころのうち》に独謂《おもほ》したまひつらく、「比《このごろ》吾《あれ》幽《こも》り居《を》り、天下悉闇《あめのしたとこよゆ》かむを、群神《もろもろのかみたち》、何由《などて》か如此《かく》歌楽《ゑらぎあそ》ぶや」とあやしみまして、戸《みと》を聊《ほそめに》開けて窺《みそなは》します。爰《ここ》に天手力雄神《あめのたぢからをのかみ》、其の扉《みと》を引啓《ひきあ》けて、新殿《にひみや》に遷《うつ》し坐《ま》さしめたまひき。

天照大神が「幽居」している間、世界には光なく、「天下悉闇《あめのしたとこよゆき》（六合常闇）」の状態であるはずだった。それがいかにも楽しげに歌舞音曲の音が聞こえてくる。こはいかに、と思って思わず石戸を細めに開いて外の様子をうかがったのが、再出現＝再生の契機となったのである。ここでは「幽居」は再生と生命力の更新の前段となっている。ここには籠ることによって新たに蘇るという思想がある。

この神話に根ざす民俗行事は数多い。というよりも、日本人は籠りに神話的な呪力を感じつづけてきた。それはカミを体験し、身にふりつける時間と空間と考えられた。それは隠れたるカミを、カミの隠身《かくりみ》を顕出させる象徴的な契機である。幽から顕へ、隠から露へ。このとき、天鈿女命《あめのうずめのみこと》が神懸りをして胸乳を露わにし、女陰《ホト》を露顕したのも故あることなのだ。それこそ隠れたるカミの身を露顕せしめる身振りにほかならなかったから。

こうして、必然的に籠りは生命力の更新や再生という癒しの力をもつようになる。籠りと癒しが構造的に連環する。籠りは癒しを引き出し、癒しは籠りを需《もと》める。互いに呼び出し、補完し合う構造体となる。

この神話的呪力は相当に強力である。そのために、日本の森の修行者もこの籠りの神話的呪力に身を寄せ、その力を身に振りつけようとする。

しかし私が想うのは、そうした籠りや癒しの神話的構造体から自由な「ス」の境域である。それこそ人間的な業のなかにあって、そこから脱け出ようとするきわめて人間的な境涯のように思えるのだ。単なる巣籠りでも、癒しでもない。痛みでも気づきでも孤独でもあるが、限りないスミキリに向かう境涯。ブッダや役行者はそうした癒しと籠りから自由なスミキリの境涯に向かい、そこを遊行していたと私は思う。だからこそ彼らは癒しを行使し、しかもその力にとらわれることがなかったのだ。

癒しを求めすぎると卑しくなる。癒しをはじきすぎると傲慢不遜となる。神話的呪力を超えて、明の明澄へと到った先達の跡を想う。スミキリのなかにスミキった特異な「クズ」ビトたちを。野獣と文明人の巣をともにスミキラせようとした「クズ」ビトを。洞察のない癒しが権力化し呪術化する構造をわれわれはもっとよく自覚する必要があるのではないだろうか。

「わたくしといふ現象」Kの場合

神話

小学五年のとき、何げなく手にとって日本神話を読んだことが私の人生を決定づけたと今になって思う。イザナギ・イザナミノミコトの国生みに始まり、島々や神々が次々に出現し産み出されるのを読んで、ウキウキドキドキし喜びに包まれた。そしてイザナギノミコトの黄泉国訪問から日向での禊祓、天岩戸の条りを読むに及んで光明に包まれるような至福の感情があった。物心ついた時から不思議に思っていた謎が日本神話を読んで一挙に氷解したように思えたからだ。

私は神話によって救われた。神話だけが私が持っていた感覚を肯定してくれた。その意味で、神話は私の主治医であると思っている。日本神話に引きつづきギリシャ神話を読み、両者に共通するもののあることを感じとったのも私にとっては重要なことであった。なぜなら日本神話は、単に日本にのみ存在する特殊なものでなく、確かに日本独得の個性を含みつつもギリシャ神話や他の国々や民族の神話伝承に共通する普遍的なものも宿していると感じられたからだ。特殊であり個性的でありながらも普遍性と共通性を宿しているもの。それが私にとって最初の神話体験であった。

十九歳のとき、友人たちと芝居を上演した。題して『ロックンロール神話考』。世界の天気が死に絶えるという異常終末論的な時代状況のなか、イザナギ・イザナミ両神が自分たちの生んだ子供がわからなくなり、子供探しの旅に出る。一方、現代の少年探偵団の少年少女が自分たちの真の父母の所在がわからなくなり、親探しの旅に出る。神代からの神のベクトルと、現代からの子供たちのベクトルとが交錯する時空の流れのなかで、次々と事件と異変が起きる。その劇画的かつ黙示録的な光景をロックミュージカル風に仕立てた。作演出を担当したのは私だった。

考えてみると、神話は私の人生の岐路にあって、何か魂の淵源と道を指し示すようなものとしてあった。なぜ神話なのかと問われても答えに窮するが、私はどうしようもなく神話と出会ったのである。神話が私に向かって呼びかけたのである。

神話は、世界および共同体ないし自己の存在の起源・根源・由来・成り立ちを証し示す物語である。私たちはどこから来て、どこへ行くのか、その根拠と過程を明示する言語伝承である。

重要なのは、神話は単に個人的な創作などではないという点だ。神話は創作のようにある個人の想像力の産物でもその外的表現でもない。向こう側から、すなわち魂の世界から飛来し到来した超越的なメッセージなのである。その超越性が神話のいのちである。

それはある集団に共有されるものであって、しかもそれを超える。ユングのいう集合的無意識に支えられ、それに水路と形を与えるものでありながら、しかもそれを超える。神話は単に個人的なものでも集団的なものでもない。それは個人や集団を超えて存在するある超越性によってリアライズされるものなのだ。

神話は祭りによって追体験される。祭りは、その担い手たちが伝承している根源的な神話的世界観を今ここに再現し再確認するものである。祭りを通して神話は再生し、祖先たちが体験してきた〝始源の時〟が甦える。エリアーデはそれを「祖型の反復」と言ったが、神話的始源が祖先と子孫の時間的距離をつらぬいて、まさに超時間的・無時間的な時としてよみがえるのだ。

こうして、神話も祭りも時の始まりを告げる。時の始まりと世界の始まりを開示する。私たちはどこから来て、どこへ行くのか？　この宇宙のなかで、この自然・この世界のなかでどのようにして生まれ、どこに位置し、何をなすべきか。

この二年あまり、伊勢の猿田彦神社の遷座祭の奉祝行事にかかわりながら、改めて私の中に神話がどのように息づき、生きているのかを問われ、確かめられたことは、ある痛みを伴う喜びであった。

神話は私たちの魂の経路と形をあかしてくれる。つい先ごろ、龍村仁監督の『地球《ガイア》・交響曲《シンフォニー》第三番』を見たが、そのなかで「目に見えないものに価値を置く社会の思想」の大切さが強調されていた。その「目に見えないものに価値を置く社会の思想」が表出されたものが神話や祭りにほかならない。この映画は、神話が衰滅していっているかにみえる現代社会のなかで、その魂の根源的な場所と感覚から神話と祭りを取り戻そうとする映画としてメッセージを発しているように私には思えた。『地球《ガイア》・交響曲《シンフォニー》』のなかで、アラスカ・クリンギット族の語り部ボブ・サムは語る。"Don't be afraid to speak about spirit."「魂を語ることとを恐るるなかれ！」と。

畏怖

私は「おそろしいもの」が好きである。「ホラー」映画や小説が好きなのとはまったく違う。そうではなく、風景でも人でも動物でもまた世の中の状況でも、どうしようもなく「おそろしいもの」に魅《ひ》かれるのだ。

「おそろしいもの」とは、単なる恐いものではない。恐怖をもたらす現象や対象ではなく、何か底知れぬ畏怖感を呼び覚ますもの。そのような根源的な畏怖に否応なく立ち会ったとき、私はふるえながら「神」を感じるのである。

「畏怖」を大和言葉で言い換えると、「おそれ・かしこみ」という言葉になる。神道にとってもっとも根源的な宗教的感情はこの「おそれ・かしこみ」の感情だと私は思っている。祭典において、また祝詞《のりと》奏上にあたって、「おそれ・かしこみ」の感情と行動をもって「恐《かしこ》み恐みも白《もう》し」仕え奉る。そこに神道の信仰心意の神髄があると思うのだ。

あるとき、次のような夢を見た。

——生まれ故郷の徳島県阿南市桑野町の田園地帯の畦道の上にいた。前方には子どものころによく泳いだ桑野川が流れている。だがその背後には、見たこともない怖ろしいばかりの雄大な岩山が人を寄せつけぬ峻厳さでそびえ立っている。桜島や大山や岩木山のような雄渾なその山からは、あろうことか、大量の水が次から次へと噴き出し、あふれ出てくるのである。火山の噴火のように、その山はすさまじい噴水を噴き上げ、その水は洪水のごとく大滝のごとく桑野川に流れ落ちてくる。川はあふれんばかりの奔流をたぎらせ、いまにも土手を割って流れ出ようとしている。

私はただひたすら「おそれ」を抱いて田んぼの畦道を這《は》うばかりだった。なぜなら、五十センチほどの幅もないその畦道は、五メートルもあるかと思われる高さがあって、田んぼの上に城壁のようにそそり立っていたからである。その畦道の上空に何人もの天女がゆったりと優美に舞っている。私は這ってそれでもそのおそろしい山に近づいていこうとしている。畏怖すべき聖山に向かって。ふるえながら

――。

これが私にとっての「神」の感覚の一例である。この世のものとは思われぬ不可思議な畏怖すべき力をもって、そこにあるべくしてある。そのようなグレートな「おそろしいもの」を前にするとき、私の中の深い欲求が刺戟され、激しくうごめきはじめる。自分の中にまどろんでいる未だ浮上しない未知の力と洞察が目覚める感じがするのだ。自分が自分でなくなり、しかも本当の自分に目覚め立ち還ってゆくような、「そうなのだ」という感覚に基づいてゆっくりと自己変容する瞬間。そのおののきとよろこび。

そのような「おそろしいもの」にどうしようもなく私は魅かれ、促され、そして生きる。

鬼とサングラス

私は子供のころから、何か物が見えるとかわかるということに興味と違和感を感じつづけてきた。いったいなぜ物が見えるのか。わかるのか。不思議でならない。そのように存在していることが不思議であり、謎である。なぜ世界はそのようになってしまったのか。

子供のころ、私は鬼が見えると言い張っていた。そこに物体が存在するように見えるものだから、「鬼がいる」と言うと、周りの者は「それは木だ」とか「着物だ」とか「柱だ」とかと訂正するのである。そこに木や着物や柱が在ることくらい私にもわかるし、見えてもいる。だがそうした物のほかに「鬼がいる」のである。

私が高校を出てサングラスをかけるようになった理由は三つある。一つは単純に目が悪かったこと。

高校一年から急速に悪くなり、今はおそらく視力は〇・〇三くらいだろう。二つめは、高校時代に徹底的な自己嫌悪と自己否定に陥り、自分も世界もまともに見たくなくなったこと。自己と世界を疑い、真実を求め、そのために自分と世界に距離を置こうとした。その距離と境界の象徴がサングラスだった。三つめは、目を隠すことによって心が鎮まり落ちついたこと。内省的な静けさを得られるように感じたこと。この三つである。

別に顔に自信がなかったわけではない。自信があるとかないとかでなく、とにかく世界と自分との間に何かエッジになる仕切りを設けたかったのである。大げさにいえば、それは自己否定と自己肯定、自己破壊と自己救済の絶対矛盾的自己同一の象徴であった。そのような黒い間仕切りを設けることで自分を防衛したかったのだろう。

同時に、もっと深いところで、私は目に見える物をあまり信用していなかった。目に見えるものに絶対的なリアリティがあるとは思えなかったのだ。むしろ、物心ついてから十歳で日本神話を読む時まで見ていた鬼の方に強烈なリアリティと畏怖の念を抱いていた。

十歳のとき、日本神話を読んでいちばん感動したのは、イザナギの命《みこと》が左眼を洗ったときに天照大《あまてらすおおみ》神《かみ》が生まれ、右眼を洗ったときに月読命《つきよみのみこと》が生まれたと書いてあった箇所である。神の眼から日月が現われ出たという記述に強烈なリアリティを感じて至福感を味わった。大いなる光明に包まれるような喜びを感じた。だが、その喜びや私の内的な昂揚をわかってくれる他者は一人もいなかった。

その意味では、私は孤独だった。自分が見ているものと同じものを人が見ているわけではないことを子供のときから意識していたから。おそらく、強情っ張りのかわいげのない子供だったのであろう。私は醜いアヒルの子のように、親とも兄弟とも違うものを感じ、居心地が悪かった。

サングラスをはずしたのは、一九九五年十月からである。その年に起こったオウム真理教事件（地下鉄サリン事件は私の四十四歳の誕生日に起こった）とアイルランド体験が、サングラスを取るきっかけになった。自分にも世界にもなりふりかまわずに直面しなければならないと覚悟したのだ。

そのしばらくあとのことである。宇治土公貞明宮司から「おひらきまつり」のコーディネイターの依頼があったのは。不思議な縁であり、「みちひらき」である。

石笛

三十年近く前の冬、横笛の響きに魅せられた私は雅楽の龍笛《りゅうてき》を習いはじめた。「越天楽」「五常楽」といった神前結婚式でおなじみの初歩の曲から、「鶏徳」「蘭陵王」などに進んでいき、曲もしだいに難しくなっていった。その間、各地の聖地巡りをするときには必ず龍笛を携えて奏するのを常とした。

その過程でいつしか自然に曲が生まれ、「産霊《むすび》」と名づけた。その土地土地の自然や場所、神々や仏菩薩、そしてその道行きのなかで出会った人たちとの結び、その幾重にも織りなされた結びが発現してくる力と様態を、日本神話の産霊神《むすびのかみ》から名を借りて「産霊」と命名し、事あるごとにその曲を吹くようになった。

雅楽は、もともと中国において、天を祭るための祭礼の音楽として生まれた。孔子は仁を身体的・儀礼的に具体化する方法として礼楽の道を説いた。そこでは雅楽は天に通ずる音楽であり、天の楽のまねびだった。礼楽としての雅楽は、それゆえ天への通路としての響きを奏でるものとされたのである。

そのような孔子を批判したのが、かの老子であった。老子は「大道廃《すた》れて仁儀あり」と喝破した。仁儀などという、人間がつくりあげた人智のはからいは、本来もともと存在していた存在の根源であり発現であった自然の大道と感応して生きる知恵と力がなくなったから生まれてきたにすぎない。それゆえわれわれは仁儀などという人間世界のはからいを捨てて、より本源的な自然の大道の世界に立ち戻らなければならない、と老子は説いたのである。

この老子の「大道」ではないが、私も龍笛のなかにいつしか人智の限界を感じるようになった。人類が何千年もかかってつくりあげ、洗練させてきた龍笛の響きの、あまりに人間的な響きに飽きたらなくなってきたのだ。もっともっと自然で、力強い、野性の響きがほしい。人智の音ではなく、もっと原理的・原初的で生《なま》な音がほしい。切にそう思うようになった。そして以前から探し求めていた石笛《いわぶえ》が手に入ることを心待ちにするようになった。

こうして二十年来私は、龍笛を学びながら、その一方で、石笛を探し求めてきた。しかし、いっこうにそれは私のところに訪れてはこないのだった。

切望する気持とあきらめにも似た気持が相半ばする冬のある日、私は沖縄・久高島の聖域である御嶽《うたき》を巡拝した。島の人に案内されて御嶽を全部巡り終え、クボーノ御嶽で龍笛を奏でたあと、白い壺の中に入った五穀が流れついたところと伝えられる伊敷浜《いしきはま》へ案内された。その聖なる渚を歩いていた時、ふと白い石が目に飛びこんできた。ドキッとした。見ると、その白い石には穴が開いていた。胸が高鳴るのがわかった。一瞬にして、その石が音を奏でることができるのを察知した。「石笛だ！　石笛がやっと私のところに来てくれた！」そう思った。手に取って吹いてみると、かすかに音がした。美しい、白い珊瑚石だった。この石は、いまはこれしか音が出ないが、いつか必ずいい音が出るようになると確信した。

久高島の神々に感謝し、丁重にお断わりしてその石を胸のポケットに入れた。一九九一年の十二月二十三日の夕刻であった。

その足で石垣島や西表島の御嶽を巡り、帰りがけに和歌山市の真言宗の寺院・延命院に立ち寄って南方熊楠の墓参りをした。住職は古くからの親しい友人だった。彼と一緒に墓前に詣で、龍笛と石笛を奉奏したが、いまだ澄んだ響きにはならなかった。

そのあと、奈良県吉野山中にある天河大弁財天社に詣で、別の友人の禅僧と拝殿に上って石笛を奉奏した時、空間を切り裂くような、すさまじい、まさしく神鳴り（雷）のような音が響きわたった。「ああ、この音、この響きだったのだ、私が求めていたのは！」

それはまさしく原初の響きだった。センコウ貝が穴を掘り、そこに棲んでいたのだが、やがて貝が死に絶え、穴の開いた石が残り、波風にさらされていつしか渚に打ち寄せられたのである。縄文時代の遺跡からこうした石笛がいくつも出土している。その石笛を実際に吹かせてもらったことがあるが、同じようなすさまじい、そして澄明で美しい響きを奏でた。

一万年以前の自然石が奏でる響き。貝の棲む家（巣）であった石が、いま、私の手の中で石笛となって蘇える。それは縄文の青い空と海の香りを伝えてくれる。太古の生命の響きを伝えてくれる。

それ以来、私のところにはもう百個以上もの石笛が集まり、わが家の神棚も床もその石笛でいつも賑わい、毎朝太古の響きを発して止むことがないのである。

食べもの

子供の頃、いつも疑問に思っていたのは、人間は誰の食物なのか、ということだった。いや、もっと端的に、この私は誰の食物なのかという問いが小さな頭を悩ませた。

人間はみな、他の生物を食べて生きている。他の動植物を殺害し、その死体を食することなしに私たちは生体を維持しえない。その動植物の死体は栄養となり、新陳代謝の作用により、血液や骨や筋肉、細胞を形づくる。ということは、私たちの生体は、私たちが食べた動植物の死体の変容した姿であるということだろう。してみれば、私たちの肉体や精神が先祖からの遺伝によって成立し、その意味で、「私は私であって、しかも私ではない」というのと同様に、他の動植物の死体によって維持された私たちは、私たちであってしかも私たちではない、ということになるであろう。

子供の頃、私は、自分が人間を超えたもっと大きな存在のなかに住んでいると思い、また自分はそうした存在の食べ物ではないかと思っていた。人間は自然界の動物や植物を食べる。その反対に、人間は神界や霊界の諸存在に食べられる食物ではないのか、と。

その疑問や思いは解消されるどころか、年毎に深まり強くなって、今や、人間は神や霊への供物であると実感するようになった。食物連鎖の輪は、物質界―生命界―精神界―霊界をもつらぬいているのだ。肉のみならず、精や気や念や神もまたある種の食べ物なのである。じっさい、宮沢賢治は、彼の書いた童話が自然界にあるとおりのもので、それが人間の精神や霊の食物であると『注文の多い料理店』の序で書いている。恋人や子供に対してよく愛情の表現として「食べてしまいたいほどかわいい」というが、ほんとうに私たちは愛する相手の精や気や念を食べることで生体―生命―意識を保持し、形成しているのである。

考えてみれば、世界中の宗教儀礼のなかで食物の登場しない儀礼はないであろう。それはつねに神や仏や諸霊への供え物ないし犠牲の供物としてさし出される。供物としての食べ物は、神霊と人間とがコミュニケーションもしくはコミュニオンするための媒体であり、食べる言葉なのである。イエスは、旧約の律法に従って、「人はパンだけで生きるものではなく、神の口から出る一つ一つの言《ことば》で生きるものである」と語って悪魔を退けたが、それは言葉が精神もしくは霊の食べ物であることを意味していよう。じっさい、イエスは最後の晩餐において、おのれの肉体をパン（肉）とブドウ酒（血）にメタモルフォーゼさせて弟子たちに食べさせた。それはイエスの言＝神の言を肉化し、合一せんとする行為ではあるまいか。ひるがえっていえば、イエスその人こそ神への供物であり、罪を贖《あがな》うための犠牲の捧げ物ではなかったか。

『旧約聖書』は、カインとアベルの物語をはじめ、くりかえし神への供物のことを書き記す。また「申命記」第十四章には、選民としてのイスラエルの民が何を食べてよく、何を食べてはいけないかが神の啓示として綿密に記録されている。いわく、「あなたがたの食べることができる獣は次のとおりである。すなわち牛、羊、やぎ……、など、獣のうち、すべて、ひづめの分れたもの、ひづめが二つに切れたもので、反芻するものは食べることができる。……また豚、これは、ひづめが分れているけれども、反芻しないから、汚れたものである。その肉を食べてはならない」と。

こうした食べ物についての細かな掟《タブー》は、今なおユダヤ民族独得の「コーシャ」料理として厳格に守られている。豚はもちろん食べることも触れることもなく、調理に際しては、ユダヤ教のラビの厳しい監視がついている。食の儀式と作法は、まさに神への礼拝儀式なのである。遊牧民であった一神教の民は、動物《アニマル》・犠牲《サクリファイス》を儀式的にも教理的にも意味づけてきた。そして人間もまた信仰と祈りを捧げて生きる神への犠牲《サクリファイス》＝供物の子羊であると位置づけた。ユダヤ民族のコーシャ料理は、そうした神と人間との関係、ヤハウェ神とイスラエルの民との関係の歴史とその記憶を日々この今、目の前に現前させる神への通路《チャンネル》なのだ。

私自身はしかし、食の思想をもっとも深く掘り下げたのは、宮沢賢治や金芝河《キムジハ》だと考えている。金芝河は彼らの生命運動の理念書である「ハンサルリム宣言」のなかで、食べることがどれほど深くて広い「宇宙的事件」であるかを強調している。かつての宗教は神の前に祭壇を設けてそれにお供えをしたが、今必要なのは、自己の内なる天＝宇宙生命＝神を祭る祭壇に供え物を捧げることだというのである。内なる天への供物とは、すなわち食事のことである。食事が祭祀であることの生命的・霊的意味を金芝河ほど深く実感的にとらえた例を私は知らない。

距離の超越

――聖と俗の境界

聖と俗の境界がもっとも不分明となるのは食と性の領域である。いずれも異物もしくは他者との摂取・交わりを含む。そして日常的な営みとして俗事の代表のごとく考えられている。

だがその俗事の典型であるかのような食と性が、ある場面では聖なるものを直接体験する回路となる。例えば、聖体拝領。カトリックの儀式《ミサ》において、司祭によってブドウ酒とパンが信徒に授けられる。信徒は恭々しくそれを口に入れ、恍惚たる思いと救済の光明の喜びにひたる。それはこのブドウ酒とパンが単なるアルコール飲料と澱粉質の食べ物ではなく、イエス・キリストの血と肉であると信じられているからだ。

最後の晩餐として知られる、イエスと十二人の弟子たちとの食事は、ユダヤ教の最重要祭儀の一つである過越の祭りの夜に行なわれた食事であり、その席でイエスはユダの裏切りを指摘する。そしてそのあとでこう宣言する。

一同が食事をしているとき、イエスはパンを取り、これをさき、弟子たちに与えて言われた、「取って食べよ、これはわたしのからだである」。また杯を取り、感謝して彼らに与えて言われた、「みな、この杯から飲め。これは、罪のゆるしを得させるようにと、多くの人のために流すわたしの契約の血である。あなたがたに言っておく。わたしの父の国であなたがたと共に、新しく飲むその日までは、わたしは今後決して、ぶどうの実から造ったものを飲むことをしない」。（「マタイによる福音書」第二六章）

イエスをキリスト（メシア・救世主）と信じる人々が、そのキリストによって自分の「からだ」であると宣言されたパンと、罪のゆるしを得させるために流される「契約の血」とを食べ、また飲むのである。しかもこれはイエス・キリスト自身によって示された聖餐の儀式である。聖体拝領と呼ばれるこの聖餐式は、Eucharistia と呼ばれ、聖体と聖餐の両方の意味を持つ。カトリック教会はこれを秘跡《サクラメント》の一つに数えている。

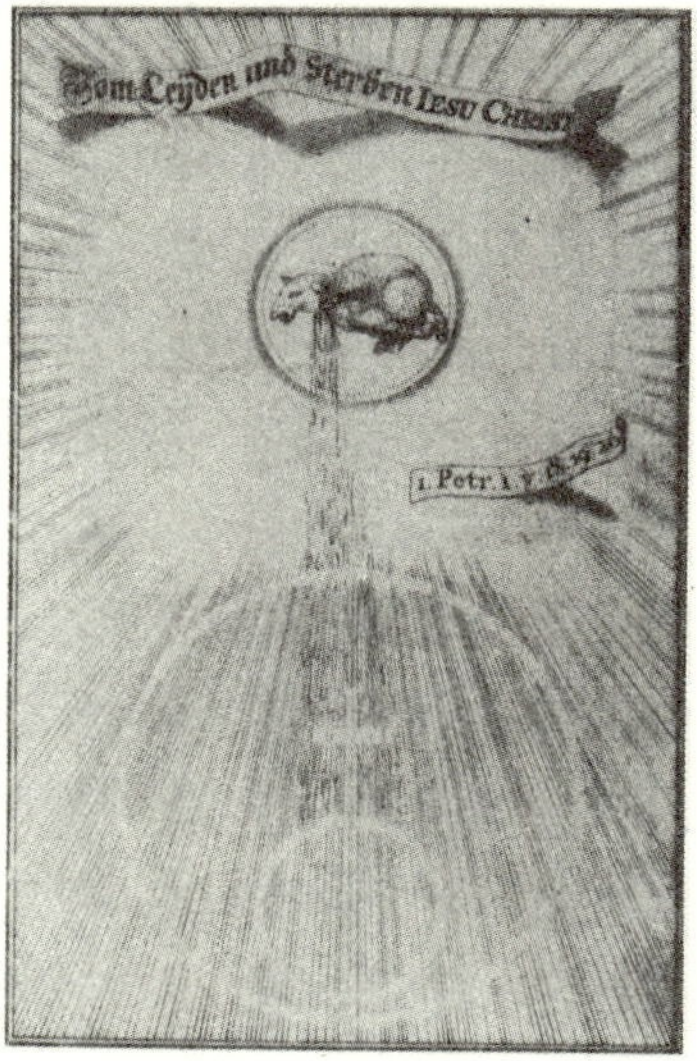

ヤコブ・ベーメ「言の化肉」(1730)の挿絵

sacrament の原語はラテン語の sacramentum であるが、この言葉は「聖なるもの」(sacred) の語源となっている sacre を含む。「サクラメントゥム」(sacramentum) の原語は、ミュステリオン (mystèrion) というギリシャ語で、秘儀や密儀宗教を意味する。

キリスト教の秘跡《サクラメント》は、一二七四年の第二リヨン公会議以降、⑴洗礼 (baptisma)、⑵堅信 (confirmatio)、⑶聖餐 (Eucharistia)、⑷

回心（paenitentia）、⑸叙階（ordo）、⑹婚姻（matrimonium）、⑺終油（extrema uncito）の七つに定められた。

この聖餐＝聖体をめぐっては、中世に聖体論争という神学論議が起こってくる。聖体論争とは、聖餐において変化したイエスのからだと血が天国に神として存在するキリストのからだと血と同じものであるかどうか、また聖変化をとげたパンとブドウ酒が物質としての本質と属性をどのように変化させるのかについての論争である。ラドベルトゥスは、パンとブドウ酒の形質が完全に変化する全質変化説をとり、ベレンガリウムはその変化は象徴であるとする象徴的変化説をとった。一般的にいって、カトリック教会は前者の立場をとるが、プロテスタント教会は後者の傾向が強い。

中世末期には聖体行列が盛んになる。ミサで聖別されたパンを高く掲げる＝⑴聖体奉挙、そのパンを容器に入れて展示する＝⑵聖体顕示、その前でひざまずいて祈る＝⑶聖体礼拝、会衆を聖体によって祝福する＝⑷聖体降福、そしてその聖体を奉持して町中を練り歩く＝⑸聖体行列の順序で行なわれた聖体行列は、パンという食べ物の聖性を最高度にまで高めた儀礼であるといえよう。

実は、人口に膾炙した「人はパンのみに生くるにあらず、神の口より出でし言によりて生くるものなり」という言葉は、イエス自身が悪魔の誘惑を退けるために言った言葉である。荒野で四十日間の断食を行なったイエスに悪魔は三つの誘惑の言葉を投げかけるが、その最初の誘惑の言葉が、「もしあなたが神の子であるなら、これらの石がパンになるように命じてみよ」というものであった。イエスはそれに対して、「『人はパンだけで生きるものではなく、神の口から出る一つ一つの言で生きるものである』と書いてある」と語ることによって第一の誘惑を退けたのである。

石をパンに変えることを退けたそのイエスが、みずからのからだをパンに変えると宣言し、それを十二大弟子に食べさせ、救済にあずかる契約の食事とした。生体を維持するために不可欠の食事の日常性は、ここでは一挙に永遠の生の食事となって聖別される。もっとも日常的な俗の行為が、もっとも聖なる行為に反転する。聖と俗の境界が取り払われ、日常的な反復行為としての食のなかに永遠性が顕現する。このとき食は聖なるもの、また永遠なるものとのコミュニケーションの回路となり、それを身体内に摂取することを通して、コミュニオンと神秘的一体感を体験させる聖なるメディアとなっている。

聖俗の境界を明示しかつ不分明にするものとしての食。もっとも日常的でありながら、もっとも非日常的な瞬間につながる回路としての食。それはきわめて性的な行為でもある。

食事が性のメタファーとなることは世界中に共通する事態である。食べることと性行為を行なうことは、言葉を介さないコミュニケーションとしてもっとも底深いものである。

一個の生体を維持するためには食が不可欠のものであるが、一個の生体を新たに生み出すためには性が不可欠の行為となる。生体を存在せしめまた維持する二大要素とは性と食、この二つである。そして食が聖と俗の境界を明示しかつ解体するのと同じように、性もまたその境界を明示するとともに解体しもする。

性と食にはタブーが多い。性をめぐるタブーのなかでもっとも根源的なものは、近親相姦の禁止《インセスト・タブー》である。このインセスト・タブーによって家族が形成されるようになるが、しかし興味深いことに、世界中の始祖伝説においてインセスト・タブーが破られる神話が数多く物語られているのはどうしたわけか。神々の侵犯が逆に禁止の重圧の大きさを裏づけるものだと考えるべきなのか。

性と食をめぐるタブーのなかで最大のものは、禁欲と断食であろう。どちらも生体を維持してゆくに不可欠の根源的な欲望に禁止の圧力を加えることによって、この世の原理や通常の生命法則を超える超越的な原理や法則の世界に参入することを求めている。肉的コミュニケーションを断念し犠牲に供することを通して、霊的コミュニケーションを希求するのである。仏教やキリスト教においてはこの傾向が顕著である。仏教では、煩悩の根源たる渇愛と無明から離れ、とらわれを排して解脱に向かうべく修行を行なうが、このとき食と性に与えられる禁止は五戒のなかでもとりわけ重い位置を占める。

全仏教者の根本戒律は五戒である。(1)不殺生、(2)不偸盗、(3)不妄語、(4)不邪淫、(5)不飲酒。この五つの戒律のうち、性と食にかかわるものは、(1)不殺生、(4)不邪淫、(5)不飲酒の三つである。なぜ第一の不殺生が性と食にかかわる戒律であるかというと、性と食にまつわる犠牲や暴力を引き起こす根本原因を取り除くために、根本的非暴力としての不殺生を置いたのである。しかし、仏教諸流派のなかで、特に密教やヒンドゥー教の密儀や民間信仰と習合したタントリズムにおいては、逆に性が大いなる存在や力との感受と交わりの回路《チャンネル》として利用されることになる。

八世紀インドに性瑜伽《ゆが》を大胆に取り入れた仏教が成立する。タントラ仏教（密教）と呼ばれるその一派は、性エネルギーを解脱や成仏に利用する修行法をつくりあげた。ヒンドゥー教シヴァ派に濃厚だった神妃の性力《シャクティ》信仰を取りこんだ性ヨーガ（性瑜伽）を完成させたのである。

仏教が無明と苦の自覚を根本段階とすることはあまねく知られている。その無明も苦も渇愛《タンハー》と呼ばれる性エネルギーがもたらす存在への根源的執着から発している。とすれば、この渇愛《タンハー》をいかにして滅することができるかが仏道修行の要諦となる。ブッダや原始仏教教団の出家僧は、戒律を守り八正道という修行法を行じることによりこの性エネルギーを制御し、執着より脱しようとしてきた。しかしそれを完全に制御することがいかに難しいかは、全仏教史がよく伝えるところである。インドやチベットで性瑜伽が流行し、日本中世で「肉食妻帯」した親鸞の思想と実践が幅広い共感を呼んだのも、性エネルギーの完全抑制や消滅、加工がいかに困難であるかを示している。

性瑜伽においては、男性行者はヘールカと呼ばれる秘密仏の位置に立ち、性パートナーとして対する女性行者はダーキニーと呼ばれる空行母の位置に立つ。彼らは如来の身体性と空性を共に体験するために儀軌に則り、性の秘儀をつくす。性瑜伽行者は聖地をめぐり遊行生活をつづけながら、聖域の一定の場所に曼陀羅を築いて性瑜伽を行じた。

その修行法である生起次第と究竟次第は、第一に森羅万象に仏の顕現を見、仏身と自分自身の身体を一つのものと観想するところから始まり、(1)定寂身、(2)定寂口、(3)定寂心、(4)幻身、(5)光明、(6)双入の順序で「究竟」に到る修行法である。このとき、「風《ルン》」と呼ばれ、呼吸法によってコントロールされる生命的かつ霊的エネルギーを観想し、実際にそれを駆使して意識と身体に加工と変容をもたらす。この「風《ルン》」こそが俗なる身体を聖なる身体に加工・変容させる鍵である。

「風《ルン》」はまた心である。この「風《ルン》」をプラーナ（気息）の流れる脈管に導き入れ、とどめ、さらに溶融させて成仏に導くのだが、男性行者は性行為を行じても射精することは禁じられている。いってみれば、射精によってカルマ（業）と苦を生じさせることを禁じ、このカルマの乗り物である俗なる身体を一切のカルマと苦から離れた聖なる身体＝如来身体へと加工・変容させるのである。そのために、カルマの運搬者となる精液＝滴《テイクレ》を「風《ルン》」の力によって「究竟」に到る菩薩心と金剛力に変化させるのである。

このような黄金の聖身体性を獲得し、「大楽」と呼ばれる空性を体験するとき、即身において成仏すると考えたのである。もちろん「即身成仏」は日本における真言密教の開祖たる空海の根本思想であるが、彼が性瑜伽を行じたことはない。しかし密教に性がメタファーとしてもまた身体技法としても大胆に取り入れられていることの意味と必然性を空海はよく理解していた。そのために彼は最澄に性的メタファーを多く含んだ経典『般若理趣経（大楽金剛不空三昧耶経）』を貸すのを断わったのである。

ところで、シャーマニズムや神秘主義においても、シャーマンや神秘家が神霊と性的エクスタシーを伴う交わりの体験を持つことがしばしばあることが報告されている。性はブッダが喝破したように渇愛―煩悩の源泉であるが、同時にファンタジーやイマジネーションを生み出すエロティシズムの源泉でもある。

このエロティシズムとは、距離の超越である。遠近法の破壊である。遠くのものを近くに、また近くのものを遠くに感じることができるのは、まさにエロティシズムのはたらきゆえである。

一般に、この世の時間と空間のなかにあって、遠くのものは遠く、近くのものは近いというユークリッド的な遠近法が成立している。均質な物理的距離の遠近に応じて、これとかれとの関係が結ばれ、測られる。この遠近法にあっては、遠くのものは遠くに、近くのものは近くにある。

しかしこうした遠近法と境界の成立しない場面にわれわれはしばしば直面する。はるか彼方の遠方にあるものが自分のそばやはたまた自分の内部にあると感じられ、またはるか過去の見知らぬ人が時をへだてて今ここの私の身近に感じられたり、また私そのものであると感じたりする。これはいったいどういう錯誤なのか。もしこれが錯誤であるならば、こうした遠近法の混乱は、なぜ、いかにして起こるのか。

というよりも、むしろこうした遠近法の混乱を単なる混乱と見なさない思想こそ聖なるものとの交わりの中心思想なのである。西田幾多郎的な言い方を借用すれば、「絶対矛盾的自己同一」の事態がそこでは生じている。永遠が刹那のなかに生じ、無限が有限のなかに具現する。俗なるもののなかに聖なるものが立ち現われ、日常的な遠近法によって境界づけられていた関係性がくずれ去る。

ルドルフ・オットーは『聖なるもの（Das Heilige）』（一九一七年）のなかで、聖なるものの体験こそ宗教の根幹であると考え、そうした非合理的根本体験を「ヌミノーゼ」（Numinose）と呼んだ。オットーはこのヌミノーゼを、(1)ヌミノーゼの実在感、(2)戦慄すべき秘儀（mysterium tremendum）、(3)讃歌に現われるヌミノーゼ、(4)魅惑するもの（tascinans）、(5)巨怪なるもの、(6)ヌーメン的価値としての聖、の六つの要素で説明した。要約していえば、畏怖と魅惑、おそるべきものとチャームするものという絶対的背反を解消し溶融させるものこそ、ヌミノーゼとしての聖なるものである。それは境界の崩落の体験であると同時に、「反対物の一致（coincidentia oppositorum）」（ニコラウス・クザーヌス）という絶対遠近法、超遠近法の成就する瞬間である。そしてこの境界の変形・加工こそエロティシズムの本分であり、宗教的実践の核心にあるものなのである。

温泉宗教論

1　聖地としての温泉

日本が世界に誇ることができるもの、それは滝と温泉である。これは年来の私の持論である。もちろん、日本以外の地にも滝や温泉はある。ナイアガラの滝はネイティヴ・アメリカンの聖地であったが、今や滝としては世界最大の観光地だ。温泉もドイツのバーデン・バーデンが有名だ。しかしながら、日本の滝と温泉は、その数においても、質の豊富さにおいても、使用法や効用や意味づけにおいても世界中のどこをも圧倒する。質・量ともに世界一であると私は思う。

昔話になって恐縮だが、三十年ほど前、私は地獄巡りに熱中していた。「地獄」と名のつく土地を見つけてはその地を訪れた。多くは間歇泉や硫黄を噴き出す火山帯の一角にあった。日本人は「地獄」の風景として、まず第一に火や灼熱を思い浮かべたのだ。火を噴き出す、荒々しい狂暴さを漂わせる地形。つい先頃噴火して、多くの人命を土石流や火砕流によって奪った雲仙岳の「地獄谷」を思い出してみよう。そこは普段から近よりがたく怖れられた場所だったのだ。毒ガスが噴き出したり、噴煙に囲まれたり、熱泉がボコボコと泥土を動かしたりするような危険で異様な場所。そうした場所は多く「地獄」の名がついていた。ゴロゴロとした岩は赤茶けたり、灰色をしていたり、樹木も少なく、人を寄せつけない。私はしかし、そうした荒涼とした場所が好きだった。その地に立つと、なぜか身も心も奇妙な落ち着きを感じたのだ。何か、この世の果てのような、あるいはまたこの世ならざる場所にこそ身の置きどころがあると思っていたのだ。アルチュール・ランボーの『地獄の季節』ではないが、「地獄の場所」こそ私が見てみたい場所だったのである。

おもしろいことに、地獄巡りをしているうちに、そこが聖地と表裏一体のところであることがわかってきた。平安末期に末法思想が流布して地獄の観念が浄土教によって拡まっていったのだが、極楽と地獄、あるいは浄土と穢土という二分法が成立する以前には、この世とあの世はそれほどきれいに二分されるものではなく、互いに境を接し、インターフェースし、相互に入れ子構造をなしていた。それが古代日本人の基層的な他界観であった。

例えば、恐山。この東北地方は下北半島の真ん中にある霊山には、東北地方の死者の魂が寄り集まると信じられている。そしてそこには、この世のものとは思われぬほどの凄絶な青さをたたえた宇曽利湖と血の池地獄や賽の河原がある。硫黄のせいか、宇曽利湖に面する浜には一本の樹木もなく、ゴツゴツとした奇岩がころがり、荒野のような印象をただよわせている。

この恐山には、天台宗の寺院円通寺があるが、七月の大祭時には、東北地方のイタコが集まって死者の口寄せをする。つまり仏教は、仏教伝来以前からあった民俗的な山中他界観の上に乗っかるかたちで成立しているのである。山中に死者の魂が集まってくるという民俗的他界観と仏教的地獄観が習合して、現在の恐山信仰の根幹を形成したのだ。

しかし、ここで注意しなければならないことは、例えば恐山は単なる地獄ではないということだ。確かに恐山はその一角に地獄を組み込んでいる。しかしそれはあくまで恐山の一角であって、隠国《こもりく》の熊野がそうであるように、そこは死者の国であると同時に浄土でもある聖域なのだ。ここでは、地獄と浄土は截然と二分されているわけではない。両者は不可分なものとして山中他界のなかに融け込んでいるのである。

三十年前、同好の友人たちと秘かに秘湯同好会なるものをつくり、つげ義春が描くようなひなびた山中の温泉宿を探して旅した。昨今のような秘湯ブーム、温泉ブームが到来するはるか以前である。長野の地獄谷温泉では野猿といっしょに温泉に入り、猿の群れに取り巻かれてしまったことがある。あれは恐怖だった。視線が逆転して、私が動物園の檻の中の動物のようだった。宮沢賢治の「注文の多い料理店」のなかの都会のハンターのように、私は注文をつけられ、料理されかかっていたのかもしれない。この地獄谷温泉は私の愛する温泉の一つである。

そこにたとえ「地獄谷」温泉という名がついていたとしても、温泉は単に地獄のイメージが付着しているばかりではない。そこには、恐山の信仰的内実がそうであるように、地獄と極楽、あるいは穢土と浄土が混在同居する両義的な場所なのである。熱泉や地熱によって、あるいは硫黄によって土肌が赤茶けたり草木が枯れたり育たなかったりする。その光景を地獄的だと見ることもできるし、実際そうした視線が「地獄」と名のつく温泉をつくってきた。しかしもう一方で、そこは身心の痛みや病いをほぐし、マッサージする癒しの場所だったのである。そしてそこが「地獄」的であればあるほど、インク吸い取り紙のように、この世の苦悩や痛みや病いを引き受け、吸い取り、それをクリーンにして再生せしめる力があると信じられたのだ。

そこにおいて、「地獄」は死と再生の入口であり、復活への水路《チャンネル》である。その意味では、「地獄」はそのまま「極楽浄土」に転じうるのだ。

「地獄」と「極楽浄土」の共在、この距離の近さ。これはどう考えても仏教的な考えではない。地獄と極楽・浄土を一つの場所に共在させ融合せしめたのは、山中や海上に他界を透視した民俗的想像力、その視力にほかならないのである。

温泉が地獄と極楽をともに含む両義的な場所であることは、歌舞伎の『小栗判官』を見れば一目瞭然であろう。病者となった小栗は熊野詣でを果たし、熊野の湯を浴びることによって病いを癒し、再生を成就したのである。そこでは「湯」は単なる hot water ではない。それは神聖さを表わす「斎《ゆ》」の霊力を持つものだったのだ。「湯＝斎」は聖水であり、magical holy hot water なのである。

「湯《ゆ》」の持つ破壊的な力と癒しの力の両面を日本神話を例にとって考えてみよう。

イザナミの神は火の神カグツチを生んだために女陰《みほと》を焼き、衰弱してついに黄泉国にみまかる。『日本書紀』では、イザナミを熊野の有馬村に葬ったとある。『古事記』では、イザナミは比婆《ひば》山に葬られ、その亡失を悲しんだイザナギは十拳剣《とつかのつるぎ》を抜いてカグツチの首を切った。すると、血が「湯津石村《ゆついわむら》」にたばしり付着して、石拆神《いわさくのかみ》、根拆神《ねさくのかみ》、石筒之男神《いわつつのおのかみ》、甕速日神《みかはやひのかみ》、樋速日神《ひはやひのかみ》、建御雷之男神《たけみかづちのおのかみ》（またの名を建布《たけふ》都神《つのかみ》、豊布都神《とよふつのかみ》という）の六神が成り出でたという。女神イザナミの死とその子火の神カグツチの殺害。そのカグツチの血が、「湯津石村」に飛び散って天神が成り出で、さらにその血から闇淤加美神《くらおかみのかみ》、闇御《くらみ》津羽神《つはのかみ》が成り、あわせて八神が現われ出たというのだ。

この異様な光景を火山の噴火活動と見る説があるが、私はその説を支持している。イザナミの身体は火口を持つ火山でもあった。女神イザナミの身体性は単なる人間的な身体形態にとどまらず、自然形態でもあったのだ。それゆえ、噴火口はイザナミ女神の女陰《ほと》である。そこから火の神が生まれ、その火の神の血が飛び散り、「湯津石村」に付着してさらに神々が化生してきたのである。この「湯津石村」とは、「神聖なる石の群れ」の意味である。その神聖なる岩石群から神々が現われ出たのだ。神の死と新たなる神々の誕生。火の神カグツチは死んで、新たにその血の中から八神を化生させる。そのなかには、雪や水の神も含まれていた。

このように、ここでは「湯」は神聖な破壊力を表わすが、同時にそれは死と再生の劇的な転換を成就する媒体でもあったのである。

もう一つの局面、「湯」の持つ癒しの力の位相を『風土記』のなかから二例引いておこう。「伊予国風土記逸文」に次の一節がある。

湯郡《ゆのこおり》、大穴持命《おおなもちのみこと》、悔恥《はぢ》しめらえし時、宿奈比古那命《すくなびこなのみこと》、活《い》かさまく欲して、大分・速見の湯を、下樋より持ち度《わた》り来て、宿奈比古奈命以て漬浴《あむ》せしかば、蹔《しまし》が間《ほど》に、活き起居《た》ちましき。然《さ》て、真蹔《ましまし》も寝ねつるかもと詠《なが》めたまひて、践《ふ》み健《たけ》びたまひし跡処《あとどころ》、今も湯の中の石の上に在り。

凡《およ》そ湯の貴く奇なるは、神世《かみよ》の時のみにはあらず。今の世にも疹痾《やまい》に染《し》める万生《あおひとぐさ》、病《やまい》を除《さ》り身を在《たも》つ要薬《くすり》と為《せ》り。

天皇等の湯に幸行《いでま》し降《くだ》り坐《ま》ししこと五度なり。大帯日子天皇《おおたらしひこのすめらみこと》（景行天皇）と大后八坂入姫命《おおきさきやさかいりひめのみこと》と二軀《ふたはしら》を一度と為す。帯中日子天皇《たらしなかひこのすめらみこと》（仲哀天皇）と大后息長帯姫命《おきながたらしひめのみこと》（神功皇后）と二軀を一度と為す。上宮聖徳皇子を一度と為す。及侍《またみとも》の高麗《こま》の恵総《えそう》といふ僧、葛城臣等なり。

これは現在の道後温泉の由来を記したものである。これによると、道後温泉（伊予温泉）は、大穴持命《オオナモチノミコト》が病いにかかり、死にかかっていたときに、スクナヒコナの命《みこと》がオオナモチをよみがえらせようと思い、大分の速見の湯から豊後水道に下樋をわたして湯を引き、湯浴みをさせると、たちまち生きかえって、ああすっかりよく寝てしまっていたことだと言って足踏み背伸び、大声をあげたという。オオナモチ(大国主神)もスクナヒコナもともに国づくりの神であり、治療能力を持つ神として記紀神話に描かれている(例えば、因幡の白兎神話)。とりわけ、オオナモチは兄神たちに二度殺害されても、そのつど母の神や祖先の神の力によって再生した不死の神として知られる。オオナモチはせっかく国づくりをしたにもかかわらず、その国を高天原から降りてきた天孫や天津神《あまつかみ》に献上し、みずからは幽世《かくりよ》に生きて幽冥界を統治したという。以来、顕露事《あらわにごと》は天皇が、幽事《ゆくりごと》は大国主神が治めるようになったと記されている。その大国主神、すなわちオオナモチが再生したのが道後の湯によってであった。そしてこの「湯の貴く奇なる」は、「神世」の時代のことばかりでなく、今現在も多くの病いに苦しむ人々の「病を除《さ》り身を在《たも》つ要薬《くすり》」となっているというのである。癒しの「要薬」としての温泉の効力が的確に認識されている。

これにつづく一文によると、この温泉には碑文が立っていて、そこには温泉が桃源境か長寿国のように描かれている。「惟《おも》ふに、夫《そ》れ日月は上に照りて私《わたくし》せず。神井《しんせい》は下に出でて給《た》びずといふこと無し。万機《よろずのもの》所以《このゆえ》に妙応し、百姓《おおみたから》所以に潜扇《せんせん》す。若乃《しかのみならず》照給偏私《しょうきゅうへんし》無し。何《いか》にぞ寿国《じゅこく》に異ならむ。華台に随ひて開合し、神井《しんせい》に沐《あ》みて疹《やまい》を癒《いや》す」と。日月は万物を照らして育成し、「神井」は百姓の病いを癒して身心を憩わせ「寿国」に等しい喜びを与える。これこそ「湯=斎」の癒しと再生の効力である。

もう一例、「出雲風土記」仁多郡湯野小川の条りを引いておこう。

湯野小川。源は、玉峰山《たまみねやま》より出で、西に流れて、斐伊河《ひのかわ》の上に入り、飯石郡《いいしのこおり》の堺なる漆仁川《しつにがわ》の辺《ほとり》に通りて二十八里なり。

即ち川辺に薬湯《くすりのゆ》あり。浴《ゆあみ》すれば、身体穆平《みぬちやわらぎ》、再び濯《すす》げば、万《よろず》の病消除《い》ゆ。男も女も、老いたるも若きも、昼夜息《や》まず、駱駅《うちはえ》往来《かよ》ひて、験《しるし》を得ざること無し。故《か》れ俗人《くにびと》名《なづ》けて薬湯と云ふ。

湯野小川は、その名も魂の源郷を表わす「玉峰山」より流れ出て、その川辺に薬湯を持つ。その湯は湯浴みすれば身心ともに柔らぎほぐれ、万病が癒される。そのため、老若男女みなこぞってこの湯に通い、奇しき霊験を得て帰るというのだ。古代からいかに温泉がヒーリング・スポットとして活用され重宝がられていたかが知られよう。大国主の神も温泉で生きかえったのだから、神代の昔から日本は温泉天国だったのである。

平安時代中期にまとめられた儀式書『延喜式』には、各地の古社三一三二座が列記されている。その神社を延喜式内社といい、由緒と信仰の篤さでは格別のものがある。

その式内社のなかに、「温泉神社」とか「温泉石神社」とか「湯神社」という名の神社が数社ある。

摂津国《せっつのくに》有馬郡　温泉神社（大。月次《つきなみ》。新嘗《にいなえ》）
下野国《しもつけのくに》那須郡　温泉神社
陸奥国《みちのくのくに》玉造郡　湯泉神社
同　湯泉石神社
同磐城郡　温泉神社

出羽国平鹿郡　塩湯彦神社
伊予国温泉郡　湯神社

管見の限りでは、「湯」のつく式内社は以上七社である。とりわけ、摂津国の温泉神社が月次祭《つきなみのまつり》や新嘗祭《にいなえのまつり》の幣にあずかっているのは、朝廷からの往来が盛んであり、距離も都に近かったことも関係しているのであろう。今でも六甲奥の有馬温泉は一大歓楽温泉街であるが、当時から相当な賑わいだったようである。また先に引いた伊予国の「神井」は「温泉郡」という郡名まで付され、その名が全国にとどろいていたことが知られる。おそらく世界広しといえども、温泉そのものが温泉神社として祭られているのは日本だけであろう。かえすがえすも、日本は「温泉天国」であることが知られるのである。

二十数年前、地獄巡りと秘湯巡りをしていた私は、地獄が極楽浄土と相互に入れ子状になっている日本人の他界意識のなかに身も心もどっぷり浸っていることに気づいたのである。以来、胸を張って、日本は世界一の温泉国であることを広言するようになった。しかしそれは日本列島が火山列島であるという地質学的条件に依拠しているのであり、神話的にいえば、イザナミの命の女陰《ほと》や火神カグツチの殺害という犠牲の上に成立しているのである。感謝すべきかな。

2　湯殿山の神秘

秘湯巡りをしながら気づいたことがいくつかある。その一つは、日本の山岳・森林は急峻で貯水能力に長けているため（特にブナ林帯の山岳森林など）、実に透明な清流が伝い落ち、急勾配をつくる各所の岩場でそれほど大きくはない滝をいくつも形づくることができたということである。それゆえ、川のせせらぎや海浜で禊をして身心を浄めるという風習が、やがて仏道修行と習合して、わが国独自の滝行の修行法や作法を生むに到った。山野を跋渉しつつ滝の清流に身を浄める清々しさと喜びは格別のものがある。もちろん、冬季、氷を割って入る滝行もまた格別厳しいものがあるけれど。

しかしいずれにしても、それは日本の山水がつくりあげた自然とそこに住む人間との独得のコミュニオンの様式であったことはまちがいない。温泉と滝はどちらも身心浄化のはたらきを持っているのだ。あえていえば、温泉は和魂、滝は荒魂であり、温泉ではくつろぎリラックスし、滝では集中緊張するのだが。温泉浴は老若男女誰にでも可能な易行であるが、滝行はいくらか覚悟を要する難行である。とはいえ、それは温泉浴とは別の快楽を引き出す身体技法であり、それによって自然の山水をカミとして感じとることのできる重要な作法だったのである。

実は、私が初めて滝に打たれたのは、二十年前のことである。場所は、山形県の湯殿山。一九九五年十月、イギリス、アイルランドのケルトの地の旅から帰ってきて、山寺に行く用事があった。山寺は松尾芭蕉の「閑かさや岩にしみ入る蟬の声」の句で有名な天台宗の寺院である。所用を終えて、一路湯殿に向かった。夕まぐれ、台風の影響で木がざわついている。雲行きも妖しい。

かつて私は月山で二度台風に見舞われたことがある。空は吼え、山は猛った。昔から荒ぶる自然は十分に知りつくしていたにもかかわらず、山中での台風は怖ろしかった。空も山も吼えているとしか思えなかった。しかし「地獄」が好きだったように、台風のすさぶりは大好きだった。湯殿山を流れ落ちる梵字川で台風の濁流の渦巻くなか、フンドシ一つで禊したこともある。あれは身心の浄化になったのだろうか。土砂まじりの濁流に押し流されまいとして私は必死で印を結び大祓の祝詞を唱えてはいたけれど。確かにそれは鎮魂《タマシヅメ》とはならなかった。しかし確実に鎮魂《タマフリ》にはなった。身も心も魂も、細胞の一つ一つもみなうちふるえ、けいれんし、爆発するような瞬間であった。台風の波動が打ちつける雨水や風を通して、また激しくたぎり落ちる濁流を通して否応なく伝わってきたのだ。

湯殿山神社に近づいてゆくにつれてブナ林が増えてくる。出羽三山一帯は深いブナに覆われている。ブナは月山や湯殿山の残雪をじっくりとたくわえ、時間をかけて土の中から吐き出す。その清流が庄内平野を潤し、日本海に注ぎ込んで海を豊かにするのだ。出羽三山は生態系の一大センターでもあるのだ。

湯殿山神社には本殿も拝殿もない。そこにあるのはただ真っ赤な巨岩のみである。しかもこの優に五、六メートルもある赤茶けた巨岩は、常にその岩石中の穴から噴き出た温泉に浸されているのである。その岩石の形は、巨大な男根にも睾丸にも女陰にも見える。それが湯殿山神社の御神体なのだ。おそらくこのような御神体は日本全国どこにもないであろう。世界中探してもないだろう。それは日本神道の自然信仰のピュア・モデルである。

闇の中に沈み込もうとする巨大な「湯津石村」の上に立って私は大好きなおもちゃを与えられた子供のように幸せだった。荒々しい剝き出しの巨岩。それをしっとりと潤す温泉。その下には私が初めて滝行を体験した神滝がとどろいている。この御神体の真下から流れ落ちる滝の雄壮なこと。有難いこと。冷たいこと。「忘れようとしても思い出せない」(鳳啓介)ほどの不可思議極まる畏《かしこ》さだ。

この自然の「温泉石」を御神体とする湯殿山神社は、大山祇神《おおやまずみのかみ》、大己貴命《おおなむちのみこと》、少彦名命《すくなひこなのみこと》の三神を祭る。熱湯が湧出する石英安山岩の御神体の前に詣でた松尾芭蕉は、『奥の細道』のなかに次の句を残している。

語られぬ湯殿にぬらす袂かな

古来、この御神体については他言することを厳しく禁じられ、真言秘密の金胎両部の大日如来の秘地として尊崇された。神仏習合した出羽三山は、羽黒山を観音菩薩、月山を阿弥陀仏、湯殿山を大日如来と見立て、それぞれ現在・過去・未来を象徴し、とりわけ月山と湯殿は極楽浄土、密厳浄土として信仰されたのである。真言宗の行者はここで穀断ち滝行に励み、即身仏（ミイラ仏）として土中入定した。この特異な即身成仏信仰はもちろん高野山で「入定《にゅうじょう》」した弘法大師空海の故事に端を発している。空海は穀断ちをし、「入定」した。兜率天にあって未来仏弥勒菩薩が降臨するまでの五十六億七千万年の間、弥勒菩薩と共に苦しむ衆生を済度しつづけると宣言して「入定」したのである。

即身仏（ミイラ仏）となった鉄門海上人をはじめとする真言僧の多くは、殺人などの罪を犯し、沙婆では生きられなくなって山に逃げ込み、このアジールともいえる治外法権の聖地霊場で罪障消滅の修行に励み、衆生の苦しみを一身に背負って浄土に赴く代受苦者として「土中入定」したという。

こうした土中入定者を擁する湯殿は、隠国《こもりく》の地であり、恐るべき聖地霊場といえるだろう。それは日本人が練り上げてきた自然崇拝の極北を示している。

湯殿からの帰り、あたりが深い闇に包まれかけたとき、路上に三羽の野ウサギが現われた。一羽は背すじをピンと立て、まっすぐに視線を凝らした実に高貴な野ウサギで、もう一羽はかわいらしい子ウサギ、最後の一羽はその子ウサギにちょっかいを出して遊んでいるひょうきん者。これから山自体が主人公となる時間なのだ。人間の管理下を脱し、本来の自然がかの御神体のように剝き出しになる時間。動物が躍り、樹木が語り、空が吼え、月がささやく、草木がもの言う時間だ。そこでは「注文の多い料理店」のように、人間こそがおびやかされる。あの湯殿の神々の使いのような気高い野ウサギも、御神体の上に立ってゆっくりと湯に浸ることがあるのだろうか。

空がキラリと光ったので、見上げると、湯殿の山の端から十三夜の月が昇ってくるところだった。月の上をうっすらとした雲がものすごいスピードで翔けてゆく。そのために、ふるえるような月の傘が上空に現われ出た。微細に振動する月の傘。思わず柏手を打って伏し拝み、月に向かって力いっぱい法螺貝を吹き鳴らした。あの法螺貝の音は湯殿の神々にも月山の神（月読命《つきよみのみこと》）にも届いただろうか。今にも身も心も舞い上がってゆきそうな夜だった。

この湯殿山神社の一キロばかり下ったところに、参籠所《さんろう》がある。そこに寝泊りしながら滝行や湯殿山・月山登拝にのぞむのだ。さらにこの参籠所より二キロほども下ったところに湯殿山ホテルがあり、いずれも温泉を引いている。湯殿や月山の山ふところに抱かれて一夜を過ごす。山の生き物たちの活動する時間を。神も鬼も動植物もみなこの時を待って歌い踊り遊ぶ。そのとき人はただ夢の中にあって、これらの神々と交わるのだ。

3　空海と温泉湧出伝説

恐山に東洋一の金鉱が眠っていると騒がれたことがあるが、各地の聖地霊場は豊富な鉱物資源を秘め持っていることが少なくない。修験者や一部の金属技術者はそのことをよく知っていたが、青年時代の十数年間を山野を跋渉して修行に明け暮れた空海はいちはやくそのことに気づいていた人物である。高野山を開くとき、空海は狩猟民とおぼしき狩場明神に案内され、その土地を領《うしは》く丹生津比売神《にゅうつひめのかみ》（丹生津比売神社の主神）の許可を得たと伝えられる。「丹生《にゅう》」とは水銀の原料である辰砂を指し、「にゅう」の地名を持つ場所のほとんどが水銀鉱脈地であったことは近年よく知られるようになった事実である。

空海は土地をよく観察し、聖地霊場が単に〝信仰〟によってのみ成立するものでないことを知悉していた人物だった。彼は聖地が豊富な資源を秘め持つ生態系のセンターであることを見抜いていた。丹生津比売の許可と助力を得、黒犬をつき従えた狩場明神に案内されたという伝説が何よりもよくそのことを物語っている。

その空海伝説には、清泉湧出譚や温泉湧出譚がことのほか多い。「真魚《まお》」という幼名を持っていたといわれる空海が水のマジシャンであったことは、かつて拙著『聖トポロジー』（河出書房新社）のなかでふれたのでくりかえさない。ただ空海の事蹟として、神泉苑での雨乞いの成功、満濃池の完成を果たしたことがかなり早い時期の空海伝からうかがえることを指摘しておこう。

清泉湧出譚として、『弘法大師行状絵詞』に描かれた和泉国槙尾寺の話を引いておく。槙尾寺は空海が出家得度した寺だといわれるが、この地は年来水の出がたいへん悪く、そのために人々は困窮していた。そこで空海が平地に向かって神呪を誦し、密印を結んで加持を施すと、たちまちにして清泉が湧き出し、汪洋たる流れをなした。人はこの奇蹟を見て驚嘆した。そして土地の人々はこの水を飲むと「精神爽利」となるゆえ「知恵水」と名づけたという。

このような、空海が清泉を湧出させたという話は各地に残っている。それとともにまた温泉湧出譚も数多い。その代表的な例として、修善寺温泉の湧出伝承を掲げておこう。

修善寺温泉には「修禅寺」という名の古刹がある。現在はその名の通り禅宗の寺院であるが、開基が弘法大師空海だという伝承がある。斎藤昭俊編著『弘法大師伝説集　第一巻』（国書刊行会）からその伝承を引いておこう。

①弘法大師が十八歳で流罪になった役行者ゆかりの修験道場桂谷山寺に入った。ここは狩野川支流の桂川上流で、ある日、川から湯が湧くのをみつけた大師は、渓流の中央にある磐石を独鈷でうつと、加持された熱湯が走るようにして薬湯となった。これを人々に教えた。それ以来、寺の山号を走湯山として「独鈷の湯」は修善寺湯泉の湯元となった。毎年四月二十一日には「弘法忌」を営んでいる。当時修善寺は奥深い山中で魔性多く、修行の妨げをし、人里を騒がせるので、大師が魔除けに空中に字を書くとしばし消えず、このときより魔物が現われなくなったという。修善寺の開基は大師十六弟子のひとり杲隣であるという。

②修善寺温泉にある修禅寺は弘法大師によってはじめられた寺といわれ、本尊は弘法大師作といわれる大日如来である。

この二つの伝承は弘法大師伝説の特徴をよく伝えている。第一に、癒しの水や湯を湧出させた点。第二に、魔物を退治した点。第三に、本尊を造った点。このなかでも、とりわけ水や湯の湧出譚こそ弘法大師伝説の核心をなす。

この伝説で興味深いのは、空海自身が川から湯が湧くのを発見したあと、渓流の中央にある磐石を密教法具の独鈷で打ったところ、加持された熱湯が噴出し、薬湯となったという点である。つまり、空海は湯の質を変化させたのだ。錬金術師が卑金属を貴金属に変成させたといわれるように。この点では空海はまさしく水の錬金術師である。

実は、現代の水の化学は、水が情報を転写する性質を持っていることを明らかにしつつある。水は単にニュートラルな媒体ではなく、地形・地質・天候・波動・情念・情報を写し取った物質なのだ。空海は密教修法の加持を施すことによって、普通の湯を大日如来の大智・大悲の波動と法力に浸された特殊な情報を転写された湯に変成したのである。そしてその大日情報を転写された湯が「薬湯」として尊ばれたのである。

空海は「五大にみな響きあり。十界に言語を具す。六塵ことごとく文字なり。法身はこれ実相なり」(『声字実相義』)と言い切った人である。空海によれば、地水火風空という宇宙を構成する根元物質はみな波動的に生起しており、その波動的生成こそが同時にたえまない情報の生成過程であり、それはみな法身・大日如来の根源的情報の現象的変成にほかならない。空海はこうした波動情報を調律・調整する力を持った術師として尊崇されたのである。

伊豆半島という地形は、火山帯のど真ん中に当たる。地震や噴火も多く、また温暖多雨のために植物も繁茂し、その植生に棲みつく動物も豊富である。伊豆の地名「イヅ」は偉大なる霊力を表わす古語「威力《いづ》」と同語源であろうか。その地は荒ぶる自然と和《なご》む自然の両極を持つ。荒魂《あらみたま》と和魂《にぎみたま》の地霊をともに明示的に体現した地が伊豆だといえる。したがってそのきわめて強い土地の力の調律に人々はしばしばとまどうことがある。空海はそうした土地の威力を「魔物」的なカオスから「薬湯」的なコスモスへと調律し直したのだ。

「魔物」の力を封じるとは、一見ノイジーでランダムにしか見えない情報体を了解可能で使用可能な、したがって交信可能な情報体へと転位することなのである。この点で音の魔術師空海の調律力はきわだっている。枚挙に暇ない弘法大師伝説とは、このような情報の再調律を示している。先の『弘法大師伝説集』によれば、『日本伝説名彙』は、「弘法清水」の伝説を次の十の類型に分類している。

①弘法大師が巡錫の際、水が無くて困っている処で、杖によって地を突いて教えたり、みずから掘った。

②水を所望して、水の不自由なるを知り、錫杖で地を突いた。
③独鈷をもって地を突いた。
④弘法大師に差し出した水が、あまり水色がよくないので、良い水に変えた。
⑤大師が老姿に乞うと、水が無いため一度断わるが、大切な水一椀を与えると、大師は杖を地に立てて水を出した。
⑥大師が機を織る女に水を乞うと、女は遠方から汲んできて飲ませた。大師はそのお礼に杖で突いて清水の出る所を知らせた。
⑦大師に水を与えた所には杖でついて水を出し、水を与えなかった所には水がなく、また濁水となる。
⑧水が生ぬるいとか濁っているといって与えなかったため、濁水となり、また遠方に出て不便になる。
⑨機を織り、あるいは洗濯していて、口実を設けて与えなかったため、水が減じたり無くなったりする。
⑩米のとぎ水、白水などを与えたため水が濁り、または白くなった。

これらの「弘法清水伝説」は、大きく弘法大師が水を湧出させた話と水をなくしたり減じたり濁らせたりする話の二つに大別できる。水の制御者としての面目躍如たるものがある。

水の喚起者《イヴオケイター》としての空海。それはもっとも変幻しやすい水という情報転写体を調律し制御する水の技術者であった。修善寺湯泉縁起が物語るように、空海は手のつけられない、火傷しそうな熱泉を癒しと憩いの「薬湯」に調律し直す水の術師だったのである。彼こそ、その時代にあって、「湯《ゆ》」が「斎《ゆ》」に通じることをもっともよく知悉し、さらにはそのメカニズムを実際に応用し、「霊験」として開陳してみせた人物であった。

滝の精神史

滝に入る

森の小道を辿ってゆくうちに、さらさらと沢の流れる水音が聞こえてくる。キツツキが木の幹をたたく音にまじってカラスの鳴き声が重なる。耳孔から脳の内部へこれらの音が優しい亀裂を入れる。そしてその亀裂がつくる空隙が脳天へと抜けてゆく。

さらに道を辿る。冷気が地面を這うようにしてしのび寄ってくる。沢の音が次第に激しさを増し、大地を打ちつけるように響いてくる。地の振動が足裏から脳天まで伝ってくる。全身の細胞が微細な振動波を感受してざわめきだす。すると心もまたざわざわと落ち着かなくなり、浮き足立ってくる。何か、呼ばれるような思いにかられる。

呼んでいる。水が呼んでいる。水の生命《いのち》がそこを通過してゆく生き物を呼び、水場へと誘う。水音にひかれるままに水場に到る。顔面に細かな粒子となった水飛沫がふりかかる。その水飛沫の向こうに、白い屏風のような滝が高々とそびえ、千尋の谷を飛び降りる大獅子のごとく身をおどらせて潔く頭から落下してゆく。

水の頭が割れる。水の頭が割れて、白い飛沫とともに四分五裂し空中に消える。流れの中にいくつもの渦巻き模様が立ち現われては消え、また立ち現われては消える。渦巻きの宇宙。渦巻きの変幻自在。滝は無数の渦巻きを抱えている。それは生命の奔流であり舞踏である。力強く、自在に、それでいてこのうえなく複雑繊細に、優美に戯れつづける水の舞踏。

その滝を目前にして、自分自身の身体の中の水が舞踏しはじめる。水の幻暈。水の夢幻。滝はそれを前にした人の意識と身体にある亀裂と切断を入れる。そこに空隙をつくるのだ。細胞と細胞との間に、意識と意識の間に空隙と途切れをつくる。ナチュラル・ハイとはそうして亀裂と空隙によって生じてくる身心の超越である。

衣類を脱ぎ捨て、褌一丁になって滝の中に入る前に、川面凡児《かわづらぼんじ》によって整備された禊作法の手順にのっとり、祓詞《はらいことば》、鳥船、雄叫《おたけ》び、雄詰《おころ》び、息吹《いぶ》きを行なう。川面凡児は、こうした水の作法を通して、身体粒子を粗い状態からより微細で精妙な状態に変容させることができると主張している。国内だけでなく、世界各地の滝に入ってきた私はその主張を実体験によって確認した。

気合いとともに滝壺に入る。瞬間、身体は水を異物として感受する。水と皮膚の間に冷たく固い皮膜ができる。両手を重ね、振魂をつづけながら滝の本流に押し入る。

水が身体をはじく。身体をたたく。威圧する。上から押さえ込もうとする力を全身が吸収して消尽する。押圧を吸収しいっぱいにため込んだ身体は、体内に空隙を広げてゆき、次第にザル化する。つまり、身体がザルのようになって、水をため込むことなく、次から次へと流してゆくのである。

そうしてついに、滝を、水を異物として感受しない時が訪れる。そこにおいては、私は水である。私は流れ落ちる水であり、無数の渦巻きであり、無限に肥大化したザルの目である。水との同調、滝との同調の時がやって来たのだ。

やって来い、やって来い。
我を忘れるような時。

（アルチュール・ランボー『地獄の季節』）

皮膚は全開し感覚の強度を持たない。身体感覚が零化《ゼロ》され、「私」という場所が超越される。そこにはただ圧倒的な水の流れがあるばかりだ。「私」という水の場所が。

滝の原型――那智の大滝、飛瀧権現

滝と温泉、これは日本が世に誇りうる二大自然文化である、というのが年来の私の持論である。火山列島の日本の島には、そこが四つのプレートの集結・集合地点であるがゆえに地震も多いが、いたる所に温泉がある。その温泉に浸って身心を癒し、安産や豊饒を祈願する。延喜式内社のなかにいくつもの「温泉神社」の名がみえるのも、日本が温泉列島であり、温泉を癒しの場とし祈りの場とし、レクリエーションの場としてきた文化のあることを示すものである。

また、国土の七〇パーセントを森林・山岳地帯が占め、急峻な山々や渓谷が多いために、その山合いの谷間や沢地のあちこちに滝ができることになる。その滝も森林にたくわえられた豊富な地下水を集めているために、また沢地に土砂よりも小石が多いために、まことに澄明な清流となる。山紫水明という言葉を絵に描いたような森と清流がいたる所にみられるのである。

その滝を神として拝《おろが》みまつる信仰を典型的な形で表現しているところが那智の滝である。那智の滝は熊野灘からよく見える。青みがかった山並みの間から白い糸筋のような滝が流れ落ちるのが見える。そ

れは航海する者の目印ともなる。

那智の大滝が日本の滝文化の典型であり象徴であるというのは、第一に、その滝が海上からよく見える滝であること、第二に、滝そのものが御神体として崇拝の対象になっていること、第三に、その滝から流れ落ちる水が熊野灘に注ぎ込み、観音菩薩の浄土である補陀落にまで達しているという他界信仰があり、その他界信仰に基づく補陀落渡海の習俗が起こったことによくあらわれている。

熊野灘の沖中にあって遙かなる熊野山中を見やったとき、神さびた原生林の生い繁る森から一本の白い滝が落ちているのを目に認めることができるということは、山（森）と海とのつながりを滝を通して実感するということであり、しかも青山の中の白は清浄そのものを感知させる色である。滝は天と地の媒介者であると同時に、森（山）と海の媒介者でもある。

那智の大滝は、滝自体を御神体とすることで有名である。大滝は百三十三メートルの断崖から勇壮に流れ落ちている。この大滝は大己貴神《おおなむちのかみ》（大国主神）の御神体とされる。昔は飛瀧《ひろう》権現と呼ばれ、今は熊野那智大社別宮飛瀧《ひろう》神社と呼ばれている。そこには鳥居が一つ建てられていて、そこから大滝を拝することができる。以前はこのお滝拝所には飛瀧権現本地堂が建てられていた。その本地は、いうまでもなく観世音菩薩であり、それも千手観音であった。

十年あまり前、新体道の創始者青木宏之氏とともに、夜中の一時頃、那智大滝に参拝したことがあった。激しい雨が降りしきる真夜中、大滝の前に立った。すさまじい音響と水量をもって落下しているその滝は、闇夜の中にあっても真白い一本の大きな筋となって激しく墜落していた。その姿は雄々しく、男性的ですらあった。

昼間、那智大社に隣接する、西国三十三ケ所観音霊場第一番札所補陀落山青岸渡寺の展望台から那智大滝を見ると、それは原生林の中の幾重もの襞に包まれた女陰にも見えてくる。その姿を見ると、この地がイザナミの命《みこと》（熊野夫須美命《ふすびのみこと》）の聖地であり、またその本地観音菩薩の霊場であることがおのずと納得されてくるのである。そのために私はこの那智の地と滝をきわめて女性的なものと感じつづけてきた。

さらに、修験道の宇宙観《コスモロジー》のなかで、吉野は金剛界（男性原理）、熊野は胎蔵界（女性原理）を表わすといわれ、その「胎蔵」を表わすサンスクリット語「ガルヴァ」が「女陰・子宮」を意味しているのも、そこが女性的な何ものかを発信していると受けとめられてきたことがうかがえる。私もその熊野胎蔵界説は充分腑に落ちていた。

しかし、深夜、目前に那智の大滝を振り仰いだときに感じたものは、そうした女性性とはまったく無縁のものであった。暗闇のために、滝を包み込むように林立している緑なす森林が見えない。ただ暗黒の中に白い瀑布のみがひたすら落下している。その雄大さ、ひたむきな潔さ、孤絶。

どしゃぶりの雨の中で私たちはただただ手を合わせて見上げるばかりであった。この畏怖すべきもの、大いなるもの。古人が「畏し《かしこ》」といった心情がこうしたものだったのかと納得されてくる。青木氏はと見ると、大粒の雨に打たれて全身濡れねずみになりながら、滝を見上げ、手を合わせていた。私は自分をいと小さきものに感じた。それはとても心地よい感情であった。しんそこ有難いと思わずにはいられなかった。このいと小さきものがこのいと大いなるものを前にして向かい合っている。その大きさが本当に「宇宙」であることを感じながら。那智の大滝は、単なる滝であるのではなく、それ自体一箇の大宇宙である。古人はそれを「カミ」と呼んだのだ。

「カミ」に向かって、黙って手を合わす。滝の爆音と大地を打ちつける豪雨で、他のどんな音も聞こえないなかで私は聖なる静寂を感じていた。力いっぱい吹いた法螺貝の音もその轟音にかき消され、どこにも届かない。いかなる人間的な業《わざ》もここでは無力である。このいと小さきもの。そのいと小さきものが、みずからの小ささを深く自覚することによってそこにいと大いなるものの実在と力をありありと感得するのである。ここに「カミ」います、と。

光としての滝の表象

那智の大滝が人々にどのようにして崇拝されるようになったか、社伝は次のように物語る。あるとき、神武天皇が熊野灘から那智の海岸の「にしきうら」に上陸した時、那智山に光が輝くのを認めた。そこでかの地を探ると、那智の大滝から光が発せられているのがわかった。かくして、この滝を「カミ」として祀ったというのである（篠原四郎『熊野大社』学生社）。

神武伝説は光と関係する話が多い。記紀神話では第一に、神武天皇は「日向《ひむか》」の地に生まれ、日本を統一するために大和に入るが、日に向かって戦ったために敗れ、熊野・吉野を廻り、日を背にして戦って勝利をおさめ、国土を統一することができたとされる。まずこの「日」の光。第二に、大和に入る前に、吉野の国つ神で吉野の首《おびと》の祖先である「井氷鹿《ゐひか》」に出会い、道案内されるが、そのイヒカは、尾のある人で、光る井戸の中から出てきた者と記されている。そのために「井氷鹿」すなわち「井光」の名がついたのである。この「井」の光。第三に、大和の地で長髄彦《ながすねひこ》軍と戦っていたとき、戦況思わしくない状況下、にわかに「金色の霊鵄」が飛び来たって神武天皇の弓の先に止まった。その鵄《とび》は、「光曄煌《てりかがや》きて、状《かたち》流電《いなびかり》の如し」であったという。その光のために、長髄彦軍は目がくらみ迷い、戦力を失った。この「金色の霊鵄」の光。

以上が、記紀神話に登場する神武天皇と光との関係を表わす物語である。那智大社の社伝は、こうした神武東征伝説のなかに那智の大滝との遭遇の場面を挿入したものと考えることもできる。重要なのは、神武天皇が上陸した那智の浜（ここから補陀落渡海の舟が出され、その浜に流れ込む川の上流に那智の大滝がある）が「にしきはま」と呼ばれている点と、大滝が光っていたとされる点である。「にしきはま」とは「錦浜」あるいは「二色浜」の謂であり、ここにも光輝く浜という意味が込められている。光輝く清浄な白砂の美しい浜に神武天皇は上陸した。つづめていえば、神武天皇は、光の浜から上陸し、その光の源泉である那智の大滝に行き当たったという話である。

ここでは、滝は光であり、「カミ」である。神々しさとは何よりも光輝くさまとして表象されるのだ。さて、このような光としての滝が、それ自体神聖なるカミの示現した姿そのものであると表象され、それがやがて滝を「御神体」として拝《おろが》みまつる風習になってゆく。その一方で、滝は心身を浄化し霊的な力を獲得するための修行の場ともなってゆく。

『熊野年代記』には、仁徳天皇五年に「那智大滝出現」と記されている。先に引いた篠原四郎元那智大社宮司の『熊野大社』には、この記述から滝を神として仰ぐ信仰とともに、滝修行が行なわれていたことがわかるとしているが、仁徳天皇の時代から滝修行が行なわれていたとはにわかに断じられない。おそらく、仏教が伝来し、山林に籠って修行する習慣が形成されるにしたがって、その修行の一つとして、あるいは神仏に祈るための前段行事ないし修行として、滝に打たれて心身を浄めることが行なわれるようになったのではあるまいか。それは神道における禊と仏教における沐浴とが結合し、日本の風土・地形と日本人の信仰・風習に合致した形として成立してきたものではなかろうか。

この那智大滝には、明治以前にはお籠堂や拝所があった。神仏習合が行なわれるようになって、修験道の開祖役《えんの》行者がこの大滝を山岳修行の道場中第一の霊場と定めたという。こうして、蟻の熊野詣での影響もあり、参詣者や修験者が多く詣でるようになって、「滝籠り」する人も出てきた。そこでこの「滝籠り」を導く先達として「那智滝本六十六人衆」なる先達組織もできてきた。

特筆すべきは、花山法皇が熊野御幸に際して、この大滝に魅入られ、一千日の「滝籠り」をしたと伝えられることである。この花山法皇の滝本修行の話を嚆矢として、那智七仙徳と呼ばれる大徳の千日滝行が行なわれるようになったという。醍醐寺の範俊は永保年間に千日滝籠りをして愛染の法を修したところ、壇上に如意宝珠が出現し、行誉もまた千日修行をして、大治二年に滝上に真金を得、それをもって五部大乗経を書写し岩窟に納めたという。これが大滝入口の聖地「金経門」であるとされる。

このように、那智は神道と仏教、神社と寺院が結合した神仏習合の地であるが、この地の本地仏が観音菩薩とされていることには由縁がある。『熊野三巻書』には、裸行上人がこの大滝に入って修行していたとき、滝壺から出現する霊仏を感得した。それは閻浮檀金《えんぶだんきん》長さ八寸の如意輪観音の尊像であった。裸行上人はその像を草庵に安置し、朝夕の勤行を怠らなかった。上人が死んだのちに、庵室の跡地にお堂を建て、別箇に一丈ほどの大きな如意輪観音の木像を造り、その胎内に滝壺から出現した霊仏を納めたと記されている。

興味深いのは、滝壺から出現した霊仏が金色の如意輪観音であった点と、それがさらに大きな観音像の胎内に納められた点である。つまり、その菩薩像は光輝く存在、光のブッダだったのである。実際には菩薩像であったとしても、それが光の神仏として尊崇されたことは想像に難くない。ここでも光が特別の色合いをもって表象されているのである。

有名な熊野那智山の参詣曼荼羅には、画面の右上方から三筋の白滝が流れ落ち、合流している姿が描かれている。そしてその滝本には、コンガラ・セイタカの二童子が宝珠を上方にいただいて滝本修行をしている。やがてその滝の水は川となって那智の浜に注ぎ、画面上方の浜の鳥居前の海上には補陀落渡海に出る帆掛け船が描かれている。これを見ると、滝が天と地をつなぎ、また山と海とをつなぐ媒介者であることが明白となる。そしてそれは光を発する聖なる媒体、すなわち「御神体」なのであった。

もう一つの滝の原像

ここでもう一つ、滝と光の関係について言及しないわけにはゆかない。記紀神話において、また古代からの日本人の神信仰において、光の神といえば、まずもって日の神天照大御神があげられるであろう。そのアマテラスが滝に関係あることを知れば、日本人にとって滝がいかに神聖なものとして表象されてきたかがよりいっそう納得のゆくものとなるだろう。

周知の如く、天照大御神は倭姫命を御杖代《みつえしろ》として各地を転々とし、最後に伊勢の宇治山田が原の地に鎮まった。その宇治山田が原のいわゆる内宮に鎮座する前に天照大御神が祀られていた場所が宮川の上流にある滝原宮である。延喜式には、この滝原宮について次のような記事がみえる。

滝原宮　一座（大神の遙宮《とほのみや》。伊勢と志摩との境の山中に在《ま》す。大神宮を西に去ること九十里）
滝原並宮　一座（大神の遙宮。滝原宮地の内に在す）

この二つの滝原宮は、内宮の「遙宮」として、大神宮（内宮）、荒祭宮、伊佐奈岐宮、月読宮に次いで、「延喜式巻第四　神祇四　伊勢大神宮」に第五番目と六番目にあげられている神社である。

なぜ、この地が「滝原」と呼ばれたか。まさしくそこが神々しい光輝く滝のある、少しひらけた原地《はらち》であったからだろう。今なお、うっそうたる森林に囲まれた滝原宮は山紫水明の神さびた地にあり、清浄にして森厳な感に打たれる聖地である。

この「滝原」の地から、さらに下流の「内山田（宇治山田）」の農耕にふさわしい地に移り、そこに内宮が造営されたのである。ということは、内宮の源流には滝があるということになる。光輝く滝の光輝に包まれてこそ、記紀神話に「光輝明彩」の女神と形容された天照大御神が鎮まれるわけである。

このように、日の神アマテラスはその内に光輝く滝を持っている。天に輝く太陽が、天から降り注ぐ雨水となって森にたくわえられ、それが集まって滝となり、川となって山林田畑を潤しながら海に注ぎ入る。まことに滝は天地の架け橋であり、海山の媒介者である。

私が生まれて初めて滝行をしたのは、出羽三山中の一山である湯殿山であった。かれこれ二十年前のことになる。女陰とも子宮とも見まごうばかりの赤茶けた、湯を噴き出す「御神体」の前を月山からの雪融け水が流れ落ちる滝に入ったのが最初である。以来、日本各地の、また世界各国の滝に入ってきたが、忘れられないのは、この湯殿山の滝と、沖縄は西表《いりおもて》島の山中のマリュウドの滝である。

湯殿山では肉体と魂が引き裂かれ分裂するような激しい体験を持ったが、西表島では、いつまでもいつまでもこの滝の中に全身を浸していたいという気持におそわれた。こんなに優しい、これほど柔らかく温かい滝があるのか。初めて、しんそこ滝の白のなかで、身も心も真っ白になり、おのれが空隙そのものになる瞬間を感得した。滝が宇宙であり、そのなかにいる私もまたその宇宙と一つであることを体感した。時間に迫られ、惜しみつつその滝から出るときに、温泉のように温かい水が流れ落ちてくる一角があった。その温かさに触れたとき、思わず、「カミ」の恵みというものを実感した。滝は神仏の恵みであり、天然自然の贈与《プレゼント》であると。そこは確かに生命《いのち》の源泉につながっている聖地であったと。

このマリュウドの滝から出たあと、私たち一行は新城島の秘祭アカマタ・クロマタの祭りを見学した。歌の掛け合いが行なわれるなか、全身を植物で覆い尽くしたアカマタ・クロマタのカミが豊年を寿いでゆく祭りを見たあと、休憩所になっている元小学校の校庭に深夜身を横たえ睡りに入ろうとしたとき、身体が浮き上がっているのを感じた。地面から三十センチほど身体が浮いていると感じるのだが、目を見開いて確認してみると、身体は地面に横たわったままだった。しかし、確かに自分は浮き上がっていると感じられた。

こうした浮上感は、長い滝行を終えたあとでしばしば感じることがあるが、それが高じるといわゆる幽体離脱にいたることもある。その前段階が来ているのだと思った。意識と身体が分離し、意識が身体の外に出て浮いている。圧力を感じつづけ、ため込んだ身体から意識が脱け出て空中に浮いているのだ。星明りの下、意識はどこまでも明澄で静かだった。

日本の滝文化のなかには、以上見てきたような日本人の精神史と経験がそれこそ豊かな滝の本流となって流れつづけているのである。

神道のサトリ
——悟り、安心、礼能力

はたして神道に「悟り」などというものがあるのだろうか。そんなものはどこにもない。神道は「悟り」とは無縁である。いや、神道は「悟り」など必要とはしない。むしろ、「悟り」なきところに神道があるのだ。

日本人の「悟り」

「神道の悟り」などという問いを発すると、必ずやこうした答えが一度ならず返ってくるだろう。もし「悟り」を「安心立命」の「安心」という言葉に置き換えることが可能なら、「安心なきが安心」と言った本居宣長のように、「悟りなきが悟り」という言い方もあながち単なるパラドックスに終わるものではないであろう。実際、インド学者の松山俊太郎も『インドを語る』(白順社)のなかで、日本人には「悟り」など必要がなかったと言っている。いわく、「だいたい〈道〉なんてものは、日本人には関係ないんです。道というのは道教的な考えで、それから仏教でいうところの〈道〉は〈さとり〉です。さとりにいたる階梯を含めたさとり。だから、道場といえば、さとりの場という意味で、菩提道場とかいう。しかし、これは本来の日本人には、まったく関係ないんです。日本人には〈さとり〉なんかを求めようとする、もの欲しい心などなかったとわたくしは思うんです」。こういう考えは、思想史的にみると、本居宣長に典型的にみられるものだ。

良きにつけ悪しきにつけ、日本人のメンタリティなるものは「悟り」などという真面目さとはかなりずれたノーテンキさをもっているということであろう。

宣長と篤胤の「安心」

私は、国学四大人と呼称される荷田春満、賀茂真淵、本居宣長、平田篤胤のうち、宣長と篤胤の「家」がともに浄土宗の信仰をもっていたことに興味を抱いている。というのも、宣長は「安心《アンシン》なきが安心」と言い、篤胤は「霊魂の安定の行方」を知ることが「安心《アンジン》」であり、「大倭心」を固めるために第一に必要なことと言ったが、その「安心」なるものは、日本浄土教における「信心」や「安心」や「異安心」の信仰論のキーワードとして登場してきていたからである。

さてここに、戸田義雄博士の卓抜な論文「アンシンか、アンジンか――安心論をめぐる宣長と篤胤」（『宗教と言語』大明堂）がある。戸田義雄はこの論文のなかで、宣長の「安心《アンシン》」と篤胤の「安心《アンジン》」をそれぞれ「被投性型安心感」と「企投性型安心観」として規定しながら、両者の世界認識と心的傾向の違いをあざやかに分析している。戸田論文に依拠しつつ、以下「安心」について愚考をめぐらすことにしたい。

現象学的な宣長、霊学的な篤胤

宣長の『鈴屋答問録』には、「安心」について次のようにみえている。

「小手前の安心と申すは無き事に候」、「まず下たる者はただ上より定め給ふ制法のままを受けて、其如く守り、人のあるべきかぎりのわざをして、世を渡り候より外候はねば、別に安心はすこしもいらぬ事に候」と。

『直毘霊《なおびのみたま》』の趣旨は結構だが、あなたの安心が書かれていないのはなぜか、という質問に対して、本居宣長は右のように答えたわけである。自分には何も特別「安心」などというものはない。ただ、定められた「制法」を守り、たんたんとなすべきことをなして生きてゆくこと以外に別段「安心」など必要ないと宣長は言うのである。

さらにはまた、死の問題に関連して、「人死て後にはいかなる物ぞという事、是先第一に、人毎に心にかかる物也。人情まことに然るべき事に候。此故に仏の道は、ここをよく見とりて造りたて候物に候。されば平生は仏を信ぜぬ者も、今はのきはに及び候ては、心ほそきままに、ややもすればかの道におもむく事多き物に候。これ人情のまことに然るべきことわりに候。然るに神道におきて、此人死て後、いかになる物ぞと申安心なく候ては、人の承引し候はぬもことわりに候。神道の此安心は、人は死候へば、善人も悪人もおしなべて、皆よみの国へ行ク事に候。善人とてよき所へ生れ候事はなく候。これ古書の趣にて明らかに候也」と述べている。

この宣長の論法には、『歎異抄』で悪人正機説を唱えた親鸞の逆説的言辞に似たものを感じる。いってみれば、宣長の立っている場所は善悪の彼岸である。さらにいえば、彼此の彼岸、あの世とこの世という二元論からの超脱である。

ところが、こうした「神道の此安心は、人は死候へば、善人も悪人もおしなべて、皆よみの国へ行ク事に候」という宣長の「安心《アンシン》」感は、篤胤に至って、死後の魂のおもむく「泉《よみ》」の神学的定立を通して、自己の「安心《アンジン》」を確立するという方向にむかった。宣長は「黄泉《よみ》」を「穢く悪し」き世界ととらえ、

「魂と屍骸」がともにおもむくと考えた。それに対して、篤胤は、「黄泉《よもつ》」は「穢く悪し」き世界であるが、ここには「屍骸」のみが往き、「霊魂」は「泉《よみ》」という清浄なる世界におもむく、と師説を激烈に批判した。

戸田義雄は、このような二人の国学者の「安心」論を、ハイデガーの概念を援用しつつ「被投性型安心感」と「企投性型安心観」という対極的「安心」論として類型化したのである。私はこの戸田の分析は、神道の「安心」論の二類型を見事に浮かびあがらせることに成功していると思う。生をありのままに肯定しようとする宣長の一種の現象学的まなざしと、死後の世界からこの世のありようを変革し救済せしめんとする篤胤の霊学的まなざしとは、一八〇度反対である。

私は、『異界のフォノロジー』(河出書房新社)、『老いと死のフォークロア』(新曜社)その他で、この二人の国学の違いを「もののあはれの国学」と「もののけの国学」と位置づけ、その世界観の違いを解析した。

とはいえ、このような神道における「安心」論がただちに「神道の悟り」を示すものではないことはいうまでもなかろう。先にも述べたように、神道にはたして「悟り」があるかどうか、「悟り」が必要かどうか、異論があるからである。

まことのレイノーリョク

私個人は、あるとき、「先祖」は単なる過去の血のつながりのある死者ではなく、むしろ自分自身が「先祖」であり、さらには新たに生まれてくる子供たち自身が「先祖」であるとふと気づいてから、「先祖崇拝」や「先祖供養」の形式主義から脱け出ることができた。筑波大学の荒木美智雄教授に聞くところでは、このような「私が先祖である」という思想はオーストラリアのアボリジニにみられるという。とすれば、私の考えでは、アボリジニと神道の直観には深い共通点があるということになる。

昔、七歳の息子と風呂に入っていて気づかされたことがある。

先に風呂に入っていた私が「はよ入って来《き》ー」と呼ぶと、しばらくして勢いよく入ってきた息子がいきなり、「とうちゃん、背後霊がついてるって言った？」と聞くのである。「ハヨハイッテキー」が子どもには「ハイゴレイガツイテル」と聞こえたらしい。

家で「背後霊」などという言葉を一度も使ったことのない私は、子どもに「背後霊って何？」と尋ねた。すると子どもは、「人間にとりついて見守っている霊だよ」と答えた。ふーん、と思って「それじゃあ、とうちゃんの背後霊はたっちゃん（子どもの愛称）か？」と聞くと、間髪を入れず、「ポックン（ぼく）はかあちゃんの背後霊」と言うのである。うーむ、と思って「とうちゃんの友だちには背後霊や守護霊を見ることのできる人がいっぱいいるんだよ！」と言うと、彼は「そういう人を霊能者っていうんだよ」と答えた。「そうだよ、とうちゃんも小さい時は霊能者だったんだよ。今でもレイノーシャだよ」と言うと、子どもは目を輝かせて「ホント？」と尋ねた。

私はここぞとばかりに一呼吸置いて、右手の指で丸い輪っかをつくり、自信たっぷりに「そう、とうちゃんのレイノーリョクは零能力《レイノーリョク》」と右手を突き出した。すると子どもははじけるように笑い、私を指さして「ギャグや、ギャグや」と叫んだ。そしてそのあとでこう言ったのである。「ポックンもレイノーリョクシャだよ」と。

エッと思って見つめている私の前でコックリと頭を下げながら、彼は「ポックンのレイノーリョクは礼能力《レイノーリョク》」とのたもうたのである。私たちは風呂の中ではじけるように爆笑した。そして一本とられたなと思った。

「霊能者」とは、異界と交渉する特殊な能力を持つ者である。古代の神道ではこの「霊能者」にあたる者を「神主《かんぬし》」と呼び、その「神主」の取り次ぐ託宣の内容を判断する者を「審神者《さにわ》」と呼んだ。こうした「神主」性は、神道のみならず、シャーマニズム一般にみられるものであろう。

しかし、釈迦は「霊能」や呪術を禁止ないし制御し、より人間的、現実的な「中道」的実践の道をさし示した。それは「審神者」から「零能者《レイノーシャ》」に至る道程であったと私は思う。おのれのとらわれをなくして、物事をありのままに見る（正見）ことこそ「零能者」の本性だからである。

ある時私は「霊能者」をめざしていた。そしてその陥穽に気づいて、次に「零能者」になろうとした。さらに今、これからは子供にならって「礼能者」になろうとしている。人々や生命や魂を真に礼拝し、畏敬をもって接すること、それがまことの「レイノーリョク」と納得したからである。

それは神道から釈迦仏教へ、釈迦仏教から大乗仏教への道のりとよく似ている。この「レイノーリョク」の三位一体こそ、今後必要とされているように思われてならない。

霊術家の光と闇

三十年近く前のことだ。尊敬し師事していた戸田義雄國學院大學元教授が次のように言ったのをはっきりと覚えている。「学校の教師が教壇から語ることのできない話題が三つある。セックスと死と霊魂についてである。これらは戦後の学校教育において忌避されてきた三つの領域であるが、早晩そのタブーは破られるだろう。いや、破られなければ真の人間研究は達成されないだろう」と。

三十年経った今、教授の予言は確かに当たっていたと思う。タブーは破られたが、しかしそれらについての言説は混乱をきわめている。パンドラの筐は開いたが、なかに明晰とヴィジョンと倫理は封じ込まれたままである。それほどまでに戦後の学校教育は人間存在の本質的問題について洞察と指針をさし示すことができなかったのだ。大学以下の学校教育のみならず、アカデミズムの拠りどころである学界も同じである。

井村宏次は、そうした状況下にあっていちはやく霊的事象についてのユニークな洞察と指針をさし示してきた在野の研究者であり実践者である。井村は、一九七二年に大阪の天下茶屋に生体エネルギー研究所を独力で設立し、透視、オーラ視、キルリアン写真、土地の気の観測など超心理学・サイ科学の研究に従事するとともに、鍼灸医術の施療を行ない、実験的かつ臨床的に気の科学と気の技術にアプローーチした。彼の仕事は、戦前の超能力研究や心霊研究のパイオニアであった福来《ふくらい》友吉や浅野和三郎の仕事に匹敵すると同時に、その精神と方法の一部を引き継いでいる。

井村は超常現象の生起に「生体エネルギー」が介在していることを古今東西の気の科学・気の技術を通して明らかにしようとしている。そして、既成宗教（新宗教・新新宗教を含む）と通常科学のいずれに対しても一定のクリティカルなスタンスを保ちながら、宗教と科学の関係領域に新たな光を当てようとする。一九八四年に出版された『サイ・テクノロジー——気の科学・気の技術』（工作舎）はその最初の集大成である。

井村はそこで「見えない身体」の位相を気・プラーナ・経絡・オーラ・ヴァイブレーション・超感覚・変性意識状態・古代医学などの諸観点から読みとき、さらに物質変容の代表的な事例として水の古代呪術や秘儀について分析し、歩を進めて、古代呪術・技術としての占術・秘教の構造と問題点を析出する。そして、未来科学となる「気の科学」や「超技術」のための五つの一般則として、(1)相似律、(2)対応律、(3)物質の形相放射説、(4)陰陽則、(5)補瀉の概念を定立する。

この相似律と対応律は古来、大宇宙《マクロ・コスモス》と小宇宙《ミクロ・コスモス》との照応《コレスポンダンス》といわれてきた考え方と通じている。物質の形相放射説とは、「万物はその個性に応じた固有の振動《ヴァイブレーション》をもち、外部に放射している」とする考えである。井村はこの物質の「振動《ヴァイブレーション》」が超感覚と密接にかかわっていると指摘する。陰陽則は古代中国の陰陽五行説に実験的検証と理論的洗練・吟味を加えたもの。補瀉の概念とは、ある物質や現象がそれとかかわる主体にとって気やエネルギーを与えるものとなるか奪うものとなるかという相反構造を指す。この後二者は陰陽哲学と不可分の観点である。

特筆しておきたいのは、脳内麻薬様物質と変性意識状態の関係、そして仏教の位置についての論及である。井村は、古代インドで行なわれたバラモンたちの密儀において、ソーマ草という幻覚を引き起こす植物が用いられたことを取り上げ、「宗教と麻薬の関係はぬきがたい現実」であると言う。そして「ソーマ行法」の問題点を次のように指摘する。「ヒッピーや『人民寺院』の例に見られたように、ソーマは確かに芸術的活動に大きく寄与するが、それを宗教的目的に用いるなら、薬物が作用している間だけ神が現われるのだ。うまくいって、『私』が一時的に神になったと感じるだけで、薬効が燃えつきるとたちまち私はこの世にまいもどり、この寂寥が次の一服を求めさせ、人民寺院の例に明らかなように、かぎりない薬物依存が引き起こされるのである」と。

この指摘はオウム真理教事件を経験したわれわれにはリアルな重みを持っている。

仏教はしかし、そのような「呪術的秘教の限界と、閉ざされた回路をうち破るために企図されたかにみえる」と井村は言う。瞑想技術の開発はその「閉ざされた回路」を突破するための方途としてあった。とりわけ、密教の瞑想技術は、「ASC（変性意識状態）を現出する行法にのっとり、真実に向って回旋していく」方向を持っており、「この方向はエンドルフィン類の助けをかりて各界層を〈感じ〉、自己に定着させてゆく」ものである。井村はこの方向の危険性もあわせて指摘している。「法《ダルマ》あれども、人心は法を求めず知らず、自らの意志により陶酔回路を開き魔の世界をみる。魔は魔と語らず神だと名のる——永劫の昔から虚空に仏音が満ちているというのに」。また、「仏教は一面、理性の教えである。この見地にたてば、エンドルフィンの適宜なコントロール技術によって三昧境にはいろうとも、それが窮極のものであるかどうか、行者は自らの境地をたたきうち破り、衣替えをくりかえしていかねばならない」と。

これは禅でいう「魔境」を念頭に置いての発言であろう。究極の三昧境（と自分で思っている）状態が実は「魔境」にほかならなかったという事態についての認識はくりかえし呼びさまされねばならない。というのも、いわゆる神秘体験やASCは自己を解放し覚醒させると同時に、さらに強固な呪縛と幻想(妄想)に導く種子ともなるからである。

いずれにせよ、十年あまり前に井村が指摘した問題領域や問題構造は今日ますますリアルにかつシリアスになってきているといってよいであろう。

さて、もう一つのリアルかつシリアスな問題領域と問題構造を、井村は『サイ・テクノロジー』を上梓したのと同じ一九八四年に明らかにしている。その問題領域とは「霊術」と呼ばれるものである。近代史において顧られることのなかったその秘面を井村は『霊術家の饗宴』(心交社)のなかでドラスティックなまでに露わにした。「霊術家」として取り上げた人物は、浜口熊嶽、桑原天然、福来友吉、田中守平の四人である。

もっとも、福来友吉は「霊術家」というよりは、〝霊術研究家〟といった方が正確で、そこで詳しく記述されているように、東京帝国大学文科大学心理学助教授を歴任した学者である。だが福来は、他の多くの「霊術家」たちと同様、「霊術」や「透視」なるものの真偽を含めて、それが提起している問題領域と問題構造を正しく理解されず、迷信まじないの類いとレッテルを貼られたという点で相似た不遇をかこったといえよう。

この本の何よりの特徴は、近代の公認宗教と公認科学の両方から不当に排除され、転落を余儀なくされていった人々の問題と価値を正当に認め、その功績を顕彰しようとする認識と情報につらぬかれている点である。そこには井村の近代という制度と構造に対する批判的視線が一貫している。そのために、明治時代以降の「宗教政策、医療行政、西洋化」によって合法的な弾圧を受けていった人々への鎮魂の賦を井村は物語ろうとする。例えば次のように。

誰もたどらなかった維新後の霊術家の系譜、いよいよそれを、しめくくるときが来た。なぜ書かれなかったか。

まず、霊術が常に民衆の側にあったからだ。国家が認可する学問体系には、この術語すらない。霊術がめざすものはいつの世にもある病苦、人生苦の超常的な解決、これに尽きる。その本質がオカルトであるから、霊学も霊的技術も、体制学問にはなじまない反対制的産物なのである。しかし、霊術は昔も今も、いや未来にもありつづけるにちがいない。術を与えるカリスマと、それにとびつく大衆、この二者は特殊な利用関係に結ばれ、大衆側は、新たな霊術の発生をよびおこしていく息吹、つまりオカルト衝動を、いつも溜込んでいるのだ。いわゆる歴史というものが、事実上、政治体制の変遷史であることは論をまたない。民衆はそっちのけである。まして、民衆の血と涙を吸収するシステムである霊術など、歴史の上からみれば瑣末些事にすぎないのだ。

つぎに、主役を演じるカリスマが敗者であることだ。よしんば彼が勝者と評価されようと、それは特定集団に通用するだけである。敗者の歴史、それを再現することは極めて困難である。資料はうちすてられ、後世はみむきもしない。

こうして、彼らの血と涙と汗のあとを、誰もたどらなかったのである。

井村は「霊術」という領域を「非正統医学」というカテゴリーのなかに位置づけ、その諸相と構造を明らかにしつつ（特に、第六章「霊術家時代の到来とその変容」において）、歴史的変遷の過程を描出する。そして「霊術」を支え、その流行を促す民衆心理の問題点を「正しきものと悪しきものを弁別しない……奇蹟をせっかちに求める国民の根性」としてきっちりと剔抉する。さらに、そこには「術を与える父性カリスマと、術を享受する子大衆の抜きがたい精神装置」がつくりだしている共犯関係のあることをするどくえぐり出す。同時に、その「父性」の意味と役割をある愛惜をもって掘り起こす。この「精神装置」はオウム真理教事件をも誘発した装置として今なお機能しつづけているといえるであろう。

こうした指摘をみれば、ただ単に井村が「霊術家」の復権をもくろんでいるのではないことが明らかになってくる。確かに、井村はこの本で不当に無視され、忘却されてきた「霊術家」の歴史的位相を鮮烈に浮かびあがらせた。その限りでは、「霊術」や「霊術家」の意義と役割に正当な評価を与え、その復権を果たしたとはいえるであろう。

しかしそれと同時に、井村は「霊術」や「霊術家」がかかえ込んでいる問題点と歴史的背景に対しても批判的な視線を向けている。井村によれば「霊術家たちのほとんどが、神も霊も信じていなかった」。彼らはおしなべて「神霊を心的作用の一つとみなし」、霊を「精神」としてとらえていたという。それゆえ、「霊術は、唯心主義にもとづく〈物質操作技術〉であって、この考えは現代超心理学のPR（念力）に近い考えかたであり、宗教や心霊主義のいう霊とはちがったものであった」という。

こうした「霊術」は太政官布告、警察犯処罰令、医師法無免許医療行為の禁止、療術取締法などの法的制限によって、(1)精神療法、(2)物理療法、(3)健康道、(4)心霊研究、(5)霊術宗教のいずれかに変貌をとげたと井村は主張する。私もかつて「霊学と霊術」（拙著『神界のフィールドワーク』青弓社）と題する小文において、大本教によって大々的に展開された「霊学」が大正十年の第一次大本事件後禁止され、(1)霊界物語化（出口王仁三郎）するか、(2)心霊研究化（浅野和三郎）するかの道を辿ったことを指摘したことがあるので、井村の主張の大筋は納得できる。

井村の主張でユニークなのは、日本人にとっての宗教とは「霊術的宗教」か「宗教的宗教」の二種に分かれるという宗教類型論と、「霊術家」たちが「日本の父の原像を継承している」という霊術家父性論である。井村は、「日本人の頭のなかで、霊術と宗教が判然と区別されているかどうかは疑わしい」と疑問を投げかけている。これは日本の宗教においては呪術と宗教との境界が曖昧であるという意味で納得できる。現世主義とか現世利益主義とかと特徴づけられることのある日本的宗教は、多く「霊術」的要素を組み込んでいるといえるであろう。完全に「霊術」から手を切った日本の宗教といえば、親鸞の説いた浄土教と道元の提唱した禅だけではあるまいか。もっとも、親鸞や道元の死後、浄土真宗教団や曹洞宗教団は「霊術」化したのであるが。

とすれば、問題の一つは、日本における「宗教的宗教」とは何であるか、それが今日においてどのように根づいているかであるだろう。私は井村のいうような「魂の救済」を第一義に考える「宗教的宗教」は皆無に近いと思っている。

そもそも日本人が真に「魂の救済」を必要としたのかも疑問である。そこには日本人の霊魂観や他界観や救済観も関与している。天台本覚論をはじめ、「山川草木悉皆成仏」が説かれるわが国の思想風土にシリアスな「魂の救済」は根づかなかった。それゆえに「宗教的宗教」が発達する余地がなかったといえよう。それが日本の宗教の不幸であるかどうかはともかく、宗教・思想風土の特質と問題点であることは確かである。

井村は現代日本における「霊術」として、「ヨガや各種マインド・コントロール法」をあげている。これに「民衆の父」としての「霊術家」像を結びつければ、誰しもオウム真理教と麻原彰晃を思い浮かべるであろう。井村の主張を敷衍するならば、オウム真理教は現代日本における典型的な「霊術的宗教」であり、教祖・麻原彰晃はオウム真理教信者の「父」であったといえる。しかもそれは「宗教」と「科学」を「霊術」的に結びつけた「宗教法人」であった。そのオウム真理教の問題点を批判的に吟味する際にも井村の指摘は重要な示唆を与えるだろう。

『サイ・テクノロジー』と『霊術家の饗宴』は、今日の宗教状況や精神世界の動向を歴史的かつ問題構造的に読み解こうとする時に貴重な洞察と指針と警告を与えてくれる。時代は十数年経って、井村の仕事をリアルな場所に連れ出している。それだけ、時代状況は深刻で先行きが見えないところまで来ているということであろう。「宗教」も「科学」も「政治」も「経済」も何ら「救済」をもたらすことがないということをこれほどあからさまに認めた時代はなかった。その原因が奈辺にあったかを井村の仕事は告知している。それだけに、今この時代に対する、またこの日本に対する井村の危機感は相当に深く、切迫している。その井村の義憤と祈りが同時代の柔らかな魂に確実に届き、歴史認識と身心および行為の変容を促すことを、みずから投企するとともに、心から祈らずにはいられない。

もはやどのようなごまかしも効かないところまできてしまったのだ。性についても、死についても、霊についても。

修行と祈禱

宗教における修行とは、意識と身体にある特定のプログラム化された変形を加えることによって、その変成を導き、聖なるものへの接近ないし具現を達成しようとする試みをいう。断食、瞑想、座禅、滝行、籠山《ろうざん》、山林抖擻《とそう》など、さまざまな試みがある。これらの試みを通して心身の覚醒・拡充を伴う変身を達成しようとするものである。

こうした修行のなかでも、とりわけ人間の生理機能に強力な変形を加えようとする試みが断食と禁欲(性交の禁止)だ。

断食は、生体維持に必要不可欠な栄養の摂取を完全停止することによって、生体を生きながらにして能うる限り死体に近づけ、死への接近を通して意識の拡充・跳躍を果たそうとする試みである。それは生への執着を断ち切り、生を断念し、死を内化することによって、その反対に生の秘密、生命力の極限を体現しようとするものである。

それに対して、禁欲(性交の禁止)は、生体の連続性をはかろうとする種族保存や快楽への欲求を断ち切ることによって、性欲に呪縛され支配される身体からより自由な境涯に脱け出ようとする試みである。性を通路として噴出してくる生命力を制御することによって、神的愛や慈悲などの、普遍的で、大いなる意識と感情の地平に到ろうとする。性の断念とは、生の連続性や結合願望から切り離されることによって死を内化し、死に裏打ちされた霊性の体現を獲得しようとするものともいえよう。

このような、自由や解脱や神人合一（天人合一）などの身心境位に到ろうとする宗教的修行は、別の観点からみれば、重力からの解放と日常的速度からの超出を企図するものだといえる。

地球上に生息するあらゆる生命は、好むと好まざるとにかかわらず、また意識するとしないとにかかわらず、すべからく重力の支配を受けている。この重力こそが日常的リズムや速度を規制する大地の根源的な力である。重力支配は、半面では大地の恵みであるが、別の半面では大地の抑圧であり、生命的不自由さの規制力である。断食や禁欲や瞑想は、人間の身体を根源的に支配する重力あるいは生（性）のメカニズムにそれぞれの方法で風穴を開け、それを再編しなおし、それによって精神性や霊性の純化と自由さを獲得しようとする試みである。それは身体を支配する根本機構を死への接近によって解体し、意識のさらなる拡充と跳躍・純化を達成しようとする行為なのだ。

もう一つ、日常的速度からの解放とは、身体機構によって規制された人間の知性と感性のメカニズムとフィールドを身体加工の修練を通して変化させ、悟りや神秘体験などの、日常的速度とはまったく別種の速度とリズムのなかに身心を移行させることである。神秘体験や悟りとは、日常的な速度によって規制を受けている知性や感性のタガをはずして、超速度、高速度で、複雑微妙かつ大量の情報処理を行なうことである。直観知というのは単なるカンではない。一瞬にして、とてつもなく複雑で微妙な大量の情報をキャッチし、判断することなのだ。

問題は、そうした高速大量の情報をうまく日常的速度のなかの言語体系に翻訳し変換することができないという点なのである。しかし、その変換システムが見出せた場合、超感覚的な世界の認識と感覚的世界の認識にいっそう明確な通路が敷かれることになるだろう。

ところで、祈禱とは神や仏など超自然的存在や聖なるものとのコミュニケーションの方法である。祈禱は、それが口に出して朗唱するものであれ、口に出さずに黙禱するものであれ、言葉を通して聖なるものと交流をはかろうとする行為である。祈禱には請願、賛美、感謝、懺悔などがあるが、多くは神や仏や精霊、死者などに祈禱者の意思を伝え、その応答を得ようとする。

わが国ではよく「加持《かじ》祈禱」とか「禁厭《きんえん》祈禱」という言葉が用いられるが、本来「加持」と「祈禱」とは別種の概念であった。仏教用語・密教用語としての「加持」とは、仏菩薩が神秘不可思議なる力や大悲・大智をもって衆生にのぞみ、また衆生がよくそれを受持することをいう。空海は『即身成仏義』において、大日如来の身・口・意の三密が衆生の三密と相応することを「三密加持」と言っている。修行者が手に印契を結び、口に真言を誦し、心を三摩地に導くことができた時、「三密相応して加持するがゆえに、早く大悉地を得」て「即身成仏」すると説いたのである。

したがってここでは、「加持」とは仏智・仏身と修行者とが入我我入し、感応道交《かんのうどうこう》することにより即身成仏することを指しており、神仏に願い事を祈願するといったいわゆる「祈禱」の意味はない。そうした「加持」と「祈禱」との概念上の区別は、仏の加持力を蒙り、その仏の威力を体してさまざまな修法を行なうとき、仏威、仏力によってすみやかにその効果を実現すると信じられたことから、「加持」は現世利益的な願い事を成就する力あるものとみられ、やがては「加持祈禱」と熟語化されて使われるようになった。

また、「禁厭」はまじない、呪術を意味し、「禁厭祈禱」といえば一般にまじないによって災厄を防ぐ、呪術的な祈禱や儀礼をいうようになった。

神道の祝詞《のりと》や仏教の経典読誦、真言、護摩、念仏、題目、声明、御詠歌なども祈禱のなかに加えられるが、わが国ではたとえば和歌すらも真言陀羅尼であるというような和歌即陀羅尼説が主張され、神仏習合思想の拡がりとともに祈禱の概念も拡大解釈されてゆく。

『祈禱鈔』『祈禱経送状』の著述のある日蓮は『法華初心成仏鈔』のなかで、「口に妙法をよび奉ればわが身の仏性もよばれてかならず顕れ給ふ」と記し、「南無妙法蓮華経」の題目の功徳を力説したが、それはわが国古来の言霊《ことだま》思想が密教の真言陀羅尼思想や即身成仏思想を媒介として法華経信仰に結びついたときに生まれた独自の「祈禱」法であったといえよう。

日蓮と同時代の一遍も、その語録において、「よろづ生《いき》としいけるもの、山河草木ふく風たつ波の音までも念仏ならずといふことなし」とか、「南無阿弥陀仏が往生するなり」と言っている。こうした題目や念仏観は、草木も言語《ことと》い、生命と魂と仏性をもち、やがては成仏、神化するという、自然崇拝に根ざすアニミズム的な世界観や言霊思想の土壌の上に成立したものである。

かくして、わが国の修行と祈禱は自然崇拝と言霊的な呪力を内含するものとして広く朝野に行なわれたのである。

修行と身体

修行と学習のちがい

人類は、なぜ、「修行」という特殊な経験の編成を必要としたのだろうか。「修行」は人類史においてどのように発見され、編成され、継承されるに到ったのか。「修行」を必要とする精神と身体とはいったい何なのか。「修行」は広い意味での「学習」であるが、「学習」がすでにある既成の知識や技術を学び修得するという受動性を持つものであるとすれば、それに対して、「修行」は未だ知られざる未知なる経験の領域に向かって探究するという能動性を持つものであると対比できる。もちろん、ヨーガや坐禅や気功の「修行」には、明確なトレーニング・プログラムとメソッドと階梯《ステージ》があり、その階梯を先に経験した先達である師《マスター》（グル）がいる。そうした、ある方法的意識と目標をもって体系化された「修行」はたぶんに「学習」的要素を持っている。

だが、「修行」にあって明確に意識化されているが、「学習」においては曖昧にされているものが一つある。それは身体である。「学習」には、知的かつ観念的なニュアンスがつきまとう。「学習」された内容は身体的に体証されることなしに成立する。しかし、「修行」においては、みずからの個的な身体性を通過することなしに、また身体的な体験・体証・体得を経ることなしに「修行」された内容をわがものとすることはできない。

現在、オウム真理教をはじめ、サイコ・セラピーや自己改造セミナーや諸種のワークショップに多くの若者が押しかけ、関心を抱くのは、そこには学校教育における「学習」や「勉強」にはない何ものかがあるからである、と私は思う。それでは「学習」や「勉強」にはない何ものかとは何か。それは「修行」と身体性であり、それをとおして獲得される生の感覚、生のリアリティである。その意味では学校教育に象徴される「学習」は、身体性の回路を十全に開くことができず、生の感覚を組織化することに完全に失敗しているといえるであろう。

多くの人々は、リアルな目的の見出せない「学習」や「勉強」に飽きている。もっと身を入れてやることのできる何かを欲している。身を入れて生の感覚を開き、生のリアリティを感じたいと欲している。学校教育における「学習」やクラブ活動によっては、深層的な生の感覚に明確な水路が設けられることがない。これが「修行」に目を向ける第一の理由である。

多くの動物が「学習」することは、動物行動学によってかなりのところまで明らかにされてきている。漢字を「学習」したチンパンジーまで「実験」され、サルがかなり高度な記号運用能力を持つことがはっきりしてきた。動物行動学からすれば、サルとヒトとの境界は不分明である。というよりも、基本的にない。道具を用い、記号を用いるのは人間ばかりではないからだ。

だが、ヒトにのみあってサルやその他の動物にない「行動」がある。それは「修行」である。動物界に「学習」は厳然としてあり、それはそれ固有の様式で組織化されている。人間界もしかりである。その点では、動物と人間との間に根本的な区別を設けることはできない。しかし、動物において、ある未知なる経験の領域に向かって「修行」的な探究を行なうことがあるだろうか。

「修行」はたんなる能力開発ではない。確かに、「修行」によってさまざまな潜在能力が開発され、開花することはある。しかし、それは「修行」の副産物であって、主目的ではない。

人は、なぜ、「修行」するのか。それは自己を超出することを欲するからである。いみじくもニーチェが指摘したように、人間とはみずからを超克しようと望む者なのだ。そして、そうした自己超出的・超越的な衝動を自覚し、方法化し、組織化することによって、ふたたび新たに自己を再編成し再組織化しようと望む存在なのである。ニーチェ的な言い方をすれば、人間とは本質的に「超人的存在」、あるいは「超人志向的存在」なのである。

ツァラトゥストラは山に籠《こも》って十年も一人で「修行」した。そして何かを得た。その何か――「悟り」といってもいい、身体性をとおして体験・体証・体得された「思想＝認識」といってもいい――の促しによって山を降り、街に出て、悟りを、思想を、法（真理）を説いた。

イエスは荒野で四十日間の断食「修行」をした。ゴータマ・シッダルタは出家して六年の間、「苦行」に身を入れた。「面壁八年」といわれるように、達磨大師は八年間壁に向かって坐禅「修行」をつづけた。

生死を賭けた「探究」

なぜ、人はこのような「修行」に身を賭けてゆこうとするのであろうか。「修行」とは、先にも述べたように、単なる「学習」ではない。それは身を賭した、ということは生死を賭けた「探究」なのだ。そうした「探究」の先に何があるか。人はそこに「神」や「仏」や「霊」を見出したのだ。そして、自分がその「神」や「仏」や「霊」に導かれて、この「探究」をつづけ、成就したことを自覚したのである。

坐禅の思想原理と修行法を詳しく説いた天台大師智顗《ちぎ》の『摩訶止観』巻一には、つぎのように坐禅「修行」の階梯と要諦を説いている。

いかんが大心を発するや。衆生は、昏倒してみずから覚知せず、勧《すす》めて醒悟《しょうご》し上求下化《じょうぐげけ》せしむ。いかんが大行を修するや。また発心すといえども路に望んで動かずんば、永く達するの期なし、勧めて牢強《ろうごう》に精進して四種三昧《ざんまい》を行ぜしむ。いかんが大果を感ずるや、梵天を求めずといえども梵天おのずから応ず、妙報を称揚してその心を慰悦せしむ。いかんが大網を裂くや。種種の経論は人の眼目を開く、しかも此を執して彼を疑い、一を是《ぜ》として諸を非とす。(乳を)雪のごとしと聞いて冷やかなりと謂《おも》い、乃至、鶴のごとしと聞いて動くと謂う。いま経論を融通して結を解いて籠を出ださしむ。いかんが大処に帰するや。法に始終なく、法に通塞なし、もし法界を知れば、法界には始終なく通塞なく、豁然《かつねん》として大いに朗かにして無礙《むげ》自在なり。

『摩訶止観』においては、「修行」の進展は、(1)発大心(発心《ほっしん》)、(2)修大行(修行)、(3)感大果(感果)、(4)裂大網(裂網)、(5)帰大処(帰処)の五つの段階を持つ。

まず、「発心」をもって道に志し、その身を賭して「修行」すると、さまざまな「感果」が得られる。しかし、諸種の経論に説かれている教え(理論の「学習」)にこだわっていると本質を見失うので、「裂網」すなわち教えによる迷蒙状態を脱する必要がある。そうしてついに「帰処」、つまり「法」という真理のなかに立つことができるというのである。

「発心」は「悟り＝修証」という「帰処」に到る。この帰趨を『摩訶止観』はじつに明晰に解き明かす。ここにいう「摩訶」とは偉大なるもの・優れたるものを意味し、「止観」とは、法界（真理の世界）に念（意識）をかけ（「止」）、念と法界とを合一すること（「観」）を意味する。つまり、『摩訶止観』とは、「偉大なる真理の体証に到る道」なのである。

仏教史は単純ではない。複雑にして怪奇、多様にして多種である。歴史的にみても、原始仏教（初期仏教）、部派仏教（小乗仏教）、大乗仏教、密教の諸流があり、それぞれさらに多くの宗派を持っている。戒律をきびしく守り、不飲酒戒（酒を飲まない）や不邪淫戒（淫らなことをしない）を厳格に守るきわめて禁欲的な部派仏教と、「般若湯（悟りに到る智慧の湯水）」と称して酒を飲み、肉食妻帯する大乗仏教とでは、戒律や思想原理をめぐって、天と地ほどの開きがある。

だが、その教えの根幹と目的はいたって単純である。仏教あるいは仏道の目的とは「成仏」することにある。「成仏」するとは、真理＝法を悟った人、「覚者＝ブッダ」に成ることである。その真理に到る教えと道として「四諦・八正道・五戒」があり、さまざまな「修行」法・修法がある。この点では、仏教の骨格は、単純にして明快であり、少しも複雑怪奇ではない。

しかしながら、その本質的に単純明快な仏教にどうしてオウム真理教のような一見、複雑怪奇に見える流派が現われたのか。仏教を名乗りながら、きわめて非仏教的な仏教新宗派が現われでたのか。

「探究」の精神の欠如

およそ戦後日本の公けの学校教育で「宗教」について真面目に「学習」することはないといっていい

だろう。もちろん、「宗教」の「修行」をすることは皆無である。少数の例外は、宗教法人の経営する学校において、「宗教」の時間があり、聖書講読やキリスト教史・キリスト教概説、仏典講読や仏教概説、神道概説などが講じられたり、ある学校では坐禅の手ほどきなどをすることはあっても、本格的な「修行」をすることはまずないといえるだろう。つまり、ほとんどの学校教育において「宗教」は「学習」の対象ですらなく、まして「修行」の対象ではない。

それに対して、学校教育において最重要視されるのが「科学」の「学習」である。「科学」こそは「真理」を「探究」するものであり、その「探究」の成果であることを疑わないのである。

しかし、「科学」がどのような意味において、どのような方法と知識の組織化において「真理」であるといえるのか、科学史や哲学史をひもといてみると、事はそれほど単純ではない。「科学的真理」の認識論的基盤はけっして磐石《ばんじゃく》ではない。それは方法化された現代の「神話」であり、「イデオロギー」にすぎないとする見方すらあるのだ。

いずれにせよ、現代の「学習」する者の多くが、「科学」にも「宗教」にも本質的に無知であり、どちらに対しても一種の偏見か信仰を持っていることは事実であろう。単なる「学習」者は「科学」に対しても、「宗教」に対しても「探究」することはしない。そもそも「科学」も「宗教」もともに「探究」の成果であるのだが、その「探究」の歴史的一様態を少しばかり「学習」して、「科学」とは「宗教」とはかくなるものであるとの主観的な価値判断をしているのである。それはおよそ「科学」的態度ではなく、まして「宗教」的態度でもない。くりかえすが、「科学」と「宗教」に共通しているのは真理の「探究」である（拙著『宗教と霊性』角川選書、を参照）。

しかし、その真理なるものがどのようなものであり、それに到る道や方法をどのように組織化し、獲得された知や智慧をどう編成するかについては両者はまったく異なった態度をとる。「科学」は実験室での実験道具や実験機械を用いた「実験」によって真理を発見し、理論化し、確かめ、「宗教」は聖地や道場での祈りや「修行」をとおした「体験」によって真理を発見し、組織化し、追認する。この点において、両者は交わるところはなく、一致するところもない。

しかし、この「科学」と「宗教」がオウム真理教においては奇妙な融合をとげている。水中クンバカという「修行」を測定器具を用いてその効用を「科学」的に数値化し、根拠づけようとしたり、ヘッドギアという特殊な電気帽をかぶらせて、「科学」的に測定され、数値化され、調整された教祖の脳波に「修行」者の脳波を同調させようとしたりする。そしてそれが「宗教」的な、具体的にはオウム的に理解された仏教的真理の体得・体証のあかしとして利用され、表現されるのである。

オウム真理教においては、「科学」と「宗教」の両方が独自の結合と編成によって「学習」の対象となり、「修行」や「ワーク」の対象となっているのだ。一九八〇年代に登場してきて、若者をひきつけた新宗教の代表がオウム真理教と幸福の科学である。興味深いのは、このいずれもが「真理」や「科学」を標榜し、一般にはそれと対極にあるかのように考えられている「オウム」や「幸福」という「宗教」的価値と「科学」的価値とを結合させている点である。

「科学」と「宗教」の融合、これが互いに痛烈に批判しあっている二つの新「宗教」の特色である。しかし、ここで「探究」されているのは、どのような「科学」であり「宗教」なのか。それは本当に「科学」といえるものなのだろうか。「宗教」といえるものなのだろうか。「科学」という衣装、「宗教」というレトリックを身にまとった擬似科学・擬似宗教集団ではないのか。いずれの教祖もみずからを「最終解脱者」とか「仏陀の再誕者」と名乗り、自分が「覚者《ブッダ》」であることを主張している。そして、ってている。

その覚者である「最終解脱者」や「仏陀の再誕者」が「真理」や「神理」を解き明かすという体裁をとっている。

だが、その内容はといえば、多くは既成の「宗教」の教説の「学習」による寄せ集めと切り張り細工で、我田引水、牽強附会もはなはだしい。どうしてこのような粗雑な教説にまどわされるのか。それは多くの人に「学習」はあっても「体験」がないからである。そして「体験」がないからよけいに、「体験」のある者を神聖視したり、幻想を抱いたりする。「体験」の指標となるものを持たないために、「体験」（を持ったという）者のもっともらしい言説にコロリといかれる。

「探究」である「科学」と「宗教」には、根本的に問いがあり、懐疑があり、確認の手だてがある。「科学」と「宗教」が、問いと懐疑と確認を、つまり「探究」する姿勢を失ったとすれば、それはただの信心である。

近現代の日本の学校教育に根本的に欠如していたのは、「探究」の精神と冒険である。物事を徹底的に、根底的に、疑い、問い、確かめようとする「探究」の実践を育て、導き、促すことができなかったのだ。だからこそ、間近なところで間に合わせてしまったのだ。

しかし、たとえそうであったとしても、人間には「探究」に向かう根源的な衝動がある。一時期、オウム真理教や幸福の科学やその他の宗教教団に身を寄せたとしても、そこでの「体験」をとおして「探究」の不足を感じとったり、その成就をめざしたりして、そこを離れてさらなる「探究」に向かうことがある。宗教教団に一定の価値があるとすれば、それは宗教教団がそうした「探究」を推し進め、促す力と契機と経験となるかぎりにおいてである。

「探究」は、「宗教」に対しても「科学」に対しても開かれており、根本的に「宗教」も「科学」もそうした「探究」の一成果であり歴史的過程であるにすぎない。

しかし、その「探究」の成果である「科学」や「宗教」が、人びとや社会を抑圧し、攻撃し、弾圧し、殺害する道具と化すことがある。人類の歴史はそのことをくりかえし教えている。

〝魔仏一如〟を生きる身体へ

「修行」する身体にはかならず「魔」がしのび寄る。みずからの内にも外にも「魔」は存在する。端的にいって、自己の欲望を達成し、他者を犠牲にするところにはかならず「魔」が発生する。「魔」は暴力である。あらゆる暴力の根っこに「魔」のはたらきがある。

暴力がいかにして生まれるのか。そして、それをいかにして克服できるのか。イエスやブッダの求めた問いは、いいかえると、暴力の超克、暴力の消滅である。彼らが暴力を乗り超えてゆくための「修行」に身を投じていたとき、悪魔サタンやマーラの誘惑や妨害があったと聖書や仏典は伝えている。

サタンはイエスに、おまえがまことに神の子なら石をパンに変えてみろとか、死ぬはずがないから宮殿の頂上から飛び降りてみろとか、この世界のあらゆる栄耀栄華を与えるからおれにひれ伏せなどとささやく。イエスはその誘惑を、「人はパンのみに生くるにあらず。神の口より出でし言《ことば》によりて生くるものなり」とか、「主なるあなたの神を試みてはならない」とか、「ただひたすらに主なるあなたの神を拝せ」と旧約聖書中の格言を述べることによって退けている。悪魔《サタン》を退けるために聖書のなかの聖言が力を持ったのである。

ブッダは悟りを開くまえに魔羅《マーラ》の妨害を受けたというが、『摩訶止観』巻五には、「魔」に四魔のあることが説かれている。

四魔とは、陰入はまさしくこれ陰魔《おんま》なり。業・禅・二乗・菩薩等もこれ行陰《ぎょうおん》にして名づけて陰魔となす。煩悩・見・慢等はこれ煩悩魔なり。病患はこれ死の因なれば死魔と名づく。魔事はこれ天子魔なり。

魔《マ》（羅《ラ》）は奪者と名づく。観を破するを命を奪うと名づけ、止を破するを身を奪うと名づく。また魔を磨訛《まけ》と名づく。観を磨して訛して黒闇ならしめ、止を磨して訛して散逸ならしむ、故に名づけて魔となす。

ここでは、「魔」は、(1)陰魔（薀魔ともいう）、(2)煩悩魔、(3)死魔、(4)天子魔の四つに大別される。感覚使用や精神活動や修行も「魔」であり（陰魔）、欲望や迷いや無知もまた「魔」であり（煩悩魔）、病や死も人を苦しめ悟りへの道を妨げるゆえに「魔」であり（死魔）、悟りへの発心と修行に向かう者をさまざまに妨害するものも「魔」である（天子魔）というのだ。つまり、悟りを妨げるあらゆる事態・事象がことごとく「魔」なのである。『摩訶止観』のことばでいえば、悟りすなわち「止観」を破するもの、「止観」の完成・成就を害するものが「魔」なのである。

しかしながら、「魔」なくして「悟り＝仏」なしという点からみれば、「魔」と「仏」とは表裏一体のものである。そこで『摩訶止観』は「魔事即法界」もしくは「魔仏一如」の思想を展開する（「魔」については、前掲拙著『宗教と霊性』を参照）。

魔事を法界となすとは、首楞厳《しゅりょうごん》にいわく、「魔界の如と仏界の如と、一如にして二如なし」と。実際のなかにはなお仏を見ず、いわんや魔あるを見んや。
たとい魔ある者も、良薬を屣《くつ》に塗れば乗御に堪任す。

大乗仏教では、魔界も仏界も一如であるという思想が展開される。これは「煩悩即菩提（＝悟り）」という思想と同じ思想であるが、これは親鸞の「悪人正機説」（「善人なおもて往生をとぐ。いわんや悪人をや」）と同じく、誤解を受けやすい危険な表現である。要は、「魔」を「仏」に転じ、「悪人」の「正機」をめざめさせることができるかどうかにかかっている。

チベット密教の「生存（輪廻）の輪」

身体に巣喰う「魔」という根源的な暴力性——それゆえにエロス的でもある——をいかにして、非暴力的な水路に導くことができるか、これこそがイエスやブッダが根本的に問いつめ、「探究」した問題なのである。

ちなみに、こうした「魔仏一如」を説く大乗仏教では、一方ではヒンドゥー教の破壊の力を持つ神・シヴァ神を魔神と見、正法破壊の悪魔＝天子魔と見る思想も展開されている。

オウム真理教がシヴァ神を主神としていたことには深い意味がある。麻原彰晃は「魔事」をよく承知していたはずである。しかし、彼は人びとを無差別に「ポア（奪命）」することによって、みずから

「魔」のはたらき手となり、「仏事」に転換できなかったのではないか。麻原は「魔事」を「仏事」に転換することに失敗した、と私は思う。そしてその失敗は手痛い問いと教訓を私たちに残した。

それは、私たちはいかにして「魔」という暴力性を克服することができるのかという問いであり、また「修行者」が「魔」との対峙に失敗したとき、その「魔」の破壊力は自他をも巻き込む巨魔に膨れあがるという教訓である。「修行」する身体がかならず直面する問題を、麻原彰晃とオウム真理教は突きつけているのである。

第三部　速度と異界とケルト

宗教と文明における速度と重力

1　即身成仏における〈即〉と〈速〉

弘法大師空海の説いた〈即身成仏〉には、従来、三とおりの訓み方がある。

①即《すなわ》ち身《み》成れる仏《ぶつ》——体（六大体大）
②身に即《そく》して仏に成る——相（四種曼荼）
③即《すみや》かに身、仏と成る——用（三密加持）

これを、①理具成仏、②加持成仏、③顕得成仏の三種即身成仏論と関連づけて考えてみればどうなるだろうか。

〈理具成仏〉とは、本来、一切の衆生はその身のうちに地水火風空識の六大体大を蔵し、また大曼荼羅、三昧耶《さんまや》曼荼羅、法曼荼羅、羯磨《かつま》曼荼羅の四種曼荼羅のはたらきを受け、さらには身口意《しんくい》の三密に応じているゆえに、その身のままで「即ち身成れる仏」であるというものである。これは真言密教の立場からする存在論的成仏論ともいうべきもので、大乗仏教の仏性論や如来蔵思想を前提として展開された即身成仏の宇宙論的根拠を示す思想である。天台本覚論と同様に、森羅万象はそのままですでに成仏しているのと考えるのがこの理具成仏論である。なぜなら六大は、法身大日如来の妙体であり、顕現であるからである。

しかしながら、こうした本然の性も衆生凡俗の身においてはいつしか無明の闇に覆われ、煩悩の炎に身を焦がすようになり、本有《ほんう》の仏性も曇り隠れてしまう。それゆえ、もとの仏身に立ち返るために、手に印契を結んで身をととのえ、口に真言を誦し、意を三摩地の境に導いて、本尊と修行者との入我我入、感応道交を果たす三密加持の修行が必要となる。このように、法身仏との入我我入によって一体となった境位を「即《すみや》かに身、仏と成る」状態とも、〈加持成仏〉ともいうことができよう。

とはいえ、迷妄の霧の晴れない凡俗の身においては、そうした入我我入のような神秘体験は特別の瞬間にしか立ち現われることがなく、いつしか元の木阿弥に戻ってしまう。しかし、絶えることなく三密瑜伽《ゆが》を行じているうちに、行住坐臥に本尊身を具現し、その身のままで仏智仏業を顕得できる。これを「身に即して仏に成る」、あるいは〈顕得成仏〉ということができるであろう。

いうまでもなく、仏教は〈成仏（仏と成る）〉を究極の目標とする。とすれば、〈成仏〉がいつ、どのようにして達成されるかは、あらゆる仏教修行者にとって最大の関心事になるであろう。また、それがいかなる根拠に基づいて実現されるかも問題となるだろう。

さて、この〈成仏〉の可能性や根拠として大乗仏教の仏性論や如来蔵思想が展開されてくるのであるが、しかしそれはまだ、「いつ、どのようにして」成仏するかについての明確な方法とヴィジョンを示さない。ここに密教の登場してくる必然性がある。極端な言い方をすれば、密教とは〈成仏〉のメソッドとテクニックを明示する成仏工学だったのである。それは、「どのようにして」成仏するかの理論（教相）と実践・技術（事相）をはっきりと指し示したのである。

とすれば、それでは「いつ」成仏するかが問題の核心になる。この点について、従来の仏教教学ははなはだ曖昧なヴィジョンしか提示することができなかった。三大阿僧祇劫という長い修行を重ねてはじめて成仏できると説かれたが、それは実際には衆生凡夫の身にてはほとんど成仏不可能であると説く思想であった。逆にいえば、それは、成仏できたゴータマ・ブッダの偉大さがいよいよ高く仰ぎ見られ、神格化されてゆくプロセスであった。ブッダへの距離の遠さ、時間的隔絶は、今ここのわが身に対する何の指針にも救済にもならない。仏教教学がこうして観念論的ニヒリズムに陥ってゆくのをくいとめたのが密教である。

　密教とは、仏への時間的・空間的遠隔を一挙に解消する理論と実践である。『即身成仏義』で空海はこううたう。

六大無碍《むげ》にして常に瑜伽《ゆが》なり　体
四種曼荼おのおの離れず　相
三密加持すれば速疾に顕はる　用
重重帝網なるを即身と名づく　無碍
法然に薩般若《さはんにゃ》を具足して
心数心王《しんじゅしんおう》刹塵《せつじん》に過ぎたり
各々五智無際智を具す
円鏡力の故に実覚智なり　成仏

この短い二頌八句のうちに、即身成仏の理論的根拠と方法論があますところなく提示されている。とりわけ、「三密加持すれば速疾に顕はる」とあるところに注意したい。すなわち、如来の身口意の三密と修行者の身口意の三業が、不思議な入我我入の感応力によって結ばれ、応じあうとき、たちどころに（速疾）悟りの世界が現われてそこに参入するという点である。空海は、真言宗付法の第三祖龍猛菩薩の著わしたと伝えられてきた『菩提心論』中の一節、「もし人仏慧を求めて菩提心に通達すれば、父母所生の身に、速《すみ》やかに大覚の位を証す（父母所生身速証大覚位）」を引証しつつ、即身成仏が今ここの父母所生の身において「速疾」に実現することを説くのである。

とすれば、〈即身〉の〈即〉とはすなわち〈速〉の義を内含しているといえるだろう。実際、空海は上の自作の二頌八句を称して、「この二頌八句をもつて即身成仏の四字を歎ず。すなはちこの四字に無辺の義を含ぜり。一切の仏法はこの一句を出でず。故に略して両頌を樹《た》てて無辺の徳を顕はす」とまで言っている。つまり、「即身成仏」という四文字にはかぎりない意味が含まれており、すべての仏教の教えはこの四文字に凝縮・収斂するというのである。であれば、〈即身〉とは〈速身〉なりというのもあながち付会の説ではなかろう。いやむしろ、〈即身〉の本義は〈速身〉にあり、というべきである。

それを、最初に示した〈即身成仏〉の三種の訓にかけていうなら、①「即ち身成れる仏」が、今ここのこの父母所生の②「身に即して」、この今に③「即《すみや》かに身、仏と成る」ということができよう。まことに〈即身成仏〉とは〈速身成仏〉の謂なのである。

2　速度と神秘体験

ウィリアム・ジェームズは『宗教的経験の諸相』（岩波文庫）のなかで、「意識の神秘的状態」の特質として、①言い表わしようがないということ（ineffability）、②認識的性質（noetic quality）、③暫時性（transiency）、④受動性（passivity）の四点をあげている。ここで注目したいのは〈暫時性〉である。transiencyは「一時的・瞬間的であること」を意味するほかに、「うつろいやすさ、はかなさ」を意味する。とすれば、ジェームズはこのtransiencyという語で、神秘体験の瞬時性を表現しようとしたといえよう。事実彼は、この特質を次のように説明している。「神秘的状態は長い時間つづくことはできない。まれな例は別として、半時間、あるいはせいぜい一時間か二時間が限度であるらしく、それ以上になると、その状態は薄れて、日常の状態に帰してしまう。消えてしまえば、その状態の性質は、たいてい、不完全にしか記憶によびもどすことができない。しかしその状態が再び起これば、それと認められる。そして再発また再発と、絶えず発展してゆくことがあるが、その再発のたびごとに、内面的な豊かさと重大さとがますます強く感じられてくる」（桝田啓三郎訳、以下同）。

「意識の神秘的状態」のこの短さ、はかなさは、いったい何を意味しているのだろうか。端的にいえば、それは永遠性と瞬間性のパラドクシカルな融合状態である。ジェームズは、こうした〈神秘的瞬間〉をカナダの精神科医R・M・バックが〈宇宙的意識〉と呼んでいるのを紹介する。バックはある夜、帰宅途中に、「突然、なんの前触れもなしに、火炎のような色をした雲に包まれ」たという。その直後に「狂喜の感じ、無限の歓びの感じ」が襲い、「筆舌に尽くしがたい知的光明」を感じた。そしてそのとき、宇宙が死んだ物質でできあがっているのではなく、その反対に〈生ける生命〉であることを直覚し、「自分のなかに永遠の生命を意識した」のである。その〈神秘的瞬間＝宇宙的意識〉をバックはこう表現している。「それは私がいつかは永遠の生命を所有するようになるであろうという確信ではなくて、私がそのときすでに永遠の生命を所有しているという意識であった。私はすべての人間が不滅であることを知った。宇宙的秩序は、万物が各自みなの幸福のために協力するようにできている、ということを、世界の根本原理、あらゆる世界の根本原理は、私たちが愛と呼ぶところのものであり、各自みなの幸福は結局は絶対に確実である、ということを知った。この幻影は、数秒つづいただけで消え去った。しかしその記憶と、それが教えたことが現実のことであるという感じとは、それ以後の四半世紀の間、消えないでいる」と。

バックの体験を先に引いた〈即身成仏〉の三とおりの訓み方と関連づけてみよう。バックは、いつか遠い未来に〈永遠の生命〉を所有するようになると確信したのではなくて、今ここの、このわが身のままで「そのときすでに永遠の生命を所有している」と直覚した。この状態を「即ち身成れる仏＝理具成仏」的直覚ととらえることができよう。そして、「宇宙的秩序」はあたかも四種曼荼羅のように「万物が各自みなの幸福のために協力するようにできて」おり、「世界の根本原理」は〈愛〉であり、各自の〈幸福〉は「絶対に確実」であると覚知する。これを「身に即して成仏する＝顕得成仏」的直覚ということもできよう。

興味深いことは、この〈幻影〉が「数秒つづいただけで消え去った」と述べている点である。つまり、それがつかのまの〈神秘的瞬間〉だったという点である。この短い時間のなかでバックは、それまでの人生ではまったく知ることもなかった「永遠の生命」や「宇宙的秩序」や「世界の根本原理」を覚知したのである。そしてそれ以後、このときの〈記憶〉とその覚知のリアリティを忘れたことがないという。上の文章につづいてバックはこう述べている。「私はあの幻影が示したことが真理であったことを知った。私はある観点に達していて、この観点から私は、それが真理でなければならないことを知ったのである。この見方、この確信、私はこの意識と言っていいであろうが、それはそれ以後けっして、どんなに深く意気が沈んだ時期にあっても、失われたことがない」。バックは〈神秘的瞬間〉の〈幻影＝真理〉をそれ以後、片時も忘れたことがないというのである。それほど深くそのときの〈数秒〉は彼の心身に刻印されているのである。この瞬時性を「即かに身、仏と成る＝加持成仏」的体験ということもできるであろう。

ジェームズは、前掲著書の「第十六、十七講　神秘主義」の章で、M・ルター、A・テニソン、C・キングズリー、J・A・シモンズ、H・F・アミエル、M・F・フォン・マイゼンブーク、W・ホイットマン、J・トレボーア、ビベーカーナンダ、禅、スーフィズム、ガザーリー、聖イグナティウス、聖ヨハネ、聖女テレサ、ヤコブ・ベーメ、ディオニシウス・アレオパギタ、アンゲルス・シレージウス、ウパニシャッド、プロティノス、H・ゾイゼ、H・P・ブラバツキーら、世界中の宗教家、詩人、神秘家、哲学者の著作をとりあげて引用しつつ分析を加え、〈神秘主義〉を特徴づける「意識の神秘的状態」の内実を探る、まことにスリリングな探求を試みている。宗教心理学の古典的名著といえるこの著作が切り開いた地平は、宗教心理学や超心理学のみならず、精神医学やトランスパーソナル心理学にも豊かな土壌を提供した。とくに、ジェームズが「意識の神秘的状態」を宗教体験の観点ばかりでなく、芸術体験やドラッグ体験や精神病の妄想体験と関連づけたり比較したりしながら考察を進めた点は、その後の研究の裾野の広がりを用意したものと評価できる。

私はジェームズのいう〈暫時性〉を神秘体験における〈速度〉の問題としてとらえかえしてみたい。〈即身〉が〈速身〉であったように、あるいは禅の悟りの体験を表わす〈頓悟〉のように、宗教体験や神秘体験において〈速度〉の問題は決定的に重要であると思うからだ。それは、直観や勘やイメージの瞬時性とも深い関係がある。

ジェームズが例にとりあげている二人の体験を見てみよう。

宗教改革の旗手ルターは、ある日の聖書体験を次のように語る。「仲間の一修道士が、ある日のこと、使徒信条のなかの〝われは罪の赦しを信ず〟という言葉を復誦しているのを聞いたとき、私は聖書がまったく新しい光に照らされるのを見た、そしてたちまち私は自分が新しく生まれたように感じた。まるで楽園の戸がひろびろと開かれるのを見たようであった」。ジェームズはこのルターの例をあげる前に、「神秘的経験のもっとも単純な階梯は、ある格言とか文章とかのもっている深い意味が、何かのはずみにいっそう深い意味を帯びて突然にパッとひらめく、という場合であるのが普通である」と記し、その代表的事例としてルターをあげているのである。

ここで問題にしたいのは、常日頃よく知っているはずの言葉が突然まったく次元の異なる意味を帯びていることに気づくときの瞬時性と情報量についてである。ルターは聖書の意味世界の広がりと深みが「まったく新しい光」の下に照らし出されて浮かび上がり、開示されるのを見た。そしてそのとき、自分自身が「新しく生まれた」ように感じたのである。この瞬間、ルターにはそれまで長い間かかって学習してきた知識を超える、それ以上の何かが与えられたのである。それは、ある意味では圧倒的な情報量であり、それまでに与えられた情報とはまったく性質の異なる情報であったといえるだろう。しかもそれは、ルターの全人格を大きく変化させる力をもった情報なのである。

こうした瞬時性と圧倒的な情報量と情報内容について、ドイツの神秘哲学者ヤコブ・ベーメの神秘体験の例を見てみよう。ベーメは二十五歳のとき、錫の器に陽光が射し、暗いくぼみが輝きはじめたのを見て、突然神秘的な光明のただなかに参入する。十五分間のその〈神秘的瞬間〉をベーメはこう述べている。「一時間の四分の一の間に、私は、私が何年もの間どこかの大学で学んで得られるであろうよりもさらに多くのものを見そして知った。なぜなら私は、万物の存在、基底と深淵、聖三位一体の永遠なる生成、神の知恵による世界および全被造物の系統と起源を見そして知ったからである。私は私自身のうちに外と内と霊の三つの世界をすべて見そして知った。目に見える外的な世界は内的世界と霊的世界との両方から生み出されたもの、あるいは外に生み落とされたものである。そしてまた、私は悪のなかと善のなかとに働いている本質全体と、それら相互の起源および存在を見そして知った。そしてまた同じようにして、永遠の腹がどうして豊かな実を産み出したのかを見そして知った。ために私は、それを非常に驚嘆したばかりでなく、いたく喜びもしたのであった。しかし、それと同じことを私の外なる人においては理解することができなかったし、それをペンで記すこともできなかった。なぜなら私は宇宙についてある完全な見方をもってはいたが、その宇宙は混沌としていて、万物が混沌にいだかれその渦に巻きこまれていて、それを説明することは、私には不可能であったからである」。

ベーメは、わずか十五分間に右に引用したような神秘的知識を修得したという。興味深いのはベーメが、それを大学で学んで得られる知識以上の知であったと述べていること、それを「見そして知った」と述べていること、しかもそれを「ペンで記すこと」も「説明すること」もできなかったと述べていること、この三点である。つまり、それは〈神秘的瞬間〉というほど短い時間ではないが、しかしその十五分間は大学の数年間で学ぶ情報量以上の圧倒的で深い情報量をもたらしたのである。ベーメがくりかえし「……を見そして知った」と語っていることからすると、その情報内容は線型的な論理によって構成された知識ではなく、〈見〉かつ〈知〉るイメージによるヴィジョネールな知覚であり、直観知であったと思われる。それゆえに、その膨大なイメージ的情報量を線型的な論理言語では〈説明〉できなかったのである。

こうした「意識の神秘的状態」の突発性と暫時性はいったい何を物語っているのだろうか。それは、この体験がおよそ常識では考えることのできない〈速度〉のなかで生起し、おそらくそのスピードが情報量の多さと深く関係しているということではないだろうか。短時間で高度かつ膨大な情報量を伝達できるということは、コミュニケーションにおける至高の状態である。こうした、ある意味ではもっとも効率のいいコミュニケーションは、体験した者の多くが語る至福感や神秘的合一の感情と無関係ではないだろう。〈以心伝心〉ではないが、一体感が深ければ深いほどそのときに伝わる情報量もまた短時間で膨大なものになるのではなかろうか。〈三密加持速疾顕〉が如来と行者との入我我入の合一体験による〈実覚知〉であると『即身成仏義』に述べられているように。

3　速度と創造と知

以上に検討してきたような速度と知覚の関係を身近な事例から見てみることにしよう。

シンガー・ソング・ライターの中島みゆきは、どういう状況で歌を書くかという質問に答えてこう言っている。「書いている時っていうのは、いわば狐憑きみたいなもので、躁の極みか、鬱の極みか、どちらかですね。だから理路整然と書いているわけじゃないので、後から分析しろと言われても〝さあ……〟としか言い様がないんですよね。それがステージに上がって、ワーッと躁状態になって、同じボルテージになった時に、パッと思い出すことがあるんです。歌作った時に、そういえばこんなふうに思ってたっけ、みたいに」(『MORE』一四九号、一九八九年十一月)。

ここで中島みゆきが「躁の極みか、鬱の極みか」という心理的極限状態のなかで〈狐憑き〉のようになって書くと答えている点に注意したい。そしてそのときの状態は、ステージ上で歌っている最中、躁状態になって「同じボルテージ」に達したときに突然思い出すことがあるという点にも。創作活動にかかわるある心理的な位相を中島みゆきは〈狐憑き〉と表現し、その状態を分析しようがないと述べる。シンガー・ソング・ライターとしてのこうしたもっとも創造的な瞬間を中島みゆきは「シュイン」という擬音で表現する。〈狐憑き〉のようなときに詞やメロディが湧いて出るという感じなのかという質問に答えてこう述べる。「湧いて出るという感じではなくて、湧かそうと意識して、二四時間考えてなきゃならないんです。いつ、歌のひらめきみたいなものが、頭の上をシュ、イ、ン、と通り過ぎるかわからないでしょ。だから二四時間、虫捕り網を持って構えていて、〟シュイン〟と通ったらパッと捕まえて、すぐ書かないとね。その〟シュイン〟は、いつ来るかわからないの。だから二四時間、書こうとしてないと書けないというのはある」と。

「歌のひらめきみたいなものが、頭の上をシュ、イ、ン、と通り過ぎる」とき、すぐさま〈虫捕り網〉でそれをつかまえるという。「シュイン」とはまことに言い得て妙である。それは創造という〈神秘的瞬間〉のはじまりとその速度と情報密度を端的に表現しえているからである。

地上をもっとも速い速度で疾走する競技にF1レースがある。直線距離を時速三五〇キロメートルの速度で駆け抜け、信じがたいことにコーナーを二九〇キロメートルの高速度で曲がりきる。このコーナリングは新幹線よりも速いスピードである。このとき、通常の重力の四倍の重力（四G）がかかる。一挙に自分の体重が四倍に膨れあがる感じがするのだ。車の走行中の重力と振動のため、体内の血液は足もとから大脳に向かっていっせいに駆け上がる。ドライバーは呼吸困難に陥り、視野狭窄などの視覚障害を引き起こす。これに耐えぬく体力と練習なしにF1レースを勝ちとることはできない。

一九八八年と一九九〇年のF1レースのチャンピオンとなったアイルトン・セナは、一九八八年、鈴鹿サーキットで優勝したときのインタビューで、「私は神に近づいた」と語った。セナはレース前には必ず毎日二時間、徹底的にF1レースのシミュレーションをイメージ・トレーニングし、レースのイメージを脳と心身に焼きつけるという。一瞬の手違いや判断力のミスが死をまねくF1レースにあって、こうしたイメージ・トレーニングと現実との一体化はきわめて重要な意味をもってくる。あたかも密教行者のようにイメージの身体化を図り、それを一分の狂いもなく完全に成就しきったとき、彼は「神に近づいた」と感じたのであろう。それはいわば、〈速身成神〉の体験である。

セナのこうした体験は、けっして一時の情動に浮かれただけのものではない。中島みゆきがそうであるように、彼もまたある意味では四六時中、レースの「シュイン」を準備し、待機しているのである。それは非常にクールで禁欲的で知的な態度である。

アルピニストのラインホルト・メスナーは一九七八年五月、高度八〇〇〇メートルのエベレスト山で時速二〇〇キロメートルの暴風を伴う猛吹雪に襲われ、気温零下四〇℃以下、酸素マスクなし、しかも四〇時間以上睡眠をとらないという極限状況を体験する。このとき以来メスナーは登山家の臨死体験に関心を抱き、その著書『死の地帯』のなかで、「転落して死を意識した瞬間」や極限状態に訪れる感覚を次のように特色づけている。①不安からの解放、②心眼に過去が走馬灯のように浮かぶ体験、③時間感覚の喪失、④家族や友人への発作的な追憶、⑤自分が肉体の外に脱け出たという幽体離脱的な感覚、⑥奇妙な物音、⑦幻覚症状、⑧強烈な万有一体感、⑨口で話す必要もないくらいのテレパシックなコミュニケーション能力。

ここでメスナーが、「心眼に過去が走馬灯のように浮かぶ体験」「時間感覚の喪失」「自分が肉体の外に脱け出たという幽体離脱的な感覚」「強烈な万有一体感」「口で話す必要もないくらいのテレパシックなコミュニケーション能力」の到来をあげている点に注目したい。墜落などの臨死体験において、短時間で膨大な情報量を受け取るということ、そしてそれは自分が肉体から離脱したという「幽体離脱的な感覚」と関係があるということ、このことである。これは、こうした体験が霊魂や霊的感覚もしくは超感覚的認識とかかわっているということを暗示している。メスナーは墜落時の思考活動の活発さを、「頭の回転の速さは平常の数百倍にも達する」と表現している。これは、膨大な量の多様な情報がとてつもない高速度で大脳内のニューロン・ネットワークを疾走し、ジャンプし、スピンしながら、きわめて明晰に情報処理されているということを示している。

急病や交通事故で突然臨死状態に陥り、医師から臨終の宣告を受け、そののちに蘇った体験をもつ人々も、死に臨んで「大宇宙の空間をものすごいスピードで飛ん」だことを告白している。アメリカの臨床医レイモンド・ムーディは『続かいまみた死後の世界』(評論社)のなかで臨死体験のモデルを十三項目にまとめ、その第三項を「長いトンネルの中をすごいスピードで通り抜けていくような感覚がある」と記している。それは幽体離脱時のスピード感覚である。

こうした一種の擬似身体的な速度感覚とは異なる直覚的な速度感覚がある。ムーディが例示する一女性は、臨死時に「突然、あらゆる全知識――この世の初めから未来永劫に続く全知識――を掌握した」

という。「一瞬にして、全時代のあらゆる秘密、宇宙、星や月、ありとあらゆるもののもつ意味を悟った」のだが、しかし彼女が「物理的肉体に戻ると決めると、この知識は消失し、今は何一つ思い出せない」状態になったという。つまり、一瞬時に全知感を体験したのである。永遠的瞬間における全宇宙的情報の体験である。

以上に見てきたような速度の感覚は、先に述べた〈即身成仏〉や〈神秘的瞬間〉の速度の感覚とどのようにかかわるのだろうか。その仕組みを多面的に吟味することがこれからの課題であろう（その一つの試みに、拙著『老いと死のフォークロア――翁童論II』がある）。

4　速度と高度と重力と現代文明

私は神秘体験が速度と高度と重力と深い関係にあると考えている。速度についてはすでに述べた。それでは高度についてはどうだろうか。登山家のメスナーが八〇〇〇メートルの高山で臨死状態に陥ったことは先に見たとおりである。無酸素状態で、しかも時折時速二〇〇キロメートルの暴風の吹きつける猛吹雪に耐えて、彼は「強烈な万有一体感」や「テレパシックなコミュニケーション能力」に気づきはじめるのである。

三島由紀夫は『太陽と鉄』のなかで、自衛隊のF104ジェット戦闘機に搭乗した体験を記している。「清澄なままに理性は保たれてゐた。すべては静かで、壮大で、青空のおもてには白い雲の精液が点々と迸つてゐた。眠つてゐなかつたから醒めることもなかつた。しかし醒めてゐる状態から、もう一皮、荒々しく剝ぎ取られたやうな覚醒があつて、精神はまだ何一つ触れたもののないやうに無垢だつた。風防ガラスのあらはな光りの中で、私は晒された歓喜を嚙んでゐた。苦痛に襲はれたやうに、多分歯をむき出して。私はかつて空に見たあのF104と一体になり、私は正に、かつて私がこの目に見た遠いものの中へ存在を移してゐた」。

三島由紀夫は、「高度計と速度計の針が白い小さな高麗鼠のやうに回つてゐる」体験を特有の美文的な口調で語る。私が注目したいのは、三島の体験が「高度計と速度計の針」が激しく揺れる高速・高度において達成された点である。そしてそのとき同時に彼が「優しいG（重力）」を体験したと語っている点である。さらにはこうした飛行体験そのものが、産業革命以降の高度な科学技術の集積によって実現されている点である。

現代の産業文明において、最大の速度・高度・重力を体験する機会は宇宙飛行であろう。ロケットが大気圏を突破し、人工衛星になるための最低速度は秒速七・九キロメートル（第一宇宙速度）、人工惑星になるためには秒速一一・二キロメートル（第二宇宙速度）、太陽系から飛び出すためには秒速一六・七キロメートル（第三宇宙速度）という高速度が必要となる。地球の重力圏内を脱けて宇宙空間に飛び出すためには、最低でも時速約三万キロメートルの高速度が必要となるのである。大気圏内を脱け出るときの加速度は重力の四倍以上だから、F1レーサーがコーナーを曲がるときにかかる重力（四G）とほぼ同じか、それ以上である。

こうした速度・高度・重力を体験して宇宙空間に出た宇宙飛行士は、「宇宙から地球を見た者にとって、またこれから見る何百、何千という人々にとって、その体験はものの見方を根底から変えてしまうものだ」（ドナルド・ウィリアムズ、アメリカ）、「宇宙を飛行しているとき、飛行士のものの考え方や感じ方はすっかり変わってしまう。宇宙から太陽や星や地球をながめていると、生命の不思議に打たれる。

そして、いっそう生命をいとおしみ、他人に対してはより優しく忍耐強くなる」(ボリス・ボリノフ、ソ連)、「地球に帰還すると世界が違って見える。宇宙を見たおかげで、地球と自分との関係に変化が生じる。自分と地球と地球上の生命全体との関係が変わるのだ。それは宇宙の経験があったればこそである。それはまさしく変化であり、きわめて貴重な変化でもある」(ラッセル・シュワイカート、アメリカ)、「はるか月面から私たちの星、地球を見たとき、私は神性を感知した」(エドガー・ミッチェル、アメリカ)などと述べている(『地球/母なる星』小学館)。

宇宙体験が地上的・重力的な感覚とものの見方を大きく変えてしまうことを、そしてそれが生命の不思議やかけがえのなさを感知させる体験であることを、幾人もの宇宙飛行士が語っている。神秘体験がそれを体験した人間のものの見方や生命感覚を根底から変えてしまうように、宇宙体験もまたそれを体験した人間のものの見方や生命感覚を大きく変えてしまうというのである。

もちろん、宇宙飛行士のすべてがこのような神秘体験にも似た体験をもつわけではない。また宇宙飛行がもたらす宇宙ゴミの発生やオゾン層の破壊など、地球環境を悪化させる宇宙公害の問題点がないわけではない。さらにまた、それが軍事利用されるとき、政治的不安や破壊がもたらされる心配がないともいえない。

しかしながら、現代文明をつくりあげた科学技術が外宇宙を体験し探索しはじめたことによって、今まで宗教や芸術によって探求され体験されてきた内宇宙との間に橋が架けられ、文明史的危機に新たな光明がもたらされる可能性が出てきたこともまた否定できない事実である。というのも、外宇宙体験と内宇宙体験はメビウスの輪のようにハイパー・リンクしていると考えられるからである。ノヴァーリスが喝破したように、「外部は一つの神秘状態に高められた内部である」からだ。

現代文明の科学技術は、核とコンピュータと宇宙船という三つの高速度の道具をつくりあげた点で、これまでの文明とはまったく異なる文明史的展開をもたらした。核（兵器）は一瞬のうちに地球を破壊しつくすほどの強力な破壊力をもち、コンピュータやＡＩはきわめて短時間で計算や情報を処理し伝達する機能をそなえ、宇宙船は地上最高の速度で宇宙空間に飛び出し、生命の母体である地球を外側から見つめる機会を人類史にもたらしたのである。とすれば、現代の産業文明は、核とコンピュータと宇宙船という三種の神器によって結界づけられた境域をつくりあげているということである。私たちはもはや誰一人としてこの文明的結界を脱け出ることができないのである。

私は、核とコンピュータと宇宙船は人間の体と心（魂）と霊のはたらきに対応する道具であると思う。さらに超常的体験との関連でいえば、核は念力をメカニカルに強化したもの、コンピュータはテレパシーをメカニカルに倍加したもの、宇宙船は脱魂や幽体離脱をメカニカルに拡大したもの、といえると思う。いいかえると、今まで内的宇宙の探求の技術や成果であったものが、今、外的宇宙の探求の成果や技術と切り結びはじめたのである。そしてそれは、地上的速度と高度と重力を超える技術と体験を通して、知と文明の構造の全体性を問うプロセスとして生起してきたのである。

人類がこの文明史的臨界点をどのように切り抜けることができるか、それは内宇宙と外宇宙との葛藤と調和がどのようなものであるかによって大きく変わってくるであろう。このとき、内宇宙体験としての〈即身成仏〉体験や神秘体験がどのようにして外宇宙体験としての〈速身〉体験と結びつくか、宗教と科学の未来を占う鍵はここにある。

現代文明と密教における宇宙体験

1　外宇宙体験

一九九〇年八月一日、モスクワ時間一時三十一分にソ連のカザフ共和国バイコヌールの宇宙基地からソユーズＴＭ10号が打上げられた。

カウント・ダウンがゼロに近づくにつれてロケットを支えていた支柱がゆっくりとはずされてゆく。すべての支えを失ったロケットは、カウント・ダウンが終わるや否や、鎖から解き放たれたピューマのように天に向かって突っ走る。と思いきや、信じがたいほどのゆっくりした速度でのろのろと宙に浮きはじめたのである。その一瞬、火焔が燃えあがり、ロケットを包み込んだと思うと、すさまじい振動が大地の底からドーンと突きあげてきた。ロケットのブースターに点火され、液体水素が猛烈な勢いで爆発したのである。生まれてこの方一度も味わったことのない種類の激烈な振動である。地震とも火山の噴火とも異なる名状しがたい振動。それはほんとうに身も心も魂もふるわせる振動であった。ただの振動によってあれほど深い感動を味わったことはない。その振動は数秒はつづいたろうか。ブースターから吐き出される爆風と爆音が思いきり砂漠の土を打ちたたくのである。それが一・五キロメートル離れたところから見ている私たちに大地をふるわせながら伝わってきたのだ。

まるでスローモーション・フィルムを見ているかのように、ゆっくりと浮上したロケットから、今度は大気をビリビリとふるわせるほどの強烈な振動が伝わってきた。そこに窓ガラスがあったなら、おそらくピシッピシッと亀裂が走り、窓ガラスは粉々に砕け散っていたことだろう。それほど激烈な大気の振動であった。大気中からじかに身体の全域に、文字どおり頭のてっぺんからつま先まで振動が伝わってきた。振動波のシャワーを浴びているか、驚異的なジェット泡の風呂に入っているか、何とも形容のできない振動体験であった。

その振動波が徐々に空中の高みから発せられるようになるにつれて、加速度のついたロケットは火を噴きながらものすごいスピードで槍のように蒼穹に突き刺さってゆく。ロケットは摩擦熱を最小限にとどめるために、はじめはゆっくりと上昇し、徐々にスピードを上げ、約三分後には秒速七・九キロメートルの第一宇宙速度で大気圏を突破し、高度四五〇キロメートルにのぼり、ミールの地球周回軌道に近づいて、四九時間後にドッキングするという。

打上げを見ていたシンガー・ソング・ライターの松任谷由実は感きわまってかポロポロと涙をこぼしていた。そしてあとで、振動波が「チャクラに響いたみたい」と語ったのである。いったい、チャクラに響くほどの振動とは何なのだろうか。そしてその振動をもたらしたスピードとは何だったのだろうか。

白い煙の筋を残しながらソユーズTM10号は、砂漠の基地の吸い込まれるような青空に火の玉となって突入し、そして消えていった。あの青空にぐんぐんと突き進んでゆく火の玉を私は生涯忘れることができないだろう。

一九六一年四月十二日、ヴォストーク1号に搭乗して歴史上初めて宇宙に出て地球軌道を周回したユーリ・ガガーリンは、「地球は青かった」とその体験を語り、この言葉は人類最初の宇宙体験者の言葉として一躍有名になった。さらにまたガガーリンは、「天には神はいなかった。あたりを一生懸命ぐるぐる見回してみたが、やはり神は見あたらなかった」とも語ったといわれるが、こちらの方はわが国ではあまり問題にされなかった。

ところが、宇宙開発競争に遅れをとったアメリカにとって、「地球は青かった」という言葉よりも、「天には神はいなかった」という言葉の方が衝撃が深かったという。プロテスタンティズムの国アメリカにとって、冷戦体制下における宇宙競争という場面で、イデオロギー的に敵対する当のソ連から神の存在を否定されることほどいまいましく、ショッキングなことはなかったのであろう。

ロケット打上げ見学に同行した宗教家の井上昭夫は、『宇宙からの帰還』の立花隆と同様にこのガガーリンの言葉を「共産主義国ソ連がキリスト教圏資本主義大国アメリカに向けて、意図的にガガーリンに発せしめた政治的・イデオロギー的発言」であると位置づけている。私もこの井上の見方に同意する。というのも、当時の米ソの宇宙一番乗り競争は激烈をきわめ、国家の威信と面子をかけたものだったからだ。それゆえ、ソ連に出しぬかれたアメリカは、大統領になって間もないジョン・F・ケネディの政治的決断によって、国家的威信の回復をかけて、一九六〇年代に宇宙飛行士を月面に送り込むアポロ計画を発表・実施したのである。

米ソの宇宙開発競争は、具体的には、一九五七年にはじまる。同年十月四日、ソ連は最初の人工衛星スプートニク1号の打上げに成功する。つづいてすぐさま、同年十一月三日には、クドリャーフカという名のライカ犬を乗せたスプートニク2号を打上げ、これも成功を見ている。このライカ犬は、宇宙飛行が人体にどのような影響を与えるかを調べる生体実験のモルモットとして宇宙空間に送り出されたのだが、不幸にも飛行中に死亡した。

それに対してアメリカは、宇宙開発競争の最初から大きくつまずくことになった。一九五七年十二月六日、アメリカの威信をかけた第一号ロケット・バンガードは、打上げ実験の最中、発射台の上で大爆発してしまったのだ。名誉回復をかけて、わずか八四日後の翌一九五八年一月三十一日に、ようやくにしてエクスプローラー1号の打上げに成功する。そして、同年十月一日にNASA（アメリカ航空宇宙局）が設置され、有人飛行船を打上げる「マーキュリー計画」が実施されるのである。

このあとの初期の宇宙開発競争は、ソ連が大きくリードする。ソ連は次々とスプートニクを打上げて成功させ、一九五九年一月には、月のそばを通る世界最初の人工衛星ルナ1号の打上げにも成功。同年十月のルナ3号では、初めて月の裏側の写真をとることに成功する。さらに、一九六〇年のスプートニク5号には二匹の犬が乗せられ、無事生還、と着々と有人飛行までの距離をつめていった。こうして、一九六一年四月の世界初の有人飛行船ヴォストーク1号の打上げを迎え、ガガーリンは、一時間四十九分地球軌道を回って帰還して、先の言葉を述べたのである。

対してアメリカは、一九六一年五月五日に、わずか十五分間ではあるけれども、アラン・B・シェパード中佐によるフリーダム7号の有人弾道飛行に成功するが、ソ連に大幅な遅れをとったことは誰の目にも明らかだった。そこで同年五月二十五日、ケネディ大統領は、一九六〇年代が終わる前に人類を月に送り込んで無事に帰還させると宣言し、「アポロ計画」を発表したのである。

一九六二年二月二十日、フレンドシップ7号を打上げ、ジョン・グレン中佐が四時間五十六分の宇宙飛行に成功する。ガガーリンに遅れること十カ月であった。だがこれ以降のアメリカの開発努力はめざましいものであった。

そして、一九六九年七月十六日、有人月面着陸をめざすアポロ11号が打上げられ、月着陸船イーグル号は、アメリカ東部時間の七月二十日午後四時十七分に月面の「静かの海」に着陸する。午後十時五十六分、ニール・アームストロング船長は月着陸船から月面に降り立ち、月面での第一声、「この一歩は小さいが、人類にとっては偉大な飛躍である」と語ったのである。こうして、ケネディとアメリカの悲願は達成され、米ソ宇宙開発競争での遅れをとり戻すことができたのだ。

興味深いのは、アポロ計画に参加した宇宙飛行士の幾人かが、宇宙飛行から帰還したあとで、宣教師になったり、超能力の研究に従事したり、神を感じたなどと言ったりしている点である。そのさまは、あたかもガガーリンが「天には神はいなかった」と言ったことに対する反論のようである。一歩引いて眺めると、米ソの宇宙開発競争は、有神論対無神論、もっと正確にはキリスト教対共産主義という宗教戦争ないし神学論争にも見えてくる。

アメリカの宇宙飛行士はこう言っている。

はるか月面から私たちの星、地球を見たとき、私は神性を感知した。（エドガー・ミッチェル、アポロ14号、一九七〇年一月三十一日打上げ）

なぜ私たちがここにいるのか、今わかった。それは月をくわしく見るためではない。振り返って、私たちの住みかである地球を見るためなのだ。（アルフレッド・ワーデン、アポロ15号、一九七一年七月二十六日打上げ）

地球に帰還すると世界が違って見える。宇宙を見たおかげで、地球と自分との関係に変化が生じる。自分と地球上の生命全体との関係が変わるのだ。それは宇宙の経験があったればこそである。それはまさしく変化であり、きわめて貴重な変化でもある。（ラッセル・シュワイカート、アポロ9号、一九六九年三月三日打上げ）

宇宙から地球を見た者にとって、またこれから見る何百、何千という人々にとって、その体験はものの見方を根底から変えてしまうものだ。この世界で私たちの分かち合うものは、分け隔てるものよりはるかに大きな価値がある。（ドナルド・ウィリアムズ、ディスカヴァリー号、一九八五年四月十二日打上げ）

地球は小さくなって、とうとうビー玉ほどに縮んでしまった。想像できないくらい美しいビー玉だ。美しく、暖かく、そして生きている。それは非常に脆くてこわれやすく、指を触れたら、粉々に砕け散ってしまいそうだった。（ジェームズ・アーウィン、アポロ15号、一九七一年七月二十六日打上げ）

『地球／母なる星』（小学館）に掲載されたこれらアメリカの宇宙飛行士の発言を見ると、宇宙体験、とりわけ宇宙空間や月面から地球を見るという体験がものの見方を根底から変えてしまう力と意味をもっていることを強調していることがわかる。ジェームズ・アーウィンなどは、月面で神の臨在を直覚し、帰還後NASAをやめてコロラド・スプリングスにHigh Flight Foundationという宗教財団を設立し、伝道師として世界中を駆け回って宣教活動をつづけているほどである。

こうした宇宙体験の意味づけは、しかし、「天には神はいなかった」というガガーリンの発言に対するイデオロギー的反発だけから生じたのであろうか。それがまったくなかったとはいえないが、昨今、米ソの宇宙飛行士たちが「宇宙探検家協会」を設立し、国家的利害を離れたところでさまざまな協力関係、共同作業を進めていこうとしている点をみるとけっしてそうとばかりはいえまい。

じじつ、ソ連の宇宙飛行士もアメリカの宇宙飛行士と同じような発言をしているのである。

> 宇宙を飛行しているとき、飛行士のものの考え方や感じ方はすっかり変わってしまう。宇宙から太陽や星や地球をながめていると、生命の不思議に打たれる。そして、いっそう生命をいとおしみ、他人に対してはより優しく忍耐強くなる（ボリス・ヴォノリフ）

ボリス・ヴォノリフが語っているように、宇宙体験は「ものの考え方や感じ方」をすっかり変えてしまう力をもっている。なかんずくそれは、「生命の不思議」の感情を喚起し、「生命をいとおしみ、他人に対してはより優しく忍耐強くなる」ように促すという。

このように、米ソの宇宙飛行士の言っているようなことが宇宙飛行体験を通して得られるとするならば、それは現代の文明にとっても宗教にとっても大きな意味をもつものだと思われる。なぜならば、多くの宗教は古来、内宇宙と外宇宙との合一・統合を、あるいは大宇宙《マクロ・コスモス》と小宇宙《ミクロ・コスモス》との照応を内的に体験し、実現することを探求してきたからだ。そうした内宇宙《インナー・コスモス》の探求の道の典型が空海の説いた真言密教であろう。

2　内宇宙体験

空海は、右に見てきたような内宇宙と外宇宙、あるいは小宇宙と大宇宙との照応・合一の道を「即身成仏」と位置づけた。空海の主著の一つである『即身成仏義』は、それを端的に二頌八句にうたいあげてみせた。

六大無碍にして常に瑜伽なり……体
四種曼荼おのおの離れず………相
三密加持すれば速疾に顕はる……用
重重帝網なるを即身と名づく……無碍
法然に薩般若を具足して
心数心王刹塵に過ぎたり
各々五智無際智を具す
円鏡力の故に実覚智なり………成仏

この頌句の解釈についてはすでに多くの蓄積があり、私もいくつかの著作でその周辺を探ってみたことがあるので、ここでは重複を避ける。

問題にしたいことは、「六大無碍（体）・四種曼荼（相）・三密加持（用）」の句が密教的宇宙観とそれに基づく宇宙体験のメソッドおよびテクニックを提示している点である。とりわけ、法身大日如来の身口意の三密と衆生・行者の身口意の三業との「入我我入」を説く「三密加持」論は、内宇宙体験の存在論と方法論の実践的統合理論として注目に値しよう。そしてその修行実践によって参入しえた「秘密荘厳心」を『秘蔵宝鑰《ほうやく》』のなかでこう記している。

心外の礦垢《こうく》ここにことごとく尽き、曼荼の荘厳このとき漸く開く。麼《ま》・吒《た》の慧眼は、無明の昏夜を破し、日・月の定光は、有智の薩埵を現ず。五部の諸仏は智印を擎《かか》げて森羅たり。四種の曼荼は法体に住して駢塡《へいてん》たり。阿遮一睨《あしゃいちげい》すれば、業寿《ごうじゅ》の風定《しづ》まり、多隷《たれい》三喝すれば無明の波涸れぬ。八供の天女は雲海を妙供に起し、四波の定妃《じょうひ》は適悦《ちゃくえつ》を法楽に受く。十地も窺窬《きゆ》すること能はず。三自も歯接《ししょう》することを得ず。秘中の秘、覚中の覚なり。

ここで空海が「日月の定光」が「有智の薩埵」を眼前に現わすと述べている点に注目したい。つまり、日月と両眼がメタフォリカルに結びつけられ、その定における眼力・眼光によって諸仏が姿を現わすというわけなのだ。真言密教で月輪観や阿字観が重視されるのも宜なるかな、なのである。

およそ瑜伽観行を修習する人はまさにすべからくつぶさに三密の行を修して五相成身の義を証悟すべし。
言ふところの三密とは、一に身密とは、契印を結んで聖衆を召請するがごときこれなり。二に語密とは、密に真言を誦して、文句をして了了分明ならしめて謬誤なきがごときこれなり。三に意密とは、瑜伽に住して白浄月の円満に相応し、菩提心を観ずるがごときなり。つぎに五相成身を明さば、一にはこれ通達心、二にはこれ成菩提心、三にはこれ金剛心、四にはこれ金剛身、五にはこれ無上菩提を証して金剛堅固の身を獲るなり。しかもこの五相、つぶさに備ふればまさに本尊の身と成るその円明はすなわち普賢の身なり、またこれ普賢の心なり。十方の諸仏と同じ。またすなわち三世の修行は証に前後あれども、達悟におよび已んぬれば去・来・今なし。凡人の心は合蓮華のごとく、仏心は満月のごとし。この観もし成ずれば、十方国土のもしは浄、もしは穢、六道の含識、三乗の行位、および三世の国土の成壊、衆生の業の差別、菩薩の因地の行相、三世の諸仏ことごとく中において現じ、本尊の身を証して、普賢の一切の行願を満足す。故に大毘盧遮耶経にいはく、「かくのごときの真実心は、故仏の宣説したまふところなり」と。（傍点引用者）

じっさい、空海の説く三密行および五相成身観において、「意密とは、瑜伽に住して白浄月の円満に相応し、菩提心を観ずるがごときなり」、「凡人の心は合蓮華のごとく、仏心は満月のごとし」とあるように、その最高の境界ないし仏心は月にたとえられている。『菩提心論』を引証して、「われ自心を見るに形月輪のごとし。何が故にか月輪をもって喩となすとならば、いはく、満月円明の体は、すなはち菩提心と相類せり」と空海が説くように、満ち欠けする「月輪」とは変転してやまない「自心」のメタファーであり、不動の「満月円明の体」は「菩提心（悟りの心）」の象徴なのである。

月輪観を得意とした覚鑁《かくばん》は、空海の諸説を敷衍して、『心月輪秘釈』『月輪観頌』『阿字月輪観』などの著作を著わし、次のような言葉を残している。

心月不二にして月光すなはち一
大なるかな満月、十方に遍ぜり月心即一にて一も無数なり
本尊の前へ　心壇の上に心月輪あり菩提心の体なり

空海にならって覚鑁もまた、「心月不二」であることを強調する。月を鏡として自心を照らし出すのである。月とはここでは心を覚知するための文字通り道具なのだ。

空海は、『秘密曼荼羅十住心論』のなかで、『大日経』の「云何が菩提とならば、いはく、実の如く自心を知る」という言葉を引いて、「秘密荘厳住心とは、すなはちこれ究竟して自心の源底を覚知し、実のごとく自身の数量を証悟す。いはゆる胎蔵海会の曼荼羅と、金剛界会の曼荼羅と、金剛頂十八会の曼荼羅とこれなり」と述べている。「自心の源底を覚知し」、さらに「自身の数量を証悟す」るところに密教の密教たるゆえんがあると説いているのである。

以上のように、密教における内宇宙の瞑想体験において、月が特別の象徴的意味を帯びたものとして、コスモロジカルにも瞑想テクニックの上からも重視されてきた歴史を辿ることができる。

私の考えでは、人類はこれまで太陽イニシエーションと月イニシエーションの二つの段階を通過してきた。太陽イニシエーションとは、世界および生命の根源である太陽を崇拝し、一体化し、その力を地上に実現しようとしたもので、これはしばしば王権制度と結びつき、古代宗教の多くを形づくった。つづく月イニシエーションとは、そうした太陽との同化力から身をひきはがして、おのれの位置の関係構造を認識し、一人一人の生き方と生命のあり方を問い、実現する段階であった。私はこの月イニシエーションは仏教とともにはじまったと考えている。

そして現代、アポロ飛行士が月面に降り立ったときから、第三のイニシエーション、すなわち地球イニシエーションがはじまったと考えている。それは単に「地球は青かった」と見る以上に、「はるか月面から私たちの星、地球を見たとき、私は神性を感知した」、「なぜ私たちがここにいるのか、今わかった。それは月をくわしく見るためではない。振り返って、私たちの住みかである地球を見るためなのだ」という地球へのまなざしの変化にその兆しがよく現われている。「非常に脆くてこわれやすく、指を触れたら、粉々に砕け散ってしまいそう」な青いビー玉のような地球に「生命の不思議」を、「いとおしみ」を感知するまなざしの誕生である。私はそれを「地球を御神体として見るまなざしの誕生」と位置づけている。

このような対地球観は、宇宙公害や地球環境問題など、多くのネガティヴな問題を内含する現代の科学技術文明のただなかに生まれてきた小さな芽＝眼である。そしてそのような見方は、外宇宙の探求が内宇宙の探求に通じていることをあらためて明らかにするだろう。かつてドイツ・ロマン派の旗手ノヴァーリスは「内なる道は宇宙に通じている」と記し、内宇宙から外宇宙への道を説いた。今、その反対に、「外なる道は（内なる）宇宙に通じている」ことを多くの人々が気づきはじめたのである。

このような時代にあって、密教の宇宙体験も、月輪観から地球輪観へのジャンプを体験しなければならないのではないか。核・コンピュータ・宇宙船という現代文明の三種の神器を、三鈷杵《さんこしょ》や五鈷杵《ごこしょ》のような密教法具として使いこなし、新しい意識と身体の地平を切り拓き、実現してゆくことができるかどうか、それが今、問われているのではないだろうか。内宇宙と外宇宙とのハイパー・リンクを一人一人が体験し、生命と文明との共生・調和を実現してゆくことが今、切実に問われているように私は思われてならない。

重力と異界あるいは身体即異界

重力と異界

三十年ほど前のことになろうか。『ミクロの決死圏』という映画が上映された。人体中の病源を取り除くために、身体を縮小された医師団が患者の体内に潜入し、ついにその病根を除去するというストーリーであったと記憶する。今ではもう細かな筋立ては忘れてしまったが、ラクエル・ウエルチ扮するところの女医が果敢にも体内にもぐり込み、病菌との熾烈な闘いをくりひろげていった様子が妙に印象に残っている。色香をもって鳴るグラマー女優に魅力を感じたからではない。そのSF映画が、病人の体内世界が一箇の宇宙であることをあざやかに示していることに驚嘆したからだ。私はそのとき人体が、一箇の宇宙であるというよりも、「もうひとつの世界《アナザー・ワールド》」であり、まさしく「異界」と呼びうるものであることをはっきりと知覚した。以来、「身体即異界」という思いが片時も脳裡を離れない。空海の即身成仏論や神秘主義に関心をもったのも、その思いを少しでも明確な認識に近づけたかったからかもしれない。

この「身体即異界」という思いは、その映画を見る前から始めていた聖地・霊場巡りを重ねるにつれていよいよ強く確かなものとなっていった。聖地や霊場は、長い間、神々や諸霊が降臨し示現する特異なスポットだと考えられ、そこは目に見えない神界や霊界などの「異界」と境を接する通路《チャンネル》であり、また神霊世界の縮図とも信じられてきた。そうした場所を集中的に巡っていると、デカルト的な意味で世界が均質な延長的空間であるとはとても思えなくなってくる。たとえていえば、世界には強い重力場や弱い重力場があって、聖地や霊場は何ほどか重力異常にかかわる場所であるということだ。

地球上では、地球重力（一G）がすべての「私」と「世界」を支えている。とすれば、重力こそが「私」と「世界」の境界を根底的に規定しているということであろう。「愛」も「平和」も「幸福」もみな重力に支えられている。もちろん、私たちの「身心」も例外ではない。

「二つの力が宇宙を統御している。光と重力と」――こう喝破したのはシモーヌ・ヴェイユであった。ここでヴェイユがいう重力とは万有引力のことである。万有引力とは、質量をもつ物体間の引き合う力をいう。光と万有引力が宇宙を統制し、宇宙のなかの人間もまたこの二つの力に統制されている。ヴェイユによれば、人間の精神活動もまた重力の法則に類似した法則によって支配されているという。注目すべきは、そのヴェイユが「恩寵」だけはその法則を超えていると強調している点である。「恩寵」とは「超本性的なもの」であるとヴェイユはいう。すべての運動の法則を超えてはたらきかける力、それが神の恵みとしての「恩寵」であるというのだ。したがって「恩寵」は重力を超えている。

ヴェイユは人間も世界も物理的な法則に従って運動していると考えた。重力とはそうした物理的・地上的な諸力の法則を代表するものである。それに対して、地上的な諸力の法則を超える力が「恩寵」である。

『重力と恩寵』のなかでヴェイユは、「低くなること、それは精神の重力に対して上昇することである。精神の重力はわれわれを高いほうへ落とす」と記している。これは奇妙な言い方である。ふつうに考えって落下するという表現は言語矛盾である。落ちるとは、つねに下方に向かってであり、上方に向かってであり、上方に向かう「上昇」である。なぜ「精神の重力」はわれわれを高いほうへ落とす」のか。なぜ「精神の重力」に対する「上昇」であるという。なぜ「低くなること」が「精神の重力」に対する「上昇」なのか。しかしヴェイユはそれを「精神の重力」に対する「上昇」であるという。れば「低くなること」とは「下降すること」である。

おそらくヴェイユは、このパラドクシカルな事態こそ、重力のなかで、重力を超えて、「恩寵」を感知する存在としての人間の特性であると主張したかったのであろう。つまり、「低くなること」とは、それによって逆に高さを意識することである。この高みを見上げるまなざしが、物質のなかに霊を、具体のなかに抽象を、個別のなかに普遍を、現実世界のなかに異界を探知し、発見してゆくのである。「低くなること」によって高さを知るということは、いいかえると、おのれを知ることによって宇宙を知り、神を知るということである。宇宙のなかの人間を、神のなかの人間を知るということであり、その間の距離の遠さを知るということである。

ヴェイユにしてみれば、「精神の重力」によって高みへと落下することとは、「恩寵」によっていと小さく低き者が神のみもとに引き上げられることであったのだろう。おのれの孤独を知る者ほど神の深い愛を知り、おのれの小ささを知る者ほど神の大きさと悠遠なる宇宙の摂理を知る。「精神の重力」によって低くなりつつも魂の上方落下をはかること。これがヴェイユ的な精神の重力革命の本質である。

そのヴェイユが、一九六九年七月のアポロ宇宙飛行士による人類初の月面着陸を知ったなら何と言うだろうか。そして、月面に降り立った宇宙飛行士の何人かが神の臨在や神性を感知したというのを聞いたら何と答えるだろうか。「精神の重力」は人類を月という高みへと落としたと答えるだろうか。

よく知られているように、月面の重力加速度は地表のそれの六分の一である。とすれば、地球の生命体にとって月面は明らかに重力異常の場所である。しかも大気がない。宇宙服なしでは数秒と生きられず、パンク死するほかないだろう。地球の生命体にとってそこは死の世界である。とすれば、月は地球人類にとって初めて体験する物理的な異界ではないだろうか。

『ウパニシャッド』では、月は死者の霊魂のおもむくところとされた。また月は絶えず満ち欠けし変化するために、死と再生を象徴するものとも考えられた。さらにまたその光の澄明・幽玄のゆえに鏡や水と関連づけられた。かぐや姫の故郷ともされた。月は人類史における想像力のダイナモであり、依代《よりしろ》だったのだ。それは思考とイメージを誘惑し遊行させる媒体《メディア》だったのである。その意味で月はつねに異界への通路《チャンネル》であり、異界そのものであったといえる。

「はるか月面から私たちの星、地球を見たとき、私は神性を感知した」とアポロ宇宙飛行士のエドガー・ミッチェルは語っている。月の地平線から立ち昇る青い惑星を見上げたとき、これまでの「月即異界」というイメージが一挙に「地球即異界」という認識に反転していったと私は思う。それは「身体即異界」という事態の拡大である。私たちの身体をその内部空間に宿す巨大な身体としての地球こそがもっとも不可思議な異界であるという認識の発生である。宇宙の暗黒を通して見る青い地球は、それ自体が一箇の「神の島」であり、聖地なのである。

魂が重力の支配から自由な存在であり、霊界が脱重力的・超重力的時空間であるとすれば、宇宙空間や月面はより霊的な空間であるといえるだろう。そこは神秘的な意識状態に入りやすい、トランスパーソナルで瞑想的な空間だといえよう。じっさい、宇宙空間ではREM《レム》睡眠が五倍になるというデータがある。ということは、地上の五倍夢見の状態がつづくということである。

古来、夢は霊的体験の第一関門であるといわれてきた。そのため、霊界参入の技術として夢見の技法が開発され、また霊的体験の解釈学として夢判断が体系化された。禊や沐浴や祈禱などの特殊な儀礼を通して、洞窟や神殿やお堂などの特殊な場所にこもって身を横たえ、神・霊のメッセージを伝える夢の到来を待ち受け、それを問題解決の指針として読み解き、実践したのである。

もちろん、現代において、夢が霊的体験の第一歩であると考える人は稀であろう。しかし、深層心理学や人体科学や宇宙生理学の発達は、いずれ夢のトランスパーソナルな次元と意味を明らかにしてゆくにちがいない。そして、「身体即異界」という事態が物理―生理―心理―魂理（霊理）の階層的構造連関のなかで明らかにされてゆくだろう。たとえば、空海の『即身成仏義』は宇宙生理学を通して再解読され、位置づけしなおされるだろう。

身体即異界

かつて、シャーマンや神秘家は脱魂《エクスタシー》や憑霊《ポゼッション》などの特殊な身心状態に入るために聖地や霊場という特殊な場所の力を借りた。彼らは世界が必ずしも均質な空間の延長でも、均質な時間の線型的な継続でもないことに気づいていた。人体に目や耳などの感覚器官があるように、大地という身体にも目や耳となる場所があることに気づいていた。人体に生殖器や大脳があるように、大地の身体にも女陰や男根や大脳となる場所があることに気づいていた。そして、そうした場所が身心をキックし、意識や身体の隠された回路を開く鍵となることを見ぬいていた。さらにはそこが天・地・人が貫流合一するような宇宙の縮図であることを見ぬいていた。

神秘体験の核心は神秘的合一《ウニオ・ミスティカ》にあるといわれるが、古くからある聖地や霊場のほとんどがそれ自体神秘的合一を保持する空間である。大宇宙《マクロ・コスモス》＝天体と小宇宙《ミクロ・コスモス》＝人体との照応《コレスポンダンス》、あるいは天人合一、梵我一如……。こうした神秘的合一が一回限りの内的体験としてではなく、外的地形として形成された空間が聖地なのである。そこは宇宙的な諸力が合流し、渦巻き、拮抗調和する空間である。

日常世界から見れば、そうした聖地や霊場こそ異界なのだが、ひとたび異界のなかに没入してしまえば、その逆に、日常世界が異界として見えてくるような死と再生の反転回路がもうけられている。つまり、異界への参入とはこの世における死であり、四国遍路にみられるように、札所（霊場）巡りは死＝涅槃への接近なのである。一番札所から八十八番札所までの道行きは、(1)発心（阿波）、(2)修行（土佐）、(3)菩提（愛媛）、(4)涅槃（讃岐）と仏教的な修行の階梯に見たてられているが、端的にいえばそれは死＝涅槃への接近であり、臨死体験なのである。その意味で、四国巡りとは死国巡りであり、また地獄巡りであり、かつまた浄土参入の体験なのである。

このような生と死の境界の遍歴の体験は、生の感覚に、ある遠さの感覚を芽生えさせる。永遠や無限とまでゆかずとも、前世や来世や未生の感覚を呼び覚ます。この距離の遠在の感覚が「身体即異界」という反転の感覚を生み出すのだ。宇宙空間や月面から地球を振り返るという距離の遠在の感覚は、その脱重力体験と相俟って「地球即異界」という反転した認識を生じさせる。それは臨死や脱魂の体験において、意識もしくは霊魂が身体から脱け出す体外離脱時の反転した認識とパラレルである。

シャーマンは死と霊界の専門家である。とすれば彼らはみな脱重力と距離の遠在を体験しているであろう。そしてそれゆえに、シャーマンはそこからひるがえって、重力という恩寵を、身体―地球という恩寵と摂理を感得し解読しつつ癒しに導く、生ける異界なのである。

ケルトの地を旅して

アイルランドでは空が目覚めている。雲が起きている。風が立っている。光がおしゃべりしている。空と雲と風と光が生き物のようにいそがしくかついとおしく立ち働いている。アイルランドを旅しながら何度もそう思った。

この地を訪れようと思ったきっかけは四つあった。第一は、井村君江や鶴岡真弓からいくたびか「ケルトと神道は似ている」と聞かされていたこと。正確には、ケルトの宗教性と神道の宗教性に共通点があるということであろうが、その指摘がいつも気になって身体のどこか奥の方で鳴りひびいていたこと。それが最初のきっかけだった。

第二のきっかけは龍村仁が監督した映画『地球《ガイア》・交響曲《シンフォニー》』であった。この映画のなかで龍村は一章をさいて、アイルランドのシンガー・ソング・ライター、エンヤと鶴岡真弓の対話を撮影していた。そしてその対話の間にケルトの遺跡やカトリック教会や修道院を映し出した。なかでも強烈なインパクトを受けたのはスケリグ島の映像であった。陸地から数キロほど離れた大西洋沖にあるその小さな島は、三つの峰をもつ美しい三角形をしており、「常若《とこわか》の島」と信じられていたという。

この島の映像を一目見た瞬間、井村君江や鶴岡真弓の指摘していたケルトと神道の類似性がにわかにリアリティを帯びはじめた。というのも、かなり以前から国内外の聖地を訪れ、とりわけ陸地から少し離れた海上にある地先《じさき》の島の信仰に強い関心を抱いていたからだった。沖縄の大神島や久高島をはじめ、各地の神島、粟島、大島、青島など、聖なる島と信仰されている地先の島は数多い。そして、その島のはるか海の彼方には常世の国やニライカナイや根の国と呼ばれる海上他界があるという。こうしたわが国の他界信仰や聖地信仰と共通する聖なるものへの感覚をスケリグ島の映像から嗅ぎとったのである。しかも、天河大弁財天社の御神宝である五十鈴《いすず》と酷似した三角形の渦巻紋様がニューグレンジの遺跡や『ケルズの書』の装飾画にくりかえし登場していた。以来、どうしても一度は必ずスケリグ島に行かなければならないと強く思うようになった。思えば、この時からケルトの神々や精霊たちの招きに感応するようになったのかもしれない。

第三に、ケルトと神道の共通点を明確にしたいと考え、「ケルトと神道における聖地の比較研究」と題する研究計画を国際交流基金に申請し研究助成を受けようとしたが、見事落選したこと。これで少なくとも一年はこの研究が遅れると思ったのだが、怪我の功名とはこのことか、「ケルトと神道」と題するシンポジウムを行なうこととなり、そのためにぜひともアイルランドへ行かねばならないという事態となった。

第四に、アイルランドが「エメラルドの島」と呼ばれるほど緑と縁の深い国であったこと。いつ頃からか、色のなかでも特に緑色が好きなことに気づくようになった。高校生の頃は、頭のてっぺんから足の先まで全身緑ずくめだったこともある。高校を出たばかりの頃、「緑はホモの色だ」と友だちに指摘されて、これはちょっとヤバイかなと一時控え目にしていたが、そのうち好きなものは好きなものと開き直るようになり、今ではサイフまでエメラルド色である。さらにはエメラルドの指輪をしたいものだとつねづね思っているのだが、周囲の猛反対を受け、今のところブラジル産のエメラルドを買うだけの経済的余裕もないのでこれは実現していない。しかしいつの日か……。

こうして、「エメラルドの島」は私の好奇を誘い出し、招きに成功したのである。

ところで、今回のアイルランド行きの主たる目的は二つあった。一つはこの目で実際にスケリグ島を見、この足でその島に立ち、参拝すること。もう一つは、一九九四年九月三日にイギリスのコーンウォールで行なわれるケルティック・フェスティバル「ゴーゼドの祭り」に井村君江とともに参加すること。この二つの主目的はなんとか果たすことができた。

アイルランドに行く前に、ケルトと神道の共通点について次のような予測を立てていて、それはかなりな部分確かめられたと思う。——ケルトと神道はよく似ている。しかし対照的に。

第一に、地理的、地形的条件。ユーラシア大陸を中心として見ると、アイルランドと日本は大陸の「地先の島」として西の果てと東の果てにある。鶴岡真弓の名著『ケルト／装飾的思考』(筑摩書房)の序章は「西のトポス」と題されているが、西のトポスに「常若」の他界を見る幻視的想像力がケルトにあるとすれば、わが神道には東、すなわち「日向《ひむか》し」のトポスに「常世」の他界を見るまなざしがあるといえるであろう。

ユーラシア大陸から西のトポスに向かって移動しつづけたケルトの民はやがてアイルランドに行き着き、さらなる西の海の彼方に「常若の国」があると信じた。そして彼らの末裔は近代になってアメリカ大陸に渡り、西部開拓民の一員となり、アメリカの西の果てであるカリフォルニアに到った。

それに対して、ユーラシア大陸から東のトポスに向かって移動しつづけた集団がいた。何度にもわたるその移動のある段階で、稲作と鉄器を持つ民が極東の島に移住し、弥生式土器に特徴づけられる文化を築き、統一国家をつくり、「日本」の国号を名のるようになった。そしていつの頃からか、東の海の彼方に「常世の国」や「根の国」や「高天原」があると信じた。彼らの末裔は近代になってアメリカ大陸に移民として渡り、その一部はアメリカの西の果てであるカリフォルニアに行き着いた。西の果てであるカリフォルニアこそは、太平洋をはさんで、日本の東の果ての果て、現実にあったもう一つの「常世の国」だったのである。

こうして、西のトポスの神話地理学を奉じる民と東のトポスの神話地理学を奉じる民がアメリカ大陸西海岸カリフォルニアで出会うことになったのだ。対照的でありながら、ある共通の構造があることをここに認めることができるだろう。

私は地球儀を見ながら夢想するのが好きだ。ある日、いつものように地球儀を見ていると、ユーラシア大陸が人の顔に見えてきた。彼の頭はもじゃもじゃ、シベリアの雪をかぶって白髪である。鼻は高く、チベット高原やエベレストになっている。眼窩は落ちくぼみ、左目はゴビ砂漠となって乾き上り、右目は黒海やカスピ海となって涙を流し、ベンガル湾をはさんでインドやタイに大きく口を開いている。そのような巨大な顔を持つ人間が見えてきた。そのユーラシア巨人は、実にかわいらしい両耳を持っていた。左の耳が日本列島、右の耳がイギリスとアイルランドである。その時、日本とアイルランドが東西に遠く離れていても、同じ地球のサウンドを聞きとっているにちがいないと確信した。それが私のなかでのケルトと神道の最初の結びつきであった。

第二に、こうした地理的・空間的条件の類似性と対照性の他に、歴史的・時間的条件の類似性と対照性があること。これには特に大きく三つのステージがあると私は考えている。

(1)古ヨーロッパと古アジア——先住民族と移住民族との葛藤と融和
(2)大宗教—大文明と小宗教—周辺文明との葛藤と習合
(3)ケルティック・ルネサンスと国学・古道復興

まず最初の局面、ファースト・ステージから見ていこう。従来、ヨーロッパ文明史は、エジプト文明やメソポタミア文明の影響を受けつつ成立してきた地中海文明のヘレニズムとヘブライズムを二大源流とするものと考えられてきた。それ自体、大枠としてはそれほどまちがってはいないが、こうした地中海沿岸地域に根を持つ南方ルーツのほかに、北方ルーツとも呼びうる重要な文明的流れがあることが次第に明らかになってきた。それがケルト文明である。紀元前十三〜十二世紀にすでにケルト人がヨーロッパに定住していたことは、ドイツやスイスやフランスの古ヨーロッパ遺跡の考古学的発掘によって明らかになった。ヘレニズム・ローマからすれば、ケルトは、わけのわからないけたたましい言葉で話すバルバロイ（蛮族）であった。古代ギリシア人はその「蛮族」をケルトイと呼び、ローマ人はガリとかガラタイと呼んだ。カエサルの『ガリア戦記』は壮烈なケルトとの戦いの記録である。

問題は、古ヨーロッパと古アジアの共通性と対照性である。ジョン・シャーキーは『ミステリアス・ケルト』（平凡社、鶴岡真弓訳）のなかで、ケルト人は紀元前一〇〇〇年から前五〇〇年の間に中央ヨーロッパのラインラント地方に出現した、インド＝ヨーロッパ語族の戦士集団とよく似た文化形態を持つ部族集団だと述べている。このケルト人が先住民族の住むアイルランドに移住したのが紀元前六〇〇年頃である。これ以前、すでに紀元前三五〇〇年頃にはニューグレンジの巨大墳墓がつくられており、各地にドルメン、メンヒル、カイト、ストーン・サークルなどの巨石文化が建造されていた。ケルト人はその先住者とどのように交わったか、これが一つの問題点である。ケルトの宗教の担い手であったドル

アイルランド・ドネゴール地方のキルクローニイのドルメン

イド僧たちは、先住民族の残した巨石を祭儀場として冬至の祭りなどを執り行なったという。

この先住民とケルト人との関係をわが国の縄文人と弥生人との関係と比較して考えてみる。これが第一の問題点である。縄文人は大湯（秋田県）のストーン・サークルや真脇（石川県）のウッド・サークルなど、巨石や冬至の祭儀を執り行なったとみられる遺跡を残している。稲作を携えて大陸や朝鮮半島より移住してきた弥生人は、先住民と対立と融和をくりかえしながら、やがて七―八世紀に律令国家を建設し、『古事記』や『日本書紀』を作成した。問題はこのときに先住民の文化や伝承を融合的に採り入れることでそれが成立したか、それとも破壊的に先住民を追いやったかである。これが日本神話では天《あま》つ神と国つ神との対立と融和の諸相となって描かれている。

第二に、大宗教と小宗教との衝突の問題。聖パトリックによってアイルランドにキリスト教が伝えられたのが四三二年。わが日本に朝鮮半島から大乗仏教が伝えられたのが五三八年。およそ百年の違いはあるが、この大文明を背景に持つ大宗教であり世界宗教であるキリスト教や仏教が、すでに独自の土着の宗教を形成していたアイルランドや日本に入って、土地の宗教といかなる葛藤と融合をくりひろげたか。聖パトリックはケルト人の宗教との融合策をとったといわれるが、わが国ではやがて神仏習合文化が花開くことになる。この点に共通構造と対照性がある。

第三に、ケルト・ルネサンスと神道ルネサンスの共通点と対照性である。ウィリアム・ブレイクなどのイギリス・ロマン主義者の活動によってケルトの宗教に注目が集まり、W・B・イエイツなどによってフォークロアが採集されたり、編纂されたりし、その動きがイギリスの植民地支配下にあったアイルランドの独立運動につながってゆく。この民族文化の再発見の運動がわが国の国学（古道学）や民俗学の形成とパラレルな現象であり、そればかりか、内在的にも深く通じるところがあること。

スケリグ島に渡る前の日の日没直前にポートマギーの港に真っ直ぐに虹が立った。それは天と地をつなぐ架け橋のようだった。その虹を見て、私たちはスケリグ島に渡れることを確信した。

ケルトと神道

ケルトと神道

今、ダブリンにてこれを書き始めている。そして、遠くアイルランドとイギリスのケルトの地を旅しながら日本人の死生観について考えてみたい。

一九九四年、一九九五年の二度にわたってケルトの聖地を巡ってみて、私はケルト人の宗教性と日本人の宗教性との間に深い共通構造があることを確信した。その要点は四つある。

一つは、空間的・地理的共通点である。イギリス・アイルランドと日本はユーラシア大陸の極西と極東に位置しているが、どちらも氷河期が終わり、氷床が溶けて海面上昇することによって大陸から切り離され、現在のような独立した島々になった。イギリス・アイルランドでは約八千年前、日本では約一万年前の出来事である。ユーラシア大陸の西の端と東の端に、ほぼ似た時期に独自の島国文化の形成が始まったのだ。

第二に、時間的・歴史的共通点。アイルランドにユーラシア大陸西域からケルト人が移住し始めたのが紀元前七世紀頃、日本にユーラシア大陸東域から稲作と鉄器を携えた人々が弥生文化を築き始めたのが紀元前四世紀頃。すでにそれぞれの島には、ドルメンやメンヒルやストーン・サークルなどの巨石文化が形成されていた。

日本人の死生観の原像を考えてみる上で興味深いのは、アイルランドの巨石時代人やケルト人のつくった墳墓と日本の縄文人や弥生人のつくった墳墓との共通点である。ニューグレンジやタラの丘の墳墓の入口と玄室は冬至の朝日が射し込む方角に向けられているが、これは真脇のウッド・サークルや大湯のストーン・サークルと基本的に同じである。

太陽光線のもっとも衰えた時期に射し昇る朝日の方角に向けられた墳墓とは、太陽の死と新生に結びつけられた、肉体と霊魂の死と再生を願う信仰を表わしている。冬至を境に日は長くなり、自然界の生命の息吹が蘇る。同じように死んだ霊魂もまたこの世にふたたび蘇ってくることを請い願ったのだ。自然界の蘇りと霊魂の蘇りが同期的でかつ一つの連続した事象であることを、巨石時代人と縄文人はともに告げているのである。

これに関連してもう一つ興味深いのは、ニューグレンジやタラの王墓の石壁にくりかえし渦巻き紋様が刻まれていることである。縄文時代の土器や土偶にも渦巻き紋様が描かれているが、それは生命の原基的な形態であり、また象徴図形であり、火や日や水や霊魂の原型的パターンである。とすれば、渦巻きは生と死の両極を含み、生が死に、死が生に転ずる生死のダイナミズムを表わしているといえよう。

日本神話を例に引こう。天の岩戸という洞窟の前で、日の神天照大神を呼び出す神懸りの踊りを踊るのは天宇受売命（あめのうずめのみこと）という名の女神である。この女神の名の「ウズメ」とは「渦目」を意味し、それは太陽と火と霊魂を象徴するものだと、私は考えている。そしてこの時、アメノウズメが胸乳と女陰《ホト》を露わにするのだが、この女陰としての「ホト」も、それ自体が、形態的にも象徴的にも「渦目（渦芽）」であると思うのだ。

太陽神アマテラスを天の岩戸から呼び出すこの神事は、冬至の頃に行なわれた鎮魂祭の起源を物語るものだというのが有力な解釈であり、私もその説に賛成である。同時にそれは日本の古代の大王、すなわち天皇の「日継ぎ（霊継ぎ）」の儀式の起源を物語っていると思う。いずれにせよ、この神話は死と再生の秘儀を物語っているのである。

第三の共通点は、土着の固有宗教と新たに大陸から大文明を背景に入ってきた世界宗教との関係である。聖パトリックによってアイルランドにカトリックが伝わったのが四三二年、百済の聖明王により日本に大乗仏教が伝わったのが五三八年。およそ百年の開きがあるが、それぞれローマ文明と中国文明を背景に島の小宗教のなかに大宗教であるキリスト教と仏教が入ってきた。このとき、ドルイド教とカトリックとの間に、また神道と大乗仏教や密教との間に独自の習合文化が築かれていった。ケルトにおいてはドルイドとキリストおよび三位一体との一致が説かれ、日本では神仏の同体思想すなわち本地垂迹説が説かれ、基層信仰との重層的な習合がはかられたのである。

第四の共通点は、十八世紀以降のケルト・リヴァイヴァルと神道リヴァイヴァルの類似である。片やイギリス・アイルランドでは、マクファーソン、ブレイク、イエイツらによってケルト神話や妖精伝説の掘り起こしや再編が始まり、日本では本居宣長や平田篤胤や柳田國男によって日本神話や妖怪伝説の掘り起こしと再編が始まった。

このように見てくると、ケルト人の宗教性と日本人のそれは、きわめて対照的ではあるが酷似した共通構造を持っていることがわかる。

私は今回の旅で、ロンドン在住の画家阿伊染徳美《あいぜんとくみ》と出会い、彼の教示によって、ケルトと神道のもう一つの共通点である「グリーンマン」を発見した。グリーンマンとは、「緑男」すなわち死と再生（復活）の神である。

アラン島からの祈り

アラン諸島は、ユーラシア大陸の極西にあるアイルランドのなかでもさらに極西にある小さな島々であり、そこでは今でも日常的に古代ケルトの流れを汲むゲール語が話されている。一般にアラン島と呼ばれるこの島は、三つの島からなっている。一番大きく、北西に位置するのがイニシュモア島、その南東にある中の島がイニシュマン島、そしてもっとも小さくて陸地に近い島がイニシィア島である。

一九九四年に初めてイニシュモア島を訪れたとき、沖縄の石垣島や西表島と似ていると強く思った。海から拾い上げた石灰岩で石垣を組んで敷地を区切っているところや、何か荒涼とした雰囲気を漂わせながらも、古い伝統文化を保持しているところに共通するものを感じたのである。そしてまた、海の彼方に「常若の国（ティル・ナ・ノグ）」や「常世の国（ニライカナイ）」という他界があると信じていた点にも。その昔、アラン島には星の数ほどの聖人が住んでいて、修行を積んでいたという。

今回、私は滞在先のダブリンの家主であるマラキ・ブロフィーさんやその夫人のケイコさんに案内されてイニシィア島に渡ることになった。この島の中央にはテンバル・タイビンと呼ばれる地下教会がある。かつて六月十四日の夜には全国から信者が集まり、この地下に掘られた教会で一日を過ごし、祈りを捧げたという。

六月十四日といえば夏至の頃である。私はアイルランドに来て初めて、なぜケルト人が夏至の日に重要な祭儀を執り行なったのか、よくわかった。というのも、公園に行って日陰で休むのは日本人の私一人だけ、あとはみな上半身裸になったり、靴を脱いだり、ズボンをたくしあげたりして夏の日射しを浴びている。まるで砂漠の砂が水を吸い取るようにして彼らは光を吸い取るのだ。
その光に対するあこがれと欲求は、「日出づる国」から来た私にはわからない。冬のアイルランドから日本に帰ったとき、日本がまさしく「日の本」の国であることをいやおうなく実感するにちがいない。それだから、六月の夏至を真ん中にはさんだ二、三カ月は、彼らにとって、あらゆる生命の湧き出づる生命の祭典の時期なのである。

八月五日午後八時、イニシィア島の東海岸に出て日本に向かって法螺貝と石笛《いわぶえ》を吹いた。友人の気功家・出口衆太郎さんや三上敏視さんから、人類が初めて原爆を体験した広島の地で「神聖なる聖域　地球を癒す鍼・入気の儀式」を行なうので、八月六日午前四時に始める土地の神々への祈りの儀式に時を合わせて参加してほしいという要請があったからだ。

神々や諸霊に祈り、大地に気を通す。大地と人との間に、そして人と人との間に、人と神と霊との間に気を通す「入気」の儀式。

私は三十五年前に打ち上げられたという難破船の下で、広島の方角に向かって、きっかり午前四時に合わせて法螺貝を鳴らし、大祓詞をあげ、般若心経を唱え、石笛を吹いた。今では鉄さびて廃墟となった難破船が、広島に通ずる通路となり、回路となるように思えたからだ。五十年前に日本も一度廃墟のような時と街を体験した。

そのとき、民俗学者の柳田國男は、日本人が戦争で亡くなった人々の霊魂をどのように祭りつづけることができるか深い危惧と警告の念いを込めて『先祖の話』を出版した。その本は、先祖とは祭るべき存在であるという話から始まり、先祖が血のつながりのある氏族や一族に、また祖父母が孫に生まれ変わってくるという信仰のあったことを説いて終わっている。柳田には、日本人の「家」がどうなっていくか、そしてその「家」を中心に執り行なわれてきた先祖祭祀がどうなっていくかについて深刻な危機意識があった。正月や盆などの「先祖祭」が行なわれなくなると、日本人の「常民」文化は根柢から崩落すると彼は考えていた。

同じ時期に、やはり民俗学者の折口信夫は、「神道にはもともと先祖崇拝はない。神道はいわれるように多神教ではなくむしろ一神教である。今後神道は民族教ではなく人類教にならなければならない」という特異な説を主張した。その主張は柳田とは正反対で、対極にあったが、彼もまた柳田と同じような危機感を抱いていた。

戦後五十年。遠くケルトの地の日没を見ていると、その先に大西洋を越えてアメリカ大陸があり、さらにその向こうに太平洋を越えて日本列島があることが実感されてくる。西の海の彼方にある「常若の国」と東の海の彼方にある「常世の国」は、地球上のどこかで交差しているにちがいない。ことによると、それは人類が持つ普遍的な神話地理的イメージの二つの現われだったのかもしれないとさえ思われる。

「緑の島」と呼ばれるアイルランドで、私は緑の思想と神話の象徴である「グリーンマン」を探し始めている。画家の阿伊染徳美によると「グリーンマン」とは、みずからの目や口や鼻から植物を生やす図像で表わされるケルトの神である。そのケルトの古神が、殺された身体から五穀を化生させるわが国のオオゲツヒメと通じるという。オックスフォードでは五月一日、メーデーの日に、全身を緑の葉で覆った「グリーンマン」が春の訪れを告げて歩く。それはまさに大地と生命の復活の時である。

人類はしかしこのような再生の時をこの文明のなかに見出すことができるだろうか。「グリーンマン」の対極にある兵器・原子爆弾を生み出した人類は。

シーラ・ナ・ギグとオオゲツヒメ

ダブリンの国立博物館である像に見入っていると、一人の女性が声をかけてきた。その像のインフォメーションが本になっていますよ、と。

私は、シーラ・ナ・ギグと呼ばれる女神の石像に見入っていたのだった。どこか、円空の木彫仏を思わせる、粗けずりで素朴だが、力強く大らかな生命力を秘めた女神像であった。特に私が興味をひかれたのは、腹部に八個の穴が開いていた点である。なぜ腹部に、しかも八個も？

私に本の所在を教えてくれた中年女性は一メートル八〇センチはあろうかと思われるほどの立派な体格のドイツ人で、スピーチ・セラピスト（言語療法士）をしているという。

彼女も、この像に興味を抱いた数少ない一人であるが、彼女はこの石は魔的な像だという。それに対して私は、この像は豊饒多産の女神で、それゆえに腹部に多くの穴を持ち、別のタイプの像ではみずから両手で女陰《ヴァギナ》を開いているが、その女神が魔物のように取り扱われるようになったのはキリスト教の支配下に置かれたからだ、と反論した。

すると彼女は、実はそうなのだ、キリスト教はこうした生命力《ライフ・エナジー》を象徴する女神像を魔物におとしめたのだ、と同意した。私にはなぜか、そう述べている大柄な女性がシーラ・ナ・ギグの化身のように思えてきて不思議な気持になった。

シーラ・ナ・ギグ像の特徴は、大きな目と口と乳房と開かれた女陰である。時にその像は、魔神石《デヴィル・ストーン》とか邪眼石《イヴィル・アイ・ストーン》とか魔女石《ウィッチ・ストーン》とかと呼ばれる。歴史的には中世の教会建築や城の塔や門や壁の装飾として造られたが、明らかにそれは魔除《まよ》けの象徴である。

なぜこのような像が教会や城や家に置かれたのか。一つの理由はもちろん、表向きには魔除けである。しかしその像が魔除けの力を持つことができるためには、それ自体が荒々しい力を内に秘め、その力に賦活されていなければならない。それゆえ、第二に、本質的にこの像は創造と破壊、すなわち死と再生を司る豊饒多産の女神であるがゆえに、豊饒と再生をもたらす生命力の充実を願う人々によって教会や塔や家々に飾られたのである。多産は同時にその内に多死を孕んでいる。

私がこの像にひかれたのには、明確な理由がある。それは、日本神話や祭祀・儀礼において、「ホト」(女陰を意味する古語)がきわめて重要な象徴的意味と役割をになっていることを追究してきたからだ。初代の皇后は「ホトタタライススキヒメ」という名前であるし、またアメノウズメは天の岩屋戸の前で女陰《ホト》を露わにして踊り、それによって日の神・天照大神を岩戸から呼び出すことに成功した。「ホト」をめぐる神話や儀礼はそのほかにもたくさんの事例がある(この点については拙著『身体の宇宙誌』講談社学術文庫、を参照されたい)。

ここでは、このシーラ・ナ・ギグとグリーンマンと、わが国のオオゲツヒメやアメノウズメとの関係を考えてみたい。「アメノウズメ」の「ウズメ」とは、端的に「渦目・渦芽」であって、それは生命力の源泉としての燃えさかる太陽であり、同時に女陰《ホト》である。ウズメは、みずからの「渦目＝女陰＝太陽」を露わにすることによって日の女神を神懸りし、呼び出すことに成功した。縄文時代の土偶、洞窟、古墳、岩屋戸などの形態において、女陰は生死を司る重要な回路となっている。

オオゲツヒメも目や鼻や口から五穀を化生させるのだが、なかでも、目からは稲穂、女陰からは麦を産出すると『古事記』に描かれているのは、実に意味深長である。なぜ目から稲穂で、女陰から麦なのか？ その理由は、まず第一に、両者には形態的な類似性があるということ、第二に、稲も麦も黄金色に稔り、それ自体太陽の象徴でもあること。いいかえれば、女陰とはもう一つの目、「渦目《ウズメ》」なのである。そしてそれは生命力の源泉である。

画家の阿伊染徳美は、一九九三年、カンタベリー大学のギャラリーで「グリンマンと古事記」と題する個展を開き、ケルトのグリーンマンと日本神話のオオゲツヒメが、ともに目や鼻や口から植物を化生させる豊饒神であることを絵画で表現した。阿伊染によると、グリーンマンの神話や伝説は、ギリシャのディオニュソス、日本のかぐや姫、桃太郎、花咲爺、瓜子姫、金太郎をはじめ、世界各地にみられるという。

現在のところ、私はグリーンマンの原像がケルトの神・ケルヌンノスにあることを突きとめた。ケルヌンノスは、動物の主であり、雄鹿の角を持った蛇の表象で描かれることも、手に金銀銅貨や穀物をいっぱいに詰めた袋を持ち、頭に二本の雄鹿の角を生やした男性神像で描かれることもある。地下の王であるケルヌンノスは、死と再生と豊饒多産を司る神である。

私は、このケルヌンノスが日本のディオニュソス（バッカス）でありグリーンマンであるスサノヲとつながり、シーラ・ナ・ギグがオオゲツヒメやアメノウズメとつながっていると考えている。そしてこのケルヌンノスとシーラ・ナ・ギグは、スサノヲがオオゲツヒメを殺害してその死体から五穀が化生したという神話的関係にも似て、表裏一体をなすケルトの古神の名残ではないかと思うのだ。

シーラ・ナ・ギグの八個の穴は、私には他界に通じる穴のようにも思えたが、まちがいなくそれは生死の境をつなぐブラック・ホールなのであった。

ラフカディオ・ハーンと神道

ダブリンの街を南北に二分するリフィー川の北岸近くに、ラフカディオ・ハーン（小泉八雲）が子供の頃に住んでいた家があって、今はタウンハウス（街中の簡易旅館）になっている。一九九四年、初めてアイルランドを訪れたときにこのタウンハウスに泊まったのだが、聞くところでは、この周辺は盗難や強盗や麻薬売買のよく行なわれる危険な地区なのだという。そうとは知らず、私はハーンゆかりのB&Bに泊まって、彼の生涯と仕事に思いをはせながら感慨にふけっていたのだった。

ラフカディオ・ハーンは、アイルランド人の父とギリシャ人の母との間に生まれた混血児である。一八九〇年（明治二十三）四月、四十歳のときに来日し、松江中学の英語教師をしながら、日本人の持つ信仰や民俗事象に関心を抱き、見聞を深めた。翌年には、旧松江藩士小泉湊の次女セツと結婚し、熊本の第五高等学校に赴任し、一八九六年には、日本に帰化して小泉八雲と名乗り、東京帝国大学文科大学講師に就任している。一九〇四年、心臓発作により五十四歳で急逝するまでの間に『知られざる日本の面影』『霊の日本』『怪談』『日本』など多数の著書を著わし、日本の文化と宗教を想像力豊かな筆致で広く西欧社会に伝えた。

ハーンは、それまでの日本研究者であるチェンバレンやアーネスト・サトウが神道を教義も聖典も道徳規範もない「宗教《レリジョン》」と呼ぶに値しないものと低く見、それに対して、仏教を深遠な形而上学と華麗な儀式と高度な道徳体系を持つ「宗教」と高く評価していた見方を逆転させた最初の西欧人であった。ハーンは、神道には確かに哲学も倫理規範も形而上学もないが、しかしながら、まさにそのないことによって逆に西洋の宗教思想の侵略に対抗できたと指摘し、それは東洋のいかなる信仰もなしえなかった偉業であると神道の評価を逆転させたのである。これは画期的な視点の転換であった。ハーンは、ある点では、日本人以上に日本人の心性や霊性の根幹にあるものを的確に見てとっていたのである。

それまで、神道は単なる祖先崇拝であるとか祖先崇拝と自然崇拝の混合であると考える者が多かった。しかし、現実の神道は書物や儀式や戒律のなかにではなく「国民の心の内に生きている」と考えたハーンは、来日半年後に、外国人として初めて出雲大社の正式昇殿参拝を認められ、そこで生きた神道を体験する。このときハーンは、「神道の生命の鼓動」に直接触れたと感動をもって記し、出雲大社の宮司千家尊紀の姿に接して「生き神」信仰の何たるかを感じとったのだ。ハーンは千家尊紀宮司を「古代ギリシャの神官」のようだとくりかえし讃嘆しているが、彼はそこに母の故郷であるギリシャの古代祭司の姿と、父の故郷であるアイルランドの古代神官であるドルイドの姿を重ねていたのではないだろうか。出雲国造を務めた出雲大社の宮司が死去すると、次代の新宮司はただちに家伝の火燧臼《ひきりうす》と火燧杵《ひきりきね》を持って熊野神社に赴き、神聖な火で調理した斎食を摂ることによって新国造となり、祖神の天穂日命《あめのほひのみこと》となるという。天穂日命からつづく国造の生命は「永存にして不死」だと信じられた。それゆえ生命の連続性の信仰を体現する国造は墓を持たないという。ハーンはこうした永遠の生命に対する信仰をアイルランドに強く残る不死の国「常若の国《ティル・ナ・ノグ》」の信仰と重ね見たのではないか。

　そのハーンが日本人の死生観の中核にあるものと考えたのが盆の習俗である。ハーンは「仏壇」が仏像を祀るところではなく、より本質的には死者の位牌を祀る祭壇であることを見のがさなかった。盆は「死者祭祀」であり「死者の市」であるというのがハーンの見解であった。死者は単なる死者ではない。それはあたかも生きている者のように子孫のもとを訪れる。子孫は死者を生きている者のように迎え祭る。この関係とそれを表現し伝える習俗の様式にハーンは美と深い精神性を感じとった。こうしてハーンは、神道は「心の宗教」として国民生活の中核に横たわり、「神道の仏教化」はその反対に「仏教の神道化」に帰着したと結論づけたのである。

ハーンは、「神社」を「テンプル」とか「シュライン」と訳すよりも、むしろ「スピリット・チェンバー」とか「ゴースト・ハウス」と訳すべきだと主張したが、『怪談』を著わした作者ならではの物言いである。たくさんの妖精物語を残した古代ケルト人の末裔であるアイルランド人の血が、神道の中核にあるアニミスティックでシャーマニスティックな霊魂観を親しいものに感じさせたのであろうか。「ゴースト・ハウス」とはもちろん「幽霊屋敷」と訳すべき性質のものではなく、「魂《たま》の依代《よりしろ》」の意味である。

ラフカディオ・ハーンが見た「知られざる日本の面影」とは、死者と生者が季節毎の祭祀を通して交感を果たし、霊魂が単に霊としてのみならず、自然や生命や肉体を持った人間のなかで、その物質的性質と不可分なかたちで存在している姿であった。そしてその交歓を通して、先祖としての死者は子孫としての生者のなかで生きつづけ、両者が互いに生まれ変わり死に変わりしつつ生命と文化の連続性を保っているという姿であった。

しかし、ハーンが見た「知られざる日本の面影」は、現代に生きる私たちにとってもまた〝知られざる日本の面影〟となってしまっているのではないか。多くの現代日本人は、神道についてもみずからの死生観についても無頓着であり、無自覚であるように思われる。もう一度、「日本的霊性」（鈴木大拙）を深く、広く掘り起こす作業が必要ではないだろうか。

ランボー、ケルト、コーンウォール

学生時代、アルチュール・ランボーの詩をよく読んだ。そのとき、強く印象に残ったことがあった。それはランボーが『地獄の季節』を最初「異教徒の書」と題して書き始め、自分にはゴール人の血が流れていると言っていた点だ。そのゴール人がケルト民族のことだと気づいたのはつい最近のことである。ケルト文明を鏡として見るとき、ヨーロッパ文明の全体構造や地理的にはその対極にある日本の位置がよく見えてくる。この夏、イギリスとアイルランドを旅しながら、日本の文明構造を合わせ鏡のようにして覗き込んだ。

ここでは三つのことを取り上げてみる。第一に、セント・マイケルズ・マウント。第二に、ランズ・エンド。第三に、ゴーゼスの祭り。

セント・マイケルズ・マウントを見たとき、これは日本の神島や淡島（粟島）や大島（雄島・青島）の信仰と似ているところがあるはずだと思った。これらの地先の島は陸地より少し離れたところにある小島で、あるものは、セント・マイケルズ・マウントのように潮が引くと徒歩で渡ることができる。それらの島は、その先のはるか海上にあると考えられた常世の国や、根の国やニライカナイなどの他界に通じるチャンネルだったのだ。他界への通路としての島。そうしたチャネリング・ポイントとしての島のコスモロジーがどこかに残っているはずだと思ったのである。
しかし残念ながら、そうした痕跡をはっきりと見出すことはできなかった。とはいえこの島はフランスのサン・ミッシェル島やアイルランドのスケリグ島と同じ大天使ミカエルの島とされ、共通の地形的・信仰的内実を持っている。なかでも、スケリグ島がもっとも厳しく孤絶した島を保っているが。そしてそこには「常若の国」の信仰がもっとも強く保たれているが。

アイルランドの日没

井村君江氏に案内されてランズ・エンドの地に立ったとき、今にも西の海に日が沈んでゆこうとしていた。この西の彼方に「常若の国」があって、アーサー王はここからその永遠の島に渡り、そこで今なお生きているという伝説があるということだ。聖剣エクスカリバーを手にしたアーサー王が渡っていったという沖中には小さな島があり、西日が光の道となってそこまで届いていた。そのときふと、かのランボーの『地獄の季節』のなかの一節が口をついて出た。

見つかった
何が？　——永遠
太陽と手を取り合った海

ジャン・リュック・ゴダールは『気違いピエロ』のラスト・シーンで、地中海に沈んでゆく日没を映しながら、アンナ・カリーナとジャン・ポール・ベルモンドにこの詩を朗読させていた。ふるえるようにせつない、しかし名状しがたいほど甘美なラスト・シーンだった。太陽と海との融合。この世で結ばれることのなかった男女の「永遠」の愛の世界。それはいささかコメディ・タッチだが、現代のトリスタンとイゾルデの物語ともいえるものだった。ランズ・エンドの地に立って、西のトポスのさらにその向こう側にある魂の世界を思った。

　ゴーゼスの祭りは、現代におけるケルティック・リヴァイヴァルの一シーンを担うものであるが、残念ながらその詩的な言語世界がわからなかったために、彼らが再発掘しようとする詩的な言語世界をリアルに感じとることができなかった。ドルイド的な詩的精神の継承をはかろうとする試みだと思ったものの、そこに真のドルイド精神《スピリット》を感じることはできなかった。むしろ、異教徒の先祖の地を思い出しながら『地獄の季節』を書いていたアルチュール・ランボーこそドルイド的な詩的精神を蘇らせた詩人であったと思う。

　あらためてアル中《アルチュール》で乱暴《ランボー》な異教徒の詩人を思い出しながら、ケルト文明の古層に探針を下ろした旅であった。

「断念」抱え込むアイルランド魂
――シェイマス・ヒーニー

アイルランドに滞在していた三カ月の間に、「アイルランド魂」をかい間見させる二つの場面に遭遇した。

一つは、アイルランド東北部の港町スライゴーでのことだ。ある夜、私はホームステイ先の家族と一緒に海辺のパブに行った。夜の十時になって、ビリアードをして遊ぶ部屋に大型テレビが運び込まれ、そこにパブ中のすべての老若男女が集まった。これから、アイルランドただ一人の世界チャンピオンがタイトル・マッチを行なうのだ。それもアイリッシュ・ウイスキーの本場、コークの野外スタジアムで。

これではただでさえ燃え上がりやすい「アイルランド魂」が熱狂しないはずはない。人々は口々に「カモン、カモン!」と叫びつつ声援する。ホームステイ先の、ふだんはとても物静かで知的な中年女性が何度も「カモン!」と叫ぶのを聞いて驚いた。ほとんどすべての国民がこのとき、このボクシングの防衛戦を見、チャンピオンを応援しているのだ。

試合の結果は、チャンピオンの勝利に終わった。KOできなかったので少しばかりの不満は残ったようだったが、イ、ギ、リ、スの挑戦者を打ち負かしたことで、パブ中の人々の顔面は一様にほころび、ギネスの杯を重ねて「スローンチャ!」と乾杯する光景が見られた。

この夜の出来事がなぜそれほど強い印象を与えたかというと、このとき、実況中継のアナウンサーがチャンピオンのことを二度「ケルトの戦士（ケルティック・ウォリアー）」と呼んだからだ。「ケルトの戦士」が立ち上がってイギリスをたたく。ここには深く屈折したアイルランドの歴史と、そこに生きる人々の心情がにじみ出ていると思わざるをえなかった。この一瞬、「アイルランド魂」は確かにケルト神話の英雄を幻視したのだ。

もう一つは、ダブリン在住の詩人、シェイマス・ヒーニーがノーベル文学賞を受賞することが決まったというニュースが届いた時だ。忘れもしない。一九九五年十月五日の夕方だった。ダブリン大学（UCD）での授業から帰った私に日本から二つのものが届いていた。一つはヒーニーの受賞が決まったという知らせ。もう一つは、私の新著『宗教と霊性』（角川選書）が予定より一日早く届いたことだった。このまったく個人的な偶然の一致によって、私はシェイマス・ヒーニーをとても身近な存在に感じるようになった。

その夜、ホームステイ先の家族や友人たちと、ヒーニーの受賞決定と新著の発刊を共に祝った。少なくともその夜、私と話したアイルランド人で、ヒーニーの受賞に驚きの声を発しなかった人はいない。そしてそれはそのあともしばらく続いた。

ところが、当のヒーニーは休暇でギリシャに行っていて連絡がとれないという。これまたいかにもヒーニーらしいと好感をもって受けとられたようだった。

受賞の知らせが届いたヒーニーがアイルランドに戻ってきたとき、ノーネクタイのごく気楽な恰好の彼はそのままメアリー・ロビンソン大統領邸に直行して祝福を受けた。その何でもないかのような、気取らない、自然なふるまいがまた好感をもって受けとられた。この「自然」さ、「素朴」さこそ、もう一つの「アイルランド魂」だったのである。

しかしながら、ヒーニーにおいてこの「自然」さはただ単に何の屈折もない純朴な「自然」さなのではない。その逆に、それはいくたびもの屈折や挫折や痛みや闇を抱え込んだところになお顔を出してくる「自然」さなのである。

知られているように、ヒーニーの第一詩集は『自然主義者《ナチユラリスト》の死』（一九六六年）である。なぜこの詩集のタイトルが「自然主義者の死」と名づけられたのか。確かに、「緑《エメラルド》の島」と呼ばれるアイルランドの「自然」は美しい。しかしアイルランドの歴史を知れば知るほど、その「自然」が苛酷さと敗北と屈折を抱え込んで成立した「自然」であることが見えてくる。

なぜヒーニーはゲール語（アイルランド語）ではなく、英語で詩を書くのか。アイルランド人はイギリスの植民地支配によって土地の言語を奪われ、英語を押しつけられた。それゆえ、アイリッシュ・イングリッシュはそれだけである屈折と屈辱と痛みを抱え込まざるをえない。そのような屈折した歴史と心情の上に立って、ヒーニーは「詩」を書くことを、それも英語で詩を書くことを選びとったのだ。そこにもはや「自然」な「自然主義者」の姿はない。そしてもう一人のノーベル文学賞の詩人W・B・イエイツのように、過去のケルトの栄光や夢に耽溺することもない。

ヒーニーはその詩作の出発点からある断念を抱え込んでいる。断念の一つは、鋤（農具）ではなくペンをもって「土（＝詩）」を掘ろうとすること。もう一つの断念は、土地の言葉ではなく支配者が強制した言葉、すなわち英語で詩を書くこと。そして、彼が愛してやまないデリーの農村や北アイルランドを捨てて南へ、アイルランド共和国に移住したこと。ここには一九七二年の「血の日曜日」事件に対する彼の決断がある。

ヒーニーはイエイツのような、ロマンティックなケルト・ルネサンスの詩人ではない。イエイツたちのケルトの夢が終わった地点からヒーニーたちの「アイルランド魂（アイリッシュ・マインド）」は始まっている。ヒーニーの詩集『ステーション・アイランド』（一九八四年）のなかの次の一節は、私には涙なしには読めない。

おまえの務めはありきたりの儀式によっては解放されはしないのだ。おまえはおまえのやり方でやるしかないのだ。……英語はわたしたちの言葉なのだ。

俳諧と自然と共死

俳諧と自然

「俳句」という言い方ではなく、「俳諧」もしくは「誹諧」という言い方が好きだ。そこに意味の深さと本質が読みとれるからである。

私はいつも「俳諧」もしくは「誹諧」という漢字を字遊び的かつアナグラム的に「人に非ず、皆言う」、「言に非ず、皆言う」と訓む。まったく勝手な自己流の訓み方なのだが、それが「俳諧＝誹諧」の世界と本質をよく表わしていると思うからだ。

短歌的主体が人であり情だとすれば、俳諧的主体は物であり象である。人・情世界と物・象世界は大きく異なる。前者はより文化的だが、後者はより自然的かつ即物的だ。あえて独断的な言い方をすれば、短歌は弥生―農耕的言説世界を語り、俳諧は縄文―狩猟採集的言説世界を物語る。私としては、後者のよりアニミスティックな世界に深い共感を覚える。

「人に非ず、皆言う」、「言に非ず、皆言う」世界とは、記紀神話や祝詞のなかにいう「草木言問《こと と》う」世界である。

延喜式祝詞中の「大祓」に、「言問にし磐根・木根立・草の片葉をも言止めて」という一節がある。

これは天孫降臨に際して、国土平定および国譲りを行なう前の状態が、岩や草木が言葉を語るという荒ぶるカオス的な世界であったのに対して、それを言向け和《ことむやわ》して秩序あるコスモスの世界に平定していった過程を示すものである。この過程は、記紀神話においては、荒ぶる国津神を天津神が制圧していった過程として描かれている。

私は、短歌的伝統に弥生―農耕―天津神―天皇制のコスモロジーを、そして俳諧的世界に縄文―狩猟採集―国津神―天皇制以前のコスモロジーの再生を見る。国津神たちのノイジーで、荒々しくて、野放図なエネルギーと、管理しえない自在な多元多様な声が俳諧的世界を形づくっていると思うからだ。「人に非ず、皆言う」世界とは、このような国津神、すなわち草木や岩石や諸動物が言葉を発し、多元多様なコミュニオンをつくっている世界である。それは実際には、人間的な分節言語によるコミュニケーションではないから「言に非ず、皆言う」コミュニオンの世界というべきであろう。これを「ちはやぶる神」々の現象交叉するアニミスティックな世界ということもできよう。

私にとっての「俳諧＝誹諧」とは、このような霊《モノ》―者《モノ》―物《モノ》の言問いの世界であり、その自由自在、風流、即物をこよなく愛し、酔い痴れる。

このところ、短歌的自然ではない俳諧的自然の荒ぶるさまが話題となった。いうまでもなく、雲仙は普賢岳（一三五七メートル）の噴火である。

一九九三年六月五日、毎日新聞と読売新聞の夕刊を見て驚いた。全国紙の一面に雲仙・普賢岳地獄跡火口から火砕流が噴き出て噴煙を上げる写真が載せられていて、それがまったく女陰にしか見えなかったからだ。私はそのとき雲仙の女陰が爆発している、荒ぶる国津神が巨大な口を開けて言問うていると思ったのである。

自然というモノは怖ろしい。ほんとうに畏怖すべき力と大きさをもっている。記紀神話では、伊邪那《いざな》美命《みのみこと》は火の神カグツチを生み、「ホト（女陰）」を焼いたのがもとで病み衰えついに神去り、黄泉国にみまかる。この火神を生んで「ホト」を焼いたという記述は、火山の噴火活動を神話的に表現したものだと私は思う。「ホト」とは「火処《ほと》」の意味である。とすれば、「女陰」と「火口」はあらたま（新魂）の生命《いのち》＝火《ひ》・霊を孕み産出する通路であることにおいて共通点をもっている。火山はマグマの火という根源的生命を孕み出産する。その出産すなわち噴火のさまから古代人は人智と人間業《わざ》を超えた「ちはやぶる神」「たまちはふ神」「荒ぶる神」の姿を透かし見たのではなかろうか。

「女陰」とは不思議な器官であり、身体空間である。自分とは異なる生命を宿し、育て、産出する、人体における異界＝他界ともいうべき場所だからである。しかもこの「女陰」は、形態的にも機能的にも、人体だけでなく、岩根や木根にもみられるのだ。雲仙の地獄跡の「女陰《ホト》」がそうであったように、自然界には多元多様な相似象やコミュニオンがみられるのである。

古代人の世界はきわめてリアルである。神話は観念ではなく、モノ（霊＝者＝物）なのだ。たとえば、伊邪那美命は「女陰《ホト》」を焼いて病み衰えたが、しかしそのとき、ヘドから金山彦《かなやまひこ》・金山姫の神々を、大便から埴安彦《はにやすひこ》・埴安姫の神々を、小便からは水神罔象女《みつはのめ》の神が成り出でたのであった。つまり、鉱物・金属や土や水の神がみが化生し、同時にそれは物質として生起したのであった。であれば、私たち人間は伊邪那美命のヘドや大便や小便の上で、それを用い、食べたり飲んだりしながら生活しているのである。神々の身体の上で、またそのなかでわれわれは生きているのだ。

雲仙の爆発のニュースに接したとき、すぐさま私は火の神を生んで神去った女神・伊邪那美命の「女陰《ホト》」を思い出した。そしてこの女神の「女陰」が荒ぶり言問うていると思ったのだった。大地母神ともいえる伊邪那美命はいったい私たちに何を発信しようとしているのだろうか。普賢岳の地獄跡の「女陰」の言問いとは何なのだろうか。

大地・自然を征服し、人間の都合のみで開発・加工してゆく文明のあり方への警告なのか。国津神への畏怖を忘れて国土を蹂躪しつづける現代資本主義の現世利益に浸りきった私たちへの痛打の噴火なのか。

大地・自然の言問いに耳傾ける術《すべ》を忘れた文明はやがて滅び去るであろう。「人に非ず、皆言う」「言に非ず、皆言う」俳諧的自然に感応した生と文明をどのように築いてゆくことができるか、私たちの俳諧文化は今厳しく試されているのである。

地震と俳諧

一九七二年七月、徳島県下に集中豪雨があった。そのとき、県下で一軒だけ集中豪雨による山津波に襲われて民家が下敷きになり全壊した。五メートルと離れていない隣家には被害がなかった。

幸い、家の者は無事であった。家の長男は雨の中、勤めから帰る妹を車で迎えにいっていた。ただ一人家の中にいた五十歳前の寡婦がものすごい地響きに驚き、着のみ着のまま裸足で家を飛び出した。そしてわが家をふり返りふり返りしつつ走っている最中に、あっという間に土砂に家が呑みつくされてしまった。夜七時、家に戻ってきた兄妹はその光景を見て声を失った。一瞬にして生まれついてこのかた長年住み慣れた家を失ってしまったのだから。

家には平安時代末から続くタブーがあった。それは平治の乱（一一五九年）で殺された先祖をしのび、正月三カ日は家に酒を置かず、また飲まないというタブーであった。しかしこの年、ある出来事のためにこのタブーが破られた。この家の母親は、夫につづき、家を失った年に酒のタブーを破ったことを重く見、不慮の事故の原因が不可抗力だったとはいえタブーの侵犯にあったと結論づけた。

二十数年前の私の家の出来事である。大学生の私は各地を放浪しており、隠岐島から金がないので送ってくれと電話をした。そのとき、母が、金がない、家もない、と言ったのを悪い冗談を言うと思ったものだ。金は電報為替で送ってくれ、今でも感謝しているが、四国に帰って土砂に埋まったわが家を見たとき、二十年あまり過ごした思い出深い場所がただの剝き出しの山肌に覆われた場所に変貌しているのを見て名状し難い思いを持った。

自分は家を失った。小さい頃から使ってきた勉強机も一家のアルバムもすべてを失った。しかし家はなくなっても、親子兄姉みんな生きている。持ち物は無一物になってしまったが、もうこれ以上失うものはない。このどん底の状態から新しく人生が始まるのだ。それはなぜか清々しい感情でもあった。

私は大学をやめ、就職するつもりで大阪で仕事を探したが、長髪・ジーパン姿の私をやとってくれるところはなかった。あのとき、きれいに散髪し背広を着て就職活動をしていたらまったく今とは異なる人生を歩いていただろう。

一九九五年、阪神淡路大震災で被災した神戸の街を歩き、地域地域の神社に詣でながら、私は二十数年前の山津波のことを思い出した。あのとき、私の人生は変わった。髪を切ったのはずいぶん後のことだったが、生き方も変わった。頼るものは何もない。自分で自分の人生を切り拓くのだという思いで生きた。

そうした人生の転換を促したのは自然の猛威であった。毎年、大きな台風が襲ってくる地域に生まれ育って、台風による洪水などの被害には慣れていたが、徳島県下で一軒だけ山津波に襲われて家を失うという事態に立ち到ったとき、改めて自然の非情さとそれがゆえの偉大さを畏敬の念をもって思い知ったのだった。

被災地の知友を見舞い、神戸の名の由来ともなった生田神社や長田神社、また本住吉神社や湊川神社に詣でながら、いろいろな話を聞いた。地震で人生観が変わったという友人がいた。何が大切で、何がそうでないかはっきりわかったと彼は言った。何が来ても覚悟をする、そういう気持を持つようになったと別の友人は言った。被災者を救済できない教育に無力感を感じて大学教員を辞めた人もいるとのことだった。

昔、家を失ったとき、私は自分一人のことに精いっぱいで、母親や兄や姉のことについて顧みるような余裕はなかった。すべてを失ったが、今ここから、何もないところから新しく始まるのだ、いや始めるのだという思いでいっぱいで、心の底から生きる活力のようなものが湧いてくるのを不思議に思ったほどだ。

だが今は違う。神戸被災者の一人一人の事情、状況、境遇について思いをはせる。あのときの母親ほどの年齢になって初めて、家を失い、家族を失った人々の痛みや喪失感や無力感や無常感を推し測ることができるようになった。被災者には一人一人違った物語があると友人が語っていたが、そのとおりであろう。

にもかかわらず、神戸の街を歩きながら、ここから新しい一歩が始まるのだという強い思いを打ち消すこともできなかった。どのような状況下においても、いかなる苦難のなかにあっても、人は生きる。生きる活力をいろいろな物事や人々や自然から得ることができる。

江戸時代末、安政の大地震が起こったときに、江戸の庶民は地震を「地新」ととらえ、世の中が新たになる前ぶれだと予感した。世が切り替わる世直し、あるいは世直しとしての「地新」だと自然の猛威に積極的な意味づけをし、新たな世の到来を待ち望み、予感しつつ生きぬこうとした。

『日本書紀』の天武天皇紀には毎年のように地震が起こった記録がみえる。とりわけ天武十三年十月十四日の記事は重要だ。

人定《ゐのとき》に逮《いた》りて、大地震《おほなゐふ》る。国を挙《こぞ》りて、男女叫唱《さけ》びて不知東西《まどひぬ》。則ち、山崩れ河涌《わ》き、諸国郡の官舎、及び百姓の倉屋《くら》・寺塔《てら》・神社《やしろ》の破壊《やぶ》れたる類勝《あ》げて数ふべからず。是に由りて、人民及び六畜多《さは》に死傷《そこな》へり。時に伊予の湯泉《いでゆ》没《うも》れて出でず。土佐国の田苑《はたけ》五十余万頃《いそよろづしろあまり》、没《うも》れて海と為《な》る。古老の曰《い》へらく、是《かく》の若《ごと》き地動《なゐ》未だ曾《むかし》より有らずと。是《こ》の夕《よ》、鳴る声有り。鼓の如くして、東方《ひむがしのかた》に聞ゆ。人有りて曰《い》へらく、伊豆島の西北二面、自然《おのづから》に三百余丈《みももつゑあまり》を増益《ま》して、更《さら》に一島《ひとつのしま》と為《な》る。則ち鼓音《つづみのおと》の如きは、神是《こ》の島を造れる響きなりと。

この前後、天変地異が相つぎ、大地震のために山は崩れ、川には水があふれ、寺も神社も官舎・民家も甚大な被害をこうむり、伊予の道後温泉では湯が止まり、土佐では田畑が海中に没した。これほどの大地震はこれまでに体験したことがないと古老も言い、海中に島が出現したのを見て、神がこの島を造ったと言い合ったという。地震も火山の噴火も島も隆起もみな自然の神がはたらいた結果だと考えたのである。推古天皇七年四月の地震に際しては、「地震神《なゐのかみ》を祭らしむ」との記事がみえている。自然を畏《おそ》れ、猛威を神のはたらきとして畏《かし》こみ鎮めようと、「地震神」をはじめ、さまざまな神々を祭ったのである。

俳句という短詩型文学は、この「ちはやぶる神」としての自然の霊威を芭蕉の昔から端的に表現してきた。

荒海や佐渡に横たふ天の川
閑かさや岩にしみ入る蟬の声

あまねく知られるこれらの俳句にも、大自然と自己との深い感応道交のさまが吟じられている。そもそも「俳諧」とはその漢字が示すように、「人に非ず、皆言う」詩文学なのだ。つまり草木言語《ことと》う文学なのである。記紀神話や祝詞には、「言語《ことと》ひし磐根《いはね》・木根立《きねたち》・草の片葉《かきは》」という言葉があり、その昔、木や石や草花が言葉を発していた時代があったという。これは万物に神や霊の宿りとはたらきを見るアニミズム的世界観の表出といえるが、「人に非ず、皆（物）言う」文学としての俳諧とは、自然万物の声を聴きとり、その言葉を文字に表わそうとしたものだといえるであろう。

今年（一九九五）の正月、私の住む大宮で震度二の地震があった。年末年始、立てつづけに二つ来て不吉な思いが消えなかった。年末からの思いもあって今年は年賀状を一通も書かず、失礼ではあったが返事も書かなかった。新年を祝う気分になれなかったのだ。

正月が明け、大学が始まり、私が師範をしている國學院大學の俳句サークル「國大俳句」の句会があった。そのとき、私は次の二句をつくった。一月十四日、阪神大震災の三日前のことだった。

氷結の岩くりぬいて見る満月か

はらわたにしみわたる地震《なゐ》、森を超ゆ。

これは年末年始と続いて起こった地震についての実感を句にしたものだが、三日後、はらわたどころか、臓腑をえぐり、骨身を削りとる大地震が起こった。しかも国生み神話の始まりである淡路島が震源地であったことは非常な驚きであった。これが新しい国生み、新しい岩戸・神戸開きとなることを心から願わずにはいられない。

共生と共死

数年前から「共生」という言葉がいたるところで錦の御旗のように用いられはじめた。それは、生命世界全体の肯定とあるべき調和の姿を言い表わす切り札のように用いられ、有無をいわさぬ強制力を持っていた。

実は、かくいう私も十年以上前からその言葉を使い、その重要性を訴えてきた。しかし「共生」という言葉が世に流通すればするほど私は居心地の悪さを感じはじめた。「癒し」「ヒーリング」という言葉が拡がってゆく過程にも同様の居心地の悪さを感じた。私の違和感は、一言でいえば、「共生」という言葉を口にすればするほど生の感覚から遠ざかり、薄っぺらで偽善的な臭いが発してくることにあった。そのなかにきわめて人間中心的な傲慢さを感じとってしまったのである。

以来、私は「共生」ではなく「共死」ということを強調するようになった。確かに人は誰かと共に、何ものかと共に生きている。しかしその生は必ず誰かや何ものかの死に支えられ維持されている。「共生」の中心に「共死」がある。そのことを忘れてはならないのではないか。

そのことは、食物連鎖一つとっても明らかであろう。私たちが生きるということは、例えば牛や鳥や魚などのさまざまな生き物が捕獲され、殺され、それを食べることにほかならない。この私の生体は彼らの死体によって維持されている。

「共生」の時代の守護神のように讃美されている宮沢賢治は、そうした「共死」の痛みと哀しみを誰よりも深く感じとるがゆえに、菜食と祈りを持たざるをえない人だった。「共死」の痛覚のない「共生」は、生のファシズムである。

瑞牆山（山梨県）に向かって法螺貝を吹く

「ネ」の国のモノガタリ

日本の宗教文化は日本列島の形態によく見合っている。東西南北に適度に切れぎれに長くつながった三日月形もしくは弓形の日本列島は、東に向かって腹をせり出した妊婦とも、また、大陸から放たれる精子のごとき人・情報・文物をすべて受け入れる巨大な子宮とも見える。いずれにせよ、日本の列島文化は東西南北のどの方向から入ってくる異物をも貪欲に吸収摂取して複雑怪奇な重層習合体を形づくり、世界文化の異形の胎児を孕んだのである。

その母体は深い森林に覆われ、神経回路か毛細血管のようにのびる河川をとおして、オホーツク海、太平洋、東シナ海、日本海という四つの海洋域につながっている。それはまるで何重もの入れ子構造をもった子宮のようである。

じっさい、日本の宗教文化をはぐくんだ聖地を歩いてみると、沖縄の御嶽《ウタキ》から熊野や富士山を抜けて、アイヌの聖地摩周湖にいたるまで、子宮状空間のホログラフィックな連鎖につらぬかれているのがよくわかる。そうした聖地感覚からすれば、日本列島は多孔体ネットワークをもつ巨大子宮である。うっそうと繁る照葉樹林の森の中を縄文時代の狩猟採集民やその後の山の民、川の民、海の民がくぐりぬけていったとき、そこがまさに他界への通路《チャンネル》となり、異界との接点になることを肌身をとおして知ったにちがいない。

彼らはその他界を「ネ」の国と呼んだ。「ネ」に漢字をあてると「根」もしくは「音」となる。「ネ」とは存在の根源にして魂の原郷であり、存在をして存在たらしめる音色《ねいろ》すなわち響きを発している。その「ネ」という世界から「オトヅレ（音連れ＝訪れ）」て来る者が神であり魂である。

その「オトヅレ」る者を「マレビト」と呼んだのが民俗学者・折口信夫であった。彼の慧眼は、何よりも神や霊やマレビトが音とともに来訪することを見てとっている点にあった。その音とともに来訪することこそ「ネ」の国からの「オトヅレ」を示す徴表であったと私は思う。神道の儀式において、神の降臨に際し「オー」と警蹕《けいひつ》をかけることも、またのちに、幽霊の出現に際して「ヒュードロドロ」と鳴り物を打ち鳴らす芝居の様式を生み出したことも、「ネ」の国からの「オトヅレ」感覚の名残りであろう。

神や霊は音を連れて、音とともにやって来る！　森の中で、また川や池や海のほとりで、古代人は不可思議であえかな音の波動を通して異界にふれ、神霊と交感したのである。そうした場所は、まさしく多元多様な音の交叉し交通するミューゼアムでありスタジオだったのだ。日本の宗教文化史をそれこそネ太くつらぬいているアニミズムやシャーマニズムは、森や川や海や岬の地形や地霊のかなでる音色にマッサージされつつ保持されてきた。記紀神話や祝詞のなかには、「磐根《いわね》・木根立《きねたち》・草の片葉《かきは》」をも言葉を発したと記してある。古代のシャーマンも現代のシャーマンもそうしたさまざまな存在の声を聴き取り媒介するメディア（霊媒《ミーディアム》）だった。

ここで「ネ」の国といえば、多くの者はその漢字「根」から地下世界のイメージを思い描くであろう。しかし、「富士の高嶺《たかね》」とか「尾根」とか「屋根」とか「峰《みね》」とかの語が示すように、「ネ」は高いところ、天上世界と境を接するところにもみられるのである。要するにそれは、目に見える存在世界の果てないし境界を指し、ひいてはその向こうにある他界との接点や交点を含意し、他界そのものをも意味するようになったのである。よく「性根《しょうね》」「心根《こころね》」とか、昨今では「根暗《ねくら》」「根明《ねあか》」というのも、その人の本性や根底を「ネ」とみる存在感覚が生きている例であろう。

さて、このように、古く「ネ」という基底的な他界感覚や存在感覚があって、それが森林や海洋を媒介として保持されてきた。沖縄の海上他界「ニライカナイ（根来儀内）」も「ネ」の他界である。

こうした「ネ」の他界観・存在観はおそらく縄文時代から今日まで引き継がれた他界観・存在観であり、それが日本の列島文化の基底にある世界観だと私は考えている。こうした森の文化・海の文化に対して、弥生時代以降の稲作農耕文化は、田の文化・平地の文化を発展させ、それが主流のように思われてきた。この田の文化・平地の文化がつくりあげた聖地類型は「ハラ（原・腹）」であり、その典型が記紀神話の中心的他界をなす「高天原《たかまがはら》」である。

以来、日本文化はその神話的・神学的構図として「高天原」を上位に、「根の国」を下位に位置づける垂直的他界観に彩られ、規制されることになった。神統譜においても、「高天原」系の神々を天津神《あまつかみ》、土着先任の神々を国津神《くにつかみ》と位置づけたが、後者の神々は「ネ」の国からの来訪神であったと思われる。

こうして「ハラ」の聖地や他界を中心に神話や儀礼を体系化したのが律令神道であり、その組織化の中心をなしたのが中臣―藤原氏であるため、これを中臣神道という。中臣神道は「ハライ（抜い―大祓）」と「ニエ（嘗―大嘗）」を中核として構成された宮廷神道である。記紀神話は、折口信夫のいう「統一なき神々の行状」をきわめて明確な政治神学によって統一し組織化したものである。

これによって、日本の神道も仏教も儒教も道教も、また新宗教やあらゆる外来思想・外来宗教も、天皇制＝中臣―藤原体制という政治神学との親和か対抗の関係なしには存続しえない仕儀となった。その意味で、中臣―藤原氏の果たした役割はかえすがえすも巧妙であり、強力な神話的・神学的布置をはかったといえよう。上山春平のいう「非革命の哲学」こそ中臣―藤原氏のつくりあげた宗教的政治哲学だったのである。

この宗教的政治哲学は、仏教であれ儒教であれ道教であれ、およそ「鎮護国家」の宗教ないし思想として利用できるものは徹底的に利用しつくし習合化を果たす、まことに貪欲な哲学であった。この哲学を拒否した者には流刑か弾圧が待っていた。修験道の開祖と伝えられる役行者《えんのぎょうじゃ》小角《おづぬ》然り、親鸞・日蓮然り、中山みき・出口王仁三郎然り……。役小角は伊豆に流され、親鸞や日蓮はそれぞれ越後や佐渡に流され、中山みきや出口王仁三郎は獄舎につながれ弾圧を受けた。

このようにみてくれば、日本の宗教文化は「高天原」系の宗教文化と「根国」系の宗教文化に二大別されるだろう。前者は、鳥＝天＝太陽のシンボルをもち、後者は、蛇＝地＝月のシンボルをもつ。してみれば、列島文化を時間軸でみれば、鳥文化が蛇文化を支配し、森や海の奥＝沖へ追い払ってゆく過程といえる。こうして後者はいたずらにおどろおどろしいネクラな魑魅魍魎として、邪悪視され劣等視されるようになっていったのである。

しかし同時に、そのような魑魅魍魎の跋扈する、「ネ」の国に通底する森や山こそ、役小角や空海をはじめとする日本の宗教改革者たちの揺籃の場所となったのも興味深い事実である。明治四十三年（一九一〇）、『遠野物語』を上梓した柳田國男は、「国内の山村にして遠野よりさらに物深き所にはまた無数の山神山人の伝説あるべし。願はくはこれを語りて平地人を戦慄せしめよ」とその冒頭で檄を飛ばした。「平地」に対する「山村＝物深き所」、「平地人」に対する「山神山人」を柳田ははっきりと対置し、伝説や物語のネが「物深き所」に淵源することを示した。霊学も民俗学もともにこの存在世界の「ネ」の探究からはじまった。

拙著『神界のフィールドワーク』その他で指摘したように、日本における霊学と民俗学の先駆者ともいえる国学者・平田篤胤は、文政年間に、天狗界に出入したという十五歳の超能力少年寅吉を調査研究した書『仙境異聞』、前世を記憶する八王子在住の八歳の少年勝五郎や生まれ変わりの事例の調査研究書『勝五郎再生記聞』、毎夜毎夜襲いかかってくる妖怪変化《へんげ》を退治した平太郎少年の話『稲生《いのう》物怪《もののけ》録《ろく》』などを矢つぎばやに発表し、神界・霊界・仙界などの異界を実証的・経験的に探る試みを行なった。それ以前に篤胤は主著『霊《たま》の真柱《みはしら》』や『鬼神新論』を著わしてはいたが、この時期からいよいよ幽冥界の研究が深化展開していったのである。

ほどなくして、幕末期を迎え、世直しムードの広がるなか、黒住宗忠や中山みきや赤沢文治らが神懸りや神人一体の体験をもとに新しい宗教世界を切り拓いたが、そこではたとえば鬼門の神・祟りの神と怖れられていた艮《うしとら》の金神が天地の親神・元の神とされ、埋没神の復活がすなわち世の建て替え・建て直しのはじまりであるという観念がみられた。

これは神秘体験に基づいた新たな神話の創造である。このとき記紀神話の異訳や記紀神話以前の神々の物語が浮上してきたのだ。それは霊学や民俗学とは異なる、もう一つの「ネ」の国への参入の霊語《ものがた》りだったのかもしれない。

さらにまた、文明開化のさなか、明治二、三十年代に北村透谷や島崎藤村らの浪漫主義が鼓吹されたが、ここでも透谷の『蓬萊曲』にみられるような山中他界の叙事詩が物語られ、泉鏡花の『高野聖』や『夜叉ヶ池』を典型とする異界文学も花開いた。

折しも、西洋からは文明開化をもたらす文物のみならず、心霊研究や心霊科学や神智学などの、広義の西洋神秘学―霊学がわが国にもたらされ、宗教界、哲学思想界、文学芸術界に多大の影響を与えた。イギリス帰りの南方熊楠も明治三十年代には「物深き所」である那智山中に籠り植物学の研究に没頭したが、このとき心霊研究の書物を読みふけり、みずから脱魂や夢告などの神秘体験をもっている。

以上のように、日本の宗教も神秘主義もみな深い森の中から、あるいは森を経由し媒介することから発生してきた。森は「ネ」の国に通じるチャンネルであり、そこからもたらされるメッセージや智慧や技術が各時代の文化に潜入し、列島文化の変容と連続性を支えてきた。森が消えつつある今、「ネ」の国のモノガタリにも変化《へんげ》再生の時が来たのかもしれない。

国生み神話と四国遍路

大学三年の春、思い立ってお遍路さんの旅に出た。男兄弟三人と徳島県那賀郡羽ノ浦町に住む叔父との四人で。お遍路さんに出たのは、卒業論文で弘法大師空海の真言思想とドイツの神秘哲学者ヤコブ・ベーメの言語哲学を比較しようと考え、その前に弘法大師ゆかりの地をまわりたいと思ったからである。まず実家の桑野町を出て、第二十三番札所の薬王寺からまわりはじめた。白装束に身をかため、同行二人の杖をつき、首から数珠をかけ、行く先々で『般若心経』や各種真言など勤行次第をひととおり読誦しながらまわることにした。そしてその少し前から習いはじめた雅楽の横笛・龍笛を奉奏していったのだった。

徳島の県南部から高知県に入り、土佐の荒海を左手に望みながら室戸岬から足摺岬までの海岸線を走り、途中、山中に分け入ったりしながら愛媛県に入り、温和な瀬戸内海や石槌山を抜けて、香川県の善通寺をはじめとするお大師《だい》っさんのゆかりの地をへて徳島に戻ってきた。お寺の宿坊で寝泊りしながら、八日間で八十八カ所の札所全部を車でまわったが、なかなかハードな行程だった。還暦をすぎた叔父にはさぞかしきつかったろうと今になって思う。

その後、大学院に進んで日本やアジアの宗教文化や哲学・思想を研究するうちに、四国という場所は神話的にも宗教的にもきわめておもしろいところだと思うようになった。日本神話から見てみよう。

『古事記』冒頭に国生み神話と呼ばれる部分がある。イザナギ・イザナミの夫婦神がオノコロ島に降り立ち、天の御柱のまわりをまわって交わり、次々に島々を生んでゆく。最初に生まれたのが淡路島で、次に伊予の二名《ふたな》の島、つまり四国が生まれ、隠岐島、九州とつづく。

興味深いのは、この伊予の二名の島が「身《み》一つにして面《おも》四つ」あり、それぞれの面に名前がついている点である。その名は、(1)愛比売《えひめ》（伊予）、(2)飯依比古《いいよりひこ》（讃岐）、(3)大宜都比売《おおげつひめ》（阿波）、(4)建依別《たけよりわけ》（土佐）である。現在の四国四県にそれぞれ固有の名前がついていて、しかもその名は男神と女神の別を表わし、固有の神格や霊格を示しているのである。

この四つの名を検討してみると、同じ四国でもそれぞれ固有の地域特性や風土性があることがわかってくる。(1)伊予・愛比売《えひめ》は、その名が示すとおり、たいへんうるわしい乙女である。おだやかで優しく女性的な瀬戸内の風光が表わされているといっていいだろう。(2)讃岐・飯依比古《いいよりひこ》は、比古《ひこ》すなわち彦《ひこ》が男性神格を表わし、飯依《いいより》は飯《いい》が依りつくこと、すなわち米の稔りが多く豊かであることを示している。男性的で、米のよくとれる地域が讃岐というわけだ。

それに対して、四国南部の阿波と土佐はそれと対照的な神格と地域特性をもっていることがその名からうかがえる。(3)阿波・大宜都比売《おおげつひめ》は、豊かな食べ物を生産する女神を表わす名前である。讃岐・飯依比古が米の稔りをもたらす男神であるのに対して、阿波・大宜都比売は豊かでさまざまな食べ物をもたらす豊穣の女神である。最後の(4)土佐・建依別《たけよりわけ》は猛々《たけだけ》しく雄大な男神を表わす名である。それは、室戸から足摺までの雄渾な太平洋を望む土佐にふさわしい名前であるといえるだろう。

このように、四国四県は身一つにして面四つという特異なあり方をしている島なのである。島は一つであるけれども四つの地域に分かれていて、それぞれ特有の個性をもっている。いまふうにいえば、それぞれ異なる県民性をもっているということである。

『古事記』のなかでは、四国が右に見てきたような神話的特性をもっていることが示されている。そうした神話特性が仏教の伝来とともに神仏習合文化を生みだし、重層的な宗教文化を形成することになる。

四国八十八カ所の巡礼は遍路と呼ばれ、平安時代末期以降に次第に整備されてきたと考えられている。弘法大師空海が阿波の太瀧嶽（現在の第二十一番札所太龍寺）や土佐の室戸岬の洞窟（現在の第二十四番札所最御崎《ほつみさき》寺）で修行したことは『三教指帰』に記されているので事実であるが、空海が四国八十八カ所をつくったわけではない。弘法大師信仰の拡大や高野聖の活動をとおして徐々に形成されてきたのである。

その過程で、阿波国霊山寺からはじまる四国八十八カ所巡礼が、(1)阿波＝発心、(2)土佐＝修行、(3)伊予＝菩提、(4)讃岐＝涅槃という仏道修行の成就のプロセスとして意味づけられるようになってきた。阿波国では仏道に向かう菩提心を起こし、室戸から足摺までの雄大な太平洋沿いでは苦しい修行を積み、その苦難を乗り越えて、伊予の温暖な風光のなかに入って悟りの心＝菩提心を得、その静まった心をもって最後に弘法大師生誕の地にいたって究極の悟り、すなわち涅槃寂静の境地に到達し、仏道修行を完成する。このような意味づけがされるようになってきたのだ。

この仏教的意味づけはたいへんよくできている。迷いと煩悩のなかにいる凡夫・衆生が菩提（悟り）を求める心を発《おこ》して、ひたすらに巡礼して歩き、苦難のはてに、気づきと静寂の境位にいたる。この意味では、四国遍路はまさに人生の縮図であり、イニシエーションの過程であるといえよう。

この仏教的意味づけは、それぞれの地形や神格・霊格や風土特性をうまく取り入れている。日本神話においては、四国東部はいずれも食物に関する男女神の名をもち、それに対して四国西部はもっとも男性的でありまた女性的な神格を表わす男女神の名をもっている。しかも、男女神の組み合わせがつねに女・男・女・男の順になっていて、陰陽の組み合わせがバランスよく調和している。

こうした神話的特性が仏教的解釈と習合して、豊かな食べ物の女神・大宜都比売の阿波の地で、悟りを求める心を起こして、建依別の荒々しい地で修行し、柔らかな愛比売の地で菩提を得、米の稔りの依りつく飯依比古の地で涅槃を完成させる。陰陽・陰陽の順で面四つの地を巡り、ついに仏道を成就するのである。空間的な神話特性のうえに時間的な仏道修行の心理的変化のプロセスが重なり、その両者があいまって神仏の実在の世界が立ち現われるのだ。

こうして、四国遍路とは尽きせぬ発見と気づきのプロセスであることを、神話も仏教的釈義もともに教えているのである。もう一度、今度は全行程を歩いてお遍路さんをしてみたいものである。

吉野と熊野

1　吉野の神話地理学

私の生まれ故郷は徳島県である。その県南地方で幼少期を過ごしたが、高校時代の三年間は徳島市内で生活をした。

私が通っていた高校のすぐ近くを四国三郎と呼ばれる吉野川が流れていた。私はこの吉野川の水で育った。時に川沿いを散策することがあったが、今は第十堰可動堰建設問題で注目を集めている。この工事計画は「改醜計画」であると私は反対しているが、それは「吉野」の地を「吉野（良野・善野）」ではなく「悪野」にしてしまう計画だと確信しているからである。

それはともかく、その川がなぜ「吉野川」と呼ばれているかについて、私は漠然と、大河がしばしば氾濫して肥沃な沖積平野をつくり、豊かな農地が開墾されていったから「吉野」の川と呼ばれるようになったのだろうと思っていた。事実、吉野川は四国山脈の中央部の瓶ヶ森の南から端を発し、愛媛県、高知県、徳島県の三県を西から東に横断し、紀伊水道に注ぎ込んでゆく、長さおよそ一九八キロの川である。まさに四国随一の雄大な母なる大河といえるだろう。

その吉野川を一望しながら、春、市内の中心にある眉山《びざん》に登り、桜の花を愛でながら花見に興ずるのが、徳島市民の風物詩であった。

そういう私が、奈良県の吉野の里を初めて訪れたのがちょうど一九八四年四月四日、桜の花が咲き誇っている季節であった。目的は、奈良県吉野郡天川村坪の内に鎮座する天河弁財天社の宮司・柿坂神酒《みき》之祐《のすけ》氏にお会いして、ある霊媒的女性による三島由紀夫の霊界通信なるものをどう審神《さにわ》（神託・神示の言葉を正しく判断し、解釈すること）するか伺うためであった。その帰りに、吉野の桜を見、大峰修験道の本拠地蔵王堂や吉野神宮に詣でた。以来、奈良の吉野の地は私にとって、もっとも霊的世界に近いこの世の果てとなっている。

さてその吉野が日本の古代文献に登場してくるのはいつ頃なのか。『万葉集』の柿本人麿の歌に次のような長歌と短歌がある。

やすみしし　吾が大王《おおきみ》の　聞食《きこしめ》す天の下に　国はしもさはにあれども　山川の　清き河内と　御心を　吉野の国の　花散らふ　秋津の野辺に　宮柱《みやばしら》　太敷《ふとし》き坐《ま》せば　百磯城《ももしき》の　大宮人は　船並《な》めて　旦川《あさかわ》渡り　船競ひ　夕川渡る　此の川の　絶ゆる事なく　此の山の　弥《いや》高からし　水激《はし》る　滝のみやこは　見れど飽《あ》かぬかも

見れど飽《あ》かぬ吉野の河の常滑《とこなめ》の絶ゆること無く復還《またかえ》り見む

（巻第一　三六・三七）

この歌は、「吉野宮に幸《いでま》せる時、柿本朝臣《あそみ》人麿の詠《よ》める歌」と記されているが、天武天皇の后でのちに天皇となった持統天皇（高天原広野姫）が、天武天皇とともに隠棲の時を過ごした吉野の地に行幸した折、万葉一の歌人・柿本人麿が天皇の心を思い作った歌である。

折口信夫訳を次に掲げておく。

――我が天皇陛下が御治めになる天下に、国といへば沢山あるが、その中で、山や川の景色の爽やかな川の流域だ、と大御心をおよせになつてゐる、吉野郡の秋津野に、離宮の柱を太くお据ゑになつたので、御所仕えの官人衆は、船を並べて朝の川を渡り、又舟の競漕をして、日暮れの川を渡るといふ風に、遊んでゐる。この川が、水はなくなることなく、聳えてゐる此辺の山は、何時迄経つても低くならずに、永久に高くあるにちがひない。澄んで激しく流れる、急流のほとりに在る都は、いくら見ても飽かぬことだ。

――見ても飽かぬ吉野の川の、始終滑らかな水苔のなくならない様に、いつまでもやまずに、幾度も見にやつて来よう。

ここには、吉野の山川がどれほど天皇の心を慰め癒す力をもつ風光であるかが端的に歌われている。さらに、この歌に続く同じ柿本人麿の長歌には、「やすみしし　吾が大王　神ながら　神さびさすと　芳野川　たぎつ河内に　高殿を　高知り坐《ま》して　上り立ち　国見をすれば　畳《たたな》はる　青垣山　山神の　奉る御調《みつぎ》と　春べは　花挿頭《かざ》し持ち　秋立てば　黄葉《もみじ》かざせり　遊副《ゆう》川の　神も　大御食《おおみけ》に　仕へ奉《まつ》ると　上つ瀬に　鵜川《うかわ》を立て　下つ瀬に　小網《さで》さし渡し　山川も　依《よ》りて奉《つか》ふる　神の御代かも」と歌われている。いかに、吉野の山川と春の花見や秋の紅葉が神聖な風光と癒しの力をもっていたかがわかる。これこそが「吉野」たる土地の霊力であった。

ところで、持統天皇の夫であった先帝天武天皇は、みずから吉野の歌を次のように歌っている。

み吉野の　御金《みかね》の嶽《たけ》に　時なくぞ　雪は降りける　間《ま》なくぞ　雨は降りける　その雪の　時なきが
ごと　その雨の　間なきがごと　隈《くま》落ちず　偲《しの》びつつぞ来し　その山道を
よき人のよしとよく見てよしといひし吉野よく見よよき人よく見つ

ここでは、「吉野」には二重の尊称が冠せられている。まず第一に、「み吉野」の「み」という尊称。第二に、善い（良い）という意味の「吉野」の「吉《よ》し」という尊称。天武・持統両帝にとって、吉野が特別の聖地であることがこれによってはっきりとうかがい知れる。

「み吉野の御金の嶽」とは、吉野の金峰山のことである。金峰山の名称が物語っているように、ここには黄金埋蔵伝説が残っており、その黄金の眠る光の聖地に古くから仙人が住んでいるという神仙境伝説がある。天河弁財天社の縁起や伝説にもそうした神仙や天女伝説が色濃い。

このように、吉野は癒しの地であると同時に、金脈と光の聖地と尊崇された。中世に発達した修験道において、吉野の地は大日如来の法界・金剛界として、胎蔵界の熊野の地と並んで信仰を集める修験の修行の道場・霊場となった。吉野から熊野に抜ける山岳跋渉の行を順峰、その逆に、熊野から入って吉野に抜けるコースを逆峰という。

この吉野と熊野は古代日本人の他界信仰の原型を伝えている。そのなかでも、天河弁財天社とその奥宮の神山・弥山《みせん》は、中世に「吉野熊野中宮」とか「金胎不二の地」と称され、吉野金剛界と熊野胎蔵界を取り結ぶ結節点として信仰された。弥山は、インド人の宇宙観における世界軸《アクシス・ムンディ》として中心をなす霊峰・須弥山《シュメール》の縮約された名称であり、やはり弁財天信仰と習合した安芸の宮島厳島神社の島の中央にそびえる頂きも弥山と呼称される。

その吉野の弥山を分嶺として北に流れて大和川となり、西に流れて吉野川・紀ノ川となり、南に流れて天の川・十津川・熊野川となり、東に流れて宮川となる。このように四方に河川を生み出すのが霊峰・弥山なのである。それは生命の母胎であり、天と地を水の循環によってつなぐ生命回路であり、あの世とこの世の接点なのだ。

この吉野の地に建てられた寺に、日本人の手によって最初に造られたという木彫の仏像が安置されたと『日本書紀』は伝える。

欽明天皇十三年（五五二）、百済より仏教がもたらされたとき、崇仏派の蘇我氏と排仏派の物部氏・中臣氏との間に対立が生じた。このとき招来された仏像は排仏派の策謀により、難波の堀江に捨てられるが、その翌年の夏に不思議な出来事が起こる。河内国泉郡茅渟《ちぬ》の海中から「梵音」が響きわたり、その「震響雷《ひびきいかづち》の声の如し」というありさまであった。またその「光彩《うるわ》しく晃《て》りて曜《かがや》くこと日《ひかり》の色の如し」というありさまであった。つまり、すさまじい大音声と光が海中から発せられるという現象が起こったのである。そこで、命を受けた家臣が海中を探索したところ、「樟木《くすのき》の海に浮かびて玲瓏《てりかがや》く」のを発見した。そこで天皇は、画工に命じて、その「樟木（楠）」から仏像二体を造らせた。それが、「今吉野寺に光を放つ樟の像なり」と『日本書紀』巻第十九欽明天皇十四年夏五月の条に記されている。

なぜこの日本最初の木彫仏は「吉野寺」に奉納安置されたのか。謎である。

そもそもこの仏像は、仏の像ではあっても日本人の神観念と習合している。樹木に神聖を感知する古代日本人の聖樹信仰と仏のイメージが融合することによって、神と仏の合体した像が建立されたのである。楠とは「奇《く》しびの木」、すなわち偉大な生命力と神聖な癒しの力を持った聖木である。その奇《く》すしき木と悟りの体現者である仏陀が仏像の中にアマルガムされたのである。

　さて、あとこれだけははっきりと記しておかなければならない。それは、日本最古の文献『古事記』冒頭に出てくる「吉野」についての記事である。『古事記』序にこうある。

安万侶《やすまろ》言《もう》す。夫《そ》れ混元《こんげん》既に凝り、気象未だ效《あらわ》れず、名も無く為も無し。誰か其の形を知らむ。然れども乾坤《けんこん》初めて分るるとき、参神造化の首《はじめ》と作《な》り、陰陽斯《ここ》に開けて、二霊群品の祖と為れり。所以《このゆえ》に幽顕に出入して、日月目を洗ふに彰《あらわ》れ、海水に浮沈して、神祇身を滌ぐに呈《あらわ》る。（中略）是を以て番仁《ほのにに》岐命《ぎのみこと》、初めて高千嶺《たかちほのたけ》に降りたまひ、神倭天皇《かむやまとすめらみこと》秋津島《あきつしま》に経歴したまふ。化熊《かゆう》山を出で、天剣を高倉に獲、生尾径《みち》を遮《さえぎ》り、大烏《たいう》吉野に導く。

　つまり、天地初発の宇宙開闢から始めて、神武天皇の東征と大和朝廷の成立が語られる序文冒頭部において、熊野から八咫烏《やたがらす》が神武天皇一行を「吉野」の地に導いたことが重要な事蹟として記されているのである。

　ここでは、まさに、「吉野」は「吉野」、吉き所、日本の中心であり、臍なのである。その地の霊力を全部身に集めて古代の大和朝廷が成立し、天皇の権威が確立したことを前掲『日本書紀』は暗示する。その「吉野」の地に日本最初の仏像が納められたのだ。

　今年（一九九九年）、熊野で熊野体験博が行なわれる。その地に熊野学センターが開設されると聞く。しかし、熊野を熊野としてのみ研究し語るだけでは不十分である。もう片方に、どうしても吉野がなくてはならない。熊野学と吉野学が車の両軸となって日本古代研究が推進されなければならない。吉野川の美《うま》し水で育った私は、日本研究の中軸に吉野学がなくてはならないと思う者である。

2 熊野の神話地理学

むかし、熊野はとても暗いところだと思っていた。どこか、深い闇を抱え込んだ、異界と境を接する辺境の地というイメージが強くあった。中上健次や彼の作品がかもしだす雰囲気から勝手にそういうイメージをつくっていたのかもしれない。

しかし、熊野は実際に行ってみるとじつに明るいところであった。吉野から熊野に抜けるにつれて、川幅が広くなってゆき、道行く人を圧するように迫っていた山並みがひらけてきて、解放感に満たされてくる。吉野と熊野は隣り合わせの地続きであるが、その地形はまったく違う。吉野は男性的で、熊野は女性的といえる。

中世には、吉野は金剛界と考えられた。金剛界とは、もともと密教の宇宙観を構成する男性原理の世界で、もう一方の胎蔵界と呼ばれる女性原理の世界とあい並んで全体をかたちづくる。その金剛界が吉野で、胎蔵界が熊野とされたのである。

実際、吉野には金峰山という山があり、そこには金属神の金山彦・金山姫の夫婦神を祀《まつ》る金峰山神社が鎮座しており、金脈埋蔵伝説も伝わっている。また、この地に丹生川神《にゅうかわかみ》神社上社・中社・下社が鎮座するが、そこは有数の水銀鉱脈地帯である。金剛界の金剛とはダイヤモンドを意味する。とすれば、金銀財宝が眠る吉野の地は、金剛界というにふさわしい霊地といえるだろう。それはまさしく「吉（善・

良）し野」なのである。

それに対して、熊野はどうであったか。

熊野の「クマ」の語は、神霊が籠《こ》もるとか奥まったとか隅・隈とか辺境とかといった多義を包含している。いずれにせよまちがいなく、この地は、「吉野」に対して、神霊の奥まり鎮まる霊地だと認識されていた。熊野は他界と境を接する神秘の地だったのである。

それでは、熊野の地が『古事記』や『日本書紀』などの古典のなかでどのように描かれているか、見てみよう。

第一に、まず「熊野」の語の初見は『古事記』上巻の天照大御神《あまてらすおおみかみ》と須佐之男命《すさのおのみこと》との「宇気比《うけひ》」に出る。須佐之男命が、高天原《たかまのはら》を治める姉神・天照大御神のもとに別れを告げに来たところ、「心の清明」を証明するよう迫られる。そこで、二神は、天の安河をはさんで、身の潔白を証すためにウケヒをおこなう。互いの霊性を象徴する物実《ものざね》を交換して、口中でかみ砕き、力強い吐息とともに吐き出すのである。

このとき、五柱の男神と三柱の女神が神の息のなかから化生するのだが、その五柱の男神の最後に化生したのが「熊野久須毘命《くすびのみこと》」である。須佐之男命が、天照大御神の右手に巻いてある珠を請い受けて、かみ砕き、息吹とともに吐き出したときに、その狭霧《さぎり》のなかから化生したのである。

この「熊野久須毘命」とはいかなる神なのだろうか。

この「熊野」について二説がある。一つは、出雲にある熊野神社の地名とする説。もう一つは、紀州の熊野三山の地名とする説。この「クマ」は神饌《しんせん》（神に供える酒食）で、「クマノ」は神饌を奉奠《ほうてん》する神聖な場とする語源解釈もある。また、「クスビ」は「奇霊《くしび》」の意味で、熊野三山中の那智大社の祭神・「熊野夫須美命」の「フスビ」と同語源だという説もあるが、「熊野久須毘命」は男神であり、「熊野夫須美命」は伊弉冉尊《いざなみのみこと》で女神とされているから、両者が同一であると結論づけることはできない。

古代の神名には不明のものがしばしばあるが、いずれにせよ、この「熊野久須毘命」や「熊野夫須美命」の神名が、神聖な不思議な力を表現していることはまちがいない。熊野がクシビ（奇霊）の地であることはまちがいないのだ。

もう一つ、『古事記』のなかに「熊野村」の地名が出てくる。カムヤマトイワレヒコ、すなわちのちの神武天皇が大和の地でナガスネヒコと戦って敗れたとき、日の神の子孫が日に向かって戦ったのがよくなかったと、今度はわざわざ一回海に出て熊野に上陸し、そこから吉野を抜けて大和に入り、ナガスネヒコ軍と戦ってついに勝利をおさめ、橿原《かしはら》の地に都を定めて大和朝廷を確立した、と記紀神話は物語っている。

このとき、カムヤマトイワレヒコは「熊野村」に至り、そこで大きな熊に遭遇し、気を失う。これは一種の臨死体験であるが、この危難を脱するために、皇祖神・天照大御神は高天原から建御雷神《たけみかずちのかみ》に命じて神剣・布都御魂《ふつのみたま》を下す。それが、現在の神倉神社のゴトビキ岩のところだと伝えられている。そして、この神剣により目覚めたカムヤマトイワレヒコは熊野の荒ぶる神々を平らげ、八咫烏《やたがらす》の先導により吉野の地に至ったと記紀神話は物語る。

『古事記』に「熊野村」と書かれた地名は『日本書紀』では「熊野神邑《くまのかみのむら》」と記されている。これを見ると、熊野が特別に神聖な土地であったことがよくわかる。記紀神話の全体のなかで「神の村」と表記されているのは、この熊野の地だけである。

では、いったい熊野のどこが「神の村」なのだろうか。

わたしはそれを、熊野の海と山の地形・地理のなかに見る。熊野は、ある意味で、きわめて日本的な土地である。そこは、日本列島の特質を典型的な形で示しているといえる。

まず、第一に、海である。熊野は黒潮の流れる太平洋に突き出た半島であり、海路の要所となっている。潮岬や志摩の大王崎は、沖縄、九州南部、四国南部と潮の流れによって一直線につながっている。柳田國男のいう「海上の道」の中継センターといえるだろう。

気候・植生もまた南方系の特色をもち、楠科のタブの木やクスノキなど昼なおうっそうと暗い照葉樹林の宝庫である。気候・植生のみならず、土地の習俗儀式や神話伝承にも南方とのつながりが色濃い。例えば、新宮の速玉大社の御船神事は、沖縄や九州の海洋民のハーレー船競漕と共通する習俗を残している。衣装や船内船外の飾りつけなども、南方的要素が強い。思わず、インドネシアのバリ島の民俗儀礼を思い出すほどだ。

実際に、熊野の那智の浜のあたりからまっすぐに海上を南下してゆくと、インドネシアのバリ島周辺に行きあたる。中世の補陀洛渡海《ふだらくとかい》は、この世の苦しみを背負った渡海上人が、那智の浜から観音の浄土に渡海してゆくことによって、民衆の苦しみを救済するという信仰に支えられていたが、その根底には、常世《とこよ》の国や妣《はは》の国の海上他界信仰がある。民俗学者・折口信夫は「妣が国へ・常世へ――異郷意識の起伏」と題した論文の冒頭にこう書く。

> 十年前、熊野に旅して、光り充つ真昼の海に突き出た大王ケ崎の尽端に立つた時、遙かな波路の果に、わが魂のふるさとのある様な気がしてならなかつた。此をはかない詩人気どりの感傷と卑下する気には、今以てなれない。此は是、かつては祖々の胸を煽り立てた懐郷心（のすたるぢい）の、間歇遺伝（あたゐずむ）として、現れたものではなからうか。

すさのをのみことが、青山を枯山《カラヤマ》なすまで慕ひ歎き、いなひのみことが、波の穂を踏んで渡られた「妣《ハヽ》が国」はわれ〳〵の祖たちの恋慕した魂のふる郷であつたのであらう。いざなみのみこと・たまよりひめの還りいます国なるからの名と言ふのは、世々の語部の解釈で、誠は、かの本つ国に関する万人共通の憧れ心をこめた語なのであつた。

折口はここで、熊野の海の向こうには「わが魂のふるさと」があると語っている。そしてそのノスタルジーは、先祖代々の「胸を煽り立てた懐郷心」であって、その心が現代の私たちの心にも伝わり、宿っているという。折口はこのノスタルジーは、「はかない詩人気どりの感傷」などではなく、いわば祖先たちの心から心へと伝わってきた「間歇《かんけつ》遺伝」であるというのだ。今風にいえば、DNAに伝えられた情報と記憶といえようか。

熊野の地に立ったとき、その土地の風光に刺激されて遺伝子の中にしまい込まれていた情報が忽然《こつぜん》と目覚めるというわけである。とすれば、熊野の地は、遺伝情報を引き出すためのインデックス（索引）のはたらきをするということである。

私も十年以上前に、この大王崎の突端に立ってみて初めて折口のいう「奥熊野」の正体をつかんだような気がした。

折口は明治四十三年ごろに、熊野の地を旅し、「奥熊野」と題する短歌の連作を残しているが、彼のいう「奥熊野」とは、具体的には、熊野本宮とか玉置神社のある奥深い熊野山中のことではなく、大王崎とか波乗崎とか波切神社のある海の熊野のことであった。大王崎は海と境を接する地で、ここは熊野というよりも、伊勢志摩地方である。それをどうして折口は、あえて「奥熊野」と呼んだのか、当時の私にはわからなかった。

それが、この大王崎の岬の突端に立ったとき、折口にとって、熊野とは、他界と境を接する〝隈野〟であり、その〝隈野〟は、那智とか新宮とか志摩とかいった具体的な地理を超えた一種の神話地理の土地だったのだと直観した。「奥」とは海上はるかな「沖」のことであり、「妣が国」や「常世」の国のある海の彼方《かなた》のことであると。したがって、太平洋に面する岬の突端の大王崎はまぎれもなく「奥熊野」なのだと直観した。

このように、熊野には二種の風光があい重なり合っている。一つは、現実の具体的な場所・地形としての熊野。もう一つは、神話地理学的な信仰的他界としての熊野。この目に見える熊野と目に見えない熊野との重畳のなかに、熊野の全貌がある。私たちはこのヴィジブルな熊野とインヴィジブルな熊野の両方をともに見なくてはならないのだ。

そしてまた、この「奥熊野」の「奥」は、海上はるかな「沖」であると同時に、照葉樹林の山並みのつづく熊野山中の「奥」でもあるという二重の「奥」を含みもつ。すなわち、海上他界と山上他界はループして通底しているのである。

熊野は日本の母胎であり、子宮であるといわれる。熊野胎蔵界の「胎蔵」とは、サンスクリット語で子宮を意味する語「ガルバ」である。その生命の子宮としての熊野とは、いのちの根源である海山と境を接し、他界と通じているがゆえに「胎蔵生」の世界として感得されたのである。

子宮が洞窟にたとえられるなら、そこはほの暗い空間であるが、同時にその洞窟の出口からははるけくのびひろがる海と山が望み見える。熊野は日本の子宮へのトンネルであり、入り口であると同時に、出口なのだ。そこは海山へと抜ける回路なのである。

かつて、熊野と吉野の中軸をなす弥山《みせん》登拝《とはい》の途次、熊野の山並みの上に水平線が広がっているのを目のあたりにして、海と山と天とが一つのところで交差し、境を接していると実感したことがあった。海上他界も山上他界もともに、目に見える熊野の「奥＝沖」から目に見えない神話地理の他界としての熊野にくきやかに通じ、交通しているのだ。

この世の果てはこの世である

この世の果てはあの世である。あの世の果てはこの世である。ゆえに、この世の果てはこの世である。

宮沢賢治の「ひかりの素足」には、一郎と楢夫の兄弟が山中で猛吹雪に襲われて遭難し、死の世界に入ってゆくさまが描かれている。

いつかつめたい針のやうな雪のこなもなんだかなまぬるくなり楢夫もそばに居なくなって一郎はたゞひとりぼんやりくらい藪のやうなところをあるいて居りました。

そこは黄色にぼやけて夜だか昼だか夕方かもわからずよもぎのやうなものがいっぱいに生えあちこちには黒いやぶらしいものがまるでいきもののやうにいきをしてゐるやうに思はれました。

一郎は自分のからだを見ました。そんなことが前からあったのか、いつかからだには鼠いろのきれが一枚まきついてあるばかりおどろいて足を見ますと足ははだしになってゐて今までもよほど歩いて来たらしく深い傷がついて血がだらだら流れて居りました。それに胸や腹がひどく疲れて今にもからだが二つに折れさうに思はれました。一郎はにはかにこわくなって大声に泣きました。

けれどもそこはどこの国だったのでせう。ひっそりとして返事もなく空さへもなんだかがらんとして見れば見るほど変なおそろしい気がするのでした。それにはかに足が灼くやうに傷んで来ました。

こうして一郎は「うすあかりの国」に入ってゆく。たった一人で。楢夫はどこにいるのかわからない。一郎はひたすら走る。「恐ろしくかなしくて」ひたすらに走って走って走りぬく。「楢夫ぉ」とくりかえし叫びながら走っていると、遠くの方から「兄な」という楢夫のかすかな声が聞こえてくる。一郎は必死でその声の方に近づいてゆく。

そこには「風で消えやうとする蠟燭の火のやうに光ったり又消えたりぺかぺかしてゐる」子供がいた。それが両手を顔にあてて泣いている楢夫だった。一郎は駆けよって力いっぱい楢夫を抱きしめ、「楢夫、僕たちどこへ来たらうね」と言った。すると楢夫は、「死んだんだ」と言って、激しく泣いた。一郎はずっと向こうにぼんやりとした白い光があるのを見つけ、そこまで歩こうと促した。

歩いてゆくと、谷のようになった窪地を「何ともいへずいたましいなりをした子供ら」がまっ赤な「鬼」に追われて移動しているのだった。一郎は鞭打つ鬼から楢夫をかばいながら、子供たちの群れにまじって歩いていった。地面は小さな瑪瑙のかけらのようなものでできており、大きな鉄の沓《くつ》をはいた鬼が歩くたびに、瑪瑙はガリガリと砕けてするどい突起となり、子供たちのはだしの足を傷つけるのであった。鞭に傷つき、瑪瑙の破片で足を傷つけ、何度も何度も倒れながら子供たちは涙ながらに歩いてゆく。

そのときどこからか「にょらいじゅりゃうぼん第十六」という声がかすかに聞こえてきた。一郎は口の中でその言葉をくりかえすと、鬼が立ち止まって不思議そうに一郎を見るのだった。鞭の音も叫び声もしなくなって、しいんとした静けさがあたりを覆う。気づくと、赤い瑪瑙の野原のはずれから黄金色の「立派な大きな人」がまっすぐに歩いてくるのだった。その人の足は白く光って見えた。

「こわいことはないぞ」と光の素足の人はかすかに笑みを浮かべつつ言う。その声を聞いてみんなは何ということなしに手を合わせた。その人は「こゝは地面が剣でできてゐる。お前たちはそれで足やからだをやぶる。さうお前たちは思ってゐる、けれどもこの地面はまるっきり平らなのだ。さあご覧」といって、まっ白な手で地面に一つ輪を描いた。すると、赤い瑪瑙の突起のある地面は、まっ青な湖水の面に変わったのである。

今までの赤い瑪瑙の棘ででき暗い火の舌を吐いてゐたかなしい地面が今は平らな平らな波一つ立たないまっ青な湖水の面に変りその湖水はどこまでつづくのかはては孔雀石の色に何条もの美しい縞になり　その上には蜃気楼のやうにそしてもっとはっきりと沢山の立派な木や建物がぢっと浮んでゐたのです。それらの建物はずうっと遠くにあったのですけれども見上げるばかりに高く青や白びかりの屋根を持ったり虹のやうないろの幡が垂れたり、一つの建物から一つの建物へ空中に真珠のやうに光る欄干のついた橋廊がかかったり高い塔はたくさんの鈴や飾り網を掛けそのさきの棒はまっすぐに高くそらに立ちました。それらの建物はしんとして音なくそびえその影は実にはっきりと水面に落ちたのです。

またたくさんの樹が立ってゐました。それは全く宝石細工としか思はれませんでした。はんの木のやうなかたちでまっ青な樹もありました。楊に似た木で白金のやうな小さな実になってゐるのもありました。みんなその葉がチラチラ光ってゆすれ互にぶっつかり合って微妙な音をたてるのでした。

それから空の方からはいろいろな楽器の音がさまざまのいろの光のこなと一所に微かに降って来るのでした。もっともっと愕いたことはあんまり立派な人たちのそこにもこゝにも一杯なことでした。ある人人は鳥のやうに空中を翔けてゐましたがその銀いろの飾りのひもはまっすぐにうしろに引いて波一つたたないのでした。すべて夏の明方のやうないゝ匂で一杯でした。ところが一郎は俄かに自分たちも又そのまっ青な平らな平らな湖水の上に立ってゐることに気がつきました。けれどもそれは湖水だったでせうか。いゝえ、水ぢゃなかったのです。硬かったのです。冷たかったのです、なめらかだったのです。それは実に青い宝石の板でした。板ぢゃない、やっぱり地面でした。あんまりそれがなめらかで光ってゐたので湖水のやうに見えたのです。

この場面は、地獄的世界から極楽的世界への劇的な転換を描いた場面である。宝石細工のような建造物、心地よい音楽、さまざまな色の光の粉、空を飛ぶ天人……、これはしかし典型的な極楽の風景でいささか退屈である。経典をそのまま絵解きしたようで、宮沢賢治らしいハッとするような新鮮な描写がない。とも思えるが、次の二つの点は重要である。

一つは、霊界の色のこと。地獄世界の基調色が赤であるのに対して、極楽世界の基調色は青である。この認識はどこから来たのか。

世界中のシャーマニズムにおいて、霊界は青として描かれる。とすれば、霊界とはもう一つの「青島」なのである。いうならば、青はこの世とあの世をつなぐ色なのだ。

白鳥は哀しからずや空の青海の青にも染まずただよふ

いわずと知れた若山牧水の短歌である。白鳥は古来魂を運ぶものとも、魂そのものの象徴とも考えられた。その魂でもある白鳥が、空の青にも海の青にも染まることなく、その青の世界を渡って霊界に往く。霊界はこの青の果てにある。空にある青、海にある青、この青の向こうに天国や天上世界が、また妣《はは》の国・常世の国・ニライカナイや常若の国《ティル・ナ・ノグ》があると考えられたのだ。青はこの世とあの世をつなぐ色なのである。

水の惑星である地球は、宇宙空間の闇の中に浮かぶ一個の「青島」である。それはこの世であるにはちがいないが、宇宙から見ると、他界のようにも見える。そこはあたかもこの世の果てであるかのようなのである。

青の向こうに何があるか、青の彼方にもう一つの世界がある。ボッシュの絵には、霊界への通路は青のトンネルとして描かれている。青を超えて光の世界に到るというヴィジョンがそこにはある。青い空の果て、青い海の果てに光輝く「青島」がある。しかしその「青島」は現実の地球そのものである。

この世の果ては青である。あの世の果ては青である。ゆえに、この世はあの世である。

青は遙けき色である。この世の果てを隠す色である。同時に、あの世の果てを秘める色でもある。青の遙けさのなかに魂は浮かんでいる。地球の玉のように。

宮沢賢治にとって青は特別の色である。それは修羅から菩薩へと転換をはたす色なのだ。青は世界を変える。永遠の春の到来を告げる。極楽に通じる地面は湖水のようにまっ青な青であった。

一郎はしかし、この「青島」に入ることなく、もう一度、この世の「青島」の方に戻ってくる。光の素足の人は言う。「お前はも一度あのもとの世界に帰るのだ。お前はすなほないゝ子供だ。よくあの棘の野原で弟を棄てなかった。あの時やぶれたお前の足はいまはもうはだしで悪い剣の林を行くことができるぞ。今の心持を決して離れるな。お前の国にはこゝから沢山の人たちが行ってゐる。よく探してほんたうの道を習へ」。

このとき、「空の方で力一杯に歌ってゐるいゝ声の歌」が聞こえてくる。空の青が鳴り響く。

もう一つ重要な点は、思念が物質化するという思想である。霊界はこの世の果てであるが、しかしもう一つのこの世である。この世の論理と違うのは、この世においては思念は大脳の中で起こり、それが物質化するには肉体を通した何らかの行為が必要である。

しかしあの世では、こうした手間のかかる手続きは要らない。あの世では考えることが現実となる。人は世界のなかに投げ出されるのではなく、気づかぬうちに世界という家をつくってそのなかに住んでいるのである。痛いと思えば痛い。赤いと思えば赤い。地獄と思えば地獄である。しかし同時に、極楽だと思えば極楽となる。

スウェーデンボルグは述べている。霊界においては思考と現実は一致すると。ここではデカルト的物心二元論は通用しない。心と物は即時に即決生起する。ゆえに、どのような思念を持つかが重要になる。それはどのような世界を現出させるかということと同じことだからだ。

とすれば、人はみずからの思うところへ往くということである。これこそ究極の「自業自得」というものであろう。心すべきかな。

この世の果てはあの世である。あの世の果てはこの世である。ゆえに、この世の果てはこの世である。

そう思うことにした。

青丹よしこの世の果《はる》に浮かびおり

アイルランドの果て

青の精神世界

青不動　蓮一輪と　共に立ち

青は不思議な色である。それは赤や黄や緑のように端的に生命を表わす色ではない。また黒や紫のように死を暗示する色でもない。

青、それは境界の色である。光と闇、この世とあの世、昼と夜、男と女、生と死、あらゆる二元的な対立を失効させ、ある曖昧な透明な無のなかに誘導する色である。『般若心経』にいう「色即是空、空即是色」の「色《ルーパ》」とは「(諸)存在」という意味であるが、それを色彩で表わすならば青しかないと私は思う。それが境界の色であり、反転するあわいのなかにあるからだ。青の色即是空。

この一月ほどの間に二度熊野詣でをした。那智大社に二度立ち寄り、大滝の前でも二度たたずんだ。この那智大社に隣接して西国三十三カ所の一番札所がある。三十三身に化身して衆生を済度し、機根に応じて悟りをもたらす観音菩薩を本尊とする観音霊場の一番手を青岸渡寺という。

一夜、寺の宿坊にこもって寺僧と勤行を共にし、帰りがけに観音様を透かし見ることができる数珠を買った。数珠玉を覗いてみると青い円形を背景に聖観音が立っている。その青が心にしみた。『般若心経』の悟りの世界である「色即是空」を覚知したのも実は深い瞑想状態に入っていた観音菩薩であった。観音の青、青岸渡寺、そして色即是空。青の精神世界。

昔、南海のはるか沖上に観音浄土があると信じて、死装束に身をかためて補陀洛渡海をしていった渡海上人たちがいた。青岸渡寺とは、那智の大滝から補陀洛《ポータラーカ》と呼ばれる観音浄土に渡ってゆくためのこの世の岸であった。渡海上人たちはこの真青なる熊野灘の沖に、青の観音浄土を幻視し、その憧憬の念に身を染めたのだった。

しんしんと肺碧《あお》きまで海の旅

これは、鹿児島から沖縄の宮古中学校に赴任してゆくときの体験を吟じた篠原鳳作の俳句である。どこまでもどこまでも青い海の中を渡ってゆく。甲板に出てその青い海を眺めていると、瞳はおろか、肺の中まで全身青の色に染められてしまうかのようだ。海の中を私が行くのではなく、海が私の中を往く。海が、青が私を通過して、私はただただ青の容れ物になる。

この句はなぜか私に渡海上人たちの死出の旅を想い出させる。死を覚悟して明るい諦念に包まれ、どこまでも静寂な青一色のなかを漂う。

白鳥は哀しからずや海の青空のあをにも染まずただよふ

という若山牧水の歌があるが、このひたすらの青のなかを行く一匹の白鳥にわが身を託すより、ただ専心に青の世界に埋没し、浸され、完璧に青に侵犯されつくす精神の方に、私はどうしようもない深い諦念と浄らかさを見る。であればこそ、渡海上人たちの死の旅は、牧水流の感傷やロマンティシズムを排した、鳳作の青の受容とそれへの一心の帰依に通じるように思えてならないのだ。

一念に青に帰依する。どうやらある種の芸術家や宗教家はただ一すじに青に帰依する時を持つように思う。ギュスターヴ・モロー然り。パブロ・ピカソ然り。チベット密教然り。韓国シャーマニズム然り。日本の青島（粟島・淡島・大島）信仰然り。ボードレール然り。宮沢賢治然り。

「匂いと色と響きは互いに照応する」（「照応《コレスポンダンス》」）と主張したボードレールは、「薔薇色と神秘めく青さを帯びた或る一夜、私たち二人は唯一の電光を交はすであらう、永劫の別離の深く籠められた長い嗚咽をさながらに」（鈴木信太郎訳）と歌った。ボードレールは夜の闇の中に神秘の青を覚知した詩人であった。赤と青の交錯する夜の闇の中、恋人たちが合一の電光を取り交わす。その青い稲妻は、合一への希求とその至福の瞬間であるにもかかわらず、永劫の別離の哀しみを直覚する嗚咽を宿している。このうえない至福の合一の瞬間と永劫の別離に離反してゆく引力と斥力の無限牽引するあわい。そのパラドクシカルな反転する境界に青の響きと香りが充満する。

宮沢賢治もまた青の哀しみを歌う。

わたくしといふ現象は
仮定された有機交流電燈の
ひとつの青い照明です
（あらゆる透明な幽霊の複合体）
風景やみんなといつしよに
せはしくせはしく明滅しながら

いかにもたしかにともりつづける
因果交流電燈の
ひとつの青い照明です
（ひかりはたもち　その電燈は失はれ）

（「春と修羅」序）

まばゆい気圏の海のそこに
（かなしみは青にふかく）
ZYPRESSEN しづかにゆすれ
鳥はまた青ぞらを截る
（まことのことばはここになく修羅のなみだはつちにふる）

（「春と修羅」）

もうけつしてさびしくはない
なんべんさびしくないと云つたとこで
またさびしくなるのはきまつてゐる
けれどもここはこれでいいのだ
すべてさびしさと悲傷とを焚いて
ひとは透明な軌道をすすむ
ラリツクス　ラリツクス　いよいよ青く
雲はますます縮れてひかり

わたくしはかつきりみちをまがる

（「小岩井農場」）

宮沢賢治にとって青は生の色であるが、それは修羅と菩薩とを同時に含む境界の色である。苦悩や悲哀と浄化や至福とが境を接する両義性の色である。その色は「さびしさと悲傷」に彩られているが、同時にそれをどこまでも「透明」に進ませる色である。業のなかにありながら業を消尽させる色。その複雑微妙な色の響きの変現を奏でる青のグラデーション。

ボードレールが夜の青さに魅せられた人だとすれば、古代日本人は朝の青さに魅せられた人々であった。青島とか大島とか粟(淡)島と呼ばれる島々のほとんどは、内陸から見て朝日のさし昇ってくる東方に位置している。青島とはまさしく光に照らし出された魂上りの島であり、それゆえそこは常世の国やニライカナイと境を接する他界への入口だったのである。夜の闇の中で輝く青と朝の光の中で輝く青。高貴と淫蕩、清浄と悪に相互連絡する青。とどまることのない静止した運動。青が発信するのはそうしたパラドクシカルな静かな渾沌であり、狂気を孕んだ開悟である。

ヒエロニムス・ボッシュやウィリアム・ブレイクの絵画や臨死体験者の絵の中に、天上界や光明の世界へ参入してゆく前段の状態を青で描いている作品がある。多くのシャーマンや神秘家や臨死体験者は、青が霊界参入の色であると伝承し、また告白してきた。

そうした青の霊性に鋭く感応した人物が小泉八雲ことラフカディオ・ハーンである。そのハーンに「青の心理学」と題する啓示的なエッセイがある。

一八八七年、カリブ海を旅したラフカディオ・ハーンはメキシコ湾流の青に見入ったとき、途方もない幻暈と恍惚と歓喜を感じとる。そして「まるで百万の夏空が、どろどろの原色をかきまぜて色をこしらえでもしたように見える、燃えたつような紺碧」（平井呈一訳）に至福の感情をおぼえて陶酔にひたる。青が喚起する快楽の心理学として、ハーンは次のような洞察を主張する。

(1)青の複雑性は他の色にくらべて高級であり、高雅である。その高雅さは宇宙的感情のなかに含まれている。

(2)青は地球の精気の想像色であり、世界の息吹の想像色である。

(3)青は昼の劫罪と夜の奈落を表わした色である。それゆえ青は、高さと広さと深さの観念に訴える。

(4)青は遠隔と空虚の色である。それゆえ青は、時間における空間の観念に訴える。

(5)青は消滅と出現の色である。それゆえ青は、運行の観念に訴える。

(6)青の知覚は変化の感情を呼び起こす。それは遠い遠い祖先の別離の悲しみにつながる感情である。しかしその悲しみは、光と熱の遺伝感情、つまり雲一つない日の昔の人間の喜びに関連した遺伝感情のなかに埋没し消える。

(7)青は神々しい色である。その感情の主調はうれしさとやさしさである。青は死者と神々のことを語るが、その恐ろしさは語らない。

(8)青は神の観念の色であり、汎神思想の色であり、倫理的な色である。青は尊崇感、正義感、義務と大望のよってきたる思想の組織に深い振動を与える色である。

(9)青によって起こされる快感の波のなかでもっとも強力な要素は「霊的」ということである。

おそらく、青についてこれほど深く鋭くかつ思いのこもった洞察を開顕した例は他にないだろう。ハーンは青の複雑性や変化を見のがさない。のみならず、それが「遠い遠い祖先の別離の悲しみにつながる感情」でありながらも、喜びのなかに埋没し溶け入る感情であると主張する。

こうしたハーンの青の心理学にとってもっとも重要な論点は、青が「霊的」な感情を呼びさますという点である。この「霊的」という意味は、個人的な経験のうつろいやすい感情に基づくものではなく、その深層に「数えきれない世代を伝えに伝えてきた宗教的感情が、潮のように脈打っており、それが美としての青色の遺伝感覚を促して生動させる」ところの根源的な感情を喚起するという意味である。ハーンに従えば、青こそがもっとも複雑微妙にして深層的な色なのである。そしてそれは祝福された色でもあったのだ。

ハーンは青の「神秘」について次のように言う。「永遠の平和の色としての青の、遺伝された光り輝く歓喜」と。そしてそれは、「あらゆる楽園を願う人間のあこがれ」や「死後ふたたび結合する約束を信ずる前世の信頼」や「尽きせぬ若さと歓びをたのむ夢」と通じているという。それはおそらく補陀洛渡海に出ていった渡海上人たちの永遠に向かう熱情と同調するものであろう。それは「無限」のなかから震え戻ってくる何ものかである。その何ものかとは、「太古の信仰のあらゆる切望や、消え滅びてしまった神々の力、大昔から今にいたるまで、人間の口に唱えられてきた祈念の熱意と美しさ」であるという。そのような複雑で原初的な感情を「何百億というエーテル振動」が甦えらせるというのである。

青の振動、すなわち青の響きや香りをこれほど微細に語ったハーンの作品を映画に撮った小林正樹は、『怪談』中の「耳なし芳一」の画面で、これ以上効果的な仕上りはないといえるほど見事に青を使い切っている。芳一が平家の武者の亡霊に導かれて霊界に参入してゆく場面では、荘重な門の扉はいくらか筋目の跡が透けて見えるような荒々しい青であり、ギリシャ風の回廊と神社の神殿を合体させたような玉座に向かう場面では、この世の終わりとしか思えぬような不吉な冥《くら》い青であり、芳一が武者や女官たち——実は亡霊——に向かって嫋嫋と琵琶を鳴らしている場面では、芳一の舞台の周囲には壇ノ浦の青い海流が渦を巻き、青の「霊的」な神秘があますところなく描かれる。

おそらく、私の知る限り、映画のなかで青の神秘を描いたのは、残るところあと一人、宮崎駿の『風の谷のナウシカ』である。ナウシカがアスベル少年とともに腐海の底に墜落していった場面では、全面青の色調の地下空洞が描き出される。青白い光が斜めに筋となって射し込むなか、ゆったりとしかし微細な緩急をもって清流が流れ、その水と毒素を吸い上げて枯れた巨木が、石の破片となり砂となって地面に落ちて大地を浄める。「その者青き衣を着て金色の野に降り立つべし。失われた大地との絆を結び、人々を青き清浄の地に導かん」という古き言い伝えが成就してゆく物語のなかで、青は死と再生、毒素と清浄の反転する両義的な境界の色として用いられていた。

私自身は青について、二つの忘れられない体験がある。

一つは高校時代に一人で立ち寄った青島での海の青、空の青、島の青。そこでは、青は光の同義語であった。昼の光のなかで輝きわたる青。

もう一つは、大学時代に恐山からの帰りに福島県の山中で見た夕闇のなかで変化する名状しがたく複雑微妙な青のグラデーション。そこでは、青は闇の世界へとイニシエートする境界の色であった。夜の闇のなかに輝きわたる青。

こうして、青を前にすると、私はいつも複雑微妙な青のうねりに巻き込まれ、重層し渦巻く青の生死の境界のなかで、「数百億のエーテル振動」に誘われて、観音浄土か何処かわからぬ青の精神世界へと渡海させられてゆくのである。

夜ひるを青の稲妻と渡りけり

第四部　魔物語りと審神者

魔物語

――七夕の夜に魔を語る

ひとりの修行者にたちかえって

今日は一九九五年七月七日の七夕の日です。まず初めに大祓の祝詞をあげ、その次に皆さんと一緒に般若心経を読経し、心を鎮めてこの会を始めたいと思います。

修行に際しておそらく必ず直面するであろう問題、あるいは暴力性について、私たちはどう対処してゆかなければならないのか。オウム真理教の事件があったためにその問題が非常に先鋭な形で根底的に私たち一人一人に突きつけられていると思います。そこで私は改めて一人の修行者という位置に立ち返って考え、組み立て直してゆきたいと思っています。

私は十年ほど前に「魔」を体験して以来、仏教に対して非常に深いシンパシーを感じるようになりました。昔、先祖が私の住んでいた町の寺をつくり、その真言宗の寺を従兄が継いだので、高校を出て一夏その寺に住んだことがあります。朝鐘をついて勤行して、夕方またお勤めをして、そこであらかた経典を覚えました。大学に入ってからは神秘主義を取り上げました。空海とドイツの神秘哲学者ヤコブ・ベーメの神秘体験と言語哲学の比較を行なったのが卒業論文でした。大学院は神道学専攻課程に進みましたので、自分にとっては神道がベースだと思っています。しかし、神道が神仏習合の文化をつくっていったように、自分のなかでも神仏が一つにつながってくる感性と想像力があって、その感覚を大事にしたいと思っているので、右脳の方は神道家ですが左脳の方は仏教徒といえます。

神道にとって根本的なのは神主《かんぬし》です。ここでいう神主とは、神職という意味ではなくて神がかる人のことです。つまり神が降りてきて言葉を伝えたり、癒しをしたり予言をしたりするのが神主です。ただし、その神主が神主としての正しい道を歩むことができるかどうかは非常に難しい。魂の世界は見えない世界ですから、シャーマニズム的な神がかり状態とは何なのか、神とか霊はどう自分に関わっているのか。そこをあいまいにしたまま私は神であるとか、神と一体になったとか、霊がついているとかと、確信をもって言うと、自分もまわりもそう思いこんでしまう。あるいはそう思い込まされてしまう。

それを厳格に考えてゆくために、神道では「審神《さにわ》」ということが非常に重要視されたのです。審神とは、本来、神がかりの儀式が行なわれる聖なる「にわ」、空間を意味していたものが、だんだんそこに降りてくる神を審判するという意味に使われ、そして神を審判してきちっと見きってゆく役割の人のことを「審神者《さにわ》」と言うようになりました。それはしかし、日本独自のものでもなく、かなり普遍的なものだといえます。ギリシャのデルフォイのアポロン神殿にも、神がかりとなる巫女と審神をする男性神官がいたといわれています。例えばソクラテスは神主であり審神者であると思っています。神職とは神社本庁がライセンスを出す制度上の資格です。本当に神主であるためには、神とどう対面してゆくか、神の意を汲み取ってどう実現させてゆくかが問われてきます。けれどもそれは、一歩踏み間違うと自分が神であるというような幻想に陥ってゆく。そういう落とし穴も同時にある。だから神主と審神は常に車の両輪のようなものとして補完し合わなければいけない。修行者の立場としては、神主と審神の両方を兼ね備えながら神がかり現象などの宗教体験をただしてゆく必要があります。

魔に出会う

さて、ある男性霊能者が、夢の中から干渉して人を支配することができると言ったことが、私が魔というものを最初にリアルに感じた瞬間でした。これは今問題になっているマインド・コントロールのもっとも原型的な形だと思います。つまり、人間の無意識の領域に入り込んで、優位に立って、他者を支配し、操作し、他者の無意識のなかに自分の意志を侵入させてそれを実現してゆく。今では冷静に見きることができるのですが、そのとき、そのようなことも可能かもしれないと思った瞬間に、恐怖と妄想のなかに落ちこんでいった。以来、魔と暴力と人を権力的に支配することとが非常に深くつながっていると思い、それをどうやってときほぐし解決するかがずっと私のなかで問題になっていたわけです。

ちょうどその頃、神主の資格を取るために國學院大學で四十日間の講習を受けました。ある晩寝るときに、普段はけいれん状態になって、寝てしまうんですけれども、そのとき、クッと睡眠に入るときに、ばちーんと頭の中でものすごい音がして、光が頭の芯から飛び散った。それでバーンと跳ね起きた。

以来、自分は魔に取りつかれたのではないかという妄想で血がだんだん上の方へ上ってゆく。もう一睡もできない。夢なのか現実なのか、イメージなのかリアルなのか、境界が非常にあいまいな状態になって、精神錯乱のような状態に陥った。眠れないからつらいし、不安が高じてくるし、ちょっとでも寝たいので睡眠薬でももらって飲もうかと思ったのですが、西洋医学の精神病の医者に行ったら病気と診断されてしまって、根本的にこの問題を解決することにはならない。かといって自分で治していくだけの力がないですから、もう死んでしまう、これはだめかも知れない、という不安と恐怖を超えられなくなった。それと不眠が重なっていますから、自分自身のバランスを保てない。忘れることもないから苦しくなってきます。忘れるとか寝るとかというのは私は本当に大事なことだと、忘却とは恩寵だと思ったぐらいに、この状態を忘れたい、抜け出たい、一瞬でも眠りたいと思いました。でもそれは一切かなわなかったので、自分ができることは、朝日に向かって大祓の言葉をあげることだけでした。朝日にしか生命と一日の基準はないんだと思ったんです。

その間、苦しみながらも講習を受け、四十日間が過ぎて、生まれて初めて成績一番で講習会を卒業して答辞を読んだ。一生に一遍答辞を読みたかったんですね。名前が鎌田東二だから（笑）。

実は、その二日まえに劇的な変化があった。三月二十日は私の誕生日なんですけれども、お彼岸前夜に七面山に登って、富士山の真正面から昇ってくる朝日を拝んだ。日蓮宗の根本道場である敬慎院前で御来光を仰いだ。そしてそのあと、七面山の山頂に登ってまた富士山を拝もうとしたらば、富士山のもうだいぶ上に太陽が昇っていたんですけれど、それを取り囲むようにして、完全な円周の虹がかかっていた。なんて見事で美しいんだ、こんなことってあるのかという感じがした。そのときにふっと何かがほどけた。私はそれが「まぬけ（魔抜け）」になった瞬間だったと思っています。四六時中の不安と妄想的な状態からふっと切断されたのです。自然の見事な調和が目の前に現前していた。あー私はこれでなおる、なぜか許された、救われたと思った。神の存在にリアリティを感じたし、自然の力というのか、自然の神秘不可思議と大きさを非常に強く感じました。以来、いつも私は冗談半分で、「富士山と朝日が僕の主治医や」と言うんですけれど、そのときに本当になおったと思ったんです。

それを精神医学者の加藤清先生に話したら、それは「ディープ・エコロジカル・エンカウンター」だという。精神病者が治癒されてゆくときに「ディープ・エコロジカル・エンカウンター」がある、それと同じだと言われたのです。魔境から抜け出て自然が自然として現われでてくる瞬間と、私が神道的な魔的なシャーマニズム的なプロセスをたどってそこから脱け出ていった状況が非常に似ているというのです。私はしみじみ、ありがたい、自然があることがありがたい、眠れることがありがたい、存在しているっていうことがありがたいという感謝の念が次から次へとあふれ出てきて、涙がぼろぼろと出てきたのです。

中道と断念

シャーマニズムと密教は子供の頃から私のなかの一つのベースをなしていて、神主と審神もそれと深くつながっています。ところがそのことがあってから、シャーマニズムや密教は必ず魔的なものに直面する、それに対処できなければ本当に自分が死ぬか人を殺してしまうかという状況に陥ると痛感して、これを解決してゆける道は、審神を正しくできるかどうかだと強く思うようになったのです。

ところがどうやって審神できるのかは神道では明確な形にできなかった。しかし仏陀の仕事は完全に審神的な歩みを持っていると思えた。そこで、私は密教もシャーマニズムも一回否定して、仏陀的な原点を審神の基準に置くべきだと考えるようになりました。大乗仏教も密教も、審神の部分をあいまいにしてしまうと、道を誤るんじゃないかと強く思ったからです。シャーマニズムの研究においても、釈迦仏教に片一方で立脚していないとバランスがとれないと思いました。

仏教が魔をどう解決しているか。仏教だけではなくて他の宗教も、魔をどう解決しているかということに、それ以来関心を持つようになりました。例えば、イエス・キリストが荒野で四十日間断食します。ヨルダン川に行って洗礼者ヨハネから洗礼を受けた。そのとき天が割れて、精霊が鳩になって降りてきて、神の声が聞こえた。それは一つの神秘体験だったと思うんです。そこから彼は愛の実践、新しい宗教世界を切り開いて実践していった。

その神秘体験を得るまえに悪魔サタンが誘惑をかける。一つは、「もし神の子なら石をパンに変えてみよ」とそそのかす。するとイエスは「人はパンのみに生くるにあらず、神の口より出し言葉によりて生くるものなり」と言う。これは『旧約聖書』のなかに既にある教えの言葉です。二番目は、「ここから飛び降りてごらんなさい。あなたが神の子ならば天の御使いたちが足を支えて、あなたが死ぬこともなければ落ちることもない」と。それにたいしてイエスは、「神を試みてはならないと聖書に書いてある」と答える。第三は、サタンがイエスを山の上に連れていって、「もし私にひれふすならこのすべての栄耀栄華を授けよう、すべての欲望を満たしてやろう」と言う。イエスは、「ただ神のみを愛せと聖書に書いてある」と答える。それによってサタンは退散してゆく。こうして荒野での四十日間の修行が完成し、洗礼者ヨハネのところへ行くわけです。

イエスはエッセネ派の修行者でしたからすごい厳しい修行をしていたと思うんです。荒野の断食とは、お釈迦さんでいえば六年の苦行の総決算みたいなものです。そこで起こってくる妄想にどう対処してゆくかが、サタンの誘惑として最後に語られる物語になっている。修行者がぶつかる普遍的なモデルが、イエスの断食と悪魔の誘惑にあると思います。

もう一つのモデルになるのが仏陀です。仏陀は六年間苦行して、難行苦行によっては解脱することができないと、解脱を断念した。この断念したというのが重要なポイントで、もしそのまま修行をしていたら間違いなく神秘体験を持ち、超能力的な現象をおこすことぐらいはできたでしょう。ところがそれと解脱とは直接関係ない。そんなことをいくらやっても解脱することはない。解脱するというのは苦しみの、あるいは輪廻の輪の中からどうやって超えでてゆくことができるかということです。そこで苦行を断念して彼は中道をいこうとした。私はそこに仏陀の審神的な基準があると思うんです。断念と中道というのは、修行者が持つべき指標です。

追求しすぎてしまうと落とし穴に落ちてしまう。中国の王沪生老師はそのことを「不追求の追求」と言った。これは名人芸ですね。修行している方は中島敦の「名人伝」という作品をぜひ一度読んでください。飛燕という人が弓の名人になりたくて修行していたとき、老師が、蚤が馬ぐらいの大きさに見えたなら、また機織りで針がおりてくるのを下からのぞいて、まばたきしなくなったら私のところへ来なさいと言う。そして来る日も来る日も修行を続け、ある日、蚤が馬のごとく見えた。これは気功でいう意念の動かし方で、蚤のようなちっちゃいものが馬のような大きさに見えたわけです。密教瞑想の阿字観も同じ要素を持っていると思います。近代の小説でいえば芥川龍之介の「杜子春」と中島敦の「名人伝」は修行者にヒントになる部分がいくつもあります。

こうして老師は技《わざ》を授ける。そして技をみがき、自分は最高の名人になったと思って師匠と対決する。向かいあって丁丁発止とやるんですけれども、互いの矢と矢が完全に突き刺さりあってぽたぽたと落ちて勝敗がつかない。それを見て、二人は抱き合って互いの技を称えるのだけれども、そのとき老師は、もしかしたら自分は弟子に敗れるかもしれないという恐怖を抱く。もうおまえはここにいる必要はない、山の仙人のところへ行って修行せよと言う。そこで仙人に弟子入りする。ところがその仙人は実にすごい人であって、「不射の射」ということを言うんです。射ることなしに的を射る。何にもないところで構えてぱっとやると鳥が落ちる。それで名人はその修行をする。やがて名声は高くなり、名人は町に戻ってくる。ところが戻ってきた名人は好好爺になっていた。知り合いの人のうちに招かれて、弓を指してこれは一体何ですかと言うので、皆あっけに取られた。ところが、名人の家には泥棒は絶対に入ってこないし、雁もその家の上は避けて通るという。そこにはぜんぜん違う気の密度があるということです。彼は最後には弓矢の存在すら忘れてしまった。

これを「十牛図」の階梯でいうと、牛を求めて牛を捕まえて、悟り・菩提を得るけれども、その悟りを一回完全に忘れる第八図の「人牛倶忘」がこれにあたる。人も牛もともに忘れるところから、自然のありのままの姿、花は紅、柳は緑という境地に入ってゆくことを「名人伝」は示している。仏陀が成道したときの中道的な断念は、「不追求の追求」もしくは「不射の射」ということと非常に深くかかわる部分がある。苦行を徹底していって、危ないっていうところをどう見きってゆくかという問題です。

「魔」というのは「マーラ」というサンスクリット語からきています。「殺者」「奪命」「能奪命者」「障碍」と訳し、「悪魔」ともいう。人の生命を奪い、善事をさまたげる悪鬼神。古くは「磨」と書いたが、梁の武帝のときから「魔」の字に改めた。魔王は欲界の第六他自在天の高所に住み、正しい教えを破壊する神とされ、これを天子魔という。また魔の意味を内観的に解釈して、煩悩などすべて衆生を悩ませるもの、自己の身心から生じる障碍を内魔、外界から加わる障碍を外魔とし、二魔といいます。

仏典をみるとお釈迦さんが成道するときに、魔の誘惑を受けている。普曜経では、魔王波旬の命令によって四人の女性が三十二の化体を見せるんです。媚態を見せてお釈迦さんに歓楽を迫る。魔とセックスとの関係はやはり非常に深くあるんです。魔は、一つは善なるものを破壊して成道をさまたげ、一つは性的な力として現われ、もう一つは邪見として現われる。邪見とは正見の反対です。邪見とか妄見とかあるいは性的なものによって正見や清浄的なものをさまたげようとする。そういう力をマーラといいます。

その四人の女性「欲妃、悦彼、快観、見従」が媚態を次から次に見せて、お釈迦さんの静寂を乱そうとする。これは女性差別でしょうか。それとももっと本質的な性と欲望と意識と身体との関係を言っているのでしょうか。『大智度論』という龍樹が書いた空観哲学を展開した大論文のなかではその女性たちは「楽見、悦彼、渇愛」の三女で、結局すべて快楽と愛欲、渇愛ということになる。そしてそれは無明ということに通じてくるわけです。正見を妨げている無知、渇愛の力、つまり煩悩の根本。それがここでは三女の魔、あるいは四女の魔として現われでてくる。この女性、すなわち玉女たちが五百人の美女を繰り出してくる。お釈迦さんはそのとき禅定しているのですけれども、こういう言葉で語られました。「諸根寂静」。「根」というのは感覚器官、「六根清浄」の根。眼耳鼻舌身意。つまり自分の感覚が絶対の寂静の状態にあった。この玉女の妨害によっても、寂静がゆるぎだにしない不動心が、マーラの誘惑と攻撃を退けたのです。

聖なる静けさ

ところで、私がよく聖地を巡礼して思ったことは「聖なる静けさ」ということです。その静けさは、特に祭りのあとの神社にある。祭りの日は喧騒でにぎにぎしい華やぎがあるけれども、祭りのあとは涅槃寂静の世界のような静けさのなかにしーんと浸っているようなところがあって、私は好きなのです。祭りは「空、中、化」でいえば中とか化で、祭りのあとは空的な環境です。その静けさにはえも言われぬものがある。多人数で参拝するのもいいけれど、一人でしんみりとするのも心身を鎮めるために必要な参拝であると思います。天河の宮司さんは一人になって祈るときは山の中のちっちゃい神社や、森の中に行くという。私はそれがよくわかる。宮司として神社を守り仕えているけれども、その守っているものは顕祭、顕われでてきたお祭りで、霊学で重視された幽祭、神秘的な、神主的な状態というのはけっしてそういうお祭り的なところでは起こらない。

お釈迦さんがなぜ「涅槃寂静」であるのか、寂静が何かということを仏教徒はもう一歩深めてゆく必要があると思います。私は神道のなかにいますから、それを「聖なる静けさ」という言葉で思う。「聖なる静けさ」に浸ることがなければ、内魔に対しても外魔に対しても対応できない。だから根本は、「聖なる静けさ」を自分のうちにも、まわりとの関係のなかにも持つことです。もし不動心のような寂静が育ってきたら、超能力があろうがなかろうが、どんなことが起ころうが起こるまいが、すっきりした向かい合い方ができてきて、恐怖もいだかず、過度にそれにおぼれることもない。やはり寂静のなかにしか正見は存在しない。だから八正道の「正見、正思、正語、正業、正命、正精進、正念、正定」で、正見と正定が最初と最後にきているのは非常に大きな意味を持つ。正見とは正しく物事を認識することですが、ただ分析的な認識ではなくて無分別的な認識ですから、瞑想的な禅定的な支えがなければ本当の正見にはならない。だから正見と正定は常にセットになっている。正見は正見のみで成立するのではなく、正定に支えられた正見なのです。それによって正業、正しい行為も生みだされてくる。

しかし、私は頭でも心でもそれをよくわかっているんですけれども、ではおまえは常に正見しているかと言われると、部分的に正見ではないかと思える瞬間はあるけれど、根本的には正定的正見が足りないと思います。何が本質的に重要かということだけははっきりわかっている。土台として寂静とか静けさが必要だということです。修行者はある意味ですごく孤独です。

文化人類学者の上田紀行君と私の違うところは、上田君は孤独をわりと否定的にとらえ、私は孤独を非常に肯定的にとらえようとする。孤独なものには悪魔が憑くというのがスリランカの悪魔払いの前提ですが、孤独を通さないと神にも魔にも出会わないと思うんです。だから孤独は、静けさにもなると同時に不安や恐怖を抱かせる魔的な力ともなる。また仏教において求道の根底は発心です。発菩提心つまり、菩提を求める心がなければ仏教徒ではもちろんないのですが、それはやはり一人っきりになって深く自他をふりかえる時間を持たないと生まれない。孤独を通過してより正しい形に鍛えられてゆく。だから修行者は先生や仲間にかなり助けられる面もあるけれども、どこまで行っても孤独はあって、それを大事にする必要があると思うのです。仏陀の言葉でいえば、「サイのようにただ独りで進め」ということです。それは法をよりどころとし自分をよりどころとせよとか、漢訳では「自灯明、法灯明、法帰依、自帰依」といわれている言葉とも通じます。孤独ではあっても寂静、あるいは自分のなかにある仏性、法、真理に誠心誠意信義をもって仕える、自己に現われてくる法や発心性に目覚めなさい、ということだと思うんです。孤独を深め純化してゆくプロセスが必要で、お祭りで悪魔を退散させるというだけでは足りないと私は思っているわけです。

そこで、魔的なものとどう向かいあい、寂静に至ることができるのか。それが修行者として問われてきます。それは神道においても仏教においても気功においても根本的にはそんなに変わりのない普遍的な、修行者が直面する問題です。

魔も仏も

『大智度論』では魔は四つあります。一つは薀魔。陰魔ともいいます。物質的な存在に対する感覚的な作用を五薀「色、受、想、行、識」といいます。般若心経では「照見五薀皆空」と冒頭に出てくる。照見とは瞑想的な認識で正しく見ることで、五薀みなことごとく空であることを照見するのが観音菩薩の行です。その「色」は物質的諸存在。「受、想、行、識」は感覚的知覚的、精神的作用。物質的諸存在も人間の精神作用もすべてこれが空である。般若心経は空観の哲学です。その五蘊に魔が働いてくる。煩悩魔（欲魔）死魔（死の魔）。天子魔（第六天魔王）、これは魔王の王です。ある説ではシヴァ神で、シヴァは魔王的な位置にある。密教までゆくと魔的なものも大悲大智のなかに転じる力と見ますから、「魔仏一如」となってくる。

しかし私は、「一如」という言葉で言うことは非常に危険なことだと思います。私は魔から抜け出したときに俳句を一つ作りました。「魔も仏も我よりほかになかりけり」。魔から抜け出たときにふっと浮かんできた。魔も仏も私のことですけれども、外にもあるし内にもあるのです。

「魔仏一如」というのは天台本覚論の影響を受けた思想です。「煩悩即菩提」と同じに、日本人の宗教思想を表現した言葉ですけれども、それは修行を非常にあいまいにしてしまう。「魔仏一如」ならなんでもいいではないかと。悪人正機説や、魔仏一如、煩悩即菩提というのは非常に誤解を受けやすい言葉です。「我即大日」というのもそうで、密教の修行をするには、小乗的な修行をおさめ、大乗をおさめて、そのあとで、機根に従ってようやくにして密教に至らないとだめなのです。原始仏教の四諦八正道をおろそかにしてはいけない。また大乗の菩薩道を同時に深く実践できなければ、密教に行ったら非常に危ない。

四つの魔、こういう魔をどうクリアできるかということが『大智度論』に書いてある。菩薩、つまり菩提を求める修行者は、菩薩道を得るが故に煩悩魔を破し、四魔の一つをクリアすることができる。そして、法性《ほっしょう》を得るが故に陰魔を破す。陰魔とは五蘊の魔、法性とは法という真理を正見することです。その法性はしまいには大日如来にもなるんですけれども、真理として存在する。肉体とか物理的存在ではなくて、法そのものの存在性を法性という。つまり菩薩道を行じることによって煩悩魔をクリアし、法性を現じようとするときに陰魔をクリアし、得道をして法性を得るがゆえに死魔を破す。つまり死を恐れることなく生死を超えるということ。つねに一心真寂なるがゆえに、不動三昧に入るがゆえに化他自在天子魔を破す。不動の三昧、あらゆるものの誘惑を経ても不動三昧の境地です。これはさっき言った寂静ということにつながってきます。そういう寂静にいることによって天子魔を破す。『大智度論』ではこのように菩薩道、法性、法性心、不動三昧、この四つによって四つの魔をクリアしてゆく。

私はシャーマニズム的な神道の問題から魔にぶつかって、仏教をよく理解できるようになった。仏か神という存在についてもより理解が深まった。魔の経験というのは、本当に自他を破壊するような力にも転じうるけれども、すれすれそこから脱却することができて、仏教や神道の根幹にあるもの、神髄に近づいたという感じもしたんです。

魔から抜けるもう一つの方法として、私はユーモアがすごく大事だと思います。「笑う門《かど》には福来たる」、魔を払うときに笑う儀礼が各地の民族習慣にある。仏陀のは静かなほほえみです。中国に行くと「わっはっは」という呵呵大笑の笑いになります。笑うことによって自分にあるわだかまりやこだわりや執着を一回さっと空にしてゆく。笑いにはそういう力がある。

ところが魔の状態に入っていると本当に笑いがない。地獄というのは笑いのない世界、極楽はほほえみの世界だと思います。風がめぐるように、大きな力の循環のなかに常に吹かれて立っている。自分は何ものかの力と動きによって発するんだけれど、自分を通して現われ出てくる大きい力にゆだねるという感覚がユーモアではないかと思うのです。そのときに自分を相対化することもできるし、相対化することによって執着がひとつ、切れるんです。ユーモアの風によって。

（質疑応答後）般若心経をもう一回唱えて終わりましょう。……般若心経唱和……

現代社会と審神者の問題

日本心霊科学協会とは十数年来、いろいろなつながりを持ち、再びここでお話しする機会を得てありがたく思っております。現代という大きな転換期に、「現代社会と審神者《さにわ》」という非常に重要な問題を講演できるわけですから、皆さんに私の考えを真剣にお伝えするつもりです。皆さんも私の話をじっくりと受け止めてお考えいただけると幸いです。

1　一九九八年とルドルフ・シュタイナーの予言

まず、現代という時代をどう捉えるかですが、私はその問題を考えるにあたって、ルドルフ・シュタイナーのある予言を手掛かりにしたいと思います。

シュタイナーは、ゲーテ研究などの哲学から出発して神智学協会の重鎮になり、その団体から分かれて人智学協会をつくりました。当時、神智学協会ではクリシュナ・ムルティが世界の救世主としてキリストの再臨のように言われ、それに対してシュタイナーはそういう救世主信仰にゆくのは間違った方向であり、一人の人間のグル信仰で導かれる「神智学」は、根本的に一人ひとりの霊性（スピリチュアリティ、神道・キリスト教では神性、仏教では仏性）を向上させてゆく道から外れてゆくと考え、その基本的な考え方の違いがきっかけとなって、「人智学」を打ち立てました。

霊性の向上にあたって、「グル（指導者）」とはどういう存在をなすのか、シュタイナーはそういう問いかけをしたのです。彼はクリシュナ・ムルティのような若い指導者を教祖として仰ぎ、世界救済を目指す流れに対して批判的でした。それに対して、一人ひとりの霊性をいかにして向上させてゆくかを考え、それを霊学的に追究してゆかなければならない、と決意し、人智学協会を設立したのです。

人智学の趣旨は一人ひとりの霊性の開発を、自由に、多面的に行なってゆくことにあります。そこには、宗教的方向、霊学的方向、芸術的方向、また自然農法、ボランティアのような教育活動といった社会実践も含まれます。霊性の開発において、多方向的な問題提起と実践を行なった人物がシュタイナーであったといえます。

シュタイナーは一九二〇年代、第一次世界大戦後の講演で、「一九九八年は非常に問題の大きい年である」と言っています。私は二年前に『ルドルフ・シュタイナーの大予言』（イザラ書房）を読んで、「まったくそうだ。シュタイナーが言っているようなことがこれから起こってくる」と実感しました。では、私たちはこの社会のなかで、その問題を具体的にどのように解決してゆけばよいのか。

シュタイナーは一九九八という年を次のように読み取っています。つまり、一九九八は六六六の三倍数になる。六六六はキリスト教徒にとってどういう意味合いを持つかは「獣の数」という説明が「ヨハネの黙示録」のなかに出てきます。「ヨハネの黙示録」は『新約聖書』の巻末を飾る非常に神秘的な、啓示的な内容を持った文章です。この黙示録をめぐってはさまざまな解釈があります。ノストラダムスの大予言といわれる、一九九九年の七月に地球滅亡がやってくるという通俗的な予言も、実はこの「ヨハネの黙示録」のハルマゲドンとか六六六という数の解釈などをもとに出てきた解釈です。ハルマゲドンという言葉が初めて出てくるのも「ヨハネの黙示録」で、これは神の軍勢と悪魔の軍勢とが戦う場所の名前です。それがやがて地球最終戦争という、キリスト教の一部の解釈が流通するようになって、いまではハルマゲドンというと地球最終戦争のようなイメージで語られています。つまり、神の軍勢と悪魔の軍勢とが戦って、次の新しい神の国が到来するというヴィジョンです。

シュタイナーは「ヨハネの黙示録」の六六六という数を数秘学的に解明して、六六六とは太陽の悪魔、ソラト（sorat）と呼ばれる存在であると言っています。数秘学とはユダヤ教神秘主義やキリスト教神秘学の流れのなかにあるものです。ヘブライ語では、アルファベットを数字に置き換えることができ、名前と数字を一体化する解釈は古来からユダヤ教の聖書解読のひとつとなっています。その解釈をもとに、シュタイナーは六六六という数字をアルファベットに置き換えてソラトという字を導き、ソラトという存在は「太陽の悪魔」であると解読したわけです。

この解釈が正しいかどうかはわかりません。しかし、その解釈につづくシュタイナーの発言は、極めて説得力がありました。六六六の三倍の年は今年であり、六六六の年の前後は悪魔的な力が非常に集中し、地上や人類に働きかける節目の年になるというのです。

それでは第一の年、六六六年に何が起こったか。イスラム圏にゴンディシャプールという学院ができ、そのときに世界を物質的に解明する学問の動向が生まれた、とシュタイナーは言います。つまり、唯物論的な学問の土台、現代の自然科学や産業文明を基礎づける思考の枠組みが、六六六年にイスラム圏ペルシャのゴンディシャプール学院で成立した。これが太陽の悪魔、ソラトが働きかけた一つの成果であるというのです。

この悪魔の働きは、霊的世界は存在せず、物質世界だけが存在するという唯物思想と、その物質世界の人間の欲望をエゴイスティックに満足させる方向に働く。それがシュタイナーの魔的なものに対する基本的な認識です。

シュタイナーはこの魔的な力を、「ルシファー」という魔的な力と「アーリマン」という魔的な力の二つに分けて考えています。ルシファーは神秘的な方向を目指す魔的な力です。たとえば、トランス状態になった霊能者が神がかり、あるいは霊がかり状態になったときに、それが神がかりなのか霊がかりなのかを判断することは困難ですが、そうした神秘不可思議なものにひかれてゆく魔的な力と方向です。もう一つは完全に霊的なものをなくして、物質的な、あるいは動物的なものだけを追求する方向です。唯物的な方向にゆく魔的な力と、神秘的な方向にゆく魔的な力とがあるというのです。

この二つの考え方のバランスをとって解決しようとしたのが、シュタイナーからみればキリストでした。シュタイナーの考え方では、キリストは「中道」をゆく人物です。魔的な力を防ぎながら、それを人間の善なる方向へ転換してゆく。その働きは根本的にキリストにあった、とシュタイナーは捉えているのです。六六六年は、そういう唯物論的傾向を形づくる学問が生まれた年でした。

その倍が一三三二年です。このときには、国家の弾圧によって聖堂騎士団が壊滅しています。聖堂騎士団とはエルサレムを守る運動から始まった神秘主義的な騎士の秘密結社です。また、霊性的な方向、神秘学的な方向を探究しようとした求道者の集団でもありました。それが壊滅したのは魔的な力の働きによるというのです。もし聖堂騎士団が壊滅していなかったら、霊性的な学問はもっと確立していたでしょう。そうなれば、日本心霊科学協会ももっと普遍的になっていたはずです。ところが、そのころ成立したのは心霊科学を含む霊性的学問ではなく、近代科学、あるいは非常に唯物論的な方向へ展開してゆく科学であったのです。

　聖堂騎士団が壊滅したため、霊性的流れを封じる動きが出てきました。このあと科学革命や産業革命が起こり、いわゆる物質文明と呼ばれる現代文明が成立します。現代文明の成立の背後にこうした事件があることは確かでしょう。霊性的探究は本道にならず、宗教の団体、神秘主義団体という形で細々と存在してゆきました。

　シュタイナーの人智学協会も、霊性的方向の学問や共同体をいかにして形成してゆくかという目的を持っていました。しかし、そうした流れは十四世紀の段階でその芽が摘み取られたため、その後の展開は非常に限定され制限されざるをえませんでした。

　そして、三回目の悪魔的な力が強まる一九九八年は、霊性的方向への壊滅的な力が強烈に働きます。今まで出てきた魔的な力と霊性的な方向の総決算の時期にあたります。シュタイナーの予言がそのまま当たっているかどうかは別として、確かに時代はそうなっているようにみえます。世界ならびに日本国内で起こっている情勢をみると、シュタイナーは全体として、流れを的確につかんでいます。現代社会の状況を読み解く際には、私はこのシュタイナーの予言を一つの目安にしています。

　シュタイナーは、現代に働く太陽の悪魔、ソラトが大きく三つの魔的な働きを強めてきていると言います。一つは唯物論的傾向の強化。つまり、モノ、カネ、セックスといった物質的次元の欲望にだけ人間の目を向けさせてゆく。第二はエゴイズムの強化。自分さえよければいいと考える。あるいは、政治家などのようにエゴイスティックな、利己的利権的な欲望や野心だけを追求する。こうしたエゴイズムの強化拡大は魔的な働きが現実化している姿だ、とシュタイナーは見ていますが、私もそのとおりだと思っています。第三は暴力的、破壊的な衝動の強化です。生徒が先生を殴る。先生を刺し殺す。親が子供を殺す。子供が親を殺す。同級生が友だちを殺す。親子、兄弟、同胞において、今まで耐えて抑えてきたものがプツンと切れて、瞬時に暴力的、破壊的な行為になる。

魔的な力はこの三つの方向へどんどん働きかけてゆくというのです。私もそういう魔的な力が確かに働いていると感じます。自分を含めて社会全体にそういう力が働いている。そういう流れのなかで私たちは生きているわけです。しかし、魔的な力が働けば働くほどそれを認識し、霊性的な方向へ向かう学問や欲求も強まるものです。ここが重要なところです。この両方のせめぎあい、格闘は常に繰り返され、魔的な力に対抗する流れとして、天使が未来社会に対して三つのメッセージを送っているとシュタイナーは言います。

その一つは、ボランティア活動とか、助け合いとか、相互に支え合うとかいった他者への友愛です。これは昔からあることですが、それが意味あるものとしてもう一度、現代社会で、民族や国家を超えて確立されなければならないということです。また「他者」のなかには、犬、猫、蛇、毛虫、草木といったこの世に存在するもの、自然界、宇宙、そして死者、祖霊、霊界から現実界まですべて入ります。そういう他者に対する友愛です。

第二は、宗教からの完全な自由です。宗教が教義などによって抑圧的に働いていた面を打破して自由になることによって、本来の宗教性、もしくは霊性的な方向を重視することにより、超宗教的な方向に目覚めてゆくということです。宗教は今まで、ある意味で霊性の開発や祈り、修養、自己実現、成長をもたらす役目を果たしてきました。しかし反面、社会に害をもたらしてもいます。あの宗教はだめだ、自分たちの信仰だけが唯一絶対であるという宗教観を強制することで、これがどれほどの争いや抑圧や弾圧をもたらしてきたかは世界史の教えるとおりです。ややもすると国家間、民族間の闘争の背後に宗教観の対立があることはいうまでもありません。

一九九〇年の湾岸戦争のとき、アメリカのブッシュ大統領は国連軍を集結してイラクを攻撃することは「聖戦」であると言いました。イラクのサダム・フセインもアメリカを「悪魔」と言い、ジハード、すなわち聖戦を主張し、双方非難しあいました。お互いにこの戦いを「聖なる戦い」と言い、激しく対決しました。かつての十字軍の歴史的対立が、現代社会の違う場面で起こったのです。アメリカは基本的にキリスト教、プロテスタント的な背景を持つ国です。大統領は就任式で聖書に手を置いて誓います。そのキリスト教国とイスラムとが互いに「悪魔」と呼び合い、「聖戦」であると言って対決し合う。結局は石油を含めた経済的利権と政治的覇権を巡る闘争だと思いますが、その争いによる民族間、人種間、宗教的な確執が物質的欲望の火種を拡大していって、ああいう結果になったのだと思います。

第三は、宇宙のなかの人間の位置を霊学的・霊性的に洞察するということです。人間はどこから来てどこへ行くのか。「私」はどこから来てどこへ行くのか。霊学的には輪廻転生ということになりますが、霊界と現実界、生と死という生命の営み全体のなかで、人間、そして「私」という存在がいまここに存在することの意味、価値、流れというものを洞察し、認識することです。

ギリシャ哲学のなかに「汝自身を知れ」という言葉があります。人類全体、また人類の一員である「私」に「汝自身を知れ」ということが突きつけられています。自分自身を知ることは、宇宙のなかの自分の位置を自覚することです。仏陀も、イエスも、孔子も、老子も、宇宙のなかの人間の位置を指し示してきたと思うのですが、人間はどこでどう誤ったのか、さまざまな利害関係のなかで道を見失って外れてしまったのです。人類史の大転換期である今、人類は三つの魔的な力を超えて次の創造を目指して進化してゆく道を選択しなければなりません。天使は本来の大道に立ち返ることをメッセージに託して送っているのです。私はそういうシュタイナーの予言に近いかたちで世界は動いていると考えています。

2　日本の転換期

世界が大きく変化しているとして、日本ではどうなのでしょうか。

六六六はキリスト教的な考え方です。したがって、キリスト教信仰を持たない国では問題はないという意見もあるでしょうが、そうとはいえないのです。世界の宗教はすべて相互に関連し合っています。キリスト教がこれだけ世界に広がっている以上、仏教のなかにもキリスト教的な信仰や観念が影響を与えていないとはいえません。

日本では六六六年に何があったかというと、天智天皇から天武天皇の時代、朝鮮半島に行って戦いに敗れるという白村江《はくすきのえ》の戦いがありました。敗れた日本は国内政治に重点を移しますが、侵略をあきらめたわけではありません。六六六年の前、六四五年には大化改新があり、古代の日本国家、律令制国家が成立します。第二の年は、一三三四年の建武の中興があった頃です。一三三三年には鎌倉幕府を倒して足利政権が誕生し、足利尊氏、新田義貞、楠木正成などが北条軍と戦いました。そして第三の年が現代ということになります。日本の中央集権的な統一、南北朝の対立と統一とつづいて、世界史的大混乱期における国際秩序の確立が問題になってきました。

現代をみるに、政治も経済も大変革を迫られています。今までのシステムではやってゆけないことがはっきりしています。日本の社会は政治的に完全に力を失っています。政治的求心力を示すヴィジョンを掲げて国民を導くような力があるかといったら、どの政治家も説得力を欠いています。物質的なものだけでなく、教育および精神性を包含した国家再建策を提示しなければ、国家は衰退してしまいます。

政治が経済にばかり傾斜すると、人間にとっていちばん大切な精神性が看過され、無機質的な社会になってしまいます。そうなったら私たちは満足できないでしょう。精神生活の充実なしに、私たちは真の喜びを持つことはできません。物質的欲望だけでは満足しきれない、そういう時点にまで来ているのです。

敗戦直後の食うや食わずの時代には、ただひたすら食べ物にありつければありがたかった。基本的に物質的な欲求を満たすことが、社会の目的であったのです。しかしイエスが言うように、「人はパンのみに生くるに非ず」です。精神の栄養も必要なのです。心の渇望がじわじわと私たちを蝕むのです。だからこそ霊性的な開発、精神性の充実が重要な課題となります。それが最も重大な課題であるにもかかわらず、見過ごされているのです。

今、政治家や経済人が日本の国家体制をいかに立て直そうとしても、彼らは根本的に説得力のあるヴィジョンあるいは施策を示していないだけに難しいと実感します。では、おまえが出せと言われるでしょうから、もちろん私も提示したいと思います。二十一世紀の日本社会を見据えたヴィジョンを明確にすることは、もちろん私一人でできることではありませんが、私は自らの思いを人に伝え、それらが総和されて共通の認識になるようにしたいと希望します。

日本の近代化はどう達成されたのか。そのことを知るには、過去の歴史を知らねばなりません。節目節目の大きい問題は孤絶しているわけではなく、相互につながっており、今日に及んでいるのです。現代の問題を解くには、過去の問題を整理して、歴史的にどういう問題が積み残されてきたのかを認識し、それを総合的に解決できるようなものを見出さなければいけないのです。霊的にも物質的にも総合的に解決できるような流れがつくられない限り、部分的解決だけではまた問題が生じてしまいます。

これからは、律令体制の大変革が必要になると思います。つまり、天智、天武天皇の時代に立てられた国家構想を聖徳太子の国家理念にもう一度戻すということです。これが私の考える過去の清算です。聖徳太子の国家理念は、仏教、キリスト教、道教、神道などを含めてそれぞれの宗教的伝統を理解し、霊性的な有り様をよくするということです。一人ひとりの内面生活を充実して霊性の向上とともに和を樹立する、そういう社会をヴィジョンとして指し示していたのです。

聖徳太子の国家観、生活観には非常に見るべきものがあったと思います。しかし歴史の示すとおり、藤原氏、蘇我氏などの一部集団の利権争いによってかなりねじ曲げられてしまいました。大化改新以降の律令体制は、一部の豪族や勢力の利権構造で固められてしまったといえます。

聖徳太子は人材の登用でも、公正で幅広い、個々の能力を生かそうとしましたが、律令体制にはそれが反映されていません。今日の利権構造と同じで、派閥均衡的な振り分けが行なわれました。そうした棲み分けは律令体制のときに生まれたのではないかと思います。今日の政治問題を解決するには、まず律令体制の構造に戻って考えねばならないのです。

ただし、時代は千四百年近く経過し、問題はより複雑化していますから、聖徳太子の時代の問題をそのまま当てはめても解決はしません。しかし、聖徳太子の理念は何であったのかをもう一度確かめながら、解決を模索してゆくべきです。

源平の合戦、南北朝の内乱、とんで明治維新、敗戦時の問題など、大きな歴史的事件に注視し、そこから教訓を得て二十一世紀につないでゆく努力が必要です。こうした一貫性のある考え方こそが具体的な方向性を示すものとなるのです。先祖からの長い因縁を解決する知恵と力が必要です。とにかく、部分修正でどうにかなるという状況ではないのです。

聖徳太子の時代は、世界といったら、朝鮮半島と中国、それから直接的な交流はほとんどなかったインドでした。いま世界といったら、地球全体になります。世界の大きさははるかに拡大し、破壊的な核兵器も化学兵器もあります。事態はより深刻になっています。

南北朝期には武士団が登場します。武士とはいったい何のために登場してきたのでしょうか。どういう必要があって成立したのでしょうか。武士は院政と荘園制を支える戦いのために必要な存在で、領地を守るために戦争をしたのです。領地を支配するいちばんの根本は年貢、すなわち税金を取ることです。ところが、荘園ができてきて律令体制が崩れたため、武士団が登場せざるをえなくなりました。いいかえると、争いの基《もと》は税金の徴収と使い方の問題だともいえます。

国家は国民の税金によって財政的に運営されるわけですが、税金をうまく使えるかどうか、国民の要求にきちんと応えられるかどうか。それを実践するのは政治です。それがうまくゆけば、平和で良い国家、良い社会が実現します。それがうまくできなかったために常に対立を生み出してきたのです。

3　阪神淡路大震災とオウム真理教事件

現代に目を移すと、一九九五年一月十七日の阪神大震災、続いて同年三月二十日のオウム真理教事件、そして一九九七年五月の酒鬼薔薇聖斗《さかきばらせいと》事件と、矢継ぎ早に重大な事件が起こりました。それだけではありません。「もんじゅ」の放射能漏れにみられる原子力設備の不完全さ、バブル崩壊後の金融不安と不良債権問題、官僚の汚職、総会屋への利益供与など、次から次と問題が噴出しています。もちろん教育界でも同じで、暴力事件や殺害事件が頻発しています。

このなかから、阪神大震災、オウム真理教事件、酒鬼薔薇聖斗事件の三つに焦点を絞って考えてみたいと思います。

一月十七日早朝、淡路島の野島断層で起こった阪神・淡路大震災に、私は非常な衝撃を受けました。それは直下型の地震で五五〇四人もの方が亡くなったということもありますが、淡路島という予想もつかないところに震源地があったことに驚き、これは大変なことだなという実感がしたのです。

私は神道や宗教学を研究する者で、日本神話に感銘を受け、非常に得るものがありました。冒頭の国産みのところをみると、日本の国の最初はおのごろ島に下り立った伊邪那岐《いざなぎ》と伊邪那美《いざなみ》の命《みこと》が「みとのまぐはひ」をし、正式の子供として生んだ淡路島から始まり、四国、九州、本州などの島々を生みます。古代には、日本は大八洲《おおやしま》の国といって、八つの大きい島が組み合わさってできているという国土認識を持っていました。その大八洲の最初の子供である淡路島からマグニチュード七・八の地震が起こり、神戸の三宮駅前のビルが倒壊したり、生田神社の拝殿が地面に落ちたりしました。

地震の直後、私も神戸に住む友人たちを見舞いに行き、息を呑みました。生田神社には教え子のお父さんが勤めておられるので案内していただきましたが、まさに空を飛んだかのように拝殿が十メートルぐらい先に落ちているのです。このような倒れ方をしたのは、現代の宗教に対する何らかの警告でありメッセージではないかと直感しました。

地震学者は、活断層があるのだから千年に一度ぐらいの周期でこの程度の地震が起こると言います。しかし、なぜあの日に起こったのか。「明石大橋をつくるときに淡路島の突端ですごいボーリングをした。ボーリングという現代科学技術が大地に巨大な震動を与え、地震を引き起こしたのだ」と言う市民もかなりいます。その真偽はわかりませんが、一笑に付すこともできません。ある種の説得力はあります。神戸でも六甲山の一部を埋め立ててポートアイランドをつくりましたが、結局、液状化しました。

こうした人間の営みには大きな問題があります。社会のあり方と地震の被害との間には関連がありま す。地震は何回も起きています。しかし、地が震えるのは地が改まることであり、当たり前のことなのです。「地震は地新」なのです。ですから、地震とともに生きる知恵を働かせなければなりません。

ところが、人間が傲慢になると、あるいは文明が傲慢になると、地震とともに生きるという考えはなくなり、地震を敵視し、それに対抗できるように非常にハードな、いかなる地震にも耐えられる堅固な物をつくろうとします。しかしそれですむでしょうか。地震に負けない最強の物であっても、いつか倒壊し、朽ち果てるのです。

そうではなくて、地震があっても助かるような都市計画、地震とともに生きられるレイアウトを考えるべきです。災害をただ悪とせず、起こることを前提にし、どうすれば私たちはその自然の一部として生きてゆけるのか。そういう意識と注意を持ちながら、壊れるものは壊れるべきものなのだという前提の下に、何か事が起こったら助け合うシステムを確立しておかねばならないのです。

伊邪那岐、伊邪那美の命によって生まれた最初の島である淡路島が震源になって、「神の戸」と書く「神戸」に大きな打撃を与えた。私たちの生活のあり方そのものを問いかけるようなことが起こったわけです。しかし、あの日を境に、多くのボランティアが全国から集まってきて、「ボランティア元年」と呼ばれるほどのさまざまな奉仕活動が自然発生的に生まれました。神戸の人たちだけでなく私たちも、生きているとはどういうことなのか、地震によって教えられたことが多々ありました。

ある神父さんは、震災直後の三カ月間ぐらいは「神の国」だったと言いました。食べ物はない。交通は遮断された。死んだ人もたくさんいて、みんな本当に困っていた。確かに痛みと悲しみに満ちていた。しかし、今までは隣の人と話をしたこともなかったのに、分け隔てなく自然に助け合い、支え合って生きてゆこうとする「神の国」が現出したというのです。

また、インド音楽をやっているある音楽家は、一瞬にして神戸は「アシュラム」になったと言いました。アシュラムとはインドにおける修行道場です。一人ひとりがいまの状況をどうやって超えてゆくかということが、日々の具体的な行動のなかで問われている。そういう姿を見て、神戸の町全体が一瞬にして「アシュラム」になったと感じたというのです。

ある学者は「震災ユートピア」という表現をしました。しかし、復興する過程でまた壁ができ、ゼネコンや行政誘導型の復興になると、必ず利益配分、つまり利害関係ができて排除の論理が表に出てきました。精神的な活動を含め、全体の要求を満たした神戸のまちづくりをして欲しいと願っても、ビルの建設といったハード面の復興に傾き、必然的に大企業主導の復興が中心になって、小さいものはどうしても押しやられ、孤絶してしまいました。

そういう人たちの悲しみ、痛み、恨み、やり切れなさからくる無念の思いが充満していると思うのです。最初の段階では、本当に生きているというだけで互いに支え合えました。あの「震災ユートピア」にはいったいどういう意味があるのか。それを具体的にどういうふうにまちづくりに活かせるのか。そういうことを実践しようとしている人たちもいます。そういう人たちのヴィジョンは非常に大切です。彼らは最初から大きいことをしようとしているわけではなく、自分たちの周囲で具体的に実行し、日々の活動を通して組み立て、今後のあるべき姿の雛形として実践しようとしているのです。

阪神・淡路大震災においては、都市生活、あるいは文明生活はどうあるべきなのかという問いかけと問題提起があったと思います。そのなかで宗教はあまり役に立ちませんでした。真っ先に駆けつけたのは、山口組の組員や茶髪でピアスを付けた連中でした。社会的に問題視されている人たちの方が、すぐに生命の原点に立ち向かえたのです。生きている者同士がどうやっていまを生きようとするのかという次元になると、学歴とか、どこの企業に所属しているとか、宗教団体の活動家であるとか、そういったものは関係がなく、むしろそれが逆に鎧になり妨げになって、すぐには助け合いのなかに入ってゆけないことも多い。この壁を取り払うには時間がかかります。

阪神・淡路大震災は、こうしたことを一つのメッセージとして伝えてくれました。宗教的儀式がなくとも、死者を悼む悲しみ、生きていることへの感謝、生命の尊さを実感したのです。まさに現実そのものですから言葉は要らないわけです。テレビの情報で見ている限り、神戸は阿鼻叫喚の地獄のように思いました。しかし、そのなかに「天国」があったと言う人がいるのです。つまり、生きている人たちが生きている喜びと同時に、亡くなった人たちの思いもきちんと受け止め、今ここにいることに感謝しているのです。彼らはこれからの社会が真摯に受け止めるべきものを見たのです。

大正十二年（一九二三）の関東大震災を体験された方々のなかにも、そういう思いを持った人がたくさんおられたと思います。でも、体験された方はほとんど亡くなっており、多くの人は歴史上の一事件としてしか捉えておりません。戦争もそのような方向にもってゆかれようとしています。それは根本的に間違っています。そういう大事件は年表の一行では収まりきれないのです。教育はやはり、いつも生命のリアリティというものに立ち返らなければいけません。戦争も関東大震災も明治維新も単なる情報として処理されたら、そうしたことから得られた知恵とリアルな認識をどんどん失ってしまいます。私たちは血となり肉とならない教育を受けさせられてきたのです。そういう教育システムには重大な問題があります。

学校教育に満足できない優秀な若者が、多くなっています。勉強ができ、高校や大学に行っても満足できず、精神生活の自由や目的、豊かさの意味など、精神の渇望に対してなんのヴィジョンも得られないため、たとえばオウム真理教などに入ったりするのでしょう。確かに甘えもあります。そういうものは安易に与えられるものではなく、一人ひとりが探究してゆくべきものなのです。

オウム真理教には何かがあったのでしょうが、間違ったあり方でした。間違っていたことを一人ひとりがきちんと審判すべきであったのに、社会あるいは私たち一人ひとりが十分に審判しないで、流してしまいました。私たちは現代社会における審神者《さにわ》として自ら問うべきだったのです。

オウム真理教が投げかけた問題は、阪神・淡路大震災が提示するメッセージとともに極めて深刻です。両者は同じ年に起こっています。もう一つ大きいのは情報の流れ方です。阪神大震災のときは多くの報道機関が行き、ボランティア活動などもかなり報道されたので、一時期、ボランティアに行くべきだという気運が高まりました。また、さまざまな救援体制も生まれました。しかし、三月二十日のオウム真理教事件をきっかけに、状況は一変しました。

三月二十日は、私の四十四歳の誕生日でしたから忘れもしません。朝の四時頃に突然、布団の中でガタガタ震えがきました。生まれて初めての経験です。体がガクンガクン揺れたのです。あれはいったい何だったのでしょうか。いまでもわかりません。突然、寒気がしたので風邪をひいたのかなと思いましたが、風邪ではありませんでした。それが二、三十分続きました。この日の朝八時頃、霞が関でサリン事件が発生したことをあとで確認しました。

私は宗教を研究している者として、オウム真理教事件のことを深刻に捉えました。また、審神者の立場から考えたときにも、これに真剣に立ち向かわなければならないと思いました。私はオウム真理教に対してずっと批判的な立場でしたが、どこが問題なのかをもっと明確に伝えるべき責任があったのです。

実は十三年前の一九八五年に、当時日本心霊科学協会員であった梅原伸太郎さんや、たま出版の社長の瓜谷侑広さんたちと「精神世界フォーラム」を結成しました。日本心霊科学協会もそうですが、宗教団体ではなくて霊性の向上や開発など、精神性の探究をしているさまざまな団体やグループの人たちとの間で交流を深めてゆく意図をもって結成しました。しかし、私は瓜谷さんと意見を異にして辞めてしまいました。私はまだ若く、ただただ純粋に、シュタイナーの言葉でいえば他者への友愛に基づいた霊性の向上を図る方向を追求していました。一部のところが中心になるのではなく、複数の団体が混じり合うことでおのずと出てくる友愛と尊重のなかでの「精神世界フォーラム」になって欲しかったのです。しかし、その運動を支えてゆくためにはお金が必要で、その資金調達も大きな課題になり、経済基盤をめぐる対立もありました。

当時、オカルト関係の雑誌には麻原彰晃の空中浮揚の写真などが掲載され、超能力であるとか、ヨガの修行とか、解脱であるとか、そういう触れ込みで宣伝されていました。「精神世界フォーラム」がうまくいっていたら、麻原彰晃のグループも入っていたかもしれないのです。ですから、オウム真理教事件が起こったとき、理想とする「精神世界フォーラム」を成就できなかった付けがこういう形で現われたというように受け止めたのです。「精神世界フォーラム」ができていたら問題は解決したとは思いませんが、少なくとも何か土台になるものができたと思うのです。

オウム真理教事件は、われわれが意図してできなかったことへの悔いを強く呼び覚ましました。はっきり言って、私にはオウム真理教に行った若者たちを引き戻す力はありません。オウムの幹部を説得して改心させる力もありません。また、逆洗脳をしたら問題が解決するとも思えないのです。そこに行くにはそれだけの精神の機縁と必然性があったのです。

したがって、オウム真理教の人たちは霊性的な開発と覚醒を通して真実を見る目を獲得しない限り、前には進めないでしょう。麻原彰晃の伝えることは間違いであったというはっきりとした審神者的自覚が生まれなければ、乗り越えられないでしょう。

オウム真理教事件を境に強い自責の念にかられ、無力感と自己断罪の気持が消えなくなりました。その思いは二年間ぐらい続きました。それが吹っ切れたのは、一九九七年の酒鬼薔薇聖斗事件でした。

4 酒鬼薔薇事件の衝撃

酒鬼薔薇聖斗事件が起きたときに、私のなかで何かが壊れました。自責の念のような甘い感傷や自己憐憫に浸っている場合ではないという激しい打撃を受けたわけです。私のなかには、自分はだめだとか、無力だとか、どうすることもできないとか、自己処罰をする自責地獄があったのです。私は人には楽天的で図太いやつと思われがちですが、わりと純粋で、物事を真剣に深刻に受け止める性格なのです。繊細すぎては自己崩壊してしまいますから、そうならないように意識して鈍くなるために訓練してきた面があります。それが、生真面目な、突き詰めてゆくような性格にまた戻り、心の中は闇に閉ざされたような状態でした。

酒鬼薔薇聖斗が捕まったのは六月二十九日でした。生暖かい風が吹きつける日でした。夜中にラジオのニュースで知りました。大祓の前の日だったのでよく覚えています。あの事件が私にどういう打撃を与えたかということをお話ししたいと思います。

酒鬼薔薇聖斗は、非常にクリティカルな少年であると思います。彼の書いた「懲役13年」や声明文などを見ると、「バモイドオキ神」とか、「アングリという儀式を自分は受けなければいけない」とか、神や魔や宗教的観念にとりつかれ、そのことにリアリティを感じていたことは間違いありません。心霊科学的な言い方をすると、何かが憑依し、その憑依したものを受けて、彼は行動したという解釈も可能でしょう。

このことについては審神者の資質とも結び付くと思いますが、私は酒鬼薔薇聖斗に何かが憑依したというふうに捉えるのではなく、酒鬼薔薇聖斗の精神のなかにははっきりと、神とか魔とかいうものを見出す資質あるいは感受性があったと思います。しかし彼はその資質を、自らのエゴイスティックな欲望や暴力に用いるのではなく、昇華させて霊性の向上に活用すべきだったと思います。ここに大きな問題があります。

オウム事件もそうです。一人ひとりの能力を開発し高めることは別におかしくありません。それが仮に超能力であってもいいと思います。しかし、超能力が最終目的にはなりません。むしろ、宇宙のなかにおける自らの位置を自覚するとか、自己実現と社会との調和をどう達成するとか、あるいは社会における価値、たとえば他者への友愛をどう発揮できるかとかが重要なのです。超能力がその手段の一つの要素であるならかまいません。しかし、超能力が別の欲望の手段になってしまったら、それは悪魔の手段となります。その意味で、オウムは根本的に間違っていたのです。

彼らはイニシエーションということを口にしました。イニシエーションは、入社式、入団式、成人式、通過儀礼などと訳されますが、未熟な状態から成熟した状態へ転換し、自己成長を遂げてゆくこと、抽象的に言えばそういうことになります。イニシエーションには試練、冒険、修行を必要とします。一人で立ち向かって乗り越えなければならないのです。修行は己れのためであって、代役はつとまりません。

いま稀薄なのはそうしたイニシエーションです。十四、五歳から大人になってゆくときいやでも通過しなければなりません。しかし今日、精神の飛躍というか成長ができないまま子ども大人になってしまう傾向が顕著になってきています。異性との関係も、人間同士の関係も、社会のなかでの位置も十分に認識できないまま、中途半端な状態で経過してしまう。これは非常に怖い状態です。これは家庭、社会、ならびに教育の問題であり、文化そのものの問題です。私たちはそのことを根本的に解決しようとしなかっただけでなく、問題にさえしなかったのです。

イニシエーションを取り上げた点ではオウムは間違いではなかったのですが、イニシエーションに必要な修行の仕方に大いに問題がありました。たとえば麻原彰晃の血を飲むとか、幻覚剤を混ぜた薬品によって意識を変容させるとか、それらは根本的に間違いです。

カルト的なグループでは実にさまざまな儀式が行なわれてきました。血を飲むとか糞便を食うとかいうことは黒魔術でも行なわれ、歴史上そういう儀式の先例があります。だからといっていいとは絶対に言えません。それは、エネルギーを邪悪な方向にねじ曲げ、その儀式をすることによって自分自身のなかにも社会のなかにも邪悪な力を生み出すからです。こういう魔的なものを生み出す修行の道をオウム真理教はたどったと思います。そこに審神《さにわ》ができる者がいなければ、オウム的な問題は解決できないと思います。

魔的なものとは何か、真の霊性の向上とは何かという問いかけを再び発しなければなりません。シュタイナーが六六六年あるいは一九九八年に魔的なものが働くと言った、その魔的なものとは何か。神性とか仏性とかはいったい何なのか。麻原彰晃のなかにも仏性があり、オウム真理教の信者のなかにも仏性はあるでしょう。では、その仏性はどうやって輝き、顕現してゆくのか。その修行と霊性の向上のあり方そのものが問われなければならないのです。そこには審神者の問題が深くかかわっています。

酒鬼薔薇聖斗は、「自分に魔物が働きかけている」と表現しました。彼には自分がそういう魔のなかに取り込まれるのではないか、囁きかけられているのではないかと感じ、そして自己を破壊する、あるいは他者を破壊するという暴力的な衝動に走る予感、危機感を強く持っていたと思います。しかし、それに歯止めをかけてくれる者がいませんでした。彼の悲劇は、良き師、良き友を得られなかったことに尽きます。こういう問題に対して、親はなかなか理解と解決を示すことができにくいのです。

現代の深刻な問題の一つは、精神面で導いてくれる師を欠いていることです。だから、麻原彰晃を師と仰ぐ人たちも出てきてしまうのです。もっともらしい言説をすると、簡単に信じてしまう。ありていにいえば騙されてしまう。言葉は重宝で、いかなる方便ともなりえます。言葉は魔術のようなものであり、すばらしいことを言っているからといって、その人格もすばらしいとは限りません。言葉とまったく相反するようなことをしている場合がしばしばあります。政治家の言動、官僚の不正事件での応対に如実に現われています。教育者のなかにもそういう人がいますし、もちろん親にもいます。嘘や不誠実が罷り通っているようなところでは、いくら言葉で正しいことを言ってもその裏付けとはなりません。

魔的なものを超えてゆくには、シュタイナーのいう天使によって与えられた三つのメッセージが必要であり、それが日常の場面でどれだけ実践できているかが問われているのです。

5　審神者の問題

そこで審神者《さにわ》という問題に入ります。

私は十数年前に魔と対峙したことがあります。一九八七年の二月三日、節分のときです。私が出会った魔とは、実在の人間との関係のなかで発生したもので、プライヴァシーにかかわるので、抽象的な表現で語りたいと思います。

私にとって、魔とは暴力であり、暴力を含む手段で人間を支配し、奴隷にするような力のことです。つまり、精神的にも肉体的にも人の自由を奪い、暴力をもって屈伏させ服従させようとする力です。物質的な次元での支配ならまだしも、精神の奴隷、霊的な奴隷にしようとする力そのものです。これこそ魔的な力の根本的な姿です。具体的にどういうことかというと、神性あるいは仏性の輝きを抹殺しようとする力が働き、それによって相手をズタズタに傷つけ、立ち上がれないぐらいに蹂躙する。もっとも精神的な、霊性のいちばん純粋なところを壊し、そのうえで支配し、自分に仕えさせようとするのです。

その力は利権なり利己的な野心と通じているので、そこから抜け出そうとすると、より強く支配しようとする力が働きます。そこから自由になるためには、その力に勝る力を持っていなければ、対決しても勝つことができません。

宗教にしても、神秘主義にしても、また心霊主義にしても、非常に困難な問題を抱えていると思います。霊的な目に見えないものが、暴力的な支配の体系をつくり上げてゆく可能性があるということです。したがって、支配関係になったら自由にはなれず、抜けられなくなります。本来なら他者への友愛や、一人ひとりの霊性の開発・向上に力を貸すべきなのに、従属関係、支配関係、精神の奴隷化の方向に向けられてゆきます。その抑圧力たるや、教育による抑圧の比どころではありません。

私の場合、直接の方法は夢でした。霊的に支配しようとする力がきて、夢や精神を通して私を支配しようとし、そのため眠ることすらできなくなりました。私は四十日間、まったく眠れなかった時期があります。日常生活では、物質的な自由はなくても精神の自由があれば創造したり表現したりする喜びがあります。精神の自由がなくなるというのはいちばん怖いことです。

こうしたことはイエスも仏陀も等しく体験していることです。イエスの場合は、悪魔から三つの誘惑を受けました。荒野で四十日間の断食をしているときに、悪魔が「あなたが真に神の子ならば、このパンを石に変えてみなさい。神にはそれだけの奇跡を起こす力があるはずだ」と言ってイエスをそそのかします。するとイエスは「人はパンのみに生くるに非ず。神の言葉によりて生くる者なり」と言って悪魔の誘惑を退けます。

第二に、悪魔はイエスを教会の塔のてっぺんに連れて行き、「あなたが真に神の子ならば、ここから飛び下りてみよ。聖書の文言にもあるように天使たちがやって来て神の子を支えてくれるだろう」と言って、聖書の文言を持ち出して誘惑します。しかしイエスは「主なる神を試みてはならない」と言い、やはり聖書にある文言を通して退けました。

第三に、悪魔はイエスを高い山の上に連れて行き、この世の栄誉栄華、つまり物質的欲望を全部満足させるようなものを見せて、「おれにひれ伏すなら、いま見た栄耀栄華のすべてをおまえに与えてやろう」と言います。霊的奴隷にする誘惑です。それに対してイエスは、「聖書にはあなたの主なる神のみを拝せよと書いてある。悪魔よ、去れ」と言って退けました。

これらは非常に含蓄のあることを語っていると思います。仏陀もマーラと呼ばれる悪魔の誘惑と妨害を受けたあと、悟りを開いたといわれます。精神的なイニシエーションを確立してゆく段階では、必ずそれを妨げようとする力に出会います。まず間違いありません。ここをまっとうに超えてゆくことができなければ、真に霊性を開発することはできないし、成長を遂げることもできないと断言できます。ここで間違うと、悪魔の奴隷と化し、悪魔に魂を売り渡すことにもなりかねません。

悪魔にひれ伏すことによって、たとえば超能力を得たとします。あるいは大臣、大企業の社長の位を得たとして、その人は精神的に幸福でしょうか。満足でしょうか。一時は地位を得て好きなことができたとしても、どこかで道を間違ったかもしれないという不安や空虚さが肥大化してゆき、知らず知らず精神を荒廃させます。荒廃すれば、精神の自発的創造性に基づいた開発、探究、向上もできません。これこそ精神地獄そのものです。

精神地獄に陥ると、悪意が深化し、美しいものを壊そうとする邪悪な働きが生まれ、悪意や憎悪に基づく精神的な支配や物質的な支配を人に及ぼし、美しい、純粋なものを壊そうとすることによって自らのなかの憎悪を忘れようとし、その過程を繰り返します。つまり、悪魔の王国を建設してゆくのです。

オウム真理教に入った一部の人たちも、きっとそのことに気づいたと思います。「私たちは霊性の向上を求めて修行をしていた」と思いながら、一方で霊的な奴隷になっているのではないだろうかという疑問を持ち、強いてそれを打ち消そうとし、ずるずると深みにはまったのでしょう。

いま獄中にいるオウム真理教の信者には、転向した人も、いまだに誤った道を行ったとは認識していない人もいます。また、社会復帰できず、再びオウム真理教に戻ってしまう人もいます。これは大問題です。麻原彰晃が収監されていても問題は解決しません。たとえ彼が死んでも解決はしません。なぜなら死んでも霊的支配力を持っているからです。そのように考えられているからです。魔的な力のいちばん恐ろしいところは、人を霊的に支配しようとしたら肉体がなくなってもできるという点にあります。麻原彰晃を物質的な次元で処罰しても、この問題は霊的にも精神的にも解決しません。一人ひとりが霊的自由を夢の中や精神生活を通して支配しますから、仮にその人が死刑になっても終わらないのです。麻原彰晃取り戻すことなしに、すなわち真の霊性の向上なしに問題の解決はありません。

宗教教団あるいは精神世界の道を志す者にとって、霊性の向上は根本問題だと思うのですが、あまり深刻に捉えられていないきらいがあります。それを正面から取り上げなければならないと思って私は『宗教と霊性』(角川書店)を書いたのですが、意余って力足らずで、具体性と説得力に欠けたかもしれません。

オウム事件が、また酒鬼薔薇聖斗事件が問いかけるものも根本の問題は同じだと思います。十四、十五歳の少年が精神的な向上や自由を求めているときに、両親や教育の現場はなにも提供できませんでした。いまの学校教育のシステムが続いている限り、こうした問題は今後もなくならず、オウムまで行かなくても、それに近いかたちで精神の奴隷化や精神地獄に陥る若者が増えると思います。自分は精神天国を見出したと一生懸命になりながら、実はそれは錯覚であったということも起こりうるのです。

6　審神者と霊性

そこで改めて審神者が極めて重要な課題になってきます。「精神世界フォーラム」を立ち上げようとしたのも審神者の問題を提起したかったからで、梅原伸太郎さんと二人で霊学自由大学をつくり、審神者とはいったい何なのかを問いかけ、研鑽し、真の審神者学を確立しようと考えました。結果として私はそこから離脱しましたが、やろうとした意図と方向性は必要かつ正しかったと思っています。しかし、そのときに直面したさまざまな問題を解決するには力不足でした。

シャーマニズムや神道においては、古来、神主と審神者という二つの立場があります。神主は神のメッセージを直接受け、それを表現する能力を持っています。だから予言をしたり、問題点を直観的に見抜いて言い当てたりします。また、霊的な力をもって治療することもあり、当然、超能力的な力も発揮します。神主とは、別の表現をすると神がかりといえますが、審神者はそれが真に神がかり的状態なのか、正しい神が憑いているのかどうかを審査・判定し、神主の発したメッセージをきちんと伝え、社会化してゆく役割を担っています。いわば神様の意を現実に社会のなかで実行してゆく役目を持っているのです。

したがって、神主と審神者とは相互補完的な関係にあり、右脳と左脳のように、一人のなかにもその二つの要素があります。つまり、神がかり的に直観的に何かをキャッチし、それがいったい何であるのか、客観的な判断によって審査をしてゆく。このように一人の人格のなかにも神主的要素と審神者的要素を持つ人がいるかと思うと、神主的要素の強い人、審神者的要素の強い人もいます。

私を例にとると、面白いことに人生の時期によってどちらかが強く出てきました。十代から二十代前後は神主的要素が非常に強く、大学院に入る前後ぐらいからつい最近までは審神者的要素がかなり強く出ていました。ところが、酒鬼薔薇聖斗事件を境に、二十歳前後に強かった神主的状態に戻ってきました。周期的変化でいえば、この二つの要素は日常生活のなかでも繰り返されています。

私は酒鬼薔薇聖斗事件までは非常に審神者にこだわっていました。極論をいえば、人間ごときに審神者ができるのかという疑問をいつも持っていました。「学問、経験、理性によっておのずと審神者はできる」、「では、審神者をもっとリアルに見せてください」、というような議論が続き、結果として私は説得力のある審神者論を聞くことはできませんでした。私は神主的要素が強いから、審神者が十分にリアリティを持っていることがわからないということになってしまったのです。

梅原さんは経験的に審神者が可能であるという考えを持っていました。日本の霊学の審神者の伝統、あるいは心霊研究を踏まえて、審神者が可能であることを確信していたわけです。審神者のことについては私も承知していたし、可能かもしれないとは思いましたが、具体的にどのように審神者ができるのかわからなかったので、「人間ごときには不可能ではないか」と純粋に問いかけたのです。

現在の私は、充分な審神者はできないが、ある程度まではできると思っています。梅原さんは審神者の条件として学問、理性、経験をあげましたが、いまは霊性が高くなればおのずと直観と理性に基づいた審神者は可能になると思います。しかし、いくら学問、理性、経験があっても、霊性を高めることなしに審神者は確立しません。いまははっきりとそう確信できます。もちろん霊能者の能力も重要です。

神主は霊性の高低に関係なくできます。しかし、霊性の高さを必要とする状況は常にあり、また審神者と協力して実践してゆく場合には審神者的能力が求められます。神主の霊性が低いと、その発現はとうぜん低く、トラブルが繰り返し起こります。他方、非常に高い霊性で発現してくる場合には、おのずと力となって共有され、その神主的な振舞いのなかに審神者的なものが入っており、客観性と説得力があります。

たとえば、ダライ・ラマは非常に霊性の高い人物であると私は思います。ダライ・ラマの霊能や神秘的な能力の有無についてはどちらでもいいことで、そのことよりも、真の平和とか、一人ひとりの霊性を向上させて欲しいとか、そういうことに対するダライ・ラマの願いの深さは本物だと思います。シュタイナー流にいえば、友愛、宇宙における人間の意味と位置、あるいは自分の役割というものを非常に明確に理解し、それを純粋に実践しようとしている。そして、自らの立脚する宗教への思いと同時に、他宗教にも同等の思いを馳せ、愛と寛容をもって接しています。この点においてダライ・ラマは非常に霊性の高い人物であり、現代の宗教的指導者のなかで尊敬に値する人物だと思います。

今日申しあげたことは、心霊研究、霊学、精神世界を探究しようとする者に共通する問題であり、また根本的な課題として問いかけられているものです。こういう問題を具体的、一般的な知識として語ることはたいへん困難です。私も自らの体験と実感と言葉を通してしか語れないので、そこにはおのずと偏りがあると思います。そういう偏りはその人の精神的自由と創造性、また因縁に固着して出てくるものですが、とはいえ、私の話から共通の問題を拾いだすことはできるはずです。私はこれまで、霊性向上について真剣に取り組んできたつもりであり、今後ともこの共通の問題を解決するために、また、より良い方向へ進展させるために、ともに手を携えて試行錯誤しながら実践してゆきたいと思います。私たちは一人ひとりみなその役割を負っているのです。

7　質疑応答

――霊性を高めるというのは、具体的にはどういうことでしょうか。

鎌田　仏教では「六波羅蜜」という言葉があります。布施、持戒、忍辱、精進、禅定、智慧という六つの修行を通して、自分のとらわれ、欲望、欲求をなくしてゆき、真に人のために尽くしてゆくことです。これなどは具体的な霊性の向上の一つだと思います。霊性の高い人物のモデルの一つは、仏教でいえば菩薩でしょう。お地蔵様にせよ、観音様にせよ、菩薩は自分が達成しようとする目標を横に置いても、人の苦しみを取り除こうとして奉仕し続けます。

霊性の向上のためには、慈悲の精神が日常生活で具体的に発現できることが重要ですが、もう一つ智慧がないとだめです。ひたすらやさしく、思いやりがあるというのも霊性が高いといえますが、そこに智慧が宿ることによって、その慈悲はより大きな深い力を持ちます。観音様は、千手千眼の図像で表わされているように慈悲の権化であると同時に、智慧も持っています。『般若心経』には、観音様が悟りを得た「一切皆空」「色即是空」ということが書かれていますが、そこにはあらゆるとらわれを超えてゆくことが、霊性の向上、人間の本体の発現であるという教えが込められております。

――そういう努力をすることが必要だということですね。

鎌田　もちろん、努力なしに本物にはなりません。逆説的にいうと、魔と出会うことも修行です。魔と出会うことは、霊性の向上を図る最大の機会となります。努力をつづけていると必ず困難にぶつかります。問題を解決しようとすると必ず大きな試練にぶつかりますが、その試練を乗り越えたとき、その方は経験、人格をより豊かに、より大きくしたわけですから、間違いなく霊性が高まったといえます。

――審神者は神主的な力を持っていないと本当の審神はできないと思いますが。

鎌田　そうだと思います。本質は神主です。神主的なものとしての霊性を高め、他方で冷静に分析できる力を持っていないと、審神者は務まりません。ここに審神者の難しさがあります。ですから本質的にはやはり、神主を徹底的にやることだと思います。

私は最近、日本心霊協会で行なわれているような、精神統一や瞑想の重要性を非常に実感しています。

私は神道の立場にありますが、神仏習合のような、八百万《やおよろず》の神の良いところを活かせるのが私の神道です。

祈りというものは霊性を高めるために最も大切なことであると思って実践し、その祈りに基づく利他的行動をしようと努力してきました。しかし、精神統一はしませんでした。瞑想はしなくても、祈りと利他的な奉仕で十分だと考え、瞑想の意味と価値にそれほど重きを置かなかったのです。瞑想のある段階は神主的な部分を含み、禅でいう魔境に入る恐れがあるので、あまりこだわらずにきました。

しかし一九九七年の十二月に、フランスに行ってから今までのあり方がまったく変わりました。祈りも奉仕も必要ですが、瞑想なくして霊性の自由の確立と向上はないと思ったのです。それで一九九八年になってから、日常生活で瞑想に中心を置くようにしました。瞑想ができるようになったのは、一九九八年の正月、お酒をやめてからです。

今まではお酒でごまかしていたのです。祈りの時間はあっても、瞑想や精神統一の時間はありませんでした。しかし、お酒を飲まなくなると明晰な時間が長くなり、瞑想の時間、精神統一の時間が自然にできました。今、私には瞑想が生活の重要な一部になり、瞑想と神主的な直観とが連動していることをはっきり感じます。だから、神主的な要素を純化、徹底してゆくことこそが霊性の問題と直結し、おのずと審神者の問題にもつながり、両者を相乗作用的に高め深めてゆくことになると確信できます。

オウムの克服
——「審神学」確立のために

（聞き手・『福神』編集部）

1　オウム真理教事件の背景

オウム真理教事件をいかに克服するかという問いは、今、私がやってる活動そのものと密接にかかわっています。というのは、私はあの事件以来、それをどう受け止め、どのようにそれを解きほぐしてゆくことができるのか、という問題意識でやってきました。現在開催している「東京自由大学」や「虹の祭り」の活動など含めて、全部つながってきます。

まず、オウム真理教事件をどう捉えるかということがありますが、日本の宗教史の流れから見てゆくと、オウム真理教事件は決して特異ではないと思います。例えば、「邪教・邪宗」として徹底的に弾圧された戦前の大本事件にしても天理教事件にしても、また中世の一向一揆や密教の立川流なども含めてみると、時の政治権力や政治体制に対してある種の終末論的なヴィジョンに基づいた、世直し的な反対運動を展開しているという点では、オウム真理教だけがそんなに特異とはいえない。ただ、無差別殺人を指令したと思われる麻原彰晃に対しては、非常に問題のある人物だと、最初から思っていました。

そこでまず、この事件の原点として一九七〇年代、八〇年代論の総括をきちんとしなければいけないと思います。

一九七〇~八〇年代というのは、日本の民衆宗教が根本から変貌してゆく時期だったと思います。それまでの創価学会などの新宗教は、「貧・病・争」の解決が大きな課題でした。近世の民衆宗教の根本的課題は、一言でいえば「貧・病・争」をなくす点にあった。でも、その次に来たのは「貧・病・争」じゃなくて、「生きがい」とか「生きる意味」とか「自分の存在根拠」とかを求める「自分探し」です。社会変革から自己探求へと問題点が推移して、「エヴァンゲリオン」的な状況となってきたわけです。『エヴァンゲリオン』というアニメーションは、オウム真理教事件が起こった一九九五年の秋からオンエアされて若者の熱狂的な支持を得ました。七〇年代ぐらいからそういうエヴァンゲリオン的な問いかけ、つまり、自分自身の存在の根拠とか存在の意味は何なのかという生きがいの探求が問題として出てきました。その当時、アメリカのニュー・エイジ、カウンター・カルチャーや世界的な学生運動などの影響を受けながら、カルチュラル・アイデンティティやセルフ・アイデンティティなどの「アイデンティティの根幹に何があるのか」という問いかけがありました。そういう問題に正面から対峙してこなったツケが、オウム真理教事件や酒鬼薔薇聖斗事件という形で還ってきているといえます。

その当時に三島由紀夫が指摘した、日本文化とか、日本の歴史を日本人自身がどう捉えるかという問題もアイデンティティの問い直しです。しかし、それについては左翼はもとより右寄りの論客も、日本について非常に偏ったイメージしか持ちえなかった。

その後に起こったのが、連合赤軍の浅間山荘事件です。浅間山荘事件を三島由紀夫はある程度予告したのですが、彼は今の日本を変えてゆくには、行動的ラディカリズムやある種の暴力性が必要だと思っていた。だから全共闘や学生運動に期待するものが大きかったわけです。右か左か、というよりも、体制や文化の根本から変えてゆくような力を必要としているという点において、イデオロギーは違っても多大に期待する部分を持っていた。それが東大の安田講堂事件でしぼんでしまって深く失望します。自衛隊においても、結局考え方の基本にあるものは、魂や日本文化を守る気概ではなくて、肉体というただ物質的な生命観にのみ立脚した即物的世界のなかにいると思えて、だんだん失望してゆく。

そうしたなかで三島由紀夫がテーゼとして出したのは、輪廻転生でした。彼はいわゆる肉体的な命を超えてゆく魂に自ら殉じるという、危険だけれども根源からの賭けを、新左翼運動にも期待した。やむにやまれぬ賭けを——ある時点では暴力的になるけれども、根本的に人間存在とか世界を変えてゆく力、神の見えざる手がどこかに働いているような賭けをして、自己をそれにゆだねて決起した。三島由紀夫は一九七〇年十一月二十五日に市ヶ谷の駐屯地で自決するのですが、そこには、人間は本当に魂の存在なのか、輪廻転生ということも含めて人間は生まれ変わり生き変わって志を成し遂げてゆくのか、というような根本的な生命観への問いかけもあった。彼はそこに投企した。「七生報国」と記したはちまきを巻き、「天皇陛下万歳!」と叫んで逝ったその死は、非常に三島的な美学と思想と行動様式に沿っているので、賛成はできませんけれども「そこまでいってしまったんだなあ」という重い思いは強く持ちました。肯定するとか、受け入れるとかはできませんけれど、三島がああいうかたちで問いかけたものは本当に大きかったと思います。

ところで、浅間山荘事件は、政治運動の矛盾をより強く露呈してしまった。解放運動が、解放と逆の結末のリンチや殺人を生んでゆくという矛盾が、オウム事件に、もっと端的に構造的に、そしてもっと大きく象徴的に顕われた。浅間山荘事件は、人間と社会をどうやって解放してゆくことができるかという追求が、結局人間の殺戮に終わったという事件です。つまりオウムも基本的に同じ構造を抱え込んでいる。あの「最終解脱」というのは、別の言い方をすると、最終的に人間を完成させるとか、人間を超えてゆくとか、人間の苦悩を全面的に解決するということです。つまり、解放の理論と実践という観点からみると、政治的課題も宗教的課題も、共通の課題を背負っている。政治はより物質的な次元でそれを解決しようとし、宗教は魂を含めた精神的なレベルにフォーカスしてゆこうとするというところがあった。そういう意味での解放の理論と実践が、何で差別や暴力や虐殺といったものに転化してゆくのか、ここをきちんと解きほぐさないといけない。

2　シャーマニズムと審神

また、オウム真理教事件の背景を考えてゆくと、遡って八十年ぐらい前の一九二一年に起こった第一次大本事件とも共通していると思います。大本教が弾圧されたとき、当時の大本教で行なわれていた行法に「鎮魂帰神」というシャーマニズム的な身体技法を用いた霊性の探求があります。それは、当時の民衆道徳や制度的なしがらみで抑圧されたその人のアイデンティティが、根本的に一体何なのかということを、シャーマニズム的なプロセスを通して、自己回復、自己実現してゆくアプローチであったといえます。あるいは大本教的な言い方をすると、その人の御魂《みたま》性は何なのかを自覚してゆくプロセス。そのための方法として「鎮魂帰神」があった。

ところが「鎮魂帰神」では非常にシャーマニスティックな言動がおこってきますから、それを審神《さにわ》することが大切になってきます。私は根本的な課題としてあるのは「審神」の問題だと、ずっと一貫して思ってきました。浅間山荘事件も、オウム事件も根本はどうやって審神できるのか、自分たちの解放や、自分たちが正当だと思っていることがいったい何なのかということを、批判したり洞察していったり、再度捉え直してゆくようなスタンスなり構造をどうつくるかということです。シャーマニズム的現象においては、神懸かりが起きて、神とか霊に一体化することがありますから。例えば「俺は大日如来だ」とか「俺はシヴァ神だ」、「レーニンだ」とか、乗り移ったようになる。自分以外の客体と一体化して、自分が特権的で、何でも許され、すべてを超越しているような感覚のなかに入ってしまうと、他者の姿が見えてこない。他者が、道具か駒のように見えてくる。そういう一種のゲーム的な世界にもなる。大本事件のときからその危険性はあった。

大本事件のときには政府が弾圧して、二度にわたる徹底的な弾圧の末、大正十年（一九二一）以降、大本教は「お筆先」や「鎮魂帰神」をあまり表に出さなくなってゆく。つまりシャーマニスティックな活動ができなくなって、出口王仁三郎は『霊界物語』という小説のような宗教文書のような、物語をつくってゆく。それは非常に微妙なスタンスであったと思います。ほんとうのシャーマニックなものでもなく、物語だから神話と小説の間。しかし、神話と小説の間をゆく、『霊界物語』が出来たことによって、ある意味で審神がしにくくなった。この書が、神の言葉なのか小説家の言葉なのかわからないまま、教典化されていったわけです。

オウム事件の背景を探ってゆくと、第一次大本事件のときに問題提起されてきたシャーマニズム（神懸かり）と審神を解決せずに先送りした結果が、オウム事件の背景にある。そういう見方を私はしています。ですから、戦前文化―戦後文化を貫いている問題点が、解決されないままにオウム事件まで行き着いたという見方を持っています。

麻原彰晃が登場してきたときに、最初の段階では彼は阿含宗的、かつ精神世界的な、修行者、インド的な言い方をするとサドゥー風の人だった。非常に興味深いキャラクターではあったかもしれませんが、そういう人たちはたくさんいた。七〇年代から八〇年代にかけて。一人一人が精神世界に興味を持って修行し、探究しようという流れで、あるものはインドのバグワンのアシュラムに入ったり、クリシュナ・ムルティやシュタイナーに傾倒したり、いろんな人たちがいた。そういうなかで麻原彰晃も一人の精神世界フリークだった。八〇年代初頭のことです。

その後、一九八〇年代の半ばに、雑誌媒体に出てきたときに、こういう方向の精神世界の探究や、ヨガの探究は「やばいなあ」と私は思った。つまり超能力志向は問題だと思ったのです。何故やばいかというと、それは修行者のエゴイズムといちばんたやすく結び付くからです。行者が修行すればするほどエゴが肥大するというエゴロジーがある（笑）。自分が修行して、力を積んだと思うと、それこそ修行バカのようになって、ユングのいう自我のインフレーションを起こす。そして、自分が何かすごく大した存在、特権的な存在であって、特別の能力を持って、特別な使命を付与されていて、この世の中で特権的に何ごとかを成しうると思ってしまう。シャーマニズムというのは、そういう危険性も含んでいるもので、だからこそ審神がとても大事だとずっと思ってきた。自我の肥大化やエゴイスティックな野望と結びついた場合に、この超能力志向は、この世の権力機構よりも一層強固な絶対権力体系をつくりうると、その頃から予感した。

一九八五年に私たちは「精神世界フォーラム」をつくり、また「霊学自由大学」をつくって、審神学の確立を掲げた。でも、しばらくして私は辞めてしまいました。簡単にいうと、そういう活動を商売に結びつけてゆく、精神世界を金儲けの道具にしているのではないかと批判して大喧嘩して、結局活動停止状態になった。そのときに私のなかでは、共通のコードをつくれなかったという悔いが残った。つまり審神学を確立できなかったという悔いです。初めはさまざまな精神世界へのアプローチのなかに共通の根源的な何かがあると考えていた。共通コードがあって、それを見出すことができると、それが一つの審神になると思ったんです。それを明らかにできないままに「それぞれ勝手にやれよ」みたいになった。それが八〇年代の後半で、もう何でもありの状態になってきた。一方で悔いを持ちながらも自分でやれることをやるしかないので、私は八六年に神主の資格を取って、自分なりにやれることをやり始めた。その段階で「魔」と呼ぶしかないものを体験して、より一層シャーマニズム・ルネッサンスを主張している人たちに対して、シャーマニズムの危険性を強く言うようになったんです。まあ、水をさしたわけです。

シャーマニズムの危険性というのは、神懸かりした人が「シヴァ神と一体化した」とか「大日如来と一体化した」とかと言って、個人の幻想なのか、神仏や霊的存在が何かを告げているのかを明らかにせぬままに、うやむやになって一つの力のなかに巻き込まれてしまうという危険性です。そこに巻き込まれてしまうと、問いかけること、疑問を持つこと自体が「信仰がない」とか「修行が足りない」とか「レベルやステージが低い」ということになって、結局審神が全く確立しないままに、判断できないままに、超越的な言葉にただ従うことになります。これはとても危険な状態で問題だと思ったわけです。何でもありになったら、それこそサタニズムももちろんありなわけです。つまり悪魔の指令で、この世を全部壊すなんてことも実際いっぱいあるし、起こりうるわけです。日本でもブラック・マジックやブラック・シャーマニズムはあるし、オウム真理教事件も酒鬼薔薇聖斗事件もその側面を持っていた。それをどう考えてゆくのか、シャーマニズムには黒魔術的なものがあるということを、どう見てゆくのかを、行者や、そこにかかわる人たちが判断し、審神し、自らの行動のなかでそれを確かめ練ってゆくことが不可欠だと思ったんです。しかし、何でもあり状態のなかで、オウム真理教は、最初は修道的なヨーガ団体でしたが、ある段階から非常にラディカルな、一面政治的な宗教活動を展開し、ある時点から完全にカルト的かつ密教的な独自の体系を形成してゆくようになった。

ただオウムが世の中に問いかけているものにも、三島由紀夫が問いかけたような、あるいは大本事件が問いかけたような本質的なものがいっぱいあった。その本質的なものとは、麻原彰晃がイニシエーションを正面に掲げて、出家修行のあり方を問うたことです。出家とイニシエーションはすごく根本的な問題で、今後も大きい問題になると思います。ある種の修行をしようとしている者が、世俗の場所から切り離されることなしに何ものかの探究が行なえるかといったときに、出家という形態を取らなければできないのではないか。そういう意味では真面目な部分を、オウム真理教は持っていた。

3　魔とイニシエーション

――そうしたオウム真理教への評価は、宗教学者の間にもサリン事件が起こる前にはあったと思いますが、事件後もそうお考えですか。

オウムに関して私はまず超能力の部分で否定的に見てますし、それが出家と結びついたら「お釈迦様は超能力を否定した人でしょう」と言いたくなるわけです。超能力を超えた人から始まった仏教だったのに、何で超能力に戻ってゆくのかという疑問です。そこは批判的でした。でも、修行するという点のみでみてゆくと、出家というプロセスは否定すべきものではない。そういう段階を通過することによって、何かが獲得されてゆくプロセスもありうると思う。

ただそこでイニシエーションが、一つ一つの段階に設けられてくるようになる。これは教団教義とか教団制度とも関わってきて、私は根本的に間違っているとしか思えなかった。あの血を飲むイニシエーションとか、キリストのイニシエーションとか。それを審神できなかった宗教学者たちは、イニシエーションということ自体を真剣に問わなかったのではないでしょうか。つまり審神という点から見ると、それらのイニシエーションは、ほんとうに修行者の霊的ステージを高めているのかと考えたときに「高めていないのじゃないか」と感じられたわけです。直感的、経験的に判断して「これはおかしい」と。根本に間違いがあるという疑念が消えませんでした。

一九九〇年に出版した『老いと死のフォークロア』という本のなかで書いたのですが、大嘗祭と麻原彰晃の出家イニシエーションは、いまのイニシエーションのない現代社会のなかで欠落したイニシエーションを象徴するかのように出てきているけれども、それは私たちのイニシエーションにはならないのではないかと書きました。私はそんな問いかけをするなかで、第三の道があるのではないかと思ったわけです。つまり麻原的なマジカルな秘儀イニシエーションでもなく、家に代々伝わる共同体的イニシエーションでもない、一人一人の自己探求的・自己教育的なイニシエーションがあるのではないかということを書いた。そういう第三の道を私は行こうとしていたんです。

当時はむしろ「魔」の問題、シャーマニズムと魔の問題が根本的な問題で、それを自分の仕事のなかできちんと明らかにしてゆきたいと考えていました。だから『魔境論』という本を書こうと真剣に思っていました。オウム事件が起こる前にです。禅では「魔境」という段階があると言います。魔境や神秘体験を一切こだわらなくなるところまで突き抜けていかなきゃいけない。審神学の成立において、禅はとてもヒントになる。仏教を離れていうと、クリシュナ・ムルティの実践も、非常に示唆的な助言になる。そういうクリティシズムを一方できちんと持っていないと妄想のなかに入り込んでいったときに、自爆してしまう。自爆だけだったらまだいいけれども、他者をも破壊してしまう方向にいってしまう。他者への暴力とか、支配とか、殺害とか。

——この事件でグルイズムも問題となりましたが、しかし、イニシエーションは、グルがいないと成立しないのではないですか。

そういう場合もあるでしょうし、おのずとイニシエーションになる場合もあるでしょう。クリスチャンの方には大変申し訳ないけれど、例えば、私はイエスはブッダや菩薩みたいな存在だと思っています。それはグノーシス的な捉え方になります。イエスにグルのような存在がいたかというと、洗礼者ヨハネがそうだという解釈をする人もいるでしょう。あるいはクムラン教団というものがその役を果たしたと。でもイエスはやっぱり自ら対話したと思うんですよ。神や天使や霊的存在と。そのなかでおのずと霊性が開けてゆき、自覚が深まっていった。お釈迦さまも基本的に同じだと思うんです。つまり密教のような師資相承がなければ、イニシエーションがないとは全然思わない。イニシエーションはイニシエーション自体の力で起こりうる。真のイニシエーションは、グルがいようがいまいが起こりうるのです。それは真理がそうさせるんだから、おのずとそうなるのです。麻原彰晃は「最終解脱者」と名乗っているけれど、真のイニシエーションをしたのかと言ったときに、私には中途半端だと思えた。どうして彼が「最終解脱者」に達したといえるのか。審神という観点からずっと観てきていましたから、それは嘘だと思ったわけです。

4　審神としての仏教

――オウム事件後の著作として出された『宗教と霊性』では、「魔」の問題を論じていますね。

その本の冒頭で取り上げたのですが、鈴木大拙が『霊性的日本の建設』の冒頭で「戦争礼賛」という文章を書いています。もちろん鈴木大拙は平和を願っている人ですから、戦争を礼賛している人ではない。何で日本人が「戦争礼賛」になっていったか、そこには大魔王の働きがあったということを、魔王に成り代わって、魔王が人間をどう支配していったかということを書いている。

私はこの人は修行の危険性をよく解ってる人だとほんとに思いました。ただ、鈴木大拙は仏教の観点からのみ考えていますし、それも禅とか浄土教を択ぶという彼の教相判釈があるので、私は鈴木大拙のような偏った見方はできないのですが、彼はほんとに重要なことを指摘している。

『宗教と霊性』は、このオウム事件に対して自分が何を受け止めてきたかを、宗教とか宗教学に関わってきた人間として明らかにするという意気込みで出したのですが、肩透かしをくらったように反応がなかった。私がこの時代に問いかけた問題、つまり鈴木大拙が霊性とか、大魔王とかということで言おうとしていた「魔」の問題を、まず理解してほしいと思ったのですが、ほとんどそういう問題として受けとられなかったんです。

それで、オウム真理教事件に対してまともな取り上げ方が、未だにされていないと私は思っています。オウムが問いかけている問題について、いろんな評論はありましたし、記事はたくさん、あり過ぎるくらい出ましたけど、ほんとうに正面から取り組んだものはわずかしかない。宗教的なレベルからも、社会的なレベルからも、とても少なかった。私は宗教に深く関わってきたので、自分として何が返せるかといったときに、『宗教と霊性』という本をまとめて返そうとしたわけです。そして一九九六年の一月から翌年の一月までの一年間、天河曼陀羅実行委員会主催で「宗教を考える学校」をやりました。それはオウム事件をどう捉えるかを、一年間かけてやろうと考えたからです。その課題が、私のなかでは現在行なっている「東京自由大学」につながってきます。

――東京自由大学においても審神という課題は続いているのですね?

そのとおりです。審神は、根本的に、自己審神しかないと思っています。ただそれは自己審神だけでは弱く、他者とのかかわりにおいて、相互審神が生まれてくるなかで自己審神も試されてゆくんだと考えています。教育も基本的には自己教育だと思っています。大学院に行っても、その先も探究は続いているわけで、学問自体は終わるわけはないのです。修行も、同じ。飽くなき探究。ですから教育も、そういうような「道」だと思ってます。宗教においても学問においても。そういう道としての学問を私は求めてきましたし、道にならないようなものは興味がない。教育も、一人一人の道だから基本的にはその人にしかできない。ただ、仲間とか先達となる先生がいることによって手助けはできるし、仏教でいうサンガのような、道を求める同志的共同体は必要だと思います。そこで僕たちは友愛の共同体を構築しようと言ってるんです。互いを支え合い、高め合う共同体をつくってゆこうと。基本的な一人一人の才能による自己探究は、自らの真理性を明らかにするまで、いや、明らかにしてもなおかつ続くでしょう。しかしそのときに、やっぱり智慧と出会うだけではなくて、慈悲が必要になります。それが道友の友愛です。智慧なき慈悲は方位なき航海で危険であり、慈悲なき智慧は空虚である、ということ。それは仏教の核心でしょう。二大原則です。基本的には、私は仏教は大いなる審神哲学だと理解していて、審神的可能性を持っている宗教哲学が仏教だ、というリスペクト（尊敬）があるんです。

——神道に対してはいかがですか？

身内褒めになりますからね（笑）、私は神道の人間ですから。神道というのは、私の言い方をすると信仰じゃなくて存在論なんです。それに対して、仏教は認識論である。例えば仏教の場合は「苦」の認識、つまり苦諦から始まります。それに対して、神道は何から始まるかというと、そこに何者かなりませる神が在る、います、おはす、あるいは、神が成るということから起こってくる畏怖・畏敬から始まる。つまり、存在への畏怖・畏敬の念が神道の根幹にあるというのが、私の神道観です。神道の本質とは、この存在感情、存在感覚です。すべてのものが八百万の神々の顕現であって、その八百万の神々に対する畏怖・畏敬が神道です。

そういうものに対するお返しやお供えが、祭りという形をとったり、祈りになったりする。神々は名前が何であろうが、存在するということのなかに顕われている。存在は、現象でもあると同時に、現象を起こす何かでもあります。その存在そのものの肯定から始まっているから、苦という認識が、ハナからない。つまり在ることが祝福であって、祭りなんです。そういう肯定性から入ってゆくのが神道だと思っています。

——では、神道と仏教ということで見たときに、仏教の方が審神的な、分析的な働きをしてゆく役割で、一方神道の神主は神懸かり的に生きる、ということになりますか

まあ、いずれにせよバランスが大事だと思っています。審神者に対して、神主は神懸かりする役割がある。ほんとに神の声が聞こえないと神主になれない。神主はしたがってシャーマン的な側面を持つ。だけど制度化されると、司祭になる。もともと女性であった神主が、男性神主が多くなってくることに

よって、シャーマン的な要素が削られてきて権力支配に走り、本当に自然の声とか、動物の声とか天の声に耳をすますことが少なくなっていった。そこでシャーマニズムの純化が不可欠となり、そのために仏教が必要になります。仏教の役割は、シャーマニズムと権力が結びつくなどの問題が起きたときに、それを一回無化する、浄化するという力を持っていると思います。無化する＝中和する働き、いろんな世界の信仰のファナティズムやシャーマニズムの問題を、中和点へと戻してゆくような認識論が仏教にははっきりある。だから私は仏教は、世界宗教史のなかの審神であるということを、ずっと言ってきた。

それはブッダの立場もそうですし、大乗仏教における菩薩道の慈悲の実践も審神の道のひとつです。倫理性がないと自己絶対化が生み出されますから。自分が、巨大な宇宙と一体化したということは瞬間的にはあるかもしれないけれども、その絶対化はとても危険で、一方で己れがほんとにケシ粒の如きいと小さき者であるというバランスがないとダメです。ブッダは自我を否定したのではなくて、無化する立場を取った。ただ霊魂の存在を否定したんではなくて、そういう「不可思議」なものにこだわることによって起こってくる問題を鋭く認識していたがために、実践的な認識論に向かった。だから、存在論というよりも、実践的認識論です。非常に高度なプラグマティズム、ブッダの説いたことはそういうことだと思います。

麻原彰晃は、密教とかインド思想とかシャーマニズムが抱えている絶対化にゆく問題を回避していないし、それに対しての審神が基本的になかった。周りの人たちも、それを権力として支えてしまった。神話化してしまったわけです。そういう方向へ走るとそこには他者がいない。全部自己の系列に収まってしまうので、異質な他者が存在しなくなってしまうのです。全部が絶対的高みにいる自分に仕えるという構造になるのです。

5　オウムは仏教なのか

——オウム真理教は仏教と名乗っているわけですけれども、その修行ならびに教えは仏教だと思われますか？

密教を仏教だとするならば、オウム真理教も仏教の一派と言えると思います。お釈迦さんの仏教だけが仏教であるとか、ある宗派が正統的な仏教を立ててそれに従うものだけが仏教だとしたり、また例えば袴谷憲昭さんや松本史朗さんのように本覚論を認めないのが仏教だとすると、オウムなんかは仏教ではないとはっきり断言できます。でも、私は仏教は仏教史全体が仏教だと思っていますから、オウム真理教も仏教の一つだと思います。お釈迦さんが説いたことに帰依して生まれてきた仏教もどきのもの、ニセ仏教のようなものも含めて、私は仏教だと思っている。それは仏教の可能性そのもの、仏教の多様な顕われであって、全部悪いということはないと思う。

——でも、そうするとブッダが純粋なプラグマチストであるという問題とはずれてきますよね。ですから例えばある種のマンダラ的ななかに神を位置づけたり、ヒエラルキーの問題が入ってしまったりすると、それは自然に何処にでもあって序列がないという問題とは違ってきますよね。

教相判釈は当然起こってきます。日本の宗祖とか思想家や宗学者は、一定の価値判断・価値体系を築いてきたわけですが、しかし、お釈迦様の重要なところは、一回そういう教相判釈そのものをやめて、インド的な思考そのものを停止してみることによって、現象が一体何なのかっていうことを実践的に観てみようというところです。私がやっぱりお釈迦様が核だと思うのはその点です。例えば密教が出てきたときに、お釈迦様の原理からみると、それはまちがいなく反仏教といえる。ところがそれが歴史的に大乗仏教の次なる流れとなってゆきます。

私はそれを仏教じゃないとは言えないと思う。袴谷さんのように本覚論を否定しきることは、私にはできない。例えば、菩薩道という考えでゆくと、菩薩道には仏性思想とか如来蔵思想が密接に結びついてくる。そうすると、すべての自己や他者のなかに菩薩としての「種子」がある。それに対する敬意を常に持ちつづけるという法華経の常不軽菩薩のような道は、仏教の正道だとやっぱり思う。それは、『スッタニパータ』のなかで、「人は血統によってバラモンになるのではなく、行為によって真のバラモンに成るのである」と宣言したお釈迦さんの思想の延長線上にある。そうすると、大乗仏教は根本仏教からやっぱりきているといえる。その大乗仏教のなかから生まれてきたものとして、密教があるならば、密教は仏教だというふうに言わざるをえない。そしてその密教のなかから、密教的なものを持ちながらオウム真理教が生まれてきたとするならば、これはオウム真理教も仏教の一種であるというしかない。だけども、その仏教も国家権力と結びついたり、間違った仏教者もやっぱりいる。実践を誤った破戒僧はいるのです。麻原彰晃は、そういう破戒出家者の一人です。

――理論的にオウムを仏教でないとして否定するには、袴谷さんのように正しい仏教という視点が定められなければ、どうしても否定しきれないということになりますね。

一方で、私は、袴谷さんにはとても共感します。やっぱり仏教の根本は何かという問いかけ抜きにして、何でもありの仏教は問題だということで、一回ラディカルに否定してゆこうよっていう姿勢には共感します。しかし、いま言ったように菩薩道をどうみるかと考えてゆくと、私はやっぱり大乗仏教の菩薩道は根本仏教からあったと思います。仏教の歴史をみると、そういう慈悲的方便をある種の実体説みたいに説いてきた唯識論伽説《ゆがせつ》も出てきますが、一方で中観思想という仏教本来の縁起―無自性―空性を説く空観も出てくる。

とても屈折した仕方で、仏教はその土地土地の時代の風土のなかで生きようとして、生命力をもって展開してきた。そういう仏教の面白さを、私は肯定したい。袴谷さんのような原理主義には、純粋な共感は寄せられますけど、仏教にたいしては私はもっとだらしない愛着がある。もっともっと仏教っていうのは面白いよねっていう。そんなに原理だけじゃないよねっていうことです。

だから親鸞も大好きだけれども、一遍も日蓮も、大好きなんですよ、単純に。だって、なにか浪花節を感じたりするじゃないですか、日蓮聖人には。純化された極道みたいなところがいい（笑）。法華経に捧げる任俠みたいな。それはやっぱり素晴らしいですよ。法華経にあれだけ身をゆだね、一身を捧げきることができたというのは。それは日蓮が見出した真理性と法に、やっぱり啓示され照明されていたからだと思うんです。それぞれの宗祖は、一遍にしても親鸞にしても道元にしても、とても面白いですよ。そういう面白さを全部否定して、仏教を貧弱にする必要はない。

宗教・永遠・エロス

――「生命と現代文明」の先にあるもの

（聞き手・森岡正博）

――まず、「生命と現代文明」の総括ということですが。

生命と宗教について考えていることを話します。共同研究「生命と現代文明」の議論で、宗教との関連で欠けていたのは、「永遠」という視点だと思います。永遠と宗教は、非常に密接に結び付いています。生命は、非 - 永遠のなかに閉じられているがゆえに、コミュニケーションをもち得るし、多様性をもち得る。そして閉鎖系であるにもかかわらず、開放系でもあるという構造をもっていると思うんです。つまり、生成変化のなかに生命、あるいは存在がある。ところが、「永遠」はそういう意味での一回起的な生成変化をもたない。ですから、生命が「永遠」にあこがれるという構造は、宗教にとって非常に本質的であった。

「永遠の生命」に対する渇望は全宗教史を貫いています。

有名な旧約聖書のエデンの園の話を考えてみましょう。ご存じのように、アダムとイヴは神に禁止されていたエデンの園の中央に立っている木の実を食べて追放されてしまうのですが、彼らが食べた木の実は「善悪を知る木」、つまり知恵の木の実です。これを食べることによって、人間は善悪を知る、特に悪を認識するという神のような知恵をもった。実はもう一つ、アダムとイヴには禁断の木の実があった。それは「生命の木」の実でした。もしアダムとイヴがそれを食べると「永遠の生命」を得てしまう。それでは神と同じになってしまうと神は恐れて、それで彼らをエデンの園から追放したのです。これを読むと、知恵あるいは叡智と「永遠」の生命、この二つが神の属性であったことがわかります。また古代のケルトの信仰にも「常若の国（ティル・ナ・ノグ）」の信仰があったし、日本にも「常世の国」の信仰があって、「永遠」に対する渇望がいかに深いものか知らされます。

また、霊魂不滅や輪廻転生の思想も、ちょっと違うレベルですけれども、永遠性に絡む直観であり思想です。古代エジプトの場合だと、太陽の運行は日没して一回死んで、夜の川を巡ってもう一度蘇って再生してくる。循環的に生死を繰り返すわけですけれども、それが永遠に繰り返すと考えられた。それと同じように、人間の生き死にについても、始まりと終わりというものはあるけれども、それが永遠に繰り返されて輪廻転生となる。

近代の哲学的な言説のなかでは、永劫回帰というニーチェの言葉に収斂されてゆくような存在認識が、そこにはあった。そういう、「永遠」に対する渇望が、生命、特に人間生命になぜ発生してきたのか。これが、宗教と生命を考えてゆくうえで重要なポイントになる。それが霊魂観念や、自然を動かしている大いなる永遠の力との関連のなかで、重要になってくると思います。

——現代の場合はむしろ、この世で「永遠」を追求したいという渇望があるのでは。

「永遠」という感覚をむしろ忘れているんじゃないかと思うんです。むかしは、波多野精一の『時と永遠』にみられるように、「永遠」というものが宗教学上の、あるいは宗教哲学上のテーマになった時代があったでしょう。ドイツ観念論の時代にも「永遠」が哲学上のテーマになりました。ランボーは、『地獄の季節』のなかで、「見つかった／何が？／永遠／太陽と手を取り合って行った海」（粟津則雄訳）

という詩を書いています。この詩の題は、ズバリ、「永遠」です。しかし、最近では、「永遠」というものについて真剣に考えてゆこうとする態度や衝動は、哲学的にも科学的にもほとんどなくなってきたんじゃないか。「永遠」に対する感覚が非常に稀薄化したように思います。

――その理由は、何だと思いますか。

ごく簡単にニーチェ的な言い方をすると、背後を見る力をなくしたということです。ニーチェは背後を見る力を失うこと自体を肯定的にとらえているわけですけれども、背後を見る感覚と思想が失われた。ニーチェ流にいうと、「神は死んだ」わけです。

――背後っていうのは、後ろ、隠れた所ですよね。

そうです。つまり、霊界とか霊的なものです。そういう目に見えない霊的世界や霊的存在が救済のストーリーをつくっていました。キリスト教は、イエス・キリストを信じることによって弱く悩める罪ある者の魂を永遠に救済してゆくと説いた。背後を見るそのような思想は、人間の生命を弱めてゆく力なんだとニーチェは主張したわけです。ニーチェのそのような批判は、ある意味で当たっている。

しかしながら、やはり、「永遠」感覚の稀薄化は、背後を見る力、あるいは他界を見る想像力の喪失と関係していると思います。それは、さらにいうと、霊魂に対する感覚であったり、自分の存在の根源がどこから来ているのかという直覚、直観の喪失ではないでしょうか。

――では、第一に、どうしてそのような直覚が減退してきたのか。そして第二に、現代でも、セラピーだとか新々宗教の流行などに見られるように、「永遠」に対する渇望はまだ生きているわけですよね。この点をどう解釈すればいいのか。

「永遠」を感得する力が失われたことは、理性あるいは知性の発達と大いに関係があるし、近代科学技術の発達とも結びついています。地図でいえば、メルカトル図法のように、どちらの方向にむかっても均質的な空間が広がっているという認識図式が、近代的理性を支える基本的なシェーマになってきました。ニュートン的な時空間、すなわち絶対時間と絶対空間、あるいはその後でてきたアインシュタインの相対性理論や、科学的な宇宙論によって世界がとらえられるという考え方が中心を占めてきたことが、一つの原因です。自然科学的宇宙論の成立ですね。以来、「永遠」について思考することを停止したと思うんです。

例えば、宇宙はビッグバン（大爆発）から始まるというビッグバン・セオリー。ビッグバン後、超高密度な原初の空間において、最初の数秒間で、元素ができて、宇宙は永遠に膨張し続けてゆく。だとすれば、それ以前は何だったのかということについて、答えを求めることはできない。天体の観測からいちばん初めの起源を推測するしかない。神話は常に始まりを語ってきたし、宇宙の始まりや世界の始まりを神話的な構想力で語ってきました。しかし、ビッグバン・セオリーや科学的な宇宙論がでてくることによって、永遠なるものに対するヴィジョンやイメージを、それ以上追求し確認するようなことは判断停止したのです。

——第二点については、どうですか。「永遠」に対する渇望はいまでも存在しているのではないかという点ですが。

それは、おっしゃるとおりあると思います。癒しや気功や新宗教などでいま語られている重要なテーマは、存在の連続性についての気づきや覚醒です。つまり、人間が「永遠」というものに近づこうとしたときに、非連続なものをどうやって連続のフェイズにもってゆくかというテーマです。いのちというのは個体的に、個別的にある。その個別的に切り離されている一つひとつの個体の、連続的な繋がり、生命と生命あるいは生命と他の存在者との間のつながりを、もっと深く広く見つめてゆこうとする。連続性を見ることによって永遠の生命の流れにつながってゆく。それを認識したり、イメージすることによって、「切り離された個体的存在」という理解が非常に一面的であったということをもういっぺん見直してみる。一九六〇年代以降の、ニューサイエンス、ニューエイジ思想、あるいはエコロジーやディープ・エコロジー思想では、そういう見方が強くなっていることは確かです。

——「永遠」を求めるというのですが、いまおっしゃったように、個々のいのちは有限であるというとりあえずの前提があるわけですよね。生命に有限性を与えているのは、個体の死だと思うんですね。ですから、死というものを、われわれが「永遠」に至れない証しとして見るのか、あるいは「永遠」に至る契機として見るのかというあたりが、宗教的にみると大きな分かれ目だという気もするのですが、それについてはどう思われますか。

死を「永遠」への否定的な契機とするのは、宗教の基本的な戦略です。死は完全に個体の断滅です。その生涯のあらゆる形態や記憶や関係性が、死によって途切れてしまうのですから。そういう意味では有限性と同時に個体の断滅を、あるいはこの世における個体の欠如を体験するわけです。
ところが、この世における個体の断滅が、実は、目に見えない霊界や他界と、もっと大きい強い結びつきをもっているんだという直観や想像力があって、それが宗教のもつ基本的な世界図式ではないかと思うのです。

——個体の死が「永遠」に結びつくには、二つの道があると思います。一つは、この世での死が、他界での永遠の生に結びつくと考えるやりかた。もう一つは、食物連鎖や子孫への連鎖によって、この地球上でいのちの永遠性が獲得できるという考え方。この二つは、一見すると別のことを言っているように見えるわけですよ。

前者のほうは、この空間とは違ったところに永遠の世界を求める考え方であり、後者は、時間的にも空間的にもこの空間を拡大することによって、この世界で永遠につながろうとする考え方。そのあたりの違いについてはどう思われますか。

後者のエコロジカルな考え方は、つながりの関係性を、空間的にどこまでも延長させてゆくという考え方ですね。

——そうです。

しかし、極端にいえば、地球のなかで連続性や関係性の拡張をはかっていったものが、地球外生命や地球外の存在との関係性、さらには銀河系や宇宙そのものへと最大に拡張してゆくとすれば、私はやはり論理的な必然として、それは他界に至らざるをえないと思うんです。自分たちの存在が、今あるこの時空上の関係性とは違う関係性までをも含んでしまうということ。つまり、時空を時空たらしめている時空に至って、宇宙は閉じられていないということにもなるわけです。

——要するに、この時空の関係性の網を徹底的に拡張してゆくと、それは他界までをも必然的に含み込んでしまうということですか。

そうです。この世界と他界がワープし、つながってしまうというふうに、私は論理的に思います。

——それは非常に、おもしろい考え方ですね。

どちらの考え方も、ある限定した領域のなかでものを考えているわけです。前者の他界があるという考え方も、天国であるとか高天原とか、ごく簡単にいうと、自分たちの生命圏、つまり地球中心主義の世界のなかにある他界の構想です。エコロジカルな発想のなかにあるのも、地球生命圏構想だと思うんです。どちらも、ある前提をもっている。その前提を外して、論理的に徹底してゆくとするならば、両者は別のことを語っているわけじゃなくて、同じ全体構造を語っているのではないかと思います。——今のお話を聞いていると、例えば、古代インドの輪廻の考え方によく似てませんか。つまり、この世界での空間的なすべての関係性そのものが、別次元の世界の関係性へと繋がってゆくわけですよね。

輪廻転生思想と食物連鎖は、結びついています。

ここで今、もう一つ考えておきたいことは、セックスと永遠性ということです。永遠性を感じられる瞬間というのは、それぞれが個体的で切り離されているけれども、切り離されているが故にもっとも強い連続性を感じられる瞬間である。それは物理的な意味での永遠ではないですけれども、人間が想像したり感得したりする永遠性というのは、そういう瞬間に立ち起こっていると思うんです。

もう一つが、食べるという行為です。食べることによって、個体的な非連続性が連続性を獲得する。食べることは、他者や世界とつながることなのです。

性も食もコミュニケーションにかかわっています。つまり、非連続なものを連続の状態にするのがコミュニケーションですが、そのコミュニケーションの一つとして、儀礼的なコミュニケーションがある。神や死者の霊に供え物をして、それを一緒に食べる。食べるという儀礼的行為を行ない、神話的物語を語ることによって、永遠性を感得する瞬間をもつ。

もう一つ重要なのが性です。プラトンは、「恋について」という副題をもつ、『饗宴』という対話編のなかで、人間はもともと男男、男女、女女という三つの種族であったと語っている。ところが、その人間があまりにも強力で傲慢になり過ぎたので、神は怒って、手足それぞれ四本、顔が二つ、胴体一つの人間を、真っ二つに切り離してしまった。それゆえ、人間はその自分の半身を渇望し求め続け、始源の完全性と全体性を回復しようとして、合一へのあこがれをもつのだという。性的に結びついたときに、もっと通俗にいえば性的な一体感、エクスタシー状態のなかで一つになり、元の完全性のなかに収まってゆく喜び・至福を味わう。

これが、性と永遠という問題にかんする一つのイメージであり、解答です。実際には、人間の性的行為というのは、時間的な経緯がありますから、永遠に続くわけではない。射精を永遠に引き伸ばすことはできないし、オルガスムスを永遠に引き伸ばそうとすることは、物理的時間としては不可能です。しかし、そこには自分たちの個体的な限界を超えたと思われる瞬間が、やはりある。個体的な限界を超えたときに、何に包まれるのか、どういう位相に達するかということが、セックスの領域では非常に重要です。一種の他界へと連れ出されてゆくような、さっきの話との関連でいえば、未知なる世界、他界の領域へと存在が運ばれてゆくような、そういう感覚をもちうるものが、セックスだと思うんです。

——現代の性のディスコース（言説）は、週刊誌的なディスコースと、もう一つは、アメリカで『キンゼイ・リポート』とか『ハイト・リポート』などが出てきた影響、つまり性科学のディスコースが混ざっていると思うのですが、どちらも、例えば「快感」であるとか、「興奮」だとか「オーガズム」だとか、あるいはパートナーとの「愛情」などといったタームで、セックスというものを語るわけです。鎌田さんがおっしゃったような、セックスのなかに他界があるというような言い方は、現代ではかなり少数派であって、抑圧されているという気がしませんか。

そうかも知れませんが、それはいい意味でも悪い意味でもロマン主義的な思想のなかにはあります。ノヴァーリスというドイツ・ロマン主義の旗手は、哲学的、詩的にそのことをはっきりさせました。古く錬金術のなかには、結婚の秘儀はプラトン的な意味での魂の合一であるという考え方があります。そこで、自然界と霊的なものを結婚させるということが、魔術的観念論としてのノヴァーリス哲学の最も本質的なテーマとなる。そういうドイツ・ロマン主義や、ウィリアム・ブレイクの「地獄と天国の結婚」とか、あるいは錬金術でいう「太陽と月の結婚」だとか、そのような非常に象徴的な原型的結合や両性具有というヴィジョンで表現されてきたものは、いまいったような他界への誘いや、あこがれを、常に含んでいたと思います。ただ、同時に、その原型理論が権力的な言説構造をもっているという批判をするならば、そこは考える余地があります。

日本で、それを典型的に出したのが北村透谷です。透谷は、人生の秘奥は恋愛にありというロマン主義的なテーゼを、日本で初めて徹底的に追求し表現した。その恋愛の秘奥とはいったい何かというと、自分の「内部生命」が相手の「内部生命」に触れることです。「内部生命」が「内部生命」とコミュニケーションを果たす。その「内部生命」というのは何かというと、人間の感覚のなかで、霊感として、インスピレーションとして感じられるようなものだと透谷は言う。つまりそれは、古い言い方をすると「霊魂」なわけです。北村透谷は「霊魂」という古めかしい言葉ではなくて、もうちょっと近代的な知性に訴えかけることのできる言葉で語りだそうとした。そのときに、「内部生命」という言葉を通して恋愛を語り、魂の感覚を語った。そういう「内部生命」論は、大本教の出口王仁三郎などに、影響をあたえている。大本教の出口王仁三郎は、「霊学」とは「内部生命」の探究であると言っています。

――現代の通俗文化を見ると、みんながセックスや恋愛のことばかりしゃべっているわけです。でも、それらが「永遠」への道であるなんて誰も言わなくなってきた。これはどうしてでしょう。

「永遠」の対極にあるものは、「刹那」です。この永遠と刹那の構造というのは、すごくダイナミックな構造であると今まで考えられてきたんです。神話的な時間について、エリアーデはよく、神話とか祭りは始源的な祖型の反復であると言った。つまり、祖型を反復することによって、そこに、日常的時間ではない、永遠的な時間、無時間的な時間が現出するんだと言う。そこに聖なるものの次元があると認識したと。ある非常に短い時間、神と交信するとか魂と交信するとか、いってみれば刹那的な時間のなかに、人間が感得できる「永遠」への通路がある。そのようにしてしか、人間は永遠性を感得できないという、永遠と刹那の構造がある。そのダイナミックな関係を、祭りなら祭りという方法論を通して結びつけようとする戦略があったわけです。問題は、そういう、永遠と刹那が切り離されてしまった状況があるということではないか。

つまり、神話的な時空や祭儀的な空間に対する信頼も感度もずいぶん少なくなってしまった。永遠と刹那というダイナミックな関係を生きられる空間ではなくて、そのかわりに、刹那そのものがその都度その都度果てしなく求められてゆくという反復性のなかに、現代文明の性的渇望が置かれているのではないかと思います。

——恋愛やセックスにいろんな人の関心が向いていますよね。これは、うがった見方をすれば、「永遠」を感じたいわれわれの無意識が、われわれをそちらの方へと駆り立てているのではないか。そう考えると、現代の産業やメディアが、セックスや恋愛の装置をいっぱいつくろうとしているのは、かつてあった祝祭空間というものを、今ある消費社会のなかでつくりだそうとしているんだというふうに見ることもできませんか。

それは、この前森岡さんと対談した『電脳福祉論』（学苑社）のなかで語られていた問題、つまり、シャーマニズムが現代の電脳空間のなかで別の形で蘇ってくるという考えと一致するし、『意識通信』（森岡正博、筑摩書房）のなかで語られてきていることともつながってくることです。その観点そのものは、僕は有効だと思いますけれども、しかし、前にも何度か話したような疑問がある。つまり、現代の電脳空間のなかでのシャーマニズム的なものの蘇りが、真性シャーマニズムの復活なのかという疑問と同様、それが本当に祝祭的なものになっているのかどうかは、もういちど問われるべきではないかと思うのです。

斎藤綾子さんがこういうことを述べています。セックスは、コミュニケーションの一つの方法であるとよく言われているけれども、彼女の場合は違うという。彼女は、自分のなかにある幻想を膨らませていく、ただそのための通路としてセックスがあるという言い方をしています。私は非常によくわかるなあ、という思いと同時に、違うなあという思いがある。

僕はやっぱり違うんだな。僕はセックスというのは徹底的にコミュニケーションだと思っているので、自分の幻想を限りなく膨らませて追求してゆくというのはわからないではないんだけれども、コミュニケーションというのはその幻想をも突破したり解体したり再構築したりして、先へ進んでゆくものではないかと思うわけです。

他界との関係にしても、つながりや連続性の問題にしても、それを一つの言葉で語るとすれば、それはやはり、コミュニケーションとは何か、どのようなコミュニケーションがわれわれに可能なのかということに尽きると思うんです。コミュニケートするためには、個体性がやっぱり必要なわけです。主体というか、個的な自己というか、要するに発信と受信を同時にするような個体性が必要になる。その個体性の基盤というのは、人間においては肉体です。肉体というのは、感覚センサーの有限性をもっています。われわれは宇宙線を感覚としては感じられないけれども、実際に宇宙線そのものは人体内を通過していたりするわけです。意識レベル、細胞レベル、分子レベルそれぞれにおいて、コミュニケーションのシステムは、多様かつ複雑に働いている。今、宗教に問われていることは、このコミュニケーションの密度をどこまで人間が深化させてゆくことができるのか、徹底させかつ緻密にしてゆくことができるのかということだと思います。そのコミュニケーションを緻密にさせてゆく力は、一つはまちがいなく知性です。

そういう意味でも、近代的知性は非常に重要なエポックだったと思うんですね。つまり、古代的・中世的な宗教的知性、神話的知性だけで終わってしまったら、知性が自分自身から抜け出ていって、自分自身を振り返ってみるような反省的な知性の発達はなかなか生まれない。知性は、自分の知性のありかたを自己否定するような力によって発達してゆきますから。そういう知性がどんどん深まったり、繊細になったり、開かれてゆくというフェイズを、われわれ人間存在はもっているのではないか。それにくわえて、人間の肉体を人間の知性がどうとらえて、どのようなものに加工してゆくことができるのかということも、同時に問われてきていると思うんです。

こういう近代的な知性の果てに、もう一度肉体そのものを通じたコミュニケーションの深いあり方、あるいは多様なあり方というものを、人間は冒険してゆくんだろうという気がします。その一つは、異種間コミュニケーションです。

——異種間というのは、人間と他の生物種のあいだということですか。

はい。今、非常に具体的な実践として注目されているものの一つが、ジャック・マイヨールたちが行なってきた素潜りの事例です。水深百メートルを素潜りでもぐる。そのときに、普通の状態では考えられないような状態になる。その一つはブラッド・シフトといって、末端の毛細血管にいっている血液が、深海に入ってゆくときに脳に集中するという現象がおこる。これは、人間では普通おこらないとされていた現象です。イルカや魚におこる現象が、人間にもおこるのです。そのジャック・マイヨールの場合は、哺乳類として陸にあがったけれども、もういちど海に帰っていった、動物最大の脳の容量をもつイルカと交信することを通して、世界に対するもっと広がりのある感覚を獲得し、自分のもっていると思っていた肉体的限界をもういちど開いてゆくという試みを行なった。

――異種間コミュニケーションで連想するのは、シャーマニズムはそういうものを技法として取り入れていました。

まさにそのとおりです。動物の霊と話すとか、動物のアニマル・パワーを身にふりつけてヒーリングをするとか。

――もう一つは、自然界というか、生態系と人間の性的なコミュニケーションというものも、文学のなかでは語られてきたと思うのです。異類婚もありますし、海の潮のうねりや森の官能性を相手にセックスやマスターベーションをするというテーマもあったと思います。

それは、おっしゃるとおりです。私が、なぜ異種間コミュニケーションを持ち出してきたかというと、シャーマニズムのなかにあった非常に本質的な一面が、異種間コミュニケーションによってもういちど検証されていると思うからです。特に、日本の神話のなかには、古くは岩や木や草が言問う世界があったと表現されている。そこへ天孫降臨してきた者が、その草木言語《くさきことと》う世界のカオスやノイズを治めて、統一的な国家と言語体系に整序していったという事態がおきる。その統一される以前の世界では、草や木や岩が語り、それとツチグモだとかクズだとかいう非常に自然界的な名称で語られている部族がコミュニケーションをしていたと、日本の神話では語られている。その草木言問う世界のコミュニケーションのあり方をもう一度考え直し、身につける方法論を学ぶべきではないか。

このことは、梅原猛さんのいう縄文時代にまで繋がる部分はもちろんあるわけですけれども、私はそれをロマンティックに取り上げるつもりは全くありません。ただ、異種間コミュニケーションは、日本においても、世界各地においても、シャーマニズムのなかでもっとも重要なテーマとされてきたということを確認したい。そして、熊だとか蛇だとか猪だとか鷲だとか鷹だとか、アボリジニでいえばカンガルーであったり虹蛇であったり、そういうものと自分たちの、ある特別で強烈な神秘的絆をもういっぺんもつことによって、それらが守護霊、守護神のようなものにもなれば、自分のなかにある自然治癒力を促進したり媒介してゆく力にもなる。実際に、そういう動物的なパワーと自分自身が結びついたという自覚のもとに、ヒーリングを行なうことは、呪医治療においては実際になされ続けてきたことです。

異類婚についていえば、日本の初めの異類婚というのは、三輪山の神様が丹塗り矢に化けて、美人が糞まるときにそのホト(女陰)をついて、「ホトタタライススキヒメ」が生まれ、やがて神武天皇と結婚して、初代の皇后になったという話です。三輪山の神・大物主神は、神ですけど、実際のその正体は蛇でもあるわけですから。蛇である神は、丹塗り矢にも化ける。猿とか熊とか、いろんな動物と人間が結婚することを通して英雄的な力をもった子供が生まれてくるという神話や物語や伝説は、非常に多く、日本のみならず世界中に広がっています。それは異類的な力をふりつけることによって、自分たちの日常的な有限性を超えた力に到達するというヴィジョンであり、その力の行使だと思うんです。

——最初の話題にまた戻りますけれども、広い意味でのセックスというのが本当は「永遠」への扉になってゆくはずだというお話がありました。だとすれば、異種間の性的なコミュニケーションと、「永遠」というものとのつながりについてはどう思われますか。

異種間のみならず、コミュニケーションを通して「永遠」につながろうとするときにはエロティシズムの問題が出てきます。ノンヴァーバル(非言語的)・コミュニケーションの全般にエロス的な力が関与しています。

ここで、敬愛するKさんの例を出しましょう。Kさんが、大学院生のころ、初めてブナ林に入ったときに、ものすごいブナ林の官能的な力につき動かされて、思わず自分の一物を出してマスターベーションをした。そういう話を彼の口から聞いたときに、僕は、ああ、わかる！　そうだよね！　と思ったのですよ。それをある雑誌に是非載せてくれと言ったんですけれども、彼はその部分を残念ながら自分でカットしてしまった。

私はそのとき、彼の話に引き続いて、僕は聖地をまわると何か知らないけれどもよく夢精をしてしまうという話をしたんです。場の力に賦活されるというか、非常に刺激されて精を漏らしてしまう。これは、最初、自分の修行が足りないからだと思っていたけれども、単にそれだけではないと思うようになったということを話したわけです。しかし、エロスと異種間コミュニケーションという点では、Kさんのほうが、もっと端的だと思うんですよ。私は、もう二十年来、マスターベーションをすることをやめてしまいましたから。もう、そういうことはできない身になってしまったし、する気も起こらないわけですけど。でも、彼の気持と行為はよくわかる。

私は津軽の岩木山で初めてブナ林に入りました。ブナ林に入ったときに、ブナの木が放ってくるフェロモンというか、それは非常にエロティックなんです。何か妖精的で女性的な、形容しがたい官能的な力の場があって、本当に極めてエロティックだった。この世にこんなにエロティックなものがあるのかと嬉しくも愕然としました。植物に対してそれはありますし、鉱物に対しても、すごくエロティックなものを感じることがある。さらにそれは自然界のいろんな形態、洞窟のなかにもあるし、海の波のうねりのなかにもある。台風なんてのは、とてもエロティックに感じます。森岡さんは高知の生まれでしょう。僕は徳島の生まれだからわかると思いますが、台風はすごくエロティックなんですよ。

——わかるような気がしますね。

ある意味では、地震や、火山の噴火も、すごくエロティックなもの。そういう自然の猛威とか、荒ぶる自然と言われているようなものに対したときに、自分自身のなかにある強烈なエロティシズムが刺激されて、そのなかに入り込んでゆきたい、海の嵐のなかだったら海の嵐に突入してゆきたいと思ったりする。もちろん、そこでは人間は木っ端微塵になって、死んでしまうわけですけどね。自分の身が分裂して散り散りになったとしても、死をかけてでもそういうもののなかに入り込んでゆきたい、という欲求や、衝動に促されてしまう。Kさんのブナ林の場合だと、マスターベーションすることによってブナ林と交感するということですから、自分の理性によってとどめられる範囲なので、もうちょっと距離がありますね。でも、台風や火山の爆発などを眼前にしたとき、そこから逃げたいという気持と同時に、そこに没入して、その力そのものの場に入り込んでしまいたいというアンビヴァレントな気持が一瞬にして起こる。これは、永遠に対する強いあこがれや渇望ではないかと思います。

——だとすると、鎌田さんは、そういうエロス的なものを通して、われわれが「永遠」に触れたり「永遠」のなかに入り込んだりするような通路をもっと開くような文明というか、社会というか、生活世界が必要だと考えられているわけですね。

はい。基本的に、エロティシズムをもっともっと繊細に、そして強烈にしてゆく必要があると思います。人間のもっているコミュニケーション能力の一つは知性、もう一つはエロティシズムです。エロティシズムっていうのは、もちろん想像力と不可分なものです。だから、エロティシズムを深めて広げてゆくことによって、異種間コミュニケーションをもっと身体的な、もっと肉感的なレベルで探知してゆくことが可能になると思うんです。

それをもっと分析的にも総合的にも、広くとらえてゆくのがやはり知性です。だから、ニーチェが言った「肉体は一つの大きな理性である」(『ツァラトゥストラはかく語りき』)という思想には、すごく賛成します。そういう、肉体がもつ大きな理性をもっと開発するということ。それは一つはエロティシズムであり、もう一つはニーチェが否定しようとした神の感覚や霊魂の感覚です。それは、シャーマニズムにまで当然つながってゆきます。

——補足的にお聞きしたいんですけど、例えば、アメリカのカウンターカルチャー運動がその後どうなったかというと、その一つの方向は、セックス・ドラッグ・ロックンロールというような感覚的な狭められた世界に向かっていった。鎌田さんの目から見ると、矮小化されたエロスというか、感覚的、刹那的快楽の連続を求めていった。これが、今日のアメリカの病理へとつながっているわけです。鎌田さんのおっしゃるのは、それとは違うわけですよね。

それは一つの試行錯誤でもあったのでしょうしね。われわれの世代もそういう時期を通過した人がいっぱいいますし、僕の友達にも、ドラッグで捕まった人たちがいて、僕自身は、そうした経緯や経験は無意味なものとは全然思いません。

ただ、ここではその発端を考えてみたい。ドラッグがどこからおこってきているのか。もちろん古代の宗教儀式においてドラッグが使われたり、インディアンの瞑想を助けるため、あるいは儀式を助けるために、ペヨーテという、メスカリンが幻覚症状をおこす薬物を使っていた。つまりそれは、一つのコスモロジーや神話を共有する人たちが、ドラッグを通じてその宇宙的深遠や神話的世界に触れてゆくわけで、そういう永遠的な神話的世界のリアリティを感得してゆく構造があった。しかし、ロックンロールはそういう意味での神話性をまだ見出していなかったし、今なおそういう意味での共通の神話というのはない。それがロックンロールの現代的個体性である以上、それは身体的に暴走してゆく一面があると思うのです。

しかし、その近代における知覚拡大の発端を考えてゆくときに重要なのは、イギリス・ロマン派の詩人ウィリアム・ブレイクです。ブレイクは、「知覚の門 (the door of perception)」を清めたならば、事物がそのものとして、ありのままに無限に開かれて、自分たちの前に現われ出てくるだろうと言います。つまり、人間は感覚のセンサーのある限定された領域のなか、いわば感覚の牢獄にいるわけだけど、もしそのセンサーの扉を開いてゆくことができたならば、もっと深く繊細に事物の世界とコミュニケーションを深めてゆくことができるというのです。それを、彼は「アルビオンの誕生」という、裸体の青年がオーラに輝いている絵で表わしています。大江健三郎は『新しい人よ眼ざめよ』という小説を書きましたが、「新しい人よ眼ざめよ」というのはO rouse up young men of the new age。直訳すると、「新しい世代の若者たちよ眼ざめよ」で、「ミルトン」と題したブレイクの詩のなかにある。ニューエイジよ眼ざめよというのは、今いったような、「知覚の門を開け」というテーゼでもあるわけです。

ウィリアム・ブレイクは、詩人でもあり画家でもあり、ドルイドでもあった。彼は、キリスト教徒ですが、異教的なケルト文化における詩人であり予言者であり天文学者であった古代の賢者のドルイド的知を現代に蘇らせようとして、イギリスにおけるドルイド結社のチーフを死ぬまで二十数年間務めた人です。

ドルイドというのは、ケルトの宗教では樫の木の賢者という意味です。ドルイド的な知性はシャーマニズムも含んでいたし、輪廻転生や霊魂不滅の思想も含んでいました。二十世紀になって、オルダス・ハックスレーが、『知覚の扉』という本のなかで、メスカリンを使って自分の知覚の扉を拡大して開いてゆくということをやった。それは、アンリ・ミショーやランボーなどの詩人たちが、神秘主義的思想とドラッグの併用によって、新しい感覚世界、感覚の地平を開いてゆこうとした知と身体の冒険の延長線上にあったわけです。

ハックスレーは、『永遠の哲学』という本も書いています。知覚の扉を開いてゆけば、いままでの知覚コードではとらえられなかった次元の違うコミュニケーションのレベルに達しうるし、それは永遠性に触れることにもつながっているという直観が、ブレイクにもハックスレーにもプラトンのエロス論やイデア論にもあった。そのテーゼは何千年来、何万年来変わっていない。形を変えて、繰り返されている。その流れが、ウィリアム・ブレイクからオルダス・ハックスレーを経由して、ニューエイジにまでつながってきている。そのときハックスレーを経由したために、ドラッグが知覚の変容を促す一つの方法論になってきたということなのです。

——宗教の問題に、もういちど戻りたいのですが。

生命と宗教を語るときに、最も本質的な問題として私が取り上げたかったのは、「永遠」あるいは「永遠性」という問題です。永遠性につながることによって生命が救済されてゆく、何か他のものに自分自身が連続的につながることによって救済されてゆくというストーリーがある。その点においては、一神教であろうが多神教であろうが、基本的には同じ構造をもっている。

もちろん一神教と多神教は全然違うという視点も可能です。しかし、神の永遠性に触れることによって、個体的分断が大いなる連続性のフェイズに連れ出されて救済されてゆく。それは、輪廻転生であろうが、永劫回帰的な循環であろうが、キリスト教的な一回限りの天国での救済であろうが、永遠性に触れるというテーゼ、永遠性に触れることによってもういっぺん蘇る、永遠の生命のなかに入ってゆくという構図というのは、かなり大きな物語だと思うのです。輪廻転生は、インド的な物語のなかでは、非常にネガティヴにとらえられています。輪廻転生は苦しみであり、業の連鎖のなかにあるがゆえに、その業から抜け出て解脱し、解放されてゆくことを求める。ところが、日本に入ってくると、例えば楠正成が語る「七生報国」のように何度でも生まれ変わって国のために奉公するとか、生まれ変わって生まれ変わって、子孫のためにも、社会のためにも、国のためにも役立とうとするような、循環してこの世に降り立ってくることを非常に肯定的にとらえる思想になる。

この二つを比べると、インド的な感性の方がむしろ特殊で、生まれ変わってくることをネガティヴにとらえるような発想は、太古にはなかったと思うのです。ただし、ネガティヴであろうがポジティヴであろうが、生まれ変わってくるという回路を通して永遠性に触れる。永遠性によって救済の道がひらけるということでは、共通している。

ところが仏教はそれとは違う。というのは、仏教は、永遠に触れることによって人間が救済されるという物語とは違うところに到達した。それは、簡単にいうと、「永遠と刹那」の合間に立つ、あるいは「自然と霊魂」「自然と神」の隙間に立つということです。どちらに対してもある距離をとる。どちらも宙づりにするようなディスタンスをとるんです。仏教は、それを、「無」という言葉で語ったり、「空」という言葉で語ったりします。それはなぜかというと、永遠に触れることによって人間が救済されるというのも、一つの迷いであり執着であり、それ自体がもう一つの「苦」を生み出すからなのです。永遠によって、果たして救済されるのか、と根源的に問う。そして人類が業として担っている執着の構造を、全部、一回とらわれのない状況に置いてみようとする。救済という物語ではなくて、救済がどういう成り立ちをもっているかということに気づくこと、それを洞察することを通して、執着と救済の物語とは違う位置に立とうとしたのが仏教のきわめて重要な人類史的位置だと思うのです。

だから、永遠性に触れるということをあえて求めない。しかし、大乗仏教やその後の仏教史、密教なども含めると、密教の「大日如来」や法華経の「久遠実成《くおんじつじょう》の本仏」に触れるわけだから、永遠の哲学に戻ってゆく。とすれば、宗教史のなかで、永遠の哲学や、永遠のヴィジョンがいかに強烈に人類の心を貫いてきたかが、そこから逆に読み取れる。

しかし、ブッダの位置は、その永遠の哲学に対する断念と、そこから一回離れるという位置を獲得した。だからこそ、彼は呪術を禁止し、神話的な体系によらなかった。つまり、シャーマニズム的世界を、一回自分たちの生きる空間から切り離そうとしたのです。

永遠の哲学につながってゆく方向性と衝動と構造は、シャーマニズムにもアニミズムにもある。しかし仏教の原点においては、あえて永遠に対するはっきりした位置をもとうとした。永遠に対する執着の構造から離れようとした。それは、非常に貴重な位置だったと思います。

——お聞きしたいことが二点あります。一つは、「永遠」なものから距離をとろうとすると、ふつうは「刹那主義」になっちゃうわけですよね。刹那主義というのは、まさに今ここにある刹那の瞬間を、その都度その都度生ききる、という考え方です。けれども、今、鎌田さんがおっしゃったのは、それとは違うんですよね。では、どこが違うのかというのが最初の質問です。第二点は、鎌田さんはそういうブッダの考え方を、再評価しようという立場なのかどうかということです。

第一の質問については、「永遠」につながろうとすることも、刹那的な今ここに生きようとすることも、どちらもある強い執着を生むという認識がまず根底にあるということです。永遠にもいかないし、刹那にもいかないという、ある距離をとろうとする。つまり、執着や業に人間が搦め捕られている構造を解きほぐしてゆく行為そのものが、そのような距離をとらせる。それが、「空」とか「無」とかの、仏教的な悟りの言葉で語られている位相です。

そこには救済されるという物語も、一つのとらわれなのだという認識がある。救済されるという物語がとらわれであることによって何が起こるかといえば、一つは宗教戦争が起こるわけです。それは、どちらがより正しい教えなのか、どちらが本当の救済なのかという問題を生み出してゆきますから。救済と救済が、戦うわけです。すると、「こっちのほうが本当の救済だよ」、「そんなので救われるわけないじゃないか」、「お前の神様はまちがった救済を説いてる」ということになります。だから、救済をめぐって、宗教同士が、まさに相手を撲滅したり、抑圧してゆくような構造をもってしまう。それは永遠につながろうとしながら、その永遠性をもっとも暴力的な形でこの地上に実現してしまう行為になりますから、結局、永遠の宗教的暴力化ということになる。

それから、「刹那」に生きるという刹那主義も、人間のもつ個的欲望、肉体的な欲望や、名誉欲だとか金銭欲だとかいろんなものがありますが、それらによって、一人一人がより不自由になり、よりとらわれのなかに入ってしまう。

ですから、どちらの極にたいするとらわれからも自由であろうとするようなほぐし方が必要です。それが、ブッダの位置ではなかったかと私は認識しています。

第二の質問に対する答えも、永遠の哲学や刹那の哲学に対する、ブッダ的な中道の哲学は、今日においても非常に重要な意味をもつはずだと私は再評価しているわけです。私は、シャーマニズムの再発見・再発掘・再評価をしようとしてきたわけですけれども、あるとき、シャーマニズムがもっているディオニュソス的な力、その闇や権力性や暴力性に強く気づいた。そのとき、シャーマニズム的な暴力、アニミズム的な暴力からもっと自由になるための道、それから解放されてゆく道も同時にとても必要だと思ったのです。そして、原始仏教のブッダの教えは、シャーマニズム的な暴力性をほぐしてゆく力と方法と方向性をもっていると認識したのです。癒しについても、永遠につながることで癒される癒され方もあるし、永遠からも刹那からも脱却することによってもっと癒されるという癒され方もある。つまり救済的癒しと解放的癒しですね。

――シャーマニズムやアニミズムが秘めている暴力性とは、どんなものなのですか。

シャーマニズムもアニミズムも、ある力をもちます。例えば、アニマル・パワーを自分が得たとします。そのアニマル・パワーというのは、力自体です。力は善でもなく悪でもなく、力そのものです。それが相手との関係性によって、相手を支配しようとしたり、奴隷にしようとするような力に変化する。その力の典型的な神話的かつ制度的構造が、王権です。宗教団体の教祖も、そういう力を背景として出てくる。

そういう力は、かならずしも人間を本当に解放してゆくわけではなくて、逆に人間を呪縛し抑圧するような権力的な力と構図に、しばしば転化する。例えば、魔術においていえば、黒魔術と白魔術という二つの魔術があります。黒魔術とは、簡単にいうと、魔術的力の行使によって自己のエゴイスティックな個的欲望を実現しようとする。それに対して白魔術は、他者の幸福のような利他的な救済を達成するために魔術的力を行使する。魔術的な力そのものは変わらないとしても、それがどういうふうに使われるか、どういう人間関係のなかで使われるかによって、魔術的な力の行使の仕方は変わってゆきます。剣でいえば、殺人剣と活人剣の違い。シャーマニズムには、力そのものの体験や現前があるわけで、それを通してどういう人間関係や社会関係を構築してゆくかが常に問われてくるわけです。ですから、その使われ方によっては、個人の生命を支配して、自分に都合のいいように改造するということにもなります。それから他の宗教との間での宗教戦争や、あるいはシャーマニズムを母体にして生まれてくる救済の物語相互の戦いといったものを生み出す。そういうサイキック・ウォーズ（心霊戦争）やマジカル・ウォーズ（呪術戦争）を生み出すシャーマニズム的暴力性というものがあるのです。

——だとすると、シャーマニズム的なものの再評価と、ブッダ的な中道の再評価との関係は、どうなっているのでしょうか。

両方共存しているという事態ですね。揺れ動いているということかも知れません。例えば、セックスの問題ひとつをとってみても、さっきいった白魔術と黒魔術と同じように、圧倒的な力の現前というものをやはり体験する。その力の現前を通して、自己刷新や自己解放を遂げたり、癒される場面も、しばしばある。宇宙的な感情、というか宇宙的なものをそのなかで感得することはしばしばある。それは、エネルギーの循環みたいな構造でもありますから。セックスを通して永遠につながり、癒しがおこるという局面。これは否定できないものとしてある。体験的にも、周りの人の話をいろいろと聞いたりしても、間違いなくそういうものはある。つまり、性による解放というのか、それによってある感覚の地平がバーンと開かれてゆくというような場面がある。

しかし、そのように開かれる体験をもったとしても、それがまた別の場面においては、支配や執着や閉じられた暴力性を常に生みだしうる。そのきわどいせめぎあいを、性は常に抱えている。それゆえに蠱惑的であると同時に、暴力的・支配的で、いのち（生命）とりにもなるのです。

シャーマニズムも、この力の両面性を、常に含みもっていて、状況と関係のあり方如何でどちらにも反転しうるきわどいバランス・オブ・パワーの上に立っています。したがって、どちらの要素をも含み込みながら、どちらの方が今ここにおいて強くあるのか、また常にそれら両極を意識して、どういうふうな倫理的位置に立とうとするかが問われていると思います。でも、両方に足をかけているという構造そのものは、同じです。

そして、シャーマニズム的なエネルギーの流れが暴力とか抑圧とかを生み出さないような構造に軌道修正し、自分自身が深く内省できるような状態にもってゆくためには、「正見《しょうけん》」と「正定《しょうじょう》」に根ざしたブッダ的な第三の目が、常に必要ではないでしょうか。そういう第三の目としてブッダは、非常に重要であると考えています。

――とてもわかりやすい図式ですね。あえていじわるにいえば、基本的にはシャーマニスティックなエロス的コミュニケーションの充実をめざすのですが、それが暴走し始めたときのブレーキの役割として、ブッダ的なものをも備えておきましょう、という話ですね。

それは、ブッダをあまりにも矮小化し貶めている言い方になりますから、私はそういう言い方はしません。ブッダのような認識が必要だとしても、私はブッダそのものじゃありませんから、私自身の位置からすると、まずエロス的な力を十分に味わいきるということが必要だと思うわけです。

つまり、シャーマニズムにおいても、性においても、あるいは異種間コミュニケーションにおいても、どこまでそれを徹底して開いてゆくことができるのかということが、やはり「永遠の哲学」の一つの課題だと思うんですよ。ある瞬間、暴走しないと見えてこないものっていうのが、常にありますからね。そこには、生命を断滅するくらいの力があって、大嵐にまきこまれて、そのなかに没入して、そこでいのちを失うということも、ありうるわけです。それを望む人は、そういうことがあっても、それはそれでいいんだと思うのです。その力を自覚して入ってゆく限りにおいては、それはその人の主体的選択であるし、そのなかに取り込まれることを心の中で望んでいるわけですから、それはかまわないのです。

しかし、もう一方で、他者を完全に支配し、抑圧し、断滅しようとする力に転じうることもあります。それに対しては、ブレーキと反省が必要です。無条件・無前提な生命力の昂進とか、生命力の活性化の道だけではなくて、老いてそこから身を退ける叡知というか、そういう第三の目をもっていなければ、他者をも含む大きな協同関係をどう構築してゆくかというときに、決定的な過ちを犯す。人類はこのような巻き込み方を常に繰り返してきたし、さらに強固な拡大再生産すらしてしまうと思うのです。核だとかナチスのような異常な拡大再生産を今後もしてしまうだろうと思うがゆえに、ブッダ的な第三の目が必要だと私は言いたいのです。

——よくわかりました。一つのポイントは他者であり、もう一つはコミュニケーションという地平でしょうね。コミュニケーションを非常に繊細に知的に深めてゆくためには、どうしてもブッダのような位置を、どこかでもたなければいけない。そうでないと、自己と関係性を真に反省的に深めてゆくことは不可能じゃないかと思うわけです。シャーマニズムとか永遠の哲学だけではダメです。

——たとえば、シャーマニスティックな生命力の暴走がはじまって、それが共同体や国家を巻き込んでしまうことがあります。そういうとき、その暴走を止めるためには、ふつうは司法とか、警察力とか、軍事力とか、あるいは社会運動などの別のパワーをもってきて止めようとするわけですね。しかし、鎌田さんがブッダの目ということでおっしゃりたいのは、そういうことではないわけですよね。パワーの暴走にたいして、別のパワーをかけるということではなくて、もうちょっと違うことなんですよね。

別のパワーであってもいいんです。ベトナム反戦でもね。それは、そういう形で出てきても、私は全然かまわないと思う。つまり、人間の肉体の有限性と関係の有限性に立つ限り、これかあれかという選択をしなければいけない時ってありますね。これかあれかという、行為の実存的選択をしなくてはならないときに、いつも自分を第三の位置に宙づりにしておけとは、ちっとも思わない。その都度その都度、自分がどういう位置にいるかということがまさに問われているので、私はある力に対するアンチの力になるという選択をしたって別にかまわないと思いますし、そのようなことは大いにありうると思います。

——アンチの力を立てるということは、ブッダの目からすれば、それ自身が非常に大きな執着であるわけですが、そのことがわかりきったうえで、あえてするということですか。

はい、わかっていてもするということです。

——そこは、とても微妙で、難しいところですよね。

出家僧のように、文明社会からも自然界からも一歩退いた山里から、いつも傍観者のように社会を眺めていて、「人類はいろいろなバカなことをやってるわい」みたいな森の隠者的な位置に立つことで、ブッダの認識が完成するとはちっとも思わないです。

——でも、ブッダ自身がインド社会のなかで選んだ道は、それですよね。

(沈黙) そうでしょうか。

——教科書的にいうと、人里離れたところに共同体をつくったのですよね。ブッダの場合は。

サンガというものをね。

——それは、ある意味では傍観ですよね。

はい。それは、さっき言ったように、刹那的な快楽の哲学と、バラモン教的な永遠の哲学の二つの力が、互いに補完しながらカースト社会のような抑圧と苦とを生み出していたのですが、そこから自覚的に自由であろうとするような位置だったのです。そのためには、それへの気づきと、そういうところから身を離すような生き方が必要だった。それは傍観という無変革ではなくて、達観という静かでソフトな世界変革だったのです。

しかし今日のような、地球的な規模を覆いつくしてゆく力をもった文明社会のなかで、そのような森の隠者的な生き方をすることが、果たしてブッダ的かどうかすごく疑問です。今から二千五百年前の、あのインド社会の構造のなかで成立したのと同じようなものが、今ここにあるかというと、文明の在り方も、知性の在り方も変わってきているんじゃないかと思うのです。だから、ブッダ的なサンガを今ここに実現することが、ブッダ的な認識の生かし方だとは、私はあまり思わないです。

——では、ここで、究極の質問をします。今日のような現代文明のなかで、「森の隠者的な共同体に戻れ」っていう思想の有効性は、たぶんないんだと思いますね。ところが、梅原猛さんなどの文化人が言っているような、現代の欲望にまみれた文明をもうちょっと昔に引き戻して、もう少し欲望や執着の少ないような、昔の時代の良き自然や人間関係を取り戻さなきゃいけないという言説が結構あるわけですよね。それらを念頭に置いたときに、鎌田さん自身は、現代文明のなかでわれわれはどういうスタンスを取るべきだと思いますか。

簡単にいうと、一つは覚悟の問題だと思います。私は、「自然に帰れ」のようなルソー的な言説でも、「森が人類を救済する」というような梅原さんの森の文明論でも、救済はやっぱりできないと思います。自然に帰ることによっても、森に帰ることによっても救済はできない。その理由の一つは、生命とか自然というものを一つながりのものとして考えるならば、それは絶対的な性善説でも性悪説でもとらえられないということです。この点では、『生命観を問いなおす』(ちくま新書)の森岡さんと共通する認識が私にはあります。「自然に帰れ」とか、「森に帰れ」って言う人は、自然や森というものを、一種の性善説としてロマンティックにとらえている。でも、私が思う自然は、ものすごい暴力性を含むものです。自然がもつ欲動というのか、圧倒的な力、常に自らを突破してしまうような、常に自己解体を含むような暴力性をも同時に含んでいる。常に何か恩恵を与え続けてゆくような、優しい自然だけではない。食うか食われるかの関係もありますし、火山の爆発や台風によって森林がなぎ倒され、地震によって壊され、また氷河が気候変動によって溶けて、陸地が沈没してしまうとか隆起するとか、荒々しい、荒ぶる力そのものなんです。私は、そういう力を認めなくてはいけないと思う。そして、同時に、生命そのものにもそういう側面があるし、人間の生命というのは、それをもっと拡大したものだと思うんです。

人間がそれを拡大しているというのは、道具をもちうるがゆえに拡大できるということです。人間がこの身体性のみにおいて生きようとしたならば、いくら荒ぶろうとしてもたかが知れています。

しかし、人間は『旧約聖書』にもあるように、神の戒めを破って、禁止されていたエデンの園にある善悪を知る木の実を、蛇のそそのかしによって食べてしまう。聖書的な言い方をすると、食べたことによって、永遠の世界から放擲されるわけです。エデンの園には、中央に神に食べてはいけないと禁止されていた木が二本あった。善悪を知る木と、生命の木の二本です。神は、もし人間が善悪を知る木と生命の木を食べると、知恵と永遠の生命を得て、完全に神になると恐れた。そこでは知恵と永遠の生命が、神の二つの力、属性、位相として考えられているわけです。蛇はそれを食べろとそそのかすわけですけど、人類は永遠の生命の木は食べなかった。ただ、善悪を知る木の方は食べた。そのために、神によって追放された。つまり、人間は永遠からは追放されたけれども、善悪を知る者になり、永遠を渇望する者にも同時になった。

そのときに、イチジクで局部を覆いますよね。つまり、それが人類のパンツの起源を神話的に物語っているのです。『旧約聖書』によれば、道具の始まりというのは、武器ではなくてパンツである。そしてパンツをはくことによってエロティシズムが生まれた。想像力も。

栗本慎一郎さんの『パンツをはいたサル』（光文社）、あれは名言だと思う。言い得て妙だと。つまり、パンツをはいてしまったがゆえに、性というものからも、自然からも、永遠からも、パンツ一枚で隔てられる。そのパンツ一枚によって隔てられた人間は、人間的欲望と想像力によって、その心のなかにあるものを拡大し続けてゆくことができる、それを外界に現わし続けてゆくことができる、つまり、道具を発明したわけです。

道具の発明、――武器、機械、電脳、コンピュータの発明ももちろん含みます。そういう道具的な力によって、人間は、自分の心や欲望や想像力を、自己外化し続けてきたわけですから、たんに自然に帰れということだけでは全然解決しないと思う。そういう人間存在の在り方そのものを、引き受けてゆくしかない。そうしたときに、では、そのパンツをはいたサルが次にどのようなパンツをはくのか、あるいはパンツを脱いでしまうのか、パンツを脱いでも、さらに別のパンツがあると思うけど、何か違うものにはきかえるのか、あるいははかないことを通して何か別のものになってゆくのか、といった道を探るしかないんではないかと思うのです。

――それは知性の問題でもあると思いますね。

だから知性というものを、どこまで発達させることができるのかということです。渇望はあっても、永遠性に至ることはできない。人間の身体をどのように機械化しても、永遠からはもう外れてしまっている。だから、究極的には、知性の問題になってくると思います。しかもそれは、愛とか慈悲とか友愛とか勇気とかの感情的な要素を含んだ知性ですね。それこそエロス的知性です。

――では、いまの現代文明を形づくっている知性は、どんな知性だと思いますか。そして、将来、現代文明を克服できるかもしれない知性とは、どのような知性だと思いますか。

今ある知性は、デカルトに倣っていえば、「延長的知性」です。それは延長というものを通して、生命の連続性も、人間の関係も、エコロジーも、とらえてきた知性です。

つまり、ある普遍原理があって、それが延長的に、均等的に、あらゆるものに当てはまると考える。ヒエラルキーはもちろん認めない。不均等な構造というものもない。そういう延長的な知性は民主主義とも通じるし、近代的人間像である「基本的人権」とも当然結びつく。そういう延長的知性が、われわれの文明や知性や社会構造を、大きく支えているものです。

でも、「本当に知性というものは延長的なんだろうか」という問いかけが、シャーマニズムや宗教にかかわったとき以来、私のなかにある。エロティシズムやインスピレーションは、非常に非延長的なもので、不連続な部分、飛躍や超越や直観を含んでいます。エロティシズムとは、どんなに遠く離れていても、それを身近に感じることができる能力でしょ。恋人が物理的に月にいても、自分の魂のそばに寄り添っているというこの感覚は、延長的知性とはまた違う知性だと思うんですよ。これは、一面では宗教的知性であると同時に、エロティシズムの知性です。

エロティシズム的知性というのか、生命が含む暴力みたいなものも同時に見てゆける知性が、必要になってくると思うのです。たとえば、異種間コミュニケーションを成立させる一つの鍵は、エロティシズムだと思います。しかし、エロティシズムは、そのような異種間コミュニケーションを拡大してゆくと同時に、それらを飲み込んで食い尽くしてしまうような暴力性、他者を侵犯してゆく力を同時に含みもっている。

ですから、それに対する繊細さというか、仏教的な言い方をすると、慈悲とか利他ということになるんでしょうけど、徹底的にエロス的であり個体的でありながら、同時にそういう欲望から超越できていく知性が必要になる。

――こんなふうに解釈したら、間違っていますか。まず、現代文明――近代からずっと続いていると思うんですが――は、延長的知性に足場を置いてきたわけですよね。しかしそれは、さまざまな問題を生み出してきた。そのときに一つ考えられるスタンスとしては、延長的知性に足場を置きながらも、それが生み出してきたさまざまな抑圧とか問題を、エロス的知性によって補完してゆくような立場が考えられますよね。それは、いわば延長的知性修正主義といえるでしょう。

しかし、鎌田さんがおっしゃっているのは、それとはまた少し違っていて、むしろエロス的知性の方に足場をおくんだけれども、エロス的知性にだけ足場を置いてやってると、それはある種の暴力性だとか、他者の飲み込みだとかいう別の抑圧を生み出してゆく。だから、そういうふうに暴走しないために、ブッダ的な目というか、そういう装置を用意しておく。これが鎌田さんの立場に一番近いというふうに解釈したら、間違っていますか。

それでいいと思います。私は延長的知性に足場を置くつもりはありません。満足しきれませんから。なぜかというと、人間のもつ肉体的な部分こそ、霊的なものと深く結びついていると思っているからです。だからこそ、「聖地」は「性地」であるとか、性感は霊感に比例するとか、そんなふうな言い方をするわけです。エロス的な力というのは、関係のあり方そのものに働いている、身体的かつ霊的な、全体的な力の場だと思うのです。だから、そのエロス的なものをどのように作用させるかによって、コミュニケーションの密度は大きく変わります。

いちばんわかりやすいのは恋愛なんですけど、遠くにいるものを本当に身近に感じる。この世にいない者すら、自分はいつも同伴しているという感覚。これは、エロス的な力の本質だと思うんですよ。この世ならざるものへの、他界的想像力といっていいようなもの、そういうものが、ニーチェがいう「肉体は大きな理性である」という肉体理性へとつながる基盤だと思うのです。

そこに足場を置いたうえで、もちろん、物質世界は延長的に成り立っていますから、それを正しく厳密に見てゆく側面も必要でしょう。エロス的なものを徹底的に味わう方向と、エロス的な力を明晰にさせる力としての延長的な知性が両方必要です。そして、その全体的な場をブッダ的な知性、第三の知性が支えている。

——非常にクリアーだと思います。今、三つの要素が出てきましたよね。「エロス的知性」と「延長的知性」と「ブッダの第三の知性」。そのなかで、いちばんの足場はどこかというと、エロス的知性だと考えていいわけですか。

そうです。イドです。

——その立場は魅力的だし、私もそれには共感したい面がありますね。確認ですけど、延長的知性が問題を生み出したからエロス的知性に戻ればいいという、これも「森に帰れ」と同じパターンですが、それとは違うんですよね。微妙だけれども。

延長的知性がエロス的知性を明晰にしてゆくということを、知性の力として認めなければならない。エロス的な力は、明晰さよりもむしろ直覚性や全体性のなかにいつも置かれているわけで、すごく曖昧になり易いし、ずらしてゆくことも可能です。メタフォリカルであって、自分は鳥であり熊でありイルカであるというふうに、全部うつしかえてゆくことができるような知性ですから。そうじゃなくて、「私は私だ」「私は私でしかありえない」ということをどこまでも掘り下げてゆく即物的徹底性が、延長的知性のなかにあると思うのです。そういうリアルな自己遡及力や徹底性は大事です。

――非常によくわかりました。これは多分、わたしの上田紀行に対する批判と重なってくるような気がします。大いなるいのちやそのつながりのなかに解き放たれることによって、解放されるということは、私はそんなに信じられないわけです。もっと、個体的なものを明晰にしてゆくこと。それとエロス的な力の開発と、両方いるのだと思うのです。でも、それは正なるものと反なるものという構造じゃなくて、それをもうひとつ統括してそれ自体を生きさせるフィールドがあるんだということです。そういう、知恵の場と力をつくってきた宗教的伝統や宗教的人物は、やっぱりいると思います。

――「生命と現代文明」を宗教から見るというお話、とても内容が濃かったと思います。共同研究の締めくくりにふさわしいものでした。ありがとうございました。

補記

(1) この対話は一九九五年三月十九日に埼玉県大宮市の拙宅で行なわれた。その翌日、三月二十日に地下鉄サリン事件が起こり、三月二十二日以降、同事件殺人予備罪や監禁容疑でオウム真理教教団施設の捜索や教団幹部の逮捕が相次いでいる。事件の全容は未だ不明であるが、宗教的権力と暴力について人は敏感にならざるをえないであろう。「宗教・永遠・エロス」と題したこの対話がその問題に言及し、かなり突っ込んだ問題提起を行なっていたことは単なる偶然であるが、これを手がかりにさらに考察を進めたい。私自身は宗教が自らの宗教性を批判的に超出し、さらなる深化をとげてゆく可能性のあることを確信している。私はそうした宗教の自己刷新力を「超宗教」的創造性と呼んでいる。(一九九五年四月二十五日、鎌田東二記)

(2) 校正のために読みかえしていて、鎌田さんとの対話の内容が、あまりにもオウム真理教事件の突きつけた問題群とオーバーラップしていることに驚く。補記(1)にもあるように、この対談は地下鉄サリン事件の前日に、大宮市でなされている。これは単なる偶然だとは思うが、その背後にある時代の大きなうねりのなかに、われわれもまた巻き込まれていたことだけは確かだと思う。この対話のあとに、これをさらに発展させた、鎌田東二『宗教と霊性』（角川選書、一九九五）、森岡正博『宗教なき時代を生きるために』（法藏館、一九九六）がそれぞれ出版されたことを付け加えておきたい。（一九九五年十二月三十日、森岡正博記）

学者道

――いかがわしさの彼方に

（聞き手・早稲田大学生）

子供の頃

ストレンジ・ボーイ、変わった奴だと父親に言われたよ。子供の頃から、鬼が見えるわけ。普通の人には見えないものが見えると言い張っていたもんだから、病気だとか頭がおかしいとか思われていた。そんなものは見えない、これは木だ、とか言われるんだけど、鬼がそこにいるわけだよ、木とは別に。それでこの世には不思議なことがあると。説明のつかない、奇妙なものがあるという感覚をずっと持っているわけですよ。世界っていうのは、私が見ている通りのものだとすると、人の見ているのとずいぶん違う。これはいったい何なんだろうか、というね。

それで、小学五年のときに『古事記』を読んだの、偶然。すると、僕が見てた鬼の世界がそのなかに表現されている。古代人にとってはこういうものが彼らのリアリティ、世界認識としてあったんだということがわかった。救われたわけだよ、僕のは幻想ではないと。こういうものを感じ取っている人が少なくとも古代にはいたんだ、と。

学生時代

放浪ですね。子供の頃の鬼の記憶があったんでしょう、もう恐山から日本中の「地獄」と名のつく場所を巡りました。お金はないから無銭旅行。キセルや盗みで捕まったこともある。

そんなことをしてたから、大学は一年半全く行かなかった。二年の夏休みに放浪しているとき、実家に「このままでは進級できないから大学やめてください」っていう通知がきたの。さらにその頃ねえ、集中豪雨で実家が潰れるというアクシデントがあったの。「お金がないからお金送って」って家に電話したら、「金ない、家がない」って言うわけ。で、帰ってみたら僕が生まれた家がないんですよ。

これはどうしよう、と。学生を続けようにも、進級はもうほとんど不可能なのよ。それでね、就職活動をしたの。業界新聞とか、ストリップ劇場の照明係とか。全部断わられた。なにしろ髪は長いし、眉毛も剃っているから。だから、もし大学で三年になれたらそのまま大学続けよう、なれなかったら就職しようって結論を先送りにしたんだよね。

それで大学に行き始めて、そのときノートを借りた相手が、今の奥さん。それで何とかしのげたんですよ。体育なんか無理やり先生に頼み込んで、一日に三コマ柔道ばっかりやるとかね。おかげで柔道はずいぶんうまくなった。そうやってなんとか進級できたのがきっかけで、今度はもともとあった神話なんかへの関心をどんどん拡げていった。今の職に就くことになった一大転機だったね。

授業

ほら貝を吹くのは、祭りや祈りの行事で聖なる場所に立ったとき、あるいは何かを感じたときの、その土地の神や仏や自然の霊に対する挨拶だね。仁義を切ってるわけ。それを授業で見せるのは宗教学者としての僕のスタンスでもあるんです。宗教学に関しては、いくら頑張っても客観性っていうのはないと思う。例えば石笛でも、吹くことを通して僕自身が縄文人の感性と結びつくわけですよね、身体的に。そういう、言葉で説明しがたい部分が儀式や祭りや祈りのなかにはいっぱいある。だから、個々の主観的な多様性を認めるところから出発する方が、かえって客観的な開かれた方向へゆくんじゃないかと。自分のナマの部分を学生にもさらけ出して。その結果批判するのも共感するのも、それは自由なのよ。「ああ、何かわからないけどおもろいなあ」とか思ってくれればうれしい。そういう内側から起こってくる発心がないと学問って始まらないんだよね。

霊的体験

幽体離脱したこともあるけど、いちばんすごかったのは四十日間不眠だったことがある。十四年前、ある場所で「魔」を見てね。「魔」としかいいようがないんだけど。その何日か後の夜眠る瞬間、頭の芯で、ものすごい光が音を立てて爆発した。それから一睡もできない。眠るきっかけがわかんなくなっちゃったんだね。もちろん病院には行こうと思ったけど、「魔を見た」なんて言ったら精神科に回されるだろうから病院にも行けない。

眠れないということは脳が二十四時間働いているということだよね。そうすると四十日間ずーっと記憶が、意識が続いている。忘れることができない。だから脳がパンクしそうになるんだよ。それでどうしようもなく苦しいんだけど、毎朝朝日に向かって拝むことだけは続けたわけ。で、ちょうど四十日目に、富士山の横にある七面山という山で朝日を見たんだけど、こう、富士山の頂上から朝日が昇ってくるんだよ。そのときその周りに丸く虹があった。それを見たとき感動してねえ、一瞬空虚になって、あ、これで救われた、と。「魔」が抜けたんだね、マヌケだよ。

今でもたまに滝に打たれたりしますけど、そのことがあったから、あんまり修行を意識したりはしない。もっとバランスを形成する方向に意識を向けたんです。「霊能力」には三種類あって、一つは霊的な世界と直感的に通じ合う「霊」能力、これに執着しすぎていた。二番目は、そういうシャーマン的なものを一旦捨てる「零」能力。最後は人間に対する感謝、「礼」能力。この三つがバランスをもって保たれたときに、私は「レイ能力」が完成すると思う。

趣味?

バク転・バク宙をすることです、暇があると。それをしないと頭が空っぽにならないんです。イメージがつまってねえ、パンクしそうになる。それをね、空中回転によって、遠心分離器にかけてパーッと飛び散らすように、よりシンプルな直感が働く頭脳状態にするんですね。バク転やバク宙をするときは危ないから集中するでしょ。そうすると一瞬とぎれる、空虚な時がある。瞑想でもそういう状態にはなれますけど、僕は体育会系ですから、その方が合ってる。

スピード

僕は俳諧が好きなんですね。まず短いということと、速いということ。速いというのが私が求めるものの一つなんで、推敲はしないですね、（意志を）遂行するだけで。（奥さんがそばにいるのに）だからセックスでも早さを……。確かに肉体を持っている人間にとっては前戯があり、本番があり、後戯があって、初めチョロチョロ中ポッポなんて、こういうプロセスを経た方が快感がスムーズに高まるのはわかりますけど、まどろっこしいんだよねえ。なんかこう、指と指が合ったら電気がビーッと流れて、それで終わりっていうのがあってもいいなあと。

俳諧はそういう世界なんだよね。そういうババーッとくる、一瞬にして立ち現われるもののなかに、神の顕現を感じるんですね。「神鳴り」のごとき言葉。宇宙の、電撃のごとき断片、永遠の今っていうものを垣間見せてる。そして、俳諧はやっぱりアニミズムに近い。アニミズムは、人間以外のもの、草や木が喋るっていうことでしょ。俳諧っていう字を分解すると、人に非ず皆もの言う、だから自然そのもの、あるいは宇宙そのものに語らせるという。天地の歌、草木の歌を私たちがつないでいる。

way

日本人とかネイティヴの宗教の特徴の一つは、近代科学のように要素に分離されていない。大きなwayがあるだけなのよ。神道の場合だとkami-wayがあるんですね、道が。日本人は神も自然も人間も一つなわけですよ。

例えば僕の場合は音楽とか祭りとか研究とかいろいろあるわけだけど、それは全部一つのwayとしてあるということです。イェイじゃないよ、way。僕は道としての学問を求めている。その流れのなかに自分たちがいて、暮らしているんだと。何でもありでいいわけだよ。自由自在、変幻自在、寄せ鍋人生。分けるということができないものですから。人間の体とか、自然界がそうでしょ。いろんなものがバラバラにあるようで、しかし全体として秩序が保たれている。

wayとして、水が流れるように、神鳴りが空間を切り裂いて走ってゆくようにね。人間的なはからいで止めないで自然の流れに沿って、言葉が出てきてもいいし歌が出てきてもいいし論文になってもいいし。基本的にそういう神鳴り族のように生きたいわけ。

一九九八年の風の又三郎

1 「賢治の学校」と人間的悪の問題

一九九八年八月一日から月一回のペースで「賢治の学校」で講座を持つことになった。高田豪さんや鳥山敏子さんの依頼で始まったこの講座を「賢治とシュタイナーの人間観と宗教観」と題したのは、もちろん高田さんや鳥山さんの要望を考慮してのことだが、それ以上に私自身、一九九七年夏が、これから先の文化、文明の分岐点になるとの切迫した思いにかられていて、自らとこの世界の「悪」を深く自覚し、注視し、それを解きほぐしてゆく道を探り、実践した宮沢賢治とルドルフ・シュタイナーという、ほぼ同時代の二人の思想と生涯と実践を手がかりとして、これから先を生きる指針と励ましを参加者とともに確認し共有したかったからである。

有り難いことに、「賢治の学校」のスタッフや参加者が、迷宮のような私の言動を好きなように発揮させてくれたために、本当にのびやかに、しかし真剣に、ユーモアをもって（といっても、ほとんどつまらぬダジャレをふりまく程度に過ぎないが）講座をすすめることができた。参加者やスタッフのみなさんに心から感謝したい。

私が賢治とシュタイナーに魅かれるのは、その宇宙論的な感覚ないし想像力と、人間および人間社会に巣喰う悪の自覚の深さゆえである。賢治における「修羅」意識。シュタイナーにおける悪が栄える世に対する時代意識。シュタイナーは二十世紀初頭において、悪が栄え「神の国」からもっとも遠い地点に来てしまった人間の今とその位置を、キリスト教の「主の祈り」に対する人智学の「認識の祈り」と対置している。

「主の祈り」とは次のような祈りである。

天にいますわれらの父よ、
御名《みな》があがめられますように。
御国《みくに》がきますように。
みこころが天に行なわれるとおり、
地にも行なわれますように。
わたしたちの日ごとの食物を、
きょうもお与えください。
わたしたちに負債のある者を
ゆるしましたように、
わたしたちの負債をも
おゆるしください。
わたしたちを試みに遭わせないで、

悪しき者からお救いください。

この「主の祈り」に対して、シュタイナーのいう「認識の祈り」は次のような祈りである。

アウム、アーメン、
悪が栄える。
崩れゆく自我の証しを、
人に明かされる己れの罪を
日々の糧の中に体験せよ。
その中に天の意志ははたらいていない。
人間はあなたたちの国を去り、
あなたたちの名を忘れた。
天にまします父たちよ。

私はこのような「悪」の認識に立脚したシュタイナーの思想と実践に深い共感と信頼を抱く。シュタイナーは、「悪」を人類の進化を妨害し、霊的に後退させようとする力ととらえている。この人類進化を霊的に妨害し退化させようとしたのが、ルシファーとアーリマンと未来に現われるアシュラであるとシュタイナーは言う。

ルシファーはしかし、人間に悪の衝動と可能性を与えたが、同時に「自由の恵み」をもたらした。そしてその自由ないし自由意志は人間の想像力＝創造力と裏腹の関係にある。いいかえると、人間の想像力＝創造力は悪にも善にもなるということである。

ルシファーが与えた自由と悪の可能性に対し、人間がさらに高みに向かって進化できるように、善き霊たちは人間に痛みと苦しみ、また病気と死を与えたと、シュタイナーは言う。とすれば、痛みや苦しみや、また病気や死は悪に対するつぐないであり、悪の想像力＝創造力を負債するしるしであるということになろう。痛苦や病死がこのように自由と引きかえの悪の可能性からもたらされるとすれば、その浄化と克服は人間的自由と進化の成就にほかならない。その意味で、痛苦や病死は人間に与えられた恩恵ともいえる。

このように、感覚的な関心や欲望には苦悩や病気が伴い、その痛苦が欲望の拡充にブレーキをかけている。もし人間がルシファー的な誘惑のとりことなって感覚的世界への関心に埋没し、そこで人間的自由を行使したとすれば、人間は自らの故郷と存在理由と目的を完全に忘却し、自分自身を見失ってしまうことになる。

アーリマンの誘惑とは、人間を物質世界にのみ縛りつけてしまうように惑わせることである。アーリマンは人間に霊的世界と霊性的本質を忘却するように常にささやきかける。人間はこうしたアーリマン的誘惑に対する修復として「カルマの恵み」を持つことになったとシュタイナーは指摘する。カルマとは、人間が進化に向かう方向とは逆方向に向かう行為の過ちに対するつぐないと消去のはたらきであるというのである。

痛苦や病死やカルマは、このように悪の感覚であり補償であるというのが、シュタイナーの考えである。シュタイナー的な意味での「キリスト存在」とは、こうした人類的痛苦や病死やカルマを補償し消去し、宇宙世代と人類進化の正しい目的に目覚めさせ、永遠の生命進化へと結び直す存在であり、「アーリマン的なものとルシファー的なものの間に均衡、つまりバランスを保つ事を可能にするような教義をすべての人間に伝える」存在である（『悪の秘儀』松浦賢訳、イザラ書房）。

私はこの「キリスト的なものとは、均衡にほかならない」、「キリスト的なものの本質は『人間が均衡を求める』ということの中にある」というシュタイナーのキリスト観を大変おもしろく思う。おもしろいというと敬虔なクリスチャンやシュタイナー信奉者から強い反発を受けるかもしれないが、含蓄のある意味深長な見方であると思うのだ。

というのも、キリストが二つの悪の均衡をもたらすということは、そしてそれが人間の勝利の象徴でもあるということは、「悪」を正しく深く徹底的に知ることなしに、そしてその悪に対して正しい距離と均衡をとることなしに人間の進化、完成はないと思うからである。悪の制御者としてのキリストとは、ルシファーとアーリマンの中間に位置する存在なのである。

シュタイナーは、『オカルト生理学』（高橋巌訳、イザラ書房）のなかで「今われわれは地上に立つだけでなく、全宇宙系の中に立っている」、「人間は永遠の中に参入するために、地球から力を得ている」、「認識のこの高い理想を予感した人、すでに悟った人たちが集まって、正しく調和した人間関係をつくるとき、至高なるものへ向かって互いにひとつになれる」、「その人たちは個人のこの世的な使命ではなく、永遠の使命の中で互いを認識し合う」と述べている。

こうしたシュタイナーの言葉を読んで、宮沢賢治の『農民芸術概論綱要』の「序論」の次の詩句を思い浮かべるのは私だけではないだろう。

……われらはいつしょにこれから
何を論ずるか……
おれたちはみな農民である
ずゐぶん忙がしく仕事もつらい
もつと明るく生き生きと生活をする
道を見付けたい
われらの古い師父たちの中には
さういふ人も応々あつた
近代科学の実証と求道者たちの実験
とわれらの直観の一致に於て論じたい
世界がぜんたい幸福にならない
うちは個人の幸福はあり得ない
自我の意識は個人から集団社会宇宙
と次第に進化する
この方向は古い聖者の踏み
また教へた道ではないか
新たな時代は世界が一の意識になり
生物となる方向にある
正しく強く生きるとは銀河系の

自らの中に意識してこれに応じて
行くことである
われらは世界のまことの幸福を
索ねよう
求道すでに道である

宮沢賢治における「みんなの幸《さいはひ》」や「ほんとうのさいはひ」への希求は、彼の深い「修羅」意識に由来するものであった。そして、この「修羅」こそが「世界のまことの幸福を索ねよう」と「求道」する原動力であった。シュタイナーのいう高い理想と宇宙的な永遠の使命に賢治もまた促され続けた一人なのである。

いかりのにがさまた青さ
四月の気層のひかりの底を
唾し　はぎしりゆききする
おれはひとりの修羅なのだ

（『春と修羅』）

という認識に立てば立つほど、賢治は悪と闘争のなかにいる自分を宇宙的な高みへと引き上げてゆく如来の「十力」のおそろしいまでの力と促しを感じとったことだろう。

「カムパネルラ、ボクたち一緒に行かうねえ」（『銀河鉄道の夜』）というジョバンニの言葉は、シュタイナーのいう「永遠の使命の中で互いを認識し合う」確認の言葉であったといえるだろう。物語のなかで、カムパネルラは死んでしまうが、しかし二人は「永遠の使命」を分有している、共有しているのである。「どうして僕はこんなにかなしいのだろう。僕はもつとこころもちをきれいに大きくもたなければいけない」と思うジョバンニは、自らの内なる悪を覗き込まざるをえない者のまなざしに貫かれている。そのジョバンニの「かなしみ」は魂の浄化と補償に向かう原動力としての「かなしみ」であるゆえに、私たち読者に深く遠い痛苦の所在を起こさずにはおかない。

月に一度、宮沢賢治とルドルフ・シュタイナーを道しるべとし、手がかりとしながら、私は「悪」と「さいはひ」についてもっと深くとらえたいと思っている。

2　友愛の共同体を求めて1　「神戸からの祈り」(八・八・八　十・十・十) に向けて

一九九八年三月三日、芦屋で「神戸おひらきまつり」の第二回実行委員会を持った翌日、神戸市須磨区の友ヶ丘中学校に行きました。昨年来、「酒鬼薔薇聖斗」を名乗る十五歳の少年の殺人事件のことが重く心にのしかかっていたからです。

私の心に三つの引っ掛かることがありました。第一に、その少年が中学三年生で、十四歳から十五歳になる年齢であったこと。義務教育を終える年齢であり、昔ならば元服する年齢であったということ。つまり、イニシエーションを体験する年齢であったということです。そして、その少年は私の息子と同い年であり、彼の両親は私たち夫婦より一つ年上でした。私はこの事件に、同時代かつ同世代的問題を感じたのです。これをどう受け止めるか。

ちょうどこの一年、私は息子の通う大宮市の中学校のPTA会長を務めることになりました。こうした、いくつもの「時期」の重なり合いが、私にこれをどう受け止め解決していくかを迫っているように思えたのです。

オウム真理教事件のときにも似たような重たい引っ掛かりを感じたものです。地下鉄サリン事件が起こった日がちょうど私の四十四歳の誕生日と重なり、その事件の首謀者が私の二、三歳下の年齢で「精神世界」の探求者として出発した人物であったということ。

私はこの二つの事件のなかに、もう一人の私の姿を見ずにはいられなかったのです。少年Aの事件は、「イニシエーション」に失敗した子供のなかのオウム事件として重く深刻に受け止めざるをえなかったのです。

第二に、少年Aが「酒鬼薔薇聖斗」を名乗っていたということ。子供の頃から私には「酒」と「鬼」が不可解な問いとしてあったために、私は少年の名前のつけ方に運命的な引っ掛かりを感じました。正月の三が日の間、絶対に酒を飲んではならないという平安末期から続く家の禁忌、物心ついた頃から「鬼」を見続けてきて、その延長線で出口王仁（鬼）三郎の大本教や「鬼の宿」の神事を行なう天河大弁財天社と出会ったこと、そしてそこでいろいろな課題に直面し立ち向かってきたこと。私はこの過程で悩んだり迷ったり、またそれ以上に多くのことを学んできました。そして今、私の前に「酒鬼薔薇聖斗」が立っている。

第三に、この「酒鬼薔薇聖斗」を名乗る少年が「魔物」の存在をはっきりと知覚し、それをやがて「バモイドオキ神」として崇拝するようになったこと。少年は「懲役13年」と題する手記にこう記しています。

いつの世も……、同じ事の繰り返しである。

止めようのないものはとめられぬし、殺せようのないものは殺せない。

時にはそれが、自分の中に住んでいることもある……

「魔物」である。

仮定された「脳内宇宙」の理想郷で、無限に暗くそして深い腐臭漂う
心の独房の中……

死霊の如く立ちつくし、
虚空を見つめる魔物の目にはいったい、

〝何〟が見えているのであろうか。

俺には、おおよそ予測することすらままならない。

「理解」に苦しまざるをえないのである。

魔物は、俺の心の中から、外部からの攻撃を訴え、危機感をあおり、
あたかも熟練された人形師が、音楽に合わせて人形に踊りをさせているかのように俺を操る。

それには、かつて自分だったモノの鬼神のごとき「絶対零度の狂気」を感じさせるのである。

とうてい、反論こそすれ抵抗などできようはずもない。

こうして俺は追いつめられてゆく。

「自分の中」に……

しかし、敗北するわけではない。

行き詰まりの打開は方策ではなく、
心の改革が根本である。
大多数の人たちは魔物を、心の中と同じように外見も怪物的だと思いがちであるが、
事実は全くそれに反している。
通常、現実の魔物は、本当に普通な〝彼〟の兄弟や両親たち以上に普通に見えるし、
実際、そのように振る舞う。
彼は、徳そのものが持っている内容以上の徳を持っているかの如く人に思わせてしまう……
ちょうど、蠟で作ったバラのつぼみや、プラスチックで出来た桃の方が、
実物は不完全な形であったのに、俺たちの目にはより完璧に見え、
バラのつぼみや桃はこういう風でなければならないと
俺たちが思いこんでしまうように。
今まで生きてきた中で、〝敵〟とはほぼ当たり前の存在のように思える。
良い敵、悪い敵、愉快な敵、不愉快な敵、破滅させられそうになった敵。
しかし最近、このような敵はどれもとるに足りぬちっぽけな存在であることに気づいた。
そして一つの「答え」が俺の脳裏を駈けめぐった。
「人生において、最大の敵とは、自分自身なのである。」
魔物（自分）と闘う者は、その過程で自分自身も魔物になることがないよう、気をつけねばならない。
深淵をのぞき込むとき、その深淵もこちらを見つめているのである。
「人の世の旅路の半ば、ふと気がつくと、

俺は真っ直ぐな道を見失い、
暗い森に迷い込んでいた。」

ここには鋭く明確な自己認識があります。自分のなかに「魔物」が棲んでいて、それが操り人形のように自分を操るという実感が生々しく表現されています。その「魔物」の存在を十四歳の少年がこれほどリアルに見つめていたということに、そしてそのことに周りの誰もが気づかず、何の助けにもならなかったことになんともいいがたい哀しみと無力感をおぼえます。

この少年の洞察には深いものがあります。「魔物」というと、多くの人はメドゥーサとか八俣大蛇《やまたのおろち》とかの怪物的なイメージを思い浮べますが、まったくそうではなく、むしろ普通の人以上に普通に見えるというのです。そして、ここが重要な点なのですが、その「魔物」は自分が持っている「徳」以上の「徳」を持っているかのごとく思わせる力を持っているということ。十四歳の少年が「徳」について、このような鋭く屈折した認識を持っていること自体に悲劇的な事態を感じます。

自分自身を最大の敵としていちはやく察知せざるをえない感覚。もっとゆっくりと自己肯定の気分をたとえ曖昧であっても持ち続けてほしかったと思わざるを得ません。この少年は、『仮面の告白』を書いた三島由紀夫のように早熟で怜悧です。私は少年のなかに三島由紀夫と同じような精神のありかと悲劇性を見ずにはいられません。悲しく、残念です。

少年は殺人を「人間の『こわれやすさ』をたしかめるための『聖なる実験』」と称しました。これはほとんどオウム真理教が行なったサリンによる無差別殺人と同じ感覚です。

なぜその殺人を「聖なる」行為だとあえて意味づけなければならなかったのでしょうか。一九九七年五月八日付の手記にはこうあります。

H9・5・8
愛する「バモイドオキ神」様へ
バモイドオキ神様、ぼくは今現在14歳です。もうそろそろ聖名をいただくための聖なる儀式、「アングリ」を行う決意をせねばなりません。

「聖なる実験」「聖名」、そして「聖なる儀式」。また自分に名づけた「酒鬼薔薇聖斗」。なぜこれほど執拗に少年は自分と自分の行為を聖化しなければならなかったのでしょうか。「魔物」の存在に対する洞察からこの聖化への跳躍はどのようにしてなされたのでしょうか。

「懲役13年」の文章は、一九九七年三月の通り魔事件直後に書かれたものといわれます。それから二カ月後の「聖なる実験=儀式」までの間に、いったいどのような変化があったのでしょうか。この間に「魔物」は「バモイドオキ神」に変貌したのでしょうか。

十年以上前、私は「魔」と表現するほかない何ものかと出会い、それと対峙し、格闘しました。そして、宗教や精神世界の探求者が必ず一度ならず「魔」的存在や「魔」的事態に遭遇することを指摘してきました。

しかし、オウム真理教事件が起こったとき、私はどうしようもない無力感と罪責感に襲われました。これをくいとめることができなかったおのれの能天気さにほとんど絶望的になりました。

なぜそんなに自分を責めるのか。あなたと事件とは直接関係がないじゃないか。そう言える人は、おそらく私以上に能天気な人なのでしょう。私はこの事件が私と直接の関係があることをはっきりと自覚していています。しかし自分はそれに気づかず、いやおのれを鈍らせて気づかぬフリをし、アイマイに、かつ中途半端にやり過ごしてきた。そう思っています。『宗教と霊性』を書き、そこで「魔」の問題を重点的にとらえようとしたのもそうした自責の念から出たものです。

三月四日、友ヶ丘中学の正門にただひざまずいて祈ることしかできませんでした。息子と同じ中学三年生らしき生徒たちが校庭でサッカーをしていました。明るい午さがりの校庭……。この少年たちももうすぐこの中学校を卒業してゆくのだ。しかし彼らは一生ここで殺人が行なわれ、正門前に首が置かれていたことを忘れることができないだろう。この世代の少年少女たちの心にこの事件は深く重く刻印されたのだ。その真の影響が出てくるのは、彼らが今の自分たちと同じ年頃の子供を持つ年齢にさしかかった頃であろう。あと三十年……。少年Aの呪縛と「懲役」は続いてゆくのだ。その呪縛をどのようにしてほどくことができるのだろう。

私にはただただ祈るよりほかすべはありませんでした。タンク山に立って少年が住んでいた町を見下ろしたとき、なぜこんな人目につきやすいところで殺害したのだろうと思わざるをえませんでした。ここは普通の人が「魔」がさしたからといって人を殺せるような場所ではない。全方位に向かって見張られ監視されるような場所。その町のなかで、一番目につきやすい場所だったのです。「友ヶ丘」のランドマークとしての「タンク山」。

とすれば、少年はこの「聖なる儀式」をこの町の人すべてに、いや日本中の人に、そして、世界の多くの人々に見せつけたいという思いを心のどこかに抱いていたのでしょう。タンク場の柵の前に、子供用のトレーナー・シャツとジャージがかけられ、花やパンや水やジュースがお供えされていました。ここでもただ祈るよりほか何もできませんでした。何もできない自分、無力な自分を認めざるをえません。タンク山を去って、土地のおばあさんに道を尋ねて「猿田彦神社」に向かいました。タンク山から直線距離で五百メートルほどのところにその森がありました。

鳥居を一歩くぐると、森厳な気があたりを取り巻いているのがわかりました。小さな祠《ほこら》の背後に巨大な楠らしき大木が立っていました。ちょうど『となりのトトロ』のトトロの棲む楠の巨木の社と同じように。そこは誰が入っても空気の違いを感じられる場所でした。少年Aがタンク山ではなく、この猿田彦の森と出会っていれば……。

猿田彦神社の後ろの木の繁みの間から谷一つを隔てた向こうにタンク山が望めました。鳥居と小さな社を直線で結ぶ先に殺害事件の起こったタンク山があるのです。しかし、地元のタクシーの運転手すらも知らない、神主の住まない小さな社。土地のおばあさんしか知らない、行かない社。あのおばあさんは「わたしらはお参りするけど、みんな知らんねえ」と言っていました。

猿田彦神社のすぐ近くに「厄除け八幡」として知られている神社がありました。ここには近隣の人が多くお参りするらしく、駐車場も参道も広く立派でした。山頂の奥宮までお参りして裏側に抜け、裏参道の鳥居のところまで来たとき、思わずギクリとなって足が止まりました。参道の鳥居の中に、まるで絵のようにタンク山が入っていたからです。あたかもこの鳥居はタンク山を御神体として拝むかのように建てられている。そう思わざるをえないほど真正面にタンク山と白っぽい巨大タンクが見えるのです。この符合はいったい何なのか。厄除けの神はいったい何を見せたいのか。

「厄除け八幡さま」の近くに、その鳥居の真正面から望めるところに「厄寄せタンク山」がある。これを知らせて何かをするように厄除けの神は私たちに警告しているのか。

タンク山―猿田彦神社―厄除け八幡。そのあまりの符合に、言葉にならない思いを抱いたまま帰路につきました。どうしようもなく、「酒鬼薔薇聖斗」を名乗る少年への同情と、殺されてしまった子供たちへの追悼の念が湧き起こってくるのをとどめることができませんでした。

六六六の三倍数の年に、八・八・八で心と世の中の戸を開き（神の戸開き）、十・十・十で天地人を結ぶことができたなら。八・八・八と十・十・十、それを一つの節目として、人と世の開かれと結びと平和と生命の尊さを祈る。

今の私にはそれしかできません。それに向かって起きてくる一つ一つのことに向き合ってゆくしか具体的に何もできません。

どうか、共に力をおかしください。

（一九九八〔平成十〕年三月七日）

3　宇宙の果てを探して

――大成中学校第五十回卒業式PTA会長挨拶（一九九八年三月十七日）

生徒のみなさん。みなさんは、宇宙の果てがどこにあると思いますか？

私はみなさんと同じ年の頃、しばしば宇宙の果てはどこにあるのだろうかと考えていました。そしていつも、宇宙の果てにはそのまた果てがあり、そのまた果てにはそのまた果てがあるに違いないと考えて、無限の彼方にまで続く果てしない果てのあることを考えてめまいがするのでした。

しかし、今から十五年前、ちょうど私たちの子供が生まれたときに、私はその答えを見つけました。生まれてきた子供を見たとき、私はこの子供の中に宇宙の果てがあると思ったのです。そして、かつて子供であった私たち一人一人が宇宙の果てであると思ったのです。私たちの子供も宇宙の果てである。私も、私の妻も宇宙の果てである。私たちは、宇宙の果て同士が出会って、そして今ここにもう一つの宇宙の果てが誕生したのだ、というのが私の見出した答えでした。

そのとき、私は私の子供も私自身も共に宇宙の果てであることをはっきりと意識しました。

虎ノ門病院で子供と初めて面会した帰りの地下鉄銀座線の電車の中で、私は自分の胸の奥底の深いところにろうそくの火がともるのを感じました。子供が生まれるというのは、こんなにあたたかい、静かな喜びと幸せがあるものなのか。私たちが子供の誕生に立ち会うというのは、それほどの喜びであり、また幸せなのです。その子供たちが十五歳という、昔でいえば元服する年齢になって中学校を卒業してゆく姿を見ることは、言葉にならないほどの感慨があります。

私は今、子供も私たち一人一人もみなそれぞれが宇宙の果てであると言いました。このような私の考えを佐治晴夫先生という玉川大学教授をしている宇宙物理学者に話したところ、佐治先生は私の考えが正しいと言ってくれました。先生は、私たち一人一人が星のかけらであり、3K宇宙背景放射という宇宙誕生以来の電磁波に包まれており、宇宙進化のすべての過程を組み込んでいるというのです。

ついこの前、一カ月前のことです。茨城県の宇宙開発事業団筑波宇宙センターで土井隆夫宇宙飛行士と意見交換をする会議を持ちました。私たちは、「宇宙時代における人生観と世界観」という研究プロジェクトをすすめています。その会議の席で私は土井宇宙飛行士に二つの質問をしました。一つは、宇宙に人間以外の知性体が存在するかどうかという質問。もう一つは、人類は宇宙の中でどのような意味と位置を持つ存在なのかという質問です。土井さんは、小さい頃から宇宙に人間以外の知性体が存在すると思い続けてきて、そして今でもそう思っていると答えました。もう一つの私の質問に対しては、人類は宇宙に出てゆく存在として仕組まれ、プログラムされている存在だと答えました。私は土井宇宙飛行士の答えに納得し、同感しました。

土井さんは子供の頃から星を見るのが好きで、宇宙に出てみたいという夢を持っていたそうです。そしてその夢を持ち続けて、ついにそれを実現し、宇宙空間に出て、日本人として初めて宇宙船の外に出て船外活動を行ないました。

生徒のみなさん、私はみなさんに言いたい。みなさん一人一人が宇宙の果てであり、また宇宙そのものなのだと。自分自身のその宇宙を大切にしてほしいと。そして一人一人が宇宙であることを大切にしてほしいと。そして、土井宇宙飛行士のように夢を持ち続けてほしいと心から願います。

夢を持つことが困難な時代であればあるほど、私たちは大きな、美しい夢を持ち続ける必要があると思います。そしてその夢を実現する努力をしてゆくことが大切です。人間はいい夢も悪い夢もどちらも見ることができます。善と悪の中間にいて、どちらにも行くことができるのが人間ですが、いい夢は、自分だけでなく、周りの人をも楽しく、幸せにすることができます。たくさんの人を幸せに導くことのできる夢はいい夢だといえます。

例えば土井さんの夢がそうですね。本当にいろいろな問題や社会的矛盾、葛藤が噴出してきている時代ですが、こういう時代だからこそ夢を持つ必要があるのです。

本年度、大成中学校は五十周年を迎え、記念式典を行ないました。その五十周年記念事業として記念文庫と花壇をつくりましたが、私たちはその記念文庫にみなさんからのアンケートを募り、そのなかから「夢」という名前を選びました。五十周年記念文庫・夢、それが私たちが五十周年記念事業の一つにつけた名前であり願いです。

卒業生のみなさん、在校生のみなさん、大きな、美しく、楽しい夢を持ち続けて下さい。それが社会が、世の中が良くなる第一歩です。

ここにこのように晴れの卒業式を迎えることができましたことは、ひとえに校長先生をはじめとする諸先生方のあたたかく熱心なご指導のたまものと心より感謝申し上げます。また子供たちがここまで育つにあたって来賓の方々、地域の方々が見守って下さったおかげと厚く御礼申し上げます。

生徒のみなさん、あなたたちは一人一人が宇宙の果てであり、宇宙の中心です。自分を大切に生きて下さい。自分の中の宇宙を大切にして大きく夢を育てて下さい。一人一人がかけがえのないいのちであることを自覚して下さい。忘れないで下さい。お願いします。

4　友愛の共同体を求めて2　「神戸からの祈り」（八・八・八　十・十・十）に向けて

一九九八年四月五日、淡路島北淡町岩屋のフェリー乗り場で天河弁財天社の宮司さんたち一行と落ち合った。

前日の四月四日、郷里の徳島で父親の三十三回忌をすませ、大好きな菜の花の咲きほこる春の阿波路を北上して、徳島県と兵庫県淡路島をつなぐ鳴門大橋を渡り、淡路島を縦断して岩屋まで来た。兄の運転で、十五歳の、高校一年生になる一人息子とともに。

岩屋の船着き場で、「神戸からの祈り」実行委員の池田李実子さんと西渕典子さんと偶然出会う。約束の時間まで小一時間ほどあるので、近くの見晴らしのいいところで弁当を食べることにする。あたたかく、おだやかな春の瀬戸内。

日本の国祖イザナギ・イザナミ両神が降り立って国生みをしたオノゴロ島と伝えられる絵島に行くと、幡を満載した帆掛け船の漁船が十数隻、明石大橋の開通を祝ってか、子供たちがスキップをするように、軽やかに、晴れやかに春の光る海をぐるぐる廻り始めた。西渕さんが、「船がよろこんでいるね」と言う。一同おおいにうなずいて、ともに喜びをかみしめ味わいながら、弁当をひらき、牛乳とジュースで乾杯する。母親のつくってくれた弁当を兄弟・親子・友人たちと一緒につつく。乳のみ児が「母の乳汁」にくらいついているようなほほえましい風景。心おだやかで、楽しく、祝福されていて、幸せである。波が打ち寄せる岩場で、この「永遠の今」のような幸せなひとときを過ごす。自然と人の恵みのなかで深く憩う。そこに神々のはたらきと発現があると強く思う。

海洋線を一廻りして、浜から岩屋神社に上る。海に面した神社。本殿は神戸のほうに向き合うようにして建っている。

そのむかし、神さまも祖先たちも、海から上陸してきた。人類の祖先たちがそうであったように。いのちは宇宙空間を旅し、そして海中に宿り、そこで安らぎ憩い、そののちに陸に上がってきた。海という文字の中に「母」という文字が含まれているように、海はあらゆるいのちの源であり母でありふるさとなのである。

●

四十七歳になる今まで、私はふるさとである徳島を一度たりともいいところともなつかしいところとも思わなかった。この狭い、息のつまるような土地と共同体のなかから脱出して、自由に呼吸し、自分の好きなように生きてみたいと思ってきた。そしてそのとおり生きてきた。

四十七年経って、父の三十三回忌に久しぶりに帰ってきて、「ああ、これがわたしのふるさとなのだ」としみじみ実感した。このなんの変哲もない、凡庸きわまりない田舎が自分の故郷なのだ。平凡という帽子をかぶって歩いているような、そんな田舎に対して、初めて「いいなあ」と思えた。それは、「俺も年をとったなあ」とか、「焼きが回ったなあ」という思いのまじるものであったが、しかし根底に深い喜びと感謝の気持が息づいていた。「この平凡さが僕を育み、護り、育ててくれたのだ」。「平凡」という意味で「ザ・ジャパン」といいたいほどの田舎で一夜を過ごし、ハワイでの野焼きフェスティバル、沖縄での「賢治の学校」宮古島ワークと廻って疲れきったからだを休ませた。母のふところに抱かれるようにして、神棚のある部屋で、息子とともに床をのべ、深く睡った。有難かった。

●

朝、六時に目が覚めた。さわやかな目覚めだった。ハワイ、沖縄と、熱のあったからだも芯のところからおさまってきた感じだった。顔を洗って、神棚に向かって朝のお勤めをしているうちに、ふいに「甥の所へお参りに行かなければ」という思いが湧いてきた。

前夜、弟の配偶者である義妹から、今度小学校四年生になる甥の造った「吉坂法大寺」改め「吉坂法宮大寺」の話を聞いた。甥は歴史が大好きで、遺跡や偉人や歴史的事件に強い関心を抱いている。そして一人で長靴をはいて、近くの城跡に巻尺を持っていって測量して復元図を描いたりする変わり種である。その甥が最近、歴史的英雄や寺社、城などの記念品をもとにして自分でお寺を造り、一人で拝んでいるというのである。「吉坂法大寺」の「吉」は吉田松陰、「坂」は坂本龍馬、「法」は聖徳太子の造った法隆寺、「大」は豊臣秀吉の造った大坂城である。

一昨年だったか、厳島神社のある安芸の宮島に行き、参道の土産物店で売っている宮島の朱色の大鳥居がほしくなった。団体旅行のためそれを購入する時間がなかったのをあきらめきれず、家に帰ってきてからも、どうしてもあの鳥居が欲しいと言い張る。しかたなく、弟は土産物店の住所を調べ、電話をして、鳥居を取り寄せた。甥はその「宮島の鳥居」を加え、嬉々として寺の配置替えをし、名称を「吉坂法宮大寺」に改めた、という話である。

私はその話に大笑いすると同時に深く感動した。そしてその子の伯父として、この純粋で無邪気な、しかし深い何ものかを宿している思いにきちんと真向かわなければならないと思ったのだった。そこでその夜、義妹に「今度、正式参拝してやろう」と笑いながら言ったのだった。そのとき私は、きちんと白衣、袴、白装束に烏帽子をつけて、正装して、心を尽くして「正式参拝」をするつもりであった。

しかしこの朝、ふいに「今だ。今行って、きちんとお参りしなければならない。行って、ねんごろにお参りしてきなさい」という神か祖先の声が聞こえたように思った。そこで、上着を着て、法螺貝と石笛とうちわ太鼓を持って、弟の家まで歩いて出かけたのである。

朝、六時半、眠っていた甥を起こし、二人で「正式参拝」をした。祓詞《はらいことば》、大祓祝詞《おおはらいことば》、般若心経を唱え、太鼓を鳴らし、石笛と法螺貝を吹いた。「吉坂法宮大寺」の賽銭箱に心からお賽銭を上げた。目をこすりながらこの「儀式」に参列した甥の魂に、私の思いと祈りはまっすぐに届いたと確信する。

後日、原稿用紙二枚にていねいに書いた甥の礼状と義妹の心のこもった礼状が届き、あのときお参りして本当によかったと真底思った。甥の手紙には「おじさんが、ほら貝などを吹いて、りっぱなのりとを上げてくれたので、りっぱな建立式ができました。だから、最高にうれしかったです。おじさんが、たくさんおさいせんをしてくれたので、吉坂法宮大寺のみんなは（吉田松陰や坂本龍馬のこと）きっとびっくりしていると思います。ぼくとしては、これからもいっぱい集めて吉坂法宮大寺を拡張するつもりです」とあり、彼が測量した高源寺城跡の測量図と城の復元が描き添えてあった。義妹の手紙には、「今回の法事は、お忙しい中での帰省となり、お兄さんも大変だったと思います。そんな中、衛紀（甥の名）の夢に付き合って下さり、私はものすごーく感動しました。やさしいお兄さんと兄妹になれた事を今さらのように喜び嬉しく思います」とあった。それを読んで本当に嬉しかった。

岩屋神社本殿正面の扁額には、「天地大明神」という文字が刻まれていた。そこで二拝二拍手一拝の参拝と法螺貝の奉奏。左横には摂社らしき「八百万神社」が建っている。

●

淡路島、この日本の国生みの源の深いところから地震が起こり、神戸を直撃し、たくさんの死者を出した。その神戸の街の復興は進んでいる。その速度は驚くほどだ。倒れた建物が建てかわるのは早い。しかし、倒れた心が立ち直るまでには時間がかかる。

実行委員のメンバーの一人である、神戸出身の早稲田大学の学生が、「この復興は何か嘘っぽい。『祈り』よりも『叫び』たい気持だ」と言ったが、たまりたまった、積もり積もった晴れることのない鬱屈した気持が滞留しているのを感じる。それを深いところからときほぐし、晴らすのは、しかし「叫び」というより「祈り」ではないだろうか。「祈り」を中心に置いた「まつり」ではないだろうか。「叫び」も恨みも憎しみをも真にとかすことができる力は「祈り」をおいてない、と私は確信する。「祈り」は天が人間に与えてくれた最高の恩恵であると思わずにはいられない。「祈り」は現実的な力を持っている。そのことにいずれ多くの人々は気づき、深く納得するようになるだろう。

天河の宮司さんたちと合流し、株式会社溝尾の溝尾会長の所有する土地に向かった。山腹の池の中央に弁財天が祀られていて、溝尾会長、柿坂宮司、実行委員のメンバーとともにお参りする。そしてそのあと、大日如来の鎮まるという見晴らしのいい聖域に案内された。

目の前に、開通式をこの日に迎えた明石大橋がかかっている。明石港を正面に、少し右手に須磨、六甲連山、神戸港が見える。天から用意されたような景勝地。この岩屋の地と神戸の地は「阿吽《あうん》の呼吸」のように呼応し合っている。天と地と海がここでは一つにとけ合い、通じ合っている。

しかし、この地の底から地震が起こったのだ。古人は、地震に対しても「地震の神」の業として怖れ畏こみ、その鎮まりを祈った。『日本書紀』には、そうした「地震の神」に対する祈請がしばしば記されている。

おそらく、『現代日本書紀』なるものが編纂されたとすれば、そこに、淡路島より発し、神戸を襲った「地震の神」の記事が記録されることであろう。そして、現代に生きる私たちがその「地震の神」にどう向き合ったか記されることだろう。国は、県は、市は、町は、被災者は、マスコミは、外国の人々は、市民は、動物は……。

現代人のほとんどは、「地震の神」などというと笑止千万と笑いだし、ついには怒りを露わにするだろう。そのような非科学的な迷信にとらわれているから、いつまで経っても明晰な理性的認識に基づいた人間関係や世界観が生まれてこないのだ、と。

しかし私は、地震現象をすら神の業と見た古人の畏怖の感覚に深い知性と、現代人が失った天地自然に対する畏敬の念の存在を感じとる。われわれが畏怖する心を失って久しい。この畏怖する心こそ、人間の想像力と創造力の源泉であり、もっとも人間的な心意ではなかろうか。畏怖は祈りのオリジンなのだ。

「神戸からの祈り」の集いは、このような畏怖の心から、畏敬の念から発するものでありたいと私は思う。明石大橋を指して、これは一箇の鳥居であると言った人がいた。含蓄のある言葉だ。だとすれば、明石大橋は何を拝み祭るための橋であり鳥居なのか。明石と淡路島岩屋をつなぐ橋が、古《いにしえ》から現代を経て未来にかかる橋となり、さまざまな苦悩と問題に悩み迷う現代に生きる人々の心にかかる橋となり、天地をつなぐ「天の浮橋」となることを希う。イザナギ・イザナミ両神はこの天の浮橋を伝ってオノゴロ島に降り立ったのだ。

大日如来の鎮まる斎竹に聖別された場所で、天河大弁財天社の柿坂神酒之祐宮司を斎主として私たち三十名ほどが祈りの時を共有した。

夕刻五時、開通式の直後に、私たち一行は岩屋から明石にかかる明石大橋を渡った。夕暮れ時の瀬戸内に手を合わせながら。うららかすぎるほどの春の海。春霞に煙る瀬戸の島々。この大八島の安らけく平らけくあることを、人々がおのがおのがの天命・使命を果たされんことを、心から祈る。

●

新神戸駅の食堂で、息子と二人夕食をとった。息子はうなぎ定食、私はどて焼き。息子は次の日から高校の寄宿舎に入寮する。十五歳になって、一人、新しい道に旅立ってゆくのだ。これから先、今までのような親子としての日常生活はないだろう。親子の縁が切れることはないとしても、彼は彼の人生を、私は私の人生を歩んでゆくだろう。私は彼によって父親となった喜びを生涯忘れることはないだろう。彼から教えられ、慰められ、励まされ、勇気づけられたことがどれほど多くあったことか。感謝という言葉で言い表わせないほど多くのものを私は得た。有難う。

●

翌四月六日、神戸市教育委員会に出向き、今回の催しの趣旨説明をして理解を求め、後援依頼をした。今、教育委員会も学校現場も道を求め、探している。

神戸市役所を後にして、再び一人で友ヶ丘中学校、タンク山、猿田彦神社、多井畑厄除八幡宮を廻った。小雨のそぼふるなか、友ヶ丘中学校でもタンク山でも、今を盛りにと桜が咲きほこっていた。

正門前に花が供えられ、花のところにおもちゃの亀が置いてあった。殺された土師淳君は生き物、とりわけ亀が好きだったという。学校教育において、「人間尊重の精神」と「生命に対する畏敬の念」は道徳教育の二本柱である。にもかかわらず、学校現場でいじめや差別や暴力が絶えることがない。

この暴力を超えてゆくために、私たちは祈りを必要とする。私たちの心とからだの奥底から立ち上がってくる暴力衝動をときほぐし、転位し、浄化し、変容させる道として祈りが必要なのだ。そしてこの祈りは、教えられるものでも強制されるものでもない。ただただ「私」一人の根底からのみ立ち現われて「私」をつらぬく。

タンク山にもジャージやトレーナーや缶ジュースや牛乳が供えられていた。ここでもただ祈るほかない自分に立ち会う。もっと深く、もっと「私」を超えて。

祈りは「私」の真奥から出て、「私」を超える。それゆえに、天地にも、神仏にも、人の心にも通じる力とはたらきを持つ。その祈りが「私」を超え出てゆくかどうか、すべてのものが直観的、直截にそれを識る。ここにごまかしはない。ごまかしはきかない。

椿の花びらが地面に落ちていた。猿田彦神社の鳥居と小さな祠《ほこら》と巨木を一直線に結んだ延長線上に夕ンク山があり、殺害現場がある。そのことを改めて確認して言葉を失った。厄除八幡宮の裏参道の鳥居のど真ん中にタンク山が入ってくるのも再度確認した。このつながりはいったい何なのか。猿田彦神社とタンク山、厄除八幡宮とタンク山。そのどちらの神社の鳥居からもタンク山がまるで御神体を拝するように目に入ってくるということは。

阪神大震災と酒鬼薔薇聖斗事件を結びつけたくないという被災者の重い発言を私は聞いた。しかしそれでも、私の目の前で、この二つはあまりにもはっきりと結びついている。私はこの目の前に現われ出る現象のなかに、何ごとか私たちに対するこの時代のメッセージがあるのだと思う。それをどう読み解き、解きほぐしうるか。それが問われていると思う。そしてその読み解きと解きほぐしの根底に「祈り」の力とはたらきがなければならないのだと思う。

「神戸からの祈り」は、そのような「祈り」から起こり、「祈り」の深化とともに人の心と天地に届き、その魂を動かしてゆくものではないだろうか。

第五部　祈りと祭り

「神戸からの祈り」を終えて

この時代に祈りは無力か？

戦争や暴力の前に祈りは無力である。だれもがそう思っているだろう。しかし、ほんとうにそうだろうか。祈りはほんとうに戦争や暴力の前で無力なのだろうか。

もし、戦争や暴力が起こっている目の前で人が祈ろうとしても無力を感じるだけであろう。飢えた子供の前で文学が無力なように。

しかし、人は戦争や暴力が起こる前に、祈りをもつことでそれを鎮めることができるのではないだろうか。戦争や暴力が起こってくるのをくい止めることができるのではないだろうか。また、戦争や暴力の起こったあとにも、それを鎮撫し、静め、深い反省に導く契機となるのではないか。マハトマ・ガンジーの非暴力主義は祈りそのものであると私は思う。祈りなき非暴力主義はないのだ。祈りは戦争や暴力の抑止力になる、と私は思う。

一九九八年（平成十）八月八日、淡路島と神戸メリケンパークで、同年十月十日、鎌倉の大仏様（大異山高徳院）で行なった「神戸からの祈り」という祈りとコンサートのイベントを終えて、今はっきりとそう確信する。

祈りと願いの違いは何か。端的に、一言でその違いをいえば、願いはそれを願う個人に発し、そこに帰着するのに対して、祈りは祈る個人を超えたものによってつらぬかれるという違いである。祈りは個人の次元を超えて、もっと大きな何ものかに向かう。

シモーヌ・ヴェイユは『重力と恩寵《おんちょう》』のなかで、P・ブリュクベルジェの「祈ることは、死に似ている」(『神に立ち戻ること』)という言葉を引用したが、死が私の消滅であるならば、祈ることもまた私の消滅なのだ。その私の死こそが祈りの本質ではないか。そして、逆説めくが、それこそが同時に私になりきること、私の成就なのである。祈りとは、私が私になると同時に私を超えてゆく行為なのである。

現代人がエゴイスティックな私に埋没し、利己的な欲望を暴力的なまでに肥大させているとすれば、社会的な共同性を回復するためには祈りが必要になるだろう。そしてそれは、それぞれの宗教(教団)的・宗派的・神学的エゴイズムを超えた「超宗教」的な祈りとなるだろう。そのような祈りを持つことによって私たちは、実に複雑微妙に私たちを支配しにかかる多様な暴力の形を超えてゆくことができるのではないだろうか。

なぜ祈りと祭りが必要なのか?

「神戸からの祈り」は、「神戸で祈りを中心に置いた祭りをしよう」という沖縄のミュージシャン喜納《きな》昌吉《しょうきち》の呼びかけから始まった。

なぜ今、あえて神戸で、祈りと祭りなのか。その問いにいくつかの理由を用意することができよう。阪神淡路大震災で亡くなった人々と場所の鎮魂供養、酒鬼薔薇聖斗事件の呪縛からの打開と解放、都市生活者の生命力と霊性の賦活、などなど。

こうした理由も確かにあったし、それはとても切実なきっかけであった。だが、それだけでなく、なによりも私たち自身が祈りと祭りを必要としていたのである。私たち自身を賦活させ、進化成長させ、生命力を甦らせる祈りと祭りが必要だったのである。

いってみれば、私たちは誰か他の人のために祭りを行なったのではなく、自分自身のために祭りを行なったのであるといえる。それぞれの自己の深奥に向かって祭壇を設け、その自己の奥におはす何ものかに向けて祈り、祭りを執り行なった。その奥におはす存在がそれに感応し、耳を傾け、一緒に身を揺すって踊りを踊ってくれたとすれば、私たちの祭りは成功したといえるだろう。一人一人の内なる神を祭り、動かすことを通してしか、真の自由と平等と友愛を旗印にした新しい共同体は成立すべくもないからである。

無償の精神が発する力

「神戸からの祈り」に参加した人はみな、誰かの友だちか、友だちの友だちであった。私たちが「神戸からの祈り」の精神として、「新しい友愛の共同体の形成」を旗印として揚げたのも、そうした実質的な現実に沿うものであった。

喜納昌吉の呼びかけを受け止めた私が、友人たちに呼びかけ、その友人たちがさらに自分の友人たちに呼びかけて、半年の間に、活動的な実行委員が東京と神戸あわせて約五十人、八月八日と十月十日のコンサートには当日ボランティアが五百人集まった。

この人の輪のうねりと形成はまるで奇跡を見るかのようであった。ビジネスとしてこれを行なえば、優に一億円を超える制作費が必要であったが、それを千六百万円に抑えることができ、それをすべて募金と自前のプレイベントなどの収益金で賄うことができたのも、それが「祈りと祭り」という無償のボランティア精神に発するものであったからである。

これが、何か一つの宗教的理念や行事として、また政治的イデオロギーや運動として行なわれていたならば、とてもこうはいかなかったであろう。途中で紛糾し、頓挫していたにちがいない。

阪神淡路大震災が私たちに教えてくれたものは、どのような苦しみや困難も、それを人々が共に共有し分かち合うことができれば、その苦しみや困難を乗り超えてゆくことができるばかりか、それ以上に深く勇気づけられ、新たな価値と社会を創造してゆくことができるということであった。震災は大きな破壊をもたらした。しかしその破壊をどう受け止めて、それに応えてゆくかによって、次の展開はおのずと変わってくる。破壊ないし破局を創造への転機としてゆくことができるかどうかは、まさしくそれをどう受け止め、どう行為してゆくかによって決まるのである。

一九九五年一月十七日の震災後すぐに、喜納昌吉は三味線《さんしん》一本をもって神戸に入った。そこで彼は、打ちひしがれた被災者を前にして、歌など歌っていいものかどうか大いに逡巡した。しかし思い切って三味線を弾き、太鼓をたたき、歌ったとき、みんなが一緒に声を出して歌い、カチャーシを踊った。そして心の底から喜んでくれたという。そのとき、彼は改めてはっきりと思った。「歌は祈りである」と。この悲惨な破壊された街の中に人々の祈りが充満していると。

震災直後の三カ月ほどの間、人々は、国籍、宗教、性別、職業、地位、イデオロギーの区別を超えて、この今を生きている者同士のいのちある者の連帯と友愛をもって助け合い、支え合った。それは、おそらく、神戸という国際性と自由な気風を導入できた都市であったからこそ生まれた友愛のネットワークであったと思う。山口組の組員であろうが、何教の信者であろうが、どこの会社や学校に行っていようが、一切関係なかった。今ここに生きている。そして今ここに死んでいった多くの人々の遺体があり、今も死んでゆこうとする大勢の人々がいるといういのちの現実の前に、人間がつくりあげてきたさまざまな観念や制度の構築物は一回、完璧に壊れて大地に戻ったのだ。

「生きることに何が大切なのか、死ぬときに何が大切なのか」。誰しもがその問いをみずからに問うた。生死の根源に、いのちの源泉と現実と現在に向き合った。向き合わざるをえなかったのだ。

神戸市中央区に住んでいるインド音楽のバンスリ奏者中川博志は、「震災によって神戸の街中がアシュラム（道場）になった」と語った。カトリック鷹取教会の神田裕神父は、「震災後の神戸に一瞬、神の国を視た」と語った。またある学者は、この被災後の不思議な連帯の醸成を「震災ユートピア」と呼んだ。「アシュラム」といい、「神の国」といい、「震災ユートピア」というその言い方は、それぞれの思想・文化・宗教によって異なるが、そこに、自分たちをある高みに引き上げる恩寵のような力がはたらいていることを共通して感じとっている。破壊や破局が単なる否定的な出来事ではなく、それは一つの試練には違いないが、しかしその場に居合わせる人々の根源的な生命力と祈りの力を呼び覚まし、それを創造と友愛の場に引き出してゆく契機であると肯定的にとらえ、感知している点で軌を一にしている。

被災後の三カ月ほどの間、ただよっていたアシュラムや神の国やユートピアは、しかし、その後、どこへ行ってしまったのか。なぜ、それがたちまちのうちについえさったのか。それを問うことなしに私たちの未来社会と未来文明はないと私は思う。

本来、本源的ないのちのつながりと連帯のなかには壁はなかった。太古以来、そのつながりと連帯は繰り返し、祈りと祭りのなかで追体験され、再確認され、共有されてきた。だが文化・文明の発展や国家や宗教教団の成立・形成とともに、次第にそれぞれの固有の様式とルールと制度と権力や利害関係ができはじめ、壁（境界）が生まれてきた。祈りや祭りは、そうした壁＝境界を取り払う方法でもあったが、形骸化し、本来的な意味と役割と生命力を失っていった。祈りも祭りも、いのちの更新や創造力の発露の場と機会ではなくなり、一つの宗教的様式に封印され、心身と魂の深部を揺り動かす力を失っていったのである。むしろそれは共同体や集団の前近代的な呪縛や抑圧として受け止められるようになっていったのである。

いのちは歌であり祈りだ

一九九八年八月八日、淡路島と神戸メリケンパークで行なった「神戸からの祈り――満月祭コンサート」と、平成十年十月十日、鎌倉の大仏様の前で行なった「神戸からの祈り――東京おひらき祭」は、そうした共同体的かつ宗教教団的呪縛のなかにあった「祈りと祭り」の本源的な意味と力と役割を再生させる試みでもあった。

「歌は祈りである」というのが「神戸からの祈り」に参加した喜納昌吉や岡野弘幹と天空オーケストラや佐々木千賀子や林晶彦らの音楽家の一致した思いであったが、さらにもう一歩踏み込んでいえば、そもそも「いのちは歌であり祈り」なのだ。いのちの祈りが歌となり、いのちの歌が祈りとなり祭りとなって表現されるのである。そういういのちのいとなみの深部から発現してくる創造と表現のダイナミズムを今、現在に蘇らせることこそが現代の私たちの心身や魂や社会に必要不可欠のものではないか。

それこそ、景気対策よりも重要な「元気対策」となるのではないか。景気が悪くても「元気」でありさえすれば、人は創造的に生きられる。しかし、人がひとたび「元気」を失えば、創造する力が萎えてくる。創造行為の活性化によって、人々と社会に交換・交流・交通・交歓が生まれてくる。それによって必然的に景気もよくなってくる。景気回復とは、経済的な次元での交換の活発化にすぎない。

一九三三年（昭和八）、メーソンというアメリカのジャーナリストが『神ながらの道』と題する本を出版し、話題を呼んだ。そのなかで、メーソンは、神社をして「霊的元気回復の場所」と言った。言い得て妙である。そして、神社が「霊的元気回復の場」である原因は、まず第一にその場の自然、すなわち「鎮守の森」と呼ばれる神社の森である。第二に、その森で行なわれる「祈りと祭り」である。それこそが人々に「霊的元気回復」をもたらす場と機会になるのである。

神社で行なわれる祭りには、市が立った。その市で人々はさまざまな物を交換した。祈りも物質も情報もみな、神々と人間との、また自然と人間との、人間と人間との交換であり交流、交通でもあった。この多層的な「交わりと通い合い」としての「祈りと祭り」こそが、現代の私たちに真に必要な文化的創造ではないのか。

景気は「霊的元気回復」がなされたならば自然に「回復」するというのが、「霊主体従」という立場に立つ私の見方である。この時代にこそ必要で、起こしうる祭り文化を創造しようではないか。そして、新しい祭り文化の創造によって成立する「友愛の共同体」を新たに「霊的元気回復の場」として立ち上げようではないか。

宗教とともに生きてゆくために

1　俺たちの魂は天に向かって堕ちる

最近、宗教とは死を光源とした洞察と行動の体系であるとよく思う。死を光源とすることによって浮かび上がってくる生と世界の相。それを覗き見たときに、それが発信してくる問いかけからもはや逃げることはできない。

おまえは、ある。だが、どのようにしておまえはあるのか、知らない。おまえはどこからきてどこへ行くのか、知らない。おまえが今そこにそのようにあることの由来と意味を、おまえは知らない。おまえは今、おまえがあまりにも多くのものごとを知らないことに気づいた。おのれの無知に気づいた。おまえは広大なる未知の前に恐懼している。怖れよ。ふるえよ。おまえの精神は未知の海の只中に投げ込まれた一艘の小舟だ。おのれの無知を知るおまえは、おのれの無知を知るがゆえに真知を求め、おまえの前に広がる未知の海の広大さを知る。おまえは無知を知り未知を知るがゆえに、おまえが存在する世界の大きさを、宇宙の巨大を知る。それは幾層もの未知に覆われている。知ることが増えれば増えるほど、おまえはおのれの無知に気づき、問いかけが深く広がる。おまえはおまえが何者であるか知りたいと思う。だがおまえは、自分が何者であるかを知るために、世界と他者を知らなければならない。他者があるということ、そして他者を知ることなしに自己を知ることができないこと、それがおまえの運命なのだ。おまえは逃れられない。どこにも逃げていく所はない。逃走する、到る所がおまえの精神の流刑地となる。敢然と向かえ。勇気を持って立て、死すべき者よ。死すべきおのれを問うべく生まれてきた者よ。怖れよ、未知を。そして怖れるな、問うことを！

森岡君（とふだん言い慣れた呼び方をするのを許してほしい）、君の書いた『宗教なき時代を生きるために』（法蔵館）を読んだとき、私は深く揺すぶられた。剣道の試合で、真正面から面打ちを打ち込まれたときにも似た潔さと清々しさと静寂に襲われた。そして思った。この本は、まぎれもなく、私たちの時代の、私たちの精神に対する真正面からの証言であり問いかけである、と。

そう思うことは、嬉しくもありまた羨ましくもあるような、単純だが複雑微妙な感覚であった。私にはこのようなかたちでの問いかけと表現はできない。おそらく君よりももっと身ぐるみ宗教のなかに入り込んでいる私には、君のように正面から「宗教なき時代を生きるために」と銘打つことも問うこともできなかった。

しかしながら、私もまた「宗教なき時代を生きる」という感覚を共有していたことも事実である。一九九五年十一月刊の『仏教』別冊八号（「特集・オウム真理教事件」）誌上に、本書の核になる「宗教なき時代を生きるために」を三十六歳の君は発表した。その七年前、一九八八年十月刊の『仏教』五号誌上に、当時三十七歳の私は「宗教が『宗教』を超えてゆくとき」（のちに拙著『老いと死のフォークロア——

翁童論II』新曜社、所収）と題する文章を発表した。その冒頭部分をここに引用することを許してほしい。

私は「宗教」を信じない。二十一世紀は「宗教の世紀」になると説く人がいる。だが私はそうは思わない。二十一世紀は「宗教の解体の世紀」になると私は確信する。

過去においても、現在においても、未来においても、「宗教」は人間間に、そしてさらに人間一人一人の内面のなかに、深刻な対立と葛藤とをもたらすものである。もちろん、こうした対立や葛藤が無意味であるとはいえない。およそこの世に存在してきた、存在する、存在するであろうものに無意味なものも無駄なものもありえないから。そればかりか、「宗教」はそうした対立や葛藤を通して、いくたびも自己自身を刷新し、メタモルフォーズさせてきたといえるかもしれない。「宗教」の歴史は人類史そのものの栄光と悲惨の徴表にほかならなかったと。

だが、未来の私たちにとって真に重要なものは「信教の自由」などではなく、「宗教の自由」ではないか。つまり、何かの「宗教」を信じたり、信じなかったりすることよりも、「宗教」を解体し、「宗教」を自由にすることが必要なのではないか。「宗教」からの自由でも「宗教」への自由でもなく、「宗教」それ自体を自由にする闘い。それが今世紀の文明に突きつけられた課題ではないか。世界の諸宗教を統一することなどでは断じてなく、それを解体し、始源の海に解き放ってやること。二十一世紀は「宗教の時代」ではなく、人類史において初めて「宗教が宗教から自由になる時代」になるであろう。少なくとも、私個人はそうした方向に歩むしかない。

あらゆる「宗教」を私は信じない。しかしながら、「神々」や「霊」や「気」は疑いえないものとして厳存する、と思う。私は「神々」や「霊」の存在を信じているのではない。たとえば、私たちがこの世に存在しているのは、この世に親たちが先に存在していたからであるが、その親の存在事実を信じるとか信じないとかという人はいないだろう。それは信仰の対象などではなく、たんに存在事実、より端的にいえば生物学的事実にすぎないのだから。

長い引用になって申しわけない。君が「宗教なき時代を生きるために」と問いかける感覚と地点を私もまた共有していたことを確認しておきたかったのだ。私は今なお、いわゆる既成宗教教団は解体し自己崩壊してゆくにちがいないと思っている。それはもはや「宗教改革」などによっては持ちこたえられないほど、腐敗と創造力の枯渇に陥っている。宗教には「宗教解体」しか生きる道はないのだ。だがこの「宗教解体」はそのまま「宗教」がなくなることを意味しない。むしろ、宗教がさらに苛烈に自己超越と自己変容を遂げてゆくことを意味している。そのかぎりでは、私は宗教の自己超越と自己創造を確信している。人間が人間であるかぎり、いつの時代にも宗教はみずからを創造してゆくだろう。

「宗教なき時代を生きる」君は、宗教にも科学にも没入することができず、そのいずれでもない宙吊りの位置で、孤独を感じつつも一人で生きる意味や存在することの意味を問いかけようとする。「科学にも満足できず、かといって宗教の道にも入ることのできない、この宙ぶらりんの私は、どうやってこの世界で生きていけばよいのだろうか」と。

「オウム真理教の時代を生きなければならない〈私〉」とは、オウム真理教事件を見てしまった「この宙ぶらりんの私」が、宗教に対しても科学に対してもあえて宙ぶらりんであるというスタンスを選びつつ生きる意味を、何かに頼り依存することなく問いかけようとする、〝私たち〟の精神状況に対する自己認識である。

だが、君がそのような「宙ぶらりんの私」の断念と孤独を語れば語るほどに、そこに私たちの時代の宗教性が身をもたげようとするのを私は見る。私たちの時代の魂は、神々や霊を崇め信仰することによって救われることのない闇を抱え込んでいる。私たちは神々を信じ、天を振り仰ぐのではない。私たちの魂は天に向かって堕ちているのだ。宙吊りのまま。

2　誰に向かって発信するか

ある時期、二年あまり、見知らぬ女性から断続的に手紙が届いた。頻繁なときには、一週間のうちに二通も届くことがあった。

手紙のなかには、自分が霊的な体験や神秘体験を持ったことがめんめんと書かれていた。そしてある神霊の委託を受けていることが記されていた。シークレットな委託。

一度も面識のない私たちには、霊的な特別な関係があるらしかった。私には彼女のシークレットな委託の封印を解き、世に告げ知らす使命がある、とのことだった。

彼女の手紙のいたるところから「私を理解してほしい。そして私を解き放ってほしい。私の中に詰まっている、そして私を苦しめもがかせている訳のわからない情報とエロス的な衝動に道すじを与えてほしい」という声が聞こえてきた。しかし、私にはなにもできなかった。一通も返事を書かなかった。連絡もしなかった。だが、彼女は私に向かって手紙を書きつづけた。出しつづけた。私はどうすればよかったのだろう。返事を書いて、自分の感想や意見を述べるべきであったか。会って彼女の話すことに耳を傾けるべきであったか。先のことは考えずに、まずはコミュニケーションを持つべきであったか。その「使命」とやらに身を挺するべきであったのか。

霊的体験や神秘体験を理解することは難しい。神道ではそれをそのままうのみにせず、「審神《さにわ》」すること、すなわち霊的事象に対する的確かつ客観的な判断が求められるが、これまた難しい。霊的体験を理解することは一種の神話を共有することであり、その人の夢と人生を共に生きることである。それゆえに、ある「覚悟」なしに霊的体験を理解することも共感を示すこともできない。それはまたその人のエロスの内奥に深く分け入ることにもなるからだ。ある場合には、その人の過剰幻想に火を点け、妄想の肥大化に手を貸すことになるからだ。

私は見知らぬ女性からの手紙を読んで、それが真正の霊的事象か病理現象か、断を下すことができなかった。それは象徴的な多様多元の意味を内包し、発信しているように思えた。しかもそれは「Help! 私をここから救い出して！」というサインだった。それは確かであった。

この通信に対してなんの応答もしなかったこと。判断を留保し、どちらとも決断せぬままに時を過ごしたこと。時に解決をゆだねたこと。私はなんの助けにもならなかった。その声をついえさせた。それは今も深い心の傷になっている。そうした傷は増えこそすれ、減ることはない。そのような自分自身を、私は恥じる。

3　懐疑する審神者《さにわ》は宙吊りより堕ちる

一九九五年三月十九日、地下鉄サリン事件の起こる前の日、「宗教と現代文明と生命論」といったテーマで君と話し合った。大宮の私の家で。そしてそのあと一緒に都心に出向き、君は都内のホテルに泊り、私は深夜自宅に戻った。そのときの対話は、「宗教・エロス・永遠」と題して『現代生命論研究』（日文研叢書、国際日本文化研究センター刊、一九九六年一月、共同研究「生命と現代文明」の報告書、本書収録）のなかに収録された。

その対話のなかで、私たちは宗教的暴力の構造とそれから脱出する道を話し合った。私たちは宗教が人間救済や解放の装置であると同時に、巨大な暴力装置として機能することを確認し合った。そしてどのようにしてその暴力装置から脱け出し、それを解体できるかについて意見を述べ合った。そのとき私は、ブッダの道（ブッダ的仏教）こそその暴力装置を無化できる思想的・実践的ポイントではないかという意見を述べた。その翌日、東京の地下鉄で、仏教徒を自称するオウム真理教の幹部たちによって、「ポア」と呼ばれる殺人行為が行なわれたのだった。

三月二十日、地下鉄サリン事件の起こった日の朝、午前四時頃、寝床の中で突然ガタガタと私の身体がふるえだした。ロック・コンサートに行った若者が舞台の前でとびはね、首を前後に大きくゆするヘッド・バンキングのように、激しく身体が動いて止まらなくなったのだ。突然に。

その頃君は都心のホテルで睡りについていたことだろう。不意の悪寒に襲われて、三十分ほども蒲団の中でふるえつづけた。このようなふるえは生まれて初めての経験だった。いったい何が起こったのか。突然の急激な身体の変化に不吉な念《おも》いと不安がつのった。忘れることができないのは、その日の朝に地下鉄サリン事件が起こり、その日がちょうど私の誕生日にあたっていたからだ。満四十四歳の。

こうした事態の重なりを過度に意味づけるつもりはまったくないけれども、少なくとも私がこの事件に直接的に端を発したオウム真理教事件を見すごすことのできない、何か必然的なかかわりを感じたことは事実である。

私は、新宗教のなかでは、大本教やそこから出た世界救世教などの宗教活動についてはシンパシーを抱いてきたが、新新宗教と概括される多くの教団――世界統一神霊協会や幸福の科学やオウム真理教やワールドメイト――には批判的な態度をとってきた。

しかしながら、そのなかでも、オウム真理教が「イニシエーション」を喪失してしまった現代社会において真正面から「イニシエーション」を問うている教団として登場してきたという点には、時代的必然を感じていたし、また重要な問いかけを現代社会に発信している教団だと思ってきた。その「イニシエーション」の教義やあり方に疑問と批判を抱いていたとしても。この点については、以前、拙著『老いと死のフォークロア』(前掲)に収めた「イニシエーションなき社会のイニシエーション」において批判的に言及したことがある。

だから、オウム真理教およびこの事件が突きつけている問題について、自分なりに正面から向かい合わなければならないと思い、『宗教と霊性』(角川書店、一九九五年九月)を書いた。そしてそのあとに、『仏教』誌上の君の論文「宗教なき時代を生きるために」を読み、しばらくして一冊にまとまった本書を読んで、正面から打たれたような思いがしたのだ。これは私たちが生きている時代の、ある真摯な精神の証言であると。

君はこの書を「信仰」に対する自分自身の違和感を表白するところから始めている。そして「信仰」することのできない自分の精神のありようを赤裸々に語ってゆく。自分は宗教の道、すなわち「信仰」の道にも科学の道にも入れない。そのどちらにも一歩足を踏み入れたが、そこから先に進むことを拒否した。しかし「この世で私が生きてゆく意味」を問わずにはいられない。それを自分は「生命の倫理」

の問題として、一人で、孤独のなかで、自分の手と足と頭と心を使って追求してきたと語る。しかしその自分の軌跡は、オウム真理教に入信した若き科学者の軌跡とあまりにも重なるところが多い。自分たちは酷似した時代精神の持ち主であり、その共有者であると。

私は君の遍歴と探究のプロセスを読んで、君が同世代のオウム真理教に入信した信者のたどった遍歴と探究に強い共感をおぼえているのを興味深く思った。君が一貫して、麻原彰晃にではなく、彼につき従った信者に目を向けていることを興味深く思ったのだ。なぜ麻原彰晃ではなく、彼についていった信者なのか、君が目を向け、考えようとするのは。この点が君の本の長所でもあり短所でもある。特徴でもあり限界でもある。

君は〝私の内なるオウム〟に目を向けた。しかしその〝私の内なるオウム性〟を、その教祖麻原彰晃を通してではなく、彼に追従した君と同世代の幹部や信者を通してのみ見ようとする。もっといえば、君は麻原彰晃を見ることを避けている。その男の精神と行動に踏み込むことを避けている。なぜか。

それは君自身が、麻原彰晃の人生と体験と思想と行動よりも、彼につき従った信者たちの人生と体験と行動を自分自身の人生と体験と行動に基づいて理解しやすく、そのある部分はよく共感できるからであろう。しかしそこから立ち上がってくる言説は、本当に「宗教なき時代を生きるため」の言説と行為になってゆくだろうか。私たちの生きている、あるいは生きてゆく時代が「宗教なき時代」であることを剝き出しにし露わにする力があるだろうか。根本的にそれでは足りないのではないか。皮相なのではないか。

なぜなら、それでは宗教がなぜ、どのようにして生まれてくるのかについての根源的な理解と洞察と批判ができないからだ。はっきりいって、君の宗教や「信仰」や「神秘体験」に対する理解と批判は一面的で浅すぎると私は思う。宗教は教団を離れて成立するし、「信仰」を持たない無神論者にすら宗教的瞬間は訪れる。聖なるものの示現と感受は、われわれが思っている以上に底が深くて広いのだ。無神論者こそ誠実に聖なるものと向き合い、宗教的瞬間に直面していることもあるのだから。

君は、「ほとんどの宗教が、教祖や教義や超越者への信仰を核にして成立している」と言う。しかし宗教とはそのようなレベルのものだろうか。宗教とは詩や夢と源泉を共にする世界の自己開示であり、到来する認知への畏怖に支えられてある。宗教は到来してくるものへの開かれのなかから生まれてくる。それはいつでもどこでも生まれうるのだ。これから先も。

森岡君、君の宗教についての理解は徹底的に近代的だ。それは宗教を「信仰を核にして成立している」と見るところに顕著に現われる。君は「信仰」と「疑い」を対置する。徹底的かつ積極的に懐疑することを停止してしまった精神、それが宗教を「信仰」する者の精神であると。懐疑する精神の持ち主である君は、「宗教を『信仰』することができない人間」であると述懐している。そして君は、「開祖や教祖をもち、聖典をもつような宗教」に、「『信仰』を核とした宗教」に入ってゆけないと告白する。そしてその理由を四つあげている。

(1)私は「絶対の真理がすでに誰かによって説かれている」という感覚をもつことができないから。

(2)宗教は「死後の世界」について断定的に語ることが多いが、私はそれを受け入れることもできないから。

(3)世界と宇宙の成り立ち全体にかかわるこんなに根本的なことにかんして、「××こそが正しいのだ」という断定をしたり、あるいはその命題の正しさを自分のいのちを賭けて全身全霊で疑うことを積極的に停止したりするという態度をとれないから。

(4)根本的なことについて他人が知らせてくれた解答を、そのまま自分自身の解答にしてしまうことができないから。

いちばん根本的な矛盾は、君が「絶対の真理」を絶対的に拒否しているという点だ。君は「絶対の真理の正しさを本気で疑う」ことが重要だと主張する。この点は私もまったく同意する。しかし君はここで「本気で疑う」ことの「正しさ」についてはは「本気で疑う」ことがない。懐疑精神の絶対視。これはデカルトの「方法的懐疑」からずいぶん飛躍した懐疑ではないか。デカルトはまだしも謙虚であった。そして、彼は「信仰」の人でもあった。

このような、懐疑する者としての君は、「宗教の道に入ることなく、私が存在していることの意味や、生と死の意味や、ほんとうの自分とは何かについて、どこまでも自分の目と頭で追求してい」こうとするとき、次のような基本態度をもって「世界の謎に立ち向かう」。

(1)絶対の真理は誰によっても語られなかったし、これからも語られることはないであろうという感覚に忠実になる。

(2)死後の世界の存在について、断定的に語らない。同様に、絶対者や超越者や神の存在についても断定的に語らない。

(3)世界と宇宙の成り立ち全体にかかわる根本的なことがらにかんして、「××こそが正しいのだ」という断定的な態度をとらない。

(4)それらの根本的なことがらに対して、他人のことばや思考にみずからを重ねない。

「審神《さにわ》」という問題をずっと考えてきた私は、このような君の態度はもっとも懐疑的な「審神者《さにわ》」に見える。「審神者《さにわ》」は霊的事象や神言（霊言、霊的通信）の真偽を糺《ただ》し、「審神《さにわ》」する。君の態度は、宗教に対しても、科学に対しても、そうした「審神者」の位置に立とうとしているように思う。そしてどちらに属することもないその道は必然的に宙吊りになる。宙ぶらりんを生きる。

その宙吊りの道を君は「第三の道の可能性」として次のように措定する。その道とは、「生や死や『いのち』や存在の問題に目隠しをする唯物論の社会、科学主義の社会に異議申し立てをしつつも、それらの問題に対する解答をけっして宗教の『信仰』には求めず、そしてどこまでも思考放棄せずに、自分の目と頭と身体とことばを使って自分自身でそれらの問題を考え、追求し、生きていくという道」である。その道を生きる知性に裏づけられた生のあり方を、君は「生命学」と呼ぶ。君の問題とする「生命学」は私の取り上げてきた「霊学」と根本的な位置と態度において共通するところがある。

君は、「この現代日本において、私は宗教の道を通らずに、いままで宗教が扱ってきた問題を正面から考え抜く、そういう知性の道を切り開くつもりだ」と宣言する。その心意気やよしとしよう。私たちは三月十九日に行なった対話で、そういう「知性」の必要性を確認し合った。ここにいう「宗教の道を通らずに、いままで宗教が扱ってきた問題を正面から考え抜く」ことが、いかなる宗教教団にも属さずに、自由に、独力で、「生死とは何か、死んだらどうなるのか、なぜ私は存在しているのかと言った、人間の生命の本質に関わる宗教的なテーマ」すなわち「宗教性」を探究することであるとするならば、その問題意識や探究の姿勢は根本的に「霊学」と通じると私は思う（「霊学」については、拙著『神界のフィールドワーク』青弓社、を参照されたい）。あるいはそれは、島薗進のいう「新霊性運動」とも共通するところがあるだろう。

「宗教なき時代を生きるためには、宗教に頼ることなく、そのうえでみずからの宗教性に立ち向かっていくことが必要になる」と君は言う。であればこそ、その「みずからの宗教性」にどれほど鋭く、深く、果敢に「立ち向かってい」るかが問われるだろう。

森岡君、残念ながらその点では君の問いかけは私のなかに深く入ってくることはなかった。とりわけ「第二章　神秘体験とは何か」は私には不満であった。もの足りなかった。君の本を読んで足りないと思ったのは、麻原彰晃についての吟味と批判と、神秘体験や超能力を含むシャーマニズムやシャーマニックな体験や事象についての考察である。

なぜ君はそこに踏み込まなかったのか。それは君自身が気功の共同体での神秘体験やヨーガ的な意識の変容体験を持っていても、憑霊や脱魂というシャーマニックな体験を持っていなかったからであろうと思う。誤解しないでほしい。シャーマニックな体験を持っていないからダメだなどと短絡的なことを私は言おうとしているのではない。そうではなく、シャーマニズム的な現象の真偽や意味を問うことなしには「いままで宗教が扱ってきた問題を正面から考え抜く」ことなどけっしてできないと思うからだ。「霊学」が最重要問題として取り組もうとしたのがこのシャーマニズム的な事象であったがゆえに、私には君の「生命学」の内実が、また「宗教なき時代を生きる」というときの「宗教」の内実が底の浅い、近代的な見方に思えてしようがなかったのだ。おそらく、君の「死後の世界の存在について、断定的に語らない」という基本態度が、必然的に「死後の世界」や霊的存在に立ち向かわざるをえないシャーマニズムについての吟味を回避させたのだと思うのだ。

しかし、「審神」とは、このシャーマニズム的な事象に対する、懐疑する精神を持った、「信仰」の立場からではない探究であった。私はそうした「審神者」の宙吊り状態を生きてこようとしたが、今、その限界を感じはじめている。「審神者」の知性はいつもある体験の後追いをするだけであり、判断するだけであって、より深くその体験の内実に分け入ってゆくことはできないからだ。カントをもじっていうならば、「神秘体験（神主）なき審神者は空虚であり、審神者なき神秘体験（神主）は盲目」なのである。この両者の相互交入なしに「宗教」の根本問題を「正面から考え抜く」ことはできないのだ。

もう一つ、君に共感しつつももの足りなく思う点がある。それは君が「煩悩の哲学」の必要を主張する点だ。君は言う。「もう、悟りもいらない。超能力もいらない。神秘体験もいらない。それらのものは、私の煩悩と限界を浄化するのではなく、むしろ私という存在が日々行なっている暴力と抑圧と悪を、巧妙に目隠しする装置としてはたらくだけだ」。「悟り（と思い込んでいるもの）」や「超能力」や「神秘体験」が無反省・無懐疑的に特権化され絶対化されるとき、確かにそれらは「暴力と抑圧と悪」を「巧妙に目隠しする装置」となると私も思う。しかし、それだからといって、それらを暴力や抑圧や悪の目隠し装置と決めつけるのはまちがいだし、あまりに一面的にすぎると思う。むしろそれを突破する力をも持っている。

そこで私がいちばん問題にしたいのは、悟りや超能力や神秘体験（これらの違いと相互関係についても明確な説明がほしかった）と「魔」との関係である。仏教では、「四魔」の第一に「煩悩魔」を置くが、「煩悩」と「魔」との関係は根本的な問題であり、それが「悟り」を引き出す原動力なのだ。この点を私は『宗教と霊性』のなかで主要な問題として論じたが、悲しいことにあまり理解されなかったようだ。

中国の気功の老師・王濾生は「道高一尺魔高一丈」と道破したが、本当にそのとおりである。「道」を求める心が強く、志が高ければ高いほど、また「道」が究まれば究まるほど、それに敵対し妨害する「魔」の高さもさらに高くなる。逆にいえば、私たちは「魔」を通してしか「道」に到ることはできないということだ。「煩悩」という「魔」を通して、私たちは「道」を成長し、超えてゆくのだ。私たちはこの宙吊りから、「魔」に向かっても、「道」に向かっても堕ちてゆかなければならないのだ。最近、宗教とは死を光源とした洞察と行動の体系ではないかとよく思う。死を光源とすることによって初めて視えてくる生と世界の全景。見えないものに焦点を合わすことによって視えてくる世界の位相。そのとき世界は語り始める。

おまえは、在る。世界が在るがゆえに。そして世界は、在る。おまえが在るがゆえに。おまえは世界が見る夢である。そして世界はおまえが見る夢である。おまえは世界を映す鏡であり、世界はおまえを映す鏡だ。喜べ。おまえは世界であり、世界はおまえだ。だが、おまえがおまえであるために、世界は閉じる。おまえがおまえであるゆえに、世界は閉じる。世界はおまえを真に生み出すためにみずからを開き、そして閉ざす。おまえは世界の窓であり、世界はおまえの窓だ。さあ、窓を割って出て往け！　あちら側へ。おまえが世界だと思っているあちらへと。そこでおまえはおまえに出会うだろう。世界であるおまえに。怖れよ、おまえを。おまえ自身を。そして怖れるな、おまえ自身を割って出て往くことを。新たに生まれ出ることを。喜べ、死ぬことを。怖れるな、生まれ出ることを。旅立つことを！

とぶらいに荒野往くなり暮れてなお

＊　オウム真理教事件で亡くなった方々のみたまを心より哀悼致します。また身心に深い傷を負った方々の苦悩をお察しします。私にはそれ以上何もできないことを深く恥じます。

神戸からの祈り

信の力

人がこの世を生きてゆくうえで、もっとも大切なものは「信」だと思う。信頼、信用、通信、交信、自信、等々。

赤ん坊は、信頼という言葉やその意味を知らなくても、両親や家族に対する絶対的信頼のなかで生きている。生きるということは、自分を生み出し、受け容れてくれているものへの根源的な「信」と肯定から始まるのだ。

ほんとうの「自信」というものは、そういう自分を生み出し、受け容れてくれているものへの深い信頼と感謝から生まれてくる「自己信頼」のことなのだと思う。それは他者を傷つけたり差別したりする傍若無人な傲慢さとはまったくちがう。ほんとうの自信（自己信頼）は、ほんとうのやさしさを生み出すのだ。

ところで、信頼や信用という言葉のほかに、「通信・交信」という言葉にも「信」の字が使われているのは興味深い。「信」は訓読みすると「まこと」という。「まこと」は「誠」とも書くが、それは漢字の組み立てからいえば、「言った事が成る（実現する）＝誠」ということであり、そこには「人の言う言葉＝信」に対する深い注意と尊重がある。「通信・交信」とはだから、そうした「人の言葉」の通じ合いを求めるいとなみなのである。「通信・交信」とは、それゆえ、単なる機械的な伝達ではない。「信」の通い合いと交わりを求め願う、きわめて人間的な試みなのだ。

宗教に強い関心と意味を見出してきた私は、最近、「信仰」という精神的かつ行動的なありようの持つ力と意味を実感するようになった。深い信仰とは、深い自己省察であり、他者と自己への感謝であり、祈りであり、友愛であり、生死をともに有難く受け容れ、同時に超えるいとなみであると思う。

神戸在住の映画監督・大重潤一郎を実行委員長として、私たちは一九九八年八月八日、「神戸からの祈り」という催しを行なった。それを通して、私は改めて「信」と友愛の大切さを思い知った。「信」が「心」から「神」へと通じることを。

神戸と鎌倉からの祈り

「神戸《こうべ》」の名の起こりは、生田神社の神領を意味する語「神戸《かんべ》」に由来する。中世には西日本を代表する港湾都市となるが、平安末期に平清盛がこの地に遷都して福原京を築いたことも発展の大きな機縁となった。

一方「鎌倉《かまくら》」の名はその土地の地形からきている。湾曲ないし窪みを表わす「鎌・釜・蒲・窯・竈」と、物を蔵《しま》い容れる空間を表わす「倉・庫・蔵・座・鞍」とから成る「かまくら」の語は、秋田県の民俗行事「かまくら」が、神霊や祖霊を招き入れて子供たちによるもてなしをし、春の訪れを告げる祭りであるように、神霊のこもる空間を指している。

このように、「神戸」も「鎌倉」もともに「神」や「霊」と関係の深い土地である。そしてともに中世を代表する港湾都市であり、平氏と源氏の二大武士団の拠点地であった。神戸の生田神社と鎌倉の大仏は二つの土地の神仏を代表する。

乱世であった中世は、保元の乱（一一五六年）や平治の乱（一一五九年）に始まる。平治元年、平清盛は源義朝を破り、平氏全盛の世を築く。私の先祖鎌田正清は、平治の乱で主人である源義朝とともに斬り殺され、平清盛の前に首をさし出された。

日本の元号のなかで、「平」の字から始まる元号は、「平治」と「平成」の二つだけである。その「平成」が乱世の始まりとならないことを私は祈ってきたが、残念ながら平成の世はますます乱世の様相を色濃くしている。

そうした折、私たちは沖縄の音楽家喜納昌吉の呼びかけで、神戸在住の大重潤一郎監督らとともに「神戸からの祈り」という催しを神戸と鎌倉の二カ所の地で行なうことになった。一九九八年八月八日、淡路島と神戸メリケンパークで、朝日と満月に向かい、世と人の開かれと平安を歌と踊りをもって祈り、平成十年十月十日、鎌倉の大仏様の前で同様の趣旨で祈りとコンサートを行なう。鎌倉の大仏は、源頼朝の侍女と僧浄光の発願と勧進によってできた、死者の供養と世の平和を願う庶民の大仏である。

その大仏様の前で、十月十日に神戸から鎌倉、鎌倉から世界中へ向けて、真の世界平和と新しい友愛の共同体を求め築いてゆく祈りの祭典を行なおうと、今最後の詰めにとりかかっている。

喜納昌吉と白船計画

喜納昌吉は、沖縄が生んだ天才的な音楽家である。代表作である「ハイサイおじさん」や「花〜すべての人の心に花を」は、彼が高校生のときにつくったものだ。

「川は流れてどこどこ行くの　人も流れてどこどこ行くの」という歌詞に始まる「花」は、「泣きなさい　笑いなさい　いつの日かいつの日か　花を咲かそうよ」という言葉で終わる。この歌には、生きていることの悲しみと喜びをすべて養分として吸収して、一人一人が花を咲かせて生きてゆくことに対する願いと祈りと励ましが歌われていて、何度聴いても感動を誘う。

喜納昌吉は、沖縄の魂を現代に表現しえた稀有な芸術家である。彼の三味線《サンシン》一本で歌う「東崎《あがりざち》」は、美しく豊かな沖縄の自然がそのままで人々の癒しの源泉となっていることを切々と訴え、心の琴線に響く。しかしその沖縄の自然も本土資本の進出によって無残に破壊されてゆく。その壊れゆく自然と人間の痛みと哀しみ。

喜納昌吉は、沖縄出身の音楽家であるばかりでなく、真理を求め実践する道の探求者であり、世界平和を希求する行動家である。

喜納は、近代日本の病根を、「黒船」によって無理矢理開国を迫られ、「文明開化」させられたことに見る。その歴史的トラウマ（心理的外傷）を日本人は今日まで引きずっているというのである。

それゆえ、日本人が日本人として真に自立し、国際社会のなかで世界平和への貢献を果たすためには、「黒船」によって強引に近代化させられた外傷をみずから癒してゆくことが必要になる。そこで、「白船」による「平和開花」へのプロセスがその癒しの回路となると喜納は言う。

近代社会に平和をもたらしているのは、核兵器を頂点とする武器による武力均衡であり、その平和はかりそめの平和にすぎない。現に、インドやパキスタンやアメリカが核実験をして、その均衡はもろくも崩れ去った。

真の世界平和を実現するには「すべての武器を楽器」に代えて、各地で祭りを起こしてゆくしかない。

大砲を積んだ「黒船」ではなく、祭りの楽器を満載した「白船」によって、アメリカに「平和開花」のお返しをしに行く。それが喜納昌吉の提唱する「白船計画」であるが、私はこの一見、荒唐無稽でユーモラスな計画に心から賛同する。

友愛の共同体を求めて

今、大きく世の中が動いているのを感じる。旧《ふる》いシステムが音をたてて崩れてゆき、耳を澄ませば新しい動きの槌音がはっきりと聴こえてくる。

世界は、苦悩と矛盾と葛藤に満ちている。謀略と暴力と冒瀆に満ちている。子供も大人も真に尊敬し畏敬しうるものを見失っている。理想も理念も地に堕ち、泥にまみれた。社会主義も民主主義も自由主義も人間の傲慢と横暴を浮き立たせることに仕えた。

世界は、しかし解決を求めている。癒しと治癒を求めている。阪神淡路大震災は、そうした癒しと治癒を求める世界と大地の叫びだったのではないだろうか。

阪神淡路大震災直後に見られた互助と支え合いの姿のなかに、「震災ユートピア」を見、「神の国」を見たという神戸市民の声を聴いた。それを地球と現代社会の自然治癒力の発露だったという神戸市民の声も聴いた。明石大橋を架けるために、大地と海底を深くボーリングし、穴を開け、傷つけたことが地震の引き金になったという神戸市民の声も聴いた。

そのどれもが説得力をもって迫ってきた。その声を発した人たちのほとんどが、現在の行政とゼネコン主導型の復興を「嘘っぽい」と語った。震災が教えてくれ、目覚めさせてくれたいのちの尊さと人間のやさしさはどこへ行ってしまったのか。

近代は、十八世紀のフランス革命以降、自由・平等・友愛を旗印に歩んできた。自由を保障する民主主義も、平等を実現する社会主義も、少なくとも法律的に多くの国々で保障され、制定されるようになった。

しかし、自由・平等・友愛を説いた西洋近代社会は、自分たちの自由・平等・友愛を実現するために、多くのアジア・アフリカ・アメリカ諸国を蹂躙し、抑圧し、植民地支配した。近代化を目指した日本帝国もまたその侵略の一翼を担った。

自由と平等は、未だ十分にこの世に実現していない。しかしそれ以上に実現していないのは「友愛」である。阪神淡路大震災が教えてくれたのは、自由と平等と友愛の精神と実践ではなかったか。その新しい友愛の共同体の形成こそ、「神戸からの祈り」であり、願いではないか。

鎌倉からの超宗教の祈り

平成十年十月十日、鎌倉の大仏様の通称で知られる大異山高徳院で「神戸からの祈り―東京おひらき祭」を行なった。常時二千人、延べ一万人の観衆と大仏様に見守られながら、祈りの儀式、歌、踊り、語り、パフォーマンスが八時間余にわたって賑々しく繰りひろげられ、フィナーレでは全員一緒に大仏様に向かって一分間の黙禱を捧げた。

今回の祭りの特色は四つあった。第一に、その祭りの中核をなす祈りが「超宗教の祈り」であったこと。九十七歳になる佐藤密雄高徳院住職の導師による浄土宗の鎮魂と平和祈願法要、柿坂神酒之祐天河大弁財天社宮司を斎主とした祝詞奏上と四人の巫女による「浦安の舞」。日蓮宗や天台宗の僧侶たちによる「観音経」の読経。そしてアラスカインディアン・クリンギット族の語り部ボブ・サム、アメリカインディアン・ラコタ族のチーフ・メディスンマンのレオナルド・クロウ・ドック、セイクレッドランの提唱者デニス・バンクス、アイヌのアシリ・レラ、沖縄の喜納昌吉が合同で祈りを捧げた。時間と空間を超えた不思議な時空間に包まれ、宇宙的な四次元空間に誘われたかのような思いがしたものだ。美しく、幽玄で、超現実的な現実。

第二に、この祭りが友愛の共同体を創造するという明確な目的に支えられていたこと。阪神淡路大震災は、人間が、人種・民族・国家・性別・職業・年齢によって支配されるのではなく、生かされてこの世に在るのだといういのちの連帯と友愛を教えてくれた。地縁や血縁によってだけではなく、いつどこにいても、人は友愛の縁《えにし》によって結ばれうるのだということをこの大災害は教えてくれた。その友愛と信頼の絆を形づくるためには、みんなが自分の力やお金や友愛を「お供え」として出し合って、「祭り」をする必要があった。それによって初めて思いが形となって共有されるからである。

第三に、ボランティアのあり方と意識をめぐって、「贈与《ポトラッチ》」や「お供え」という、昔ながらの祭りの精神とその意義が改めて大切なものと受けとられはじめたこと。

第四に、国内外のネイティヴ（先住民族）の人々の祈りがその土着の言葉（母語）と所作をもって捧げられたこと。祈りも文化も多様でありながら、その心の奥底に共通の何かがあることを言葉を超えて確認できたこと。

流星に祈る

祭りが終わり、二週間後に、高徳院副住職佐藤行信師が逝去された。大仏様阿弥陀如来のもとに還られたものと思いたい。御冥福を心から祈ります。生前の御厚情、本当に有難うございました。

流星を見た。午前四時頃、中天から南西の方角に、思いがけないほど太く、大きな光の筋が墜ちていった。数秒間、飛行機雲のような光の帯が残っていたほどだ。

いつもよく行く、大宮市の生物構造研究所のグラウンドでその流星を見た。私はここで、しばしばバック転やバック宙をして一人遊びをする。この前も、夕刻、ここで北西の方角に墜ちてゆく流星を見た。宇宙は神秘だ。自然は不思議だ。存在は謎だ。人間は不可解だ。こんなところに、こんなふうにして、存在しているなんて。

流星を見ながら思い出した。『ソフィーの世界』（NHK出版）という哲学小説のなかに、「宇宙を見るということは過去を見るということだ」という一節があったのを。

夜空の星のほとんどは、この地球に何万光年もの時間をかけて旅してきた光の束である。その光の花束であるかのような星々は多く、何万年も何億年も昔の光である。いま、私たちが夜空に見上げている星はみな、いま現在この時間には存在しない光なのだ。

「数千光年離れた星を見るということは、宇宙の歴史を数千年さかのぼるということだ。よく晴れた夜にわたしたちは、宇宙の歴史を百万年前、十億年前までさかのぼる。星空を見つめるわたしたちは、始源を見つめているのだ」（『ソフィーの世界』）。

昔、子供の頃、死んだら星になると聞いた。そうかも知れないと思う。夜空は星の墓場だからだ。いま私が夜空に見上げている星は、いま現在この宇宙に存在しないかも知れないのだ。私たちは死者となった星を見ているのである。

三十個ほどの流星を見ながら、願をかけた。この世界に真の平和が訪れますように。人々がみな一人一人自分の使命を果たすことができますように。苦しみと悲しみを喜びに変える力をお与えください。

涙と怒りをほほ笑みに変える知恵をお与えくださ い。死者の星が永遠の光をともしつづけますように。流星を見上げながら、未来の子供たちの幸いを祈った。

明け方、東南の方角から下弦の月が出てきた。その方角に向かって流星が一つ、墜ちていった。その流星に向かってチベットで手に入れたほら貝を吹いた。

新しい祭り文化の創造を

この一年、「神戸からの祈り」という催しを行なうために、毎月神戸に足を運んだ。そして、中央区にある映画監督の大重潤一郎氏のお宅に泊めていただき、南に瀬戸内の風光や淡路島を望み、北に六甲山を仰ぎ見ながら、つくづく神戸はいい街だと感嘆するのだった。

神戸は、自然と人間と文化・文明が手を携えて調和してゆくことのできる未来都市のモデルとなりうる街だと私は確信する。確かに阪神淡路大震災は、神戸周辺の都市に大きな被害をもたらした。がしかし、その被害を克服して二十一世紀型の未来都市を神戸で創造してゆこうという気運もいろいろな形で生まれてきた。残念ながら、まだその動きが十分な成果を生んでいるとは言い難いが、神戸が日本社会の盛衰と創造性の有無を占うリトマス試験紙的な役割を担う都市であることは否定できないだろう。

二十一世紀文明の最大の課題は、自然と人類文明がいかに調和ある関係を築いてゆくことができるかにある。そして、それぞれの地域社会や家庭で、いかに安らぎと憩いと創造的な交流の場と関係を築いてゆくことができるかにあると思う。

そのためにも、文明が自然や人間に対して暴力的なふるまいをするような構造を改めてゆかなければならない。自然を畏《おそ》れ、敬い、そして親しむ関係を構築してゆかなければならない。文明が自然を侵略する構造を打ち止めにしなければ、未来はない。

もしそうできなければ、子供たちが先に音を上げ、死に絶えるであろう。老人が生きがいも生きている安らぎや意欲も失い、未来への期待と希望を持つことができず、滅んでゆくだろう。いい加減、人間は自分の暴力性に気づかなければならないのだ。

「神戸」は生田神社の神領から始まった。生田の森と社《やしろ》が、神戸の自然と人間との関係の象徴であった。生田神社の神さまは、天と地と海を結ぶ神であった。自然への畏怖、畏敬を失った文明は、まちがいなく滅びる。そして、自由な創造性を失った文明もやがて閉塞して必ず亡びる。

自然への畏敬と自由な創造性が結びついた表現が、本来の「祭り」であった。神戸の都市づくりには新たな祭り文化の創造が欠かせないと私は思う。都市文明と自然との共生のかたちを神戸ならではの祭り文化の創造を通して示してほしいと心から希っている。私たちが行なおうとした「神戸からの祈り」もそうした新しい祭り文化の創造の希求だったのである。

サタンの悲しみ

本当の宗教とは何か?

仙台からの帰りの新幹線の中で初めての便りを書き始めます。

抜けるように青くさわやかな空の下を歩いても、その青い空のように心が晴れることはありません。今年(一九九六年)になって、相ついで身近な人々が次々と亡くなってゆき、追悼と追憶の念がいよいよ深く重く堆積しています。死者の霊の心はけっして五月晴れのように晴れわたっていないのだと思います。昨年の阪神大震災と地下鉄サリン事件で亡くなった方々のみたまも含めて。

最近、俳句を一句作りました。

とぶらいに　荒野往くなり　暮れてなお

死者を背負って砂漠のような荒涼たる地をどこまでも歩いてゆく。歩いても歩いても、とむらいに適した場所はない。幾日も幾日も荒れ野を旅する。死者を背負って。念仏やら真言やら祝詞やら題目やら、知っている限りの唱え言や祈り言を口にするが、どこにも届くことなく空しく反響するばかり。宗教はもはや救いにならず、新たな苦悩と葛藤と闘争を生み出すだけ。自然のなかにも心安らぐ憩いの場所はない。そしてとむらいは終わることがない。

思えば、法然や親鸞や日蓮や道元や一遍などの、鎌倉新仏教の祖師と仰がれている方々は、どのようにも晴れることのない時代の闇のなかに信仰と修道の光をさし示そうと苦心したのではなかったでしょうか。あなたが住職を務められている西念寺は、そうした祖師の一人につらなるお寺なのですね。

この三月に伊万里をたずねて、本堂に石笛を奉じた後、杯を重ねながら、宗教の過去と現在と未来について、またその功罪について話をしましたね。あなたは「今、宗教を問い直すことが必要だ」と言いました。対して、私は、年来、「宗教解体が必要だ」と言いつづけてきた由縁《ゆえん》を話しました。話せば話すほどに、あなたのいう「宗教の問い直し」と私のいう「宗教解体」とは志を同じくしているとの感を深くしました。どちらも本当の「宗教（性）」が蘇らなければならないと切実に思っている点では一致していたからです。

それでは、本当の「宗教（性）」とは何なのでしょうか。あなたはそれを「いのちに目覚めること」と喝破されました。無明の闇に閉ざされ、煩悩の大波にさらわれつづけている一人一人の人間が、みずからの、そしてまた他者のいのちの光にめざめ、照らされ、洗われて闇のからだを脱ぎ捨ててゆく。いのちのおのずからなるともしびが、からだのなかからもこころのなかからも照り輝いていって、深い智と信愛に目覚めてゆく。あなたがあなたであるゆえに、私は私であり、あなたと私は交わり照らし合うことができる。「いのちの目覚め」とはそのような自証と照応のつきることのない往還なのでしょう。

私は「宗教」の根幹は「おそれうやまうこと」だと思っています。存在に対する、存在することに対する畏怖と感謝。今ここにこのようにあることがどれほど遠く、有難く、すごいことか。そのすごさと不思議と有難さに直面し、絶句し、黙って手を合わして「おそれうやまう」ことが「宗教」の原点ではないかと。

この一月から、友人たちと一緒に東京で「宗教を考える学校」を開いています。信仰を持つ人も持たない人もいます。仏教も神道もキリスト教も修験道も新宗教の人もいます。宗教家や芸術家や宗教学者が自ら「宗教」を語りながら、「宗教」の〝改革〟と〝解体〟と〝目覚め〟に立ち向かおうとしているのです。日々の暮らしにおいて、人との対話において。いつかあなたや寺沢さんや桐島さんや藤田さんや鈴木さんにも語っていただければと思います。

この前、舞踏家から神業者になった友人が「みたま割り」ということを話していました。その人の本然の「みたま（魂）」は、行き詰まり、苦悶し、苦闘するなかで、追いつめられて追いつめられて逃げる所のない地点で、あるとき突然に割れて顕われ出るのだと。

どうか一人一人が、いかなる苦難に出会おうとも、そのような「みたま割り」に直面し、いのちに目覚めますように。

最後に、冒頭の俳句はタクラマカン砂漠やシルクロードが脳裡から離れずに、あるときふとでてきたものです。

団塊の世代

八月の光は昏《くら》い。しかし深い。
それは光が影をきわだたせるからである。七月の光のように、光がすべての物象を、風景を覆いつくすのではなく、どうしようもなく光が深く影を孕んでしまうからである。もっといえば、生の絶頂にあるものが不可避的に死を胚胎しはじめるからである。

八月は哀《かな》しい。夏休みが終わりに近づくから。それも一つの理由だ。宿題を終えることができずに、眠い目をこすりながら泣きたくなるのをこらえつつ、一心に机に向かう。そんな風景が繰り返される。

同じように、八月になるたびに解きあかすことのできない「宿題」が蒸し返される。戦争、原爆、慰霊という宿題が。この死者の御霊《みたま》を迎え、まつる〝お盆〟という季節に。繰り返し。八月の昏さと哀しさは、そのようないまだ解きほぐしえぬ御霊まつりを繰り返し行なわざるをえないところからきているように思う。


しばらく前、宗教学者の山折哲雄氏と話をしていたとき、「団塊の世代が日本を滅ぼす」という言葉が山折氏の口をついてでた。一瞬ギクリとしたが、私は反論した。「団塊の世代が日本を救うとは言えないが、間違いなく日本をつくりかえるだろう」と。

恐らく山折氏は、全共闘運動や連合赤軍浅間山荘事件、オウム真理教事件を念頭において、良くも悪しくも「偶像破壊」を推し進めてきた世代の問題点と危険性をいささかドラスティックに指摘されたのだと思う。現象面を見ると、確かに団塊の世代は、家族、大学、企業、共同体、国家の価値体系を疑い、否定し、破壊した面がある。にもかかわらず彼らは、それに代わる新しい価値体系も規範も倫理も制度も創造できなかった。なしくずし的に日本の社会を混迷に引きずり込んだ実質的な担い手ではなかったか。山折氏の真意がそこにあったかどうかはわからないが、私はその発言からそのような批判的ニュアンスを嗅ぎとった。それに対して、おおよそ次のようなことを述べた。

団塊の世代とは何か。それは戦無派でも「戦争を知らない子供たち」でもなく、まさに戦争の申し子なのだ。というのも、彼らはみな戦争を体験し、敗戦後の制度と価値のドラスティックな変化と混乱をいや応なく生きざるをえなかった両親の戦後最初の子供だからだ。その両親の多くは十代の終わりから三十代の初めにかけての時期に戦争に巻き込まれ、身近な人たちの死を身の周りで目撃しつつ生き残り、戦争の記憶を深くその身に宿しつつ団塊の世代を生んだ。

とすれば、敗戦後に起こったベビー・ブームのこの世代は、自ら戦争を体験してはいなくても、最も深く、鋭く戦争の影と無意識と傷を宿した世代なのだ。その世代は親たちが解きほぐしえなかった問題に、無意識的かつ運命的に直面せざるをえない。それこそ「業」である。私は、団塊の世代は戦争の問題を引きずり、その深層を自虐的にえぐり、解決への道を探ろうとした、いやいまなおそうしつつある世代であると思う。

私の父は戦争末期に中国で航空兵だった。彼はしかし肺結核になり内地に戻された。そのために命は助かったが、同期生は一人を残してみな特攻隊員として死んだ。病気で生き延び、郷里に帰って養子に入り、母と結婚した彼はしかし、戦死した同期生に対して深い負い目を持ち続けた。彼は昭和二十二年に長男、二十四年に長女、二十六年に二男、二十八年に三男を得た。酒を飲むと繰り返し戦争のことを語り、「俺の人生は余生だ」と言った。一人だけ生き残った同期生は戦後、全日空であったか、パイロットとなり、ある日飛行中に屋久島だか八丈島だかで墜落して、死んだ。同期生はみな飛行機乗りとして死んでいった。父は、私が中学三年の春、突然オートバイ事故で死んだ。今の私と同じ四十五歳で。私の高校入試の合格発表前夜のことだった。父の死と私の合格が同じ日の地方紙の朝刊に掲載された。

父のことを思うたびに戦争と人生と業のことを思う。そしてたくさんの死んでいった人々のことを思う。

夏休みの宿題は私にはいまだ解けないままだ。

チベットと観音

チベットにひかれるものは特別には何もなかった。それほど強く行きたいとも思っていなかった。地球上のすべての土地を巡礼して回りたいという気持は強くある。だからといって、チベットが特別の地とはならなかった。なぜだろう。子供のころはあれほどギリシャなどの異国の地に憧れていたのに。一九九六年九月十九日から二週間ほど、上海、成都を経由して蔵密気功と蔵医学を学び、交流するためにラサ、シガツェ、ギャンツェの三都市を巡った。関西気功協会の三十人のメンバーとともに。

ほとんどみんな高山病にかかった。それでも毎日、法螺《ほら》貝を吹いて、チベットの土地の神々、仏菩薩、精霊に祈った。思いきり法螺貝を吹くと、酸欠状態のためか、頭がガンガンする。だが、どうしても吹きたくなる。何か、土地の、目に見えない存在や力と交流するために、回路というか、手立てが必要なのだ。儀式というほど大げさでもなく、何かの宗教色に染まっているというのでもないが、しかしやはり〝儀式〟が必要なのだ。柔らかで、しかも自分にできるもっとも深い、心のこもった所作と、そこに込められた歴史、思い、力とともに。

古くからの友人である、宗教学者の中沢新一君や正木晃君の話や著作を通して、チベットには関心を持っていた。しかし、同時代の有能な友人たちからチベットやチベット仏教のことを聞いても、いまひとつ心が動かなかった。ただ、中沢君や正木君の著作から、チベットの「風《ルン》」について、深い印象が残った。

宮沢賢治は、「新たな詩人よ／雲から光から風から／新たな透明なエネルギーを得て／人と地球にとるべき形を暗示せよ」と「生徒諸君に寄せる」という詩のなかで語った。彼は「風」から聞き取った話を『注文の多い料理店』やその他の作品のなかで伝えている。「風」の語りを童話として、お話として書き記した。

宮沢賢治はチベットに行きたかったかもしれないと思う。なぜなら、チベットは水の流れ出る水源地であると同時に、風の吹き起こる〝風源地〟でもあるから。「風の又三郎」の主人公の高田三郎君は引っ越していっても、風の又三郎はチベットにもイーハトヴにもケルトの地にも往来したはずだ。高田三郎君のなかに吹いている「風」、いや「風の又三郎」を私たちは感じる必要があるのではないか。

チベットについてイメージしていたのは、何よりもこの「風」である。風を感じたかった。土地の「風」だけでなく、もっと微細で、しかも力強い、目に見えない「風」が、自分の心に、またこの身に吹きわたることを。チベットの「風」、それが私をチベットに誘った最大の引力かもしれない。

だが、思いがけなく、というべきか、あるいは必然的だったというべきか、私はチベットで「風」ではなく「観音」に吹かれた。そう強く思う。なぜチベットは観音信仰を深く保持し、ダライ・ラマは観世音菩薩の化身とされ、その土地は観音の浄土と信仰されるのか。

日本の中世には、南海の海上に観音浄土があると信じて、人々の苦悩を背負って死をかけて渡海してゆく補陀洛《ふだらく》（観音浄土の意）渡海の信仰があった。四国八十八カ所の遍路においても、もっとも多く信仰されたのは観音であった。八十八カ所のうち、三十二カ寺に観世音菩薩が本尊として安置されていた。

やがて、西国三十三カ所、坂東三十三カ所、秩父三十四カ所の、あわせて百観音霊場がつくられた。その観音霊場には、千手観音像がいちばん多く本尊としてまつられている。

『般若心経』や『法華経』にも観音がでてくるが、日本人の仏菩薩信仰のなかで、もっともポピュラーで、かつ中核をなすものが観音菩薩なのである。

その観音が何であるか、チベットでその実相、本質に触れたと思った。観音の身体と意識、その身心の境位がどのようなものであるか、身にしみてわかったという気がしたのである。

観音菩薩は三十三身に変化して生きとし生ける者を救うといわれる。千手千眼観音、十一面観音、馬頭観音などは、そうした観音の変化力をよく表わしている。それは「観音力」の象徴的表現といえる。

しかし、それはただの象徴ではない。身心の実際的な感覚と行為の表現なのだ。観音の身体は、確かに千手・千眼をもって、いのちあるものの苦悩を見とり、それに手をさしのべている。それは象徴ではなく、実在の情景そのものなのだ。その千手は観音の慈悲心「ウィズ（共に）」であり、千眼は観音の智慧「ウィズダム（叡智）」である。

チベットのあるお寺で、観音像の前に立った。合掌して祈っていると、肩から、わきから、腰からニョキニョキと手が出てきた。そしてその手は「世界」に向けてさしのべられた。「世界」とは、「いのちあるもの」のことである。有機物とか無機物という区別であるのではなく、存在すべてにさしのべられてゆくこの手、掌《てのひら》、そしてそれを正しく、いとおしく見る眼。中国に占領支配されているチベットの苦悩。

そこで思った。私たちに必要なのは、観音を単に信仰することでなく、自らを観音化する行為ではないかと。寺沢さん、鈴木さん、井手さんたちの存在の在り方のなかに、私は「観音力」を見る。観音の在り方は、私たちに未来の希望を与える。そう思えるのだ。

サタンの悲しみ

伊豆大島の三原山が噴火してこの十一月で十年になった。一九八六年十一月十五日に噴火し、一週間後には全島民避難にまで発展した噴火は、その当時、日本における戦後最大の火山の爆発といわれた。「ファイアー・カーテン」と名づけられた割れ目噴火を見た人は、その比類なき美しさと圧倒的な迫力にみな息をのんで立ちつくしたという。

十年前のその日、私は東京の渋谷にいて三原山の噴火をニュースで知って衝撃を受けた。私たちの時代がとてつもない危機のただ中に突入してゆく予兆としか思えなかったからだ。これからもっともっと爆発が起きる。噴火や地震やもろもろの災害が。

そのような、襟を正して覚悟せねばならないような事態が矢継ぎ早に起こってくる。自然は私たちに警告を発している。私たちの文明と生活のなかにどれほどの思い上がりと慢心が満ち満ちているか。そのことをはっきりと突きつけている。

そう思えた。

しかし、この巨大な文明装置のなかで、良くも悪しくもその恩恵をこうむり、反発はしてもそこに帰属して生きざるをえない無力な一個の都市生活者である私にいったい何ができるだろうか。ただただ自然が自然の摂理を全うし、私たち一人一人がおのおのの使命を成就することができるようにと祈るほか何もできなかった。

その年、私は一つの決心をした。「神主」になろうと。神々に仕え、神々と人々との仲を取り持つことのできる神主になろうと。神意を受け取り、その真意を人々に伝え実現してゆくことのできるまことの神主になりたいと。

今にして思えば、そのような幼い決心のなかにおのれの力をたのむ慢心が巣くっていたと思う。私は祈りや神事によって、病み衰え傷つき叫び声を発している大地や海を何がしか癒すことができるのではないかと思っていた。少なくとも、そうした祈りや神事を通して人々の意識を変えることができると思っていた。

しかし、この十年で自分自身の意識や生活のあり方を変えることすらできなかったではないか。確かに私は三十六歳で神職資格を取った。学校の教師を生業としながら、大学生にまじって、鎌倉の鶴岡八幡宮や大和の大神《おおみわ》神社で神社実習をした。水の神を奉斎する神社でお祭りの手伝いをしたり、人に頼まれてお祓いや地鎮祭を行なった。各地の聖地・霊場を巡礼しもした。

だが、本当の神主にはなれなかった。正しく神意を受け取る器が私にはなかったのだ。おのれをたのみ、何か特別の者と見たがる途方もない慢心が自分のなかに巣くっていて、神意を正しく純粋に受け取ることを妨げたのだ。中途半端な神主ほど偽善的な者はいない。傲慢を隠して謙虚にふるまう聖職者ほど悪質な偽善者はいない。

私は、どうしようもない偽善者だったと思う。高校生のころ、あれほど偽善を嫌い、偽善的だと思えた坊主と学校の教師にだけはなるまいと固く心に誓っていたのに。どこでどう道をまちがえたのか。

高校生のころは、偽善者よりも悪人の方がずっと真実の人に見えた。建前や社会正義や説教ではなく、本音の、真実の、偽りでない正義というものを求めていたから。ドストエフスキーの『罪と罰』のラスコーリニコフや『カラマーゾフの兄弟』のドミートリーのような犯罪者のなかに真実と真の正義を希求する魂を見出した。親鸞の「善人なおもて往生をとぐ。いわんや悪人をや」のいわゆる悪人正機説を読んだときにはしんそこふるえた。ここにあらゆる偽善と慢心をはじき、はぎとる苛烈な、むきだしの、しかし真実を見ようとする精神があると。

この五月であったか。井手恵さんと渋谷の八丈島ゆうき丸という店でクサヤを食べ、焼酎を飲んだ。そして話した。宗教とはいったい何なのか、何のためにあるのかと。そうした話の合間からふと「サタンの悲しみ」という言葉が出た。そのとき突然、深いところから了解し、氷解するものがあった。

もしこの世から本当に悪を消滅させることができるならば、そのときにはまず何よりも「サタンの悲しみ」に、悪をなす心の悲しみの根源に深く深く触れ、届くことができなければならない。「サタンの悲しみ」を共に悲しみ、その悲しみの源泉に深く降りてゆき、触れて、共に悲しみに暮れるほかはない。その共なる悲しみによってそれが癒されるかどうかはわからない。そのようなレベルで、「サタンの悲しみ」が消えるかどうかはわからない。だがその悲しみを共に悲しむことなしに悲しみがほどけ（仏）はじめるとも思えない。

ああこの男は「サタンの悲しみ」がわかる男なのだ。そのとき私は井手恵という一人の僧を心から信頼した。私に何ができるかと問うよりも、私には何もできない、祈りも神事すらもおぼつかないが、共に悲しむことによって、悲しみの源泉に降りていって、光を待ち望むことができる。

光のささない「魂の暗夜」とは、私たちが私たちであるための、そして私たちが他者と真に出会うための、何者かより与えられた人間の門ではないだろうか。そう思えてならない。

奈良県奥吉野の山中に天河大弁財天社という神社がある。神社であるにもかかわらず、「弁財天」という仏教における天部の神の名を冠しているのは、そこが修験道の修行の地であり、神仏習合の伝統をとどめていることを示すものである。

弁才天は、もともとサラスヴァティというインドの聖なる川の名で、その川を潤す水の女神として信仰されるようになる。さらさらとさやかに流れる音が弁舌や音楽に通ずるものと考えられ、芸能や学芸を司る弁舌才智の神となり、また水が万物を育み産出する触媒となるところから豊饒や財宝の神としても信仰された。『金光明最勝王経』には国家鎮護の神として記されている。

現在、弁才天といえば、鎌倉の江の島弁才天、琵琶湖の竹生島弁才天、宮島の厳島弁才天が日本三大弁天として知られているが、中世の文献には、三弁天といえば、日本第一の天川地蔵弁才天、第二に厳島妙音弁才天、第三に竹生島観音弁才天が掲げられている（『溪嵐拾葉集』ほか）。

興味深いのは、江の島、竹生島、厳島がすべて海中や湖中にある島の弁才天であるのに対して、ただ一つ天河弁財天のみが近畿最高峰の弥山《みせん》山頂（奥宮・弥山神社）や天の川と弥山川との合流地点（里宮・天河弁財天社）に祀られる岳（山）の弁才天である点だ。この山は、吉野川・紀ノ川や天ノ川・十津川・熊野川や宮川などの水源地となり分水嶺となっている水の山なのである。その水源の山の川沿いに天河大弁財天社が建てられ、そこがちょうど吉野金剛界と熊野胎臓界との中間地点に位置するところから吉野熊野中宮とも呼ばれ、修験道の山駈け修行の結節点として繁栄してきた。

ところが、明治元年の神仏分離令やそれにつづいて起こった排仏毀釈の運動によって、神仏習合のメッカであった天河大弁財天社（天河坐宗像天女社とも呼ばれた）は壊滅的な打撃を受け、荒れるにまかせるほかすべのない時を過ごした。

戦後、それも昭和五十年代になってようやく復興の兆しを見せはじめ、全国各地から霊能者や神業者やニューエイジのアーチストたちが集まってきて、新時代の神仏習合文化を華開かせるかにみえた。しかし、平成元年の造営にまつわる借財がふくらみ、平成四年、境内地が競売に出されているとの報道が全国紙に流れ、バブル経済崩壊にあおられて神社経営に失敗した神社として話題になった。だが、問題はそのような単純な経済問題にとどまらず、現代における宗教のあり方、信仰や祈りや崇敬者・参拝者の宗教意識・宗教体験や相互の交流のあり方をめぐる複雑で本質的な問いかけが根底にあった。その点において、天河大弁財天社の柿坂神酒之祐《みきのすけ》宮司は革新的な問いかけと実践を行なってきたと思う。

そうした天河大弁財天社のあり方に未来宗教と超宗教の可能性を見てきた私たちは、関西気功協会代表で評論家の津村喬と協力しつつ、天河の自然、宗教、歴史文化を掘り起こし、その現代における精神史的意義を問い直すための支援運動体「天河曼陀羅実行委員会」を組織し、さまざまなシンポジウム、芸能パフォーマンス、展覧会、ワークショップなどを継続的に行なってきた。

そして、一九九六年の一年間、オウム真理教事件後を生きる現代の私たちにとって宗教とはいったい何であるのかを問い、相互に対話を重ねてゆくための場として「宗教を考える学校」を月一回ずつ開いてきた。四十数人の年間受講生を中心に、そのつどそのつどの参加者を加え、常時五、六十人から七、八十人の規模でその「学校」を運営した。呼びかけ人であり、講師の一人でもあった私も、一人の受講生として受講料を払って参加し、毎回司会を務めた。宗教学者の荒木美智雄、島薗進、深澤英隆の諸氏、仏教学者の玉城康四郎、生命誌研究の中村桂子、精神医学者の加藤清、画家の横尾龍彦、心霊研究家の梅原伸太郎、宗教家の柿坂神酒之祐や戸田善育の諸氏を迎えて、夕方六時から途中飲食懇談の時をはさんで夜十時半に至るまで、講義と討議と対話を重ねた。

そこで問われた問題点を一度この身に深く収め、改めてこれからじっくりと答えてゆこうと思っている。

そうした過程を経て、一九九七年二月三日の天河の節分祭において、修験道の採燈護摩の火の中で私たちのつくり奉じた器(陶器・土器)を崇敬者の祈りとともに焼き上げる「護摩野焼き」を行なった。縄文時代から連綿とつづいてきた野焼きの伝統の上に、密教や修験道の護摩の精神と修法を加え、さらにそのなかに現代に生きる私たち一人一人の個体的な祈りと造形表現がいわば三位一体となって結びつき、相互にその伝統と様式と精神を生かし合うことのできる形を実現したいという思いから、私は「天河太々神楽護摩野焼き講」を発起し、その第一回の護摩野焼きの儀式を雪の天河大弁財天社で執り行なったのである。

護摩《ホーマ》は息災、増益、調伏、敬愛を祈る古代インドの火の儀式に由来し、如来の知恵を表わす聖なる火の中で煩悩を焼き浄めて悟りに到ろうとする密教儀式に変化してきたが、それを日本古来のとんど焼き・左義長・サイト焼きなどの火祭の原点に結び直して、ともに祈り込み、祈り上げてゆく新しい神仏習合文化を築きたいと思ったのである。

幸い、野焼き先達として、陶芸家の近藤高弘、川村紗智子、佐藤琴波が協力してくれ、地元の天河陶芸会の人たちの器も加わって、合わせて八十点ほどの作品が採燈護摩の中で焼き上げられた。なかには小学生のつくった器も含まれている。

護摩の火の中から一・八メートルにも達する近藤高弘の作品「行者II」が焰に包まれながら立ち現われたとき、私たちは言い表わしようのない感動に襲われた。聖なる神奈備山とも、抽象化された人体とも見えるその姿は、紅蓮の炎の中であまりに美しく、潔く、痛ましいほどに毅然と屹立していた。そして、それらの作品を拝殿に奉納して奉告祭を執り行ない、雪降る中に「行者」の姿が浮かび上がったとき、それはまさしく現代の御神体とも形代とも見えた。そして、そこに至るまでの道程を振り返って神秘の感に打たれた。祈りが形となって天に通じてゆくプロセスを目の当たりにして、名状し難い感謝と感動に包まれたのである。

火中の土雪中の人共に神（火水《かみ》）ならずや

信仰と信の違い

このごろよく考える。信仰と信の違いについて。

信仰とは「信じ仰ぐ」と書く。それは神や仏菩薩や教祖・宗祖を信仰するといった具合に、明確な信仰の対象を持っている。高みにある偉大なる者を見上げ讃仰する。そこでは信仰する者と信仰される者とがはっきりと区別され、特別の緊張関係と愛護関係のなかにある。それによって深い喜びや気づきや解放や安心が生じてくることもある。

それは、ある面で、恋愛とよく似ている。恋する者はある特定の者に特別な感情を抱く。世界の無数の存在と関係性のなかで、その存在と関係だけが特別の色合いと香りと振動を持って浮かび上がる。その関係性のみが数ある関係の網の目のなかで特権性と力を帯びる。そのような点で、信仰は恋愛と似ている。

だが、「信」というものは、そうした、だれかがだれかを愛するとか、だれかが何かを信じるとかといったような対象性を超えている。そうではなく、そこにある、それがそれである、私が私である、あなたがあなたである。そのような個的対象性をもって存在するものの根底を「信」がつらぬいている。あらゆる存在が「信」につらぬかれ、浸透されている。信仰も恋愛もある局面では闘いと破壊を引き起こすが、「信」はそれを超えて、つらぬいて包む。

あらゆる存在は全的に信のなかにいる。信は私が何かを信じるという以上のものを含んでいる。私が何かを信じるというはるか以前に、私はすでに信の大海と大空の中にいて、何ものかに信じられている。その意味で、信仰は相対的であるが、信はそうした相対性を超えている。信仰は個別的であり明確な対象性を持つが、信はそうした個別性や対象性を許容しつつも、それを超えてあらゆるものをつらぬいている。あらゆるものを包摂しながら、しかもそれを超越している。仏教学の泰斗玉城康四郎は「包越」という言葉を使ったが、信とは包摂しつつも超えてつらぬく「包越」する何ものかなのだと思う。

このところ、つづけていくつかの現代創作舞踊を見る機会があった。そのなかの現代韓国舞踊を代表する舞踊家・金梅子の踊りには、いみじくも「舞踊の本質」を意味する「チュム・ポン」の題がつけられていたが、その踊りを見て舞踊の本質とは何か考えさせられた。そしてそこに、信仰と信の違いにも似た問題と構造がひそんでいると思わずにはいられなかった。

それぞれのダンサー志願者は、みずからの衝動と感性と関心と縁と思想に従って、ある特定のダンス技法やダンス哲学を学びはじめる。その修練のプロセスは、信仰や恋愛の深まりの過程とも似ていて、ある特定のダンスと自分との間に特別の緊張関係を保ちつつ、その距離を限りなく縮めようとする行為の持続である。そしてその距離が限りなく接近してまさにゼロとなり一致合体しようとする瞬間に、反転が起きる。

それぞれのダンサーたちが帰依し一体になろうとしてきたダンスの対象が消えて、一人一人のダンサーのむき出しの精神と肉体の個体性が現前する。そこではだれも、何ものにも護られることはない。絶対の孤独と無のような瞬間。それに立ち到る。そのとき、一つ一つのダンス技法や信仰を超えて、「信」が立ち上がってくるような場におのれを投げ出し、さらすことができるかどうか。それが舞踊や宗教の本質に向かう分岐点になるのではないか。私が踊りを踊るのか、それとも踊りが私を通して踊りを踊るのか、その分岐にさらされる。

最近見た舞踊のなかで、私は特に安藤洋子と金梅子の踊りに心を動かされた。そこに、踊りに対する、そして踊りを踊りたらしめる何ものかに対する深く純粋な帰依のようなものを強く感じたからである。

確かに、舞踊公演は観客にそれぞれの踊りを見せるために行なわれる。しかしそうした観客に向かう肉体の中に、どこまでも、踊る私の中の根源的な精神の場所へ降りてゆく内的な時間と運動があると思う。それとどのように立ち向かい、旅し、肉体と精神との化合するフォルムたりえるか。

肉体の果てと精神の果ての拮抗を切りむすぶ時間と形態。それこそが問われている舞踊の本質ではないか。

肉体はそのまま踊るダンサーの精神の姿形を示す。ダンサーの観念やイマジネーションが身体運動を引き起こすという事態を超えて、直接的にダンサーの精神が肉体と化して運動のフォルムを生成してゆく事態。おそらく一個の作品を創るために無数のイメージが去来し、創り出されうみ出されたフォルムが廃棄されていったことであろう。そうしたイメージや観念やフォルムの重畳の果てに、踊りの中に踊りを支えつつそれを超えてあるものが宿る。それに静かに向き合い、対峙し対決し、そして帰依する。そのようなごまかすことのない至純の帰依する精神にふれえたとき、それを観る観客の肉体が振動しはじめるのだ。

まったく世代とタイプと舞踊的伝統の異なる二つの舞踊のなかに、私は信仰を超えて存在する深い、大きな帰依のようなものを感じた。そして、肉体がそのまま精神の姿形と化してあることのなかに、舞踊に向かう人々の至福と痛みと哀しみがあるのをかいま見たように思った。

信仰を超えてある信のちから。そのことをいつも考え、感じながら、今ここにこのようにあることに感謝しつつも、苦しんでいる。

一九九八年の悪のはたらき

昨年の秋、一冊の本を読んで衝撃を受けた。それは、一九九八年に悪魔の力がもっとも強まることを予告した本であった。なぜ、一九九八年なのか。それはこの年が「六六六」の三倍数の年になるからである。

『新約聖書』の巻末に「ヨハネの黙示録」と題する一書が置かれている。この「黙示」は、「神が、すぐにも起こるべきことをその僕《しもべ》たちに示すためキリストに与え、そして、キリストが、御使《みつかい》をつかわして、僕、ヨハネに伝えられたもの」とされる。ヨハネは地中海のパトモス島でこの不思議で戦慄的な「黙示」を与えられる。

ある意味では、それはヨハネの神秘体験ではあるが、しかしこれは原始キリスト教教会のなかで、単にヨハネ一個人の神秘体験としてではなく、神およびキリストが御使を通してヨハネに伝えた啓示として共有された。キリスト教徒以外の者からすれば、それはキリスト教徒の神話的共同幻想のようにみえるが、その「黙示」の預言的内容は、その後の世界史に隠然たる影響を与えてきた。ノストラダムスが一九九九年に大終局《ハルマゲドン》を予言したというのも、この書の解読に拠るものである。

「ハルマゲドン」とは、この書のなかに一度だけ出てくる「悪霊」の軍が集結する地名である。この「黙示録」は、そのあと、悪魔サタンの支配とはたらきについて述べ、神の軍と悪魔の軍の激烈な戦いについて無気味な預言を記す。

この書のなかに、悪魔サタンの「力と位と大いなる権威」を付与された「獣の名」もしくは「獣の数字」として示されるのが「六六六」の数字である。この悪魔的なはたらきをする「人間をさすもの」と記された「六六六」が、いったい何者を指すかについて、古来よりさまざまな論議がなされ、現代のキリスト教神学はこれをキリスト教を大弾圧し大量虐殺を行なったローマ皇帝のネロと解釈する。

冒頭にあげた本の著者は、この「六六六」をゲマトリアと呼ばれる数秘術で読み解き、「四〇〇（Ｔ）＋二〇〇（Ｒ）＋六（Ｗ）＋六〇（Ｓ）」、つまり「ＳＷＲＴ（Ｓｏｒａｔ）」を示していると解釈した。ソラトとは、「キリスト教に敵対する者」あるいは「太陽の悪魔によって代表される、あの霊的なものの現われ」という。

このソラトは、第一の「六六六」の年に、ササン朝ペルシャのゴンディシャプールの学院にはたらきかけ、「ある総括的な学問」をつくりあげようとした。「物質的に思考する人間」としての唯物論的自然科学の推進者の登場である。

第二の「六六六」、すなわち一三三二年において、ソラトは「聖堂騎士団《テンプル》」を破滅させた。

そもそも聖堂騎士団は、一一一九年エルサレムにおいて結成された聖地を守護するための組織で、キリスト教への熱い信仰を胸に抱き、修道会の規律を守り、巡礼者を保護した。

しかし、一三〇七年十月十三日の金曜日、フランス国内で聖堂騎士たちは総長以下全員が逮捕され、宗教裁判にかけられ、異端行為や魔術を行なった罪で処刑された。聖堂騎士団は、「太陽存在としての、宇宙存在としてのキリストを仰ぎ見ようとするもの」であったが、「人間の唯物論のなかではたらく、太陽の悪魔的な力」であるソラトは、この霊性的方向に打撃を与え、ヨーロッパには唯物論的な世界観が蔓延していった。

そして今日、第三の「六六六」すなわち一九九八年を目前に控えている。このとき、悪魔ソラトのはたらきはもっとも強くなり、唯物論的世界観、エゴイズム、暴力的欲望を破壊的なところまで推し進めるという。ソラトは、「人間に憑依する存在となって無数の人々のなかに出現することによって、その姿を現わす。人々は到底本当の人間であるとは信じられないような人間が現われるのを見ることになるだろう。……彼らは感情のなかに憤怒の特徴と破壊的な怒りをそなえながら、外面的には集中的で力強い性質の持ち主となることだろう。……彼らは恐るべき方法で、霊的な性質をそなえたあらゆるものを、単に軽蔑するだけではなく、撲滅し、水たまりのなかに投げ捨てようとすることだろう」という。

このことを予告した人物は、ドイツの思想家ルドルフ・シュタイナーである。

シュタイナーによれば、ソラトのはたらきを超えてゆくために天使は三つの理想を人類に送りとどけようとしているという。その三つの理想とは、①友愛の精神、②完全な宗教の自由、③精神科学による宇宙の霊性への洞察、である（『ルドルフ・シュタイナーの「大予言」2』イザラ書房）。

他者への友愛、真の宗教性の目覚めと自由、正しい全存在的な宇宙認識、この三つの知恵が二十一世紀に向かう未来の精神原理となるとき、人類は悪魔ソラトのはたらきを超えてより力強い自己の本性の開顕を成就するという。

一九九五年一月に起こった阪神大震災、同年三月に起こったオウム真理教事件、一九九七年五月に起こった神戸の小学生殺害事件など、一連の事件と直面するたびに、深いところで精神が痛撃されるのを感じたが、今回の「酒鬼薔薇聖斗」を名のる十四歳の少年の声明文や手記を読んで、〝精神〟というより〝魂〟の深いところで崩落というべき事態が始まっているのを感じざるをえなかった。

「透明な存在」であると主張する少年は、「ボクには一人の人間を二度殺す能力が備わっている」と宣告する。「一人の人間を二度殺す能力」とは、一度は肉体を殺す物質的な殺害の能力、もう一度は霊魂を殺す霊的な殺害の能力であると私は思う。実際に少年がそのような霊的な能力を所有しているとは思わないが、彼は何ものかに促され、せかされてそう思い込み、宣言したのではないか。

彼は自分が「魔物」に操《あやつ》られそうになっている危機感を「懲役13年」と題した手記に記している。この少年ははっきりと悪魔的なものの実在と力を感じとっていたのだ。そしてその力に抗《あらが》うことができず、屈した。そのことは、私たちの時代と社会に強い警告と覚醒を強いている。

また犯行メモにおいて語りかけられる「バモイドオキ神」とは、「バイオモドキ（生物もどき）神」の言いかえであり、「聖名をいただくための聖なる儀式『アングリ』」とは、怒りと憎悪の神の化身となり使徒となる〝イニシエーション〟の儀式であると思う。この〝宗教もどき〟の意識と行為がどこから生まれ、何を意味しているのか。そこに魔的なものの働きかけを見てとるのは、あまりにも偏った見方なのだろうか。

ルドルフ・シュタイナーの「予言」を文字通りに信ずるわけではないが、この時代にはたらいている目に見えない力の存在に目を向け、意識化し、向き合うべきではないだろうか。

煩悩は即菩提なるや？

まもなく「除夜の鐘」ですね。井手さんも年の終わりにその鐘を撞くでしょうか。その鐘は百八つの煩悩の数だけ撞かれるといわれます。もちろん私たちの煩悩は鐘の音ぐらいで消し去られるものではありませんが、それをうやむやなまま中途半端に横に置いておくのではなく、正視し、格闘し、粉砕する必要があると思います。

そんなことを言うと、貴男の宗派の開祖の親鸞聖人は、末法の世の凡夫にどうして煩悩を消尽させることができようか、できはしない、凡夫たる身のわれらはただ弥陀の本願にあずかるほかないのだ、と言っておられると反論されるかもしれません。

確かに、私たちにとって煩悩を消去することは並大抵のことではありません。戦争やあらゆる争いごとの絶えることのない人類の歴史は、その不可能性を示しているともいえるでしょう。しかしそのほとんど絶望的な困難さを引き受ける覚悟のなかにしか、この時代の生き方と行く方はありえないのではないでしょうか。

つい先ごろ、村上龍の小説『イン ザ・ミソスープ』を読みました。その最後のところで、日本人は神のことも自分たちの歴史のことも考えようとしない、知ろうともしないと、殺人鬼のフランクが述懐する場面があります。新宿歌舞伎町の性風俗の店で残虐な殺人を犯したそのアメリカ人の中年男は、どういうわけか日本の神や仏教のことについて案内人のケンジに熱心に話しはじめるのです。

その話のなかに、ペルーからやってきた女性のことが出てきます。彼女は日本に来て三年になるのですが、故国にいる十六人の家族のために売春をしてお金をかせいでいます。彼女はカソリックの信仰を持っていますが、日本で暮らしていると、キリストの力が働かなくなるような感じにおそわれて不安になると言います。

彼女は「外国なのだから、きっと神が違うのだろう。カソリックの神は、風習も違い自然も違うので力を失うのかもしれない」と考え、出会った客に日本の「神」のことを真剣にたずねます。しかし、だれも答えてくれる人はいませんでした。「神」のことを知っている日本人はまったくいなかったのです。そこで彼女は考えます。「この国ではだれも神について考えていないのだ。この国の人には辛いことがないのだろうか、神にすがる以外どうしようもないような苦しいことがないのだろうか」と。日本人は自分の国の「神」のことも「歴史」のこともまったく知らず、関心を持とうとしない。他の民族に国を占領されたり、虐殺されたり、国を追われて難民になったりするような歴史的苦難を味わっていない。だから、外国人とリアルに接したことがないために排他的になるのだと考えます。

ペルー人の女性は、日本に二十年以上住んでいるレバノン人の新聞記者から「日本にはキリストやマホメットのような存在はいないし、西洋人がイメージするような神もない。人々は道に転がっている石や森の大木にロープを巻いたりしてそれを神に見立てたり、先祖の霊などを神として敬っている」と教えられます。

石や大木にロープを巻くとは、神が降臨し、影向《ようごう》する依代《よりしろ》となる磐座《いわくら》や神木に注連縄《しめなわ》を張っていることを指しています。それは、日の神を拝し、月の神、水の神、風の神、山の神、海の神、つまり自然万物・森羅万象を「カミ」として畏《おそ》れかしこみ敬う日本人の心性の一面を取り上げたものです。そうした心性はカソリックやイスラムの信仰を持つ人々には、未開の程度の低い奇異な迷信のように見えるのかもしれません。

私は、こうした万物のなかに「カミ」の宿りと働きを感得できる心性をけっして程度の低いものとも未開の迷信とも思いませんが、ペルー人の女性や、おそらくはイスラム教徒のレバノン人の新聞記者がいうように、日本人が「神」や歴史のことをまったく知らない、関心を持とうとしないと指摘している点には同感せざるをえません。それどころか、日本人は「神＝自然＝親＝祖」を壊し、歴史を隠蔽・歪曲し、そして忘却の河に押し放ってしまっていると思わざるをえません。

それはそれとして、このレバノン人の新聞記者は彼女に、「侵略や、固有の領土における外国の軍隊の虐殺を経験していないために、日本には他の国にはない優しさがある」と言って「聖なる鐘」のことを教えるのです。「聖なる鐘」とは、除夜の鐘のことですが、それをその新聞記者は「とても信じられないような、癒しの方法」だと言うのです。

彼女は大みそかにその鐘の音を聞きに行って、「この世のものとは思われないような体験」を味わいます。「自分の中のイヤな部分を百八つの鐘の音が、きれいに消していってくれる」という感覚を味わったのです。

たいていの日本人は、除夜の鐘が百八つ鳴らされ、それが煩悩の数を表わしていることを知識としては知っているでしょう。しかし、このペルー人女性が体験したような、自分のなかのイヤな部分を消し去り浄化する「この世のものとは思われない」ような「救いの鐘」であることを深く、しみじみと体験することがあったでしょうか。

除夜の鐘を聞くと、ああ今年も一年が終わったのだなあと思い、これから新年が始まるぞ、さて来年はどうするか、どういう年になるだろうかなどと漠然と思ったりして、その新たな思いも日々の忙しさのなかですぐに忘れてしまうというのが一般的な日本人ではないでしょうか。

しかし、アメリカ人の殺人鬼フランクは、そうした大方《おおかた》の日本人とは違って、この「聖なる鐘」の話に強い関心を抱き、その鐘の音をぜひ聞きたい。自分もそういう体験をしてみたいと切実に思います。彼は自分のなかの「ＢＯＮＮＯＵ」を明確に意識しているのです。だからこそ「煩悩」から自由になることを願うのです。

井手さん、いつか私たちは「サタンの悲しみ」について話し合いましたね。サタンの悲しみの源泉に深く降りていってそれに触れることなしに本当の癒しも救いもないのだと。それは、私たちがどれほど深い「ＢＯＮＮＯＵ」のなかに住んでいるかに気づくことなしに始まることはないでしょう。

今年最後の除夜の鐘が「聖なる鐘」となることを心より祈っています。長い間、本当にありがとうございました。

虹の祭りへ

イニシエーションなき時代の子供たち

私は八年前、一九九一年三月に神奈川県川崎市から埼玉県大宮市に移り住んだ。妻の両親が七十歳を過ぎて多少とも世話が必要となったので、妻は十五年勤めた病院を辞め、三世代五人家族を営むことになった。

引っ越したときには小学校三年生だった一人息子も今は高校一年生となり、キリスト教系の私立高校に進んで寄宿舎生活をしている。その息子が中学三年生だった昨年（一九九七年）度の一年間、私は息子が通う中学校のＰＴＡ会長を務めた。

これまで、高校や幼稚園教員養成校に合計十二年間勤め、現在勤務している短期大学に移ってからも、八年間、学生の教育実習を指導するために全国の中学校を年間五校ほど訪問してきたので、幼稚園から高校、大学までの教育現場をずっと見てきている。

それが昨年度の一年間は、教員という立場ではなく、保護者として、またＰＴＡの役員として学校教育の現場にかかわり、たいへん勉強になった。何よりもＰＴＡを支えているお母さんたちの顔が見えてきたことはいい経験だった。

さらに、昨年度は中学校の創立五十周年に当たり、記念事業の実行委員長も兼務したために、五十年史の編集や記念式典の実施などを通して、戦後教育の歩みを地域に即して振り返る機会を得た。市長や教育長ら教育行政の担当者ともかかわることで、今の学校教育の全体像がおぼろげながらにつかめてきた。

そして、結論としてこう思うのだ。今、学校教育は深刻な危機に直面している。キレそうになっているのは生徒ばかりではない。先生も保護者も、とてもきわどいところまで追いつめられてきていて、子供同様、窒息死しそうになり、今にもキレかかっている。いや、現にキレてしまっている先生や保護者も決して少なくない。

私がPTA会長に就任してまもなく、酒鬼薔薇聖斗《さかきばらせいと》事件が起こった。この少年が息子と同じ中学三年生で、彼の両親も私たち夫婦と同世代ということもあって、私はこの事件に、私たちの時代と世代が抱え込んでいる病理を見ずにはいられなかった。

その病理とは、「イニシエーション」を体験することなく、大人になり切れずに成熟する術を知らないという病理である。昔、「戦争を知らない子供たち」という歌があったが、戦後生まれの団塊の世代以降の若者は、みな等しく「イニシエーションを知らない子供たち」であったといえる。

その子供たちが、全共闘世代、アングラ世代、フーテン世代となり、伝統的な価値や戦後の教育体系に痛烈な「造反」を試みた。が、それに代わる新しい価値体系や社会制度、教育制度を創造することはできず、なしくずし的に「大人」の価値が崩れ去った。

私たちは、戦後五十余年という時代と、この時代に子供から「大人」になり切れなかった世代のツケを決算させられている。酒鬼薔薇聖斗が「イニシエーション」を必要としていたことを自覚していたことは、彼が逮捕前に書いていた日記からうかがえる。だれも、彼が試練をくぐりぬけて「大人」となるように導けなかったのだ。私たちの世代は「成熟」という生命的かつ文化的深化を忘却し、再創造できないでいる。

十四歳の子供のアイデンティティの求めを小説家の村上龍が「希望の国のエクソダス」(『文藝春秋』に連載)で、柳美里がその獲得の失敗例を『ゴールド・ラッシュ』(新潮社)で、切実に描いている。村上龍は、登校を拒否して学校と家庭に「造反」する十四歳の子供たちを追いかけ、柳美里は、横浜市のパチンコ店の十四歳の息子が父親を殺害するに至る危うさを渾身の力で描いた。

彼らが作家としての直感でキャッチしていることが、現実に今起こりつつある。

私の息子の同級生は、中学校卒業生一五六人中、一五人ほどが高校入学後約半年で中退した。昨年十二月二十六日の新聞には、高校中退率が過去最高の二・六パーセントを記録したとあった。子供の居場所はどこにあるのか。子供はどこに向かって「成熟」していけばよいのか。すべての子供と大人にその問いが突きつけられている。

1999年と人間の条件

今年になって、東京の街中の電光時計板などで、「1999」という数字を見上げるたびに、なにかギクリとするものを感じる。それは、「とうとうやってきたか」というような感慨深い感情で、いいとか悪いとかといった判断を超えた思いである。

正確にいえば、二〇〇一年からが新世紀の二十一世紀なのだが、「1999」という数字には、一種独特の魔力のようなものを感じる。確実に、ここで一つの時代が終わるのだという実感が押し寄せてくる。一〇〇〇年代と二〇〇〇年代とでは、本質的に何かが違うのである。

何というか、空気が変わるのだ。キリスト教では、二〇〇〇年という年は「大聖年」とされる。それは、千年単位での大きな切り替わりの時である。そこで、めざといジャーナリズムはあれこれと二十世紀の総括を始めている。「二十世紀事典」というたぐいの本もすでに数種類出回っている。テレビでは、一九九九年のノストラダムスの大予言が大流行だ。

ノストラダムスは、「諸世紀」と題した予言書の第十章七十二篇に、「一九九九年七の月/空から恐怖の大王が降ってくるだろう/アンゴルモアの大王を復活させるために/その前後マルスは幸福の名のもとに支配するだろう」という四行詩を書いている。これがいったい何を意味するのか、古来さまざまな解釈がされてきたが、多くは一九九九年七月に地球規模の大災害か世界戦争が起こると解釈している。古代マヤ暦では、七月二十五日が空白の一日で世の切り替わりの時だという人もいる。この問題についてはほとんど百家争鳴の観がある。

予言がまことしやかに語られ、流布し、リアリティをもって受けとめられる時というのは、人々の心と生活に強固なよりどころも支えもない時代であるといえる。人々が不安と不満と不信にあえいでいる時代が現代という時代なのである。人々は、今ここで安心と満足と信ずるに足るものを見出せずに苦しんでいるのだ。

こうしたとき、人々の不安と不信をさらにかき立てあおる言説が必ず生まれてくる。強迫観念や被害妄想を生み出す無責任な言説が、ある悪意と戦略に基づいて語られる。ある種の宗教教団の宣教活動や狂信的な政治イデオロギーの鼓吹は、ことさらに混乱と秩序破壊をもたらすことがある。

私たち一般大衆の多くは弱い、判断力のあやふやな人間である。ましてや、世界が極度に複雑化し、その全貌をつかみがたいとなれば、そうした一見明確に見える扇情的な言説にふりまわされ、マインド・コントロールされやすくなるのは目に見えている。

そんななかで、私たちはいったいどのように生きていったらいいのか。何を道しるべにし、判断のよりどころにし、支えとすればよいのか。多くの人々はそのよりどころと支えを求めている。

しかし多分、いつの世もそれは同じであっただろう。よりどころを求め、支えを欲するのが人間である。安心と信ずるに足るものを求めてやまないのが人間である。

だとすれば、いたずらに焦ることなく、求め続ければよいのである。たとえ明日世の終わりがこようが、自分のいのちに終焉がもたらされようが、そうしたことに動ずることなく淡々と求め続けるしかないのである。生きる意味と価値を求め続けることのなかにこそ人間の意味と価値があるのだ。人間の尊厳とは、自らが自らを問い続け、意味と価値を求め続けることのなかにあるといえる。

フランス近代の思想家、ジャン＝ジャック・ルソーは『エミール』のなかで次のように述べている。「私は君に与えるべき教訓を一つしか持っていない。その教訓のなかにすべての教訓が含まれている。それは、人間であれ、ということだ。君の心を与えられた条件の限界のなかに閉じ込めるのだ。その限界を研究し、知るがよい」と。

古代ギリシャの最高の聖地デルフォイのアポロン神殿の正面の額には、「汝自身を知れ」という言葉が掲げられていた。それは、神から人間に与えられた不変の命題であった。そして、その言葉とともに、いま一つ、「身の程を知れ」という言葉が添えられていた。

人間が人間であるとは、人間が自分自身を知り、その限界を諦《あきら》める（明らかにする）ことではないか。たとえ世界に終わりがこようとも、人間の問いに終わりはないのである。それこそが、人間が人間であることの条件なのである。

深夜電車の中で思うこと

深夜、会合を終え、午前零時を過ぎて、東京都内から埼玉県の大宮まで電車に乗って帰ることがよくある。

昔は酒を飲んで酔って帰ることが多かったので、車内の様子や雰囲気にあまり注意することはなく気にもならなかったが、昨年の正月から酒をやめたために、車内の様子をそれとなく観察することができるようになった。そして、しばしば思うのだ。何かとても険悪で、気が荒れているなと。体の一部が触れ合っただけで激しく言い争ったり、それが殴り合いにまでなったりもする。止めに入っても、いやな気分はしこりとなって残る。

このすさんだ感じはいつから始まったのだろうか。それをいつと特定することはできないが、ここ二、三年のことのような気がする。

一九九五年、阪神淡路大震災が起こり、続いて地下鉄サリン事件に端を発するオウム真理教事件が発生。若者に対するアンビヴァレントな感情が社会に生まれた。取る物も取りあえず神戸に駆けつけ、熱心にボランティア活動に従事した若者。高学歴で優秀だがサリンによる無差別殺人に手を貸した若者。一方は、自然災害が引き起こした暴力。もう一方は、ごく一部の人間のつくりあげた宗教的幻想が引き起こした暴力。その暴力に立ち向かい、怒りと傷をため込んでゆく若者。

そして一九九七年、神戸で十四歳の中学三年生の少年による児童殺害事件が起こった。いかなる点でも、少年の罪は罪としてあがなわれるべきであるが、それとは別に、ここには阪神淡路大震災とオウム真理教事件が深刻な影を落としている、と私は思う。この二つの社会的暴力は、少年の深層にうずくまっている個的な暴力衝動に火をつけるきっかけになったと思うのだ。

崩れ落ちてゆく文明と都市。廃虚となった街のがれきの下に、数千の死体が埋まっていた。助けを求める叫び声もむなしく、生命尽きた人々の無念。幸運にも救出され、九死に一生を得た人々。この光景をどうとらえるかによって、その後の人生観、世界観も変わってくるだろう。

人生は無常である。永遠に続くものは何もない。だからこそ、今ある命を一瞬一瞬大切にして、感謝の気持をもって、命の限り生きていこう。無駄を排し、とらわれをなくし、しかし本当に大切なものを素直に大切なものとして大切にしてゆく。本物を求めて生きてゆこう。このような、生の原点ともいえる覚悟に至った人も少なくないであろう。

人生は無常である。何も頼りになるものはない。信ずるに足るものは何もない。すべては夢まぼろしのごときものである。むなしい。だからこそ、今を楽しむのだ。自分の欲望を満足させ、享楽的に生きるのだ。自分しか頼りになるものはないのだから。このような、享楽主義や虚無主義に立ち至った人もいるだろう。

人は、どのような事件や出来事からも教訓や学びを受け取る。すべてはその人次第である。学びのチャンスはどこにでもある。学校だけが学び舎ではないのだ。人は人生の現実そのものから学び取るのである。時には、夢まぼろしから深い学びを得ることさえある。

児童殺害事件の少年は、阪神淡路大震災やオウム真理教事件からいったい何を学び取り、受け取ったのだろうか。彼は、自分の内にまどろんでいる暴力衝動にはっきりと気づいた。しかし、それを抑えたりコントロールしたりすることを学びえなかった。むしろ、事件を通して、自分の暴力衝動を表現する方法を学んでしまったのではないか。暴力は、それが暴力であることをはっきりと認識することによってしか乗り越えてゆくことができないのだ。

深夜電車の中で、ため息をつきながら、人々がもっと優しく和やかになるためにはどうすればいいのか考える。答えは一人ひとりが自分の荒《すさ》びと暴力性に気づき、それを浄化してゆくことのなかにしかないが、その道の遠さと困難を思って、またため息をつく。

東京自由大学

統一地方選挙が行なわれている。前回は、東京都知事に青島幸男氏、大阪府知事に横山ノック氏が当選し、話題を呼んだ。東京都民も大阪府民もともに社会の風が大きく変わることを期待して二人を選んだはずだ。そこには確かに世直しへの願望があった。あれから四年、この日本はどう変わったか。

四年たって、私たちは大きなためいきをついている。どうにもならない、変わらぬ事態にいらだちを深めている。長引く景気の悪さもその原因の一つだが、それ以上に、凶悪な犯罪が頻発していることや、青少年の教育問題の困難さ、環境汚染の深刻化が不気味な社会不安を高じさせている。

こうしたなかで、私たちは現代の課題の根本に教育問題があると考え、自分たちでできる解決策の第一歩として「東京自由大学」というフリー・スクールを一九九九年二月に設立した。西荻窪の多目的スタジオと新橋のギャラリーを拠点に、真に自由な学問的探求と芸術的創造を二本柱とした学びと自己表現の場をつくったのである。

教育についての私たちの基本姿勢は次の八つである。
①教育は根本的に自己教育である

②教育は存在への畏怖《いふ》・畏敬から始まる
③教師は修練と経験によって技と知恵を身につけた自己教育の先達である
④教育の場では常に臨機応変の直観と行動が必要であり、またその自分自身の直観と行動を分析し批判する理性が必要である
⑤教育の場が「共育」の場となるために、そこに友愛の共同体が確立してゆかなければならない
⑥教育も友愛も深い自己信頼すなわち自信に支えられていなければひ弱なものとなる
⑦教育の場における真の自己実現の達成が他者への友愛と敬意を生み出す
⑧自己実現とは内的必然性の成就、すなわち自由の実現である。

私は、「自由」とは「自らに由《よ》(拠)ること」だと思っている。自由は勝手気ままなふるまいなどではまったくなく、自分自身の本源に由来する希求の発現である。それが、自由とは内的必然性であるという意味の本質である。自由をはきちがえて、自分の欲望と衝動のおもむくままととらえては道を誤る。

東京自由大学は、十人の芸術家と学者が中心となって設立された。瞑想的な抽象画を描く画家の横尾龍彦、映画監督の大重潤一郎、地球科学者の原田憲一と私の四人が中心メンバーになって運営している。

カリキュラムは「汝自身を知れ」という人類普遍の課題にアプローチできるよう、「日本を知る」「社会を知る」「宇宙を知る」「芸術・創造」「身体の探求」の五つのコースでプログラムされている。私たちの足元である日本の歴史と文化を知り、現代社会の多様な問題の実態に気づき、そうした私たちの文化的・歴史的・社会的いとなみが大きな宇宙の法則と現象のなかに位置することを自覚し、自らのイマジネーションや直観や感性をいきいきと総動員して創造・表現し、おのれの身体の動きと声に耳を澄ます。そのような探求と表現の場を設けたのである。四月から日本を知るコースと身体の探求コースが月

一回のペースで年間十二回開講され、その他のコースも随時開講される。

東京自由大学の設立時に、私は「永遠からの贈り物」と題する校歌をつくった。そこに建学の精神と願いを込めた。

ぼくたちの明日を信じて歩こう
ぼくたちの明日を信じて行こう
ぼくたちの未来は果てしないけれど
ぼくたちの明日を信じて行こう

永遠からの贈り物　それは自由
永遠からの贈り物　それは愛
永遠からの贈り物　それはあなた
永遠からの贈り物　それはわたし
（以下略）

「永遠からの贈り物」。それが人間の自由であり、友愛であり、あなたであり、わたし自身であると、私たちは考えている。

楽しみな変化の兆し

統一地方選挙が終わり、社会の変化の兆しが見えてきた。東京都知事に石原慎太郎氏が当選し、女性市議会議員が憲政史上初めて千人を超えた。現代社会のなかでの女性の役割と位置と力はますます重要で大きなものとなるだろう。

地方選で、私の印象に残った一つの変化を報告したい。山形県鶴岡市議選のことである。まったく無名の三十代の若者がブッチギリのトップ当選をした。千三百票あれば市議に当選できるのだが、彼はその倍以上の三千票近くの票を集めて、ダントツの強さだった。

その人物、草島進一さんは、一九九五年一月十七日、阪神淡路大震災が起こったとき、すぐさま神戸に駆けつけ、そこに住み着いてボランティア活動に従事した。ボランティア仲間とともに「神戸元気村」を結成し、炊き出しから救出、介護、よろず相談、コンサートや各種イベントなどを引き受けた。代表の山田和尚さんを支えて、副代表として三年間、献身的な活動を行なった。

昨年の春、故郷の鶴岡市に帰った彼は、地元の環境問題に取り組んだ。彼がやろうとしたのは、鶴岡市に流れてくる水をきれいにするための運動である。

鶴岡市は、霊峰の月山から流れ落ちてくる雪解け水が庄内平野を潤し、東北地方有数の米どころとして田畑を豊かに支え、海に注いで近海漁業を発展させてきた土地柄である。出羽三山と呼ばれる羽黒山、月山、湯殿山の三大修験霊場に囲まれ、篤い山岳信仰に守られて、森、川、海の自然の奥深い懐に抱かれた、特色のある地方文化を発展させてきた。

しかし、その土地の暮らしの中心をなす月山の水に汚染の危機が迫ってきた。二つのダムが建設されることになり、河川の汚濁と森林の破壊、海の荒廃が現実のものになってきたのだ。

草島さんは、そのダム建設に反対して、「月山の水を守ろう」と呼び掛けた。立候補締め切り直前に立候補の届けを出し、選挙期間中、カヌーと自転車で鶴岡の町の隅々までくまなく巡って、「月山の水を守りましょう」と叫び続けた。そして、地盤もカバンも看板もない若者が一人、ボランタリーな社会奉仕の意識と環境問題を具体的に訴えてトップ当選を果たしたのだ。

一度決議されたダム建設を中止するのは、さまざまな政治的、経済的利権があるなかでたいへんな作業であろう。それを敢然と訴えて立候補した草島さんも勇気があるが、彼に一票を投じた鶴岡市民の心と期待にも、胸に熱いものを覚えずにはいられない。

市民あっての市議であり、その市議の発言と行動によって市民生活が豊かに、また純化向上する。その相互関係が、信頼のきずなによって結ばれた、開かれたものであるならば、市民生活の充実と未来への創造的なヴィジョンと希望が生まれてくるだろう。

草島さんはまた、この八月十四、十五日に月山山麓で「月山精霊祭り」という市民の祭りを企画し、その実行委員長を務めている。昔からある月山近郊のお盆の習俗を現代に引き継ぎ、徳島ならば阿波踊りによって死者の魂を慰めおまつりするように、夜を徹した歌と踊りによって、死んだ祖先たちと現代に生きている子孫たちとの交流を生き生きとよみがえらせようとしているのである。

もちろんこれは、彼が市議に当選する前からの企画であったが、草島さんはほかにも、新しい仲間たちとともに、一九九九年から二〇〇一年までの三年間、二十世紀と二十一世紀の橋渡しになるような「虹の祭り」をやろうと計画している。「虹の祭り」は、虹が七色の美しい調和ある姿を保ち、希望と吉祥の象徴であるように、この時代と世界に、多様ななかでの麗しい調和と秩序をつくり出してゆこうとする市民運動である。

自然環境と人類の文明との調和ある関係、人間相互の調和ある社会的関係を築いてゆこうとする、この〝レインボー・ムーヴメント〟がどのような盛り上がりを見せ、それが鶴岡市をはじめ、各地の地方文化とどのような創造的関係をつくってゆくのか、楽しみでもあり、希望の持てる話でもある。

カンボジアの地雷と土地再生

そこには土があった。土はただ土色をしていた。温かかった。土は原始のときから土であるかのように土であった。

一九九九年五月五日、カンボジアの地雷除去現場の視察と、地雷除去後の土地を農地に開墾して農場と村を建設しようとしている人々と交流するために、タイの首都・バンコクから車で五時間ほど東に走り、カンボジアとの国境の町に着いた。

その町では、カンボジアの住民がスーパーマーケットに買い出しに来ていた。すべての子供たちが荷車を押したり、荷物を担いだりしていた。子供も老人もみな、生きていくための何らかの役割を果たさねばならないのである。片脚のない人も何人か見かけた。地雷に脚を吹き飛ばされた人たちである。杖をつき、ピョンピョンとはねながら、それでも荷車の後押しをしていた。ここではみな、生きることに必死なのだ。

東南アジアの歴史は、実に複雑怪奇である。戦争、内乱、クーデター。国内外の勢力がそれぞれの思惑と野望をむき出しにしてしのぎを削り、対立し、互いに戦い、つぶしあう。とりわけ、ベトナムとカンボジアではそれがひどかった。

一九六〇年代後半、シアヌーク国王はベトナム共産軍とアメリカに対して中立を保ち、自国の平和を維持しようとした。しかし、ベトナム戦争が激化してゆく過程で、ベトナム共産軍がカンボジア国内に駐屯するようになる。シアヌーク国王はそれを黙認するが、やがて親米派のロン・ノル将軍によって国外に追放される。第二次世界大戦をはさみ、カンボジアは、日本軍、フランス軍、ベトナム共産軍、アメリカ軍の戦場になった。「僕の村は戦場になった」のだ。

今回の視察は、群馬県大泉町に住むカンボジア人オク・ビチェイさんと、カンボジアの地雷除去と土地再生の活動を支援する日本の市民グループＪＤＡ（ジェイダ、日本地雷処理機構）の案内によって実現した。

オク・ビチェイさんは一九八五年、地雷をなくし農地を再生して、人々を助け平和をつくるというひたむきな思いを持って、難民として日本に渡ってきた。日本に着いて彼がしたことは、日本地図を目の前に置き、目をつぶって、指先をそれに突き刺すことだった。指先は、群馬県大泉町に刺さった。彼はすぐさまそこに移り住み、昼も夜も一生懸命に働いて、お金を故国の兄の元に送った。

兄はそれをもとにして、一九九四年、国有地三千ヘクタールを借りて地雷を除去し、農地を開墾して村をつくった。そして、大豆とカシューナッツの栽培に成功した。

二十年に及ぶ内戦が終わったあとの、平和な村を創造しようとする燃えるような夢。オク・ビチェイさんは、ポル・ポト派（クメール・ルージュ）によって死刑にされる二日前に亡命した。親しい友人が、処刑者リストに載っていたことを教えてくれたのだ。

十五年近くたって、一時帰国したオク・ビチェイさんと彼の兄に迎えられて、私たちは歓迎セレモニーを受け、新しい村に向かった。乾期であるにもかかわらず、舗装されていない道路はぬかるみ状態で、トラクターに乗って村に向かった。

一三五世帯が生活する村に、まだ学校はない。聞くと、村人のだれ一人として学校に行ったことはないという。もちろん、文字は読めない。学校がなくても先生がいればそこで教育が成立するが、この村まで先生は来てくれないという。

政府軍傘下のCMAC（シーマック＝カンボジア地雷対策センター）の地雷除去現場を見て、気が遠くなるような気がした。これでは全部の地雷を撤去するまでに百年以上かかるのではないか。人口一千万人の国に、五百万個の地雷が埋まっている。ポル・ポト派やベトナム共産軍が、中国製やソ連製の地雷を埋めたのだ。

いのちの源泉である土地を傷つけ、それによってその上で生きる人を傷つけ殺す。こんな愚かしい行為がどうして繰り返されるのか。唯一の救いは、土が汚染されていないことだ。そこでは土は土であった。温かく、土色をしていた。いのちの原始に立ち返る土の色。そこから緑が芽吹き、子供たちが育つ。それが唯一の希望である。

二十一世紀に架ける橋・虹の祭り

「一九九九年七の月」がやってきた。ノストラダムスが予言した月が。ノストラダムスは、この「七の月」に「恐怖の大王」が降りてくると、予言録『諸世紀』のなかに記している。

こうした世紀末風説をふっ飛ばそうと、私たちは今「虹の祭」という三年間にわたる祭りを各地で開催しはじめた。ことの起こりはこうである。

沖縄の音楽家・喜納昌吉の呼び掛けで、昨年八月に神戸、十月に鎌倉で、「神戸からの祈り・東京おひらき祭」という二つの祭りを行なった。それは、阪神淡路大震災の教訓を忘れず、自然のなかで、自然とともにある自分たちをはっきりと自覚し、いのちのつながりと友愛の共同体を築いてゆこうとする祭りであった。平和と創造性のある自由な社会を求め、祈る祭り。

それが終わって、昨年十一月に東京の代々木公園で行なわれたレインボー・パレードのコンサートで、「神戸からの祈り・東京おひらき祭」の実行委員であり出演者でもあった音楽家の岡野弘幹が次のように呼び掛けた。

「今、本当に人類のしでかしてきたいろいろな過ちを素直に謝らなければ、二十一世紀がやってこないような気がする。一九九九年、ぼくたちが行なってきたさまざまな間違いを反省ざんげする『地球にごめんなさい』という祭りをやろう！」

その一言が発端となって、「虹の祭」実行委員会が結成され、今年二月四日の立春の日に大阪で最初の「虹の祭」を行ない、続いて四月二十九日のみどりの日に千葉県で、六月二十二日の夏至の日には静岡県で祭りを行なってきた。

そして、八月五日から九日まで、奈良県で今年の節目となる祭りを行なうことを計画し、準備を進めている。それが終わると、八月十三日から十五日まで、鶴岡市会議員の草島進一が呼び掛け人となった「月山精霊まつり」が山形県の月山牧場で行なわれる。先祖供養の時期に「虹の祭—地球にごめんな祭」と「月山精霊まつり」という二つの祭りを、三十代の若者（私から見れば）が中心になって行なうのだ。この二つの祭りの実行委員や出演者の中核は、ほぼ同じメンバーである。

「虹の祭」は、三年間のそれぞれの年でテーマを立てている。まず第一に、一九九九年の人類の反省とざんげの祭り「地球にごめんな祭」。第二に、二〇〇〇年の感謝と祝福の祭り「ありがとう・お帰りな祭」。第三に、二〇〇一年の新たなる出発と創造を決意する祭り「旅立ちな祭」。まずごめんなさいと謝り、ありがとうと感謝し、そして新たな旅立ちを迎える。そのようにして二十一世紀を迎えたいと考えたのだ。

私はいつも、人として大切な三つの言葉があると思っている。それは、「ごめんなさい」「ありがとう」「愛しています」という言葉である。この三つの言葉が適切な時と場においてて、相手にきちんと伝わる形で発せられたなら、多くの争いごとや不和や誤解はなくなると信じている。この三つを適切、的確に言えるようになったとき、人は大人になったとも、人格が円満に完成されてきたともいえるのではないだろうか。

そのなかでも、「ごめんなさい」が基本である。

私たちは知らず知らずのうちに、いろいろなものを傷つけ、殺害している。虫や草花や多くのいのちを奪い、それをいただきながら生きている。そのことをきちんと自覚すれば、おのずと「ごめんなさい」という言葉が口をついて出てくるはずだ。そして続いて「ありがとう」と。

こうしてさまざまな力や助けをいただきながら私たちは生き、生かされている。生きるということは、そうした多くのものに助けられ、愛されることなしには成立しない。そうした慈愛に対する返礼として自然に「愛しています」という言葉が出てこなければうそである。

「虹の祭」は、虹が多様性と調和と希望のシンボルであるように、自由な多様性のなかに統一と秩序と調和を求める祭りである。だからこそ、それぞれの地域性と地元の人とのかかわりを大切にしながら進めている。

八月五日から九日までの催しは、奈良の春日野園地で行なわれる。地元の有志の人たちと真の「大和《やまと》(Great Piece, Big Circle)」を実現しようと今、最後の詰めに入っている。

日本人と夏祭り

この夏（一九九九年）、祭り見学が続いている。祭りを見たり祭りに参加するために、西に東にと走り回っている。祭り族の祭りのはしごである。

それは、七月二十五日、大阪天神祭りから始まった。

この日はマヤ暦で「空白の一日」とされる節目の日である。海外では、この日に象徴的な意味を見出す人たちが各地で祭りや祈りを行なった。ノストラダムスの予言が気にかかる人たちも、「恐怖の大王」が降りてくるというこの「七の月」をどう過ごすか準備を進めてきた。そして、七月二十五日がその節目の転換点として選ばれたのだ。

折しも日本では、大阪の夏を彩る天神祭りの日。夜、桜の宮駅に降り立つと、アリの大群のような大群衆に巻き込まれた。右に行こうにも左に行こうにも、ただ人波にまかせるほかない。運河を走る屋形船からにぎにぎしい祭りばやしが聞こえてくる。路上の流れに身を任せているうちに、突然足並が止まった。その瞬間、大爆音とともに花火が打ち上げられた。天神祭りの夜の花火大会が始まったのだ。

友人の映画監督大重潤一郎氏の事務所を訪ね、大阪城を望むその絶景の屋上から花火を満喫した。確かに、この天神祭りには、大阪人の根性と魂を感じた。

翌七月二十六日、隠岐島に飛んだ。島後《どうご》の北端、五箇《ごか》村久見《くみ》神社（伊勢命《いせみこと》神社）の神楽を「猿田彦大神フォーラム」の面々と見学するためだ。同フォーラムは、伊勢の猿田彦神社が主催する、「神楽」の研究と新しい表現の創造を追求する団体で、一年に何度か日本各地の神楽探訪に出かけている。

午後三時から二時間ほどの神事では、猿田彦の神が鼻高面をかぶって神輿《みこし》行列の先頭を進む。ここでは甲冑《かっちゅう》を着た武士が伝令のように行き来し、御先祓《みさきばら》いをするのが特徴だ。

久見神楽は、夜九時半から明け方五時まで夜を徹して行なわれた。十三夜の月を望みながら、海風の混じった涼風の吹き渡るなか、神楽は続く。神さびた社で、村の人たちの古式ゆかしい、素朴で力強い里神楽のだいご味に酔った。

当年八十一歳になる老翁は、昔、猿田彦舞の名人だったという。老人は「踊りのなかに神さまが宿るのだ。祭りのなかに神がいる」と強調した。神楽の熱気が高まってゆくなか、一升ビンを傾けながらの老人の言葉には説得力があった。

お盆の前後の祭りには、神霊や祖霊の魂迎えと魂鎮めの意味がある。阿波踊りもそうだ。神々や先祖と子孫との魂の交歓。いのちのつながりの確認。

七月二十八日は、島前の由良比女《ゆらひめ》神社の祭り。三隻の大型漁船に神輿が運び込まれ、海上を周遊する船上で神楽を奉納する。この祭礼に奉仕している神主の松浦道仁さんは私の大学時代の同級生だ。彼が宮司を務める焼火《たくひ》神社は国の重要文化財に指定されている由緒あるお宮である。

彼は言う。「私はこの祭りで育ったから、ここの神輿の担ぎ方が一般的だと思っていた。ところが東京に出ると全然違った。東京の祭りは神輿が静かで様式が整っているんだね」。海の荒くれ男たちが担ぐ神輿は大揺れに揺れ、もみにもまれる。大しけに遭ったようで、神さまもさぞかしせわしないだろう。だが、これこそ魂といのちのこもった神輿だと思った。

船上で海風に当たりながら花火を見る。最高の気分。魂まで夜風に吸い込まれてゆくかのようだ。解放感百パーセント。ここには確かに日本の祭りがある。

私の祭り見物はまだまだ続く。

八月五日から九日までは、前回紹介した「虹の祭1999地球にごめんな祭」を奈良で開催中だ。それが終わると、十三日から山形県の月山牧場で「月山炎のまつり」だ。
古い祭りと新しい祭り。祭りのなかに日本人の祈りといのちの躍動があるのである。

子供たちの求めているもの

高校二年生の息子の中学時代の同級生数人が少年院送りになった。「オヤジ狩り」をして暴行を加え、金品を巻きあげたためである。

私はこの数人を小学生のときから知っている。地元の子供サッカー・チームに入っていたからだ。家に何度も遊びに来たこともある。彼らが中学三年のとき、私はPTAの会長をしていたから運動会や卒業式などで話をしたこともあり、彼らも私のことは知っているはずである。

この連載の初回に書いたことだが、息子の同級生は一五六人の卒業生のうち、一割近い一五人が高校に進学して一学期を終えるか終えないうちに中退した。そのことをあとで知って驚くと同時に、いったい何が原因でそれほど多くの生徒が中退してしまったのか考えこんでしまった。そしていつか直接彼らと話をしてみようと思っているうちに、今度の事件が起こってしまった。残念である。

深夜、大宮駅に降りて自転車で家まで帰る途中、オートバイのマフラー（消音器）をわざとはずした改造バイクにまたがって駅周辺を走り回っていた少年たちにたまに会うことがあったが、どうもそれが中退した生徒たちだと耳にした矢先のことだった。ものすごい爆音を発しながら挑発的にあえてゆっくりと駅周辺を周回する。

その様子を見て、これは若者にとってストレス解消にはもってこいの方法なのだろうなと思った。ムシャクシャする気分がその爆音を放っている間だけは発散しているような気になる。だが、バイクから降りて家に戻るとまたどうにもならない憂鬱にとらわれ、荒れて家族にも八つ当たりする。

人生の目的も意味も意欲も見出せない少年の心象風景は、おそらく自分でもどうしようもないくらいアナーキーで、ニヒリスティックな荒涼にさらされているのであろう。暴力行為も援助交際も、そうした価値規範の崩落した日常のなかにふいに頭をもたげてくるものなのかもしれない。

私の息子の学年は、酒鬼薔薇聖斗（少年A）と同学年である。酒鬼薔薇は小学六年の終わるころに阪神淡路大震災と地下鉄サリン事件（オウム真理教事件）を体験した。この二つの出来事は、その当時の十二歳前後の少年少女の心に大きな衝撃を与えたと私は思っている。特に、小学六年の阪神地区の子供は打撃が大きかったであろう。

神戸周辺に住む私立中学の受験生は、受験どころではなくなった。家が倒壊したり、家族や近親者に死者が出たりするのを間近で目撃して、世界を秩序づける基準を見失った（少なくとも動揺した）と私は推測する。生と世界を素朴に肯定する力に亀裂が入ったと私は想像する。

小学校を卒業する人生の節目に社会を揺るがす大きな事件に遭遇した彼らの世代は、どうしようもなく運命的な世代であると私は思う。その彼らがどのような人生を全うし、どのような社会を築いてゆくか、私は注目している。私自身の子供がその世代だからではなく、私たちの時代と文明の帰趨を象徴的に背負わざるをえない世代だと思うからだ。

文部省は道徳教育や「心の教育」や家庭教育の重要性を訴えている。だが、そんなわかりきった御託を並べる前に、道徳性の香り立つ倫理意識の高い役人や政治家の見本を示せと言いたい。子供たちは尊敬できる信ずるに足る大人をのどから手が出るほど求めている。生と世界と人間を肯定できる価値規範と価値感情を必死で探していると私は感じる。少年少女や子供たちに信じるに足る夢を示し実践する大人の姿を見せることなしに、彼らに道徳や倫理意識の向上を要求するのは筋違いもはなはだしい。彼らは自己欺瞞と偽善をもっとも侮蔑しているのだ。

へこたれることなく、なりふりかまわずに子供たちにぶつかり、自己変革してゆくことのできる大人だけが彼らと対話し、未来を築いてゆけるのだ。何よりも勇気が、そして血のかよった知恵と愛が必要なのである。

異変と人間の崩壊

異変が続いている。異変ともいえる事態が次々と起こってきていて、社会に混沌とした不穏な空気が漂っている。

ノストラダムスの大予言がはずれ、それ見たことかとばかにしきっていたご仁も、これでもかと押し寄せてくる異変の荒波に「これはほんとうにヤバイのではないか？」とどこかで不安を抱き始めているのではないだろうか。

実は、ノストラダムスの予言の「一九九九の年の七の月」とは、実際には「一九九九年九月」のことを指すと指摘されていたから、予言ははずれたとも当たったともいいがたい怪しい雲行きではある。

私自身は予言などは信じていないが、こうした異変は大局的には推測できた事態で、当然起こるべきことが、今続けざまに起こっているにすぎないと思っている。トルコ、ギリシャ、台湾、メキシコと連鎖反応のように起きた大地震。バルカン半島のコソボ紛争、北朝鮮の核疑惑、インドネシア領東ティモールの独立と紛争。茨城県東海村のＪＯＣ東海事業所で起きた核汚染臨界事故。子供と夫を殺害した長崎の主婦の事件。池袋の通り魔無差別殺傷事件。おそらくこれからもあっと驚く、ド肝を抜くような事件や出来事が起こってくるだろう。

すべてのものごとには、それが起こってくる原因と条件があるから、これらは突然降ってわいたような出来事ではないのだが、さすがにこれだけ連続して起こると、原因究明の前にフーッとため息をついてしまう。つい冷静さを欠いてしまう。

九月一日のことである。宮城県の西山学院高校で登り窯の火入れをしての帰り、東北自動車道を南下し、那須インターにさしかかったころ、にわかに雲行きが怪しくなり、すさまじい雷鳴を伴う集中豪雨に見まわれた。おまけに、ヒョウが機関銃の連射のように打ちつけてくる。車体が破れんばかりになる。百キロ近いスピードを四十キロ以下に落としても、前方が豪雨とヒョウのためにまったく視界がきかず、走行が困難になった。

なんといっても高速道路のことである。その辺の道端に停車するわけにもゆかない。速度を時速十キロくらいに落とし、危なっかしいノロノロ運転をしばらく続けてやっと停車できるところを見つけた。そこにはすでにパトカーをはじめ、数台の車が避難して停車していた。パトカーも避難するほどの雷雨とヒョウの襲来である。もちろん、こんなすごいものは生まれて初めての経験である。

三十分ほどで少し視界がききはじめたのでゆっくりと車を出し、那須のドライブインで休憩をとった。そこでは雨も降らないのに立て続けに稲光と雷鳴が空間を裂いている。みんな驚きのあまり、「すごい！　怖い！　こんなこと生まれて初めて！」と連発した。

今年になって私は日本の夏の気候が熱帯化していると何度も思ったが、いよいよその思いを強くした。まるで、ハワイかバンコクかインドにいるような気分になってくるのだ。この気象異変は、地球全体の大きな気象変化の一環であろうと思っていた矢先に、台湾地震が起こった。

古来、世の乱れは天変地異となって現われると考えられてきた。そしてその責任は為政者や王にあると考えられた。天の乱れ、地の乱れは人心の乱れと照応しており、それを良き方へと解決できない王や為政者は打倒された。特に中国では、そのとき天命（天の意志）が別の者に下り、革命が起きて前の政権が倒された。

「平成」と元号が変わったとき、私は「これから大中世がやってくる」と直感したが、その直感ははずれていなかったと今なお思う。日本では「平」の字で始まる元号は「平治」と「平成」の二つしかない。その「平治」には平治の乱（一一五九年）が起こり、僧・慈円のいう「武者の世、乱世」になっていった。そして「平成」の世になった今、新しい「乱世、武者の世」が始まると思ったのである。これを根拠なき短絡的思考と思う人も多いことだろう。

だが、私には私なりの根拠がある。また、作家の五木寛之や宗教学者の山折哲雄もそれぞれの論拠に基づいて、「現代は中世的な激動の時代」だと言っている。

あらゆる「境界」が崩れていったのが中世である。家庭崩壊や学級の崩壊が叫ばれているなか、人間が生息する環境である自然崩壊と、人間の境界が崩れる「人間崩壊」が同時に始まっていると思うのは私の思いすごしであろうか。

文明の衝突か共存か

一九八九年にベルリンの壁が崩壊し、東西両陣営の冷戦が終わったとき、自由主義と民主主義が勝利をおさめて、戦争の世紀といわれる二十世紀末になってようやく世界平和が実現すると信じた人も多かった。ベルリンの壁の崩壊は、文明の融合と和合と調和の象徴であった。

しかしながら、その後の世界史は、一九九〇年十二月に勃発した湾岸戦争から一九九九年に起こったコソボ紛争や東ティモール紛争に至るまで地域紛争が多発し、フランス、中国、インド、パキスタン、北朝鮮などによる核の脅威は増大している。世界平和が実現するどころか、いつ世界戦争に発展するかもしれない火種があちこちでくすぶっているのが現実である。千年後に人類の歴史が書かれたとき、二十世紀は最初から最後まで戦争を繰り返した、人類史上もっとも愚かで野蛮な暴力的な世紀であったと記述されるかもしれない。

冷戦後の世界がどうなるかの見通しについて、恒久平和が訪れるという楽観主義者に対して、むしろ文明間の対立が際立ち、文明と文明との境界をなす断層線に衝突と紛争が頻発することになると予測して物議をかもしたのがハーヴァード大学の政治学教授サミュエル・ハンチントンであった。

ハンチントンは『文明の衝突』（集英社）のなかで、冷戦後の世界は、西欧、中国、日本、イスラム、ヒンズー、スラブ、ラテン・アメリカ、アフリカの八つの文明圏に分立し、それぞれの文明が互いにそのアイデンティティを主張するために、文明の断層線に衝突が起こってくると指摘した。

アメリカ合衆国とイラクとの間に起こった湾岸戦争は、両国大統領が互いに「悪魔」呼ばわりし、「聖戦」の大義を主張したが、その根本原因は石油資源をめぐる利権闘争であり、それを正当化するイデオロギーとして「十字軍」や「ジハード」というキリスト教とイスラム教の宗教的大義が声高に掲げられた。ハンチントン的な見方からすれば、アメリカとイラクとの戦争は、西欧＝キリスト教文明とイスラム文明とのアイデンティティの対立と衝突である。原因や理由が何であれ、その間に起こってくる対立に文明のアイデンティティの基盤をなす宗教が利用される。宗教が対話や平和創造への力となるのではなく、その反対に対立と争乱の火種となることをハンチントンは強調している。

インドにおけるヒンズー教徒とイスラム教徒との絶え間ない闘争、インドとパキスタンとの核兵器開発競争の根底に、ヒンズー教とイスラム教の対立と戦争の歴史があったことを考えると、ハンチントンの主張には一定の説得力がある。また、コソボ紛争においても、イスラム教、キリスト教、ギリシャ正教の宗教対立が、民族や国家の対立と複雑に絡まりながら、「民族浄化」という名の実に野蛮な虐殺行為が進行したことを考えれば、ますますハンチントンの指摘はリアル・ポリティックスとしてのリアリティを帯びてくる。

ハンチントンは、今後の世界は西欧対非西欧の対立となると予測する。敷衍していえば、かつての米ソ両陣営という東西冷戦が、キリスト教文明と非キリスト教文明の対立へと移行し、特に非キリスト教＝非西欧文明の中軸に「儒教―イスラム・コネクション」が台頭して、西欧＝キリスト教文明との間に対立と衝突をくりかえし起こしてゆくと考えるのである。実際に、イスラム諸国と中国との間で武器の交易や兵器開発技術の交換がなされており、共に強い反米・反西欧の姿勢を表明してきたことは事実である。

とすれば、アメリカを中核とする西欧とイスラムと中国・北朝鮮の三つの文明圏がどのような対立と衝突を引き起こすか、予断は許さない。加えて、政治・経済的な不安定を抱えているヒンズー国家インドやラテン・アメリカ、アフリカにも不気味な火種がくすぶっていて、いつ爆発してもおかしくないというのが現状である。そのなかで日本はどう生きてゆくか。

ハンチントンがいうように、宗教が文明間の対立と衝突の原因となることも事実であるが、その対立をふまえて、祈りと対話に基づく相互理解と平和の創造への強い希求を持っていることも事実である。いやむしろ、宗教の覚醒と活動こそが、二十一世紀の平和創造のカギを握っているとさえいえるのではないだろうか。平和と幸福は真の心の平安なくしては実現しえないからであり、その心の平安を生み出す原動力として祈りを純化する宗教が存在するからである。

心の教育と思いやり

文部省が一九九九年度の「教育白書」を出した。そのなかで、戦後教育の成果に一定の評価を与え、今後の教育ヴィジョンとして、個性を伸ばし、多様な選択のできる心の教育の必要性を打ち出している。私は大学の教育実習に際して、毎年数校、全国の中学校を巡回訪問している。どの中学校でも文部省のいう「心の教育」の必要を認識しているが、さてそれをだれが、どこで、どのようにして行なうかという具体的な実践になると大変難しく、現場では頭をかかえているというのが現状である。

だが、手をこまねいているうちに、社会全体の教育環境はますます劣悪化している。各種メディアの報道がそれに拍車をかけているように思う。最近起こったいくつかの殺人事件とその報道を見ていると、私たちの社会はここまで来ているのかとため息をつかざるをえない。

一時は「お受験」殺人として世を騒がせた東京・文京区の事件を見ていると、容疑者として逮捕された主婦にも報道にも短絡的な「未熟」さを感じる。戦後教育も戦後社会もともに人間と社会の「成熟」に失敗したように思えるのだ。

「心の教育」というとき、真っ先にあげられるのが「思いやり」である。しかし、今、家庭でも、地域社会でも、学校でも、仕事先でも、柔軟で健やかな「思いやり」が発揮されているだろうか。

私にはむしろ、社会全体が「思いやり」に欠けていると映る。その根本原因は自己や他者を思いやることのできるような「成熟した自己」が育っていないことにある。「思いやり」という言葉だけが空念仏のように唱えられる。「思いやり」は他者にだけ向けられるのではない。自己を深く「思いやる」ことのできない人間が、どうして他者を思いやることができようか。

自分の心情を深く耕し、判断力を育て、自分が納得のできる行動をする。自分で自分を評価できる。「自信」とは、そうした自分に対する「自己信頼」をいうのであって、それはうぬぼれや高慢などではまったくない。自分が自分を正当に愛し、評価できること。また、自分の足らざるを自覚し、批評し、反省できること。

「心の教育」とは根本的に自己教育によってしか成就しないものではないだろうか。未熟な親、未熟な子供、未熟な大人、未熟な先生、未熟な社会。私たちの社会全体が未熟であるとしたら、それはたくましく健やかな自己教育機能を失っているということであろう。植物が芽吹き、成長し、果実をみのらせ、枯れ落ちてゆくという自然界の自然成長的な生命サイクルから、もっともっと学ばなければならないのではないか。そうした生命の自然成長性に心の成長が加わったものが人間の「成熟」である。

「成熟」は自己を見つめることから始まる。自己を見つめるまなざしの深さに応じて人は「成熟」をとげる。未熟とは自己を見つめ、自己を育てることのできていない段階である。「思いやり」とは、他者に向ける前に、自己に向けて行なわなければならない。「汝自身を知れ」というのが「思いやり」の原点であり、自己教育の根幹である。それは「思いやり」という道徳徳目を教えることではないのである。

文部省は「心の教育」について浅薄皮相な考えしか持っていないのではないか。文部官僚は自分の問題として「心の教育」をどうとらえているのであろうか。そしてそうした教育の必要性を唱えている「有識者」の先生方は、「心」と「心の教育」をどうとらえているのであろうか。

この二、三年、女性と子供の残酷な犯罪が増加している。長崎の子殺し、夫殺しもそうであったが、それは女性が一人の女性として「成熟」できなかった痛ましい姿である。わが子を思いやり、夫を思いやる前に、自分自身を深くきちんと思いやることができなかったのだ。

自分を思いやることのできない人は自分自身をけっして尊敬できないであろう。自分が自分であることに「ありがたさ」と感謝の気持を持つことができないであろう。自分を深く思いやることのできない人はけっして人を深く思いやることができないのだ。

ありがとう――お帰りな祭

二〇〇〇年になった。Y2K問題もさしたることなく、新しい千年紀の幕開けである。私たちは今年、二〇〇〇年を記念して、「虹の祭二〇〇〇　ありがとう―お帰りな祭」を沖縄、四国、九州、北海道、本州の五つの島で計画している。

「虹の祭」は、一九九八年十一月、東京都渋谷区代々木公園で行なわれたレインボー・パレードでの一人の音楽家の呼び掛けから始まった。レインボー・パレードは、環境問題の現状と解決策をわかりやすく、楽しく訴え、解決してゆこうとする市民運動である。九八年のパレードには、およそ一万人の人々が参加して全国ニュースになり、九九年も二万人の参加者をみている。

そのレインボー・パレードのコンサートの最後に出演した音楽家は、こう呼びかけた。「いま、ぼくたちが心の底から地球に謝らなかったら、もう人類に二十一世紀はやってこないような気がする。だからみんなで、二十世紀の終わりのときに、地球にごめんなさいという祭りをしようよ！」大阪在住の音楽家・岡野弘幹の叫びのような呼びかけだった。

大阪城近くの彼のマンションのそばのごみ焼却炉からは、人体危険値をはるかに超える有害物質が毎日放出されている。彼も、彼の奥さんも、そして小学校と幼稚園に通う二人の子供たちも、毎日その有害物質が含まれた空気を吸って暮らしている。

私もときどき、彼のマンションに泊めてもらうが、彼は本当にその地域や大阪市や地球の環境を心配している。子供たちの未来に対して、自分たちで解決しなければならないことを精いっぱいやろうと決意し、行動している。

彼は、天空オーケストラというバンドのリーダーだ。だから自分のできることは、音楽活動を通して解決策を模索し、創造してゆくことだ。みんなが自分の身の丈に合った行動をしてゆかなければ世の中はよくならないと心に定めている。そこで彼は、平和と幸せをみんなで祈り求める、歌と踊りを中心にした「地球にごめんな祭」という祭りを提唱し、実行した。一九九九年から二〇〇一年の三年間にまたがる「虹の祭」の初年度のテーマに定めたのだ。

一九九九年二月四日、立春。大阪のお寺でアメリカ・インディアンのデニス・バンクスさんを囲んで行なったトークとコンサートを皮切りに、四月二十九日のみどりの日に千葉県のお寺でフォーラムとコンサート、六月二十二日の夏至には伊豆で、八月七、八日の立秋をはさむ五日間は奈良で、シンポジウムと祈りのセレモニー、コンサート、八月十五日の終戦記念日には山形県月山のふもとで月山炎の祭り、十二月二十二日の冬至には京都のお寺でコンサートを行なった。

このすべてに、岡野弘幹は催しの中心メンバーとして参加している。

それでは、これらの活動を通して何が変わってきたのか。「虹の祭一九九九・地球にごめんな祭」をすることで、いったいどのような変化が起きたのか。

現在進行形の活動を総括することは難しい。だがこれだけは確実に言える。「虹の祭」は、多様性の自由で自発的で創造的な発露のなかに、調和と秩序と統一性と美を求め、実現しようとする運動であるが、その思いを共有する人々が次第に増え、そのネットワークが広がりつつあるという事実である。

「虹の祭」は、提唱者の手からいろいろな人々の手に手渡されていっている。黄色い手、褐色の手、黒い手、白い手。文字通り、手作りで、手渡しで、手弁当で、祭りが行なわれているのだ。

そして、この「虹の祭」の仲間のなかから市会議員（山形県鶴岡市の草島進一）が誕生し、TBSビジョンのプロデューサー西田清志により環境問題に立ち向かう緑の党が起こり、神道シンガー・ソング・ライターが育ち（私のこと）、大重潤一郎の映画『縄文』が完成するなど、矢継ぎ早にいろんなことが起こってきている。また、「虹の祭」副代表の山田和尚（神戸元気村代表）は、台湾の地震被災者への支援活動に粉骨砕身している。そして多くの仲間がそれに協力しようとしているし、現にしている。

さて、今年、二〇〇〇年の「虹の祭」の年間テーマは、「ありがとう—お帰りな祭」である。今までの人類文明の功罪を全部引き受けて、「〇」に立ち返り、いのちと生活の原点に立ち戻りつつ「お帰りなさい」、そして「ありがとう」と寿《ことほ》ぎ、祝福する。そうしたいのちの祝祭を世界の各地で開催しようと張り切っている。

吉野川は〝吉し野の川〟

吉野川第十堰の可動堰化の是非を問う徳島市の住民投票で、九一・六パーセントの市民が反対の意思を表明した。快挙である。これほど地域住民の多くの反対意思が表明されたのは初めてであろう。

私はこれまで、月刊誌や拙著で、この改修工事が「改醜工事」だと反対してきた。

一九六〇年代の後半に高校時代の三年間を徳島市で過ごした私にとって、眉山と吉野川は、日常最も親しんだ山川であった。山紫水明とは、具体的には眉山と吉野川が麗しくあることだった。眉山は〝美山〟であり、吉野川は〝吉し野の川〟であった。それは私の青春の風景であった。

その吉野川の、川の摂理と規模に見合った江戸時代からの河口堰を、安全保全のためといって可動堰に変えるという。それはしかし、明らかに国や県の強弁である。地域住民の安全保全ではなく、公共事業による一部業者や関係機関の利益保全、権益保全である。住民が怒り、反対意思を表明するのは当たり前だ。

市民や国民の税金がどう使われるのか、本当に「公」のためになることとはどういうことなのか、もっともっと議論を深め、合意を取り付けるべきである。公共事業に多額の費用をつぎ込むことによって、本当に生活は豊かになっていったのか。

テトラポッドで覆い尽くされた日本列島の海岸線を見ていて、荒涼たる気分に襲われる。海に銃口を向けて発砲しているような、荒れた暴力的な気分になってくる。こんな海にひじ鉄を食らわすような仕業をしていると、いつか足元をすくわれるだろう。「環境にやさしい行政や企業」とは名ばかりのところがあまりに多い。

一九九九年五月、徳島新聞の連載「世紀末の風景」に書いた山形県鶴岡市の月山ダムも吉野川の可動堰も、「環境にやさしい」どころか「環境を痛めつけ破壊する」行為である。

地域住民に十分な水を供給するとか、洪水を防ぐとか言いつくろっても、ダムや堰に上流から流れ込んできた土砂が堆積すればすぐに川底は埋まり、水が濁り、川藻《も》や魚が住めなくなって生き物が減る。目的とは反対に、水は汚染され、堆積した川底のためにかえって洪水の危険が高まる。

アメリカ・インディアンは、七世代先の子供たちのことをいつも考えながら行動するという。そのアメリカ・インディアンの聖地を、アメリカ合衆国政府は奪い取り蹂躙してきた。インディアンを居留地に囲い込み、彼らの仕事をなくして誇りを失わせ、アルコールを与えて無気力・怠惰にした。アメリカ政府はネイティヴ（先住民）の蜂起と権利奪回を恐れ、強制的・強圧的に彼らを差別し続けてきた。

インディアンは、彼らの大地のことを「亀の島」と呼んだ。亀の甲羅のように広く、その寿命のように長いいのちを伝えてきたという意味だろうか。「ツルは千年、亀は万年」ということわざがあるように、亀は長寿と平安のシンボルである。

その「亀の島」を新参の移住者が侵略し、無法な殺害を重ねて奪っていった。ハリウッド映画で世界的に有名になった西部劇は、徹底的なインディアン差別の上に成り立った映画である。

今、私の友人たちがアメリカのビッグ・マウンテンというインディアンの聖地に赴き、ウラン採掘の強制執行の反対運動に加わっている。アメリカ政府がインディアンの聖地にこだわるのは、そこに原子爆弾や原子力発電の原料になるウラン鉱や石炭、石油、金銀鉄鋼などの金属資源が豊富に埋蔵されていることがわかっているからである。そのウラン鉱を買っているのは日本である。

アメリカ政府がビッグ・マウンテンでウラン鉱採掘を強制執行することに対し、それに反対する日本人が、反対支援運動の表現として、日本の聖山の一つ、飛騨高山の位山《くらいやま》から東京までをおよそ一カ月かかって歩き通し、またロサンゼルスからビッグ・マウンテンまでを歩いた。

歩くことは、この生をはぐくむ大地に祈りと感謝をささげる行為であり、その歩行によって、大地を略奪しインディアンの生活権を侵害しようとするアメリカ政府に、非暴力的な形で反対意思を表明したのである。位山を出発したときに三十人であった歩行者が、東京に到着したときには三百人に増えていたという。

ガンジーの提唱した非暴力主義に似たこの反対運動を私は支持する。また吉野川の改修に対する反対運動も支持する。その反対運動が非暴力の形で、幕末の「ええじゃないか」のように踊り、歌いながらの運動であることを私は望む。そのとき、私は〝神道ソング・ライター〟として、ともに歌いながらの運動に加わりたい。

卒業式と国歌「君が代」

三月になると決まって、桃の節句の三日が誕生日だった父のことを思いだす。彼は、私の高校受験合格発表日の未明、交通事故で死んだ。今の私より若い四十六歳になったばかりだった。戦争中はゼロ戦のパイロットをしていたが、肺を患って内地送還され、戦死せずに生き延び、帰郷して私の母と結婚、子供を四人生んだ。彼の戦友はみな特攻隊で、「天皇陛下万歳！」と叫んで死んでいった。

昭和二十六年三月生まれの私はいわゆる団塊の世代の最後に属するが、この世代はよく「戦争を知らない子供」と言われた。だが私はその意見に反対してきた。私たちは「戦争の申し子」なのだと。

戦争中この世に存在しなかった私たちは、確かに実際には戦争を知らない。しかし、その当時の若者として戦争を直接に体験し、心身に深い傷を負った人々の子供として生まれてきた。それゆえに私たちは、無意識のうちに最も深い戦争の記憶と傷を植え込まれた世代なのだと私は主張してきたのである。

その団塊の世代が、一九六〇年代後半の全共闘などの学園闘争で戦後社会の矛盾と問題点を暴き、ゲバ棒をふるって暴力闘争を展開した。私は戦争にも、いかなる暴力にも反対であるが、この世代が突きつけた問題は重要であったと今も思っている。

その問題とは、私たちはどのような社会で、どのように生きたいかという切実な問いかけだった。大ざっぱにいえば、私たちの多くは、人類の幸福の実現と社会的抑圧からの解放を願い、それを実践し、挫折したといえる。

その世代の子供たちが今、中学、高校、大学で学んでいる。その世代に援助交際、家庭内・家庭外暴力、引きこもり、自殺、学校中退が多く、社会問題になっている。これは大問題である。

そうしたなか、一九九九年八月、国旗国歌法が成立し、卒業式を控えたこの時期、学校現場での「指導」が強化されつつある。子供たちは卒業式や入学式の儀式を通して、国旗と国歌に直面する。私の子供は現在、東京都内のキリスト教系の私立高校の二年生に在学している。私はその学校の卒業式で、国旗は掲げられてもいいと思うが、「君が代」は歌ってほしくない。なぜか。

評論家の松本健一が「『日の丸・君が代』の話」（PHP新書）のなかで、「日の丸は日本国の存在証明」「君が代は皇室の存在証明」と指摘しているが、国旗「日の丸」と国歌「君が代」は、大きく性格を異にする。私は松本健一と同様に、国旗日の丸には賛成だが、国歌を「君が代」にするのは反対だとの立場をとり公言してきた。

その理由は近刊著『神道とは何か』（PHP新書）、『神と仏の精神史』（春秋社）にも書いたが、国旗日の丸に賛成なのは、その使用の歴史的伝統とデザインの象徴的意味の適切さによる。日の丸は、日本の国名を「日本《ひのもと》」としてきた点や、白地が先住土着の国つ神々、赤丸が渡来系の天つ神々を象徴し、その結合の上に日本の古代国家と文化が成立してきた点からも、適切さと妥当性を持つ。各種世論調査でも八〇パーセントを超える国民が支持している。

それに対して、「君が代」の方は五、六〇パーセント前後の支持率である。この違いは何に由来するか。日の丸は日本国の象徴であるが、「君が代」は天皇を象徴するものである。それが憲法で国民主権を謳《うた》った日本国の国民全体の国歌となるべきかどうか。国民に揺れと迷いと躊躇があるのだ。「天皇陛下万歳！」を叫んで死んでいった者を身近に持つ人にとっては、さらに複雑であろう。

そうしたデリケートな問題を持つ「君が代」を、十分な国民的論議も支持も取り付けずに、国会議員が国歌に制定したのは暴挙であると私は思っている。松本が主張しているように、これは国民投票で問い掛けてもよい問題だ。何よりも国民的合意が必要な事柄である。教育現場で、過度な締め付けや強制、処罰のないことを望む。

二十一世紀を前にして、私たちは新しい国民の歌を必要としている。国民の総意に叶う歌が必要なのだ。

私はこれまで、日本武尊が『古事記』のなかで、「倭《やまと》は国のまほろば　たたなずく青垣　山ごもれる倭し美《うるわ》し」と歌った短歌に曲をつけて国歌にすることを提案してきた。私たちにとって、土地こそが生命の拠り所である。この「倭」を「日本」という字に変えて、日本が美しい国であることをたたえ、未来に至るまでそうであることを願う。これが、過去、現在、未来をかんがみて、日本国国歌とするにふさわしいものではないかと私は考えるのである。

水の祭りと文明の軌道修正

満開の桜も散り始め、日本の政治・環境・教育はいよいよ混乱をきわめている。有珠山の噴火とほとんど時を同じくして小渕首相が倒れ、先行き不明の日本丸は大しけに見舞われている。

四日の清明節の日、埼玉県秩父市にある秩父今宮神社で龍神祭と水分祭《みくまりさい》が行なわれた。衆議院議員や県議会・市議会議員など関係者およそ二百人が参列するなか、開祭に先立って祭りの趣旨と意義について、宗教哲学者として講話を求められ、少しく話をした。

この祭りの特徴は三つある。一つは、龍神・水分の名称が示しているように水の祭りであること。第二に、龍神は水の神であり八大龍王とも呼ばれ、神道と仏教の両方が渾然一体となった神仏習合文化が背景にあること。第三に、明治元年の神仏分離令や同六年の修験道廃止によって打撃を受けた神仏習合の秩父修験道が、新たな装いをもって現代に蘇りつつあること。以上三点である。

折しも当日、『秩父今宮神社一八〇〇年史』(叢文社)が出版された。

秩父今宮神社には、全国でも有数の樹齢千三百年ほどのケヤキの巨木があり、それを御神木として祭儀が執り行なわれる。神の山と尊崇される武甲山から地下を流れてきた水がわき出る霊泉に育てられたのがこのケヤキの木である。水、土、日、空気などの大自然の恵みがこれほどの巨木をはぐくみ、人々はその天然の威力を深く恐れ畏こむ文化を神社や寺院や祭祀として伝承してきた。

秩父は観音霊場であるが、この今宮神社は古くは今宮坊と呼ばれ、十四番札所観音堂ほかの寺院も併せ持っていた。太古からの水の神が八大龍王や観音菩薩と融合する一大習合文化を形づくってきたのである。

祭典のあとの懇親会の席で、昔外務省に勤めていた人が、小渕首相は毎朝起きぬけにほんの少量の天然塩を入れた自然水を飲んでいたら脳梗塞の発作は防げたと発言し、耳目を集めた。けっして首相個人をおとしめるわけではないが、何人かの人が今、日本全体が脳梗塞や脳死状態に陥っていると義憤をあらわにし、共感を呼んだ。

考えてみれば、小渕首相は旧田中派―竹下派である。田中角栄元首相の「日本列島改造論」とそれに基づく政策の実施が日本の自然風土を破壊し、利権構造を増殖強化させ、大量生産・大量消費型の日本資本主義を推し進め、ついにバブル経済がはじけ、制度疲労が極まり、列島脳梗塞を引き起こしたともいえる。

この日本の制度疲労を根本から癒す制度・生活改革を推し進めてゆかなければ日本の未来はない。具体的にいえば、毎日、きれいな水を飲み、健康を整え、美しい大いなる自然に感謝し愛《め》で、個人の自由と自立を保障し尊重しながら、互いに思いやりと支え合いをさりげなく発揮できる信頼の持てる社会を構築してゆくことだ。二十一世紀の日本は、教育立国、環境立国であるべきである。それにはまず、水と空気をきれいにすることから改革を始めなければならないのではないか。

これまでにも何度か触れたように、私は月山ダムの建設・取水や吉野川第十堰の可動堰化に反対してきた。何よりもそれは日本の水と自然と健康をダメにする政策の実施であるからだ。

この三月末に、徳島市議会議員の村上稔氏の月山ダム視察に、山形県鶴岡市議会議員の草島進一氏とともに同行させてもらった。草島氏は「月山の水を守ろう！」と立ち上がった三十代半ばの青年で、地盤・看板・鞄のない状態で予想外のトップ当選を果たした。

三人で月山ダムの建設現場に立って建設省の役人の説明を聞きながら、「これは現代のピラミッドだ！」と思った。エジプトのピラミッドはエジプト王の墳墓であり、権力の象徴物であったが、大自然の河川を堰き止めてつくる巨大ダムは、無数の生命と生活を水没させ、一部の政治家やそこに群がる利権屋の権力欲や金銭欲を満足させる現代の巨大墳墓ではないかと思ったのである。

建設省は月山ダムの建設目的を流水調節・水道使用・電力使用の多目的ダムの建設と説明しているが、二十数年前の計画をチェックすることも軌道修正することもなく突進してきた日本列島改造計画や自民党政治が破綻してしまったのだ。

二十一世紀は人類史的規模で「軌道修正の世紀」となるだろう。私たち一人一人が、個人として、日本人として、地球に生を享《う》けたいのちとしてどう生きるかが問われているのだ。今、本当に月山ダムや吉野川可動堰が必要か。公共事業のあり方を見直し、やり直す時が来たのだ。勇気ある「軌道修正」なくして二十一世紀はない。

吉野川第十堰の未来をつくるみんなの会

二〇〇〇年四月十五日、徳島市で開かれた「吉野川第十堰の未来をつくるみんなの会」の発足会に参加した。

この会は、「第十堰住民投票の会」のメンバーが住民投票の結果を受けて、「可動堰NOから第十堰YESへ」を合言葉に、現在の第十堰を残す住民案を検討し作成する目的で作った会である。最初、会の名称は「第十堰基金の会」とされていた。それが「基金の会」では金集めの会と思われ、本来の住民の公共的価値財としての第十堰を創造的に継承してゆくという方向性が伝わらないとの意見が出てきて、会の名称そのものから新たに決議することになった。そして、前記「基金の会」や「住民案の会」など五案のなかから「吉野川第十堰の未来をつくるみんなの会」が採択された。私もこの名称に一票を投じた。

この会の名称には、未来と希望と創造と公共性が感じられる。今、日本の社会に最も欠けているのは、具体的な現実の姿を直視しながら夢と希望と理想を語り合い、その実践に向けて努力しようとする意志である。その意味で、私はこの名称を強く支持する。

「みんなの会」は四つの基本方針を打ち出している。第一に、現在の第十堰のことをよく知ること。哲学は「汝自身を知れ！」というところから始まるが、第十堰の哲学は自己自身を知るところから始まる。第二に、それを踏まえて第十堰についてみんなで語り合うこと。流域住民、県民、国民、吉野川に関心を持つ世界各国の人たちと新しい時代の吉野川のあり方について縦横に意見を交換する。もちろん、行政、建設省とも必要に応じて意見交換し、要望を出す。

第三に、より説得力のある住民案を提示するために調査や分析などを専門家に依頼すること。現堰の内部構造、老朽化の程度、治水上の危険性などについて、建設省主導のデータだけではなく、住民独自の調査研究を行なうのである。なぜなら、政府も行政、企業も自分に都合のいいデータや学説理論をアピールすることが多いからだ。データや理論の客観性、信憑性を確認しつつ公共性や公益性のある案を提示すべきである。

そして第四に、第十堰基金を募ること。この「住民の、住民による、住民のための第十堰のあり方を提案する新しい運動」は、日本の住民運動史上未曾有のスケールの大きな運動に発展する可能性を秘めている。その息の長い豊かな運動を創造的に展開してゆくためには多額の維持運営費が必要になる。例えば、独自に土木調査をするとしても、専門的器材を借りて信頼のおける専門家に依頼するとなると、千万円単位の費用が必要になる。こうしたお金は運動の必要経費として必要なのだ。

問題は、集めたお金をどのように有効に使っているかである。その点では、集めた国民の税金をどう使っているかという国や県の行政と同じである。それが理と機にかなっているか常にチェックする必要があるし、お金の使い方についてはきちんと情報公開し説明する責任と義務がある。

二〇〇〇年一月二十一日、建設省の河川審議会答申において、「伝統工法の見直し」が盛り込まれた。

治水や親水の伝統技術を見直すべきだという強い声が中央の専門審議会の場でも出てきたのだ。この声を建設省や県はどう反映させるのか。そして住民投票の結果を国や県は、具体的にどう生かしてゆくのか。これには市民や県民のみならず、一般国民や諸外国の人たちも注目している。絶対にいいかげんな対応はできない。

「みんなの会」の世話人の一人、姫野雅義氏は、この会を①だれでも参加できる運動、②住民自身が積極的に提案する運動、③二十一世紀の新しい河川行政の最も強力な応援団になる幸せな運動、と位置付けた。

ゲスト講演者の坂本紘二下関大学教授（都市計画学専攻）は、第十堰の特徴を方言を使って「なっとる」構造と位置づけた。

「なっとる」とは、①共生・循環の関係や持続性が確認されている、②生物相が豊かになっている、③変動を受け入れ、変化に耐えうる、④多様な局面に対応しうる、などの要素を含んでいるという。川の自然に溶け込み、融合し、安定しているために、人々に安らぎをもたらし、市民の憩いの場となっているのだ。

私は高校時代、徳島市佐古五番町に住み、折にふれて吉野川を散策した。今回、あらためて顔をのぞかせた第十堰の青石の上に立ち、この美しい彫刻作品のような堰をつくった先人の創造的知恵と努力に深い感銘を覚えた。これこそ国の重要文化財に指定しうるほどの公共的・歴史的価値財ではないか。そう思いながら吉野川を後にしたのである。

東京自由大学の実験

東京自由大学の設立

一九九九年二月二十日、東京の西荻窪のビルの地下一階で、「東京自由大学」が産声を上げた。「ゼロから始まる芸術と未来社会」と題するシンポジウムで幕を開けた東京自由大学は、画家の横尾龍彦、映画監督の大重潤一郎、地球物理学者の原田憲一などの芸術家や学者が中心になって発起し設立したボランタリーなフリー・スクールである。真に自由な学問的探求と芸術的創造を車の両輪として、個人の自己実現とボランティア的な互助組織として自己研鑽し、支えあってゆけるような任意団体として出発した。ゆくゆくはＮＰＯ法下の特定非営利活動組織として東京都の認定を受け、社会的認知と責任の所在の明確な、信頼されるに足る「大学」に成長してゆきたいと準備を進めている。

設立目的は次の五つである。

一、一人一人の個人の自由な内的探求心と倫理に基づいた自己変革と自己実現を達成する。
二、一人一人がその特性を発揮し、それぞれの役割を果たし、各自の自由な創造性と他者との対話を大切にしながら、友愛と信頼の絆を結び、より豊かで幸せで平和な共同社会を形成してゆく。
三、世界平和および社会福祉を実現するとともに、自然環境との調和ある関係を築いてゆく。

四、そのためには感性と知性と霊性とのいきいきとした統合が必要となり、その目的に沿って、学問的探求と芸術的創造を中心とした活動を行なう。ただし、特定の政治・宗教団体と特別の関係をもつことなく、あくまでも自由な精神性の探求とより良い社会改革を求める。

五、地震・災害・事件などにおけるボランティア的互助組織および支え合いのネットワークとして活動する。

顧問には、比較文明学者の伊東俊太郎、精神医学者の加藤清、ケルト学・妖精学者の井村君江、教育学者の太田堯、哲学者の湯浅泰雄、心理学者の恩田彰、漫画家の水木しげる、詩人の山尾三省など、各界の第一人者を迎え、幅広く公正に、かつ信頼のおける実践的な課題に地道に取り組んでゆこうと決意している。

現代社会および二十一世紀の最大の課題は、教育である。戦争も暴力も差別も環境問題も、根本的には教育の力によってしか解決できないのではないか。いかにして一人一人の個人が、深く、豊かな知性と感性と友愛をもつ心身を自己形成できるかが問題解決の鍵になると思うのだ。その知性と感性と友愛をどのようにして育てることができるか。私たちは、それを本人の内的必然性に基づいた自由な学問的探求と芸術的創造とボランティア活動を通して実現してゆきたいと考えている。

「汝自身を知れ」とは、古代ギリシャの聖地デルフォイのアポロン神殿に掲げられた格言であるが、この課題はあらゆる学問的探求の根幹に通奏低音として鳴り響いている。私たちは、その課題に五つのコースからアプローチしたい。

①日本を知るコース
②社会を知るコース

③宇宙を知るコース
④芸術・創造コース
⑤身体の探求コース

の五つである。

①では、私たちはどこから来たかという歴史的認識を深め、②では、私たちはどういう場所と関係のなかでいかなる問題にぶつかりながら生きているかというアクチュアルな世界への洞察と友愛を深め、③では、私たちはどのような環境と存在の連鎖のなかに位置しているのかという宇宙や自然のなかでの人間の位置と、存在への畏怖・畏敬の念を自覚し、④では、自由な創造と表現による自己解放と自己実現の可能性をたどり、⑤では、私たちの肉体が感知する現実世界との関係とその変容の可能性を、さまざまな危険性を十分に察知しつつ深めてゆきたいと考えている。

各コースとも第一線で活躍している講師陣を招き、それぞれの分野の先達が切実な問いかけと真剣な冒険に満ちた探求の末に獲得した成果を、この時代を真剣に生きようとしている人々の前にダイレクトに差し出したいと思っている。私たちは人間の経験とそこから汲み取られた叡知を信頼したい。それこそが人間を根底から変容させ自己成長させる力だと信じている。

その第一回目の講座が四月十七日から始まる。日本を知るコースと、身体の探求コースの最初の会の講師を私と「新体道」（空手と合気道を合体させた体技）の創始者の青木宏之氏がつとめる。このボランタリーなフリー・スクールがどのように自己成長をとげてゆくか、一緒に見守り育ててくだされば幸いである。

一九九九年の冒険

一九九九年は忘れられない年になった。三つの新たな行動を起こしたからである。一つは東京自由大学を仲間とともに立ち上げたこと。いくつかの大学で教えたり、中学校のＰＴＡ会長を務めたりするなかで、私は二十一世紀の最大の課題は教育であると確信するようになった。だが、大学教育をはじめとして学校教育には大きな制約がある。その制約のなかでは、社会の変化や人々の意識の変化に迅速に対応することはできない。それに教育とは根本的に自己教育である。教師はその一人一人の自己教育の助言者であり先達であるにすぎない。

このような思いから、私たちは芸術家と学者と市民とが中心となって運営するボランタリーなフリースクールをつくった。七十一歳の画家・横尾龍彦が学長となり、私が運営委員長となって、自由な学問探求と芸術創造を二本柱にして活動してきた。去る十一月二十一日には、早稲田大学国際会議場を借りて、「二〇世紀芸術の終焉と新たな芸術の可能性」と題し一七三名の参加者とともに熱気あふれるシンポジウムを行なった。

芸術は自由な創造と表現による自己解放と自己超越の一回路である。医療の方法のなかに芸術療法があるように、それは治療行為ともなれば、自己探求の行為とも自己解放や自己超越の道ともなる。芸術は自己から出発して自己を超えてゆく行為である。

それに対して、学問は対象から出発して自己に立ち返ってゆく行為であり、徹底した合理的認識と体系的理解を深めてゆく行為である。そしてそれは、常に「汝自身を知れ」という課題を背負っている。

この自己からの道としての芸術と自己への道としての学問とが力強く、ダイナミックに切り結ぶ地平を東京自由大学は切りひらき、旅してゆこうと志したのである。それによって、道を求める仲間とともに友愛の共同体を築いてゆきたいと思い、活動を始めたのだ。

二つめは、今年から向こう三年間、虹の祭りを国内国外の各地で開催してゆこうと実行委員会を組織したこと。提唱者は大阪在住の音楽家で、天空オーケストラのリーダーの岡野弘幹であり、彼が事務局長、私が代表を務めている。虹があちら側とこちら側に七色の弧状の橋を架けるように、日本国内のあちこちを、また国外のあちこちとの間に橋を架け、二十世紀から二十一世紀に向けて、平和と調和と美の輝きをもつ秩序を求めてゆこうとするのが、虹の祭りである。

虹の祭りの根本姿勢は、自由な多様性のなかに調和と秩序と統一性と美を求めてゆくことにある。信仰を持つ者も持たない者もともに「超宗教・超宗派」の立場で平和への祈りをささげ、多様な民族音楽や大衆芸術と一緒になって「エデュテイメント」（エデュケーション＝教育＋エンターテイメント＝娯楽）を実現し、世界和楽を創造してゆこうと発心したのだ。これまで季節の節目節目に日本各地で祭りを行ない、二〇〇〇年には高知県の縄文遺跡唐人駄場やハワイで「ありがとう―おかえりな祭」を行なう予定である。祭りとは「真釣り」、真の調和とバランスを祈りと感謝とともに求める行為である。

三つめは、私自身がシンガー・ソング・ライターならぬ神道ソング・ライターとしてデビューしたことである。これまでに五三曲を作詞・作曲（二〇〇〇年五月一日現在で八〇曲）し、講演会や祭りのたびに歌ってきた。ピュタゴラスではないが、音楽は魂を浄化する力を持っている。その歌を通して、私なりの「真釣り」の精神を自由に、多様に表現し、笑いと涙を誘っているのである。

今真に必要なのは、調和と統合を求める一人ひとりの「まつり」の創造ではないだろうか。

＊東京自由大学の問合せ先

〒169-0051　東京都新宿区西早稲田二―四―一九　3F
東京自由大学事務所
電　話　〇三―五二八七―三五三三
FAX　〇三―五二八七―三五三四

終章　知恵の剣《つるぎ》

昔、昔、紀伊の国の山深く、熊野路の行き着いた果てに、那智の瀧というとてつもなく大きな瀧がありました。

ガオー、ガオーと音立てて流れる水の雄々《おお》しさに、いつしか人は手を合わせるようになりました。いつの頃からか、この瀧に一匹の龍が住んでいるとの噂が流れ、飛瀧権現《ひりゅうごんげん》と呼ばれるようになりました。

すさまじい轟音のなかから、瀧の流れを見つめていると、それがいつのまにか龍に変わって、天へ向かって猛々しくのぼってゆく姿が見えるとのことでした。

誰からともなく伝えられたこの噂を聞きつけた人々は、争って飛瀧権現を拝みに来るようになりました。

ところが、瀧を拝みに行った人々のなかで、家に戻らない者が次々に出てまいりました。いったい何処へ行ってしまったのだろう、瀧に乗って天に舞い上がったのか、それとも、それとも……。

人々は口々に噂し合いましたが、その後も行方知れずの参拝者は増えつづけるばかりです。何か秘密があるにちがいない。危険だから二度と近づくまい。そう思っても、人々は憑かれたように大瀧に参拝しに行きたくなるのでした。

それだから、行方不明の善男善女は増えこそすれ、いっこうに減る様子はありませんでした。

実は、その頃、那智の大瀧には、本当に一匹の龍が住みついていたのです。

その龍は、どうやら天竺の方から、唐《から》の国を通ってこの国へやって来たもののようでした。

お母さん龍を追って来たのですが、いつしか迷い子になってしまったのです。いや、迷い龍になってしまったのです。

この子供の龍は泣き叫びながら必死になってお母さん龍を捜したのですが、何処を捜してもあのやさしい母龍はいないのです。あちこちの国々の山や瀧や湖を探し求めましたが見つからず、とうとう山深い熊野を超えてこの那智の瀧にやって来たのです。

子龍は、この那智の大瀧にやって来て、何だかとても懐しいような心持ちがしました。お母さん龍のやわらかな胸に抱かれているような安らぎを覚えたのです。

そこで、しばらくここに腰を落ち着けて、お母さん龍の消息をじっくりと探ってみようと思ったのです。

子龍が住みついてしばらくすると、里の村人たちは誰からともなく、大瀧に龍神さまが宿られたと噂しあいました。

参拝者で大瀧がにぎわい始めたのはその頃からのことです。村人や熱心な参拝者や行者の手で立派な社殿もつくられました。

隣りの村や、近在ばかりでなく、遠方の国々からも御利益の噂を聞きつけて人々がやって来ました。

けれども、行方不明の人々が出はじめたのもちょうどこの頃からのことなのです。

子龍は考えました。

——ここにいれば、各地からいろんな人間たちがやって来る。そうだ。その人間たちをつかまえて、お母さんの行方を尋ねればいいんだ。

そして、その日から子龍は、夜遅く訪ねて来る熱心な参拝者や瀧の行者たちをつかまえては、母龍の行方を尋ねまわりました。

けれど、子龍の呼びかけに、人間たちはおじけをふるって逃げ帰るのが常でした。

——俺がこんなに一所懸命尋ねているのに、逃げまどうなんて、人間どもはなんて愚かで弱虫なんだ。

子龍は尋ねても尋ねても、答えもせずに逃げ帰ろうとする人間たちを見て怒りに狂いました。

——馬鹿な人間どもめ、俺の必死の問いかけに答えられない奴はみんな、喰い殺してやる！

それからいったい何人の人々が子龍のえじきになったでしょう。けれど、参拝者の数は増えこそすれ、いっこうに減る様子はありません。

求めても求めても答えを得ることのできない子龍の心は荒れすさびました。

そして、人一人喰い殺すたびに、子龍は肥え太り、今ではおそらく母龍よりもずっと大きく、でぶでぶといやらしく肥え太っているのでした。

ある夜、子龍は夢を見ました。

その夢の中に、男とも女ともつかぬ美しい人が現われて子龍にこう言うのでした。

——子龍よ、かわいそうな那智の子龍よ、おまえの探している母龍の行方を知っているものがいる。その者は、〝知恵の剣《つるぎ》〟を持っている。その者を探して母龍の消息を尋ねるがいい。子龍よ、無暗な殺生をするでないぞ。人を喰い殺すたびにおまえは肥え太るが、やがてそのことがおまえ自身を喰い殺してしまうことになるのだぞ。人々の信仰を足蹴にする者は、必ず、自分自身の心が信じられなくなる。おのれを見失ってしまうのだ。子龍よ、今、おまえは自分を見失っている。目を見開いて自分の姿をようく見つめてみるがいい、子龍よ！

夢から醒めた子龍は喜びました。〝知恵の剣〟を持っている者がお母さんの居所を知っている！　子龍はただひたすらそのことだけを心にとどめ、あとのことはすっかり忘れてしまいました。

次の日から子龍は、片っぱしから参拝者や瀧の行者たちに問いかけました。

——おい、おまえは〝知恵の剣〟をもっているか？

けれど、誰一人としてその〝知恵の剣〟を持っている者はいませんでした。

以前にも増して子龍は、母龍の消息をつかむことのできぬもどかしさに、泣き狂い、猛り、叫びました。そして、犠牲になった参拝者たちの血で染まった真っ赤な口をむき出して、答えることのできなかった者たちを無残にも八つ裂きにして荒々しく喰い殺しました。

——飛龍様が泣いていなさる！

——那智の大瀧が赤く染まっている！

との噂が流れはじめたのは、その頃からです。ガオー、ガオーと物音高く轟く瀧音が、心なしか甲高《かんだか》く悲しげに啼き沈んでいるようにも聞こえるのです。水量が増し、時折物凄い轟音とともに巨岩の落下する音が耳を撃ち、赤茶けた土砂が混じって溶け、本当に、瀧壺はまるで血の池地獄のように真赤にうねっているのでした。

悟りを求めて、身を切るような冷たい瀧に打たれて修行している瀧の行者たちも、いつしか、一人、二人と姿を消してゆきました。血の池のような瀧壺に呑み込まれてしまったのか、それともおじけをふるって何処かへ逃げ去ったのか、誰れにもわかりませんでした。

まる三年というもの、那智の大瀧が清らかに澄んだ水を流し落としたことはただの一度もありませんでした。

その間、村々には飢饉が襲いかかり、たちの悪い疾病《やまい》が燎原の火のようにたちまち村々を嘗めつくし、各地へ飛び火してゆきました。

都では、立派な高僧たちが祈禱をつづけましたが、いっこうに効き目があらわれてきません。業を煮やした将軍は、口先ばかり巧みな僧侶や神官たちの首を切り、河原に曝して通行人に唾を吐かせました。飢え死にする者。わが子の目玉さえもくりぬいて口いっぱいにほおばる母親。盗賊が横行し、泣き叫ぶ人々を切り殺しては、肉を喰らい血をすすりました。

誰もかれもがこの異様な地獄図のなかでのたうち、救《たす》けを求めて泣き狂いました。

その頃、東の国の小さな村で小さな事件がありました。

その村にも、西の国々から飢饉と流行病《はやりやまい》が押し寄せ、全戸を呑みつくそうとするのを、村人たちは必死で喰い止めようと格闘していました。そして、村の長老たちが寄り集まって談合した結果、今では赤茶けて半分地肌をむき出している龍神池の神様に祈願してみよう、ということになりました。

各家から割り当てられた祈願米がさし出されました。

けれど、村のはずれの一軒の家からだけは何ひとつさし出されませんでした。その家は、屋根は半分口を開き、壁は剝げて崩れ落ち、見るからに貧しげな様子でした。このような飢饉の折でなかったら、とても人が住んでいるような家には見えなかったでしょう。

村人たちはこの家に押し寄せ、情け容赦なく祈願米をさし出せと迫りました。

一家の大黒柱を失い、水呑み百姓として汗水たらして働いている母子二人のこの家から、いったい何がさし出せたでしょう。

母親は村人たちに情《なさけ》を請いました。けれども村人たちは承知しません。出すものを出せ、の一点張りです。

何も出せないたった一軒の家があるために、祈願の祭りも行なえないとあって、村人たちは再び談合して、一つの残酷な結論を出しました。

それは、この母子二人を、日照りの続く龍神池に雨が降るまではりつけにして、雨乞いの祭りをしようというものでした。もちろん、日照りが続けば母子二人はカラカラの日干しとなって息絶えてしまいます。

村人たちは貧しい母子をとらえ、柱に縄でしばりつけて、龍神池の真ん中に押し立てました。

まだうら若い母親と十二歳になる少年は、来る日も来る日も池の真ん中にはりつけになったまま立っていました。

日に日に二人が弱ってゆくのは誰れの目にも明らかです。

村人たちは、生贄《いけにえ》となった二人の日一日と衰弱してゆく姿を見て、残忍な笑みを浮かべました。

――村の結束を乱すやつなど死んでしまえばいい！

村人たちの顔は皆、日毎に険悪にひきつってゆきました。そして今では、この哀れな親子が死ぬのを心待ちにしていました。

――村を乱す邪悪な二人が死んだら、日照りも飢饉も流行病《はやりやまい》もみな収まるのだ。

奇妙にも村人たちは、いつの間にかこのような残酷な信念にとり憑かれていたのです。はりつけになった母親は、自分ばかりでなくわが子までもがはりつけになって日に日にやせ細っていくのを見て胸を痛めました。

――自分はどうなってもいい。この子だけは助けたい。神様、この世においでなら、どうかわが子を助けてください。私はどうなってもかまいません。

血の一滴までもしぼりとるような熱烈な祈りを母親は捧げました。しかし日一日と衰えてゆく姿は、以前よりもますますひどくなるばかりです。

満月がこうこうと中天にかかっているある夜、母親はいつものように神様に真剣な祈りを捧げた後でわが子に言いました。

――月彦《つきひこ》、このままでは私より先におまえが死んでしまう。お母さんは自分の目の前で、お腹を痛めたわが子が死んでゆくのを見るのは耐えられない。どうか、月彦、最後の力をふりしぼってお母さんのからだを食べておくれ。そして、なんとしても生きていておくれ。

見ると、母親の片肌ははだけ、月の光の中に蒼じろい乳房が片一方あらわになっていました。熱にうなされて朦朧としている少年の目の前に、やわらかな丸味をおびたお月さまのような乳房が浮かんでいました。その瞬間、少年は途方もなくなつかしいような、悲しいような心持ちになって、母親の方に首を伸ばしました。乾き切った縄が手首や胸に喰い込んで傷口が痛みましたが、むしゃぶりつきたいような衝動に駆られて、母親の方に力いっぱい顔をのばしてゆきました。

柔らかな肌の中に少年のやせ細った顔がすっぽりと埋まりました。心の奥底から噴き上がってくるような懐かしい塊に突き動かされながら、少年は母の乳房に乾いたくちびるを押し当て、しばらくじっとしておりましたが、やがて思いきったように口を開いて乳房をかじりました。熟れた桃に夢中でかぶりつくようにして、少年はすっかり母親の乳房を食べつくしました。

——僕はお母さんのたましいを食べているんだ！　血と肉と涙にまみれた顔を押し上げて、母親の顔を見上げると、母親は優しげなほほ笑みを浮かべていました。月の光の下で一筋の涙がキラリと光って少年の顔の上に流れ落ちました。

そのとき突然、すさまじい轟音とともに大地が揺れ動き、池の奥底から真っ赤な血が天へ向かって噴き上がりました。母親と少年をしばりつけた柱はその水流に呑まれて、根こそぎ上空へ押し上げられました。蒼い月の光の中に真っ赤な血の水柱が一筋、天に向かってそそり立ちました。

村人たちは、轟音におびえきって、家々の物蔭からおそるおそる様子を窺いながら空を眺め、驚愕して腰を抜かしました。なんと、月にまで届きそうな真っ赤な血の柱の上に、生贄の母子が押し上げられているのです。そして見る間に、その血の柱が真っぷたつに裂けて、村の家々めがけて襲いかかってきたのです。

逃げ惑う村人たちを見て、母親は気が遠くなってゆく思いのなかで、村人たちを救いたまえ、と心のうちで神にむかって一心に念じました。

祈りが聴きとどけられたのか、生血のようなねばっこい水がだんだんと清らかに透明になってゆき、村の樹々や家々を洗い流してゆきました。

——雨だ、雨だぞ！

待ちに待った雨が槍のように村の頭上から突きささってきました。

——月彦、さようなら。お母さんはおまえの中にいつまでも生きているわ。月彦、さようなら……。

母親は、ひき裂かれた水柱に乗って、どんどん上空へ昇ってゆきました。水に洗われたからだが透きとおるように白く、光り輝いていました。見ると、一匹の大きな龍が口の中から銀の水柱を月に向かって噴き上げているのでした。

少年はもう一つの水柱に乗って、どんどん西の方に運ばれてゆきました。

そして、いつしか、熊野の奥深い山並みを超えて、那智の大瀧まで運ばれてきたのです。

にぶいまどろみを醒まされた那智の大瀧に住む子龍は、不機嫌な怒りをあらわにしながら、天から降り注いできた水柱を眺めました。すると水柱の頂上に、はりつけになった少年がいて、こちらをみつめていました。

──おい、小癪な小僧め。俺の眠りを醒ましやがって、喰い殺してくれよう！

子龍は肥え太った身体を無気味にのたうたせて、少年に襲いかかりました。

そのとき、恐れもせず、凛《りん》とした声で少年は尋ねました。

──おまえはどうしてそのように罪もない者たちを喰い殺そうとするのだ。

──何ッ、罪もない者たちだって？　小賢しい小僧め、おまえに何がわかるのだ。人が罪を犯さずに生きてゆけるとどうして言えるのだ。

子龍は真っ赤な口をむき出しにして、怒ったように言いました。

──確かに、人は我知らず、罪を犯しているかも知れない。けれどそのような罪を赦して互いに生きてゆくのが人ではないか。ましておまえは龍だ。偉大な力を持っている。人間たちから畏れられ、敬われもしている。その力を、おまえは自分を信じてすがってくる人々を喰い殺すために使っている。それは、自分で自分を喰い殺すことだということに気づかないのか。僕は、村人たちからも見捨てられた貧しい子供だ。だけど僕は村人たちを憎みはしない。なぜなら、僕の中にお母さんや村人たちが生きているからだ。僕は、僕を助けるために死んでいったお母さんを食べてしまった。だから僕は、僕であって僕ではない。大勢の生命《いのち》をもらって生きているんだ。

子龍は物静かな少年の話に耳をかたむけていました。大人びた口をきくこましゃくれた小僧だと思いながらも、なぜか少年の話の続きが聞きたくなるのでした。

——僕の村は、この日照り続きの旱魃と流行病《はやりやまい》のために全滅しかかっている。そして飢えと貧しさが村人たちの心をくろぐろと喰い荒らして、すさませている。お母さんと僕は村人たちの行き場のない絶望と悲しみの生贄となったんだ。お母さんは死に、お母さんの肉を啖《くら》った僕は生きている。お母さんは、本当に、僕の中に血となり肉となり霊《たま》となって生きている。だからこそ僕は、この貧しさを、この飢饉を打ち倒したいのだ。噂によれば、飢饉と流行病はこの那智の大瀧が赤く染まり始めた時から広まっていったという。もしや、おまえが、おまえを信じて祈りを捧げにきた人々を喰い殺し始めてから、この忌わしい生地獄が始まったのではないのか。

子龍は、少年の言葉の矛先が自分の方に向かってくるのに気づいて身構えました。

——うるさい小僧だ。子供のくせに、知ったかぶりをしてくだらぬ説教を垂れる。俺はそんな輩がいちばん腹立たしいのだ。ひと思いに喰い殺してやろうか。

そう言いながらも、子龍は自分の巨大になりすぎたからだが金縛りにあったように動かないのにいらだちました。

——知ったかぶりをしているんじゃない。僕は、本当に、心の底から思ったことを話しているだけだ。

どうしてこんな言葉が口をついて出てくるのかわからない。でも、本当にそんな気がしてならないんだ。

少年は考え込む様子で言いました。

——おまえがこのように無闇に人を喰い殺そうとするのには何かわけがあるにちがいない。どうか僕にそのわけを話してくれないか。

子龍はこのとき、少年がちっとも自分を見てこわがっていないことに初めて気づきました。不思議に思いながら、子龍は黒ずんだ醜い巨体をむっくりと起こして語り始めました。

——俺はただ行方知れずになったお母さんを探しているだけだ。お母さんは俺を置いて一人でどこかへ行ってしまった。いったい何処へ行ってしまったんだ。俺はありとあらゆる国々を探し廻って、この国にやって来た。そして、最後にとうとうこの瀧にやって来たというわけだ。俺は何だかここがなつかしく思った。そこで、ここに腰を落ち着けてお母さんの居所を捜そうとしたのだ。ところが人間どもは俺を見て逃げ惑い、ひたすらこわがって俺の問いかけに答えようともしない。怒り狂った俺はそんな輩は喰い殺してしまえと思ったのだ。なんの役にも立たない奴は、ただ腹立たしいだけだからな。

あるとき、男か女かわからぬ人が夢の中に現われて、〝知恵の剣〟を持っている者が母の消息を知っていると告げたのだ。それから俺は、〝知恵の剣〟を持っている者を探し廻ったが、どこにもそんな奴はいやしなかったよ。〝知恵の剣〟さえ持たぬ奴を殺して、いったいなにが悪いのだ。そいつを持たぬ人間どもはただ愚かなばかりだからな。愚かな者どもをこの世に生かしておいて、なんの役に立つのだ。ひと思いに食い殺してやったほうがまだしも幸せだとは思わないか？　むしろ俺は愚かな人間どもを救ってやっているのだ。そのどこが悪いというのだ、小僧！

子龍の話を聞いていた少年は、押し黙ったまま天を仰ぎました。透きとおるような満月のまわりをぶくぶくとした黒雲が取り巻いていました。

――それみろ、小僧。返事もできぬではないか。小賢しいへらず口をたたくおまえも〝知恵の剣〟など持っていやしないのだ！　そんな輩は生かしておいてもなんの益になろうぞ。この俺がひと思いに食い殺してくれるわ。

そのとき、ひときわ明るい月の光が少年の眉間にふり注ぎました。少年は、額の中がやわらかく澄明な光でいっぱいになるのを感じながら、子龍にむかってささやくように言いました。

――〝知恵の剣〟は自分の心の中にあるのだよ。

思いがけない少年の答えに面喰らった子龍は、威張るように言い返しました。

――わははは。馬鹿な奴め、本当に愚かしい奴だ。〝知恵の剣〟は、この世の宝の剣なのだ。金銀宝石の装飾でいっぱいに飾られた、世界一立派な剣なのだ。それが自分の心の中にあるだと？　小賢しいことを言うのもいいかげんにしろ！

子龍は言葉を返しながら、胸のうちでギクリとうごめく何かを感じました。けれど虚勢を張って少年の面前に巨岩のようにそびえ立ちました。黒々と得体の知れない渦巻をからだの周辺にまき散らしながら、子龍はそのおどろおどろしい醜い姿を現わしました。

――どうだ小僧。俺が怖くはないか。

大声で子龍はおどしました。

――怖くなんかない、これを見ろ！

決然と言い返した少年を見ると、爛々と輝く双つの目が異様に鋭く光り、その輝きが互いに近づいて一つになり、一挙に巨大な光の渦に変じたのです。驚きを隠しながら見つめていると、そのなかにくろぐろとしたいやらしくうごめく巨塊がはっきりと姿を映しだしました。

光の渦は一枚の巨大な鏡に変じていたのです。ふたたびギクリとするものを感じながら、なおも子龍はその醜悪な怪物を見つめていましたが、そのとき突然、上方から少年の声が響き渡りました。

——子龍よ、これがおまえの姿なのだ！

その言葉に胸を突き刺された子龍は死にものぐるいで少年を探し出そうとしました。すると少年は、前と同じとおりに水柱の頂上にはりつけになったまま立っているのでした。小癪な奴、と思いながら子龍はひと思いに少年と水柱を呑みつくしました。その水柱の水を呑んだとき、子龍は何だかその水を昔から知っているような、奇妙な懐かしさを覚えました……。

子龍の巨大な口腔の中に呑み込まれて、赤茶けた奇怪な岩々の突き出た渓谷のような食道を下ってゆきながらも、なぜか少年はちっとも恐ろしい感じがしませんでした。まるでイカダに乗って、急流の渓谷を冒険しているような爽快さを覚えたほどでした。それは不思議にも以前見たことのあるような光景でした。夢の中だったのだろうか、それとも、それとも……。いぶかしく思いながらも少年は水流に乗って、なおも食道の谷間を下ってゆきました。

ごつごつした食道の急流を辿ってゆくと、いつしか吸い寄せられるように流れの渦に巻き込まれていました。恐ろしい速度で水流が急激に落下してゆきます。流れの渦にもてあそばれながら少年は落下してゆきました。毅然として前方を見つめている少年の顔に、火の礫《つぶて》のように熱い水飛沫《しぶき》が打ちかかりました。まるで那智の大瀧をまっさかさまに墜落してゆくような激しさでした。

——ああ、瀧壺に落下する！

そう思った途端に、少年はどろどろして煮えたぎっている真っ赤な熱湯の中に放り込まれていました。

グフッ、グフッと無気味な音を立てて沸騰している赤湯の中に投げ込まれているはずなのに、まったく熱さを感じません。一瞬の裡に骨まで溶けてしまいそうな熱湯ともうもうたる湯煙の中にいながら、少年のからだの周りには、少年を守護するかのように澄明な水流が防壁をつくっているのです。

——僕は、今、子龍の胃袋の中にいるのだ。

少年は急激な情景の変化にたじろぎもせず、落ち着いてぐるりを見廻しました。

胃壁というよりも岸壁か断崖と言った方が適わしいような赤紫色の空洞の中に、異臭を放つ凶々《まがまが》しい湯煙が立ち込め視界を曇らせます。とげとげとした奇怪な形の岸壁には、毒々しいまでに鮮やかな緑色をした、何千匹ものイモリや蜥蜴《トカゲ》や蛇のような薄気味悪い動物がうねうねと這い廻っていました。それこそ、壁面いっぱいに面妖な蛆がたかっていて、身動きもとれないような感じなのです。にぶい光沢を放つ鱗《うろこ》をうごめかしながら、頭をもたげた毒蛇が赤い双割れの舌をしゅるしゅると吐き出しているのが目に見えます。

なんておぞましい場所《ところ》なのだ、そう思いながらも少年は緊張した眼つきで注意深く周囲を見渡しました。

ふり返った首を戻して視線を前方に向けたとき、キラリと輝く何かが少年の眼に触れました。何かと思って注意を凝《こ》らすと、奇岩に囲まれた岩壁に、洞窟のような空洞が開いていて、どうやら光はそこから発せられているもののようでした。

急流を落下するとき、はりつけの柱から自由になった少年は、その光の方へ沸騰する熱湯の上を歩いてゆきました。空洞はちょうど少年が身を屈めて入ることのできるくらいの大きさでした。

首を折るようにして空洞の中を進んでゆくと、いやらしく肥大した蜥蜴や蛇が次々と襲いかかってきて少年の行く手を邪魔します。けれど、少年のからだの周りには透明な水が貼りついていますから、邪悪な化物たちの攻撃から身を護ることができるのです。水の防壁をただ一人の友として、少年は決然としてその光の方に進んでゆきました。

グツグツ、グフッグフッ、ビチャビチャと、暗紫色の空洞の中には、熱湯の煮えたぎる音やら壁面を伝い落ちる雫の音やらがねばっこく反響しています。

身を屈めてさらに空洞の奥に進むと、洞《ほこら》の行きどまりとおぼしきところの岩蔭から、金色に輝く突起物が突き出ていました。少年は近づいてその突起物に手を伸ばそうとして、思わずからだを固く硬直させました。

さし出した手に今にも咬みつこうと、三匹の大きな蛇が三角頭を伸ばして少年の方をねらっているのです。

意を決して少年はそのまま両手を伸ばし、その突起に手を触れました。襲いかかってきた蛇は、水の防壁にはね返されて後方にひき退がりました。

力いっぱいに岩壁に喰い込んだ突起物を抜き取りました。すると、まったくこの世のものとは思われぬほど美しく光り輝く金色の剣が出てきました。

——〝知恵の剣〟だ！

そう直感した少年は、はやる心を鎮めて静かに剣を抜きました。幾条もの光の帯を放射しながら輝いている見事な刀身がそこにはありました。

——なんて美しい光だ。

うっとりとその輝きに見入っていた少年は、次の瞬間、もんどり打って空洞の中を転げ落ちていました。

うねうねとした空洞の中をすさまじい速さで転落してゆきました。その勢いに身を翻弄されながら、少年は抜き払った刀身を頭上に振りかざしました。

すると、刀剣の先から一条の鋭い光線が伸び、転落してゆく少年の頭上にあって、剣は子龍のぶよぶよした胴体を内部からまっぷたつに切り裂いていたのです。

剣先から奔り出る光線が胴体を切り裂くと、子龍は気が狂ったようにからだをのたうたせ、啼き叫びました。子龍の腸の中を落下しつづける少年は、しっかりと剣を握ったままその奔流に身を任せました。

光線は真一文字に子龍を切り裂いていきます。

――やめろ小僧、やめてくれ！

子龍は身をひきしぼるようにして断末魔の叫びをあげました。

――これは、おまえのからだの中にあった剣だ。それがおまえを切り裂いてゆくのだ。見るがいい、自分が自分に喰い殺されてゆく姿を！

少年は鋭く言い放ちながら、剣を頭上に振りかざしたまま離しませんでした。

――やめてくれ。頼むからやめてくれ。俺のからだが分断されてゆく。見る間に力が失せてゆく。小僧、おまえの言うことは何でも聞くから、その剣を振りかざすのだけはやめてくれ。

そのときすでに、子龍のからだは頭部と胸部だけを残して、胴体の下半分は見事なまでに真二つに分断されて血煙を噴き上げていました。

――子龍よ、僕はおまえを傷つけるつもりも殺すつもりもない。だが、おまえの中にあったこの剣がおまえのからだを切り裂いてゆくのだ。子龍よ、この剣こそ〝知恵の剣〟なのだ！

少年はきっぱりと言いました。

――俺の中にある剣がどうして俺を切り裂いてゆくのだ。俺にはわからぬ。小僧よ、〝知恵の剣〟とはいったい何なのだ、教えてくれ。

息も絶え絶えに子龍は叫びました。

――その答えはおまえ自身の心のうちに問うがよい。ただ一つ言えることは、おまえを信じ切っていた何万人もの人々の信仰心がおまえの血肉の中に混じり込んでおまえを生かしているということだ。おまえはその人たちの純朴な信ずる心を喰いあさった。そして今、おまえが喰われる番になっている。この〝知恵の剣〟で！

――ああ、俺はどうしたらいいのだ。このまま母にも会えずに異国の地で朽ち果てるのか。あまりにも淋しく、辛い。この母を求める心の淋しさが、俺をしてこれほど人間たちを喰い殺すように仕向けたのか。母に会いたい一心が、俺の進むべき道を踏み誤らせたのか。

身をもみしだくようにして子龍は啼き叫びました。

――外なる母は仮の母だ。内なる母こそが永遠の母なのだ。

少年は心の底にしみいるような声で言いました。

――小僧、それはどういうことだ。

――おまえの母は、おまえを産み、育て、そして死ぬ。あるいは生き別れもしよう。けれども内なるおまえの母は本当の母としておまえとともに永劫に生き続けるのだ。おまえの求めている母とは、おまえ自身なのだ。

――どうしてそんなことが！　俺は、俺は……。

——自分がどういう姿をしているか、自分が何なのか、よく見てみるがいい。おまえはおまえの母を喰らって、そのように醜く肥え太ったのだ。子龍よ、おまえは母を喰らって道に迷ったのだ。

しんと静まりかえった闇の中に、少年の声が響きわたりました。

子龍は涙を流して、己れの非を悔いました。少年に言われてみて、子龍は母龍を見失った時のことを想い出しました。そして少年の言うように本当に自分は母龍を喰い殺したのかも知れないと思いました。母の心を……。

子龍の目の前に過ぎ去った日々が浮かんできました。懐しい母龍の胸、天翔ける時のさわやかさ、風を胸に受け止めて雲の中に突進する時の愉悦……。あの胸のすくようなあこがれと喜びに満ちた思いをいつの間に失ってしまったのか、子龍は己れの過去を振り返ってみて、急に取りかえしのつかない哀しみを覚えました。胸の奥底に空虚な穴が開いて、そこから哀しみの泉水がとめどもなく噴き上がってくるかのように感じました。

——俺は母を捜そうとして自分の心を失った。人々を喰い殺すことによって自分の心を喰い殺してしまったのだ。ああ、俺は死んでしまう前に、自分が殺してしまった人々や自分の生きてきた世界に心から詫びたい。

子龍の必死の哀願を聞いて、少年は言いました。

——子龍よ、おまえの背に僕を乗せてくれ。二人してこの国を経めぐり、そしてこの土地に生きる精霊たちに心からの哀悼を捧げよう。

胸から下を真っ二つに切り裂かれ真っ赤な血をしたたらせながら、子龍は最後の力をふりしぼって少年を背に乗せ、天空に舞い上がりました。

――何年ぶりの空だろう！

心の奥底にまで届きそうなくらい、子龍は深く澄み切った空気を吸い込みました。

西の空に月は落ち、空は蒼々とした輝きを取り戻していました。金の大太鼓をとどろかしながら、ゆっくりと太陽が昇ってきました。

那智の大瀧から天へ翔け昇った子龍は、一路進路を北にとり、富士、浅間を越え、白河の関を越えて奥羽に達し、下北恐山から津軽、樺太、男鹿、佐渡、白山を巡り、飛騨高山、舞鶴、丹波、出雲、隠岐、壱岐、対島、筑紫、大隅、豊後、剣山、太龍岳、等々、あらゆる山岳、平野、河川、湖水を廻り、その上に銀の涙をふりそそぎました。

子龍の吐く息は銀の雲となり、その流す涙は銀の雨となってしたたる血をも洗い浄め、大粒の銀の粒子を降らせました。

恵みの慈雨だ！　飢饉と日照りと疾病にあえぐ人々がこの銀の慈雨を心から待ちうけたのは申すまでもありません。

全国津々浦々、子龍は少年を乗せて力の限り飛翔しました。

少年は子龍の背に跨って、〝知恵の剣〟をかざして空を切ってゆきました。ぱっくりと割れた空から澄明な水流が光につつまれて地に下りました。その水流は平野を潤し、河川を豊かにし、山々の緑を鮮かに染め上げました。

再び那智の大瀧に戻って来たときには、子龍はもう息も絶え絶えでした。子龍は力弱く微笑みながら少年に言いました。

――ありがとう。君がいてくれなかったら、本当に俺はすべてを失ってしまっていただろう。俺の心を甦らせてくれたことを、何と言ってお礼を言えばいいのかわからない。ああ、気が遠くなってゆく。俺はどこか遠いところで君を知っているような気がするよ。

少年は息絶えてゆく子龍の頭を抱きしめて思わず叫びました。

――お母さん！

子龍はうなずくように首を振って息絶えました。

少年は子龍を那智の大瀧に葬りました。子龍の巨大なからだは見る間に瀧壺の中に吸い込まれ、水面は透明な鏡のように静かになりました。

その鏡の中から、一点の揺らぎが現われたかと思うと、その揺らぎは激しく渦巻きながら、みるみるうちに光り輝く黄金の龍となって大瀧を翔け昇ってゆきました。

少年はその光景を見て、黄金の龍にむかって身を投じました。金龍は少年のからだを口で受け、〝知恵の剣〟と少年を口に喰わえたまま上空高く舞い上がり、那智の浜から南方の海へ出てゆきました。

少年と金龍が何処へ往ったか、それは誰にもわかりません。生まれ故郷の天竺の方に戻ったのか、それともあの南海の海上にあるといわれる補陀洛浄土に渡ったのか、確かめる術《すべ》とてありません。

わたしたちはただ一つ、次のことを発見しうるのみです。

金龍と少年が那智の浜から遙けき海上に飛び去った後、いつしか那智の大瀧には母子観音像が祀られ、人々の熱心な信仰を集めたということだけを……。

エッジを生きる――あとがきにかえて

人生四十九年を振り返ってみて、自分の人生は「エッジを生きる」人生であったとつくづく思う。そもそも、生まれた日の三月二十日は、占星学では一年の最後の日である。四十九年前のこの日、私はヘソの緒を三巻き首に巻いて死にそうになって生まれてきた。難産だったので陣痛促進剤を打ち、全身紫色になって生まれてきた。ヘソの緒を首に巻きつけているために呼吸をすることができず、窒息死寸前になっていたからである。

産婆さんに巻きついたヘソの巻をほどいて切ってもらい、頬や身体を平手打ちされてやっとピーピー泣きはじめた。判断と手当てが遅かったら確実に私は死んでこの世に生まれてきた。死にそうになりながらもしぶとく生きて生まれてきた私の人生は、そののっけから生と死の境《エッジ》にあった。七年が七度巡り終わる年になって、よくここまで生きてこれたものだと思う。

さて、私の人生の始まりと同様に、この本も実に難産であった。最初、一九九二年に『エロスと宇宙――翁童論III』と題して出版する予定だった。それが一九九四年に『鳥的酩酊』に変更。宮沢賢治のシャーマニズム感覚と思想と実践を全面に出そうと考えたからである。

しかし、一九九五年三月二十日、私の四十四歳の誕生日にオウム真理教事件（地下鉄サリン事件）が発生した。その打撃から脱け出るために同年夏、アイルランドで『宗教と霊性』(角川選書)をまとめ、十月に緊急出版した。

『鳥的酩酊』はシャーマニズム的な魂のトリップを含むため、危険を伴う。宮沢賢治も危ない人だったが、私の人生も危ない人生であり、一歩間違えばオウム真理教と同様の落し穴に陥っていた可能性もあった。私自身はいち早くその危険に気づいていたが、麻原彰晃もわかっていたと思う。彼は知った上で、それを実行したのだ。それだけ罪は深い。

「鳥的」はよいが「酩酊」は危ない。その声が鳴りやまず、しかし「鳥」が持つ宇宙的・銀河系的・惑星的意識と視野の広がりの重要性を訴えたかった。そうしたとき、ヘルマン・ヘッセの『デミアン』のなかの「鳥は神に向かって飛ぶ」という言葉に出会った。これだ! と思い、一九九七年にはその題に決めて出版する運びにしていた。

しかし、機熟さず、そうこうしているうちに二〇〇〇年となり、とうとう二十世紀も最後の年になってしまった。進退きわまって窮余の一策で、『エッジの思想』に決めた。一九九九年十月、神道ソング・ライターとしてのソロデビュー・コンサートのために渋谷のスタジオで最終練習をしたが、そのスタジオの名前が「エッジ」であったことも促しとなった。

この二、三年、私は自分自身の人生と感覚がどうしようもなく「エッジ」であると思うようになった。AでもなくBでもない。しかしAでもありBでもある。両義的といえばカッコ良いが、曖昧ともどっちつかずともいえる。

そもそも私は三月二十一日、彼岸の中日にして占星術における一年の始まりの日に生まれる予定だったのが、緊急事態により一日早く生まれてきてしまったために、一年の終わりの日を誕生日にすることになってしまった人間である。始まりと終わり、生と死、光と闇。私の人生は避けがたくこの二項対立の狭間に引き裂かれている。この二つに両脚をかけて短い足を精一杯開いているといった図である。

　これはもういたしかたなく、「エッジ」ではないか。私は自分の運命をしようのないものとして受け入れた。そしてその「エッジ」であることをこの世紀の境界を真剣に生きようとしている人たちに裸になって語りかけたいと思った。

　最初に置いた「Aに――十五歳に捧ぐ」は酒鬼薔薇聖斗にあてて書いた文章である。一九九八年四月二十九日から同年六月二十九日までの二カ月間、私は毎夜、ワープロを寝床のなかに引き込み、夜な夜な液晶画面のあかりだけの寝床でワープロをたたいた。何も考えず。何ものかにとり憑かれたように。私はそのとき、酒鬼薔薇に向き合っているとリアルに感じていた。

　七月になって、府中の医療少年院に手紙を添えてこの訳のわからぬワープロ打ちの文章を送ったが、返事はなかった。その頃からこの酒鬼薔薇の世代が象徴的に担うドラスティックな変化に私は全身全霊をもって参入し、そのなかから光と希望と理想を立ち上げてゆくという誇大妄想的な決意をしていた。それがゆえに、たとえ彼らに殺されたとしても、それが私の運命だというしかない。その覚悟をもって生きようと日々心に定めている。私は酒鬼薔薇の行為を許しがたく思うが、しかしその行為が私のなかの願《がん》を強く揺さぶり、目覚めさせたことも事実である。

　最後に置いた「知恵の剣」は息子が生まれた十七年前に書いた文章である。とても甘い文章だが、私には捨てがたいものである。これを最後に置くことで酒鬼薔薇の世代に応えたいと思ったが、ここには母子の葛藤はあっても父子の葛藤はない。

十七年経って、私も父親としての覚悟が定まった。
未来の子供たちに向けて発信する。人生は生きるに値する！　と。この世界に存在している一人一人、一個一個の生と存在に圧倒的な存在理由があると。私たちはみな宇宙の存在過程にあって生命の奔流のなかから生まれてきた。私たちはみな不可解なまでの力と衝動を宿している。それに気づき、しかと受けとめ、自己と他者に目覚めることなしに私たちに明日はないと。ルドルフ・シュタイナーは、他者に目覚めることが現代におけるイニシエーションであると言ったが、そのとおりだと思う。自己だけでなく、他者に目覚める。他者なくして自己なく、自己なくして他者はないのだから。自己とは他者のエッジであり、他者は自己のエッジなのだ。

二〇〇〇年五月十四日

鎌田東二

宇宙卵破りて翔ける鳥の夢

＊　『翁童のコスモロジー——翁童論Ⅳ』を二〇〇〇年十月十日に刊行して、『翁童論』四部作は完結する。

第四部

魔物語り――七夕の夜に魔を語る（原題・七夕の夜に魔を語る）『脈脈』85号，関西気功協会，1995年７月

現代社会と審神者の問題　『心霊研究』622号，(財)日本心霊科学協会，1998年12月

オウムの克服――「審神学」確立のために　『福神』２号，太田出版，1999年12月

宗教・永遠・エロス――「生命と現代文明」の先にあるもの　早川聞多・森岡正博編『日文研叢書９　現代生命論研究』国際日本文化研究センター，1996年１月

学者道――いかがわしさの彼方に　『THE WASEDA Etcetera』３号，The Waseda etcetera，1999年４月

一九九八年の風の又三郎　『賢治の学校』13号，晩成書房，1998年７月

第五部

「神戸からの祈り」を終えて　『カルナ』光祥社，1999年１月

宗教とともに生きてゆくために　『仏教』36号，法蔵館，1996年７月

神戸からの祈り　『神戸新聞』1998年９月２日～12月10日

サタンの悲しみ・本当の宗教とは何か？　『新心のシルクロード』佐賀新聞社，1998年

同・団塊の世代　同書

同・チベットと観音　同書

同・サタンの悲しみ　同書

同・天河弁天と護摩野焼き講　同書

同・信仰と信の違い　同書

同・一九九八年の悪のはたらき　同書

同・煩悩は即菩提なるや？　同書

虹の祭りへ（原題・世紀末の風景１～12）『徳島新聞』1999年１月16日～12月14日

同（原題・二十一世紀への風１～５）『徳島新聞』2000年１月17日～５月11日

東京自由大学の実験・東京自由大学の設立　『産経新聞』1999年３月18日

同・一九九九年の冒険　『東京新聞』1999年12月16日

終章

知恵の剣　『リーリエ』１号，1983年７月

同・畏怖　荒木経惟ほか『写神』神道時事問題研究会・平成神道研究会編，日本地域社会研究所，1998年９月
同・鬼とサングラス　『みちひらき』72号，猿田彦神社，2000年１月
同・石笛　『生命誌』１号，生命誌研究館，1994年４月
同・食べもの　『流行通信』流行通信社，1991年９月
距離の超越──聖と俗の境界　『現代詩手帖』思潮社，1995年６月
温泉宗教論　『imago』青土社，1994年11月
滝の精神史　『is』79号，ポーラ文化研究所，1998年３月
神道のサトリ──悟り，安心，礼能力　『宗教情報』46号，すずき出版，1990年７月
霊術家の光と闇　井村宏次『新・霊術家の饗宴』解説，心交社，1996年12月
修行と祈禱　「国立劇場第12回音曲公演　念仏と太鼓のリズム」解説，日本芸術文化振興会，1994年４月
修行と身体　『ひと』太郎次郎社，1995年10月

第三部

宗教と文明における速度と重力　山折哲雄監修『世界宗教大辞典』平凡社，1991年２月
現代文明と密教における宇宙体験　『曼荼羅ルネサンス』朝日新聞社編，1991年３月
重力と異界あるいは身体即異界　『QA』別冊「チャネリング」平凡社，1991年11月
ケルトの地を旅して　『春秋』春秋社，1994年10月
ケルトと神道　『東京新聞』1995年８月７日〜９月４日
ランボー，ケルト，コーンウォール　『妖精の輪』１号，フェアリー協会，1994年11月
「断念」を抱え込むアイルランド魂──シェイマス・ヒーニー　『産経新聞』1995年11月19日
俳諧と自然と共死（原題・俳諧と自然）『晨』晨発行所，1991年８月
「ネ」の国のモノガタリ　『スタジオ・ヴォイス』流行通信社，1991年９月
国生み神話と四国遍路　『写経人』11号，写経人社，1994年10月
吉野と熊野・吉野の神話地理学（原題・吉野と花見）『古今』２号，光琳社，1999年４月
同・熊野の神話地理学（原題・熊野…その光と影）『マリーゴールド』37号，(財)愛知県シルバーサービス振興会，1999年４月
この世の果てはこの世である　『幻想文学』43号，アトリエOCTA，1994年２月
青の精神世界　近藤高弘『青　Blue Spirit』同朋舎，1997年５月

初出一覧

序章

Aに——十五歳に捧ぐ　『仏教』44号，法蔵館，1998年7月

鳥は神に向かって飛ぶ　河合俊雄『現代思想の冒険者たち3　ユング』月報，講談社，1996年11月

第一部

宮沢賢治と鳥的酩酊　『is』55号，ポーラ文化研究所，1992年3月

風・鳥・シャーマン山——宮沢賢治の言語宇宙　『宮沢賢治研究 Annual』6号，宮澤賢治学会，1996年3月

野の科学——宮沢賢治と南方熊楠（原題・爛熟都市と世紀末の気）『「気」が癒す』集英社，1992年12月

森のコスモロジー——宮沢賢治と森の思想　梅原猛ほか編『講座文明と環境15　新たな文明の創造』朝倉書店，1996年9月

「わたくしといふ現象」宮沢賢治　『仏教』13号，法蔵館，1990年10月

宮沢賢治と脱国家的志向（原題・脱国家的志向）『國文學』學燈社，1992年9月

宮沢賢治とケルト　『新校本　宮澤賢治全集第1巻』月報11，筑摩書房，1996年3月

宮沢賢治における食と生命　鈴木貞美編『大正生命主義と現代』河出書房新社，1995年3月

第二部

イニシエーション／宗教／日本文化　河合隼雄・村上陽一郎編『現代日本文化論12　内なるものとしての宗教』岩波書店，1997年8月

魔とは何か　『仏教』別冊8号「オウム真理教事件」，法蔵館，1996年1月

小さくなるための身体技法——身心の微調律のために　『imago』青土社，1996年8月

儀式と階段——身心変容の通路として　『階段物語り』INAX ギャラリー，1993年12月

水なき身体と魂　『FRONT』（財）リバーフロント整備センター，1998年2月

宇宙——その未知との遭遇　『仏教』12号，法蔵館，1990年7月

癒しと籠り　『仏教』31号，法蔵館，1995年4月

「わたくしといふ現象」Kの場合・神話　『花園神社社報』平成9年11月1日

著者紹介

鎌田東二（かまた　とうじ）

1951年，徳島県生まれ。

國學院大學文学部哲学科卒。同大学院神道学専攻博士課程修了。

現在，武蔵丘短期大学助教授。東京自由大学運営委員長。

宗教哲学，比較文明学，民俗学，日本思想史，人体科学など多様な学問を闊達に横断する気鋭の研究者。

主な著書：『翁童論』『老いと死のフォークロア』（新曜社），『宗教と霊性』『神道用語の基礎知識』（角川選書），『神界のフィールドワーク』『記号と言霊』『霊性のネットワーク』『聖地への旅』（青弓社），『身体の宇宙誌』『聖なる場所の記憶』（講談社学術文庫），『人体科学事始め』（読売新聞社），『聖トポロジー』『異界のフォノロジー』（河出書房新社），『神と仏の精神史』（春秋社），『神道とは何か』（ＰＨＰ新書），『ウズメとサルタヒコの神話学』（大和書房）ほか。

新曜社

エッジの思想〈翁童論III〉

イニシエーションなき時代を生きぬくために

初版第１刷発行　2000年７月20日©

著　者　鎌田東二

発行者　堀江　洪

発行所　株式会社　新曜社

〒101-0051 東京都千代田区神田神保町 2-10

電話 (03) 3264-4973㈹・FAX (03) 3239-2958

URL http://www.shin-yo-sha.co.jp/

印刷　星野精版印刷　Printed in Japan

製本　イマヰ製本

ISBN4-7885-0729-3 C1039